◎汽车维修资料速查丛书◎

新款进口轿车正时

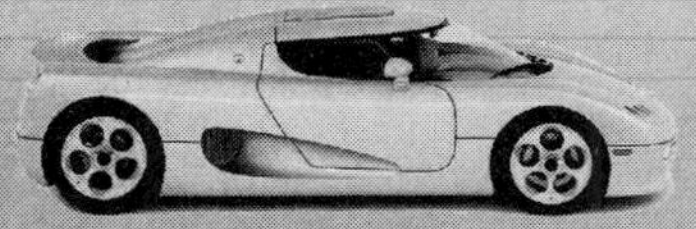

速查手册

夏雪松　主　编

机 械 工 业 出 版 社

本书汇集整理了100多种新款畅销进口车型正时带、正时链条的拆装步骤与正时校准方法，并配有1000多幅插图加以辅助说明，可供汽车维修人员在维修中查阅使用。

图书在版编目（CIP）数据

新款进口轿车正时速查手册/夏雪松主编．—北京：机械工业出版社，2013．4

（汽车维修资料速查丛书）

ISBN 978-7-111-41825-2

Ⅰ．①新… Ⅱ．①夏… Ⅲ．①轿车－发动机－车辆修理－技术手册 Ⅳ．①U469．110．7－62

中国版本图书馆CIP数据核字（2013）第049503号

机械工业出版社（北京市百万庄大街22号 邮政编码100037）
策划编辑：齐福江 责任编辑：齐福江 杜凡如
版式设计：霍永明 责任校对：樊钟英
封面设计：赵颖喆 责任印制：乔 宇
三河市宏达印刷有限公司印刷
2013年5月第1版第1次印刷
184mm×260mm·31．25印张·775千字
0001—3000册
标准书号：ISBN 978-7-111-41825-2
定价：79．80元

凡购本书，如有缺页、倒页、脱页，由本社发行部调换

电话服务	网络服务
社服务中心：（010）88361066	教材网：http：//www.cmpedu.com
销售一部：（010）68326294	机工官网：http：//www.cmpbook.com
销售二部：（010）88379649	机工官博：http：//weibo.com/cmp1952
读者购书热线：（010）88379203	**封面无防伪标均为盗版**

前 言

近年来，我国的汽车保有量和车型急剧增多，面对层出不穷和极具高科技含量的新款车型，高水平的维修质量是客户永恒的要求，这必将引发汽车维修行业越来越激烈的竞争。维修企业只有首先增强自己的技术实力，才能使整个行业的服务水平得以提高。过去凭着“一技之长”的修车经验已很难适应当前汽车维修技术发展的需要，而详实的汽车维修资料作为最重要的技术信息，起着不可替代的作用。

汽车在使用过程中要根据行驶里程间隔对发动机的正时带或正时链条进行检查、更换和正时校准操作。由于我国进口轿车的种类繁多，正时带和正时链条的拆装方法和校准方法各不相同，我们根据近年来进口轿车的保有量，汇集整理了100多种畅销车型的正时带和正时链条的拆装步骤与正时校准方法，并配有1000多幅插图加以辅助说明，以供汽车维修人员在维修中查阅使用。

本书由夏雪松主编，其他参加编写的人员有徐志军、李洁清、曲文龙、王剑峰、刘玲、张雅成、崔秀平、田建宇、李文惠、贾瑞敏、陈雅林、张国华、李刚、王斌、赵彩英、任征宇、常丽娟、李云娟、耿福利、尚秀娟、白健豪、陈豪、胡铭、马培宾、陈少杰、安亚娟、李多多、刘刚、李建明。

编 者

目录

第一章

AUDI（奥迪）车系

第一节　Q7 轿车

一、Q7 轿车 3.6L BHK 发动机正时链条部件识别

Q7 轿车 3.6L BHK 发动机正时链条部件识别见图 1-1。

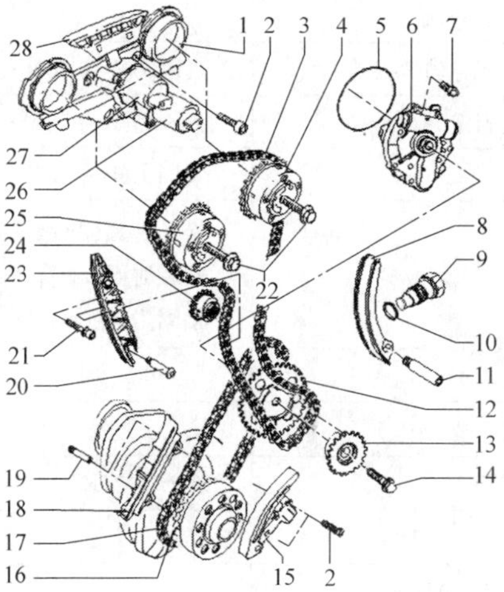

图 1-1　Q7 轿车 3.6L BHK 发动机正时链条部件识别

部件说明见表 1-1。

表 1-1　Q7 轿车 3.6L BHK 发动机正时链条部件说明

编　号	部件名称	说　明
1	正时齿轮箱	检查滤网是否有污染 安装前要在油封接触面上涂抹机油
2	螺栓	拆卸后要换用新螺栓 紧固力矩为 8N · m

（续）

编 号	部件名称	说 明
3	凸轮轴正时链条	安装前要标记出转动方向
4	排气凸轮轴调节装置	标有“32A”
5	O形密封圈	拆卸后要换用新的O形密封圈
6	机油泵	
7	螺栓	
8	正时链条张紧器轨	拆卸和安装时要把正时链条上部和下部盖罩拆下
9	正时链条张紧器	紧固力矩为40N·m
10	密封圈	损坏或泄漏后要换用新密封圈
11	正时链条张紧器固定螺栓	紧固力矩为18N·m
12	正时控制机构驱动链链轮	
13	凸轮轴正时链链轮	
14	螺栓	松开和紧固时要用夹具T10069固定减振轮
15	带有张紧轨的正时链条张紧器	
16	驱动链轮	
17	正时控制机构驱动链	拆卸前要标记出转动方向
18	正时控制机构驱动链导轨	
19	正时控制机构驱动链导轨固定螺栓	紧固力矩为10N·m
20	凸轮轴正时链导轨固定螺栓	紧固力矩为10N·m
21	螺栓	紧固力矩为23N·m
22	螺栓	松开和紧固时要用扳手固定住凸轮轴的六角部位 安装时要换用新螺栓 紧固力矩：60N·m+90°
23	凸轮轴正时链滑轨	
24	高压泵驱动链轮	
25	进气凸轮轴调节装置	标有“24E”
26	排气凸轮轴调节阀1（N318）	
27	进气凸轮轴调节阀1（N205）	
28	凸轮轴正时链条导轨	固定在正时齿轮箱上

注意：正时链条拆下后如果要重新安装使用，要按照图1-2所示标出正时链条的转动方向。

二、Q7轿车3.6L BHK发动机凸轮轴正时链条拆卸

1）拆下进气管。

2）拆卸气缸盖罩。

3）拆卸正时链条上部盖罩。

4）沿发动机转动方向转动曲轴减振轮，使曲轴位于上止点位置。减振轮的标记要对准密封法兰上的标记，参见图1-3。凸轮轴导板T10068A必须能插入两个轴槽内，参见图1-4。

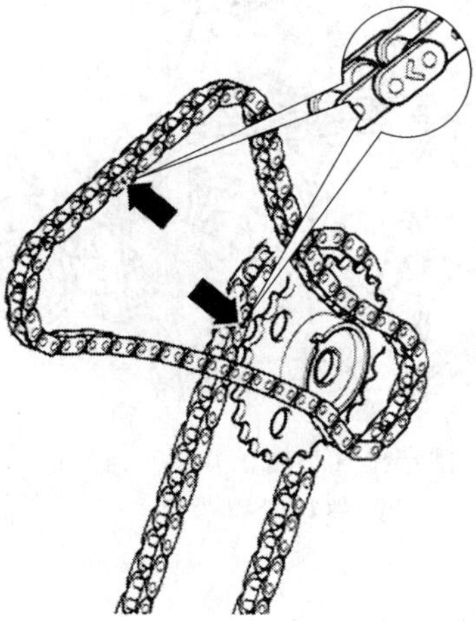

图1-2 标出正时链条转动方向

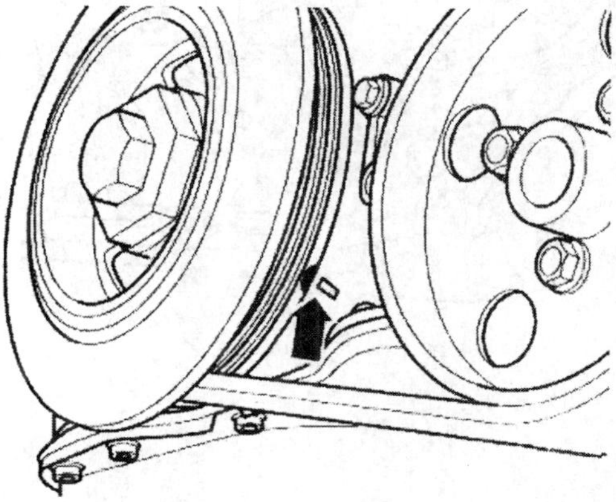

图1-3 减振轮的标记对准密封法兰上的标记

5）如果操作时发现凸轮轴导板T10068A不能插入轴槽，则将曲轴沿发动机转动方向旋转一周。

6）拆卸正时链条张紧器，正时链条张紧器的安装位置见图1-5。

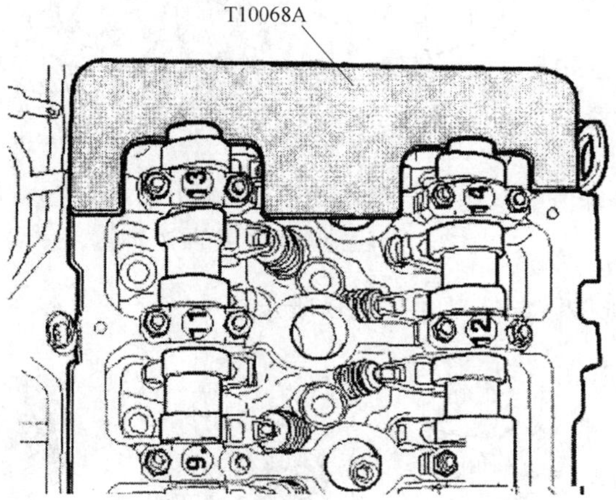

图1-4 凸轮轴导板插入轴槽

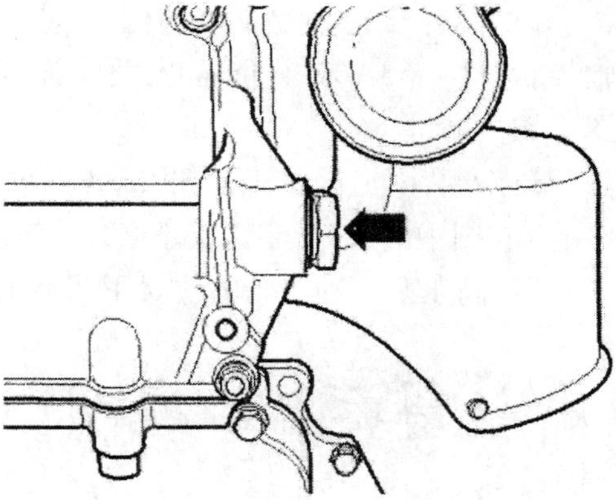

图1-5 正时链条张紧器安装位置识别

7）旋出滑轨螺栓（图1-6）。

8）取下凸轮轴导板T10068A。注意，当松开或紧固凸轮轴调整装置螺栓时，不要安装凸轮轴导板T10068A。

9）用扳手固定住排气凸轮轴六角部位，旋出排气凸轮轴调整装置的螺栓，如图1-7所示。

10）拆卸排气凸轮轴调整装置。

11）用扳手固定住进气凸轮轴六角部位，旋出进气凸轮轴调整装置的螺栓，如图1-8所示。

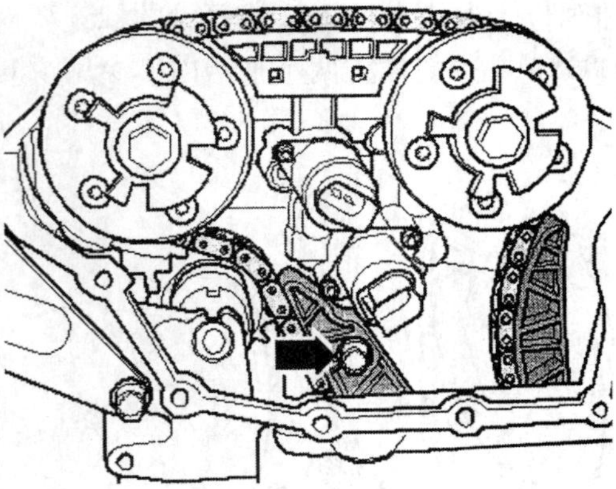

图 1-6　滑轨螺栓

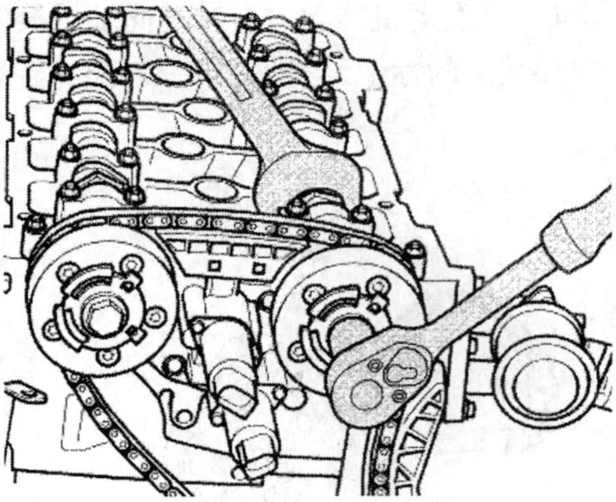

图 1-7　固定排气凸轮轴并旋出排气凸轮轴调整装置的螺栓

12）拆卸进气凸轮轴调整装置。

13）把凸轮轴正时链放置在滑轨上方。

三、Q7 轿车 3.6L BHK 发动机凸轮轴正时链条安装

1）检查曲轴是否处于上止点位置，曲轴减振轮和密封法兰的标记必须对齐，见图 1-3。

2）检查凸轮轴是否处于上止点位置，凸轮轴导板 T10068A 必须能插入两个轴槽内，参见图 1-4。

3）安装固定调整工具 T10332 的导套（图 1-9 中的 1，图中的 2、3 和箭头不必理会）。

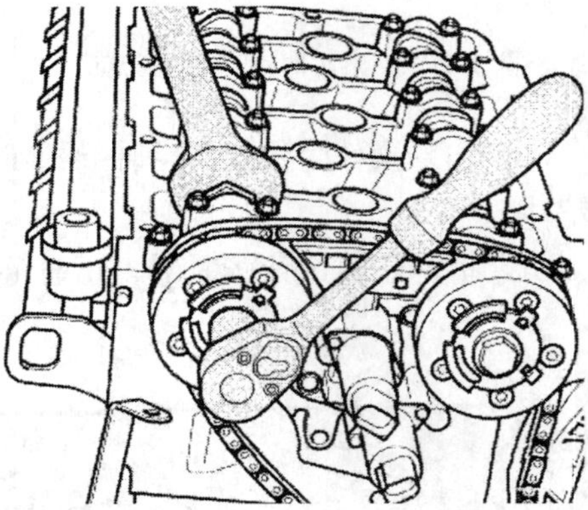

图 1-8　固定进气凸轮轴并旋出进气凸轮轴调整装置的螺栓

4）高压泵驱动链轮的位置用调整工具 T10032 固定，如图 1-10 所示。

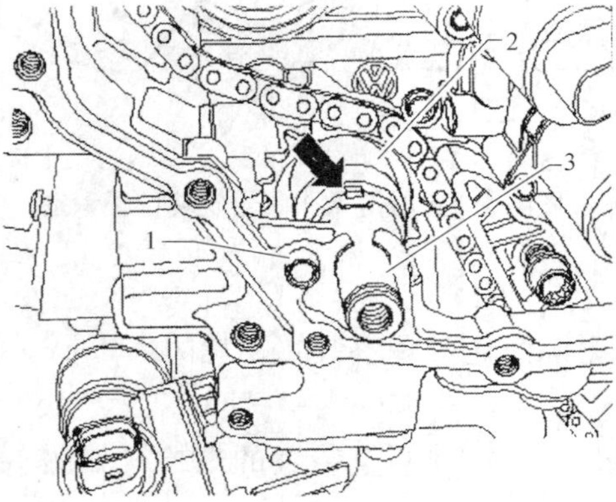

图 1-9　导套识别

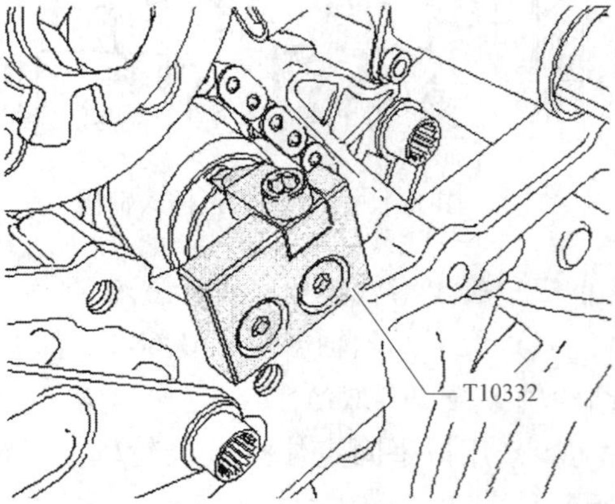

图 1-10　固定高压泵驱动链轮

5）把凸轮轴正时链绷紧放到驱动链轮上。注意：由于有导销（图 1-11 中箭头所示），

因此两个凸轮轴位置调整装置只能在凸轮轴前端的一个位置上用螺栓紧固。

6）安装进气凸轮轴调整装置，此时应将凸轮轴调整装置中的脉冲信号轮转到极限位置并固定住，如图 1-12 所示。

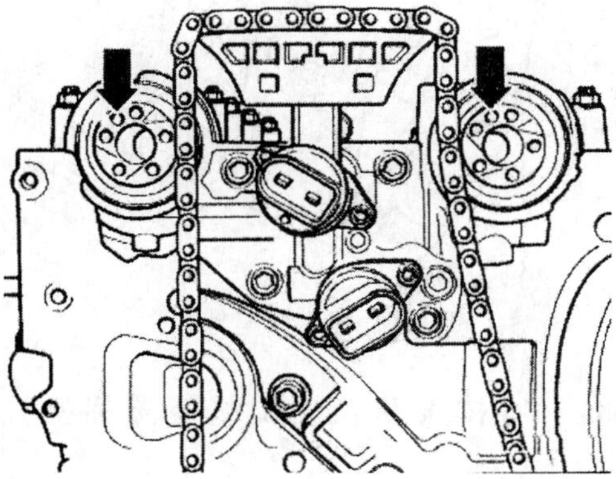

图 1-11 导销识别

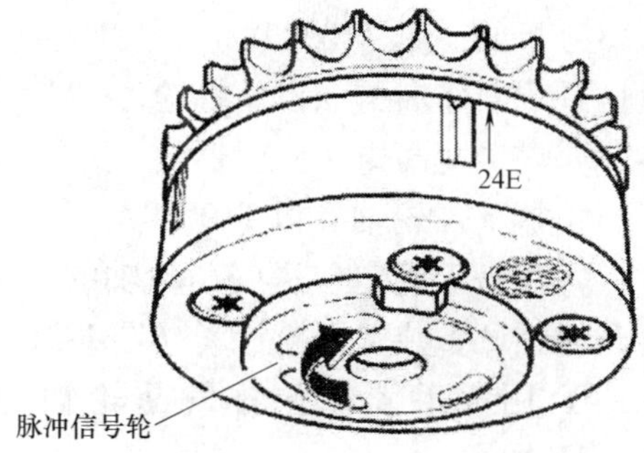

图 1-12 转动脉冲信号轮

7）把进气凸轮轴调整装置连同装上的凸轮轴正时链一起安装到凸轮轴上，凸轮轴调整装置上的箭头必须对准正时齿轮箱上的刻槽，如图 1-13 所示。

8）把凸轮轴调整装置螺栓拧入进气凸轮轴中。

9）从进气凸轮轴调整装置的标记 24E 开始，在正时链上沿排气侧数 16 个链节，如图 1-14 所示。

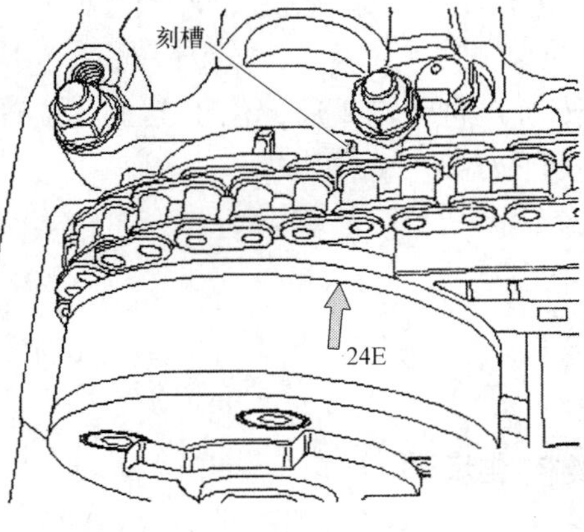

图 1-13 箭头对准刻槽

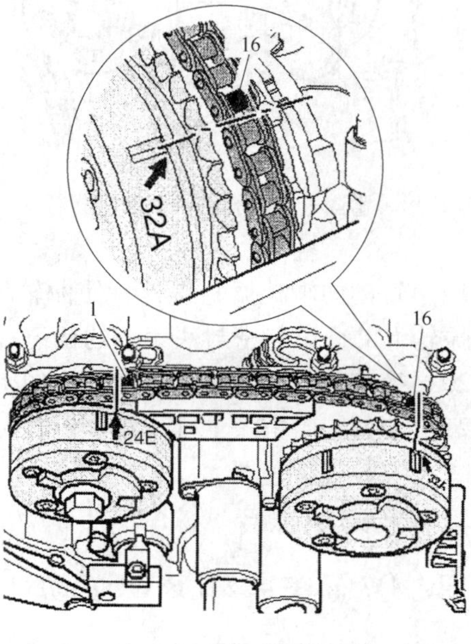

图 1-14 数出 16 个链节

10）将排气凸轮轴调整装置标记 32A 处的齿准确地安装到正时链的 16 个链节之后。

11）把排气凸轮轴调整装置（标有 32A）连同装上的凸轮轴正时链套到排气凸轮上。

凸轮轴调整装置上的标记（图 1-15 中的 1）必须对准正时齿轮箱上的刻槽（图 1-15 中的 2），见图 1-15。

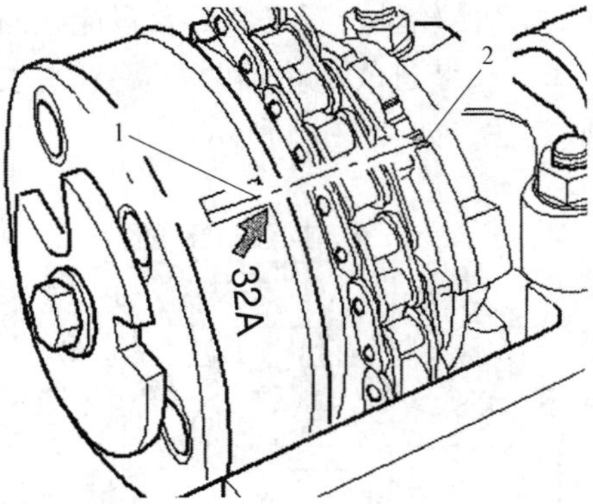

图 1-15　标记对准刻槽

12）把凸轮轴调整装置螺栓拧入排气凸轮轴中。

13）拆卸工具 T10332。

14）安装正时链条滑轨螺栓。

15）安装正时链条张紧器。

16）拆下凸轮轴导板 T10068A。

17）用扳手固定住进气凸轮轴的六角部位，将进气凸轮轴调整装置螺栓拧紧（图 1-16）。

18）用扳手固定住排气凸轮轴的六角部位，将排气凸轮轴调整装置螺栓拧紧（图 1-17）。

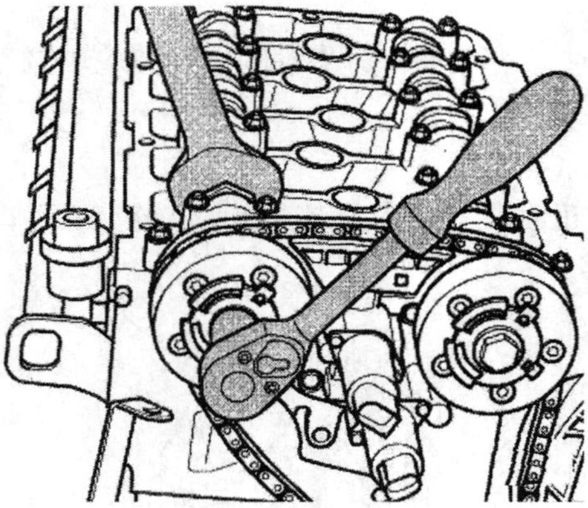
图 1-16　紧固进气凸轮轴调整装置螺栓

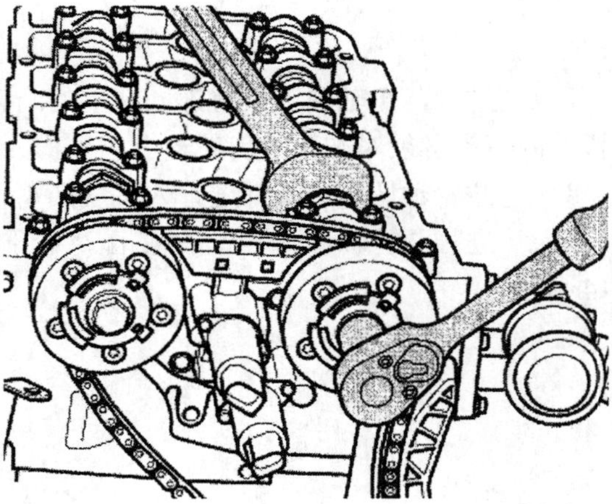
图 1-17　紧固排气凸轮轴调整装置螺栓

19）转动曲轴减振轮螺栓，使曲轴沿发动机转动方向旋转 2 周，位于上止点位置。此时减振轮上的标记与密封法兰上的标记必须对齐，见图 1-3。

20）换装新的正时链上部盖罩中的密封圈。

21）安装正时链条上部盖罩。

22）安装气缸盖罩。

23）安装进气管。

四、Q7 轿车 4.2L BAR 发动机正时链条校准步骤

正时链条部件识别见图 1-18。校准操作步骤见表 1-2。

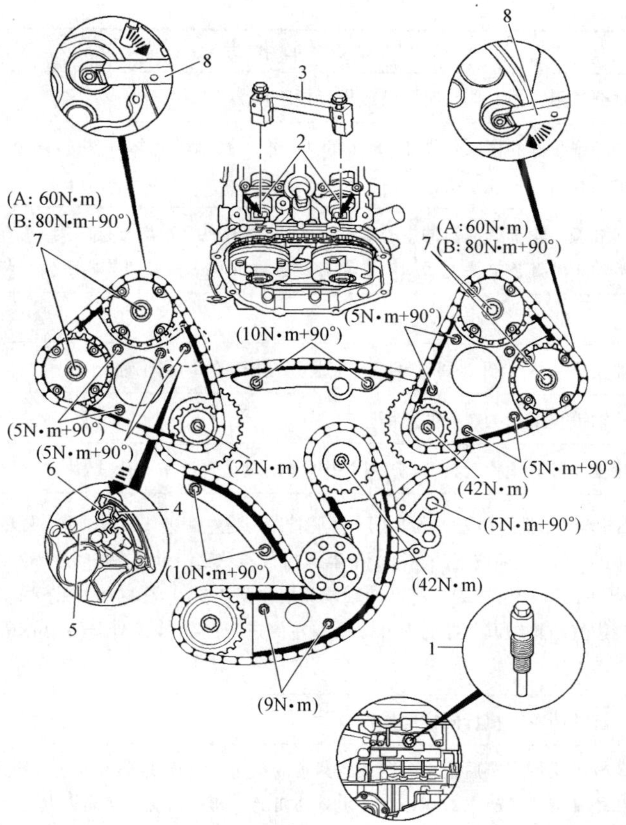

图 1-18　Q7 轿车 4.2L BAR 发动机正时链条部件识别

注意：在图 1-18 中凡是标有角度紧固力矩的螺栓，拆卸后必须废弃，然后换装新的螺栓。

表 1-2　Q7 轿车 4.2L BAR 发动机正时链条校准步骤

步　骤	操 作 方 法
1	拆下变速器
2	拆下飞轮
3	顺时针转动曲轴带轮，直至 1 缸抵达上止点前位置
4	从气缸体上拆下堵头
5	沿顺时针方向慢慢转动曲轴带轮，直至能把曲轴锁止销（图 1-18 中的 1）插入曲轴
6	把插入的曲轴锁止销紧固至 20N · m
7	确保凸轮轴正确对齐（图 1-18 中的 2）；凸轮轴上的螺纹孔均朝上
8	安装凸轮轴锁止工具（图 1-18 中的 3），将其紧固到 25N · m。如果凸轮轴锁止工具安装不上，则说明气门正时不正确

（续）

步　骤	操 作 方 法
9	拆下正时链条张紧器，使正时链条放松以便于拆装
10	把正时链条张紧器的柱塞（图 1-18 中的 4）推入张紧器壳体（图 1-18 中的 5），然后插入锁止销（图 1-18 中的 6）
11	把左侧气缸盖凸轮轴调节器的中心螺栓（图 1-18 中的 7）均拧松一周。 注意：拆卸正时链条前要先用油漆在正时链条链节和凸轮轴调节器上做好标记，以便正确安装
12	对齐凸轮轴
13	把凸轮轴锁止工具（图 1-18 中的 3）安装到左排气缸的凸轮轴上
14	安装凸轮轴锁止工具的螺栓并紧固至 25N · m
15	使用凸轮轴调节器预紧工具（图 1-18 中的 8）对正时链条进行预紧
16	将左侧凸轮轴调节器螺栓分 A 和 B 两个步骤拧紧；将左侧进气凸轮轴调节器的中心螺栓紧固到 60N · m（图 1-18 中的 A）。左侧进气凸轮轴调节器保持预紧状态。将左侧排气凸轮轴调节器的中心螺栓紧固到 60N · m（图 1-18 中的 A）。把凸轮轴调节器预紧工具（图 1-18 中的 8）从凸轮轴调节器上拆下，然后将左侧进气凸轮轴调节器的中心螺栓和左侧进气凸轮轴调节器的中心螺栓紧固到 80N · m + 90°（图 1-18 中的 B）
17	对右排气缸的凸轮轴执行同样的操作步骤
18	正时链条校准执行完毕后把正时链条张紧器的锁止销（图 1-18 中的 6）拆下。 注意：凸轮轴调节器的中心螺栓是一次性使用的，拆卸后必须更换新的中心螺栓
19	拆下曲轴锁止销（图 1-18 中的 1）和凸轮轴锁止工具（图 1-18 中的 3）
20	将曲轴沿顺时针转动 2 周
21	安装曲轴锁止销（图 1-18 中的 1）
22	检查气门正时
23	拆下曲轴锁止销（图 1-18 中的 1）
24	重新安装气缸体堵头。 注意：如果正时链条需要重新使用，则拆卸前要标记好左侧和右侧正时链条，以便在重新安装时不发生错误

第二节　Q5 轿车

一、Q5 轿车 3. 2L FSI 发动机正时链条部件识别

Q5 轿车 3. 2L FSI 发动机正时链条部件识别见图 1-19。

二、Q5 轿车 3. 2L FSI 发动机正时校准步骤

校准操作步骤见表 1-3。

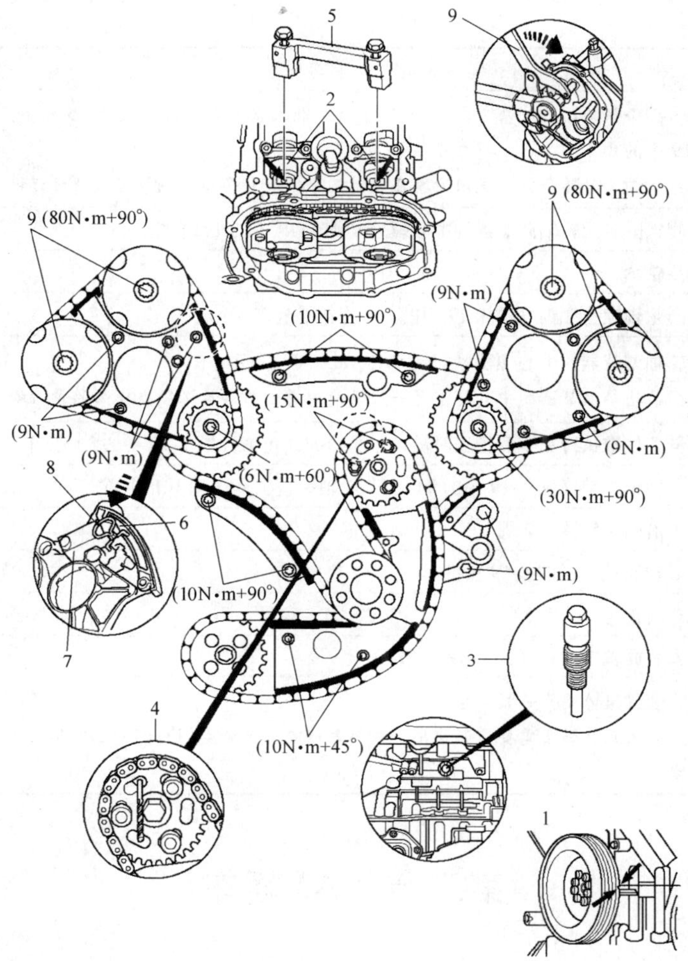

图 1-19　Q5 轿车 3. 2L FSI 发动机正时链条部件识别

表 1-3　Q5 轿车 3. 2L FSI 发动机正时校准步骤

步　骤	操 作 方 法
1	拆下变速器
2	拆下飞轮
3	将发动机设置在 1 缸上止点位置（图 1-19 中的 1）
4	确保凸轮轴正确对齐（图 1-19 中的 2）；凸轮轴上的螺纹孔均朝上
5	从气缸体上拆下堵头
6	安装曲轴锁止销（图 1-19 中的 3）；将曲轴锁止销紧固至 20N · m
7	确保平衡轴固定到位（图 1-19 中的 4）
8	安装凸轮轴锁止工具（图 1-19 中的 5），将其紧固到 25N · m。如果凸轮轴锁止工具安装不上，则说明气门正时不正确
9	拆下正时链条张紧器，使正时链条放松以便于拆装

（续）

步　　骤	操作方法
10	把正时链条张紧器的柱塞（图1-19中的6）推入张紧器壳体（图1-19中的7），然后插入锁止销（图1-19中的8） 注意：拆卸正时链条前要先用油漆在正时链条链节和凸轮轴调节器上做好标记，以便正确安装
11	把左侧气缸盖凸轮轴调节器的中心螺栓（图1-19中的9）拧松一周
12	对齐凸轮轴
13	安装凸轮轴锁止工具（图1-19中的5）并紧固至25N·m
14	将凸轮轴调节器的中心螺栓紧固到80N·m+90° 注意：凸轮轴调节器的中心螺栓是一次性使用的，拆卸后必须更换新的中心螺栓
15	正时链条校准执行完毕后把正时链条张紧器的锁止销（图1-19中的8）拆下
16	拆下曲轴锁止销（图1-19中的3）和凸轮轴锁止工具（图1-19中的5）
17	将曲轴沿顺时针转动2周
18	安装曲轴锁止销（图1-19中的3）
19	检查气门正时
20	拆下安装曲轴锁止销（图1-19中的3）
21	重新安装气缸体堵头并紧固至14N·m。 注意：如果正时链条需要重新使用，则拆卸前要标记好左侧和右侧正时链条，以便在重新安装时不发生错误

第三节　A3 轿车

一、A3 轿车 1.4L TFSI 发动机正时链条部件识别

正时链条部件识别见图1-20。

二、A3 轿车 1.4L TFSI 发动机正时链条校准步骤

校准操作步骤见表1-4。

表1-4　A3 轿车 1.4L TFSI 发动机正时链条校准步骤

步　　骤	操作方法
1	拆下正时链条盖
2	拆下油底壳
3	在1缸火花塞孔处安装千分表和支架（图1-20中的1），确保发动机设置在1缸上止点位置
4	确保各个凸轮轴正时标记对齐（图1-20中的2），如果没有对齐，将曲轴转动360°
5	安装凸轮轴定位工具（图1-20中的3） 注意：如果凸轮轴定位工具不能安装上，则说明气门正时不正确

（续）

步骤	操作方法
6	安装曲轴正时销（图 1-20 中的 4）
7	重新安装带有垫圈的曲轴带轮螺栓，用手把螺栓拧紧。推动正时链条张紧器滑轨直至抵住正时链条张紧器。安装正时链条张紧器锁止工具（图 1-20 中的 5）。 注意：如果要重新使用正时链条，要标记好正时链条的转动方向，以免在安装时发生错误
8	拆下凸轮轴定位工具（图 1-20 中的 3）
9	将凸轮轴链轮螺栓拧松。 注意：进气凸轮轴链轮螺栓为左旋螺纹
10	拆下排气凸轮轴链轮（图 1-20 中的 6）和正时链条
11	使用凸轮轴定位工具（图 1-20 中的 3）定位凸轮轴
12	确保曲轴设置在 1 缸上止点位置：顺时针慢慢转动曲轴，直至抵到曲轴正时销（图 1-20 中的 4）
13	安装排气凸轮轴链轮（图 1-20 中的 6）和正时链条
14	将各个凸轮轴链轮螺栓换装为新螺栓，用手将螺栓拧紧
15	确保凸轮轴链轮能自由转动，且转动时不发生偏摆
16	拆下正时链条张紧器锁止工具（图 1-20 中的 5）
17	确保曲轴设置在 1 缸上止点位置：顺时针慢慢转动曲轴，直至抵到曲轴正时销（图 1-20 中的 4）
18	确保凸轮轴定位工具（图 1-20 中的 3）正确定位
19	暂时紧固凸轮轴链轮螺栓：进气凸轮轴链轮螺栓紧固至 40N·m；排气凸轮轴链轮螺栓紧固至 50N·m
20	拆下凸轮轴定位工具（图 1-20 中的 3）
21	拆下曲轴正时销（图 1-20 中的 4）
22	顺时针转动曲轴 2 周
23	用千分表（图 1-20 中的 1）确认发动机处于 1 缸上止点位置
24	安装曲轴正时销（图 1-20 中的 4）
25	确保凸轮轴定位工具（图 1-20 中的 3）可以安装上。如果凸轮轴定位工具不能安装上，则说明气门正时不正确
26	拆下凸轮轴定位工具（图 1-20 中的 3）
27	拆下曲轴正时销（图 1-20 中的 4）
28	将凸轮轴链轮螺栓再紧固 90°
29	顺时针转动曲轴 2 周
30	检查气门正时
31	安装曲轴带轮螺栓，将其紧固至 150N·m+180°。 注意：曲轴带轮螺栓和凸轮轴链轮螺栓均为一次性使用，旧螺栓不能重新使用，必须换装新螺栓

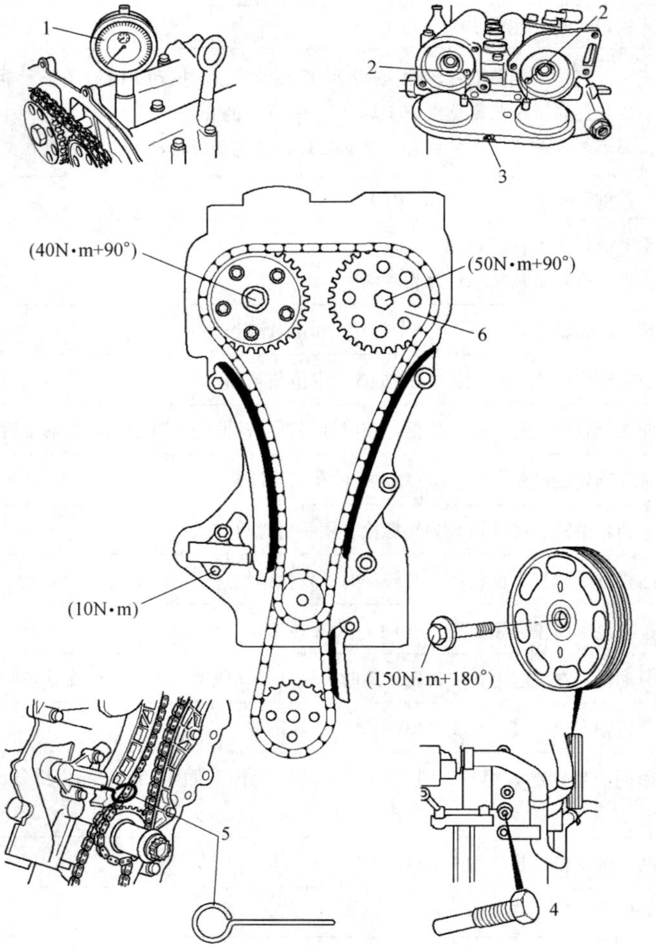

图 1-20　A3 轿车 1.4L TFSI 发动机正时链条部件识别

第四节　A5 轿车

一、A5 轿车 3.2L FSI 发动机正时链条部件识别

正时链条部件识别见图 1-21。

二、A5 轿车 3.2L FSI 发动机正时校准步骤

校准操作步骤见表 1-5。

表 1-5 A5 轿车 3.2L FSI 发动机正时校准步骤

步骤	操作方法
1	拆下变速器
2	拆下飞轮
3	将发动机设置在 1 缸上止点位置（图 1-21 中的 1）
4	确保凸轮轴正确对齐（图 1-21 中的 2）；凸轮轴上的螺纹孔均朝上。如果不能正确对齐，则将曲轴转动 360°
5	从气缸体上拆下堵头
6	安装曲轴锁止销（图 1-21 中的 3）；将曲轴锁止销紧固至 20N · m
7	确保平衡轴固定到位（图 1-21 中的 4）
8	安装凸轮轴锁止工具（图 1-21 中的 5），将其紧固到 25N · m。如果凸轮轴锁止工具安装不上，则说明气门正时不正确
9	拆下正时链条张紧器，使正时链条放松以便于拆装
10	把正时链条张紧器的柱塞（图 1-21 中的 6）推入张紧器壳体（图 1-21 中的 7），然后插入锁止销（图 1-21 中的 8） 注意：拆卸正时链条前要先用油漆在正时链条链节和凸轮轴调节器上做好标记，以便正确安装
11	把左侧气缸盖凸轮轴调节器的中心螺栓（图 1-21 中的 9）拧松一周
12	对齐凸轮轴
13	安装凸轮轴锁止工具（图 1-21 中的 5）并紧固至 25N · m
14	将凸轮轴调节器的中心螺栓紧固到 80N · m + 90° 注意：凸轮轴调节器的中心螺栓是一次性使用的，拆卸后必须更换新的中心螺栓
15	正时链条校准执行完毕后把正时链条张紧器的锁止销（图 1-21 中的 8）拆下
16	拆下曲轴锁止销（图 1-21 中的 3）和凸轮轴锁止工具（图 1-21 中的 5）
17	将曲轴沿顺时针转动 2 周
18	安装曲轴锁止销（图 1-21 中的 3）
19	检查气门正时
20	拆下安装曲轴锁止销（图 1-21 中的 3）
21	重新安装气缸体堵头并紧固至 14N · m。 注意：如果正时链条需要重新使用，则拆卸前要标记好左侧和右侧正时链条，以便在重新安装时不发生错误

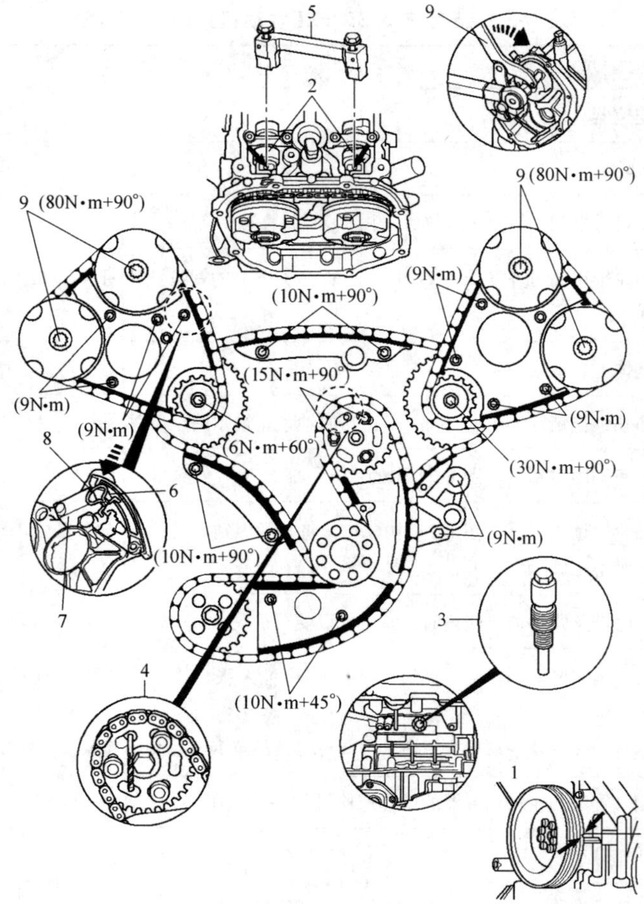

图 1-21　A5 轿车 3. 2L FSI 发动机正时链条部件识别

第五节　A8 轿车

一、A8 轿车 6. 0L BHT/BSB 发动机正时链条部件识别

正时链条部件识别见图 1-22。

二、A8 轿车 6. 0L BHT/BSB 发动机正时链条拆卸步骤

拆卸步骤见表 1-6。

表 1-6　A8 轿车 6. 0L BHT/BSB 发动机正时链条拆卸步骤

步　骤	操 作 方 法
1	拆下发动机和变速器
2	将发动机设置在 1 缸上止点位置（图 1-22 中的 1）
3	把凸轮轴定位工具安装到左排和右排气缸上（图 1-22 中的 2）。如果凸轮轴定位工具安装不上，则将曲轴转动 360°

（续）

步　骤	操 作 方 法
4	从气缸体左侧拆下堵头
5	安装曲轴正时销（图 1-22 中的 3） 注意：如果正时链条拆卸后要重新安装使用，在拆卸前要做好标记，以便在安装时不发生错误
6	拆下右排气缸的次级正时链条张紧器（图 1-22 中的 4）
7	把左排气缸次级正时链条张紧器的柱塞沿箭头方向压入张紧器壳体内（图 1-22 中的 5），然后插入一根直径为 3.5mm 的销子（图 1-22 中的 6）使链条张紧器柱塞锁止在压缩位置
8	拆卸左排气缸次级正时链条张紧器滑轨、正时链条导向装置和正时链条
9	拆卸右排气缸次级正时链条张紧器滑轨、正时链条导向装置和正时链条
10	拆卸惰轮链轮螺栓（图 1-22 中的 7）
11	拆卸次级正时链条惰轮链轮。注意：惰轮链轮螺栓的螺纹是左旋的
12	把主正时链条张紧器锁止在压缩位置：把主正时链条张紧器的柱塞沿箭头方向压入张紧器壳体内（图 1-22 中的 8），然后插入一根直径为 3.5mm 的销子（图 1-22 中的 9）使链条张紧器柱塞锁止在压缩位置
13	拆卸主正时链条导向装置和主正时链条张紧器滑轨
14	拆卸惰轮链轮定位销（图 1-22 中的 10）
15	把主正时链条和惰轮链轮连在一起拆下

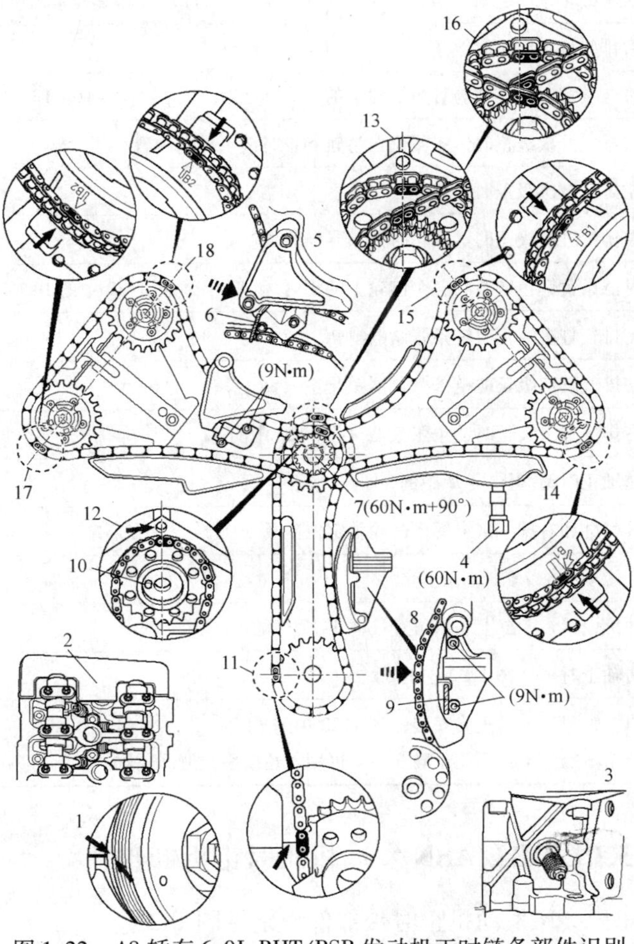

图 1-22　A8 轿车 6.0L BHT/BSB 发动机正时链条部件识别

三、A8 轿车 6.0L BHT/BSB 发动机正时链条安装步骤

安装步骤见表 1-7。

表 1-7　A8 轿车 6.0L BHT/BSB 发动机正时链条安装步骤

步　骤	操作方法
1	将发动机设置在 1 缸上止点位置（图 1-22 中的 1）
2	确保凸轮轴定位工具正确安装（图 1-22 中的 2）
3	确保曲轴正时销安装正确（图 1-22 中的 3）
4	把主正时链条和惰轮链轮连在一起安装
5	插入惰轮链轮定位销（图 1-22 中的 10）
6	确保正时链条的黄铜色链节与壳体接缝处对齐（图 1-22 中的 11）
7	确保左排气缸次级正时链条上的黄铜色链节与正上方的螺纹孔对齐（图 1-22 中的 12）
8	安装主正时链条张紧器和正时链条导向装置
9	拆下主正时链条张紧器锁止销（图 1-22 中的 9）
10	安装惰轮链轮，换装新的惰轮链轮螺栓（图 1-22 中的 7），将螺栓紧固至 60N · m + 90°
11	安装右排气缸次级正时链条
12	将正时链条黄铜色链节与各个链轮上的正时标记对齐（图 1-22 中的 13、14 和 15）
13	安装右排气缸次级正时链条张紧器滑轨和正时链条导向装置
14	安装左排气缸次级正时链条
15	安装左排气缸次级正时链条正时链条导向装置
16	将正时链条黄铜色链节与各个链轮上的正时标记对齐（图 1-22 中的 16、17 和 18）
17	安装左排气缸次级正时链条张紧器滑轨
18	拆卸左排气缸次级正时链条张紧器锁止销（图 1-22 中的 6）
19	安装右排气缸次级正时链条张紧器（图 1-22 中的 4）
20	拆卸曲轴正时销（图 1-22 中的 3）
21	从左排气缸和右排气缸上拆下凸轮轴定位工具（图 1-22 中的 2）
22	顺时针转动曲轴 2 周
23	将发动机设置在 1 缸上止点位置（图 1-22 中的 1）
24	安装曲轴正时销（图 1-22 中的 3）
25	确保凸轮轴定位工具正确安装（图 1-22 中的 2） 如果凸轮轴定位工具不能正确安装，可用六角扳手微调凸轮轴

四、A8 轿车 3.0L BBJ/ASN 发动机正时带拆卸步骤

A8 轿车 3.0L BBJ/ASN 发动机正时带部件识别见图 1-23。

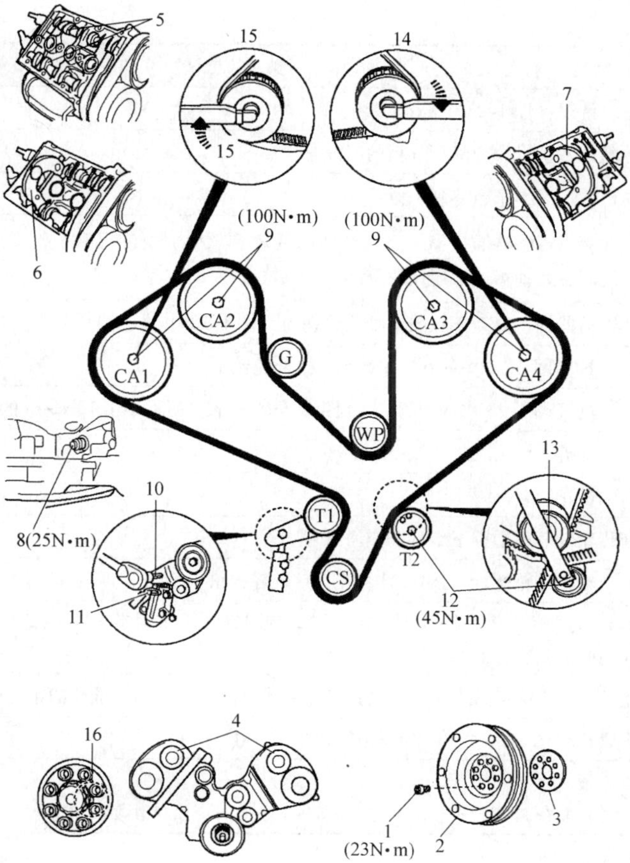

图 1-23　A8 轿车 3.0L BBJ/ASN 发动机正时带部件识别

正时带拆卸步骤见表 1-8。

表 1-8　A8 轿车 3.0L BBJ/ASN 发动机正时带拆卸

步　骤	操 作 方 法
1	把车身前端举升并支撑好 注意：对于配备自适应空气悬架系统的车辆，其空气悬架系统应设置在“JACKING MODE”（举升模式）状态
2	从发动机下部挡板上拆下辅助预热装置排气管
3	拆卸发动机下部挡板、空气滤清器壳上的二次空气喷射管、发动机后罩、发动机前罩、发动机右侧分隔罩
4	顺时针转动发动机附件传动带张紧器
5	拆下发动机附件传动带
6	拆下动力转向泵带轮
7	顺时针转动发动机附件传动带张紧器
8	固定发动机附件传动带张紧器
9	拆下发动机附件传动带张紧器，曲轴带轮螺栓（图 1-23 中的 1）、曲轴带轮（图 1-23 中的 2） 注意：止推垫圈（图 1-23 中的 3）只能安装到曲轴链轮上

（续）

步　骤	操作方法
10	拆卸正时带罩（图 1-23 中的 4）
11	夹住并断开发动机冷却液膨胀箱的回液管
12	把发动机冷却液膨胀箱移到一旁
13	拆下空气流量传感器插接器、空气滤清器壳体和软管、机油尺和机油导管、右侧气缸盖上的空气管、点火线圈、曲轴箱后部通风软管和 2 个气缸盖罩
14	顺时针转动曲轴，直至 3 缸凸轮轴凸轮朝上（图 1-23 中的 5）
15	把锁止工具（图 1-23 中的 6）安装到 3 缸凸轮轴上
16	把锁止工具（图 1-23 中的 7）安装到 4 缸凸轮轴上。用不小于 10N · m 的力矩紧固锁止工具
17	从气缸体上拆下堵头（图 1-23 中的 8）
18	安装曲轴锁止装置
19	从各个凸轮轴链轮上拆下卡环和空心螺母
20	把各个凸轮轴链轮螺栓（图 1-23 中的 9）轻轻拧松
21	使用 8mm 的六角扳手（图 1-23 中的 10），逆时针转动张紧器（图 1-23 中的 T1），直至张紧器推杆上的小孔与张紧器壳体对齐
22	把锁止销（图 1-23 中的 11）穿过张紧器壳体上的小孔，插入推杆的小孔中，把张紧器推杆固定住
23	拧松张紧轮（图 1-23 中的 T2）螺栓（图 1-23 中的 12）
24	拆下正时带 注意：若重复使用正时带，则用粉笔标出旋转方向，以便在安装时参照，避免错装

五、A8 轿车 3.0L BBJ/ASN 发动机正时带安装步骤

A8 轿车 3.0L BBJ/ASN 发动机正时带安装步骤见表 1-9。

表 1-9　A8 轿车 3.0L BBJ/ASN 发动机正时带安装步骤

步　骤	操作方法
1	轻轻拧紧每个凸轮轴链轮上的螺栓（图 1-23 中的 9），确保凸轮轴链轮可以自由转动且转动时不发生偏摆
2	从曲轴链轮开始顺时针方向安装正时带。注意：检查正时带和链轮的边缘是否对齐
3	顺时针转动张紧轮（图 1-23 中的 T2），直到专用工具和水泵带轮中心对齐，见图 1-23 中的 13
4	固定工具并紧固张紧轮螺栓（图 1-23 中的 12），紧固力矩：45N · m
5	将扭力扳手（图 1-23 中的 10）安装到张紧轮（图 1-23 中的 T1）上
6	用 45N · m 的力矩顺时针拧紧张紧轮（图 1-23 中的 T1）
7	逆时针慢慢转动张紧轮（图 1-23 中的 T1），直到锁止销（图 1-23 中的 11）可以拔出拆下
8	从张紧器壳体上拆下锁止销（图 1-23 中的 11），以便松开张紧器推杆
9	顺时针方向拧紧正时带，紧固力矩为 25N · m
10	拆下扭力扳手
11	将调整工具安装到凸轮轴链轮 CA4 上
12	顺时针转动凸轮轴，施加 10N · m 的力矩（见图 1-23 中的 14）

（续）

步　骤	操作方法
13	将调整工具安装到凸轮轴链轮 CA1 上
14	顺时针转动凸轮轴，并施加 10N·m 的力矩（见图 1-23 中的 15）
15	拧紧每个凸轮轴链轮螺栓（图 1-23 中的 9），紧固力矩为 100N·m
16	将空心螺母和卡环安装到每个凸轮轴链轮上
17	拆下凸轮轴锁止工具（图 1-23 中的 6 和 7）、曲轴锁止工具
18	安装堵头。紧固力矩为 25N·m
19	安装曲轴带轮。注意：确保标记和曲轴链轮上的凸耳（图 1-23 中的 16）对齐
20	拧紧曲轴带轮螺栓（图 1-23 中的 1），紧固力矩为 23N·m
21	按与拆卸相反的顺序安装其他部件

六、A8 轿车 4.2L BFM 发动机正时带拆卸步骤

1）从发动机舱前部拆下装饰罩。

2）从空气滤清器处拆下进气管。拆下发动机顶部的装饰罩和气缸盖装饰罩。

3）松开正时带罩上的弹簧卡夹，拆下正时带罩。

4）拆下隔音板。

5）使用套筒扳手，顺时针转动附件传动带张紧器，使传动带张力释放，拆下附件传动带，如图 1-24 所示。

6）拆卸粘液驱动冷却风扇，拆下粘液驱动风扇护罩，用扳手固定住粘液驱动风扇的带轮，顺时针转动，拆下粘液驱动冷却风扇，如图 1-25 所示，粘液驱动风扇为左旋螺纹。

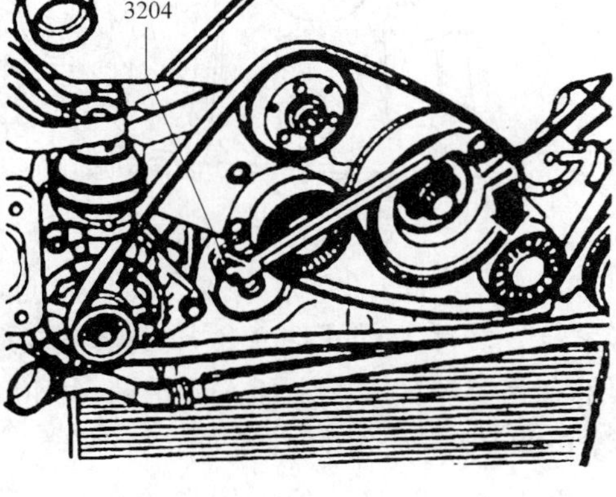

图 1-24　拆卸附件传动带

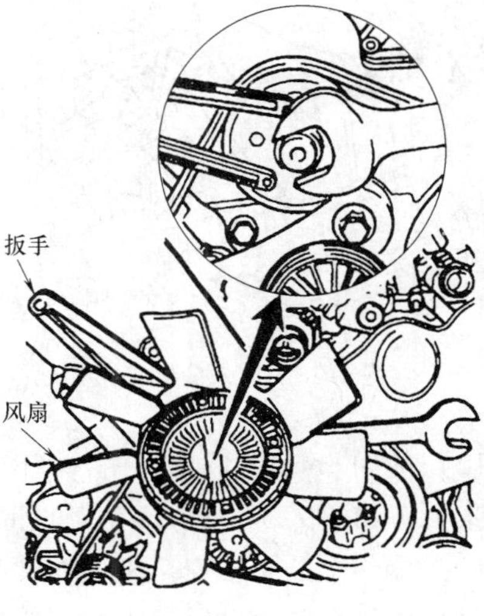

图 1-25　拆卸粘液驱动冷却风扇

7）旋转曲轴至压缩行程上止点位置，确保减振器上的上止点标记与发动机上的标记对齐，如图 1-26 所示。

8）检查凸轮轴位置，凸轮轴链轮安全板上的大孔必须面朝里侧并相互对齐，如图 1-27 所示。

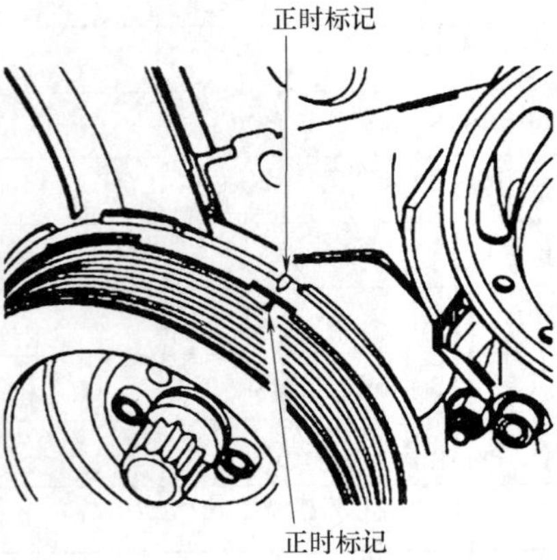

图 1-26　对齐曲轴带轮上止点标记

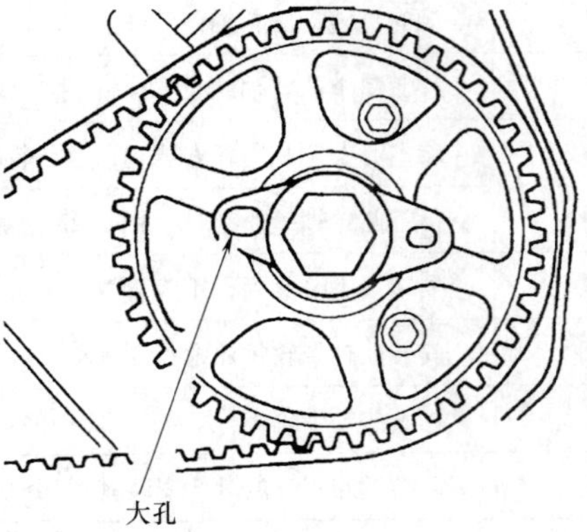

图 1-27　对齐凸轮轴链轮安全板上的大孔

9）从发动机缸体左下侧拆卸密封塞，曲轴上的上止点孔必须位于密封塞孔后，在密封塞孔内拧入曲轴夹紧螺栓（3242），如图 1-28 所示。

10）从发动机缸体前部拆卸附件传动带张紧器。拆卸减振器固定螺栓（不必拆卸中心螺栓，但是如果中心螺栓松动，则应换装新的中心螺栓），拆卸减振器。

11）拆卸粘液驱动冷却风扇的支架，如图 1-29 所示。

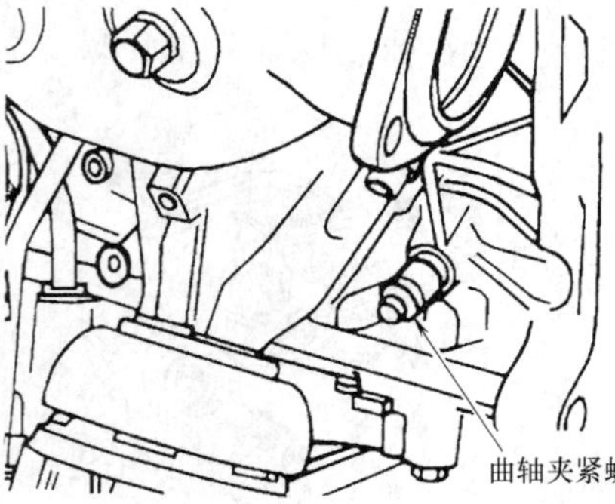

图 1-28　拧入曲轴夹紧螺栓

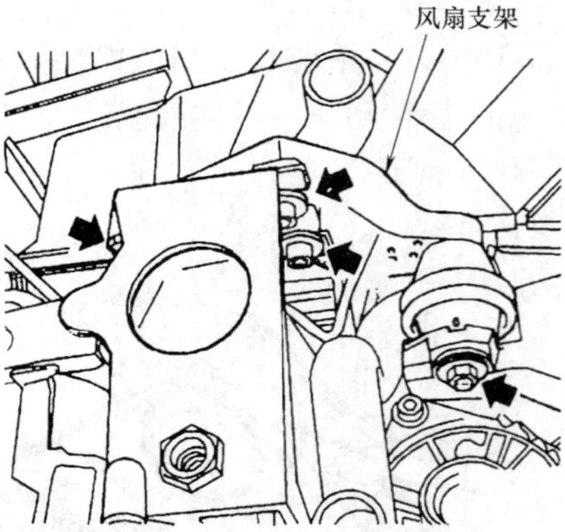

图 1-29　拆卸支架

12）使用 8mm 的六角扳手，逆时针转动张紧杆，缓缓压缩正时带液压张紧器以释放正时带张力，如图 1-30 所示，在正时带张紧器顶部和张紧器柱塞孔中插入弹簧销（T40011）。

13）在两个凸轮轴安全板上安装凸轮轴杆（T40005），如图 1-31 所示。

14）将两个凸轮轴链轮安全螺栓拧松 5 圈，拆下凸轮轴杆，然后用齿轮拔具松开凸轮轴链轮，使其能自由转动。

15）松开正时带张紧器带轮中心螺栓，张紧器带轮位于曲轴链轮上方偏右位置，将正时带和 1～4 缸的凸轮轴链轮一同拆下。

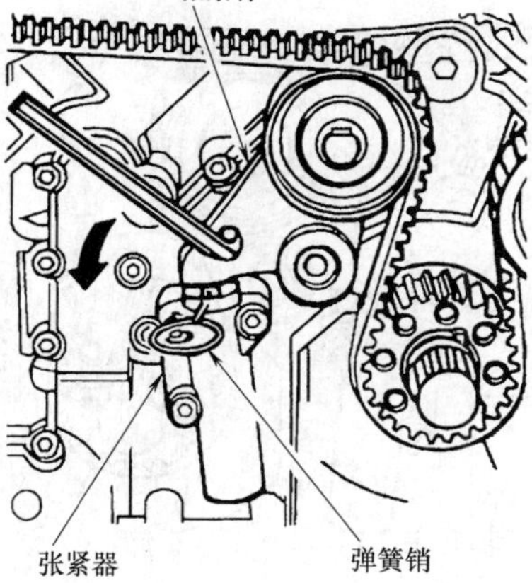

图 1-30　释放正时带张力

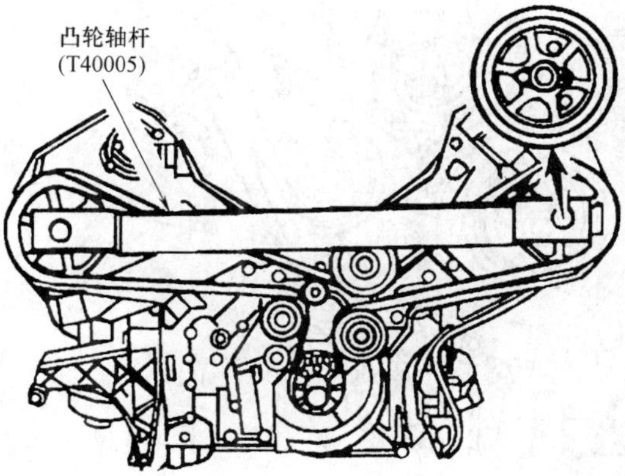

图 1-31　安装凸轮轴杆

七、A8 轿车 4.2L BFM 发动机正时带安装步骤

1）确保曲轴处于上止点位置，将正时带套上曲轴链轮、张紧器轮和气缸 5 ~8 的凸轮轴链轮、水泵带轮和减振器轮上。

2）手动拧紧凸轮轴链轮固定螺栓。螺栓拧紧后，凸轮轴链轮可以在凸轮轴销上转动，但不会前后晃动。

3）将凸轮轴杆（T40005）连接到凸轮轴上，在张紧杆和液压张紧器柱塞之间插入一个 5mm 的钻头。

4）使用张紧键（T40009）、套筒连接装置（5122）和扭力扳手设置正时带初始张紧度，如图 1-32 所示，将张紧度设置到 4N · m。将传动带张紧器保持在这个位置，将张紧器中心螺母紧固到 22N · m。拆下 5mm 钻头。

5）使用 8mm 的六角扳手，逆时针转动正时带张紧杆，直至弹簧销能从液压张紧器上拆下。

6）顺时针转动正时带张紧杆，直至可将一个 7mm 的钻头插入正时带张紧杆和液压张紧器壳体顶部之间。将凸轮轴链轮螺栓紧固至 55N · m。将凸轮轴杆保持在原来位置，防止凸轮轴转动。

7）凸轮轴链轮螺栓紧固后，拆下凸轮轴杆。拆下 7mm 的钻头。拆下曲轴夹紧螺栓。安装密封塞。沿曲轴转动方向转动曲轴 2 周。

8）测量正时带张紧杆与液压张紧器壳体之间的间隙，如图 1-33 所示，规范值应为 5mm。如果不符合规范值，则要重新进行调节。

9）测量右侧正时带导板与正时带顶部之间的间隙，如图 1-34 所示，规范值应为 1mm。

10）测量左侧正时带导板与正时带顶部之间的间隙，如图 1-35 所示，规范值应为 1mm。

11）安装减振器，将减振器上的凹槽标记与正时带链轮上的凸出标记对齐。紧固所有螺栓。

12）安装附件传动带。

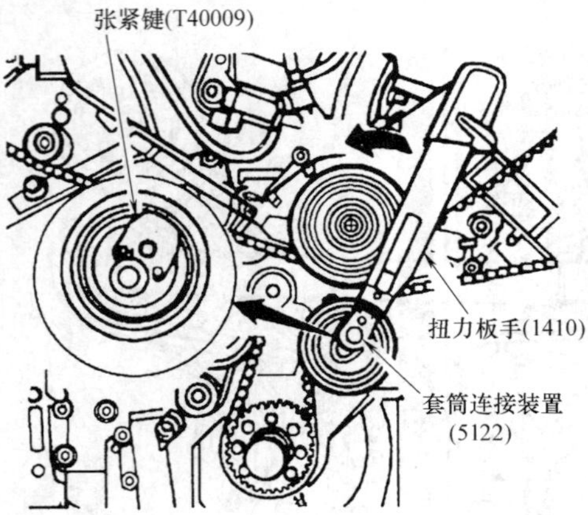

图 1-32　设置正时带初始张紧度

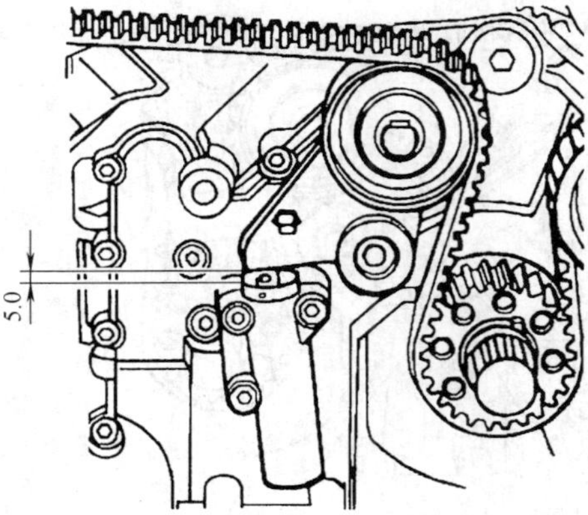

图 1-33　测量张紧杆与液压张紧器壳体之间的间隙

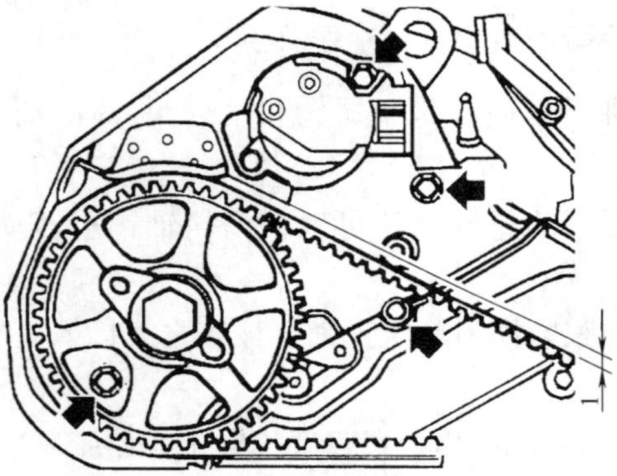

图 1-34　测量正时带顶部与右侧正时带导板之间的间隙（右气缸盖）

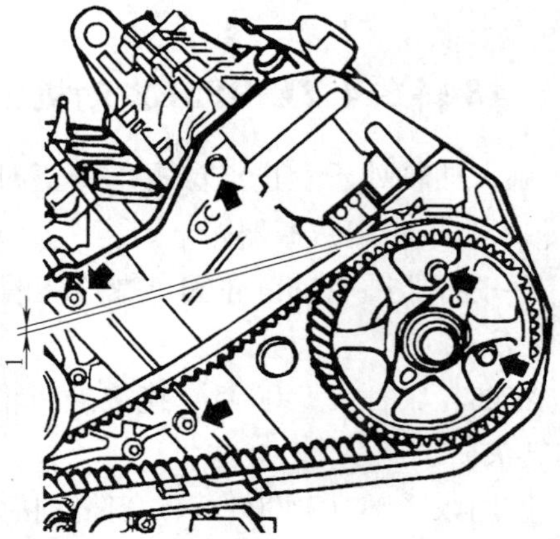

图 1-35　测量正时带顶部与左侧正时带导板之间的间隙（左气缸盖）

八、A8 轿车 2.8L FSI 发动机正时校准步骤

正时链条部件识别见图 1-36。

校准操作步骤见表 1-10。

表 1-10　A8 轿车 2.8L FSI 发动机正时校准步骤

步　骤	操 作 方 法
1	拆下变速器
2	拆下飞轮
3	从气缸体上拆下堵头
4	将发动机设置在 1 缸上止点位置（图 1-19 中的 1）
5	确保凸轮轴正确对齐（图 1-19 中的 2）；凸轮轴上的螺纹孔均朝上
6	安装曲轴锁止销（图 1-36 中的 3）；将曲轴锁止销紧固至 20N · m
7	确保平衡轴固定到位（图 1-36 中的 4）
8	安装凸轮轴锁止工具（图 1-36 中的 5），将其紧固到 25N · m。如果凸轮轴锁止工具安装不上，则说明气门正时不正确
9	拆下正时链条张紧器，使正时链条放松以便于拆装

（续）

步 骤	操 作 方 法
10	把正时链条张紧器的柱塞（图 1-36 中的 6）推入张紧器壳体（图 1-36 中的 7），然后插入锁止销（图 1-36 中的 8） 注意：拆卸正时链条前要先用油漆在正时链条链节和凸轮轴调节器上做好标记，以便正确安装
11	把左侧气缸盖凸轮轴调节器的中心螺栓（图 1-36 中的 9）拧松一周
12	对齐凸轮轴
13	安装凸轮轴锁止工具（图 1-36 中的 5）并紧固至 25N · m
14	将凸轮轴调节器的中心螺栓紧固到 80N · m + 90°。 注意：凸轮轴调节器的中心螺栓是一次性使用的，拆卸后必须更换新的中心螺栓
15	正时链条校准执行完毕后把正时链条张紧器的锁止销（图 1-36 中的 8）拆下
16	拆下曲轴锁止销（图 1-36 中的 3）和凸轮轴锁止工具（图 1-36 中的 5）
17	将曲轴沿顺时针转动 2 周
18	安装曲轴锁止销（图 1-36 中的 3）
19	检查气门正时
20	拆下曲轴锁止销（图 1-36 中的 3）
21	重新安装气缸体堵头并紧固至 14N · m 注意：如果正时链条需要重新使用，则拆卸前要标记好左侧和右侧正时链条，以便在重新安装时不发生错误

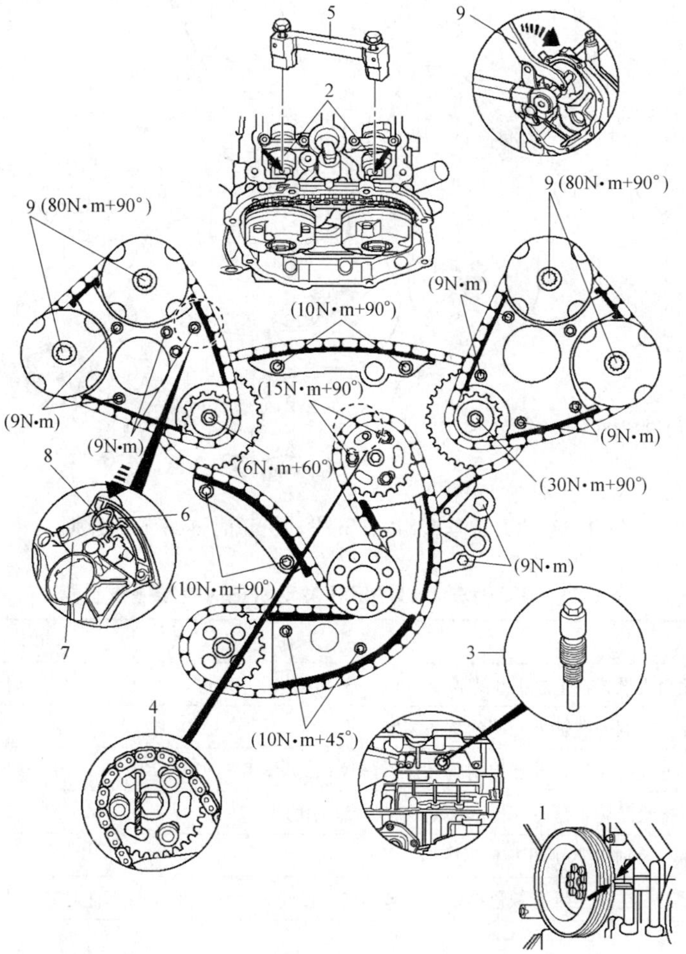

图 1-36 A8 轿车 2. 8L FSI 发动机正时链条部件识别

第六节　TT 轿车

一、TT 轿车 1.8L TFSI 发动机正时校准

TT 轿车 1.8L TFSI 发动机正时链条部件识别见图 1-37。正时校准操作步骤见表 1-11。

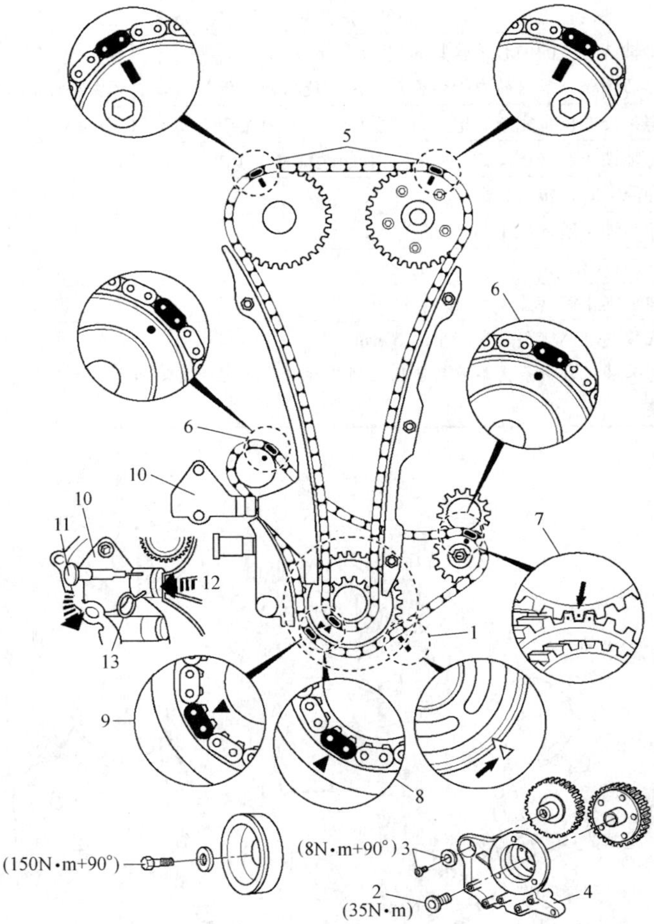

图 1-37　TT 轿车 1.8L TFSI 发动机正时链条部件识别

表 1-11　TT 轿车 1.8L TFSI 发动机正时校准操作步骤

步　骤	操 作 方 法
1	把发动机设置在 1 缸上止点位置（图 1-37 中的 1）
2	把带有垫圈的曲轴带轮螺栓重新装好
3	拆下进气凸轮轴调节器控制阀（左旋螺纹），见图 1-37 中的 2
4	拆下排气凸轮轴链轮螺栓和垫圈（图 1-37 中的 3）
5	拆卸凸轮轴支架（图 1-37 中的 4）
6	确保正时链条上带有颜色标记的链节与各个凸轮轴链轮上的正时部件对齐（图 1-37 中的 5）

（续）

步　骤	操作方法
7	确保平衡轴正时标记对齐（图1-37中的6）
8	确保平衡轴齿轮正时标记对齐（图1-37中的7）
9	确保凸轮轴链轮正时标记对齐（图1-37中的8和9）
10	重新设置正时链条张紧器（图1-37中的10） 用合适的工具松开正时链条张紧器的锁止机构（图1-37中的11）；把正时链条张紧器的柱塞推入张紧器壳体中（图1-37中的12）；插入张紧器锁止销（图1-37中的13）
11	拆下张紧器锁止销（图1-37中的13），使压入的张紧器柱塞释放
12	紧固排气凸轮轴链轮螺栓（图1-37中的3），紧固力矩为8N·m+90°

二、TT轿车1.8T发动机正时带校准

1. 正时带拆卸步骤

1）断开涡轮增压器空气冷却器管路（图1-38）。拆下中间和右侧隔音板（图1-39）。

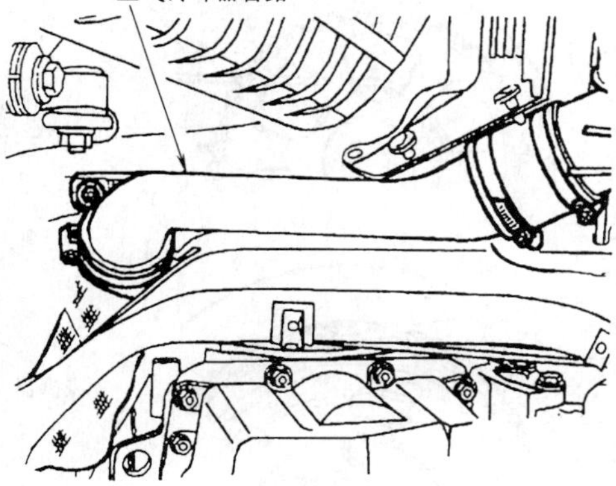

图1-38　断开冷却器管路

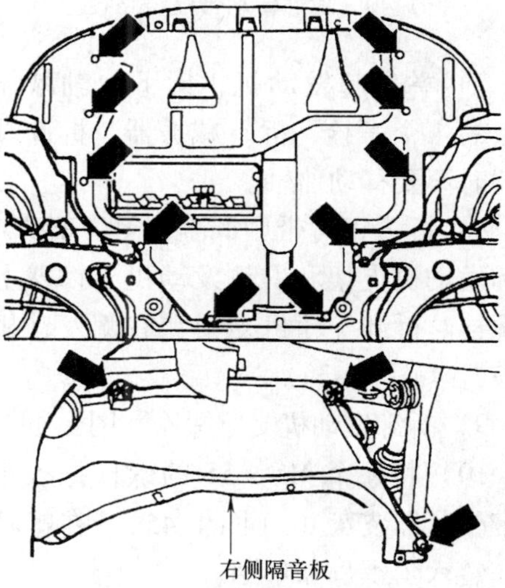

图1-39　拆卸隔音板

2）拆下附件传动带和张紧器，顺时针转动张紧器，释放传动带张力。附件传动带盘绕路径见图1-40。

3）拆卸发动机冷却系统膨胀箱和动力转向系统储液罐螺栓，不要断开管路，将膨胀箱和储液罐移开。

4）拆下连接燃油蒸发炭罐到节气门体的真空管路。拔下冷却液膨胀箱和燃油蒸发炭罐上的电路接头。拆下正时带上罩。正时带部件如图1-41所示。

5）用支撑架支撑发动机。

6）转动曲轴链轮中心螺栓，将曲轴扭转减振器对准到1缸上止点位置。确保凸轮轴链轮的正时标记与正时带后罩上的标记对齐，如图1-42所示。

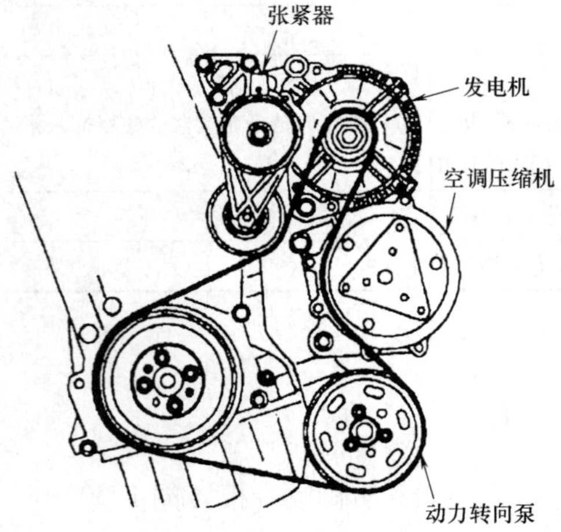

图 1-40　附件传动带盘绕路径

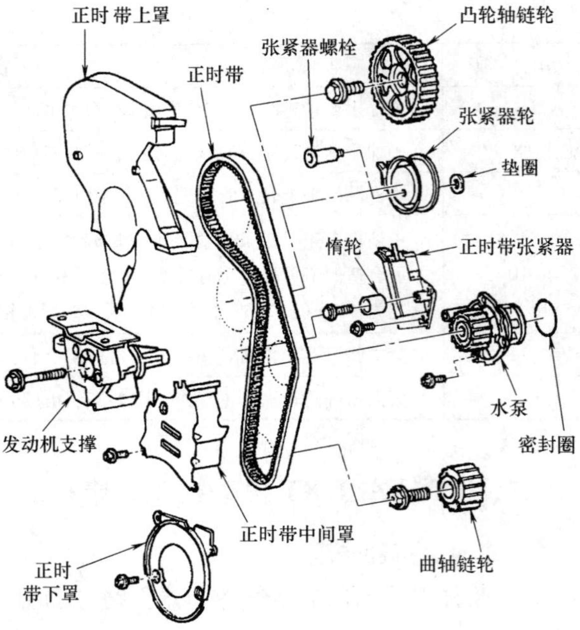

图 1-41　正时带部件

7）举升起发动机，拆下曲轴减振器上的 4 个螺栓，拆下减振器。拆卸减振器时不要移动曲轴。

8）拆下正时带中间盖罩和下盖罩。拆卸发动机支架和右侧发动机支撑臂上的螺栓。拆卸发动机支架和右侧发动机支撑臂（图 1-43）。

9）拆卸发动机支撑螺栓（图 1-44）。

10）将一个 M5 × 55 的螺杆拧入正时带张紧器支架中（图 1-45），在螺杆上安装六角螺母和垫圈。

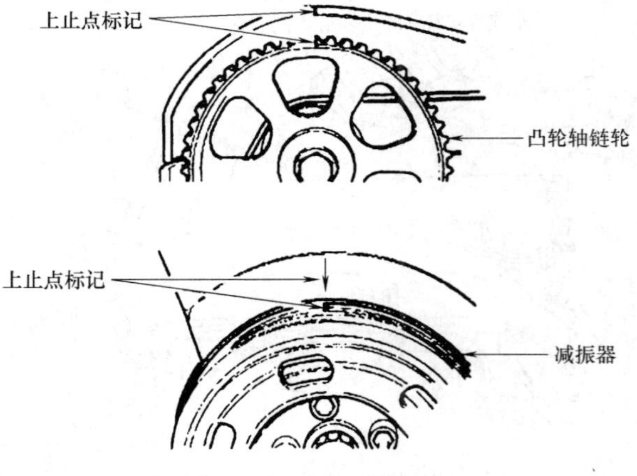

图 1-42　对齐正时标记

11）慢慢转动螺杆上的六角螺母，压缩正时带张紧器，直至能将锁止销或钻头插入张紧器壳体内，将张紧器固定到位。

12）拆卸正时带。

2. 正时带安装步骤

1）将正时带套到曲轴链轮上。安装正时带下罩。安装曲轴减振器轮，确保减振器轮中央孔上的凹槽与曲轴链轮上的凸起对齐。紧固螺栓。

2）确认凸轮轴和曲轴的正时标记对齐（图 1-42），将正时带安装到水泵、张紧器轮和凸轮轴链轮上。

3）从张紧器上拆卸锁止销或钻头。从张紧器支架上拆卸 M5 × 55 的螺杆。转动曲轴 2 周。对齐凸轮轴和曲轴的正时标记。

4）使用新螺栓安装发动机右侧支撑臂和支架。调节发动机支架和右侧支撑臂，使间隙达到13mm左右的规范值。

5）拆卸发动机支撑架。安装正时带中间罩和上罩。安装附件传动带张紧器和附件传动带。

6）安装发动机冷却系统膨胀箱和动力转向系统储液罐螺栓。

7）安装连接燃油蒸发炭罐到节气门体的真空管路。

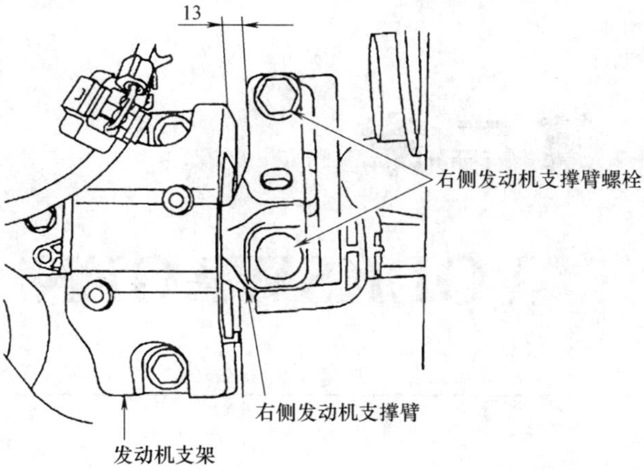

图1-43　拆卸发动机支架和右侧发动机支撑臂

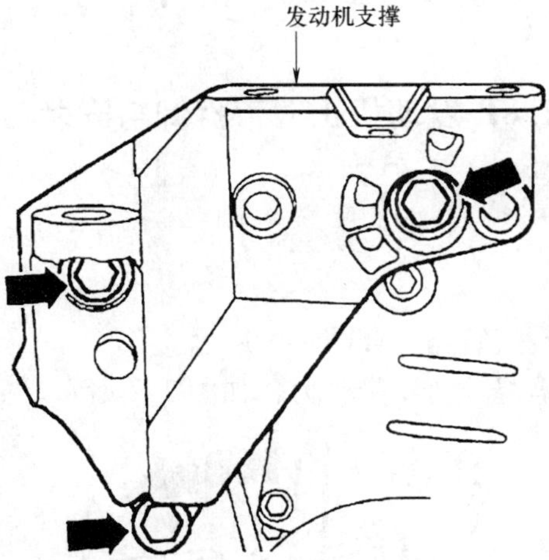

图1-44　拆卸发动机支撑螺栓

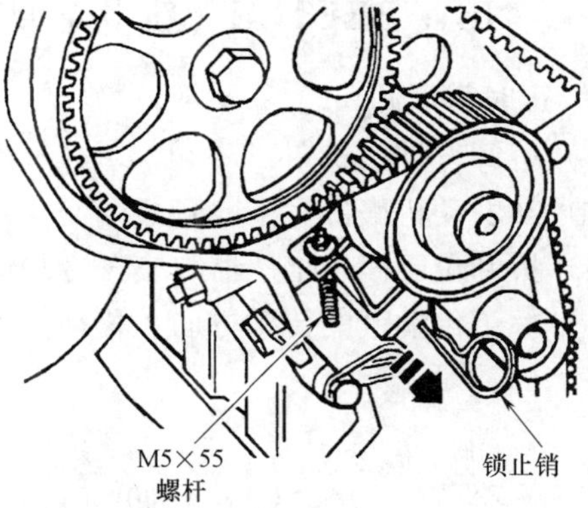

图1-45　拧入螺杆

第七节　S6轿车

奥迪S6轿车5.2L FSI发动机正时校准方法与奥迪Q7 4.2L BAR发动机正时校准方法相同，可参考奥迪Q7 4.2L BAR发动机正时校准方法执行操作。

第二章 VOLKSWAGEN（大众）车系

第一节　NEW BEETLE（新甲壳虫）轿车

一、NEW BEETLE（新甲壳虫）轿车 1.8L 发动机正时带拆卸与安装

1. 正时带拆卸

1）拆卸发动机护罩。

2）从发动机底部拆下隔音板。

3）拆卸位于涡轮增压器与空气冷却器之间的空气管路，如图 2-1 所示。

4）标记传动带的传动方向。移动传动带张紧器释放传动带张力，如图 2-2 所示。

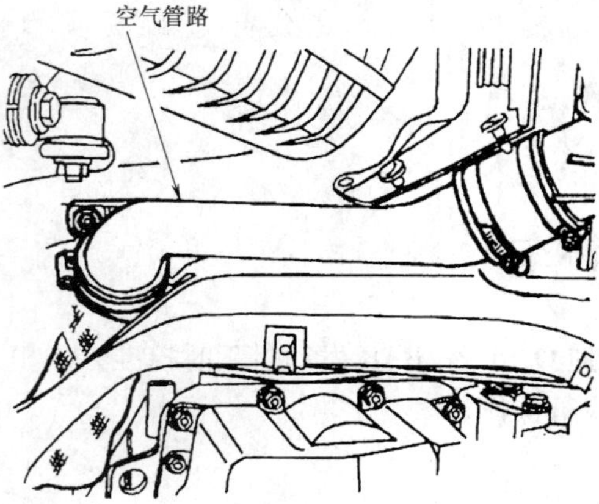

图 2-1　拆卸空气管路

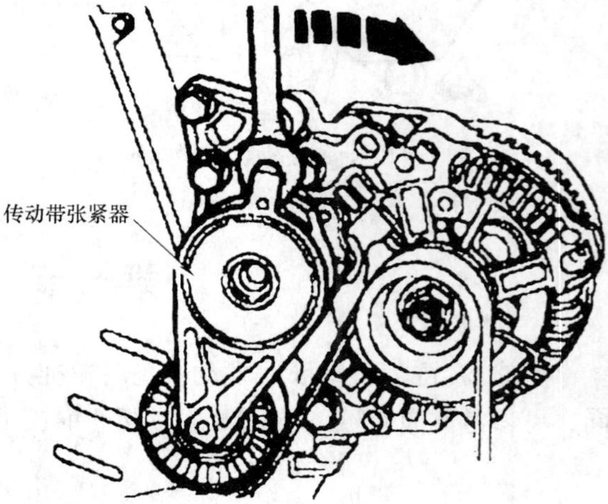

图 2-2　移动传动带张紧器

5）使用冲头等类似工具固定住张紧器（图 2-3），拆卸传动带，然后拆卸传动带张紧器。

6）旋转曲轴，使 1 缸处于压缩行程上止点位置。确保飞轮上的上止点标记对齐，如图 2-4 所示。

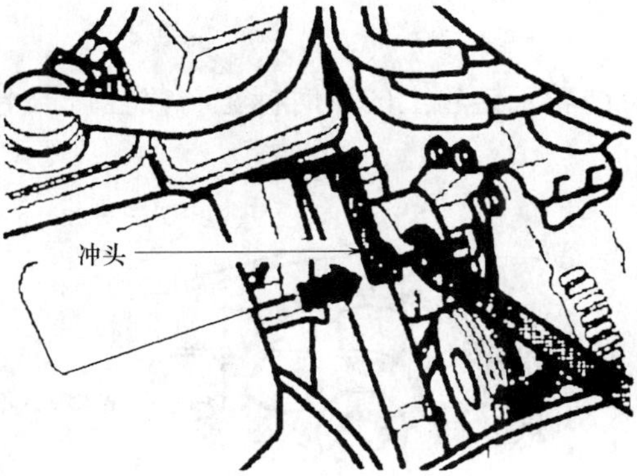

图 2-3 用冲头固定张紧器

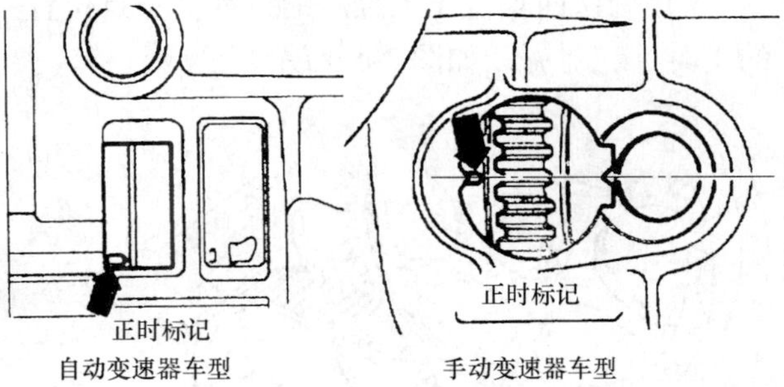

图 2-4 对齐标记

7）拆下发动机冷却液膨胀箱并放在一旁。标记好各个真空软管，以便在安装时参考。从燃油蒸发炭罐上断开真空软管。断开节气门体上的真空软管。

8）拆卸正时带上护罩。正时带部件如图 2-5 所示。

9）举升发动机，拆卸位于正时带底部的发动机固定螺钉，拆卸发动机支架。

10）拆卸曲轴带轮外侧螺栓。拆卸曲轴带轮。曲轴带轮中心螺栓不必拆卸。

11）拆卸正时带中间和下护罩。如图 2-6 所示，拆卸发动机支架至缸体的固定螺栓，从发动机缸体上拆卸发动机支架。

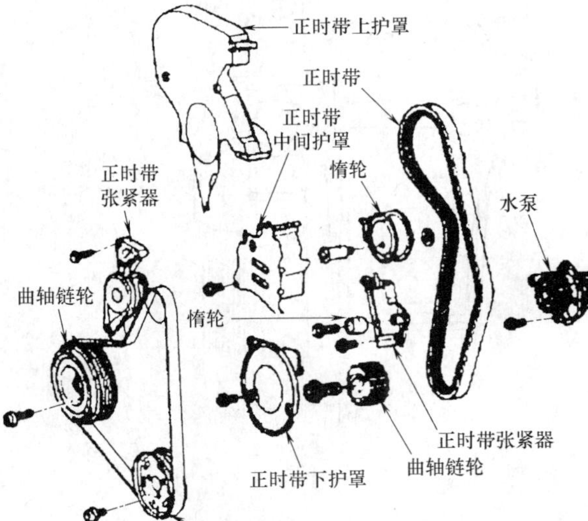

图 2-5 正时带部件

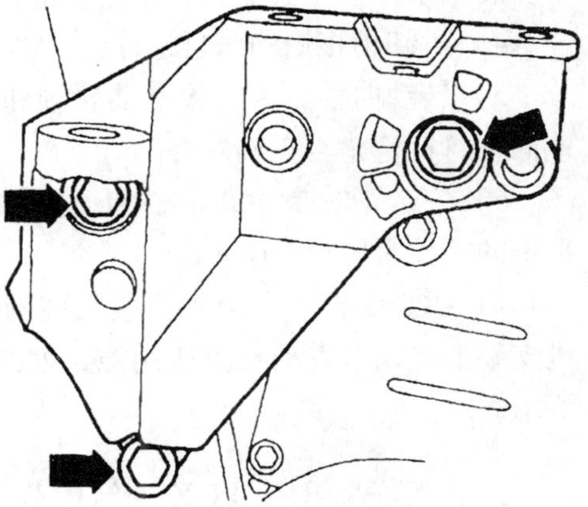

图 2-6 拆卸发动机支架至缸体的固定螺栓

12）在正时带张紧器支架内拧入张紧螺栓（T10092）。在张紧螺栓上安装六角螺母和垫圈。

13）慢慢转动六角螺母，压缩正时带张紧器，直至可将锁止销插入正时带张紧器壳体中将正时带张紧器固定为止，如图 2-7 所示。

14）拆卸正时带。

2. 正时带安装

1）确认曲轴位于1缸压缩行程上止点位置，将凸轮轴链轮上的正时标记与气缸盖罩上的正时标记对齐，如图2-8所示。

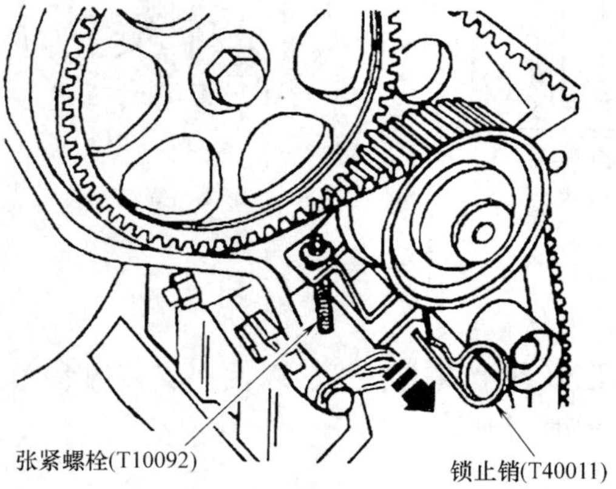

图2-7 安装正时带张紧器锁止销

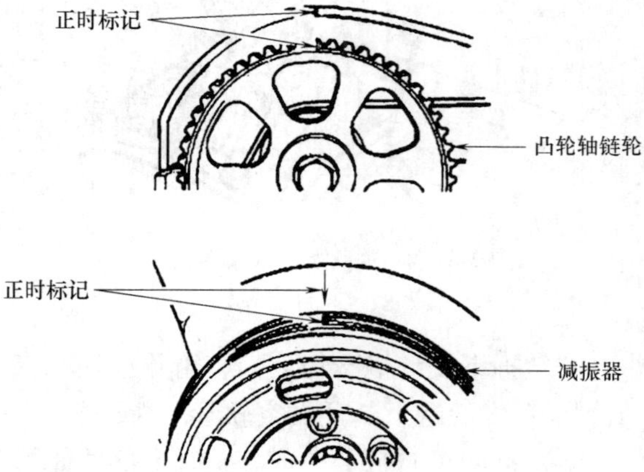

图2-8 对齐曲轴和凸轮轴正时标记

2）将正时带套在曲轴链轮上，将发动机固定支架安装到气缸体上。安装曲轴链轮，将曲轴链轮固定螺栓紧固至25N·m。

3）将曲轴旋转至1缸上止点，将正时带安装到水泵、张紧器轮和凸轮轴链轮上。

4）拆卸锁止销和张紧螺栓。

5）转动曲轴2周，检查凸轮轴和曲轴上的正时标记是否正确对齐。

6）安装正时带中间护罩和上护罩。将护罩的螺栓紧固至20N·m。

7）用新螺栓将发动机支座安装到发动机支架上，调节发动机支座间隙，如图2-9所示。

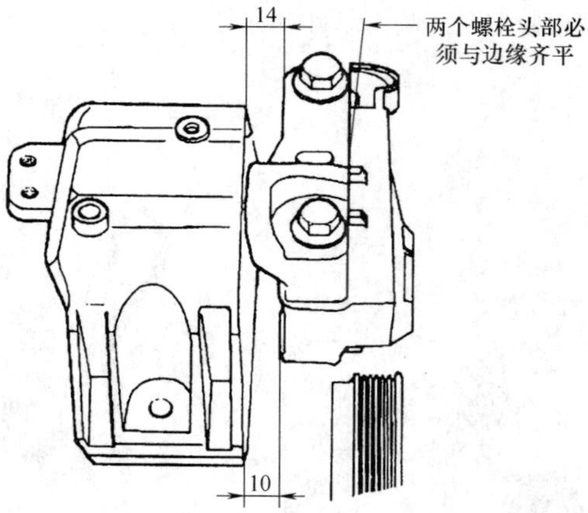

图2-9 调节发动机支座间隙

二、NEW BEETLE（新甲壳虫）轿车1.6L BFS发动机正时校准

1. NEW BEETLE（新甲壳虫）轿车1.6L BFS发动机正时带部件识别

NEW BEETLE（新甲壳虫）轿车1.6L BFS发动机正时带部件识别见图2-10。

2. NEW BEETLE（新甲壳虫）轿车1.6L BFS发动机正时带拆卸步骤

NEW BEETLE（新甲壳虫）轿车1.6L BFS发动机正时带拆卸步骤见表2-1。

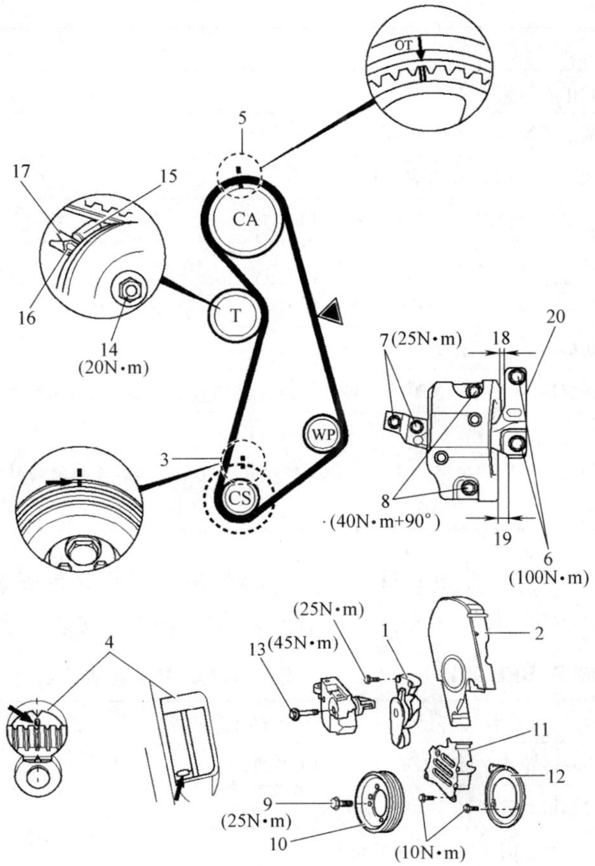

图 2-10　NEW BEETLE（新甲壳虫）轿车 1.6L BFS 发动机正时带部件识别

表 2-1　NEW BEETLE（新甲壳虫）轿车 1.6L BFS 发动机正时带拆卸步骤

步　骤	操作方法
1	举升并支撑住车辆前端
2	拆卸发动机盖
3	拆卸发动机右侧下部挡板
4	拆卸发动机附件传动带
5	拆卸发动机附件传动带张紧器（图 2-10 中的 1）
6	拆卸发动机冷却液膨胀箱，但不要断开软管
7	拆卸动力转向系统储液罐，但不要断开软管
8	拆卸正时带上盖罩（图 2-10 中的 2）
9	转动曲轴，将发动机设置在 1 缸上止点位置
10	确保正时标记对齐（图 2-10 中的 3 或 4）
11	确保凸轮轴链轮正时标记对齐（图 2-10 中的 5）
12	支起发动机
13	拆卸发动机右侧固定螺栓（图 2-10 中的 6、7 和 8）

（续）

步　骤	操作方法
14	拆卸发动机右侧支承
15	拆卸曲轴带轮螺栓（图2-10中的9）
16	拆卸曲轴带轮（图2-10中的10）
17	拆卸正时带中部盖罩（图2-10中的11）
18	拆卸正时带下部盖罩（图2-10中的12）
19	拆卸发动机右侧悬置支架螺栓（图2-10中的13）
20	拆卸发动机右侧悬置支架
21	松开张紧器螺母（图2-10中的14），顺时针转动张紧器使其从正时带处移开，将螺母轻轻上紧
22	拆卸正时带 注意：如果正时带需要继续使用，要在拆卸前用粉笔标记出正时带的转动方向，以便在重新安装时不发生错装

3. NEW BEETLE（新甲壳虫）轿车1.6L BFS发动机正时带安装步骤

NEW BEETLE（新甲壳虫）轿车1.6L BFS发动机正时带安装步骤见表2-2。

表2-2　NEW BEETLE（新甲壳虫）轿车1.6L BFS发动机正时带安装步骤

步　骤	操作方法
1	确保凸轮轴链轮正时标记对齐（图2-10中的5）
2	确保正时标记对齐（图2-10中的4）
3	把正时带安装到曲轴链轮水泵链轮上
4	把正时带安装到正时带张紧器轮和凸轮轴链轮上 注意：链轮之间（非张紧侧）的正时带要绷紧
5	松开正时带张紧器螺母（图2-10中的14）
6	确保正时带张紧器的限位凸块起作用（图2-10中的15）
7	沿逆时针方向将正时带张紧器转动5次，直至达到限位位置；沿顺时针方向将正时带张紧器转动5次，直至达到限位位置
8	沿逆时针方向将正时带张紧器转动到限位位置，然后慢慢沿顺时针方向转动张紧器，直至指针（图2-10中的16）与底板上的缺口对齐（图2-10中的17） 注意：发动机必须保持在冷机状态
9	紧固正时带张紧器螺母（图2-10中的14），紧固力矩为20N·m
10	顺时针转动曲轴2周，将发动机设置到1缸上止点位置 注意：在转动曲轴最后45°时要平顺，不可停顿
11	确保正时标记对齐（图2-10中的3或4）
12	确保凸轮轴链轮正时标记对齐（图2-10中的5）
13	确保指针（图2-10中的16）与底板上的缺口对齐（图2-10中的17）
14	安装正时带下部盖罩（图2-10中的12）
15	安装正时带中部盖罩（图2-10中的11）

（续）

步　骤	操作方法
16	安装曲轴带轮（图2-10中的10）
17	安装曲轴带轮螺栓（图2-10中的9）
18	安装发动机右侧悬置支架
19	安装发动机右侧悬置支架螺栓（图2-10中的13）
20	将发动机右侧悬置支架螺栓（图2-10中的13）紧固至45N·m
21	安装发动机支承
22	换装新的发动机支承螺栓（图2-10中的8），并紧固至40N·m+90°
23	把发动机支承螺栓（图2-10中的7）紧固至25N·m
24	把发动机支承螺栓（图2-10中的6）紧固至100N·m
25	检查发动机支承对齐情况，发动机支承间隙规范为14mm（图2-10中的18）和10mm（图2-10中的19）
26	确保发动机支承螺栓（图2-10中的6）与发动机支承边缘对齐（图2-10中的20）
27	紧固曲轴带轮螺栓（图2-10中的9），紧固力矩为25N·m
28	用拇指在图2-10中的黑色三角标记处用力按压，指针（图2-10中的16）和底板缺口（图2-10中的17）应错开
29	松开手指，停止按压
30	顺时针将曲轴转动2周，将发动机设置在1缸上止点位置 *注意：在转动曲轴最后45°时要平顺，不可停顿*
31	确保指针（图2-10中的16）与底板上的缺口对齐（图2-10中的17）
32	按照与拆卸相反的步骤安装其他部件

三、NEW BEETLE（新甲壳虫）轿车2.0L发动机正时校准

1. 正时带拆卸

1）从发动机舱中拆卸右侧隔音板。拆卸发动机护罩。顺时针转动传动带张紧器，释放传动带张力，如图2-11所示。拆卸传动带。

2）拆卸传动带张紧器总成，正时带部件如图2-12所示。

3）将曲轴转到上止点位置，对齐凸轮轴和曲轴正时标记。

4）对齐上止点标记（变速驱动桥上的上止点标记见图2-14）。

5）拆卸正时带上护罩。确认凸轮轴链轮正时标记对后罩上的标记对齐（图2-13）。

6）举升发动机。拆卸发动机冷却液储液罐并放在一旁。断开燃油蒸发排放炭罐和节气门体上的真空管。

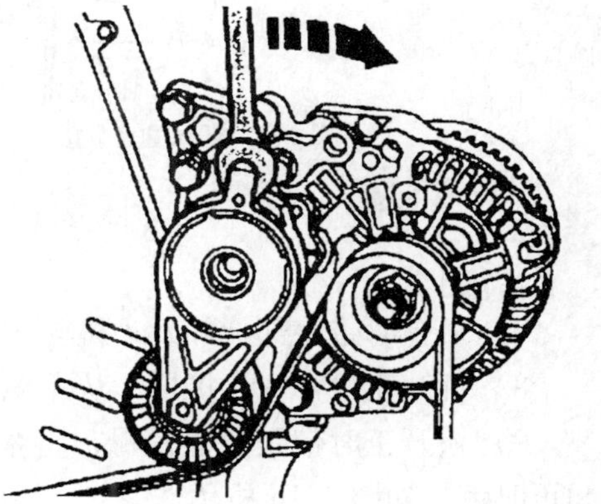

图2-11　松开传动带张紧器

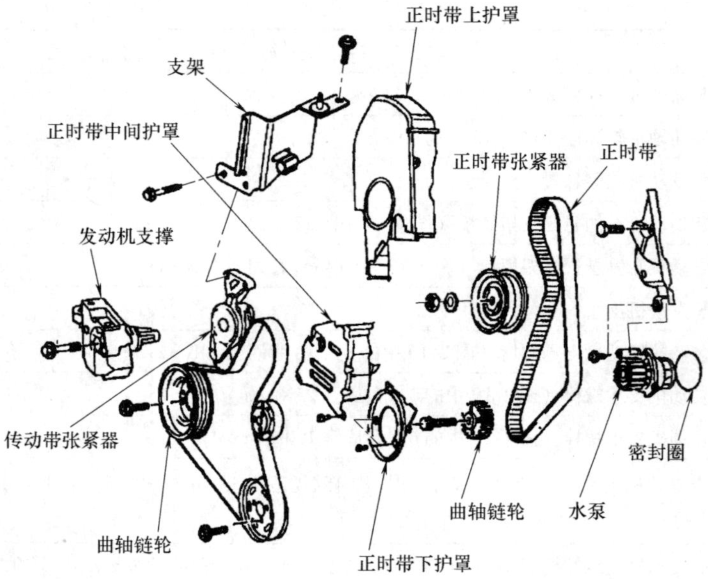

图 2-12　正时带部件

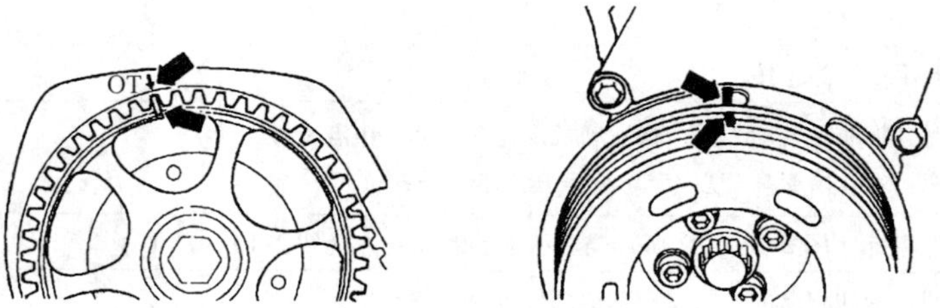

图 2-13　对齐凸轮轴和曲轴正时标记

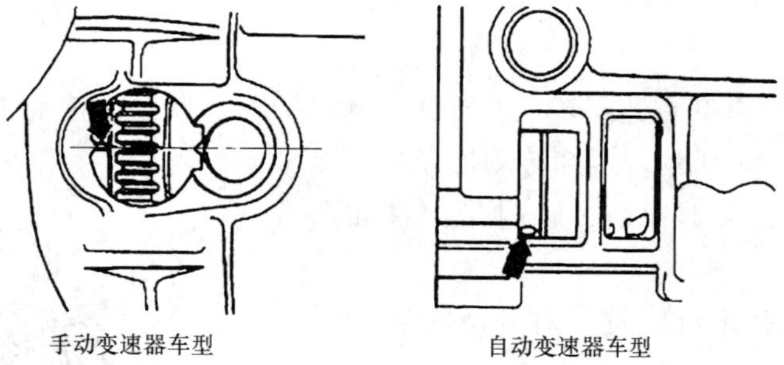

图 2-14　变速驱动桥上的上止点标记

7）从正时带底部拆卸发动机支座（图 2-15）。

8）拆卸正时带各个护罩。从发动机前部拆卸发动机支架。

9）松开正时带张紧器螺母，将张紧器从正时带上旋下，释放/调节正时带张紧力以拆卸正时带，如图 2-16 所示。

2. 正时带安装

1）确保正时标记均对齐，参见图 2-13 和图 2-14。

2）将正时带套在曲轴链轮和水泵带轮上。在发动机缸体前部安装发动机支架，将固定螺栓紧固至 45N · m。

3）安装正时带下护罩和中间护罩。安装曲轴带轮，并紧固曲轴带轮固定螺栓。安装发动机支座。

4）将正时带安装到凸轮轴链轮和正时带张紧器上。

5）逆时针转动张紧器轮，使张紧器箭头对齐气缸盖缺口，见图 2-16。

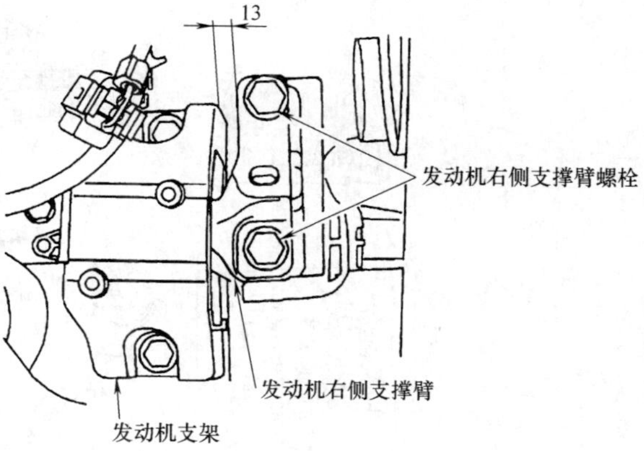

图 2-15　发动机支座

6）紧固张紧器轮中心螺栓至 20N · m。转动曲轴 2 周，检查正时带张紧度。重新检查所有正时标记是否全部对齐。

7）安装正时带上护罩。将护罩螺栓拧紧至 10N · m。安装传动带张紧器和传动带。

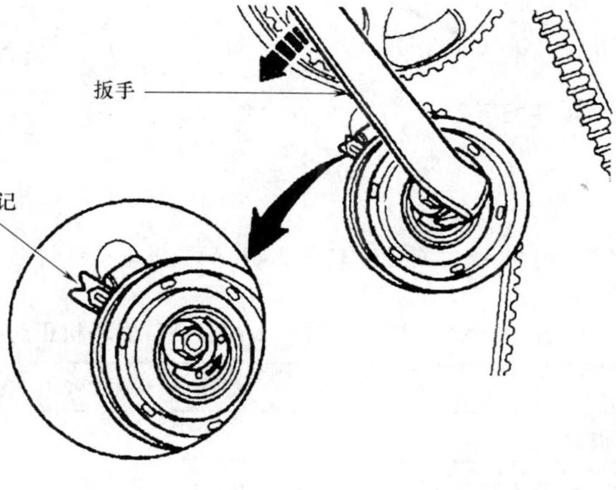

图 2-16　释放/调节正时带张紧力

第二节　SHARAN（夏朗）轿车

一、SHARAN（夏朗）轿车 2. 8L AYL 发动机正时校准

1. SHARAN（夏朗）轿车 2. 8L AYL 发动机正时链条部件识别

SHARAN（夏朗）轿车 2. 8L AYL 发动机正时链条部件识别见图 2-17。

2. SHARAN（夏朗）轿车 2. 8L AYL 发动机正时校准步骤

SHARAN（夏朗）轿车 2. 8L AYL 发动机正时校准步骤见表 2-3。

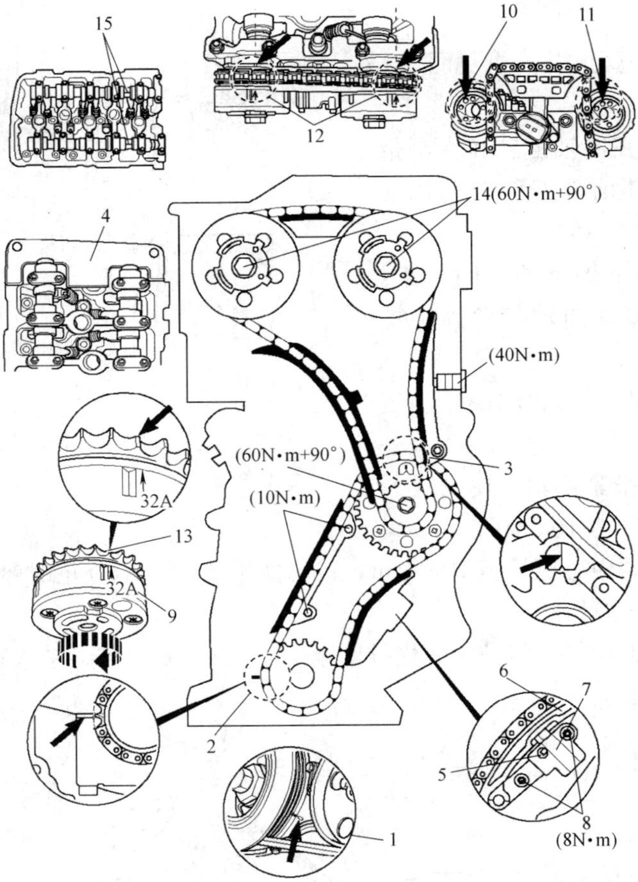

图 2-17　SHARAN（夏朗）轿车 2.8L AYL 发动机正时链条部件识别

表 2-3　SHARAN（夏朗）轿车 2.8L AYL 发动机正时校准步骤

步　骤	操作方法
1	拆下发动机和变速器
2	将发动机设置在 1 缸上止点位置（图 2-17 中的 1）。 注意：曲轴链轮的齿槽要与后主轴承接合处对齐（图 2-17 中的 2）
3	确保中间轴链轮正时标记对齐（图 2-17 中的 3）
4	将锁止工具安装到凸轮轴上（图 2-17 中的 4）
5	如果凸轮轴锁止工具安装不上，则转动曲轴 360°
6	拆下正时链条张紧器，使正时链条松弛，以便于拆装
7	对下部的正时链条张紧器执行重新设置：用螺钉旋具释放正时链条张紧器机械锁止结构（图 2-17 中的 5）；推动正时链条张紧器滑轨（图 2-17 中的 6）使其抵住正时链条张紧器（图 2-17 中的 7）
8	紧固正时链条张紧器螺栓（图 2-17 中的 8），紧固力矩为 8N · m
9	设置进气凸轮轴调节器：顺时针方向转动进气凸轮轴位置传感器磁阻使其达到限位位置（图 2-17 中的 9）；把进气凸轮轴链轮安装到链条上，使进气凸轮轴链轮对齐凸轮轴上的孔（图 2-17 中的 10）；用手拧紧进气凸轮轴调节器的螺栓 注意：进气凸轮轴调节器上标有“24E”字样

（续）

步骤	操作方法
10	设置排气凸轮轴调节器：顺时针方向转动排气凸轮轴位置传感器磁阻使其达到限位位置（图 2-17 中的 9）；把排气凸轮轴链轮安装到链条上，使进气凸轮轴链轮对齐凸轮轴上的孔（图 2-17 中的 11）；用手拧紧排气凸轮轴调节器的螺栓 注意：排气凸轮轴调节器上标有“32A”字样
11	确保凸轮轴正时标记对齐（图 2-17 中的 12）
12	确保凸轮轴链轮之间的齿节数量为 8 个链节 注意：凸轮轴链轮上的齿槽（图 2-17 中的 13）要与凸轮轴支架上的正时标记对齐（图 2-17 中的 12）
13	安装正时链条
14	安装正时链条张紧器
15	把曲轴顺时针转动 2 周，使气缸设置在 1 缸上止点位置（图 2-17 中的 1）
16	将锁止工具安装到凸轮轴上（图 2-17 中的 4）
17	确保正时标记对齐（图 2-17 中的 12）
18	用 32mm 的扳手在图 2-17 中 15 所示的位置固定住凸轮轴
19	废弃拆下的凸轮轴链轮螺栓，换用新的螺栓并紧固至 60N · m + 90°

二、SHARAN（夏朗）轿车 ATM（2.0L）发动机正时校准

1. SHARAN（夏朗）轿车 ATM（2.0L）发动机正时带部件识别

SHARAN（夏朗）轿车 ATM（2.0L）发动机正时带部件识别见图 2-18。

2. SHARAN（夏朗）轿车 ATM（2.0L）发动机正时带拆卸步骤

SHARAN（夏朗）轿车 ATM（2.0L）发动机正时带拆卸步骤见表 2-4。

表 2-4 SHARAN（夏朗）轿车 ATM（2.0L）发动机正时带拆卸步骤

步骤	操作方法
1	举升并支撑车辆前部
2	拆卸右侧挡泥板
3	拆卸发动机罩
4	拆卸空气滤清器总成
5	拆卸发动机附件传动带
6	拆卸发动机附件传动带张紧器（图 2-18 中的 1）
7	拆卸正时带上部盖罩（图 2-18 中的 2）
8	把曲轴转动到 1 缸上止点位置
9	确认正时标记（图 2-18 中的 3 和 4）对齐
10	支撑发动机
11	拆卸右侧发动机固定螺栓（图 2-18 中的 5 和 6），拆卸固定螺母（图 2-18 中的 7）

（续）

步　骤	操 作 方 法
12	拆卸发动机固定支架螺栓（图 2-18 中的 8）和发动机固定支架（图 2-18 中的 9）
13	拆卸曲轴带轮螺栓（图 2-18 中的 10）和曲轴带轮（图 2-18 中的 11）
14	拆卸正时带中部盖罩（图 2-18 中的 12）和正时带下部盖罩（图 2-18 中的 13）
15	松开正时带张紧器螺母（图 2-18 中的 14）
16	用专用工具 T10020（图 2-18 中的 15）顺时针转动张紧器，使其从正时带上移开
17	把正时带张紧器螺母（图 2-18 中的 14）轻轻拧紧
18	拆卸正时带 注意：如果要继续使用正时带，要用粉笔在带上标出转动方向，以免安装时发生错装

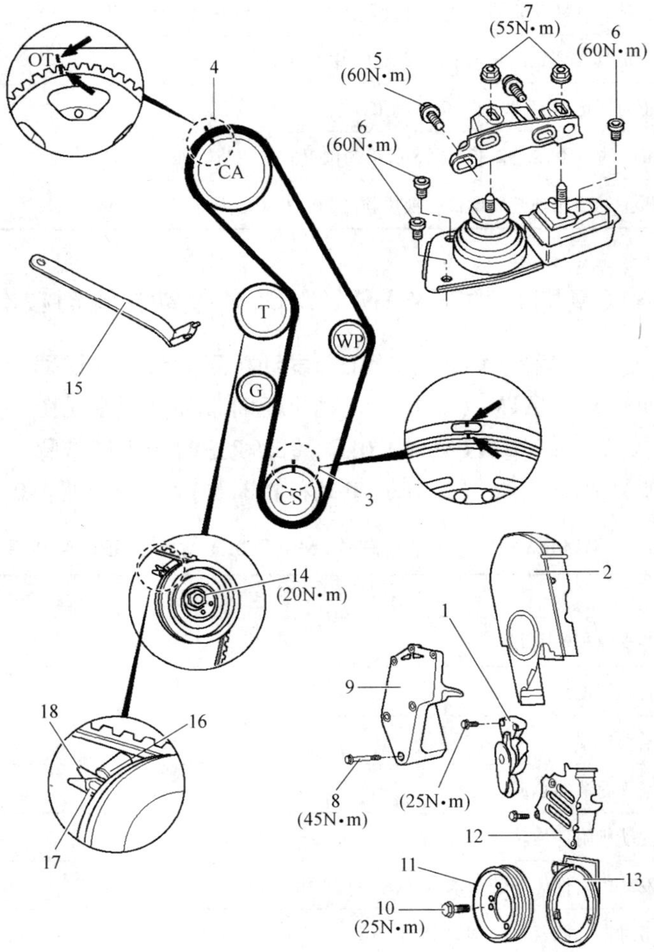

图 2-18　SHARAN（夏朗）轿车 ATM（2.0L）发动机正时带部件识别

3. SHARAN（夏朗）轿车 ATM（2.0L）发动机正时带安装步骤

SHARAN（夏朗）轿车 ATM（2.0L）发动机正时带安装步骤见表 2-5。

表 2-5 SHARAN（夏朗）轿车 ATM（2.0L）发动机正时带安装步骤

步骤	操作方法
1	确认正时标记对齐（图 2-18 中的 4）
2	把正时带安装到曲轴链轮和水泵链轮上
3	安装正时带下部盖罩（图 2-18 中的 13）和正时带中部盖罩（图 2-18 中的 12）
4	安装曲轴带轮（图 2-18 中的 11）和曲轴带轮螺栓（图 2-18 中的 10）
5	确认正时标记对齐（图 2-18 中的 3）
6	把正时带安装到正时带张紧器轮上，然后再安装到凸轮轴链轮上
7	确认正时链条张紧器凸出部分（图 2-18 中的 13）已经正确展开
8	松开正时带张紧器螺母（图 2-18 中的 14）
9	使用专用工具 T10020（图 2-18 中的 15）把正时带张紧器沿逆时针方向从一个止点转到另一个止点，然后再沿顺时针方向转回，反复转动 5 次
10	使用专用工具 T10020（图 2-18 中的 15）把正时带张紧器沿逆时针方向从一个止点转到另一个止点，然后再沿顺时针方向转动，直至指针（图 2-18 中的 17）对齐槽口（图 2-18 中的 18）
11	将张紧器螺母（图 2-18 中的 14）紧固至 20N·m
12	将曲轴转动 2 周，直至正时标记对齐（图 2-18 中的 3 和 4）
13	确认指针（图 2-18 中的 17）对齐槽口（图 2-18 中的 18）
14	安装右侧发动机固定支架（图 2-18 中的 9）
15	将固定支架螺栓（图 2-18 中的 8）紧固至 45N·m
16	安装发动机固定螺栓（图 2-18 中的 6）并紧固至 60N·m
17	安装发动机固定螺栓（图 2-18 中的 7）并紧固至 55N·m
18	安装发动机固定螺栓（图 2-18 中的 5）并紧固至 60N·m
19	按照与拆卸相反的步骤安装其余的部件

第三节 TOUAREG（途锐）轿车

一、TOUAREG（途锐）轿车 3.2L AZZ 发动机正时链条校准

1. TOUAREG（途锐）轿车 3.2L AZZ 发动机正时链条部件识别

TOUAREG（途锐）轿车 3.2L AZZ 发动机正时链条部件识别见图 2-19。

2. TOUAREG（途锐）轿车 3.2L AZZ 发动机正时链条校准操作步骤

TOUAREG（途锐）轿车 3.2L AZZ 发动机正时链条校准操作步骤见表 2-6。

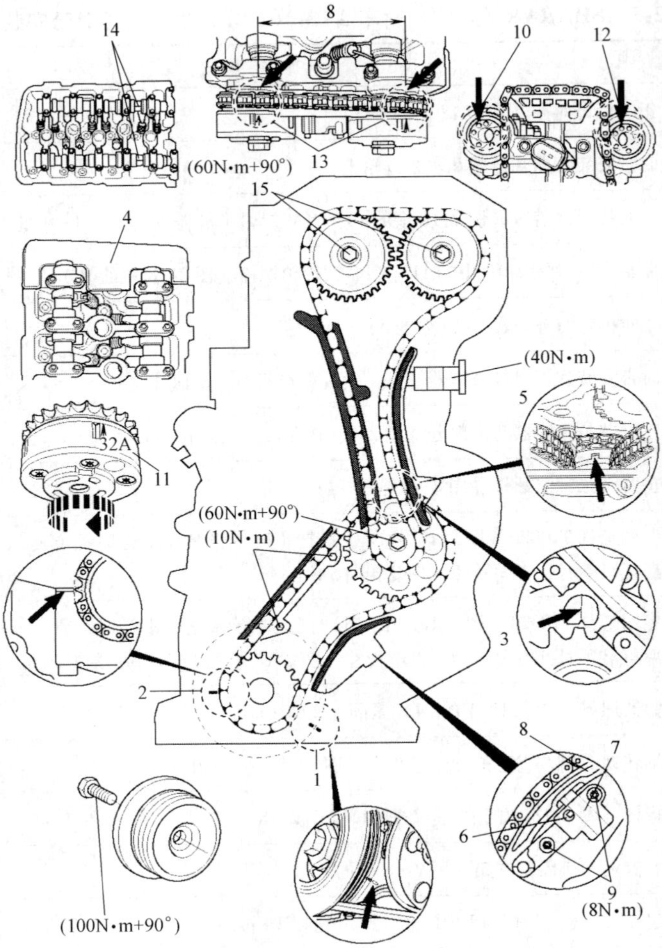

图 2-19　TOUAREG（途锐）轿车 3. 2L AZZ 发动机正时链条部件识别

表 2-6　TOUAREG（途锐）轿车 3. 2L AZZ 发动机正时链条校准操作步骤

步　骤	操作方法
1	发动机设置到 1 缸上止点位置（图 2-19 中的 1）
2	曲轴链轮上的齿槽应与后主轴承结合处（图 2-19 中的 2）对齐
3	确认中间轴正时标记对齐部件（图 2-19 中的 3）
4	用专用工具 T10068 固定住凸轮轴（图 2-19 中的 4）
5	重新设置正时链条张紧器： 1）发动机设置到 1 缸上止点位置，使维修人员能看到中间轴上的狭槽（图 2-19 中的 5）。 2）用螺钉旋具释放张紧器上的机械锁止机构（图 2-19 中的 6）。 3）把正时链条张紧器（图 2-19 中的 7）抵住张紧器导轨（图 2-19 中的 8）。 4）把正时链条张紧器的固定螺栓（图 2-19 中的 9）紧固到 8N · m
6	把正时链条安装到进气凸轮轴链轮（进气凸轮轴标记有 24E 字样）上，把链轮与凸轮轴的轴孔对齐（图 2-19 中的 10）。用手把进气凸轮轴链轮螺栓拧紧

（续）

步骤	操作方法
7	设置排气凸轮轴位置执行器： 1）顺时针转动排气凸轮轴位置执行器，直至转动到极限位置（图 2-19 中的 11）。 2）把正时链条安装到排气凸轮轴链轮（排气凸轮轴标记有 32A 字样）上，把链轮与凸轮轴的轴孔对齐（图 2-19 中的 12）。 3）用手把排气凸轮轴链轮螺栓拧紧。 注意：进气和排气凸轮轴链轮螺栓拆卸后必须换用新螺栓
8	确认凸轮轴正时标记对齐（图 2-19 中的 13）。 注意：用 32mm 的六角扳手固定住图 2-19 中的 14 所示位置，即可固定住凸轮轴使其不能转动，不要使用凸轮轴锁止工具（图 2-19 中的 4）来固定凸轮轴使其不能转动
9	确认在凸轮轴链轮的正时标记（图 2-19 中的 13）之间有 8 个链节
10	安装正时链条张紧器
11	顺时针转动曲轴 2 周，直至到达 1 缸上止点位置
12	把锁止工具 T10068 安装到凸轮轴上（图 2-19 中的 4）
13	确认正时标记（图 2-19 中的 13）均对齐
14	将凸轮轴链轮上的螺栓紧固到 60N · m + 90°

二、TOUAREG（途锐）轿车 6.0L BJN 发动机正时链条校准

1. TOUAREG（途锐）轿车 6.0L BJN 发动机正时链条部件识别

TOUAREG（途锐）轿车 6.0L BJN 发动机正时链条部件识别参见图 2-20。

2. TOUAREG（途锐）轿车 6.0L BJN 发动机正时链条校准操作步骤

TOUAREG（途锐）轿车 6.0L BJN 发动机正时链条校准操作步骤参见表 2-7。

表 2-7 TOUAREG（途锐）轿车 6.0L BJN 发动机正时链条校准操作步骤

步骤	操作方法
1	拆卸发动机
2	拆卸变速器
3	把发动机设置到 1 缸上止点位置（图 2-20 中的 1）
4	在左侧和右侧气缸组的凸轮轴上安装凸轮轴定位工具（图 2-20 中的 2），必要时可用 32mm 的扳手固定住凸轮轴六角部位，将凸轮轴向两个方向轻轻转动。如果凸轮轴定位工具安装不上，则将曲轴转动 360°
5	从左侧气缸体上拆下堵头
6	安装曲轴正时销（图 2-20 中的 3） 注意：如果拆下的正时链条还要重新安装使用，应在拆卸前先在正时链条上做好标记，以便在安装时能将正时链条准确安装到位
7	确保惰轮链轮正时标记设置在 12 点钟位置（图 2-20 中的 4）
8	安装主正时链条和惰轮链轮
9	确保正时链条上的黄铜色链节与壳体接合处对齐（图 2-20 中的 5）
10	确保正时链条上的黄铜色链节与惰轮链轮上的正时标记对齐（图 2-20 中的 6）

（续）

步骤	操作方法
11	废弃拆下的惰轮链轮螺栓，换装新螺栓（图2-20中的7） *注意：惰轮链轮螺栓为左旋螺纹*
12	用手拧紧惰轮链轮螺栓
13	将主正时链条张紧器锁止在压缩位置： 1）沿箭头所示方向（图2-20中的8）把张紧器柱塞推入张紧器壳体中 2）插入3.5mm的销子（图2-20中的9），使张紧器锁止在压缩位置
14	安装主正时链条张紧器和张紧器导向装置
15	拆下主正时链条张紧器锁止销（图2-20中的9）
16	拧紧惰轮链轮螺栓（图2-20中的7），紧固力矩为60N·m+90°
17	把右侧气缸组的次级正时链条安装到惰轮上
18	确保正时链条上的黄铜色链节与惰轮链轮上的正时标记对齐（图2-20中的10）
19	设置右侧气缸组进气凸轮轴调节器： 将进气凸轮轴位置传感器磁阻沿顺时针转动到限位位置（图2-20中的11）
20	安装右侧气缸组进气凸轮轴调节器，用手把调节器螺栓拧紧
21	设置右侧气缸排气凸轮轴调节器：将排气凸轮轴位置传感器磁阻沿逆时针转动到限位位置（图2-20中的11）
22	安装右侧气缸组排气凸轮轴调节器，用手把调节器螺栓拧紧
23	确保正时链条上的黄铜色链节与各个链轮上的正时标记对齐（图2-20中的10、12、13）
24	安装右侧气缸组次级正时链条张紧器导轨和正时链条导向装置
25	把左侧气缸组的次级正时链条安装到惰轮上
26	确保正时链条上的黄铜色链节与惰轮链轮上的正时标记对齐（图2-20中的14）
27	设置左侧气缸组进气凸轮轴调节器：将进气凸轮轴位置传感器磁阻沿顺时针转动到限位位置（图2-20中的11）
28	设置左侧气缸排气凸轮轴调节器： 将排气凸轮轴位置传感器磁阻沿逆时针转动到限位位置（图2-20中的11）
29	安装右侧气缸组排气凸轮轴调节器，用手把调节器螺栓拧紧
30	确保正时链条上的黄铜色链节与各个链轮上的正时标记对齐（图2-20中的14、15、16）
31	安装左侧气缸组次级正时链条张紧器导轨和正时链条导向装置
32	将左侧气缸组次级正时链条张紧器锁止在压缩位置： 1）沿箭头所示方向（图2-20中的17）把张紧器柱塞推入张紧器壳体中 2）插入3.5mm的销子（图2-20中的18），使张紧器锁止在压缩位置
33	拆下左侧气缸组次级正时链条张紧器锁止销（图2-20中的18）
34	确保正时链条上的黄铜色链节与各个链轮上的正时标记对齐（图2-20中的6、10、12、14、15、16）
35	拆卸曲轴正时销（图2-20中的3）

（续）

步　骤	操作方法
36	拆卸安装在左侧和右侧气缸组凸轮轴上的凸轮轴定位工具（图2-20中的2）
37	紧固各个凸轮轴链轮螺栓，紧固力矩为60N·m+90° 注意：凸轮轴链轮螺栓为一次性使用，重新安装时要换装新的螺栓
38	用扳手在六角部位固定住凸轮轴
39	安装正时链条盖罩
40	安装右侧气缸组次级正时链条张紧器（图2-20中的19）

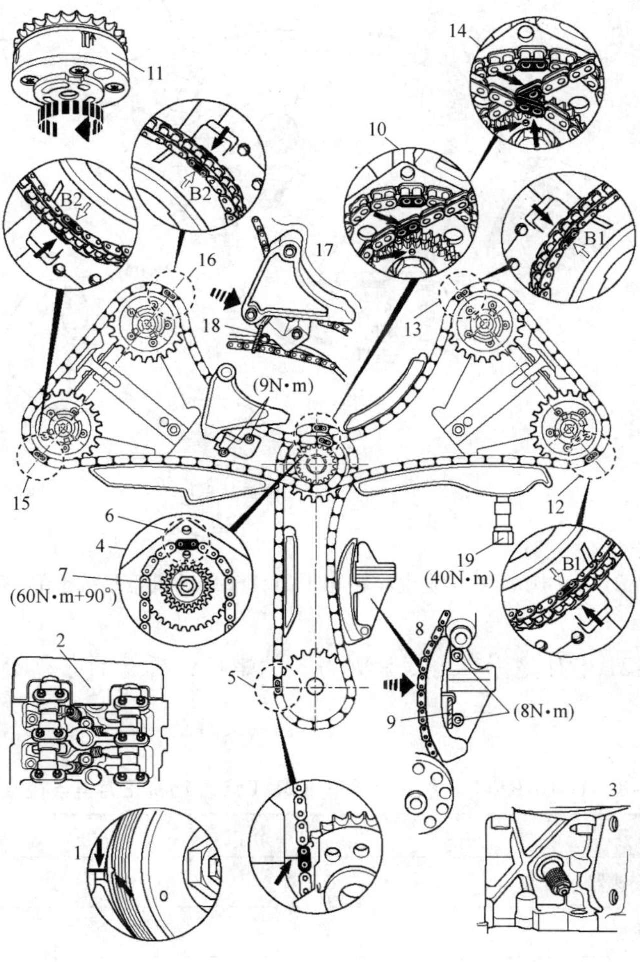

图2-20　TOUAREG（途锐）轿车6.0L BJN发动机正时链条部件识别

三、TOUAREG（途锐）轿车4.2L FSI发动机正时链条校准步骤

正时链条部件识别见图2-21。校准操作步骤见表2-8。

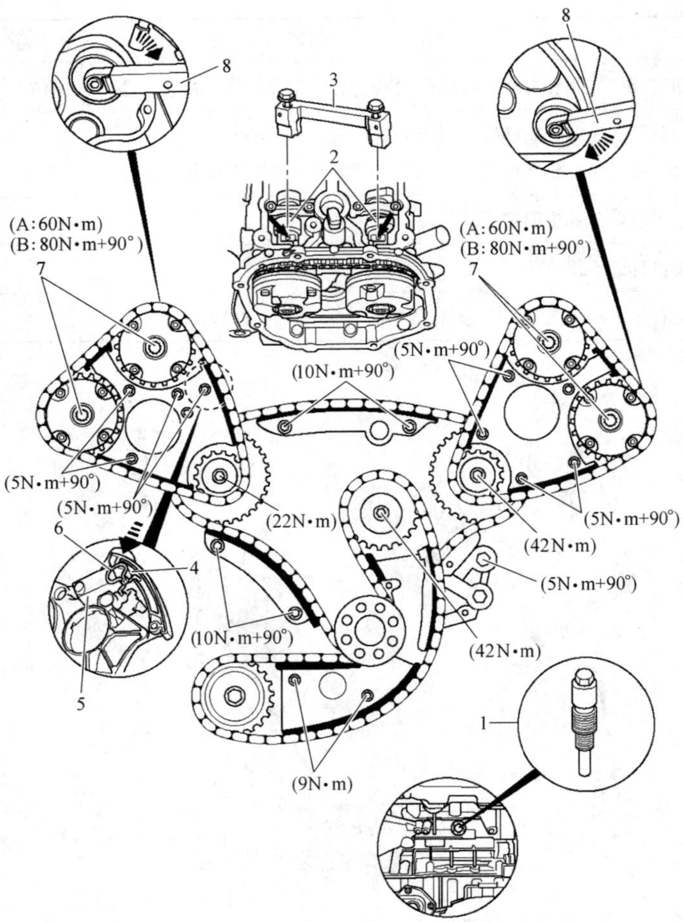

图 2-21　TOUAREG（途锐）轿车 4. 2L FSI 发动机正时链条部件识别

注意：在图 2-21 中凡是标有角度紧固力矩的螺栓，拆卸后必须废弃，然后换装新的螺栓。

表 2-8　TOUAREG（途锐）轿车 4. 2L FSI 发动机正时链条校准步骤

步　骤	操 作 方 法
1	拆下变速器
2	拆下飞轮
3	顺时针转动曲轴带轮，直至 1 缸刚好抵达上止点前位置
4	从气缸体上拆下堵头
5	沿顺时针方向慢慢转动曲轴带轮，直至能把曲轴锁止销（图 2-21 中的 1）插入曲轴
6	紧固曲轴锁止销，紧固力矩为 20N · m
7	确保凸轮轴正确对齐（图 2-21 中的 2）；凸轮轴上的螺纹孔均朝上

（续）

步骤	操作方法
8	安装凸轮轴锁止工具（图2-21中的3），将其紧固到25N·m 如果凸轮轴锁止工具安装不上，则说明气门正时不正确
9	拆下正时链条张紧器，使正时链条放松以便于拆装
10	把正时链条张紧器的柱塞（图2-21中的4）推入张紧器壳体（图2-21中的5），然后插入锁止销（图2-21中的6）
11	把左侧气缸盖凸轮轴调节器的中心螺栓（图2-21中的7）均拧松一周 注意：拆卸正时链条前要先用油漆在正时链条链节和凸轮轴调节器上做好标记，以便正确安装
12	对齐凸轮轴
13	把凸轮轴锁止工具（图2-21中的3）安装到左排气缸的凸轮轴上
14	安装凸轮轴锁止工具的螺栓并紧固至25N·m
15	使用凸轮轴调节器预紧工具（图2-21中的8）对正时链条进行预紧
16	将左侧凸轮轴调节器螺栓分A和B两个步骤拧紧： 将左侧进气凸轮轴调节器的中心螺栓紧固到60N·m（图2-21中的A）。 左侧进气凸轮轴调节器（图2-21中的8）保持预紧状态。 将左侧排气凸轮轴调节器的中心螺栓紧固到60N·m（图2-21中的A）。 把凸轮轴调节器预紧工具（图2-21中的8）从凸轮轴调节器上拆下，然后将左侧进气凸轮轴调节器的中心螺栓和左侧进气凸轮轴调节器的中心螺栓紧固到80N·m+90°（图2-21中的B）
17	对右排气缸的凸轮轴执行同样的操作步骤
18	正时链条校准执行完毕后把正时链条张紧器的锁止销（图2-21中的6）拆下 注意：凸轮轴调节器的中心螺栓是一次性使用的，拆卸后必须更换新的中心螺栓
19	拆下曲轴锁止销（图2-21中的1）和凸轮轴锁止工具（图2-21中的3）
20	将曲轴沿顺时针方向转动2周
21	安装曲轴锁止销（图2-21中的1）
22	检查气门正时
23	拆下安装曲轴锁止销（图2-21中的1）。
24	重新安装气缸体堵头。 注意：如果正时链条需要重新使用，则拆卸前要标记好左侧和右侧正时链条，以便在重新安装时能准确安装

四、TOUAREG（途锐）轿车3.6L FSI发动机正时链条校准步骤

正时链条部件识别见图2-22。校准操作步骤见表2-9。

注意：在图2-22中凡是标有角度紧固力矩的螺栓，拆卸后必须废弃，然后换装新的螺栓。

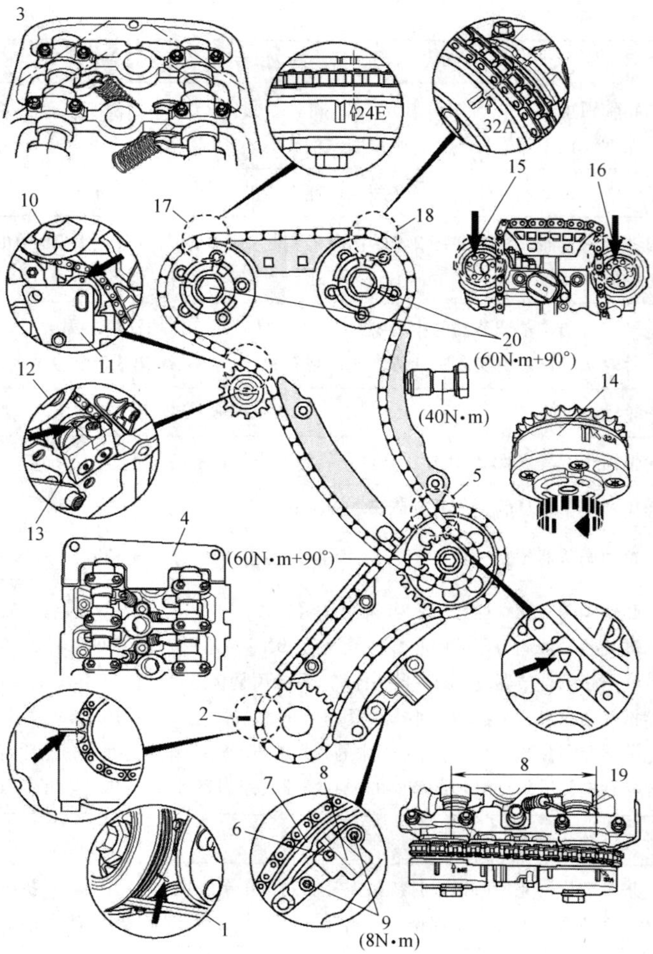

图 2-22　TOUAREG（途锐）轿车 3.6L FSI 发动机正时链条部件识别

表 2-9　TOUAREG（途锐）轿车 3.6L FSI 发动机正时链条校准步骤

步　骤	操 作 方 法
1	拆下发动机
2	拆下变速器
3	将发动机设置在 1 缸上止点位置（图 2-22 中的 1）。 注意：曲轴链轮的齿槽要与后主轴承接合处对齐（图 2-22 中的 2）
4	确保 1 缸凸轮轴的凸轮设置在如图 2-22 中的 3 所示的位置，如果没有设置到位，可将曲轴转动 360°
5	将锁止工具安装到凸轮轴上（图 2-22 中的 4）
6	确保中间轴链轮正时标记对齐（图 2-22 中的 5）
7	拆下正时链条张紧器，使正时链条松弛，以便于拆装
8	对下部的正时链条张紧器执行重新设置： 1）用螺钉旋具释放正时链条张紧器机械锁止结构（图 2-22 中的 6） 2）推动正时链条张紧器滑轨（图 2-22 中的 7）使其抵住正时链条张紧器（图 2-22 中的 8）

（续）

步 骤	操 作 方 法
9	紧固正时链条张紧器螺栓（图 2-22 中的 9），紧固力矩为 8N·m 注意：下部的正时链条张紧器的螺栓为一次性使用，拆卸后重新安装时必须使用新螺栓
10	换装新的中间轴链轮螺栓，将螺栓紧固至 60N·m+90°
11	对于带有机械式真空泵的车型： 1）确保高压油泵链轮正时标记位于 12 点钟位置（图 2-22 中的 10） 2）安装高压油泵链轮锁止工具（图 2-22 中的 11） 对于不带机械式真空泵的车型： 1）确保高压油泵上的标记位于 12 点钟位置（图 2-22 中的 12） 2）安装高压油泵链轮锁止工具（图 2-22 中的 13）
12	设置进气凸轮轴调节器：顺时针方向转动进气凸轮轴位置传感器磁阻使其达到限位位置（图 2-22 中的 14）；把进气凸轮轴链轮安装到链条上，使进气凸轮轴链轮对齐凸轮轴上的孔（图 2-22 中的 15）；用手拧紧进气凸轮轴调节器的螺栓 注意：进气凸轮轴调节器上标有“24E”字样
13	设置排气凸轮轴调节器：顺时针方向转动排气凸轮轴位置传感器磁阻使其达到限位位置（图 2-22 中的 14）；把排气凸轮轴链轮安装到链条上，使进气凸轮轴链轮对齐凸轮轴上的孔（图 2-22 中的 16）；用手拧紧排气凸轮轴调节器的螺栓 注意：进气凸轮轴调节器上标有“32A”字样
14	确保凸轮轴正时标记对齐（图 2-22 中的 17 和 18）
15	确保凸轮轴链轮之间的齿节数量为 8 个链节（图 2-22 中的 19）
16	安装正时链条
17	安装正时链条张紧器
18	拆下高压油泵链轮锁止工具（图 2-22 中的 11 或 13）
19	将锁止工具从凸轮轴上拆下（图 2-22 中的 4）
20	把曲轴顺时针转动 2 周，使气缸设置在 1 缸上止点位置（图 2-22 中的 1）
21	将锁止工具安装到凸轮轴上（图 2-22 中的 4）
22	确保正时标记对齐（图 2-22 中的 17 和 18）
23	用 27mm 的扳手固定住凸轮轴的六角部位
24	废弃拆下的各个凸轮轴链轮螺栓，换用新的螺栓并紧固至 60N·m+90°（图 2-22 中的 20）

第四节 TIGUAN（途观）轿车

一、TIGUAN（途观）轿车 2.0L TSI 发动机正时链条部件识别

TIGUAN（途观）轿车 2.0L TSI 发动机正时链条部件识别参见图 2-23。

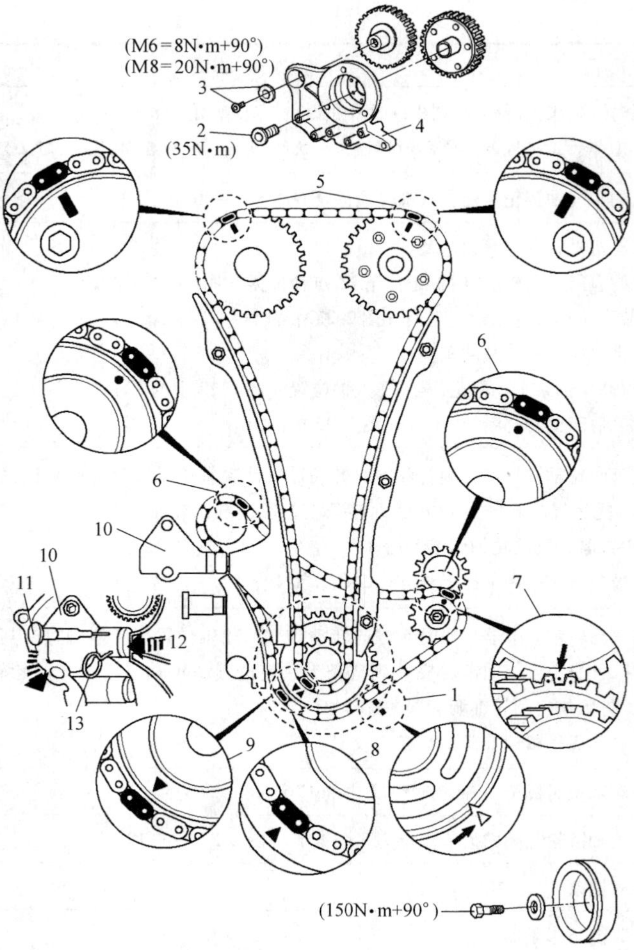

图 2-23　TIGUAN（途观）2. 0L TSI 发动机正时链条部件识别

二、TIGUAN（途观）轿车 2. 0L TSI 发动机正时校准步骤

TIGUAN（途观）轿车 2. 0L TSI 发动机正时校准步骤见表 2-10。

表 2-10　TIGUAN（途观）轿车 2. 0L TSI 发动机正时校准步骤

步　骤	操作方法
1	拆卸机油泵链条
2	将发动机设置到 1 缸上止点位置（图 2-23 中的 1）
3	重新安装带有垫圈的曲轴带轮螺栓
4	拆卸进气凸轮轴调节器控制阀，控制阀为左旋螺纹（图 2-23 中的 2）
5	拆卸排气凸轮轴链轮螺栓及垫圈（图 2-23 中的 3）
6	拆卸凸轮轴支架（图 2-23 中的 4）
7	确保正时链条上的带有颜色的链节与各个凸轮轴链轮上的正时标记对齐（图 2-23 中的 5）
8	确保平衡轴正时标记对齐（图 2-23 中的 6）

（续）

步　骤	操 作 方 法
9	确保平衡轴齿轮正时标记对齐（图 2-23 中的 7）
10	确保曲轴链轮正时标记对齐（图 2-23 中的 8 和 9）
11	重新设置正时链条张紧器（图 2-23 中的 10）： 1）用合适的工具松开张紧器锁止机构（图 2-23 中的 11） 2）把张紧器柱塞压入张紧器壳体中（图 2-23 中的 12） 3）插入张紧器锁止销（图 2-23 中的 13）
12	拆下正时链条锁止销（图 2-23 中的 13），松开正时链条张紧器柱塞

第五节　PHAETON（辉腾）轿车

一、PHAETON（辉腾）轿车 3. 2L 发动机正时校准

1. PHAETON（辉腾）轿车 3. 2L 发动机正时链条部件识别

PHAETON（辉腾）轿车 3. 2L 发动机正时链条部件识别见图 2-24。

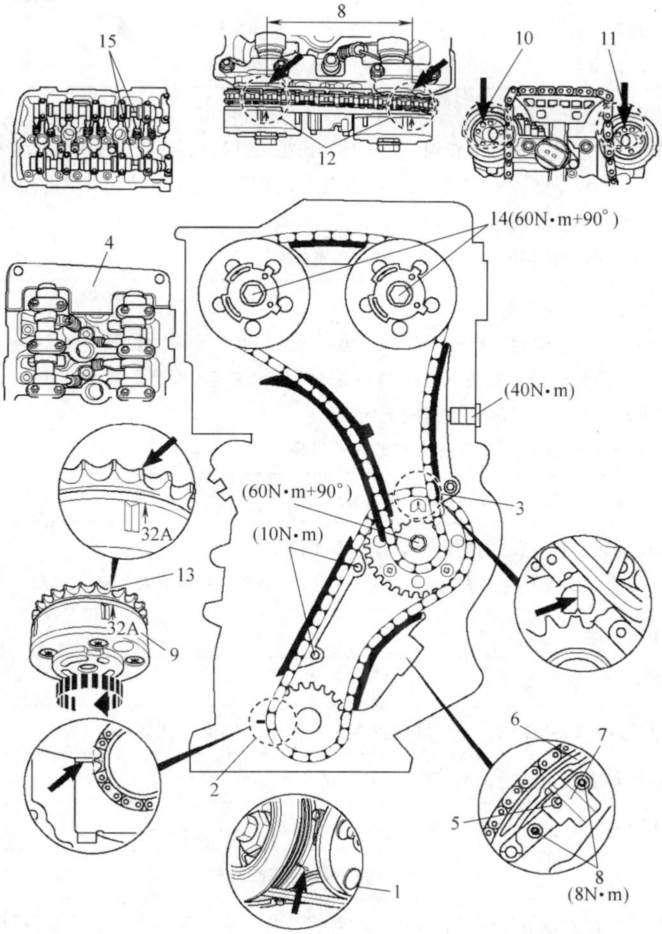

图 2-24　PHAETON（辉腾）轿车 3. 2L 发动机正时链条部件识别

2. PHAETON（辉腾）轿车 3.2L 发动机正时校准步骤

PHAETON（辉腾）轿车 3.2L 发动机正时校准步骤见表 2-11。

表 2-11 PHAETON（辉腾）轿车 3.2L 发动机正时校准步骤

步　骤	操 作 方 法
1	拆下发动机
2	拆下变速器
3	将发动机设置在 1 缸上止点位置（图 2-24 中的 1）。 注意：曲轴链轮的齿槽要与后主轴承接合处对齐（图 2-24 中的 2）
4	确保中间轴链轮正时标记对齐（图 2-24 中的 3）
5	将锁止工具安装到凸轮轴上（图 2-24 中的 4）
6	如果凸轮轴锁止工具安装不上，则转动曲轴 360°
7	拆下正时链条张紧器，使正时链条松弛，以便于拆装
8	对下部的正时链条张紧器执行重新设置： 1）用螺钉旋具释放正时链条张紧器机械锁止结构（图 2-24 中的 5） 2）推动正时链条张紧器滑轨（图 2-24 中的 6）使其抵住正时链条张紧器（图 2-24 中的 7）
9	紧固正时链条张紧器螺栓（图 2-24 中的 8），紧固力矩为 8N · m 注意：张紧器螺栓为一次性使用，拆卸后要换装新螺栓
10	设置进气凸轮轴调节器： 1）顺时针方向转动进气凸轮轴位置传感器磁阻使其达到限位位置（图 2-24 中的 9） 2）把进气凸轮轴链轮安装到链条上，使进气凸轮轴链轮对齐凸轮轴上的孔（图 2-24 中的 10） 3）用手拧紧进气凸轮轴调节器的螺栓 注意：进气凸轮轴调节器上标有“24E”字样
11	设置排气凸轮轴调节器： 1）顺时针方向转动排气凸轮轴位置传感器磁阻使其达到限位位置（图 2-24 中的 9） 2）把排气凸轮轴链轮安装到链条上，使进气凸轮轴链轮对齐凸轮轴上的孔（图 2-24 中的 11） 3）用手拧紧排气凸轮轴调节器的螺栓 注意：排气凸轮轴调节器上标有“32A”字样
12	确保凸轮轴正时标记对齐（图 2-24 中的 12）
13	确保凸轮轴链轮齿槽之间的链节数量为 8 个链节 注意：凸轮轴链轮上的齿槽（图 2-24 中的 13）要与凸轮轴支架上的正时标记对齐（图 2-24 中的 12）
14	安装正时链条
15	安装正时链条张紧器
16	把曲轴顺时针转动 2 周，使气缸设置在 1 缸上止点位置（图 2-24 中的 1）
17	将锁止工具安装到凸轮轴上（图 2-24 中的 4）
18	确保正时标记对齐（图 2-24 中的 12）
19	用 32mm 的扳手在图 2-24 中 15 所示位置固定住凸轮轴
20	废弃拆下的凸轮轴链轮螺栓，换用新的螺栓并紧固至 60N · m + 90°（图 2-24 中的 14）

二、PHAETON（辉腾）轿车 6.0L BRP/PRN/BTT 发动机正时链条校准

1. PHAETON（辉腾）轿车 6.0L BRP/PRN/BTT 发动机正时链条部件识别

PHAETON（辉腾）轿车 6.0L BRP/PRN/BTT 发动机正时链条部件识别见图 2-25。

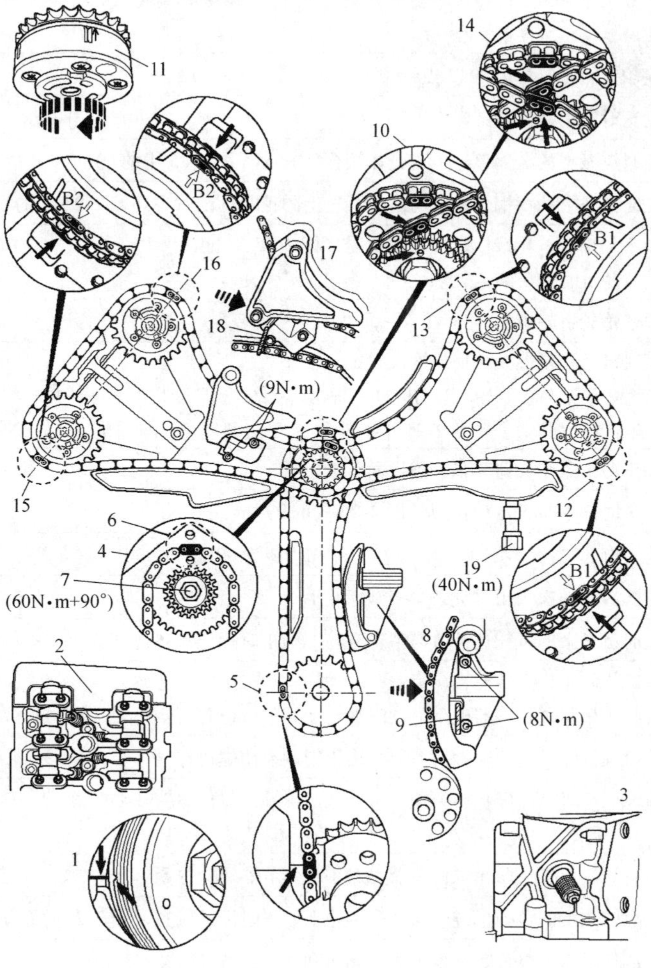

图 2-25 PHAETON（辉腾）轿车 6.0L BRP/PRN/BTT 发动机正时链条部件识别

2. PHAETON（辉腾）轿车 6.0L BRP/PRN/BTT 发动机正时链条校准操作步骤

PHAETON（辉腾）轿车 6.0L BRP/PRN/BTT 发动机正时链条校准操作步骤见表 2-12。

表 2-12 PHAETON（辉腾）轿车 6.0L BRP/PRN/BTT 发动机正时链条校准操作步骤

步骤	操作方法
1	拆卸发动机
2	拆卸变速器
3	把发动机设置到 1 缸上止点位置（图 2-25 中的 1）
4	在左侧和右侧气缸组的凸轮轴上安装凸轮轴定位工具（图 2-25 中的 2），必要时可用 32mm 的扳手固定住凸轮轴六角部位，将凸轮轴向两个方向轻轻转动。如果凸轮轴定位工具安装不上，则将曲轴转动 360°

（续）

步　骤	操作方法
5	从左侧气缸体上拆下堵头
6	安装曲轴正时销（图2-25中的3） 注意：如果拆下的正时链条还要重新安装使用，应在拆卸前先在正时链条上做好标记，以便在安装时能将正时链条准确安装到位
7	确保惰轮链轮正时标记在12点钟位置（图2-25中的4）
8	安装主正时链条和惰轮链轮
9	确保正时链条上的黄铜色链节与壳体接合处对齐（图2-25中的5）
10	确保正时链条上的黄铜色链节与惰轮链轮上的正时标记对齐（图2-25中的6）
11	废弃拆下的惰轮链轮螺栓，换装新螺栓（图2-25中的7） 注意：惰轮链轮螺栓为左旋螺纹
12	用手拧紧惰轮链轮螺栓
13	将主正时链条张紧器锁止在压缩位置： 1）沿箭头所示方向（图2-25中的8）把张紧器柱塞推入张紧器壳体中 2）插入3.5mm的销子（图2-25中的9），使张紧器锁止在压缩位置
14	安装主正时链条张紧器和张紧器导向装置
15	拆下主正时链条张紧器锁止销（图2-25中的9）
16	拧紧惰轮链轮螺栓（图2-25中的7），紧固力矩为60N·m+90°
17	把右侧气缸组的次级正时链条安装到惰轮上
18	确保正时链条上的黄铜色链节与惰轮链轮上的正时标记对齐（图2-25中的10）
19	设置右侧气缸组进气凸轮轴调节器： 将进气凸轮轴位置传感器磁阻沿顺时针转动到限位位置（图2-25中的11）
20	安装右侧气缸组进气凸轮轴调节器，用手把调节器螺栓拧紧
21	设置右侧气缸排气凸轮轴调节器：将排气凸轮轴位置传感器磁阻沿逆时针转动到限位位置（图2-25中的11）
22	安装右侧气缸组排气凸轮轴调节器，用手把调节器螺栓拧紧
23	确保正时链条上的黄铜色链节与各个链轮上的正时标记对齐（图2-25中的10、12、13）
24	安装右侧气缸组次级正时链条张紧器导轨和正时链条导向装置
25	把左侧气缸组的次级正时链条安装到惰轮上
26	确保正时链条上的黄铜色链节与惰轮链轮上的正时标记对齐（图2-25中的14）
27	设置左侧气缸组进气凸轮轴调节器： 将进气凸轮轴位置传感器磁阻沿顺时针转动到限位位置（图2-25中的11）
28	设置左侧气缸排气凸轮轴调节器：将排气凸轮轴位置传感器磁阻沿逆时针转动到限位位置（图2-25中的11）
29	安装右侧气缸组排气凸轮轴调节器，用手把调节器螺栓拧紧
30	确保正时链条上的黄铜色链节与各个链轮上的正时标记对齐（图2-25中的14、15、16）
31	安装左侧气缸组次级正时链条张紧器导轨和正时链条导向装置
32	将左侧气缸组次级正时链条张紧器锁止在压缩位置： 1）沿箭头所示方向（图2-25中的17）把张紧器柱塞推入张紧器壳体中 2）插入3.5mm的销子（图2-25中的18），使张紧器锁止在压缩位置

（续）

步 骤	操作方法
33	拆下左侧气缸组次级正时链条张紧器锁止销（图2-25中的18）
34	确保正时链条上的黄铜色链节与各个链轮上的正时标记对齐（图2-25中的6、10、12、14、15、16）
35	拆卸曲轴正时销（图2-25中的3）
36	拆卸安装在左侧和右侧气缸组凸轮轴上的凸轮轴定位工具（图2-25中的2）
37	紧固各个凸轮轴链轮螺栓，紧固力矩为60N·m+90° 注意：凸轮轴链轮螺栓为一次性使用，重新安装时要换装新的螺栓
38	用扳手在六角部位固定住凸轮轴
39	安装正时链条盖罩
40	安装右侧气缸组次级正时链条张紧器（图2-25中的19）

三、PHAETON（辉腾）轿车6.0L BAN/BAP发动机正时链条校准

1. PHAETON（辉腾）轿车6.0L BAN/BAP发动机正时链条部件识别

PHAETON（辉腾）轿车6.0L BAN/BAP发动机正时链条部件识别见图2-26。

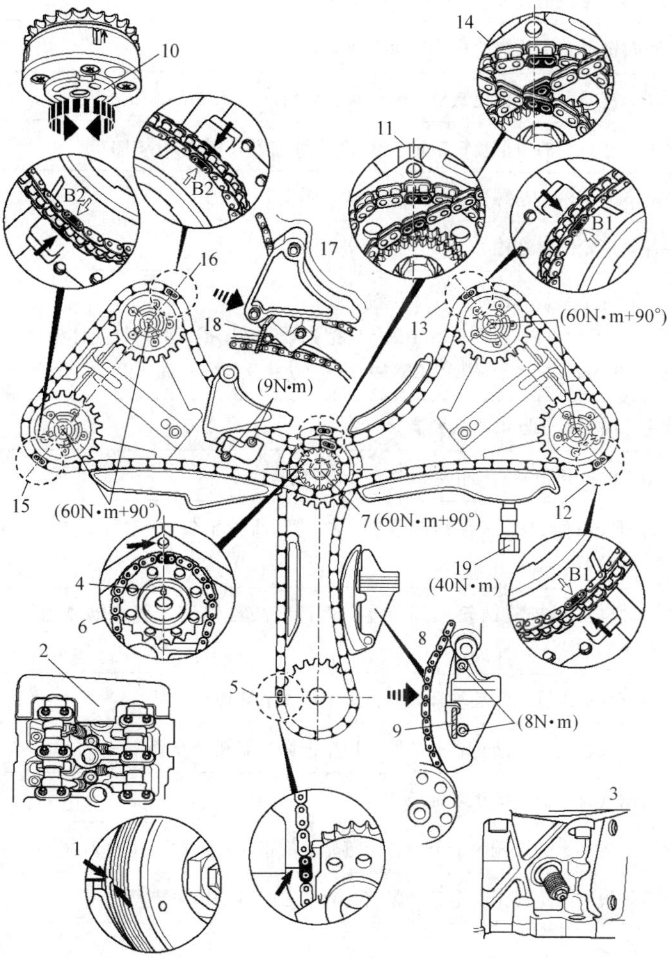

图2-26 PHAETON（辉腾）轿车6.0L BAN/BAP发动机正时链条部件识别

2. PHAETON（辉腾）轿车 6.0L BAN/BAP 发动机正时链条校准操作步骤

PHAETON（辉腾）轿车 6.0L BAN/BAP 发动机正时链条校准操作步骤见表 2-13。

表 2-13 PHAETON（辉腾）轿车 6.0L BAN/BAP 发动机正时链条校准操作步骤

步骤	操作方法
1	拆卸发动机
2	拆卸变速器
3	把发动机设置到 1 缸上止点位置（图 2-26 中的 1）
4	在左侧和右侧气缸组的凸轮轴上安装凸轮轴定位工具（图 2-26 中的 2），必要时可用 32mm 的扳手固定住凸轮轴六角部位，将凸轮轴向两个方向轻轻转动。如果凸轮轴定位工具安装不上，则将曲轴转动 360°
5	从左侧气缸体上拆下堵头
6	安装曲轴正时销（图 2-26 中的 3） 注意：如果拆下的正时链条还要重新安装使用，应在拆卸前先在正时链条上做好标记，以便在安装时能将正时链条准确安装到位
7	确保中间轴定位销在 12 点钟位置（图 2-26 中的 4）
8	将主正时链条和惰轮链轮作为一个整体安装
9	确保正时链条上的黄铜色链节与壳体接合处对齐（图 2-26 中的 5）
10	确保正时链条上的黄铜色链节定位在 12 点钟位置（图 2-26 中的 6）
11	废弃拆下的惰轮链轮螺栓，换装新螺栓（图 2-26 中的 7）
12	用手拧紧惰轮链轮螺栓
13	将主正时链条张紧器锁止在压缩位置： 1）沿箭头所示方向（图 2-26 中的 8）把张紧器柱塞推入张紧器壳体中 2）插入 3.5mm 的销子（图 2-26 中的 9），使张紧器锁止在压缩位置
14	安装主正时链条张紧器和张紧器导向装置
15	拆下主正时链条张紧器锁止销（图 2-26 中的 9）
16	设置右侧气缸组进气凸轮轴调节器：将进气凸轮轴位置传感器磁阻沿顺时针转动到限位位置（图 2-26 中的 10）
17	设置右侧气缸组排气凸轮轴调节器：将排气凸轮轴位置传感器磁阻沿逆时针转动到限位位置（图 2-26 中的 10）
18	安装右侧气缸组进气凸轮轴调节器，用手把调节器螺栓拧紧
19	安装右侧气缸组排气凸轮轴调节器，用手把调节器螺栓拧紧
20	安装右侧气缸组的次级正时链条
21	确保正时链条上的黄铜色链节与各个链轮上的正时标记对齐（图 2-26 中的 11、12、13）
22	安装右侧气缸组次级正时链条张紧器导轨和正时链条导向装置

（续）

步　骤	操作方法
23	设置左侧气缸组进气凸轮轴调节器：将进气凸轮轴位置传感器磁阻沿顺时针转动到限位位置（图 2-26 中的 10）
24	设置左侧气缸组排气凸轮轴调节器：将排气凸轮轴位置传感器磁阻沿逆时针转动到限位位置（图 2-26 中的 10）
25	安装右侧气缸组排气凸轮轴调节器，用手把调节器螺栓拧紧
26	安装左侧气缸组的次级正时链条
27	确保正时链条上的黄铜色链节与各个链轮上的正时标记对齐（图 2-26 中的 14、15、16）
28	安装左侧气缸组次级正时链条张紧器导轨和正时链条导向装置
29	将左侧气缸组次级正时链条张紧器锁止在压缩位置： 1）沿箭头所示方向（图 2-26 中的 17）把张紧器柱塞推入张紧器壳体中 2）插入 3.5mm 的销子（图 2-26 中的 18），使张紧器锁止在压缩位置
30	拆下左侧气缸组次级正时链条张紧器锁止销（图 2-26 中的 18）
31	拆卸曲轴正时销（图 2-26 中的 3）
32	拆卸安装在左侧和右侧气缸组凸轮轴上的凸轮轴定位工具（图 2-26 中的 2）
33	拧紧惰轮链轮螺栓（图 2-26 中的 7），紧固力矩为 60N · m + 90°
34	紧固各个凸轮轴链轮螺栓，紧固力矩为 60N · m + 90° 注意：凸轮轴链轮螺栓为一次性使用，重新安装时要换装新的螺栓
35	用扳手在六角部位固定住凸轮轴
36	安装正时链条盖罩
37	安装右侧气缸组次级正时链条张紧器（图 2-26 中的 19）
38	将曲轴顺时针转动 2 周
39	将气缸设置在 1 缸上止点位置（图 2-26 中的 1）
40	安装曲轴正时销（图 2-26 中的 3）
41	确保凸轮轴定位工具可以安装（图 2-26 中的 2） 如果凸轮轴定位工具不能正确安装，可用扳手固定住凸轮轴的六角部位，对凸轮轴进行微调

第六节　GOLF（高尔夫）轿车

一、GOLF（高尔夫）GTI 轿车 2.0L TSI 发动机正时校准

GOLF（高尔夫）GTI 轿车 2.0L TSI 发动机正时校准操作步骤与本章第四节途观轿车 2.0L TSI 发动机正时校准步骤相同，可参照 2.0L TSI 发动机正时校准步骤执行操作。

二、GOLF（高尔夫）轿车 1.4L TSI 发动机正时校准

正时链条部件识别见图 2-27。

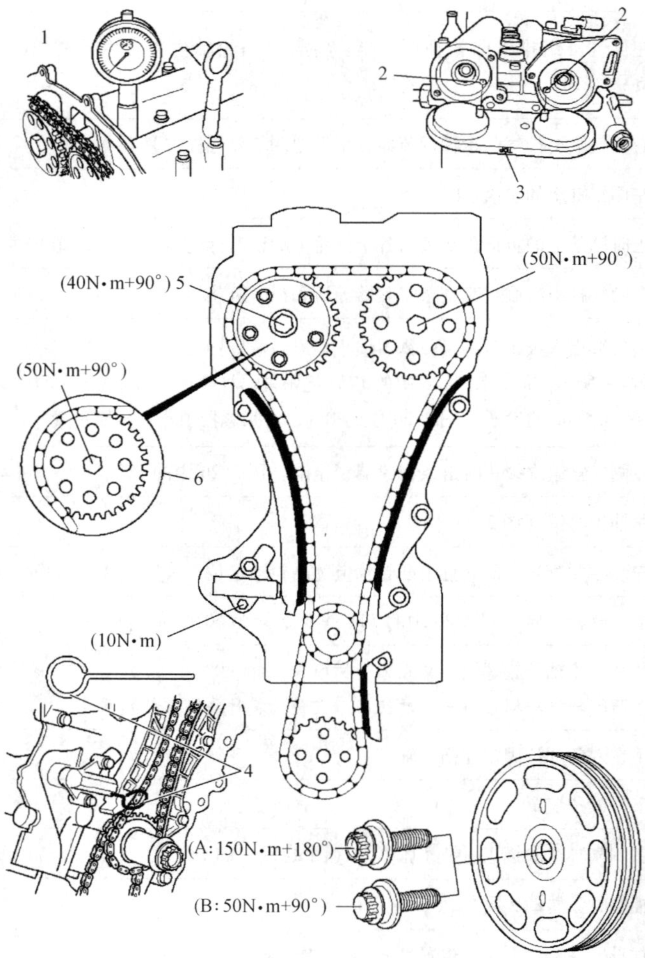

图 2-27　GOLF（高尔夫）轿车 1.4L TSI 发动机正时链条部件识别

校准操作步骤见表 2-14。

表 2-14　GOLF（高尔夫）轿车 1.4L TSI 发动机正时链条校准步骤

步　骤	操作方法
1	拆下正时链条盖
2	拆下油底壳
3	在 1 缸火花塞孔处安装千分表和支架（图 2-27 中的 1），确保发动机设置在 1 缸上止点位置
4	确保各个凸轮轴正时标记对齐（图 2-27 中的 2），如果没有对齐，将曲轴转动 360°

（续）

步骤	操作方法
5	安装凸轮轴定位工具（图2-27中的3） 注意：如果凸轮轴定位工具不能安装上，则说明气门正时不正确
6	压缩正时链条张紧器并用锁止销锁止在压缩状态（图2-27中的4）
7	拆卸凸轮轴链轮和正时链条
8	使用凸轮轴定位工具（图2-27中的3）对齐凸轮轴
9	安装拆卸凸轮轴链轮和正时链条
10	如果发动机配备VVT（可变气门正时），换装新螺栓，将进气凸轮轴调节器螺栓（图2-27中的5）紧固至40N·m+90° 注意：进气凸轮轴调节器螺栓为左旋螺纹 如果发动机没有配备VVT（可变气门正时），则紧固进气凸轮轴链轮螺栓（图2-27中的6），将螺栓紧固至50N·m+90°
11	紧固排气凸轮轴链轮螺栓，将螺栓紧固至50N·m+90°
12	安装曲轴带轮螺栓，A型螺栓：将其紧固至150N·m+180°；B型螺栓，将其紧固至90N·m+90° 注意：曲轴带轮螺栓和凸轮轴链轮螺栓均为一次性使用，旧螺栓不能重新使用，必须换装新螺栓
13	拆下凸轮轴定位工具（图2-27中的3）
14	顺时针转动曲轴2周
15	检查气门正时

第七节　EOS轿车

一、EOS轿车3.2L BUB发动机正时链条部件识别

EOS轿车3.2L BUB发动机正时链条部件识别见图2-28。

二、EOS轿车3.2L BUB发动机正时校准步骤

EOS轿车3.2L BUB发动机正时校准步骤见表2-15。

表2-15　EOS轿车3.2L BUB发动机正时校准步骤

步骤	操作方法
1	拆下发动机
2	拆下变速器
3	将发动机设置在1缸上止点位置（图2-28中的1）。 注意：曲轴链轮的齿槽要与后主轴承接合处对齐（图2-28中的2）

（续）

步骤	操作方法
4	确保中间轴链轮正时标记对齐（图2-28中的3）
5	将锁止工具安装到凸轮轴上（图2-28中的4）
6	如果凸轮轴锁止工具安装不上，则转动曲轴360°
7	拆下正时链条张紧器，使正时链条松弛，以便于拆装
8	对下部的正时链条张紧器执行重新设置： 1）用螺钉旋具释放正时链条张紧器机械锁止结构（图2-28中的5） 2）推动正时链条张紧器滑轨（图2-28中的6）使其抵住正时链条张紧器（图2-28中的7）
9	紧固正时链条张紧器螺栓（图2-28中的8），紧固力矩为8N·m
10	设置进气凸轮轴调节器： 1）顺时针方向转动进气凸轮轴位置传感器磁阻使其达到限位位置（图2-28中的9） 2）把进气凸轮轴链轮安装到链条上，使进气凸轮轴链轮对齐凸轮轴上的孔（图2-28中的10）；用手拧紧进气凸轮轴调节器的螺栓 注意：进气凸轮轴调节器上标有“24E”字样
11	设置排气凸轮轴调节器： 1）顺时针方向转动排气凸轮轴位置传感器磁阻使其达到限位位置（图2-28中的9） 2）把排气凸轮轴链轮安装到链条上，使进气凸轮轴链轮对齐凸轮轴上的孔（图2-28中的11）；用手拧紧排气凸轮轴调节器的螺栓 注意：排气凸轮轴调节器上标有“32A”字样
12	确保凸轮轴正时标记对齐（图2-28中的12）
13	确保凸轮轴链轮之间的齿节数量为8个链节 注意：凸轮轴链轮上的齿槽（图2-28中的13）要与凸轮轴支架上的正时标记对齐（图2-28中的12）
14	安装正时链条
15	安装正时链条张紧器
16	把曲轴顺时针转动2周，使气缸设置在1缸上止点位置（图2-28中的1）
17	将锁止工具安装到凸轮轴上（图2-28中的4）
18	确保正时标记对齐（图2-28中的12）
19	用32mm的扳手在图2-28中15所示的位置固定住凸轮轴
20	废弃拆下的凸轮轴链轮螺栓，换用新的螺栓并紧固至60N·m+90°

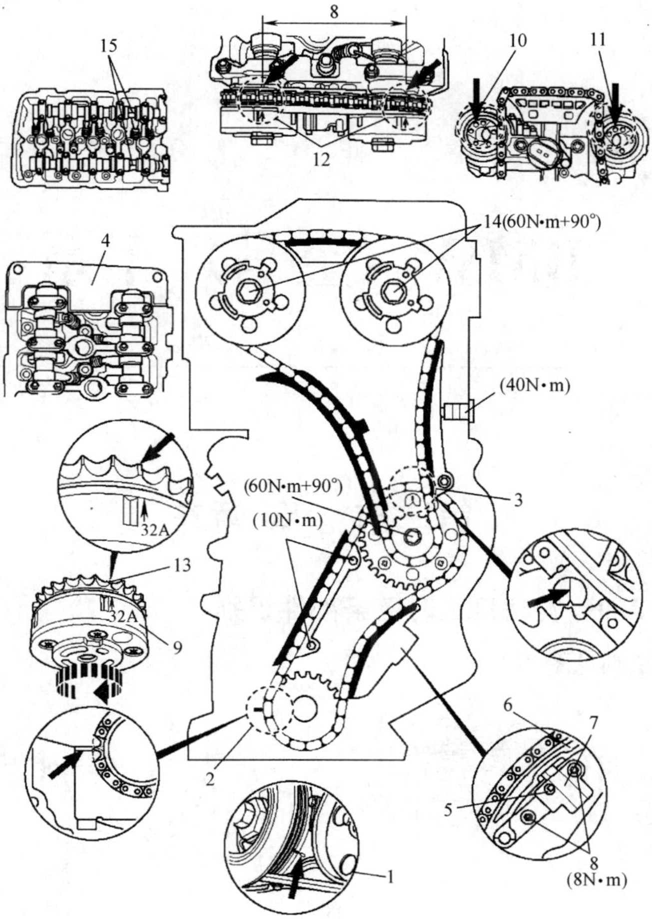

图 2-28 EOS 轿车 3.2L BUB 发动机正时链条部件识别

第三章

BMW（宝马）车系

第一节　X6 轿车

一、X6 轿车 3. 0L 发动机正时链条部件识别

正时链条部件识别见图 3-1。

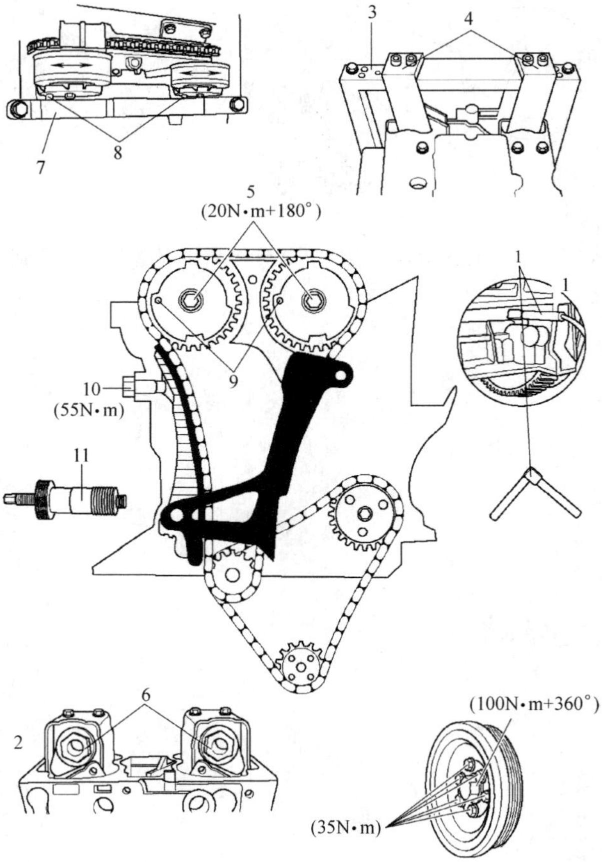

图 3-1　X6 轿车 3. 0L 发动机正时链条部件识别

二、X6 轿车 3.0L 发动机正时链条校准步骤

校准操作步骤见表 3-1。

表 3-1 X6 轿车 3.0L 发动机正时链条校准步骤

步 骤	操 作 方 法
1	拆下油底壳
2	发动机设置在 1 缸上止点位置
3	从气缸体上拆下堵头
4	插入飞轮/驱动盘正时销（图 3-1 中的 1） 正时销正确安装后，发动机应不能转动
5	确保气缸 6 的凸轮轴凸轮定位在图 3-1 中 2 所示的位置
6	确保凸轮轴定位工具（图 3-1 中的 3 和 4）可以正确安装 如果不能安装上凸轮轴定位工具，则按照下列步骤对凸轮轴进行调节： 松开各个凸轮轴调节器（图 3-1 中的 5）上的中心螺栓； 用扳手固定住凸轮轴的六角部位（图 3-1 中的 6），转动凸轮轴使凸轮轴定位工具安装到凸轮轴上（图 3-1 中的 4）； 确保气缸 6 的凸轮轴凸轮定位在图 3-1 中 2 所示的位置； 把凸轮轴位置传感器盘设定工具安装到气缸盖上（图 3-1 中的 7）； 确保凸轮轴位置传感器盘设定工具的定位销（图 3-1 中的 8）与凸轮轴位置传感器盘定位孔（图 3-1 中的 9）对齐； 拆卸正时链条张紧器（图 3-1 中的 10） 注意：如果要继续使用正时链条张紧器，要慢慢压缩张紧器 2 次，把张紧器的机油排除干净
7	安装正时链条张紧器预紧工具（图 3-1 中的 11）
8	转动调节螺钉直至螺钉碰到正时链条张紧器滑轨
9	用预紧工具（图 3-1 中的 11）使正时链条预紧至 0.6N · m
10	紧固凸轮轴调节器的中心螺栓，紧固力矩为 20N · m + 180° 注意：中心螺栓为一次性使用，拆卸后必须换装新螺栓
11	用扳手固定住凸轮轴的六角部位（图 3-1 中的 6）
12	拆下飞轮/驱动盘正时销（图 3-1 中的 1）
13	拆下凸轮轴位置传感器盘设定工具（图 3-1 中的 7）
14	拆下凸轮轴定位工具（图 3-1 中的 3 和 4）
15	拆下正时链条张紧器预紧工具（图 3-1 中的 11）
16	安装正时链条张紧器（图 3-1 中的 10）并紧固至 55N · m
17	顺时针转动曲轴 2 周
18	确保凸轮轴定位工具（图 3-1 中的 3 和 4）和飞轮/驱动盘正时销（图 3-1 中的 1）都能重新安装上
19	换装新的曲轴带轮螺栓并将螺栓紧固至 100N · m + 360°

第二节　X5 轿车

一、X5 轿车 4.4L /4.8L 发动机正时链条校准步骤

1. X5 轿车 4.4L /4.8L 发动机正时链条部件识别

X5 轿车 4.4L/4.8L 发动机正时链条部件识别见图 3-2。

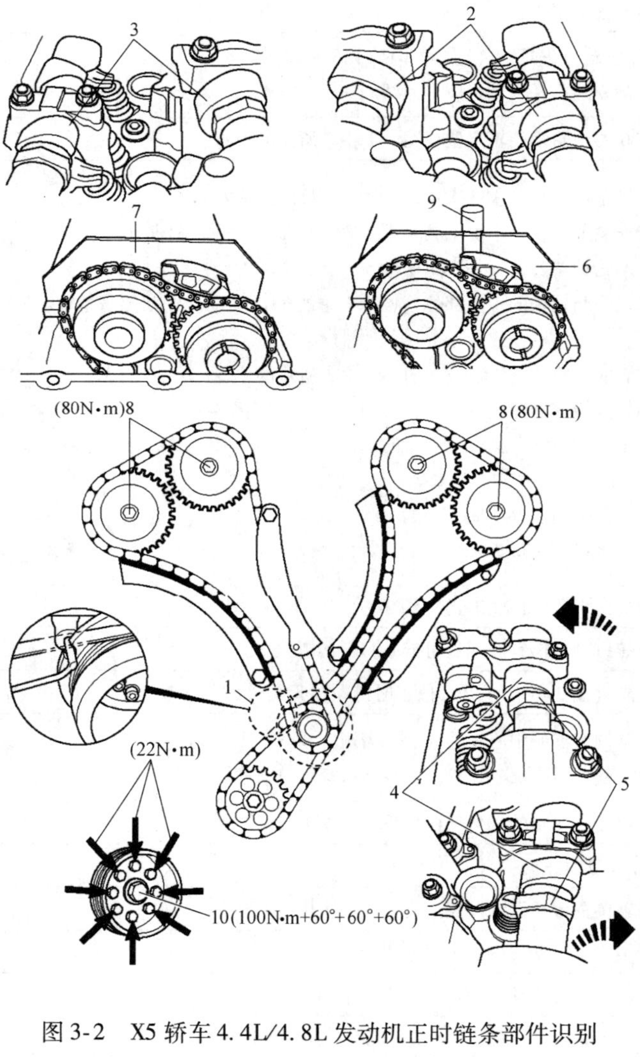

图 3-2　X5 轿车 4.4L/4.8L 发动机正时链条部件识别

2. X5 轿车 4.4L /4.8L 发动机正时校准步骤

X5 轿车 4.4L/4.8L 发动机正时校准步骤见表 3-2。

表 3-2　X5 轿车 4.4L/4.8L 发动机正时校准步骤

步　骤	操 作 方 法
1	把发动机 1 缸活塞设置在上止点位置
2	安装曲轴带轮定位工具（图 3-2 中的 1）
3	将气缸 5 的凸轮轴凸轮设置在图 3-2 中 2 所示的位置
4	确保 1 缸凸轮轴凸轮位于图 3-2 中 3 所示的位置
5	如果不符合要求，则拆下曲轴带轮定位工具，将曲轴转动 360° 注意：确保把进气凸轮轴锁定在最大提前角位置，将排气凸轮轴锁定在最大滞后位置，见图 3-2 中的 4
6	用扳手固定住凸轮轴的六角部位（图 3-2 中的 5）即可转动凸轮轴
7	把凸轮轴定位工具安装到左进气凸轮轴上（图 3-2 中的 6）
8	当定位工具紧靠气缸盖或在排气侧最多高出 0.5mm 时，说明气门正时正确
9	把凸轮轴定位工具安装到左排气凸轮轴上（图 3-2 中的 7）
10	当定位工具紧靠气缸盖或在排气侧最多高出 0.5mm 时，说明气门正时正确
11	对右侧气缸盖也执行气门正时检查程序
12	调节凸轮轴： 1）松开左凸轮轴调节螺栓（图 3-2 中的 8），然后用手重新拧紧 2）安装进气凸轮轴定位工具（图 3-2 中的 6） 3）调节左进气凸轮轴，确保进气凸轮轴定位工具紧靠气缸盖 4）用凸轮轴锁止工具（图 3-2 中的 9）把左进气凸轮轴锁止 5）紧固左进气凸轮轴调节螺栓（图 3-2 中的 8）至 80N · m 6）安装排气凸轮轴定位工具（图 3-2 中的 7） 7）调节左排气凸轮轴，确保排气凸轮轴定位工具紧靠气缸盖 8）用凸轮轴锁止工具（图 3-2 中的 9）把左排气凸轮轴锁止 9）紧固左排气凸轮轴调节螺栓（图 3-2 中的 8）至 80N · m 10）对于右气缸盖，重复调节操作程序
13	拆卸凸轮轴锁止工具和凸轮轴定位工具（图 3-2 中的 6、7、9）
14	拆卸曲轴带轮定位工具（图 3-2 中的 1）
15	将曲轴转动 2 周，检查气门正时
16	安装新的曲轴带轮中心螺栓（图 3-2 中的 10）并紧固

二、X5 轿车 3.0L 306S3 发动机正时链条拆装步骤

1. X5 轿车 3.0L 306S3 发动机正时链条部件识别

X5 轿车 3.0L 306S3 发动机正时链条部件识别见图 3-3。

2. 正时链条拆卸步骤

拆卸步骤见表 3-3。

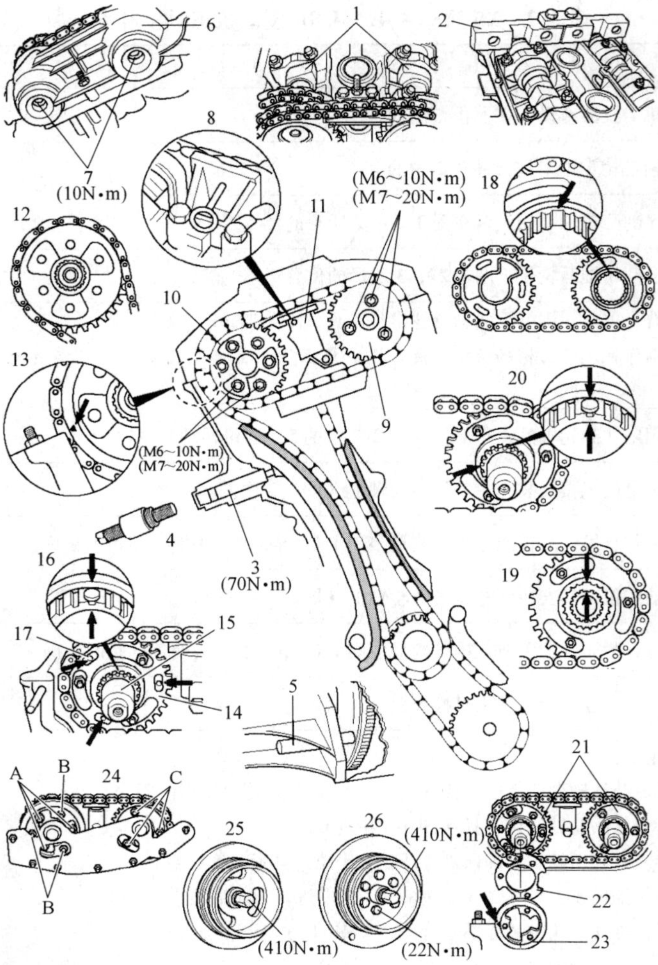

图 3-3　X5 轿车 3. 0L 306S3 发动机正时链条部件识别

表 3-3　X5 轿车 3. 0L 306S3 发动机正时链条拆卸步骤

步　骤	操 作 方 法
1	对于配备双片式曲轴带轮/减振器的发动机，拆卸油底壳
2	将发动机设置在 1 缸上止点位置
3	确保凸轮轴上的凸尖（图 3-3 中的 1）彼此相对
4	确保凸轮轴校准工具（图 3-3 中的 2）能正确安装
5	如果不能安装凸轮轴校准工具，则对凸轮轴进行调节： 1）拆卸正时链条张紧器（图 3-3 中的 3） 2）用工具（图 3-3 中的 4）将正时链条预紧至 0. 7N · m 3）拧下 VANOS（凸轮轴正时系统）单元的机油压力管 4）用专用工具把压缩空气（压力约 2 ~ 8bar）连接到 VANOS 单元中 5）转动曲轴 2 周，直至凸轮轴的凸尖彼此相对（图 3-3 中的 1） 6）插入飞轮正时销（图 3-3 中的 5） 7）确认凸轮轴校准工具（图 3-3 中的 2）可以正确安装

（续）

步　骤	操 作 方 法
6	拆卸 VANOS 单元（图 3-3 中的 6） 注意：密封盖后面的螺钉（图 3-3 中的 7）是左旋螺纹
7	拆下正时链条预紧工具（图 3-3 中的 4）
8	压下正时链条副张紧器并用工具锁止（图 3-3 中的 8）
9	把进气和排气凸轮轴链轮（图 3-3 中的 9 和 10）和副正时链条一起拆下
10	拆卸正时链条副张紧器（图 3-3 中的 11）
11	把正时链条（图 3-3 中的 12）从凸轮轴链轮上拆下

3. 正时链条安装步骤

安装步骤见表 3-4。

表 3-4　X5 轿车 3.0L 306S3 发动机正时链条安装步骤

步　骤	操 作 方 法
1	把正时链条安装到排气凸轮轴链轮上，确保排气凸轮轴链轮上的箭头与气缸体上沿对齐（图 3-3 中的 13）
2	安装正时链条预紧工具（图 3-3 中的 4）
3	拧入调节螺钉，直至调节螺钉接触到正时链条导轨，如有必要，重新将排气凸轮轴链轮与气缸体上沿对齐（图 3-3 中的 13）
4	安装正时链条副张紧器（图 3-3 中的 11）
5	用销子（图 3-3 中的 15）把齿套（图 3-3 中的 14）和齿轮轴安装到排气凸轮轴链轮上。确保齿隙（图 3-3 中的 16）互相对准
6	推入齿轮轴，直至螺纹孔位于槽的中心（图 3-3 中的 17）
7	用专用工具，把凸轮轴链轮和副正时链按照图 3-3 中 18 所示的位置对准
8	在安装凸轮轴链轮时，要确保进气侧的齿隙彼此对齐（图 3-3 中的 19）
9	用销子把齿轮轴安装到进气凸轮轴链轮上。推入齿轮轴，直至花键露出 1mm（图 3-3 中的 20）为止
10	安装垫圈和螺母（图 3-3 中的 21），先不要拧紧
11	把标有“F”字样的片簧（图 3-3 中的 22）和传感器齿轮（图 3-3 中的 23）安装到排气凸轮轴上，先不要拧紧螺母
12	确保传感器齿轮上的箭头与气缸盖上沿对齐
13	拉出排气凸轮轴链轮上的齿轮套，直至达到极限位置
14	安装正时链条副张紧器（图 3-3 中的 8）并解除锁止状态
15	用专用工具（图 3-3 中的 4）把正时链条预紧至 0.7N · m
16	按压传感器齿轮（图 3-3 中的 23）预紧片簧，用手拧紧螺母
17	用专用工具设置凸轮轴正时。注意：安装专用工具 T116150 之前先拆下垫圈。 1）分两步拧紧螺钉和螺母（图 3-3 中的 24），第一步：5N · m；第二步：20N · m（图 3-3 中的 A）；10N · m（图 3-3 中的 B 和 C） 2）安装正时链条张紧器（图 3-3 中的 3）

（续）

步骤	操作方法
17	3）拆卸校准工具并将曲轴转动2周 4）确保发动机设置在1缸上止点位置 5）拆卸凸轮轴正时设定工具（图3-3中的24） 6）安装VANOS单元（图3-3中的6）
18	对于配备整体式曲轴带轮/减振器的发动机，见图3-3中的25；对于配备双片式曲轴带轮/减振器的发动机，见图3-3中的26
19	安装新的曲轴带轮中心螺栓并紧固

三、X5轿车N52 B30发动机正时链条校准步骤

1. X5轿车N52 B30发动机正时链条部件识别

X5轿车N52 B30发动机正时链条部件识别见图3-4。

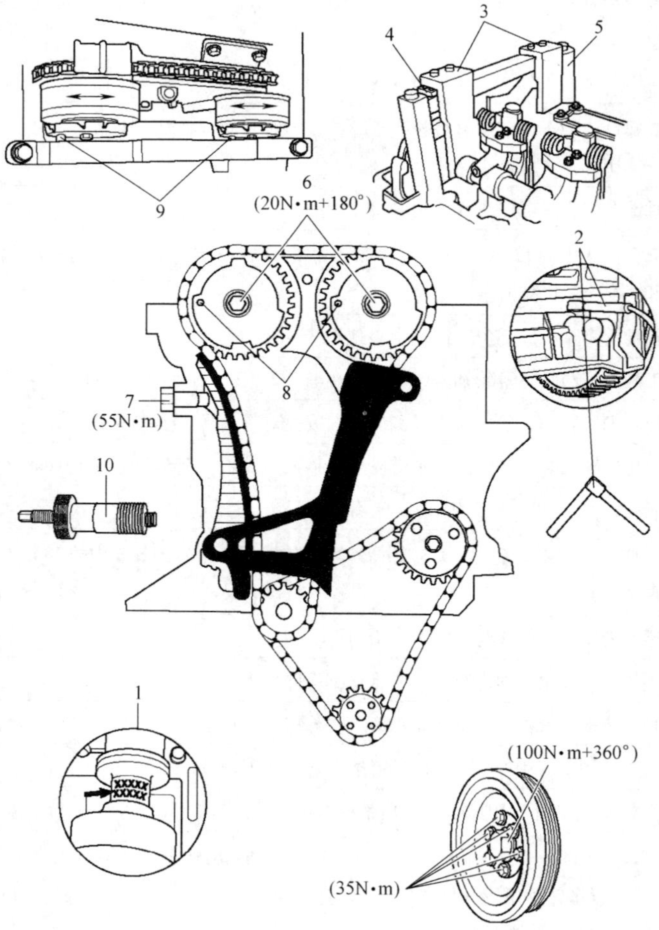

图3-4　X5轿车N52 B30发动机正时链条部件识别

2. X5轿车N52 B30发动机校准操作步骤

X5轿车N52 B30发动机校准操作步骤见表3-5。

表3-5 X5轿车N52 B30发动机正时链条校准步骤

步骤	操作方法
1	拆下油底壳
2	发动机设置在1缸上止点位置
3	确保各个凸轮轴上的零件号码均朝向上方（见图3-4中的1）
4	从气缸体上拆下堵头
5	插入飞轮/驱动盘正时销（见图3-4中的2） 如果正时销安装正确，发动机应不能转动
6	确保凸轮轴定位工具（见图3-4中的3、4和5）可以正确安装 如果不能安装上凸轮轴定位工具，则按照下列步骤对凸轮轴进行调节： 1）拧松各个凸轮轴调节器的中心螺栓（图3-4中的6） 2）拆下正时链条张紧器总成（图3-4中的7） 注意：如果要继续使用正时链条张紧器，要慢慢压缩张紧器2次，把张紧器的机油排除干净 3）确保传感器齿轮位于9点钟位置的圆孔位置（图3-4中的8） 4）安装传感器齿轮定位工具（图3-4中的9）并紧固到气缸盖上 5）安装正时链条预紧工具（图3-4中的10） 6）拧入调节螺钉，直至接触到正时链条导轨 7）用正时链条预紧工具（图3-4中的10）将正时链条预紧至0.6N·m 8）换用新的凸轮轴调整器中心螺栓（图3-4中的6）并将螺栓紧固至20N·m+180°
7	拆下飞轮正时销（图3-4中的2）
8	拆下传感器齿轮定位工具（图3-4中的9）
9	拆下凸轮轴定位工具（图3-4中的3、4、5）
10	拆下正时链条预紧工具（图3-4中的10）
11	安装正时链条张紧器总成（图3-4中的7）并紧固至55N·m
12	顺时针转动曲轴2周
13	确保飞轮正时销（图3-4中的2）和定位工具（图3-4中的3、4、5和9）均可以重新安装
14	安装曲轴带轮，换用新的曲轴带轮中心螺栓并紧固至100N·m+360°

第三节 X3轿车

一、X3轿车3.0L N52 B30发动机正时链条校准步骤

X3轿车N52 3.0L N52 B30发动机正时链条校准步骤与X5轿车3.0L N52 B30发动机正时链条校准步骤相同，可参照X5轿车3.0L N52 B30发动机正时链条校准步骤执行操作。

二、X3 轿车 2.5L N52 B25 发动机正时链条校准步骤

1. X3 轿车 2.5L N52 B25 发动机正时链条部件识别

X3 轿车 2.5L N52 B25 发动机正时链条部件识别见图 3-5。

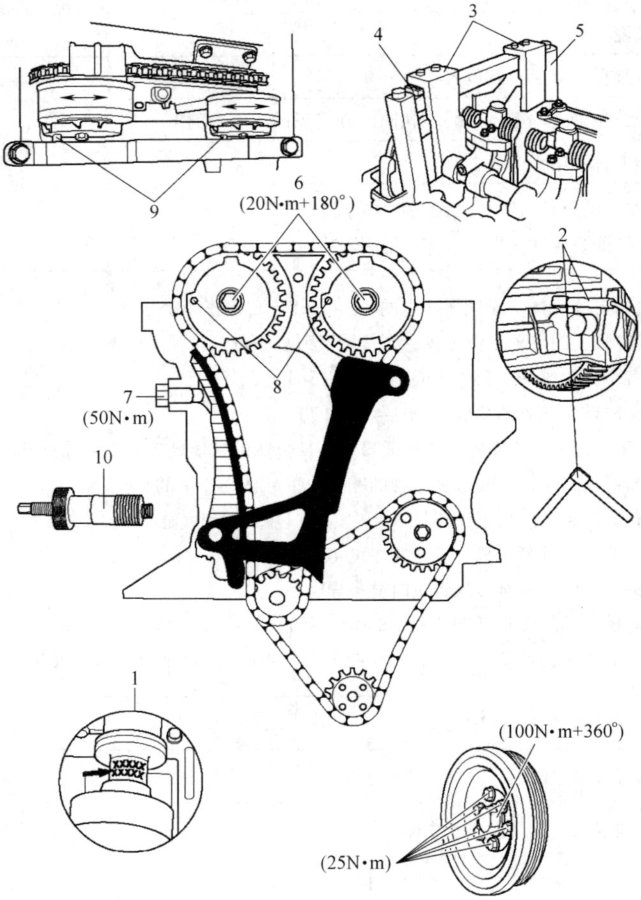

图 3-5　X3 轿车 2.5L N52 B25 发动机正时链条部件识别

2. X3 轿车 2.5L N52 B25 发动机校准操作步骤

X3 轿车 2.5L N52 B25 发动机校准操作步骤见表 3-6。

表 3-6　X3 轿车 2.5L N52 B25 发动机正时链条校准步骤

步　骤	操 作 方 法
1	拆下油底壳
2	发动机设置在 1 缸上止点位置
3	确保各个凸轮轴上的零件号码均朝向上方（见图 3-5 中的 1）
4	从气缸体上拆下堵头
5	插入飞轮/驱动盘正时销（见图 3-5 中的 2） 如果正时销安装正确，发动机应不能转动

（续）

步 骤	操作方法
6	确保凸轮轴定位工具（见图3-5中的3、4和5）可以正确安装 如果不能安装上凸轮轴定位工具，则按照下列步骤对凸轮轴进行调节： 1）拧松各个凸轮轴调节器的中心螺栓（图3-5中的6） 2）拆下正时链条张紧器总成（图3-5中的7） 注意：如果要继续使用正时链条张紧器，要慢慢压缩张紧器2次，把张紧器的机油排除干净 3）确保传感器齿轮位于9点钟位置的圆孔位置（图3-5中的8） 4）安装传感器齿轮定位工具（图3-5中的9）并紧固到气缸盖上 5）安装正时链条预紧工具（图3-5中的10） 6）拧入调节螺钉，直至接触到正时链条导轨 7）用正时链条预紧工具（图3-5中的10）将正时链条预紧至0.6N·m 8）换用新的凸轮轴调整器中心螺栓（图3-5中的6）并将螺栓紧固至20N·m+180°
7	拆下飞轮正时销（图3-5中的2）
8	拆下传感器齿轮定位工具（图3-5中的9）
9	拆下凸轮轴定位工具（图3-5中的3、4、5）
10	拆卸正时链条预紧工具（图3-5中的10）
11	安装正时链条张紧器总成（图3-5中的7）并紧固至50N·m
12	顺时针转动曲轴2周
13	确保飞轮正时销（图3-5中的2）和定位工具（图3-5中的3、4、5和9）均可以重新安装
14	安装曲轴带轮，换用新的曲轴带轮中心螺栓并紧固至100N·m+360°

三、X3轿车2.0L N46 B20发动机正时链条校准步骤

1. X3轿车2.0L N46 B20发动机正时链条部件识别

2. X3轿车2.0L N46 B20发动机正时校准步骤

X3轿车2.0L N46 B20发动机正时校准步骤见表3-7。

表3-7 X3轿车2.0L N46 B20发动机正时校准步骤

步 骤	操作方法
1	拆下油底壳
2	发动机设置在1缸上止点位置
3	从气缸体上拆下堵头
4	插入飞轮正时销（图3-6中的1）
5	确保凸轮轴后面准确对正（图3-6中的2） 注意：凸轮轴后面的曲柄臂应向上（图3-6中的3）

（续）

步　骤	操作方法
6	按照下列步骤设置各个凸轮轴调节器到安装位置： 1）安装进气凸轮轴转动工具 2）沿着进气凸轮轴转动方向的反方向试着慢慢转动进气凸轮轴 3）如果进气凸轮轴转动，则继续转动直至进气凸轮轴固定到位 4）沿着排气凸轮轴转动的方向试着慢慢转动排气凸轮轴 5）如果排气凸轮轴转动，则继续转动直至排气凸轮轴固定到位 注意：凸轮轴调节器设置到安装位置后，凸轮轴是不能自由转动的
7	安装进气凸轮轴定位工具（图 3-6 中的 4）
8	安装排气凸轮轴定位工具（图 3-6 中的 5）
9	当进气凸轮轴定位工具紧靠气缸盖或在进气侧高出的最大值为 0.5mm 时，说明正时正确。当排气凸轮轴定位工具紧靠气缸盖或在进气侧高出的最大值为 1mm 时，说明正时正确
10	若不符合要求，则按如下方法调整凸轮轴： 1）拧松每个凸轮轴调整器的螺栓（图 3-6 中的 6）然后用手重新将螺栓拧紧 2）安装进气凸轮轴定位工具（图 3-6 中的 4） 3）调整进气凸轮轴。确保进气凸轮轴定位工具紧靠气缸盖 4）安装排气凸轮轴定位工具（图 3-6 中的 5） 5）将排气凸轮轴定位工具拧到气缸盖上 6）拧紧排气凸轮轴定位工具的螺栓直至螺栓接触到进气凸轮轴定位工具（图 3-6 中的 7） 7）把进气凸轮轴定位工具（图 3-6 中的 4）安装到气缸盖上
11	拆下正时链条张紧器（图 3-6 中的 8） 注意：正时链条张紧器柱塞有弹力；如果要继续使用正时链条张紧器，要慢慢压缩张紧器 2 次，把张紧器的机油排除干净
12	安装正时链条预紧工具（图 3-6 中的 9）
13	拧紧调整螺栓，直到调整螺栓与正时链条张紧器导轨接触
14	将凸轮轴调整器的螺栓换成新螺栓（图 3-6 中的 6）并用手预紧
15	安装凸轮轴位置传感器齿轮定位工具（图 3-6 中的 10），将其固定到气缸盖上
16	把每个凸轮轴调整器的螺栓（图 3-6 中的 6）拧松半圈
17	用张紧工具（图 3-6 中的 9）把正时链条预紧至 0.6N·m
18	紧固凸轮轴调整器的螺栓（图 3-6 中的 6），紧固时分三次，第一次紧固到 20N·m；第二次 90°；第三次再拧 90° 注意：凸轮轴调整器螺栓只能使用一次
19	拆下飞轮正时销（图 3-6 中的 1）
20	拆下凸轮轴位置传感器齿轮定位工具（图 3-6 中的 10）
21	拆下凸轮轴定位工具（图 3-6 中的 4 和 5）
22	拆下正时链条预紧工具（图 3-6 中的 9）
23	安装正时链条张紧器总成（图 3-6 中的 8），将其紧固至 65N·m
24	顺时针转动曲轴两圈

（续）

步　骤	操作方法
25	确保飞轮正时销（图 3-6 中的 1）和凸轮轴定位工具（图 3-6 中的 4、5 和 10）可以重新装回
26	当凸轮轴定位工具（图 3-6 中的 4 和 5）紧靠气缸盖时，说明正时正确
27	安装曲轴带轮，换用新的曲轴带轮中心螺栓并加以紧固

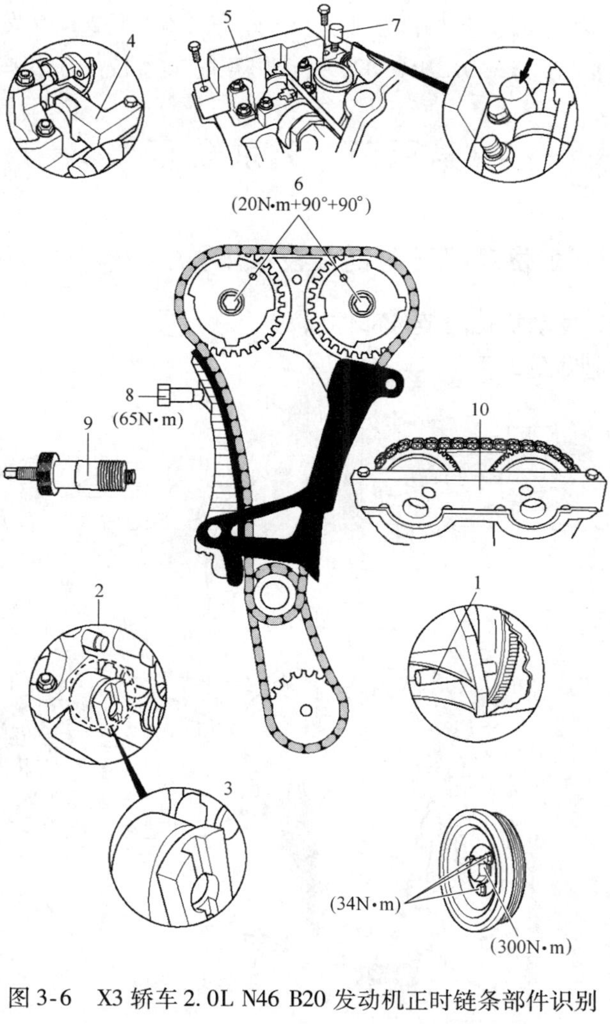

图 3-6　X3 轿车 2.0L N46 B20 发动机正时链条部件识别

第四节　Z4 轿车

一、Z4 轿车 2.0L N46 B20 发动机正时链条校准步骤

Z4 轿车 2.0L N46 B20 发动机正时链条校准步骤与 X3 轿车 2.0L N46 B20 发动机正时链条校准程序步骤相同，可参照 X3 轿车 2.0L N46 B20 发动机正时链条校准步骤操作。

二、Z4 轿车 2.5L N52 B25 发动机正时链条校准步骤

Z4 轿车 2.5L N52 B25 发动机正时链条校准步骤与 X3 轿车 2.5L N52 B25 发动机正时链条校准程序步骤相同，可参照 X3 轿车 2.5L N52 B25 发动机正时链条校准步骤操作。

三、Z4 轿车 3.0L 发动机正时链条校准步骤

Z4 轿车 3.0L 发动机正时链条校准步骤与 X3 轿车 2.5L N52 B25 发动机正时链条校准程序步骤相同，可参照 X3 轿车 3.0L N52 B25 发动机正时链条校准步骤操作。

第五节　1 系轿车

一、135i 轿车 3.0L 发动机正时链条校准步骤

1. 135i 轿车 3.0L 发动机正时链条部件识别

正时链条部件识别见图 3-7。

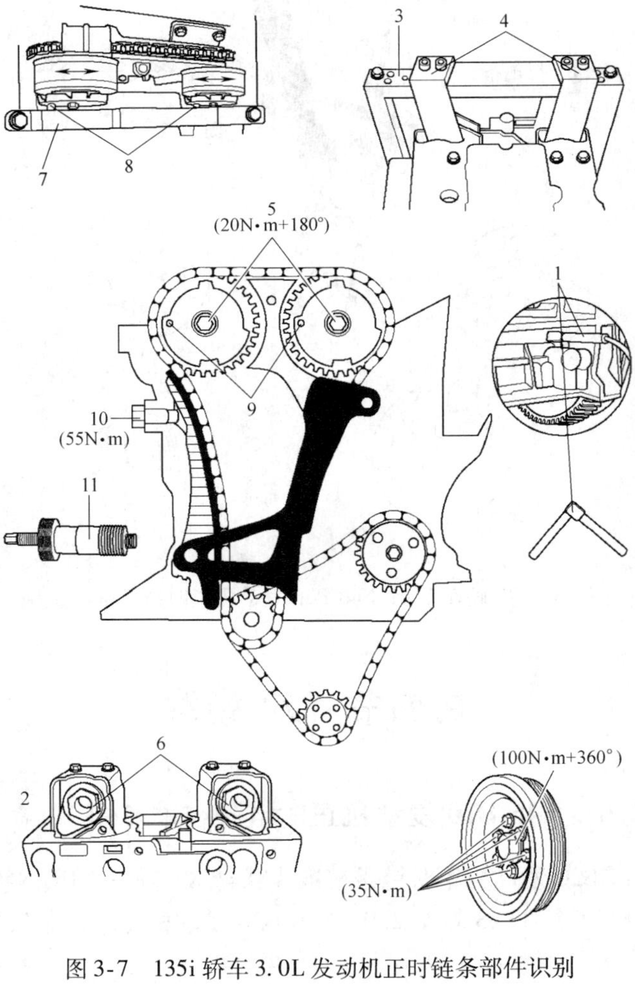

图 3-7　135i 轿车 3.0L 发动机正时链条部件识别

2. 135i 轿车 3.0L 发动机正时校准操作步骤

校准操作步骤见表 3-8。

表 3-8 135i 轿车 3.0L 发动机正时链条校准步骤

步骤	操作方法
1	拆下油底壳
2	发动机设置在 1 缸上止点位置
3	从气缸体上拆下堵头
4	插入飞轮/驱动盘正时销（图 3-7 中的 1） 正时销正确安装后，发动机应不能转动
5	确保气缸 6 的凸轮轴凸轮定位在图 3-7 中 2 所示的位置
6	确保凸轮轴定位工具（图 3-7 中的 3 和 4）可以正确安装 如果不能安装上凸轮轴定位工具，则按照下列步骤对凸轮轴进行调节： 1）松开各个凸轮轴调节器（图 3-7 中的 5）上的中心螺栓 2）用扳手固定住凸轮轴的六角部位（图 3-7 中的 6），转动凸轮轴使凸轮轴定位工具安装到凸轮轴上（图 3-7 中的 4） 3）确保气缸 6 的凸轮轴凸轮定位在图 3-7 中 2 所示的位置 4）把凸轮轴位置传感器盘设定工具安装到气缸盖上（图 3-7 中的 7） 5）确保凸轮轴位置传感器盘设定工具的定位销（图 3-7 中的 8）与凸轮轴位置传感器盘定位孔（图 3-7 中的 9）对齐 6）拆卸正时链条张紧器（图 3-7 中的 10） 注意：如果要继续使用正时链条张紧器，要慢慢压缩张紧器 2 次，把张紧器的机油排除干净
7	安装正时链条张紧器预紧工具（图 3-7 中的 11）
8	转动调节螺钉直至螺钉碰到正时链条张紧器滑轨
9	用预紧工具（图 3-7 中的 11）使正时链条预紧至 0.6N·m
10	紧固凸轮轴调节器的中心螺栓，紧固力矩为 20N·m+180° 注意：中心螺栓为一次性使用，拆卸后必须换装新螺栓
11	用扳手固定住凸轮轴的六角部位（图 3-7 中的 6）
12	拆下飞轮/驱动盘正时销（图 3-7 中的 1）
13	拆下凸轮轴位置传感器盘设定工具（图 3-7 中的 7）
14	拆下凸轮轴定位工具（图 3-7 中的 3 和 4）
15	拆下正时链条张紧器预紧工具（图 3-7 中的 11）
16	安装正时链条张紧器（图 3-7 中的 10）并紧固至 55N·m
17	顺时针转动曲轴 2 周
18	确保飞轮/驱动盘正时销（图 3-7 中的 1）和凸轮轴定位工具（图 3-7 中的 3 和 4）都能重新安装上
19	换装新的曲轴带轮螺栓并将螺栓紧固至 100N·m+360°

二、130i 轿车 3.0L 发动机正时链条校准步骤

1. 130i 轿车 3.0L 发动机正时链条部件识别

正时链条部件识别见图 3-8。

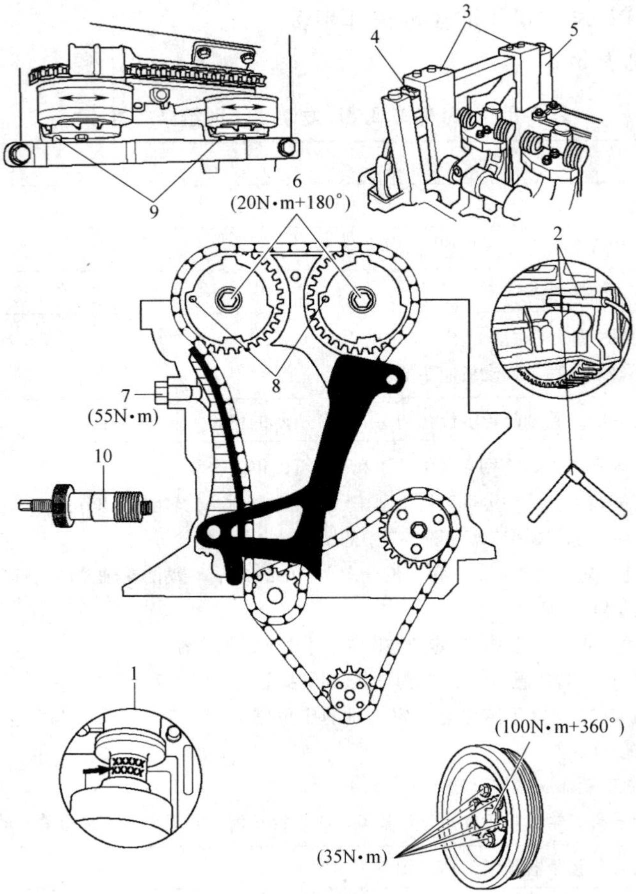

图 3-8　130i 轿车 3. 0L 发动机正时链条部件识别

2. 130i 轿车 3. 0L 发动机正时校准操作步骤

校准操作步骤见表 3-9。

表 3-9　130i 轿车 3. 0L 发动机正时链条校准步骤

步　骤	操作方法
1	拆下油底壳
2	发动机设置在 1 缸上止点位置
3	确保各个凸轮轴上的零件号码均朝向上方（图 3-8 中的 1）
4	从气缸体上拆下堵头
5	插入飞轮/驱动盘正时销（图 3-8 中的 2） 如果飞轮/驱动盘正时销安装正确，发动机应不能转动
6	确保凸轮轴定位工具（图 3-8 中的 3、4 和 5）可以正确安装 如果不能安装上凸轮轴定位工具，则按照下列步骤对凸轮轴进行调节： 1）拧松各个凸轮轴调节器的中心螺栓（图 3-8 中的 6） 2）拆下正时链条张紧器总成（图 3-8 中的 7） 注意：如果要继续使用正时链条张紧器，要慢慢压缩张紧器 2 次，把张紧器的机油排除干净

（续）

步骤	操作方法
6	3）确保传感器齿轮位于9点钟位置的圆孔位置（图3-8中的8） 4）安装传感器齿轮定位工具（图3-8中的9）并紧固到气缸盖上 5）安装正时链条预紧工具（图3-8中的10） 6）拧入调节螺钉，直至接触到正时链条导轨 7）用正时链条预紧工具（图3-8中的10）将正时链条预紧至0.6N·m 8）换用新的凸轮轴调整器中心螺栓（图3-8中的6）并将螺栓紧固至20N·m+180°
7	拆下飞轮正时销（图3-8中的2）
8	拆下传感器齿轮定位工具（图3-8中的9）
9	拆下凸轮轴定位工具（图3-8中的3、4、5）
10	拆下正时链条预紧工具（图3-8中的10）
11	安装正时链条张紧器总成（图3-8中的7）并紧固至55N·m
12	顺时针转动曲轴2周
13	确保飞轮正时销（图3-8中的2）和定位工具（图3-8中的3、4、5和9）均可以重新安装
14	安装曲轴带轮，换用新的曲轴带轮中心螺栓并紧固至100N·m+360°

三、120i轿车2.0L发动机正时链条校准步骤

1. 120i轿车2.0L发动机正时链条部件识别

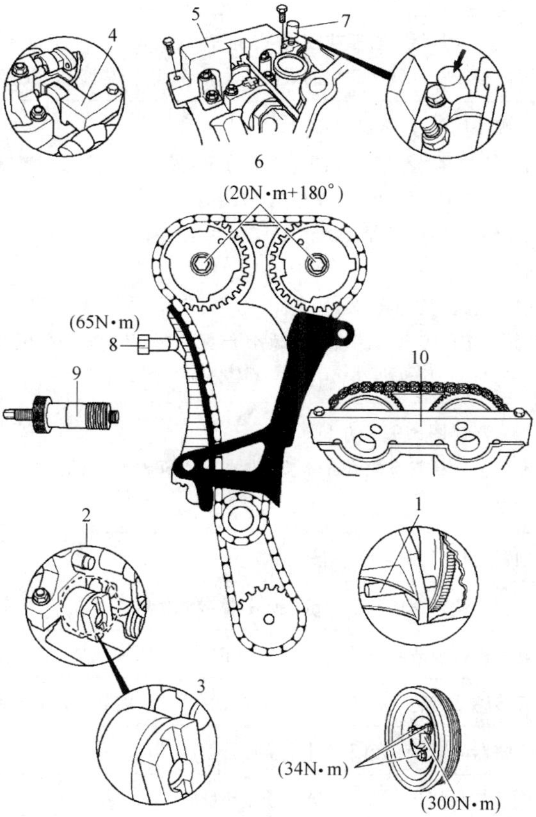

图3-9 120i轿车2.0L发动机正时链条部件识别

2. 120i 轿车 2.0L 发动机正时校准步骤

120i 轿车 2.0L 发动机正时校准步骤见表 3-10。

表 3-10　120i 轿车 2.0L 发动机正时校准步骤

步　骤	操作方法
1	拆下油底壳
2	发动机设置在 1 缸上止点位置
3	从气缸体上拆下堵头
4	插入飞轮正时销（图 3-9 中的 1）
5	确保凸轮轴后面准确对正（图 3-9 中的 2） 注意：凸轮轴后面的曲柄臂应向上（图 3-9 中的 3）
6	按照下列步骤设置各个凸轮轴调节器到安装位置： 1）安装进气凸轮轴转动工具 2）沿着进气凸轮轴转动方向的反方向试着慢慢转动进气凸轮轴 3）如果进气凸轮轴转动，则继续转动直至进气凸轮轴固定到位 4）沿着排气凸轮轴转动的方向试着慢慢转动排气凸轮轴 5）如果排气凸轮轴转动，则继续转动直至排气凸轮轴固定到位 注意：凸轮轴调节器设置到安装位置后，凸轮轴是不能自由转动的
7	安装进气凸轮轴定位工具（图 3-9 中的 4）
8	安装排气凸轮轴定位工具（图 3-9 中的 5）
9	当进气凸轮轴定位工具紧靠气缸盖或在进气侧高出的最大值为 0.5mm 时，说明正时正确。当排气凸轮轴定位工具紧靠气缸盖或在进气侧高出的最大值为 1mm 时，说明正时正确
10	若不符合要求，则按如下方法调整凸轮轴： 1）拧松每个凸轮轴调整器的螺栓（图 3-9 中的 6）然后用手重新将螺栓拧紧 2）安装进气凸轮轴定位工具（图 3-9 中的 4） 3）调整进气凸轮轴，确保进气凸轮轴定位工具紧靠气缸盖 4）安装排气凸轮轴定位工具（图 3-9 中的 5） 5）将排气凸轮轴定位工具拧到气缸盖上 6）拧紧排气凸轮轴定位工具的螺栓直至螺栓接触到进气凸轮轴定位工具（图 3-9 中的 7） 7）把进气凸轮轴定位工具（图 3-9 中的 4）安装到气缸盖上
11	拆下正时链条张紧器（图 3-9 中的 8） 注意：正时链条张紧器柱塞有弹力；如果要继续使用正时链条张紧器，要慢慢压缩张紧器 2 次，把张紧器的机油排除干净
12	安装正时链条预紧工具（图 3-9 中的 9）
13	拧紧调整螺栓，直到调整螺栓与正时链条张紧器导轨接触
14	将凸轮轴调整器的螺栓换成新螺栓（图 3-9 中的 6）并用手预紧
15	安装凸轮轴位置传感器齿轮定位工具（图 3-9 中的 10），将其固定到气缸盖上
16	把每个凸轮轴调整器的螺栓（图 3-9 中的 6）拧松半圈
17	用张紧工具（图 3-9 中的 9）把正时链条预紧至 0.6N · m

（续）

步　骤	操作方法
18	紧固凸轮轴调整器的螺栓（图3-9中的6），紧固时分2次，第一次紧固到20N·m，第二次180° 注意：凸轮轴调整器螺栓只能使用一次
19	拆下飞轮正时销（图3-9中的1）
20	拆下凸轮轴位置传感器齿轮定位工具（图3-9中的10）
21	拆下凸轮轴定位工具（图3-9中的4和5）
22	拆下正时链条预紧工具（图3-9中的9）
23	安装正时链条张紧器总成（图3-9中的8），将其紧固至65N·m
24	顺时针转动曲轴两圈
25	确保飞轮正时销（图3-9中的1）和凸轮轴定位工具（图3-9中的4、5和10）可以重新装回
26	当凸轮轴定位工具（图3-9中的4和5）紧靠气缸盖时，说明正时正确
27	安装曲轴带轮，换用新的曲轴带轮中心螺栓并加以紧固

第六节　M3轿车

一、M3轿车4.0L发动机正时链条校准步骤

1. M3轿车4.0L发动机正时链条部件识别

正时链条部件识别见图3-10。

2. M3轿车4.0L发动机正时校准操作步骤

校准操作步骤见表3-11。

表3-11　M3轿车4.0L发动机正时链条校准步骤

步　骤	操作方法
1	拆下油底壳
2	拆下机油泵
3	检查左侧气缸组气门正时： 1）把发动机设置在1缸压缩行程上止点位置 2）插入曲轴正时销（图3-10中的1） 3）确保曲轴正时销与曲轴带轮上止点凹槽啮合（图3-10中的2） 4）确保各个凸轮轴上的零件号码均朝向上方（图3-10中的3） 5）确保气缸5的凸轮轴凸轮定位在图3-10中4所示的位置 6）安装凸轮轴定位工具（图3-10中的5和6） 7）当凸轮轴定位工具紧靠气缸盖或在凸轮轴定位工具侧高出的最大值为1mm时，说明正时正确 操作完毕后如果发现正时不正确，则调节气门正时
4	检查右侧气缸组气门正时： 1）拆下曲轴正时销和凸轮轴定位工具 2）顺时针转动曲轴1周 3）将发动机设置在1缸排气行程上止点位置

（续）

步　骤	操 作 方 法
4	4）插入曲轴正时销（图 3-10 中的 1） 5）确保曲轴正时销与曲轴带轮上止点凹槽啮合（图 3-10 中的 2） 6）确保各个凸轮轴上的零件号码均朝向下方 7）确保气缸 1 的凸轮轴凸轮定位在图 3-10 中 7 所示的位置 8）安装凸轮轴定位工具（图 3-10 中的 5 和 6） 9）当凸轮轴定位工具紧靠气缸盖或在凸轮轴定位工具侧高出的最大值为 1mm 时，说明正时正确，操作完毕后如果发现正时不正确，则调节气门正时 10）确认气门正时正确后，拆下曲轴正时销和凸轮轴定位工具
5	左侧气缸组气门正时调节方法： 1）把发动机设置在 1 缸压缩行程上止点位置 2）确保各个凸轮轴上的零件号码均朝向上方（图 3-10 中的 3） 3）安装凸轮轴定位工具（图 3-10 中的 5）到进气凸轮轴上 4）用螺栓紧固凸轮轴定位工具，紧固力矩为 10N · m 5）安装凸轮轴定位工具（图 3-10 中的 6）到排气凸轮轴上 6）用螺栓紧固凸轮轴定位工具，紧固力矩为 10N · m 7）松开各个凸轮轴调节器的螺栓（图 3-10 中的 10），螺栓为左旋螺纹 8）换装新的凸轮轴调节器螺栓（图 3-10 中的 10）并用手拧紧 9）逆时针转动曲轴，使发动机设置在 1 缸上止点前 10°位置 10）插入曲轴正时销（图 3-10 中的 1） 11）确保曲轴正时销与曲轴带轮上止点前 10°的凹槽啮合（图 3-10 中的 9） 12）把凸轮轴调节器螺栓分 4 步拧紧：第一步，把螺栓紧固至 20N · m；第二步，将螺栓紧固至 80N · m + 200°；第三步，将螺栓松开 360°；第四步，将螺栓紧固至 10N · m，紧固螺栓时要先紧固进气凸轮轴调节器的螺栓 13）拆下曲轴正时销（图 3-10 中的 1） 14）顺时针转动曲轴将发动机设置在 1 缸上止点位置 15）插入曲轴正时销（图 3-10 中的 1） 16）确保曲轴正时销与曲轴带轮上止点凹槽啮合（图 3-10 中的 2） 17）把凸轮轴调节器螺栓分 2 步拧紧：第一步，把螺栓紧固至 20N · m；第二步，将螺栓紧固至 80N · m + 200°，紧固螺栓时要先紧固进气凸轮轴调节器的螺栓
6	右侧气缸组气门正时调节方法： 1）将发动机设置在 1 缸排气行程上止点位置 2）确保各个凸轮轴上的零件号码均朝向上方（图 3-10 中的 3） 3）安装凸轮轴定位工具（图 3-10 中的 6）到进气凸轮轴上 4）用扳手固定住凸轮轴的六角部位，沿逆时针方向慢慢转动凸轮轴，直至凸轮轴定位工具紧靠气缸盖 5）用螺栓紧固凸轮轴定位工具，紧固力矩为 10N · m 6）安装凸轮轴定位工具（图 3-10 中的 5）到排气凸轮轴上 7）松开各个凸轮轴调节器的螺栓（图 3-10 中的 8），螺栓为左旋螺纹 8）换装新的凸轮轴调节器螺栓并用手拧紧 9）逆时针转动曲轴，使发动机设置在 1 缸上止点前 10°位置 10）插入曲轴正时销（图 3-10 中的 1） 11）确保曲轴正时销与曲轴带轮上止点前 10°的凹槽啮合（图 3-10 中的 9）

（续）

步 骤	操 作 方 法
6	12）把凸轮轴调节器螺栓分4步拧紧：第一步，把螺栓紧固至20N·m；第二步，将螺栓紧固至80N·m+200°；第三步，将螺栓松开360°；第四步，将螺栓紧固至10N·m，紧固螺栓时要先紧固进气凸轮轴调节器的螺栓 13）拆下曲轴正时销（图3-10中的1） 14）顺时针转动曲轴将发动机设置在1缸上止点位置 15）插入曲轴正时销（图3-10中的1） 16）确保曲轴正时销与曲轴带轮上止点凹槽啮合（图3-10中的2） 17）把凸轮轴调节器螺栓分2步拧紧：第一步，把螺栓紧固至20N·m；第二步，将螺栓紧固至80N·m+200°，紧固螺栓时要先紧固进气凸轮轴调节器的螺栓

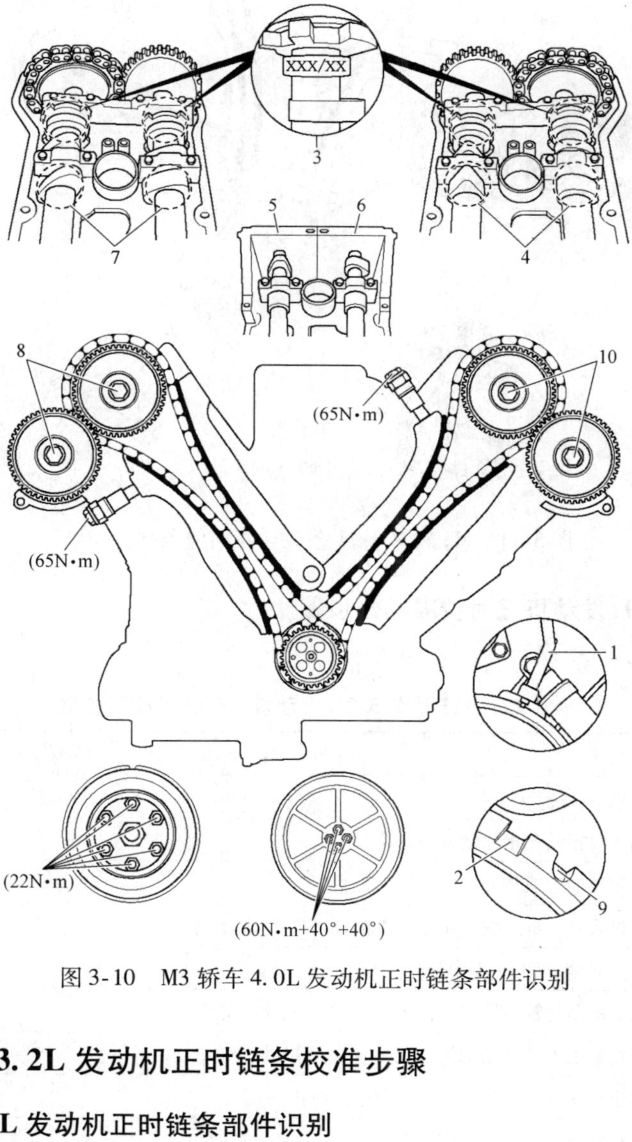

图3-10 M3轿车4.0L发动机正时链条部件识别

二、M3轿车3.2L发动机正时链条校准步骤

1. M3轿车3.2L发动机正时链条部件识别

正时链条部件识别见图3-11。

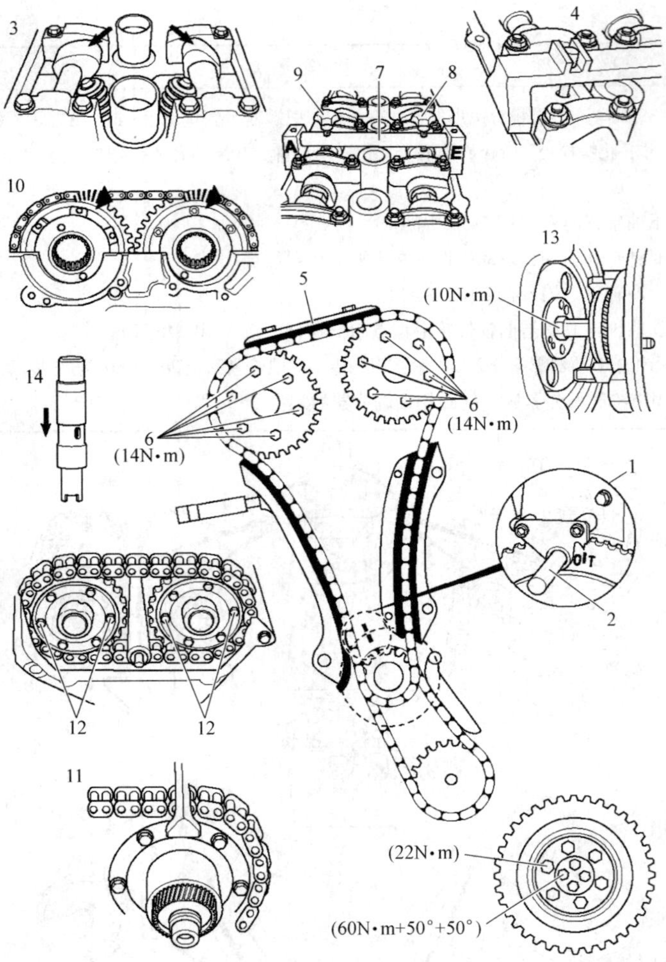

图 3-11　M3 轿车 3. 2L 发动机正时链条部件识别

2. M3 轿车 3. 2L 发动机正时校准操作步骤

校准操作步骤见表 3-12。

表 3-12　M3 轿车 3. 2L 发动机正时链条校准步骤

步　骤	操 作 方 法
1	拆下油底壳
2	使用专用工具把凸轮轴固定到设定位置
3	把凸轮轴调节器总成活塞固定到压缩位置
4	把发动机设置在 1 缸压缩行程上止点位置（图 3-11 中的 1）
5	插入曲轴正时销（图 3-11 中的 2）
6	确保气缸 1 的凸轮轴凸轮定位在图 3-11 中 3 所示的位置
7	在进气凸轮轴上安装凸轮轴定位工具（图 3-11 中的 4）
8	当凸轮轴定位工具紧靠气缸盖时，说明正时正确
9	在排气凸轮轴上安装凸轮轴定位工具（图 3-11 中的 4）

（续）

步骤	操作方法
10	当凸轮轴定位工具紧靠气缸盖时，说明正时正确
11	如果发现正时不正确，则按照下列步骤调节凸轮轴： 1）拆下曲轴正时销（图3-11中的2） 2）拆下凸轮轴定位工具（图3-11中的4） 3）拆下正时链条上部导向装置（图3-11中的5） 4）拆下凸轮轴调节器总成 5）松开各个凸轮轴链轮螺栓（图3-11中的6），直至能拆下花键轴 6）安装凸轮轴定位工具（图3-11中的7） 7）用扳手固定住凸轮轴的六角部位，使进气凸轮轴对正，直至凸轮轴定位销位于凸轮轴内（图3-11中的8） 8）确保凸轮轴定位工具紧靠气缸盖 9）用扳手固定住凸轮轴的六角部位，使排气凸轮轴对正，直至凸轮轴定位销位于凸轮轴内（图3-11中的9） 10）确保凸轮轴定位工具紧靠气缸盖 11）顺时针转动进气凸轮轴和排气凸轮轴上的花键轴套，直至转动到极限位置（图3-11中的10） 12）安装花键轴 13）如有必要，可沿着逆时针方向轻轻转动花键轴套直至花键轴与花键轴套啮合（图3-11中的11） 14）暂时拧紧凸轮轴链轮螺栓，紧固力矩为10N·m（图3-11中的12） 15）把凸轮轴链轮螺栓松开90°（图3-11中的12） 16）确保凸轮轴调节器总成活塞固定在压缩位置 17）安装凸轮轴调节器总成 18）确保排气凸轮轴花键轴套上的突出部定位在图3-11中所示的法兰槽内（图3-11中的13） 19）拧紧凸轮轴链轮螺栓，紧固力矩为14N·m（图3-11中的12） 20）拆下曲轴正时销（图3-11中的2） 21）拆下凸轮轴定位工具（图3-11中的7）
12	转动曲轴1周，使气缸设置到1缸上止点位置（图3-11中的1）
13	检查气门正时 注意：如果要继续使用正时链条张紧器，要慢慢压缩张紧器2次，把张紧器的机油排除干净

第七节 7系轿车

一、760i轿车6.0L发动机正时链条校准步骤

1. 760i轿车6.0L发动机正时链条部件识别

760i轿车6.0L发动机正时链条部件识别见图3-12。

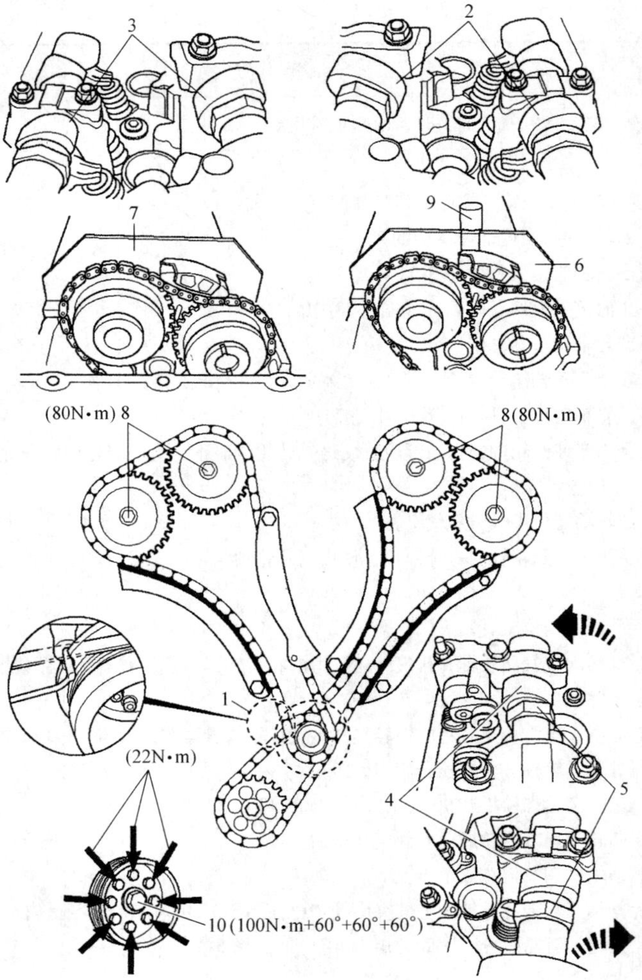

图 3-12　760i 轿车 6. 0L 发动机正时链条部件识别

2. 760i 轿车 6. 0L 发动机正时链条校准步骤

760i 轿车 6. 0L 发动机正时链条校准步骤见表 3-13。

表 3-13　760i 轿车 6. 0L 发动机正时链条校准步骤

步　骤	操作方法
1	拆下发动机
2	拆下气缸盖
3	拆下飞轮
4	拆下油底壳
5	把发动机设置在 1 缸上止点位置
6	安装曲轴带轮定位工具（图 3-12 中的 1）

（续）

步骤	操作方法
7	将气缸7的凸轮轴凸轮设置在图3-12中2所示的位置
8	确保1缸凸轮轴凸轮位于图3-12中3所示的位置
9	如果不符合要求，则拆下曲轴带轮定位工具，将曲轴转动360° 注意：确保把进气凸轮轴锁定在最大提前角位置，将排气凸轮轴锁定在最大滞后位置，见图3-12中的4
10	用扳手固定住凸轮轴的六角部位（图3-12中的5）即可转动凸轮轴
11	把凸轮轴定位工具安装到左进气凸轮轴上（图3-12中的6）
12	当定位工具紧靠气缸盖或在排气侧最多高出0.5mm时，说明气门正时正确
13	把凸轮轴定位工具安装到左排气凸轮轴上（图3-12中的7）
14	当定位工具紧靠气缸盖或在排气侧最多高出0.5mm时，说明气门正时正确
15	对右侧气缸盖也执行气门正时检查程序
16	调节凸轮轴： 1）松开左凸轮轴调节螺栓（图3-12中的8），然后用手重新拧紧 2）安装进气凸轮轴定位工具（图3-12中的6） 3）调节左进气凸轮轴，确保进气凸轮轴定位工具紧靠气缸盖 4）用凸轮轴锁止工具（图3-12中的9）把左进气凸轮轴锁止 5）紧固左进气凸轮轴调节螺栓（图3-12中的8）至80N·m 6）安装排气凸轮轴定位工具（图3-12中的7） 7）调节左排气凸轮轴，确保排气凸轮轴定位工具紧靠气缸盖 8）用凸轮轴锁止工具（图3-12中的9）把左排气凸轮轴锁止 9）紧固左排气凸轮轴调节螺栓（图3-12中的8）至80N·m 10）对于右气缸盖，重复调节操作程序
17	拆卸凸轮轴锁止工具和凸轮轴定位工具（图3-12中的6、7、9）
18	拆卸曲轴带轮定位工具（图3-12中的1）
19	沿顺时针方向将曲轴转动2周，检查气门正时
20	安装新的曲轴带轮中心螺栓（图3-12中的10）并紧固至100N·m+60°+60°+60°

二、745i轿车4.4L（N62系列发动机）/750i轿车4.8L（N62系列发动机）/740i轿车4.0L（N62系列发动机）正时校准步骤

1. 发动机正时链条部件识别

发动机正时链条部件识别见图3-13。

2. 发动机正时校准操作步骤

发动机正时校准操作步骤见表3-14。

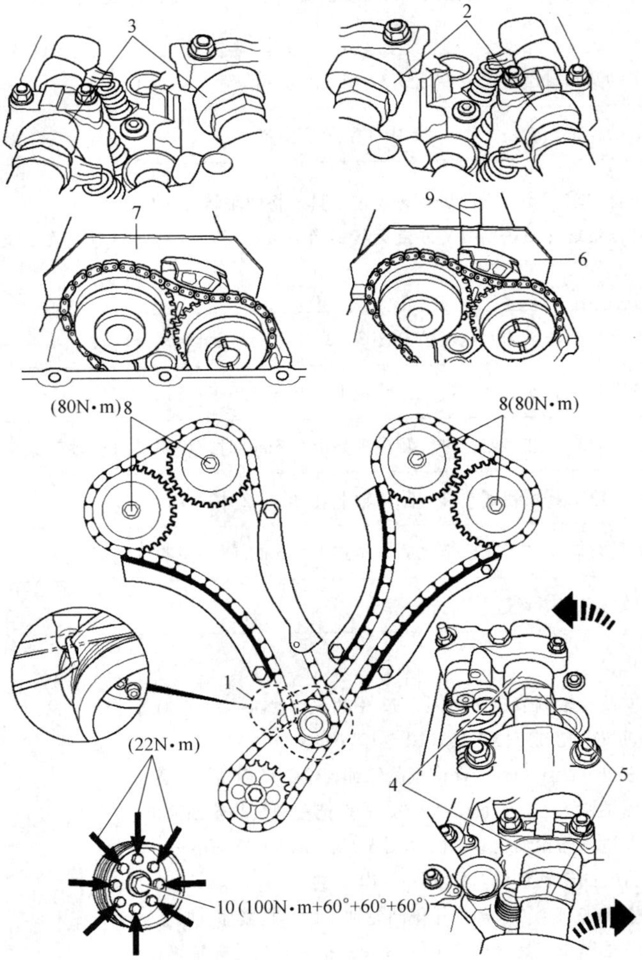

图 3-13　发动机正时链条部件识别

表 3-14　发动机正时校准操作步骤

步　骤	操 作 方 法
1	拆下发动机
2	拆下气缸盖
3	拆下飞轮
4	拆下油底壳
5	把发动机设置在 1 缸上止点位置
6	安装曲轴带轮定位工具（图 3-13 中的 1）
7	将气缸 5 的凸轮轴凸轮设置在图 3-13 中 2 所示的位置
8	确保 1 缸凸轮轴凸轮位于图 3-13 中 3 所示的位置

（续）

步 骤	操作方法
9	如果不符合要求，则拆下曲轴带轮定位工具，将曲轴转动360°。 注意：确保把进气凸轮轴锁定在最大提前角位置，将排气凸轮轴锁定在最大滞后位置，见图3-13中的4
10	用扳手固定住凸轮轴的六角部位（图3-13中的5）即可转动凸轮轴
11	把凸轮轴定位工具安装到左进气凸轮轴上（图3-13中的6）
12	当定位工具紧靠气缸盖或在排气侧最多高出0.5mm时，说明气门正时正确
13	把凸轮轴定位工具安装到左排气凸轮轴上（图3-13中的7）
14	当定位工具紧靠气缸盖或在排气侧最多高出0.5mm时，说明气门正时正确
15	对右侧气缸盖也执行气门正时检查程序
16	调节凸轮轴： 1）松开左凸轮轴调节螺栓（图3-13中的8），然后用手重新拧紧 2）安装进气凸轮轴定位工具（图3-13中的6） 3）调节左进气凸轮轴，确保进气凸轮轴定位工具紧靠气缸盖 4）用凸轮轴锁止工具（图3-13中的9）把左进气凸轮轴锁止 5）紧固左进气凸轮轴调节螺栓（图3-13中的8）至80N·m 6）安装排气凸轮轴定位工具（图3-13中的7） 7）调节左排气凸轮轴，确保排气凸轮轴定位工具紧靠气缸盖 8）用凸轮轴锁止工具（图3-13中的9）把左排气凸轮轴锁止 9）紧固左排气凸轮轴调节螺栓（图3-13中的8）至80N·m 10）对于右气缸盖，重复调节操作程序
17	拆卸凸轮轴定位工具和凸轮轴锁止工具（图3-13中的6、7、9）
18	拆卸曲轴带轮定位工具（图3-13中的1）
19	将曲轴转动2周，检查气门正时
20	安装新的曲轴带轮中心螺栓（图3-13中的10）并紧固至100N·m+60°+60°+60°

三、730i轿车3.0L发动机正时链条校准步骤

1. 730i轿车3.0L发动机正时链条部件识别

730i轿车3.0L发动机正时链条部件识别见图3-14。

2. 730i轿车3.0L发动机正时校准操作步骤

730i轿车3.0L发动机校准操作步骤见表3-15。

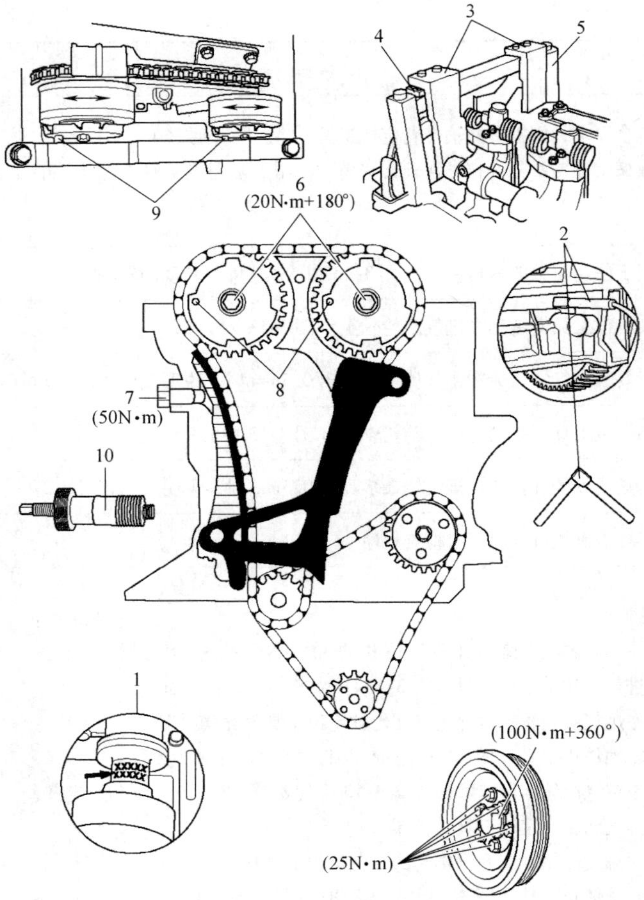

图 3-14　730i 轿车 3.0L 发动机正时链条部件识别

表 3-15　730i 轿车 3.0L 发动机正时链条校准步骤

步　骤	操作方法
1	拆下油底壳
2	发动机设置在 1 缸上止点位置
3	确保各个凸轮轴上的零件号码均朝向上方（图 3-14 中的 1）
4	从气缸体上拆下堵头
5	插入飞轮/驱动盘正时销（图 3-14 中的 2） 如果正时销安装正确，发动机应不能转动
6	确保凸轮轴定位工具（图 3-14 中的 3、4 和 5）可以正确安装 如果不能安装上凸轮轴定位工具，则按照下列步骤对凸轮轴进行调节： 1）拧松各个凸轮轴调节器的中心螺栓（图 3-14 中的 6） 2）拆下正时链条张紧器总成（图 3-14 中的 7） 注意：如果要继续使用正时链条张紧器，要慢慢压缩张紧器 2 次，把张紧器的机油排除干净 3）确保传感器齿轮位于 9 点钟位置的圆孔位置（图 3-14 中的 8）

（续）

步骤	操作方法
6	4）安装传感器齿轮定位工具（图3-14中的9）并紧固到气缸盖上 5）安装正时链条预紧工具（图3-14中的10） 6）拧入调节螺钉，直至接触到正时链条导轨 7）用正时链条预紧工具（图3-14中的10）将正时链条预紧至0.6N·m 8）换用新的凸轮轴调整器中心螺栓（图3-14中的6）并将螺栓紧固至20N·m+180° 注意：凸轮轴调节器中心螺栓是一次性使用的，旧螺栓拆下后要废弃不用，换用新螺栓。
7	拆下飞轮正时销（图3-14中的2）
8	拆下传感器齿轮定位工具（图3-14中的9）
9	拆下凸轮轴定位工具（图3-14中的3、4、5）
10	拆卸正时链条预紧工具（图3-14中的10）
11	安装正时链条张紧器总成（图3-14中的7）并紧固至50N·m
12	顺时针转动曲轴2周
13	确保飞轮正时销（图3-14中的2）和定位工具（图3-14中的3、4、5和9）均可以重新安装
14	安装曲轴带轮，换用新的曲轴带轮中心螺栓并紧固至100N·m+360°

第八节 6系轿车

一、630i轿车3.0L（N53发动机）正时链条校准步骤

1. 宝马6系630i轿车3.0L（N53发动机）正时链条部件识别

正时链条部件识别见图3-15。

2. 宝马6系630i轿车3.0L（N53发动机）正时校准操作步骤

校准操作步骤见表3-16。

表3-16 630i轿车3.0L（N53发动机）正时链条校准步骤

步骤	操作方法
1	拆下油底壳
2	发动机设置在1缸上止点位置
3	从气缸体上拆下堵头
4	插入飞轮/驱动盘正时销（图3-15中的1） 正时销正确安装后，发动机应不能转动
5	确保气缸6的凸轮轴凸轮定位在图3-15中2所示的位置

（续）

步　骤	操作方法
6	确保凸轮轴定位工具（图3-15中的3和4）可以正确安装 如果不能安装上凸轮轴定位工具，则按照下列步骤对凸轮轴进行调节： 1）松开各个凸轮轴调节器（图3-15中的5）上的中心螺栓 2）用扳手固定住凸轮轴的六角部位（图3-15中的6），转动凸轮轴使凸轮轴定位工具安装到凸轮轴上（图3-15中的4） 3）确保气缸6的凸轮轴凸轮定位在图3-15中2所示的位置 4）把凸轮轴位置传感器盘设定工具安装到气缸盖上（图3-15中的7） 5）确保凸轮轴位置传感器盘设定工具的定位销（图3-15中的8）与凸轮轴位置传感器盘定位孔（图3-15中的9）对齐 6）拆卸正时链条张紧器（图3-15中的10） 注意：如果要继续使用正时链条张紧器，要慢慢压缩张紧器2次，把张紧器的机油排除干净
7	安装正时链条张紧器预紧工具（图3-15中的11）
8	转动调节螺钉直至螺钉碰到正时链条张紧器滑轨
9	用预紧工具（图3-15中的11）使正时链条预紧至0.6N·m
10	紧固凸轮轴调节器的中心螺栓，紧固力矩为20N·m+180° 注意：中心螺栓为一次性使用，拆卸后必须换装新螺栓
11	用扳手固定住凸轮轴的六角部位（图3-15中的6）
12	拆下飞轮/驱动盘正时销（图3-15中的1）
13	拆下凸轮轴位置传感器盘设定工具（图3-15中的7）
14	拆下凸轮轴定位工具（图3-15中的3和4）
15	拆下正时链条张紧器预紧工具（图3-15中的11）
16	安装正时链条张紧器（图3-15中的10）并紧固至55N·m
17	顺时针转动曲轴2周
18	确保飞轮/驱动盘正时销（图3-15中的1）和凸轮轴定位工具（图3-15中的3和4）都能重新安装上
19	换装新的曲轴带轮螺栓并将螺栓紧固至100N·m+360°

二、630i轿车3.0L（N52发动机）正时校准步骤

630i轿车3.0L（N52发动机）正时校准步骤与730i轿车3.0L发动机正时校准步骤相同。

三、645i轿车4.4L（N62系列发动机）和650i轿车4.8L（N62系列发动机）正时校准步骤

645i轿车4.4L（N62系列发动机）和650i轿车4.8L（N62系列发动机）正时校准步骤与宝马745i轿车4.4L（N62系列发动机）/750i轿车4.8L（N62系列发动机）/740i轿车4.0L

（N62 系列发动机）正时校准操作步骤相同。

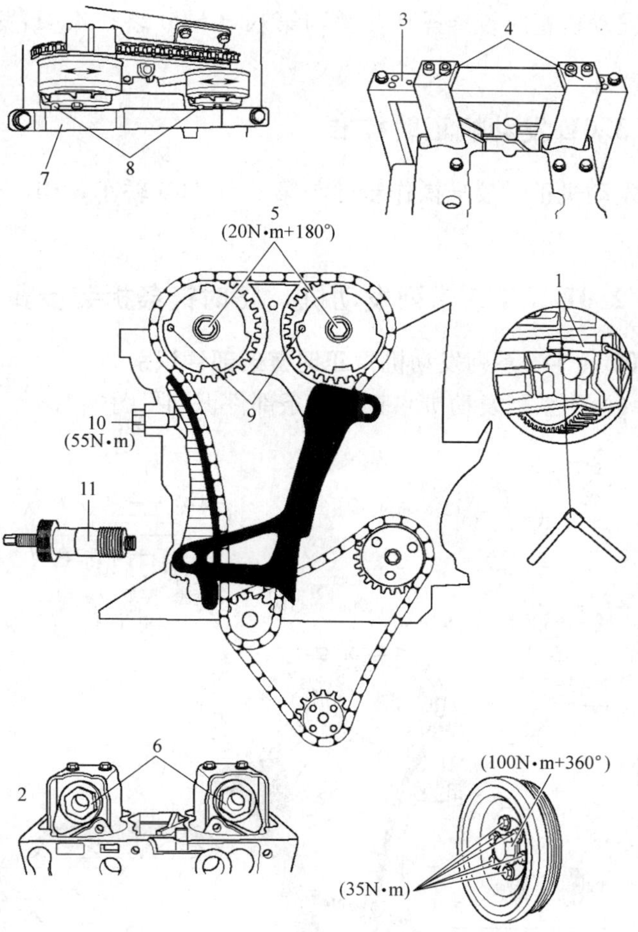

图 3-15 630i 轿车 3.0L 发动机正时链条部件识别

第九节 5 系轿车

一、550i 轿车 4.8L 发动机正时校准

550i 轿车 4.8L 发动机正时校准操作步骤与第八节 650i 轿车 4.8L 发动机正时校准操作相同。

二、545i 轿车 4.4L 发动机正时校准

545i 轿车 4.4L 发动机正时校准操作步骤与第八节 645i 轿车 4.4L 发动机正时校准操作相同。

三、540i 轿车 4.0L 发动机正时校准

540i 轿车 4.0L 发动机正时校准操作步骤与第八节 645i 轿车 4.4L 发动机正时校准操作相同。

四、530i 轿车 3.0L 发动机正时校准

530i 轿车 3.0L 发动机正时校准操作步骤与第七节 730i 轿车 3.0L 发动机正时校准操作相同。

五、520i 轿车 2.0L（N43 系列发动机）正时链条拆装步骤

1. 520i 轿车 2.0L（N43 系列发动机）正时链条部件识别

520i 轿车 2.0L（N43 系列发动机）正时链条部件识别见图 3-16。

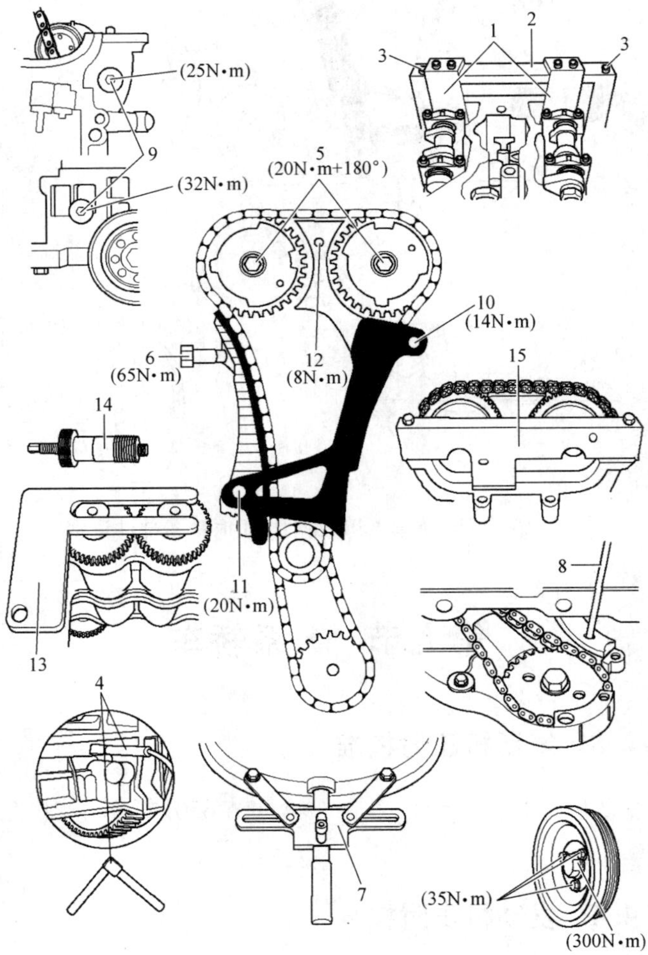

图 3-16　520i 轿车 2.0L（N43 系列发动机）正时链条部件识别

2. 520i 轿车 2.0L（N43 系列发动机）正时链条拆装步骤

520i 轿车 2.0L（N43 系列发动机）正时链条拆装步骤见表 3-17。

表 3-17 520i 轿车 2.0L（N43 系列发动机）正时校准步骤

拆卸步骤	
步骤	操作方法
1	拆下油底壳
2	发动机设置在 1 缸上止点位置
3	安装凸轮轴定位工具（图 3-17 中的 1、2 和 3）
4	确保凸轮轴定位工具紧靠气缸盖
5	插入飞轮正时销（图 3-17 中的 4）
6	松开凸轮轴调节器的中心螺栓（图 3-17 中的 5）
7	拆下正时链条张紧器（图 3-17 中的 6）
8	拆下凸轮轴调节器的中心螺栓（图 3-17 中的 5）
9	拆下凸轮轴位置传感器盘
10	拆下凸轮轴调节器
11	安装飞轮锁止工具（图 3-17 中的 7）
12	压缩机油泵链条张紧器并安装锁止销（图 3-17 中的 8）
13	拆下曲轴带轮中心螺栓和轴套
14	从气缸体和气缸盖上拆下堵头（图 3-17 中的 9）
15	拆下正时链条导向装置固定销（图 3-17 中的 10 和 11）
16	拆下正时链条导向装置螺栓（图 3-17 中的 12）
17	将正时链条滑轨、正时链条导向装置、正时链条和曲轴链轮作为一个整体拆下
18	拆下平衡轴盖
19	安装平衡轴定位工具（图 3-17 中的 13）
安装步骤	
步骤	操作方法
1	确保飞轮正时销安装到位（图 3-17 中的 4）
2	确保凸轮轴定位工具（图 3-17 中的 1、2 和 3）紧靠气缸盖
3	确保平衡轴定位工具（图 3-17 中的 13）安装正确
4	将正时链条滑轨、正时链条导向装置、正时链条和曲轴链轮作为一个整体安装
5	安装曲轴带轮轴套，换装新的曲轴带轮中心螺栓并用手拧紧
6	拆下机油泵链条张紧器的锁止销（图 3-17 中的 8）
7	紧固曲轴带轮中心螺栓，紧固力矩为 300N · m
8	拆下飞轮锁止工具（图 3-17 中的 7）
9	拆下平衡轴定位工具（图 3-17 中的 13）
10	安装凸轮轴调节器 注意：进气凸轮轴调节器标有“EIN IN”；排气凸轮轴调节器标有“AUS EX”
11	安装凸轮轴位置传感器盘
12	换装新的凸轮轴调节器的中心螺栓（图 3-17 中的 5）并用手将螺栓拧紧
13	安装正时链条预紧工具（图 3-17 中的 14）

（续）

安装步骤	
步　骤	操作方法
14	转动预紧工具的调节螺钉直至螺钉与正时链条张紧器滑轨接触
15	安装凸轮轴位置传感器盘设定工具并固定到气缸盖上（图3-17中的15）
16	确保定位销就位在凸轮轴位置传感器盘的孔内
17	用正时链条预紧工具（图3-17中的14）将正时链条预紧至0.6N·m
18	紧固凸轮轴调整器的螺栓（图3-17中的5），紧固力矩为20N·m+180°
19	拆下飞轮正时销（图3-17中的4）
20	拆下凸轮轴位置传感器盘设定工具（图3-17中的15）
21	拆下凸轮轴定位工具（图3-17中的1、2和3）
22	拆下正时链条预紧工具（图3-17中的14）
23	安装正时链条张紧器（图3-17中的6）并紧固至65N·m 注意：如果要继续使用正时链条张紧器，要慢慢压缩张紧器2次，把张紧器的机油排除干净
24	顺时针转动曲轴2周
25	确保飞轮正时销（图3-17中的4）和凸轮轴定位工具（图3-17中的1、2和3）都可以重新安装

第十节　3系轿车

一、335i轿车3.0L发动机正时链条校准步骤

1. 335i轿车3.0L发动机正时链条部件识别

正时链条部件识别见图3-17。

2. 335i轿车3.0L发动机正时校准操作步骤

校准操作步骤见表3-18。

表3-18　335i轿车3.0L发动机正时链条校准步骤

步　骤	操作方法
1	拆下油底壳
2	发动机设置在1缸上止点位置
3	从气缸体上拆下堵头
4	插入飞轮/驱动盘正时销（图3-17中的1） 正时销正确安装后，发动机应不能转动
5	确保气缸6的凸轮轴凸轮定位在图3-17中2所示的位置
6	确保凸轮轴定位工具（图3-17中的3和4）可以正确安装 如果不能安装上凸轮轴定位工具，则按照下列步骤对凸轮轴进行调节： 1）松开各个凸轮轴调节器（图3-17中的5）上的中心螺栓 2）用扳手固定住凸轮轴的六角部位（图3-17中的6），转动凸轮轴使凸轮轴定位工具安装到凸轮轴上（图3-17中的4） 3）确保气缸6的凸轮轴凸轮定位在图3-17中2所示的位置

（续）

步骤	操作方法
6	4）把凸轮轴位置传感器盘设定工具安装到气缸盖上（图3-17中的7） 5）确保凸轮轴位置传感器盘设定工具的定位销（图3-17中的8）与凸轮轴位置传感器盘定位孔（图3-17中的9）对齐 6）拆卸正时链条张紧器（图3-17中的10） 注意：如果要继续使用正时链条张紧器，要慢慢压缩张紧器2次，把张紧器的机油排除干净
7	安装正时链条张紧器预紧工具（图3-17中的11）
8	转动调节螺钉直至螺钉碰到正时链条张紧器滑轨
9	用预紧工具（图3-17中的11）使正时链条预紧至0.6N·m
10	紧固凸轮轴调节器的中心螺栓，紧固力矩为20N·m+180° 注意：中心螺栓为一次性使用，拆卸后必须废弃旧螺栓，换装新螺栓
11	用扳手固定住凸轮轴的六角部位（图3-17中的6）
12	拆下飞轮/驱动盘正时销（图3-17中的1）
13	拆下凸轮轴位置传感器盘设定工具（图3-17中的7）
14	拆下凸轮轴定位工具（图3-17中的3和4）
15	拆下正时链条张紧器预紧工具（图3-17中的11）
16	安装正时链条张紧器（图3-17中的10）并紧固至55N·m
17	顺时针转动曲轴2周
18	确保飞轮/驱动盘正时销（图3-17中的1）和凸轮轴定位工具（图3-17中的3和4）都能重新安装上
19	换装新的曲轴带轮螺栓并将螺栓紧固至100N·m+360°

二、320i轿车2.0L（N43发动机）正时链条拆装步骤

320i轿车2.0L（N43发动机）正时链条拆装步骤与520i轿车2.0L（N43系列发动机）正时链条拆装步骤相同，可参照520i轿车2.0L（N43发动机）正时链条拆装步骤执行操作。

三、320i轿车2.0L（N46发动机）正时校准步骤

320i轿车2.0L（N46发动机）正时校准步骤与第三节X3轿车2.0L N46 B20发动机正时校准步骤相同。

四、325i轿车（2.5L N52 B25发动机）正时校准步骤

325i轿车（2.5L N52 B25发动机）正时校准步骤与第三节X3轿车2.5L N52 B25发动机正时校准步骤相同。

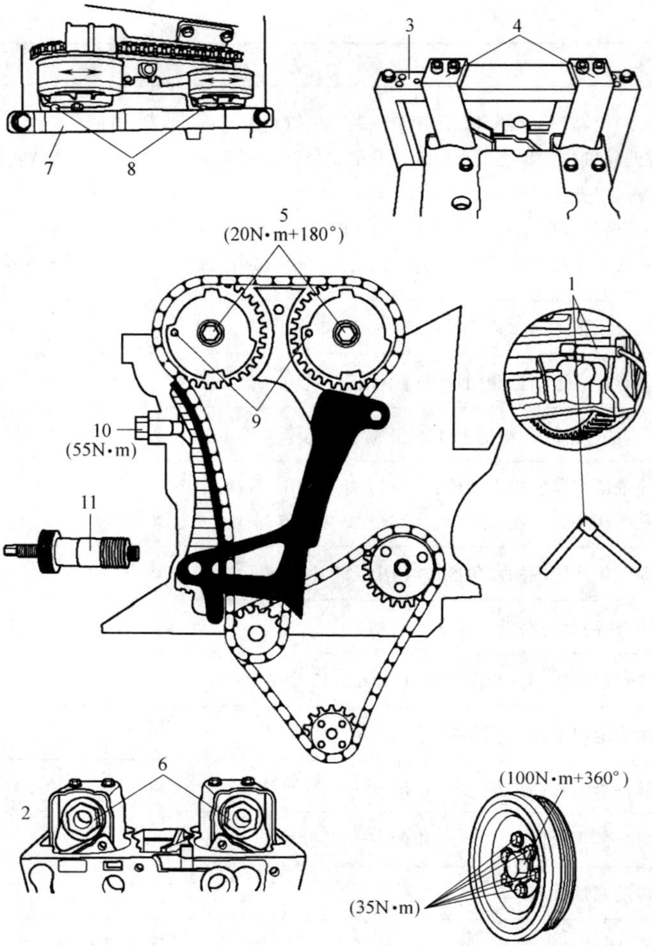

图 3-17　335i 轿车 3.0L 发动机正时链条部件识别

第四章

MINI（迷你）车系

一、MINI（迷你）轿车 1.6L（W10 B16 发动机）正时校准

1. MINI（迷你）轿车 1.6L（W10 B16 发动机）正时链条部件识别

正时链条部件识别见图 4-1。

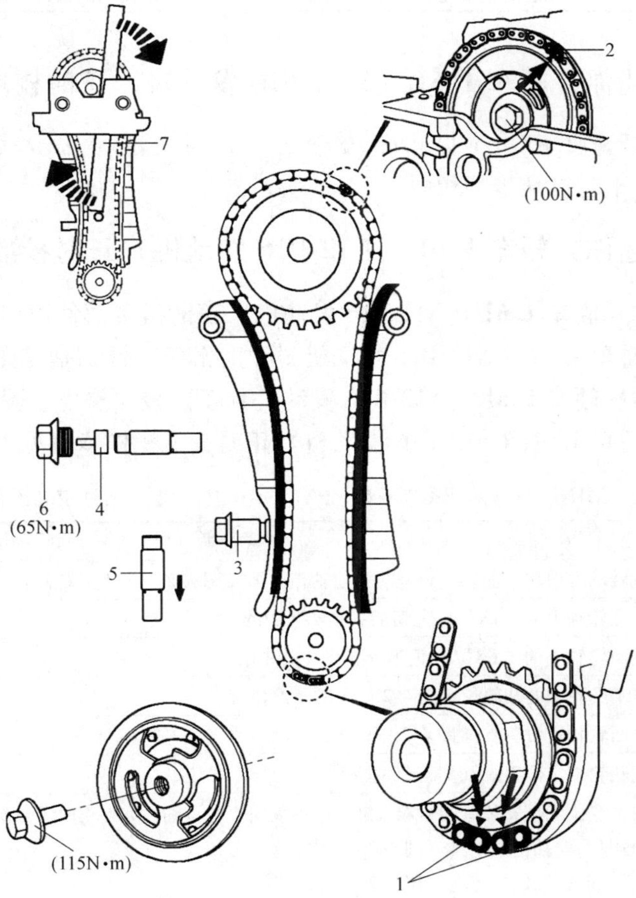

图 4-1　MINI（迷你）轿车 1.6L（W10 B16 发动机）正时链条部件识别

2. MINI（迷你）轿车 1.6L（W10 B16 发动机）正时校准步骤

正时校准步骤见表 4-1。

表 4-1　正时校准步骤

步　骤	操作方法
1	把发动机设置到 1 缸上止点前 40°位置
2	把正时链条上的黄铜色链节（图 4-1 中的 1）与曲轴链轮上的箭头对准
3	确保凸轮轴链轮上的正时链条黄铜色链节与箭头对齐（图 4-1 中的 2） 注意：如果要更换正时链条，那么曲轴链轮和凸轮轴链轮也要更换成新的。如果要维修发动机，则要先把正时链条张紧器（图 4-1 中的 3）拆下
4	安装正时链条张紧器： 1）拆卸盖子（图 4-1 中的 4） 2）用持续稳定的力量推压正时链条张紧器的推杆（图 4-1 中的 5） 3）安装盖子（图 4-1 中的 4） 4）安装正时链条张紧器（图 4-1 中的 3） 5）把正时链条张紧器的塞子（图 4-1 中的 6）紧固至 65N・m 6）用专用工具（图 4-1 中的 7）压紧张紧器滑轨，使正时链条张紧器的推杆解除锁止状态
5	安装其他部件。注意曲轴带轮螺栓和凸轮轴链轮螺栓是一次性使用的部件，拆卸后必须换用新的螺栓

二、MINI（迷你）轿车 1.6L（W11 B16 发动机）正时校准

MINI（迷你）轿车 1.6L（W11 B16 发动机）正时校准操作步骤与 MINI 轿车 1.6L（W10 B16 发动机）正时校准步骤相同。

三、MINI（迷你）轿车 1.6L（N12 B16 发动机）正时校准

1. MINI（迷你）轿车 1.6L（N12 B16 发动机）正时链条部件识别

MINI（迷你）轿车 1.6L（N12 B16 发动机）正时链条部件识别见图 4-2。

2. MINI（迷你）轿车 1.6L（N12 B16 发动机）正时校准操作步骤

MINI（迷你）轿车 1.6L（N12 B16 发动机）正时校准操作步骤见表 4-2。

表 4-2　MINI（迷你）轿车 1.6L（N12 B16 发动机）正时校准操作步骤

步　骤	操作方法
1	沿发动机转动方向转动曲轴，直至能将曲轴正时销（图 4-2 中的 1）安装上
2	确保进气凸轮轴上的“IN”标记朝上（图 4-2 中的 2）
3	确保排气凸轮轴上的“EX”标记朝上（图 4-2 中的 2）
4	确保气缸 1 凸轮轴的凸轮位于图 4-2 中 3 所示的位置
5	安装排气凸轮轴定位工具（图 4-2 中的 4）
6	安装进气凸轮轴定位工具（图 4-2 中的 5）
7	如果凸轮轴定位工具安装后能紧靠气缸盖，则说明正时正确。如果正时不正确，则执行如下调节： 1）安装排气凸轮轴定位工具（图 4-2 中的 4） 2）安装进气凸轮轴定位工具（图 4-2 中的 5） 3）拆下正时链条张紧器（图 4-2 中的 6） 注意：如果要继续使用正时链条张紧器，要慢慢压缩张紧器 2 次，把张紧器的机油排除干净

（续）

步骤	操作方法
7	4）松开凸轮轴调节器上的螺栓（图4-2中的7） 5）确保进气凸轮轴上的“IN”标记朝上（图4-2中的2） 6）确保排气凸轮轴上的“EX”标记朝上（图4-2中的2） 7）校准排气凸轮轴，确保排气凸轮轴定位工具紧靠气缸盖 8）将排气凸轮轴定位工具紧固到气缸盖上 9）校准进气凸轮轴，确保进气凸轮轴定位工具紧靠气缸盖 10）拧紧进气凸轮轴定位工具上的螺栓，将进气凸轮轴定位工具紧固到气缸盖上 11）安装正时链条预紧工具（图4-2中的8） 12）拧紧预紧工具的螺栓直至预紧工具与正时链条导轨接触，注意：不要过度拧紧螺栓 13）用正时链条预紧工具（图4-2中的8）将正时链条预紧至0.6N·m 14）换装新的凸轮轴调节器螺栓（图4-2中的7）并用手拧紧 15）紧固凸轮轴调节器螺栓（图4-2中的7）至20N·m+180°
8	拆下曲轴正时销（图4-2中的1）
9	拆下排气凸轮轴定位工具（图4-2中的4）和进气凸轮轴定位工具（图4-2中的5）
10	拆下正时链条预紧工具（图4-2中的8）
11	安装正时链条张紧器总成（图4-2中的6）并紧固至65N·m
12	将曲轴顺时针转动2周
13	确保曲轴正时销（图4-2中的1）和凸轮轴定位工具（图4-2中的4和5）能被重新安装上
14	当凸轮轴定位工具能紧靠气缸盖时，说明正时正确

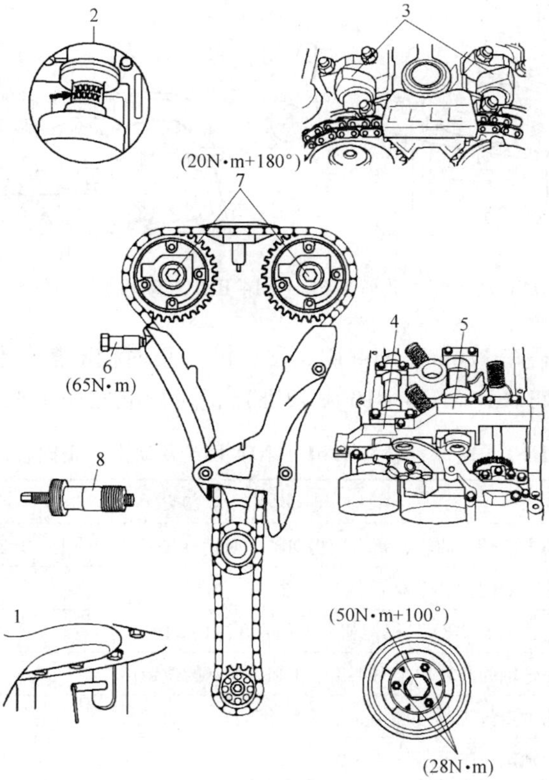

图4-2 MINI（迷你）轿车1.6L（N12 B16发动机）正时链条部件识别

四、MINI（迷你）轿车 1.6L（N14 B16 发动机）正时校准

1. MINI（迷你）轿车 1.6L（N14 B16 发动机）正时链条部件识别

MINI（迷你）轿车 1.6L（N14 B16 发动机）正时链条部件识别见图 4-3。

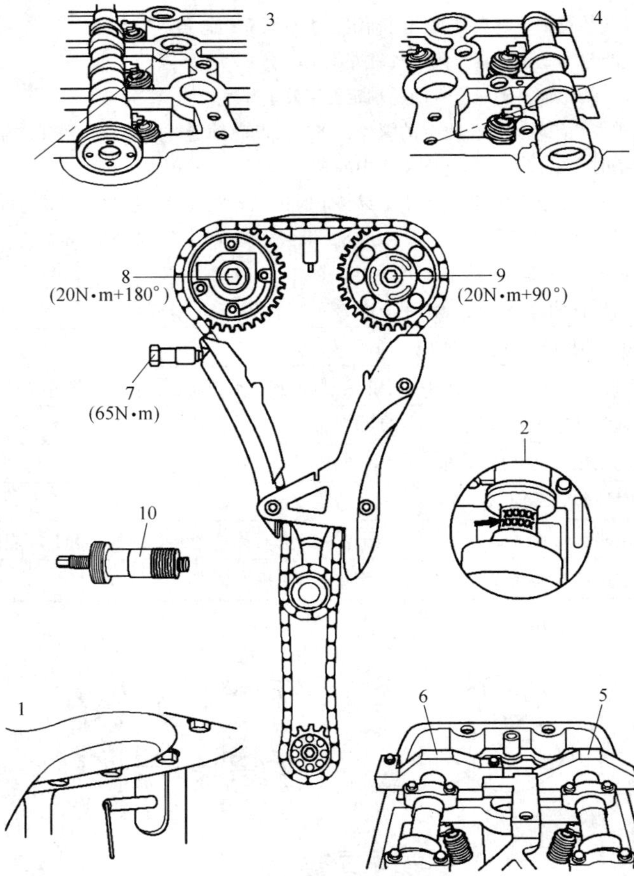

图 4-3　MINI（迷你）轿车 1.6L（N14 B16 发动机）正时链条部件识别

2. MINI（迷你）轿车 1.6L（N14 B16 发动机）正时校准操作步骤

MINI（迷你）轿车 1.6L（N14 B16 发动机）正时校准操作步骤见表 4-3。

表 4-3　MINI（迷你）轿车 1.6L（N14 B16 发动机）正时校准操作步骤

步　骤	操作方法
1	沿发动机转动方向转动曲轴，直至能将曲轴正时销（图 4-3 中的 1）安装上
2	确保进气凸轮轴上的“IN”标记朝上（图 4-3 中的 2）
3	确保排气凸轮轴上的“EX”标记朝上（图 4-3 中的 2）
4	确保气缸 1 凸轮轴的凸轮位于图 4-3 中 3 和 4 所示的位置
5	安装排气凸轮轴定位工具（图 4-3 中的 5）
6	安装进气凸轮轴定位工具（图 4-3 中的 6）

（续）

步 骤	操作方法
7	如果凸轮轴定位工具安装后能紧靠气缸盖，则说明正时正确。如果正时不正确，则执行如下调节： 1）安装排气凸轮轴定位工具（图 4-3 中的 5） 2）安装进气凸轮轴定位工具（图 4-3 中的 6） 3）拆下正时链条张紧器（图 4-3 中的 7），注意：如果要继续使用正时链条张紧器，要慢慢压缩张紧器 2 次，把张紧器的机油排除干净 4）松开凸轮轴调节器上的螺栓（图 4-3 中的 8 和 9） 5）确保进气凸轮轴上的“IN”标记朝上（图 4-3 中的 2） 6）确保排气凸轮轴上的“EX”标记朝上（图 4-3 中的 2） 7）确保气缸 1 凸轮轴的凸轮位于图 4-3 中 3 和 4 所示的位置 8）确保凸轮轴定位工具紧靠气缸盖 9）安装正时链条预紧工具（图 4-3 中的 10） 10）拧紧预紧工具的螺栓直至预紧工具与正时链条导轨接触，注意：不要过度拧紧螺栓 11）用正时链条预紧工具（图 4-3 中的 10）将正时链条预紧至 0.6N·m 12）换装新的凸轮轴调节器螺栓（图 4-3 中的 8 和 9）并用手拧紧 13）紧固排气凸轮轴调节器螺栓（图 4-3 中的 9）至 20N·m+90° 14）紧固进气凸轮轴调节器螺栓（图 4-3 中的 8）至 20N·m+180°
8	拆下曲轴正时销（图 4-3 中的 1）
9	拆下排气凸轮轴定位工具（图 4-3 中的 5）和进气凸轮轴定位工具（图 4-3 中的 6）
10	拆下正时链条预紧工具（图 4-3 中的 10）
11	安装正时链条张紧器总成（图 4-3 中的 7）并紧固至 65N·m
12	将曲轴顺时针转动 2 周
13	确保曲轴正时销（图 4-3 中的 1）和凸轮轴定位工具（图 4-3 中的 5 和 6）能被重新安装上
14	当凸轮轴定位工具（图 4-3 中的 5 和 6）能紧靠气缸盖时，说明正时正确

第五章

BENZ（奔驰）车系

第一节　VIANO（唯雅诺）轿车

一、VIANO（唯雅诺）轿车 3.0L/3.2L 发动机正时校准

1. VIANO（唯雅诺）轿车 3.0L/3.2L 发动机正时链条部件识别

VIANO（唯雅诺）轿车 3.0L/3.2L 发动机正时链条部件识别见图 5-1。

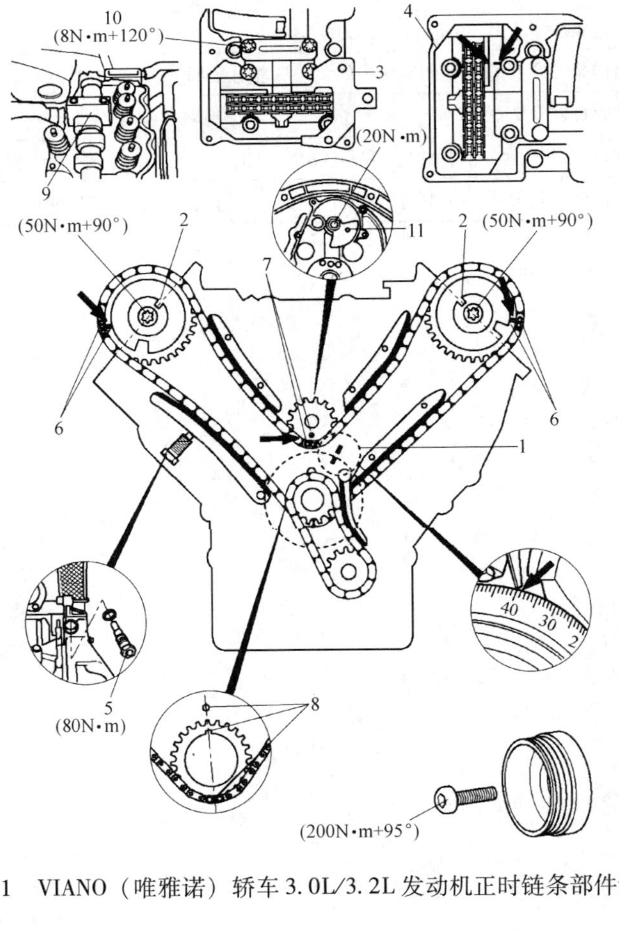

图 5-1　VIANO（唯雅诺）轿车 3.0L/3.2L 发动机正时链条部件识别

2. VIANO（唯雅诺）轿车 3.0L/3.2L 发动机正时链条校准

VIANO（唯雅诺）轿车 3.0L/3.2L 发动机正时链条校准见表 5-1。

表 5-1 VIANO（唯雅诺）轿车 3.0L/3.2L 发动机正时链条校准

步骤	操作方法
1	将发动机 1 缸活塞设置到上止点后 40°的位置，见图 5-1 中的 1
2	确保每个凸轮轴上的平行槽（图 5-1 中的 2）与气缸缸盖中心的边缘对齐
3	将锁止工具（图 5-1 中的 3）安装到凸轮轴上
4	确保平衡轴上的正时标记（图 5-1 中的 4）对正
5	在修理发动机之前，拆下张紧器（图 5-1 中的 5）
6	装配时，要将发动机 1 缸活塞设置在上止点后 40°的位置并且使正时链条上的黄铜色链节与凸轮轴链轮（图 5-1 中的 6）上的正时标记对齐；与平衡轴链轮上的正时标记（图 5-1 中的 7）对齐；还要与曲轴键槽和正时标记对齐（图 5-1 中的 8）
7	如果需要更换正时链条，则执行如下步骤： 1）从右凸轮轴上拆下包括轴承盖在内的摇臂轴总成 2）安装凸轮轴固定盖（图 5-1 中的 9），不要拧紧 3）将正时链条安装到凸轮轴链轮固定工具上 4）用专用工具将新正时链条连到旧正时链条的右边链板上，转动曲轴，让正时链条绕过链轮，然后接到一起 注意：摇臂轴装配螺栓（M7×84mm，图 5-1 中的 10）只能使用一次
8	拆卸平衡轴的方法如下： 1）将合适的销子（图 5-1 中的 11）插到轴后部的平衡重上 2）拆下螺栓和平衡重 3）将平衡轴向前端拉出
9	安装正时链条张紧器
10	装配时润滑曲轴带轮中心螺栓 注意：在拆卸/安装曲轴带轮螺栓时，要使用曲轴带轮固定工具，而不要锁止飞轮/驱动盘

二、VIANO（唯雅诺）轿车 3.5L 发动机正时校准

1. VIANO（唯雅诺）轿车 3.5L 发动机正时链条部件识别

VIANO（唯雅诺）轿车 3.5L 发动机正时链条部件识别见图 5-2。

2. VIANO（唯雅诺）轿车 3.5L 发动机正时链条校准

VIANO（唯雅诺）轿车 3.5L 发动机正时链条校准见表 5-2。

表 5-2 VIANO（唯雅诺）轿车 3.5L 发动机正时链条校准

步骤	操作方法
1	将发动机 1 缸活塞设置到上止点后 40°的位置，见图 5-2 中的 1
2	确保每个凸轮轴上的平行槽（图 5-2 中的 2）与气缸缸盖中心的边缘对齐
3	将凸轮轴锁止工具（图 5-2 中的 3）安装到凸轮轴上
4	确保平衡轴上的正时标记（图 5-2 中的 4）对正
5	在修理发动机之前，拆下正时链条张紧器总成（图 5-2 中的 5）

（续）

步　骤	操 作 方 法
6	装配时，要将发动机1缸活塞设置在上止点后40°的位置并且使正时链条上的黄铜色链节与凸轮轴链轮（图5-2中的6）上的正时标记对齐；与平衡轴链轮上的正时标记（图5-2中的7）对齐；还要与曲轴键槽和正时标记对齐（图5-2中的8）
7	如果需要更换正时链条，则执行如下步骤： 1）从右凸轮轴上拆下包括轴承盖在内的摇臂轴总成 2）安装凸轮轴固定盖（图5-2中的9），不要拧紧 3）将正时链条安装到凸轮轴链轮固定工具上 4）用专用工具将新正时链条连到旧正时链条的右边链板上，转动曲轴，让正时链条绕过链轮，然后接到一起 注意：摇臂轴装配螺栓（M7×84mm，图5-2中的10）只能使用一次
8	拆卸平衡轴的方法如下： 1）将合适的锁止销子（图5-2中的11）插到轴后部的平衡重上 2）拆下螺栓和平衡重 3）将平衡轴向前端拉出
9	维修完毕后安装正时链条张紧器
10	换装新的曲轴带轮中心螺栓 注意：在拆卸/安装曲轴带轮螺栓时，要使用曲轴带轮固定工具，而不要锁止飞轮/驱动盘

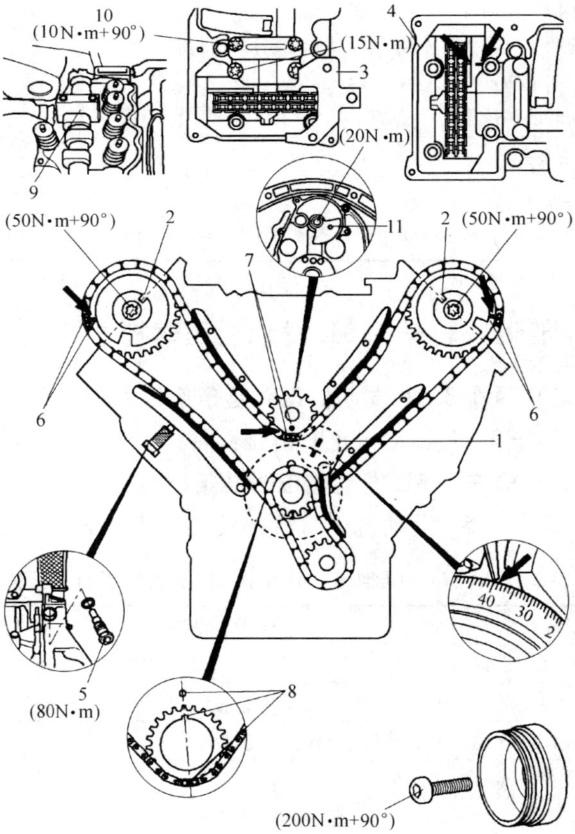

图5-2　VIANO（唯雅诺）轿车3.5L发动机正时链条部件识别

第二节 VITO（威霆）轿车

VITO（威霆）轿车 3.2L 发动机正时校准可参照第一节 VIANO（唯雅诺）轿车 3.0L/3.2L 发动机正时校准操作步骤执行。

第三节 A级轿车（168 底盘）

A140 轿车/A160 轿车/A190 轿车正时校准

1. A140 轿车/A160 轿车/A190 轿车正时链条部件识别

A140 轿车/A160 轿车/A190 轿车正时链条部件识别见图 5-3。

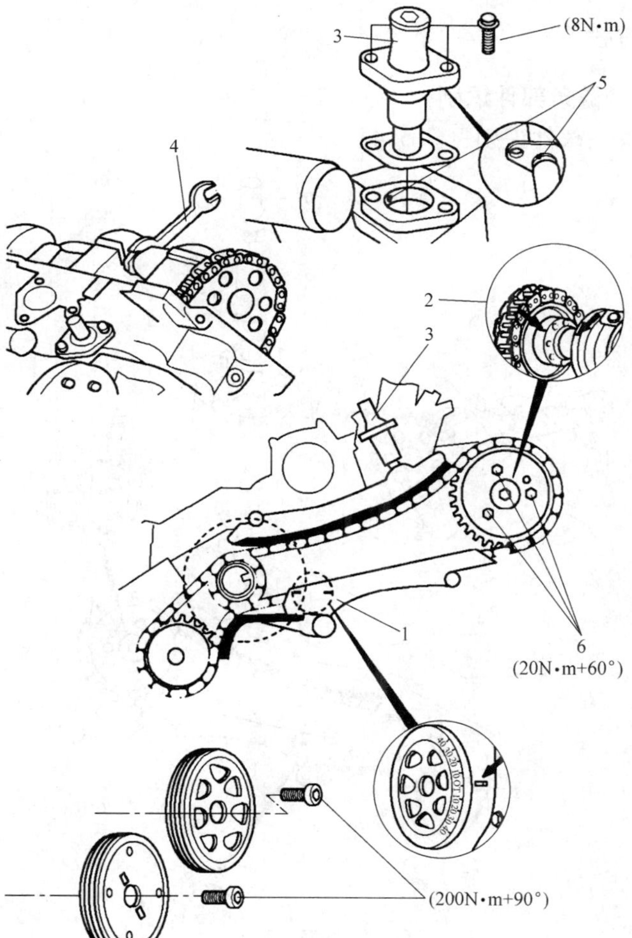

图 5-3 A140 轿车/A160 轿车/A190 轿车正时链条部件识别

2. A140 轿车/A160 轿车/A190 轿车正时校准

A140 轿车/A160 轿车/A190 轿车正时校准步骤见表 5-3。

表 5-3　A140 轿车/A160 轿车/A190 轿车正时校准步骤

1	把发动机和副车架作为一个整体拆下
2	将发动机设置到 1 缸上止点位置，见图 5-3 中的 1
3	确保凸轮轴正时标记对齐（图 5-3 中的 2）
4	如果要维修发动机，先把正时链条张紧器总成拆下（图 5-3 中的 3）
5	如果要转动凸轮轴，可用扳手固定住凸轮轴六角部位即可转动（图 5-3 中的 4） 注意：当曲轴设置在 1 缸上止点后 30°时，转动凸轮轴不会造成气门与活塞产生干涉 注意：凸轮轴链轮螺栓为一次性使用，旧螺栓必须废弃，换用新螺栓
6	维修完毕后安装好正时链条张紧器并紧固至 8N · m 注意：安装正时链条张紧器时要注意使机油孔（图 5-3 中的 5）对齐

第四节　B 级轿车（245 底盘）

B200 轿车正时校准

1. B200 轿车正时链条部件识别

B200 轿车正时链条部件识别见图 5-4。

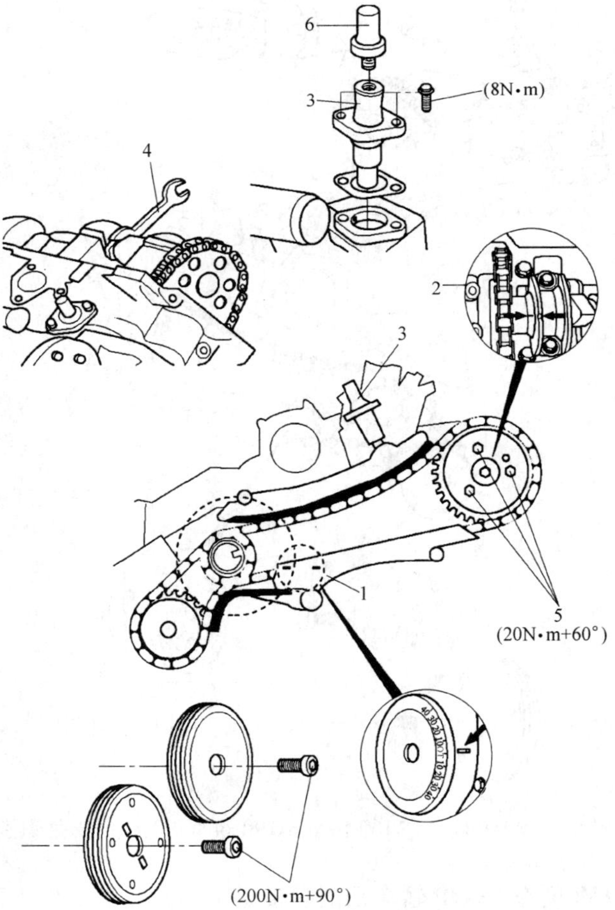

图 5-4　B200 轿车正时链条部件识别

2. B200 轿车正时校准

B200 轿车正时校准步骤见表 5-4。

表 5-4 B200 轿车正时校准步骤

1	将发动机设置到 1 缸上止点位置，见图 5-4 中的 1
2	确保凸轮轴正时标记对齐（图 5-4 中的 2）
3	如果要维修发动机，先把正时链条张紧器总成拆下（图 5-4 中的 3）
4	如果要转动凸轮轴，可用扳手固定住凸轮轴六角部位即可转动（图 5-4 中的 4） 注意：当曲轴设置在 1 缸上止点后 30°时，转动凸轮轴不会造成气门与活塞产生干涉 注意：凸轮轴链轮螺栓为一次性使用，旧螺栓必须废弃，换用新螺栓
5	维修完毕后安装好正时链条张紧器并紧固至 8N・m 注意：有些发动机在正时链条张紧器上配有机油压力开关（图 5-4 中的 6）

第五节 R 级轿车（251 底盘）

一、R280/R300L 轿车 3.0L 发动机正时校准

1. R280/R300L 轿车 3.0L 发动机正时链条部件识别

R280/R300L 轿车 3.0L 发动机正时链条部件识别见图 5-5。

2. R280/R300L 轿车 3.0L 发动机正时校准操作步骤

R280/R300L 轿车 3.0L 发动机正时校准操作步骤见表 5-5。

注意：更换正时链条时，不必拆卸发动机。使用专用工具可以把新的正时链条连接到旧正时链条上，然后绕过链轮接好。

表 5-5 R280/R300L 轿车 3.0L 发动机正时校准操作步骤

步　骤	操作方法
1	更换正时链条前先从右侧气缸盖上拆下凸轮轴
2	利用曲轴带轮上的 305°标记（图 5-5 中的 1）把发动机设置到 1 缸上止点前 55°位置
3	拆下凸轮轴位置传感器（图 5-5 中的 2）
4	确保凸轮轴链轮上的正时标记对准（图 5-5 中的 3） 注意：凸轮轴链轮上的正时标记（图 5-5 中的 3）必须与凸轮轴位置传感器孔（图 5-5 中的 4）的中心对准
5	顺时针转动曲轴，使曲轴键槽位于 12 点钟位置（图 5-5 中的 5）
6	确保平衡轴配重与曲轴箱上的正时标记对准（图 5-5 中的 6）
7	拆下气缸盖前罩，顺时针转动曲轴使发动机设置到 1 缸上止点后 40°位置（图 5-5 中的 7）；确保凸轮轴链轮上的正时标记与气缸盖边缘对齐（图 5-5 中的 8 和 9）
8	如果发动机配备的正时链条张紧器是 22mm 螺纹的，则要安装新的正时链条张紧器并将其紧固至 70N・m
9	如果发动机配备的正时链条张紧器是 24mm 螺纹的，在安装前先要分解： 1）拆下正时链条张紧器螺母（图 5-5 中的 10） 2）拆下销子（图 5-5 中的 11）和弹簧（图 5-5 中的 12） 3）沿图 5-5 中箭头所示方向把张紧器柱塞（图 5-5 中的 13）推入张紧器壳体（图 5-5 中的 14）

（续）

步　骤	操作方法
10	安装正时链条张紧器： 1）安装张紧器壳体（图5-5中的14）并紧固至70N·m 2）把柱塞（图5-5中的13）、弹簧（图5-5中的12）和销子（图5-5中的11）插入张紧器壳体内 3）换装新的密封圈（图5-5中的15） 4）安装正时链条张紧器螺母（图5-5中的10）并紧固至50N·m
11	将凸轮轴链轮螺栓紧固至145N·m（图5-5中的16和17）
12	把曲轴带轮螺栓紧固至200N·m+90°

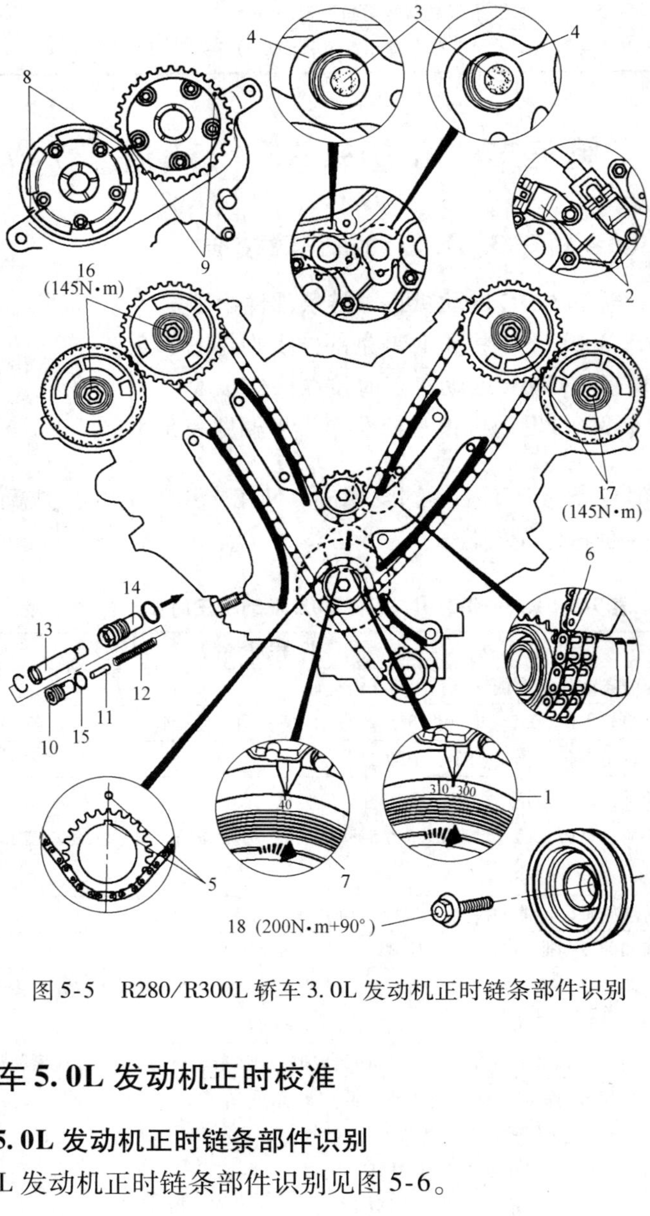

图5-5　R280/R300L轿车3.0L发动机正时链条部件识别

二、R500轿车5.0L发动机正时校准

1. R500轿车5.0L发动机正时链条部件识别

R500轿车5.0L发动机正时链条部件识别见图5-6。

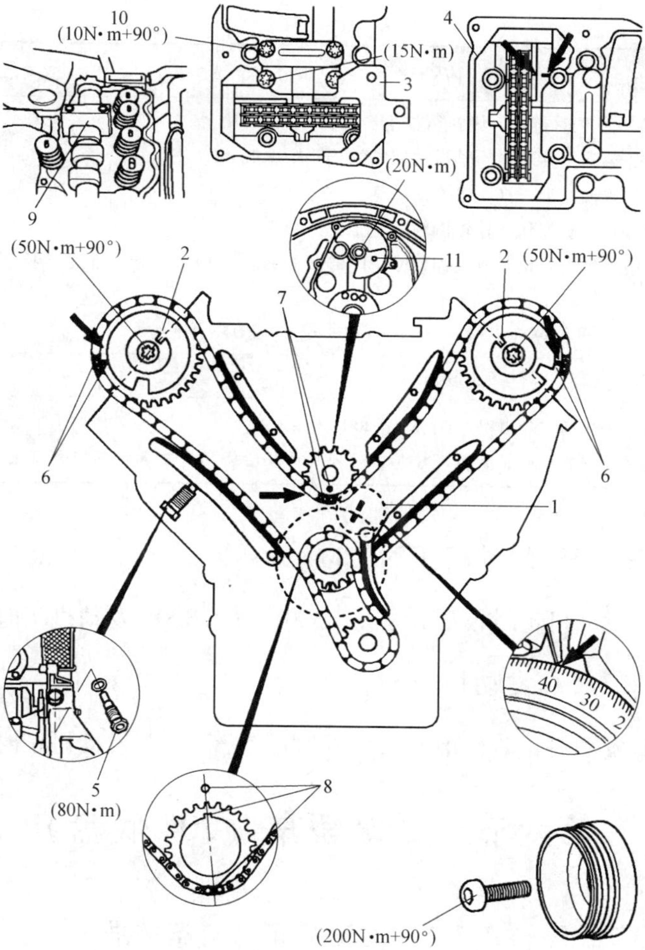

图 5-6　R500 轿车 5.0L 发动机正时链条部件识别

2. R500 轿车 5.0L 发动机正时链条校准

R500 轿车 5.0L 发动机正时链条校准见表 5-6。

表 5-6　R500 轿车 5.0L 发动机正时链条校准

步　骤	操 作 方 法
1	将发动机设置到 1 缸上止点后 40°的位置，见图 5-6 中的 1
2	确保每个凸轮轴上的平行槽（图 5-6 中的 2）与气缸缸盖中心的边缘对齐
3	将凸轮轴锁止工具（图 5-6 中的 3）安装到凸轮轴上
4	在修理发动机之前，拆下正时链条张紧器总成（图 5-6 中的 5）
5	装配时，要将发动机 1 缸活塞设置在上止点后 40°的位置并且使正时链条上的黄铜色链节与凸轮轴链轮（图 5-6 中的 6）上的正时标记对齐；与惰轮链轮上的正时标记（图 5-6 中的 7）对齐；还要与曲轴键槽和正时标记对齐（图 5-6 中的 8）

（续）

步骤	操作方法
6	如果需要更换正时链条，则执行如下步骤： 1）从右凸轮轴上拆下包括轴承盖在内的摇臂轴总成 2）安装凸轮轴固定盖（图5-6中的9），不要拧紧 3）将正时链条安装到凸轮轴链轮固定工具上 4）用专用工具将新正时链条连到旧正时链条的右边链板上，转动曲轴，让正时链条绕过链轮，然后接到一起 注意：摇臂轴装配螺栓（M7×84mm，图5-6中的10）只能使用一次
7	维修完毕后安装正时链条张紧器
8	换装新的曲轴带轮中心螺栓并紧固至200N·m+90° 注意：在拆卸/安装曲轴带轮螺栓时，要使用曲轴带轮固定工具，而不要锁止飞轮/驱动盘

三、R500轿车5.5L发动机正时校准

R500轿车5.5L发动机正时校准方法与R300L轿车3.0L发动机正时校准方法相同。

四、R350轿车3.5L发动机正时校准

R350轿车3.5L发动机正时校准方法与R300L轿车3.0L发动机正时校准方法相同。

第六节　C级轿车（204底盘）

一、C180K/C200K轿车1.8L发动机正时链条校准

1. C180K/C200K轿车1.8L发动机正时链条部件识别

C180K/C200K轿车1.8L发动机正时链条部件识别见图5-7。

2. C180K/C200K轿车1.8L发动机正时校准操作步骤

C180K/C200K轿车1.8L发动机正时校准操作步骤见表5-7。

注意：更换正时链条时，不必拆卸发动机。使用专用工具可以把新的正时链条连接到旧正时链条上，然后绕过链轮接好。

表5-7　C180K/C200K轿车1.8L发动机正时校准操作步骤

步骤	操作方法
1	把发动机设置到1缸上止点位置（图5-7中的1）
2	确保1缸凸轮轴的凸轮朝上（图5-7中的2）
3	确保2个凸轮轴上的正时标记对齐（图5-7中的3）
4	用凸轮轴固定工具转动凸轮轴
5	如果要修理发动机，则要先拆下正时链条张紧器（图5-7中的4）
6	发动机维修完毕后，安装正时链条张紧器并将张紧器固定螺栓紧固至40N·m
7	确保平衡轴（图5-7中的6）链轮上的槽（图5-7中的5）是水平状态的并指向导向链轮（图5-7中的7）

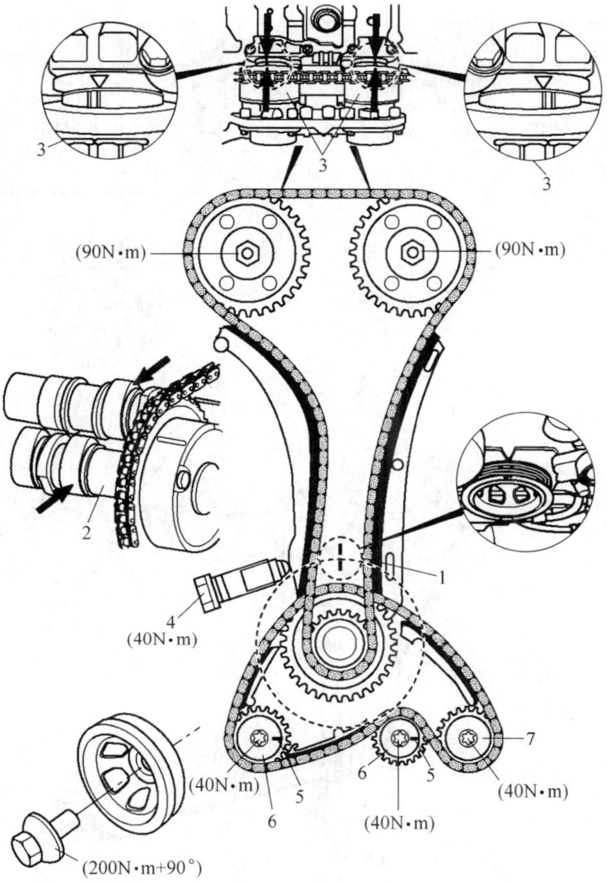

图 5-7　C180K/C200K 轿车 1.8L 发动机正时链条部件识别

二、C200 CDI/C220 CDI 轿车发动机正时校准

1. C200 CDI/C220 CDI 轿车发动机正时链条部件识别

C200 CDI/C220 CDI 轿车发动机正时链条部件识别见图 5-8。

2. C200 CDI/C220 CDI 轿车发动机正时校准

C200 CDI/C220 CDI 轿车发动机正时校准操作步骤见表 5-8。

注意：更换正时链条时，不必拆卸发动机。使用专用工具可以把新的正时链条连接到旧正时链条上，然后绕过链轮接好。

表 5-8　C200 CDI/C220 CDI 轿车发动机正时校准操作步骤

步　骤	操 作 方 法
1	将发动机设置到 1 缸上止点位置（图 5-8 中的 1）
2	把锁止销插入进气凸轮轴链轮内（图 5-8 中的 2）
3	确保凸轮轴上的各个正时标记对齐（图 5-8 中的 3 和 4）

（续）

步　骤	操 作 方 法
4	如果要维修发动机，则先要拆下正时链条张紧器总成（图 5-8 中的 5）
5	发动机维修完毕后，安装正时链条张紧器总成（图 5-8 中的 5）并紧固至 80N · m
6	紧固曲轴带轮螺栓（图 5-8 中的 7），紧固力矩为 200N · m + 90° + 90°

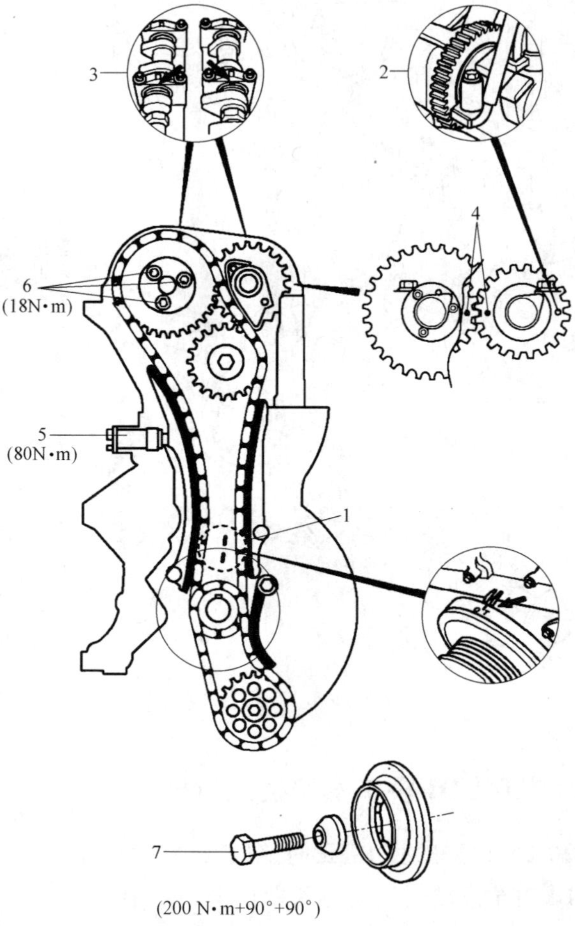

图 5-8　C200 CDI/C220 CDI 轿车发动机正时链条部件识别

三、C230 /C280 /C300 /C350 轿车正时校准

C230/C280/C300/C350 轿车正时校准操作步骤可参照 R280/R300L 轿车 3.0L 发动机正时校准操作步骤执行。

四、C320 CDI 轿车正时校准

1. C320 CDI 轿车发动机正时链条部件识别

C320 CDI 轿车发动机正时链条部件识别见图 5-9。

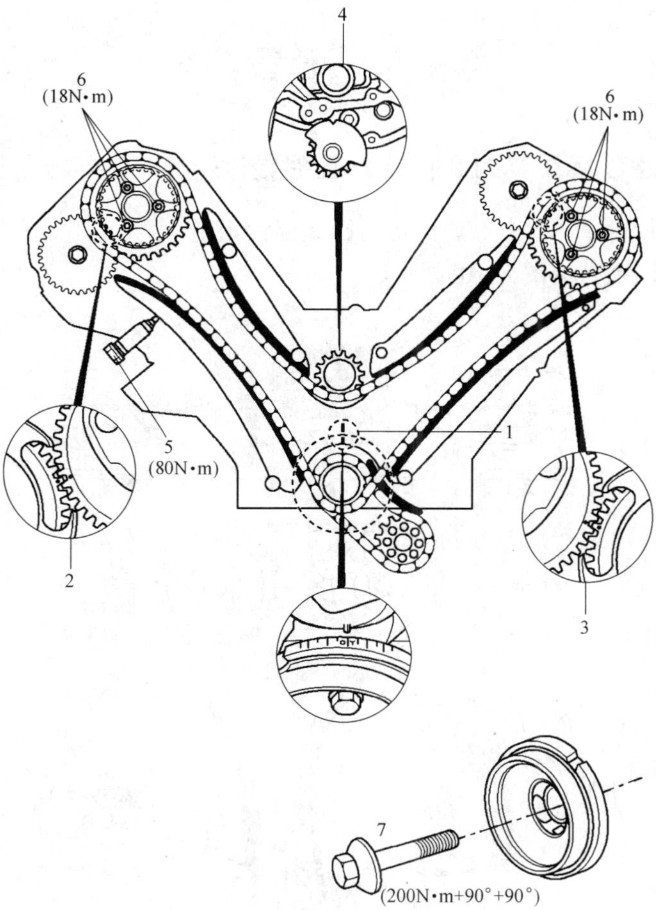

图 5-9 C320 CDI 轿车发动机正时链条部件识别

2. C320 CDI 轿车发动机正时校准

C320 CDI 轿车发动机正时校准操作步骤见表 5-9。

注意： 更换正时链条时，不必拆卸发动机。使用专用工具可以把新的正时链条连接到旧正时链条上，然后绕过链轮接好。

表 5-9 C320 CDI 轿车发动机正时校准操作步骤

步 骤	操作方法
1	将发动机设置到 1 缸上止点位置（图 5-9 中的 1）
2	确保凸轮轴链轮上的正时标记对齐（图 5-9 中的 2 和 3）
3	确保平衡轴正时标记设置在 12 点钟位置（图 5-9 中的 4）
4	如果要维修发动机，则先要拆下正时链条张紧器总成（图 5-9 中的 5）
5	换装新的凸轮轴链轮螺栓，将螺栓紧固至 18N · m（图 5-9 中的 6）
6	发动机维修完毕后，安装正时链条张紧器总成（图 5-9 中的 5）并紧固至 80N · m
7	紧固曲轴带轮螺栓（图 5-9 中的 7），紧固力矩为 200N · m + 90° + 90°

第七节 E级轿车

一、E200K1.8L轿车（211底盘）正时校准

1. E200K 1.8L轿车（211底盘）正时链条部件识别

正时链条部件识别参见图5-10。

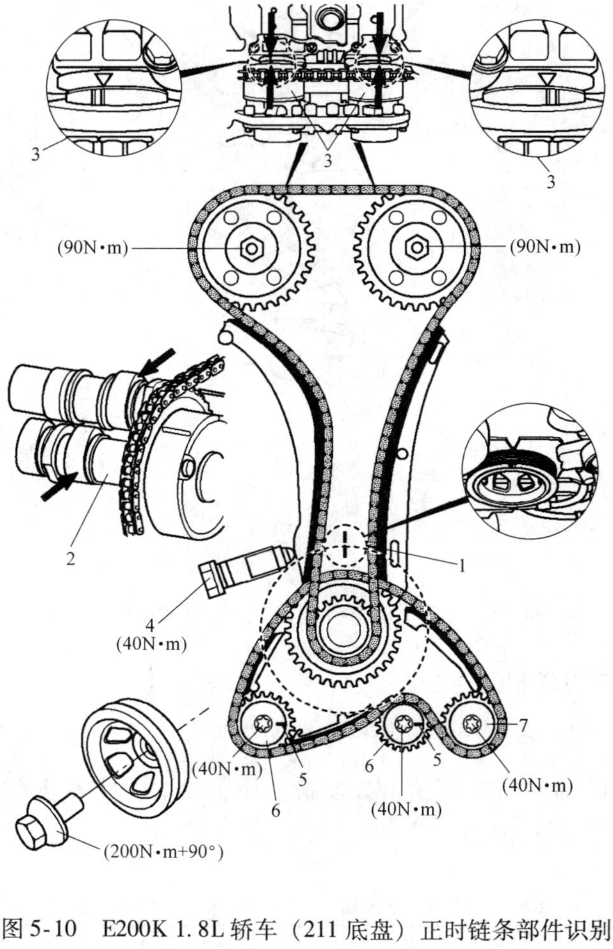

图5-10 E200K 1.8L轿车（211底盘）正时链条部件识别

2. E200K 1.8L轿车（211底盘）正时校准

正时校准操作步骤见表5-10。

注意：更换正时链条时，不必拆卸发动机。使用专用工具可以把新的正时链条连接到旧正时链条上，然后绕过链轮接好。

表 5-10 E200K 1.8L 轿车（211 底盘）正时校准操作步骤

步 骤	操作方法
1	把发动机设置到 1 缸上止点位置（图 5-10 中的 1）
2	确保 1 缸凸轮轴的凸轮朝上（图 5-10 中的 2）
3	确保 2 个凸轮轴上的正时标记对齐（图 5-10 中的 3）
4	用凸轮轴固定工具即可防止凸轮轴转动
5	如果要修理发动机，则要先拆下正时链条张紧器（图 5-10 中的 4）
6	发动机维修完毕后，安装正时链条张紧器并将张紧器固定螺栓紧固至 40N · m
7	确保平衡轴（图 5-10 中的 6）链轮上的槽（图 5-10 中的 5）是水平状态的并指向导向链轮（图 5-10 中的 7）

二、E200 CGI 轿车（212 底盘）正时校准

1. E200 CGI 轿车（212 底盘）正时链条部件识别

E200 CGI 轿车（212 底盘）正时链条部件识别见图 5-11。

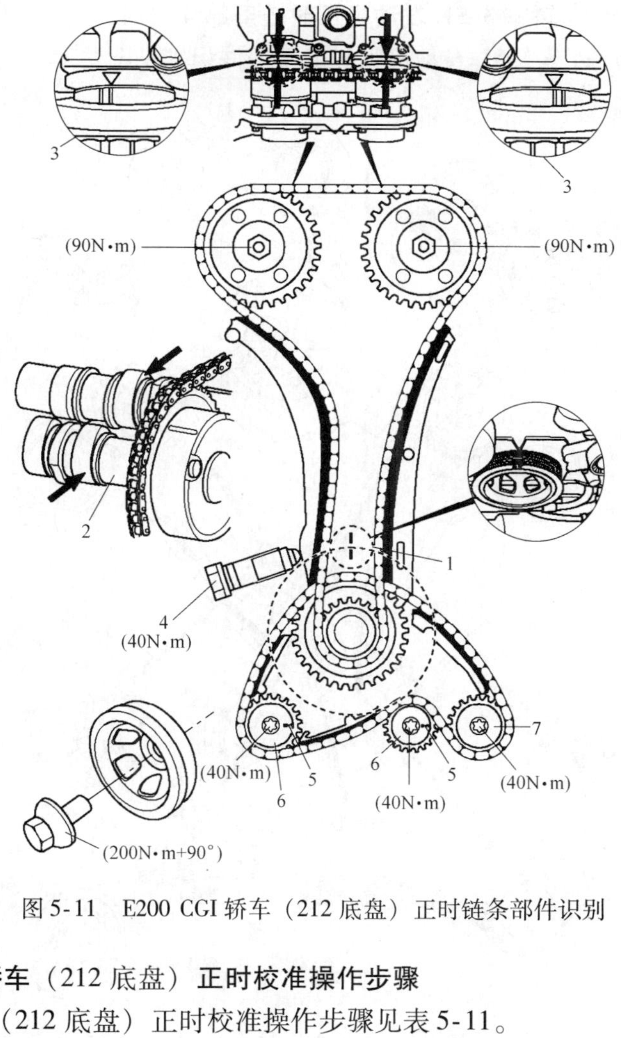

图 5-11 E200 CGI 轿车（212 底盘）正时链条部件识别

2. E200 CGI 轿车（212 底盘）正时校准操作步骤

E200 CGI 轿车（212 底盘）正时校准操作步骤见表 5-11。

注意：更换正时链条时，不必拆卸发动机。使用专用工具可以把新的正时链条连接到旧正时链条上，然后绕过链轮接好。

表 5-11　E200 CGI 轿车（212 底盘）正时校准操作步骤

步　骤	操 作 方 法
1	把发动机设置到 1 缸上止点位置（图 5-11 中的 1）
2	确保 1 缸凸轮轴的各个凸轮均朝上（图 5-11 中的 2）
3	确保 2 个凸轮轴上的正时标记对齐（图 5-11 中的 3）
4	用凸轮轴固定工具即可防止凸轮轴转动
5	如果要修理发动机，则要先拆下正时链条张紧器（图 5-11 中的 4）
6	发动机维修完毕后，安装正时链条张紧器并将张紧器固定螺栓紧固至 40N · m
7	确保平衡轴（图 5-11 中的 6）链轮上的槽（图 5-11 中的 5）是水平状态的并指向导向链轮（图 5-11 中的 7）

三、E350 轿车（211 底盘）3.5L 发动机正时校准

1. E350（211 底盘）轿车 3.5L 发动机正时链条部件识别

E350（211 底盘）轿车 3.5L 发动机正时链条部件识别见图 5-12。

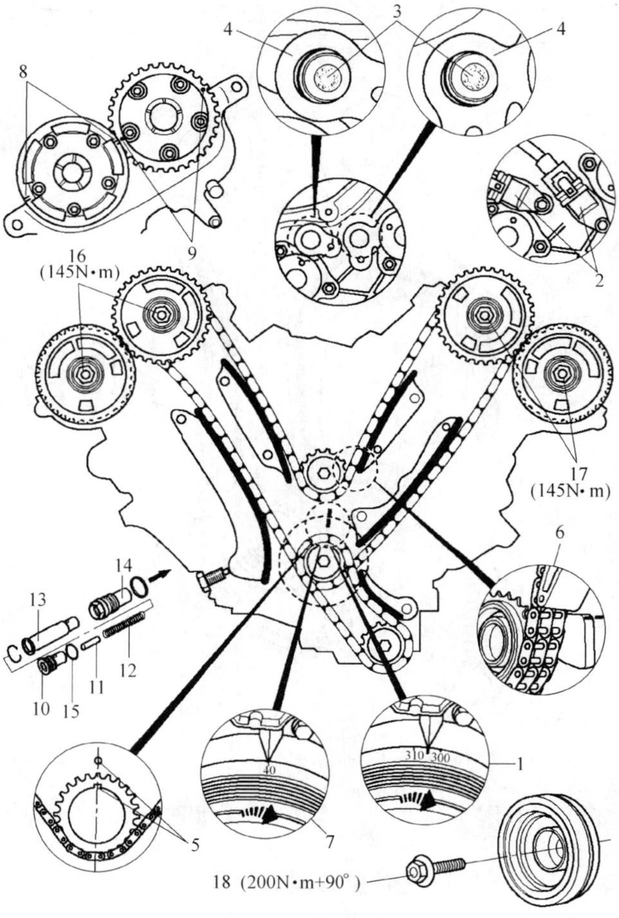

图 5-12　E350（211 底盘）轿车 3.5L 发动机正时链条部件识别

2. E350（211 底盘）轿车 3.5L 发动机正时校准操作步骤

E350（211 底盘）轿车 3.5L 发动机正时校准操作步骤见表 5-12。

注意：更换正时链条时，不必拆卸发动机。使用专用工具可以把新的正时链条连接到旧正时链条上，然后绕过链轮接好。

表 5-12 E350（211 底盘）轿车 3.5L 发动机正时校准操作步骤

步骤	操作方法
1	更换正时链条前先从右侧气缸盖上拆下 2 个凸轮轴
2	利用曲轴带轮上的 305°标记（图 5-12 中的 1）把发动机设置到 1 缸上止点前 55°位置
3	拆下凸轮轴位置传感器（图 5-12 中的 2）
4	确保各个凸轮轴链轮上的正时标记对准（图 5-12 中的 3） 注意：凸轮轴链轮上的正时标记（图 5-12 中的 3）必须与凸轮轴位置传感器孔（图 5-12 中的 4）的中心对准
5	顺时针转动曲轴，使曲轴键槽位于 12 点钟位置（图 5-12 中的 5）
6	确保平衡轴配重与曲轴箱上的正时标记对准（图 5-12 中的 6）
7	拆下气缸盖前罩，顺时针转动曲轴使发动机设置到 1 缸上止点后 40°位置（图 5-12 中的 7）；确保凸轮轴链轮上的正时标记与气缸盖边缘对齐（图 5-12 中的 8 和 9）
8	如果发动机配备的正时链条张紧器是 22mm 螺纹的，则要安装新的正时链条张紧器并将其紧固至 70N · m
9	如果发动机配备的正时链条张紧器是 24mm 螺纹的，在安装前先要分解： 1）拆下正时链条张紧器螺母（图 5-12 中的 10） 2）拆下销子（图 5-12 中的 11）和弹簧（图 5-12 中的 12） 3）沿图 5-12 中箭头所示方向把张紧器柱塞（图 5-12 中的 13）推入张紧器壳体（图 5-12 中的 14）
10	安装正时链条张紧器： 1）安装张紧器壳体（图 5-12 中的 14）并紧固至 70N · m 2）把柱塞（图 5-12 中的 13）、弹簧（图 5-12 中的 12）和销子（图 5-12 中的 11）插入张紧器壳体内（图 5-12 中的 14） 3）换装新的密封圈（图 5-12 中的 15） 4）安装正时链条张紧器螺母（图 5-12 中的 10）并紧固至 50N · m
11	将凸轮轴链轮螺栓紧固至 145N · m（图 5-12 中的 16 和 17）
12	把曲轴带轮螺栓紧固至 200N · m + 90°

四、E500 轿车（211 底盘）5.0L 发动机正时校准

1. E500 轿车 5.0L（113.960 发动机）正时校准方法与第五节 R500 轿车 5.0L 发动机正时校准方法相同。

2. E500 轿车 5.0L（273.960 发动机）正时校准方法与 E350 轿车 3.5L 发动机正时校准方法相同。

第八节　CLS 级轿车（219 底盘）

一、CLS320 CDI 轿车发动机正时校准

CLS320 CDI 轿车发动机正时校准方法与第六节 C320 CDI 轿车发动机正时校准方法相同。

二、CLS350 CGI/CLS350 轿车发动机正时校准

CLS350 CGI/CLS350 轿车发动机正时校准与第七节 E350（211 底盘）轿车 3.5L 发动机正时校准方法相同。

三、CLS500 轿车 5.0L 发动机正时校准

1. CLS500 轿车 5.0L 发动机正时链条部件识别

CLS500 轿车 5.0L 发动机正时链条部件识别见图 5-13。

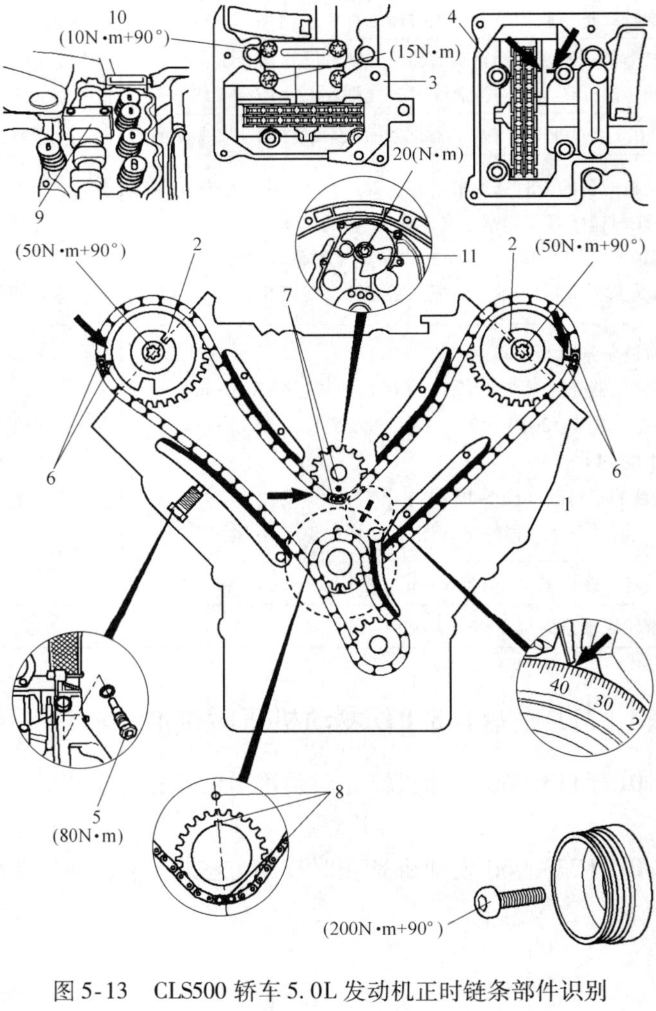

图 5-13　CLS500 轿车 5.0L 发动机正时链条部件识别

2. CLS500 轿车 5.0L 发动机正时链条校准

CLS500 轿车 5.0L 发动机正时链条校准见表 5-13。

表 5-13 CLS500 轿车 5.0L 发动机正时链条校准

步骤	操作方法
1	将发动机设置到 1 缸上止点后 40°的位置，见图 5-13 中的 1
2	确保每个凸轮轴上的平行槽（图 5-13 中的 2）与气缸缸盖中心的边缘对齐
3	将凸轮轴锁止工具（图 5-13 中的 3）安装到凸轮轴上
4	在修理发动机之前，拆下正时链条张紧器总成（图 5-13 中的 5）
5	装配时，要将发动机 1 缸活塞设置在上止点后 40°的位置并且使正时链条上的黄铜色链节与凸轮轴链轮（图 5-13 中的 6）上的正时标记对齐；与惰轮链轮上的正时标记（图 5-13 中的 7）对齐；还要与曲轴键槽和正时标记对齐（图 5-13 中的 8）
6	如果需要更换正时链条，则执行如下步骤： 1）从右凸轮轴上拆下包括轴承盖在内的摇臂轴总成 2）安装凸轮轴固定盖（图 5-13 中的 9），不要拧紧 3）将正时链条安装到凸轮轴链轮固定工具上 4）用专用工具将新正时链条连到旧正时链条的右边链板上，转动曲轴，让正时链条绕过链轮，然后接到一起 注意：摇臂轴装配螺栓（M7×84mm，图 5-13 中的 10）只能使用一次
7	维修完毕后安装正时链条张紧器
8	换装新的曲轴带轮中心螺栓并紧固至 200N·m+90° 注意：在拆卸/安装曲轴带轮螺栓时，要使用曲轴带轮固定工具，而不要锁止飞轮/驱动盘

四、CLS500 轿车 5.5L 发动机正时校准

CLS500 轿车 5.5L 发动机正时校准方法与 E350（211 底盘）轿车 3.5L 发动机正时校准方法相同。

第九节 GL 级轿车（164 底盘）

一、GL320 CDI 轿车 3.0L 发动机正时校准

1. GL320 CDI 轿车 3.0L 发动机正时链条部件识别

GL320 CDI 轿车 3.0L 发动机正时链条部件识别见图 5-14。

2. GL320 CDI 轿车 3.0L 发动机正时校准

GL320 CDI 轿车 3.0L 发动机正时校准操作步骤见表 5-14。

注意：更换正时链条时，不必拆卸发动机。使用专用工具可以把新的正时链条连接到旧正时链条上，然后绕过链轮接好。

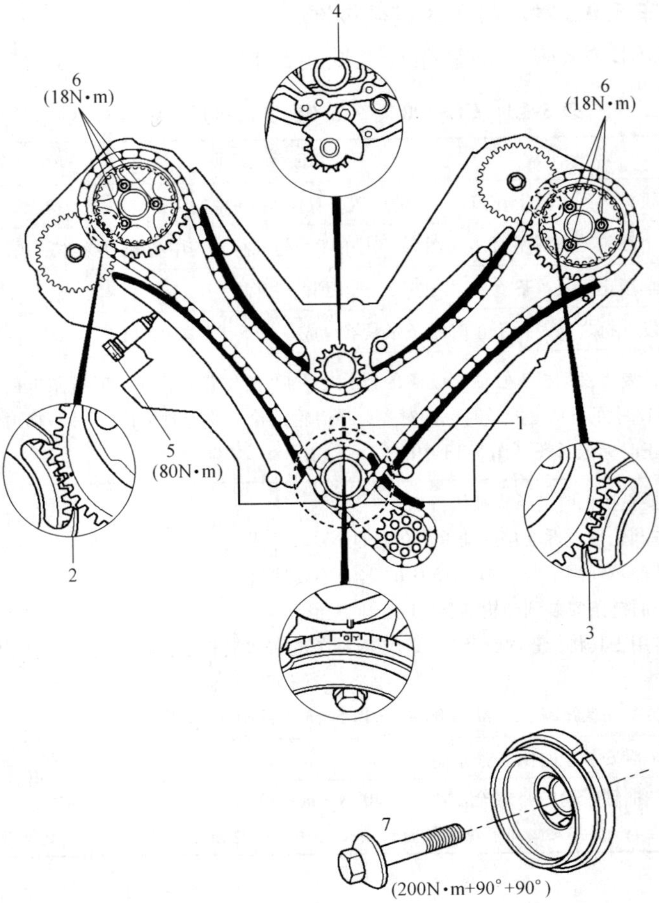

图 5-14　GL320 CDI 轿车 3. 0L 发动机正时链条部件识别

表 5-14　GL320 CDI 轿车 3. 0L 发动机正时校准操作步骤

步　骤	操 作 方 法
1	将发动机设置到 1 缸上止点位置（图 5-14 中的 1）
2	确保凸轮轴链轮上的正时标记对齐（图 5-14 中的 2 和 3）
3	确保平衡轴正时标记设置在 12 点钟位置（图 5-14 中的 4）
4	如果要维修发动机，则先要拆下正时链条张紧器总成（图 5-14 中的 5）
5	换装新的凸轮轴链轮螺栓，将螺栓紧固至 18N · m（图 5-14 中的 6）
6	发动机维修完毕后，安装正时链条张紧器总成（图 5-14 中的 5）并紧固至 80N · m
7	紧固曲轴带轮螺栓（图 5-14 中的 7），紧固力矩为 200N · m + 90° + 90°

二、GL420 CDI 轿车 4. 0L 发动机正时校准

1. GL420 CDI 轿车 4. 0L 发动机正时链条部件识别

GL420 CDI 轿车 4. 0L 发动机正时链条部件识别见图 5-15。

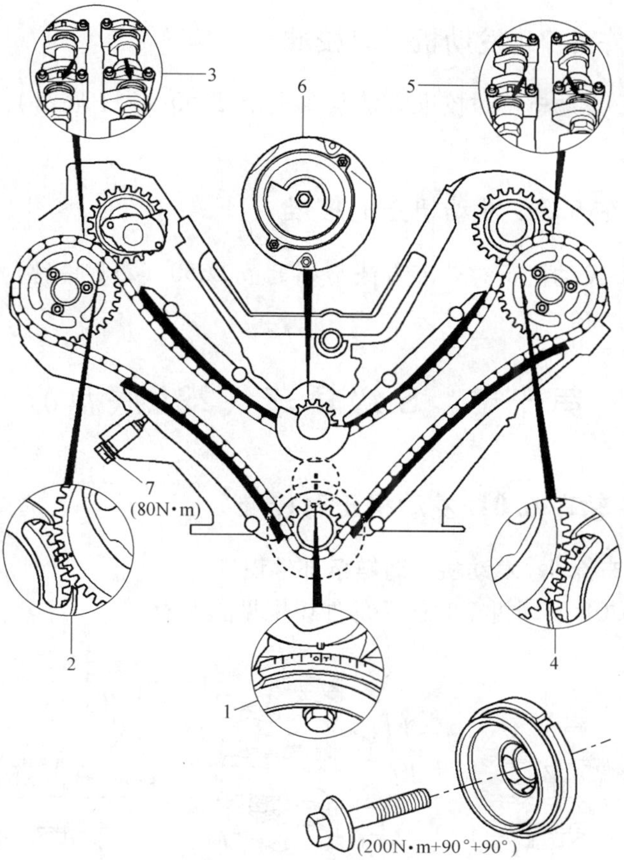

图 5-15 GL420 CDI 轿车 4.0L 发动机正时链条部件识别

2. GL420 CDI 轿车 4.0L 发动机正时校准

GL420 CDI 轿车 4.0L 发动机正时校准操作步骤见表 5-15。

注意： 更换正时链条时，不必拆卸发动机。使用专用工具可以把新的正时链条连接到旧正时链条上，然后绕过链轮接好。

表 5-15 GL420 CDI 轿车 4.0L 发动机正时校准操作步骤

步骤	操作方法
1	将发动机设置到 1 缸上止点位置（图 5-15 中的 1）
2	确保凸轮轴的各个正时标记对齐（图 5-15 中的 2、3、4、5） 注意：正时标记（图 5-15 中的 4）略微偏置是正确的
3	确保平衡轴定位工具能正确安装上（图 5-15 中的 6）
4	如果要维修发动机，则先要拆下正时链条张紧器总成（图 5-15 中的 7）
5	发动机维修完毕后，安装正时链条张紧器总成（图 5-15 中的 5）并紧固至 80N·m
6	紧固曲轴带轮螺栓（图 5-15 中的 7），紧固力矩为 200N·m +90° +90°

三、GL450 轿车 4.7L 发动机正时校准

GL450 轿车 4.7L 发动机正时校准方法与第七节 E350（211 底盘）轿车 3.5L 发动机正时校准方法相同。

四、GL500 轿车 5.5L 发动机正时校准

GL500 轿车 5.5L 发动机正时校准方法与第七节 E350（211 底盘）轿车 3.5L 发动机正时校准方法相同。

第十节　S 级轿车（221 底盘）

一、S65 AMG 轿车 6.0L 发动机正时校准

1. S65 AMG 轿车 6.0L 发动机正时链条部件识别

S65 AMG 轿车 6.0L 发动机正时链条部件识别见图 5-16。

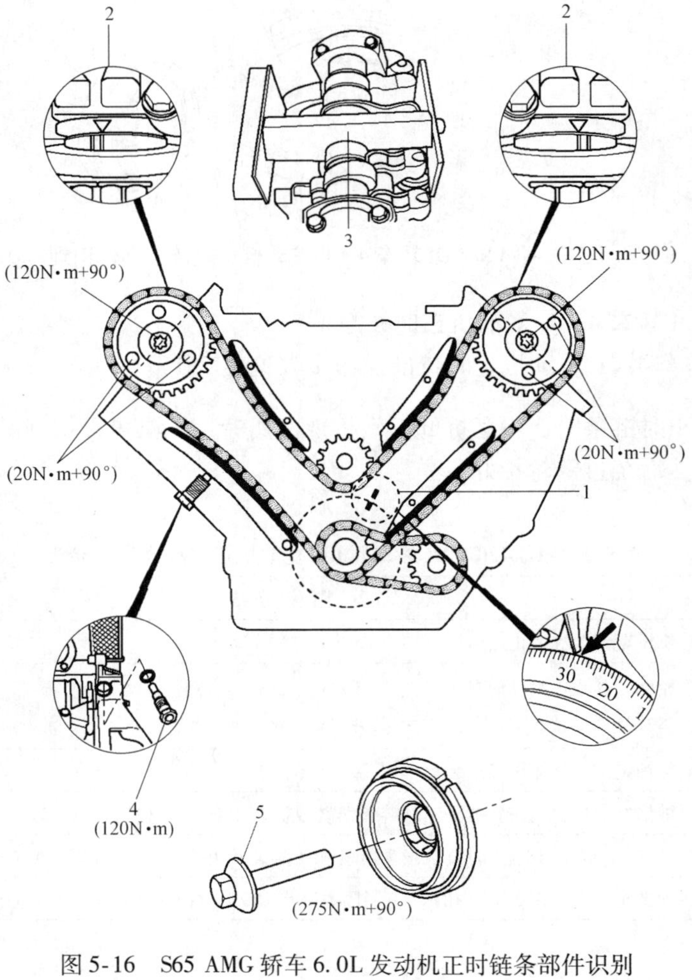

图 5-16　S65 AMG 轿车 6.0L 发动机正时链条部件识别

2. S65 AMG 轿车 6.0L 发动机正时校准操作步骤

S65 AMG 轿车 6.0L 发动机正时校准操作步骤见表 5-16。

表 5-16 S65 AMG 轿车 6.0L 发动机正时校准操作步骤

步骤	操作方法
1	将发动机设置到 1 缸上止点后 30°位置（图 5-16 中的 1）
2	确保两个凸轮轴上的正时标记对齐（图 5-16 中的 2）
3	安装凸轮轴锁止工具（图 5-16 中的 3），安装时不要强行将工具安装到位
4	如果要维修发动机，则先要拆下正时链条张紧器总成（图 5-16 中的 4） 注意：转动曲轴使发动机设置到 1 缸上止点后 30°位置后，即可转动凸轮轴，而不会使气门与活塞发生干涉
5	发动机维修完毕后，安装正时链条张紧器（图 5-16 中的 4）并换装新的密封件
6	润滑曲轴带轮中心螺栓（图 5-16 中的 5）
7	紧固曲轴带轮螺栓（图 5-16 中的 5），紧固力矩为 275N·m+90°

二、S600 轿车 5.5L 发动机正时校准

S600 轿车 5.5L 发动机正时校准方法与 S65 AMG 轿车 6.0L 发动机正时校准方法相同。

三、S500 轿车 5.5L 发动机正时校准

S500 轿车 5.5L 发动机正时校准方法与 E350（211 底盘）轿车 3.5L 发动机正时校准方法相同。

四、S350 轿车 3.5L 发动机正时校准

S350 轿车 3.5L 发动机正时校准方法与 E350（211 底盘）轿车 3.5L 发动机正时校准方法相同。

五、S280/S300 轿车 3.0L 发动机正时校准

S280/S300 轿车 3.0L 发动机正时校准方法与 E350（211 底盘）轿车 3.5L 发动机正时校准方法相同。

第十一节 SL 级轿车（230 底盘）

一、SL600 轿车 5.5L 发动机正时校准

SL600 轿车 5.5L 发动机正时校准方法与第十节 S65 AMG 轿车 6.0L 发动机正时校准方法相同。

二、SL500 轿车 5.5L 发动机正时校准

SL500 轿车 5.5L 发动机正时校准方法与第七节 E350（211 底盘）轿车 3.5L 发动机正时

校准方法相同。

三、SL500 轿车 5. 0L 发动机正时校准

1. SL500 轿车 5. 0L 发动机正时链条部件识别

SL500 轿车 5. 0L 发动机正时链条部件识别见图 5-17。

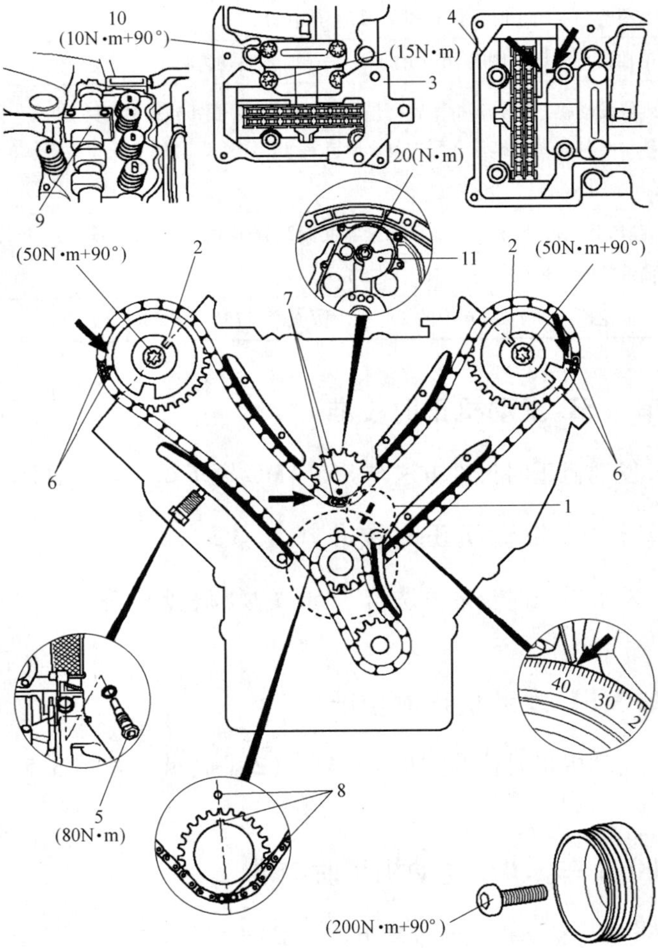

图 5-17　SL500 轿车 5. 0L 发动机正时链条部件识别

2. SL500 轿车 5. 0L 发动机正时链条校准

SL500 轿车 5. 0L 发动机正时链条校准见表 5-17。

表 5-17　SL500 轿车 5. 0L 发动机正时链条校准

步　骤	操 作 方 法
1	将发动机设置到 1 缸上止点后 40°的位置，见图 5-17 中的 1
2	确保每个凸轮轴上的平行槽（图 5-17 中的 2）与气缸缸盖边缘对齐
3	将凸轮轴锁止工具（图 5-17 中的 3）安装到凸轮轴上
4	在修理发动机之前，拆下正时链条张紧器总成（图 5-17 中的 5）

（续）

步　骤	操作方法
5	装配时，要将发动机1缸活塞设置在上止点后40°的位置并且使正时链条上的黄铜色链节与凸轮轴链轮（图5-17中的6）上的正时标记对齐；与惰轮链轮上的正时标记（图5-17中的7）对齐；还要与曲轴键槽和正时标记对齐（图5-17中的8）
6	如果需要更换正时链条，则执行如下步骤： 1）从右凸轮轴上拆下包括轴承盖在内的摇臂轴总成 2）安装凸轮轴固定盖（图5-17中的9），不要拧紧 3）将正时链条安装到凸轮轴链轮固定工具上 4）用专用工具将新正时链条连到旧正时链条的右边链板上，转动曲轴，让正时链条绕过链轮，然后接到一起 注意：摇臂轴装配螺栓（M7×84mm，图5-17中的10）只能使用一次
7	维修完毕后安装正时链条张紧器
8	换装新的曲轴带轮中心螺栓并紧固至200N·m+90° 注意：在拆卸/安装曲轴带轮螺栓时，要使用曲轴带轮固定工具，而不要锁止飞轮/驱动盘

四、SL350轿车3.7L发动机正时校准

1. SL350轿车3.7L发动机正时链条部件识别

SL350轿车3.7L发动机正时链条部件与SL500轿车5.0L发动机正时链条部件相同，见图5-17。

2. SL350轿车3.7L发动机正时链条校准

SL350轿车3.7L发动机正时链条校准见表5-18。

表5-18　SL350轿车3.7L发动机正时链条校准

步　骤	操作方法
1	将发动机1缸活塞设置到上止点后40°的位置，见图5-17中的1
2	确保每个凸轮轴上的平行槽（图5-17中的2）与气缸缸盖边缘对准
3	将锁止工具（图5-17中的3）安装到凸轮轴上
4	确保平衡轴上的正时标记（图5-17中的4）对正
5	在修理发动机之前，拆下张紧器（图5-17中的5）
6	装配时，要将发动机1缸活塞设置在上止点后40°的位置并且使正时链条上的黄铜色链节与凸轮轴链轮（图5-17中的6）上的正时标记对齐；与平衡轴链轮上的正时标记（图5-17中的7）对齐；还要与曲轴键槽和正时标记对齐（图5-17中的8）
7	如果需要更换正时链条，则执行如下步骤： 1）从右凸轮轴上拆下包括轴承盖在内的摇臂轴总成 2）安装凸轮轴固定盖（图5-17中的9），不要拧紧 3）将正时链条安装到凸轮轴链轮固定工具上 4）用专用工具将新正时链条连到旧正时链条的右边链板上，转动曲轴，让正时链条绕过链轮，然后接到一起 注意：摇臂轴装配螺栓（M7×84mm，图5-17中的10）只能使用一次

（续）

步　骤	操作方法
8	拆卸平衡轴的方法如下： 1）将合适的销子（图5-17中的11）插到轴后部的平衡重上 2）拆下螺栓和平衡重 3）将平衡轴向前端拉出
9	发动机维修完毕后，安装正时链条张紧器
10	装配时润滑曲轴带轮中心螺栓 注意：在拆卸/安装曲轴带轮螺栓时，要使用曲轴带轮固定工具，而不要锁止飞轮/驱动盘

五、SL350轿车3.5L发动机正时校准

SL350轿车3.5L发动机正时校准方法与第七节E350（211底盘）轿车3.5L发动机正时方法相同。

第十二节　ML级轿车（164底盘）

一、ML350轿车3.5L发动机正时校准

ML350轿车3.5L发动机正时校准方法与第七节E350（211底盘）轿车3.5L发动机正时方法相同。

二、ML500轿车5.5L发动机正时校准

ML500轿车5.5L发动机正时校准方法与第七节E350（211底盘）轿车3.5L发动机正时方法相同。

三、ML500轿车5.0L发动机正时校准

ML500轿车5.0L发动机正时校准方法与第十一节SL500轿车5.0L发动机正时链条校准方法相同。

第六章

SMART（斯玛特）车系

一、SMART FORTWO 轿车 1.0L 发动机正时链部件识别

SMART FORTWO 轿车 1.0L 发动机正时链条部件识别见图 6-1。

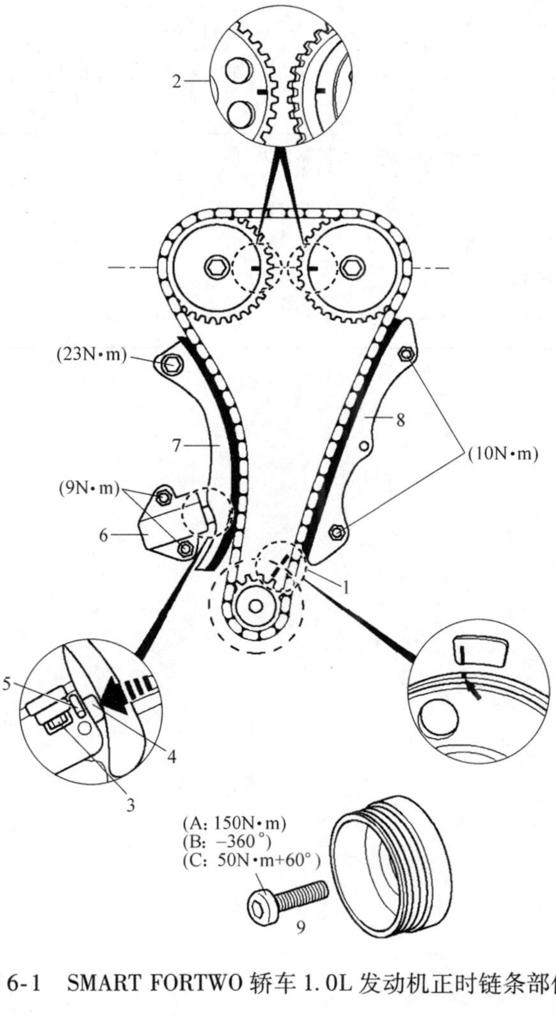

图 6-1　SMART FORTWO 轿车 1.0L 发动机正时链条部件

二、SMART FORTWO 轿车 1.0L 发动机正时校准操作步骤

SMART FORTWO 轿车 1.0L 发动机正时校准操作步骤见表 6-1。

表 6-1 SMART FORTWO 轿车 1.0L 发动机正时校准操作步骤

步骤	操作方法
1	将发动机设置在 1 缸上止点位置（图 6-1 中的 1）
2	确保凸轮轴链轮上的正时标记与气缸盖边沿对准（图 6-1 中的 2）
3	按照下列操作步骤把正时链条张紧器锁止到压缩位置： 1）释放正时链条张紧器的棘轮（图 6-1 中的 3） 2）沿图 6-1 中的箭头所示方向将正时链条张紧器的柱塞压入张紧器壳体中（图 6-1 中的 4） 3）插入一根直径为 1.5mm 的销子将柱塞锁止到位（图 6-1 中的 5）
4	拆下正时链条张紧器（图 6-1 中的 6）、正时链条张紧器的张紧滑轨（图 6-1 中的 7）和正时链条导向装置（图 6-1 中的 8）
5	更换正时链条
6	确保凸轮轴链轮上的正时标记与气缸盖边沿对准（图 6-1 中的 2）
7	安装正时链条张紧器（图 6-1 中的 6）、正时链条张紧器的张紧滑轨（图 6-1 中的 7）和正时链条导向装置（图 6-1 中的 8）
8	拆下插入的锁止销，释放正时链条张紧器柱塞（图 6-1 中的 5）
9	将曲轴带轮螺栓（图 6-1 中的 9）分 3 步拧紧： A：将螺栓紧固到 150N · m B：将螺栓松开 360° C：再将螺栓紧固至 50N · m + 60°

第七章

SAAB（萨博）车系

第一节　9-3 轿车

一、9-3 轿车 2.0T 发动机正时链条拆卸步骤

1）拆下发动机上盖。

2）断开质量空气流量传感器插接器，从空气滤清器壳体罩上断开进气管。拆下空气滤清器壳体罩和空气滤清器。

3）断开进气管，拆下空气滤清器壳体。断开空调压力传感器插接器。

步骤 1）~3）操作示意图见图 7-1。

4）从固定卡扣上松开燃油管路，将螺栓从连接凸轮轴盖的支架上拆下，如图 7-2 所示。

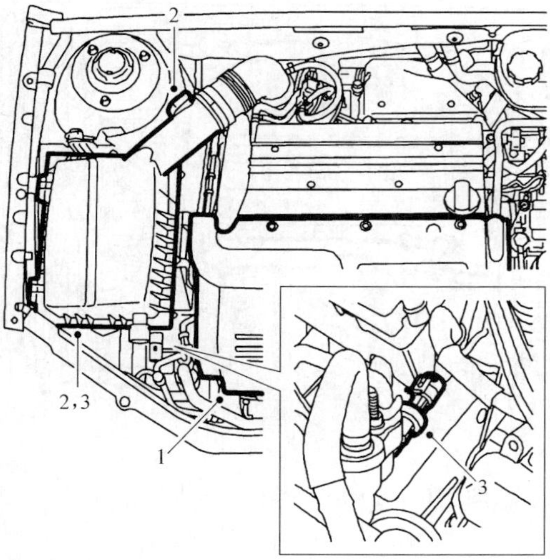

图 7-1　步骤 1）~3）操作示意图

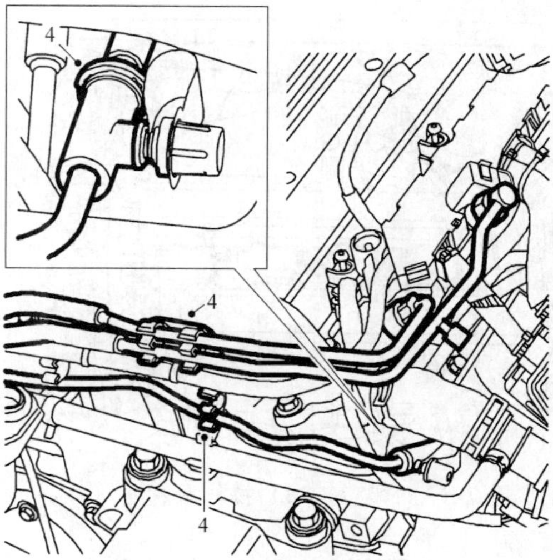

图 7-2　步骤 4）操作示意图

5）拆卸点火线圈盖罩，如图 7-3 所示。

6）拔下点火线圈插接器。拔下涡轮增压器电磁阀插接器并松开线束卡夹，如图 7-4 所示。

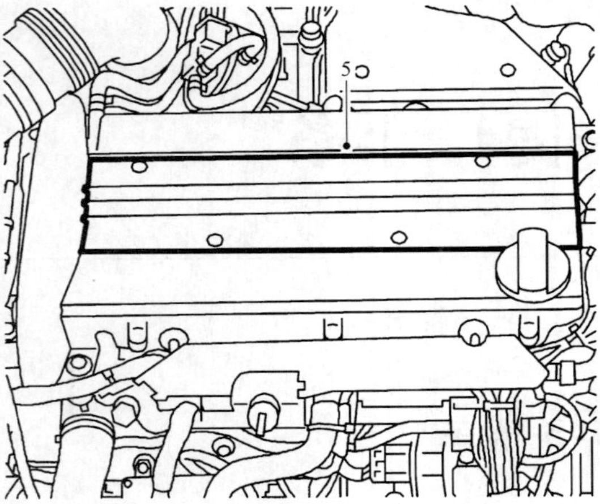

图 7-3　步骤 5）操作示意图

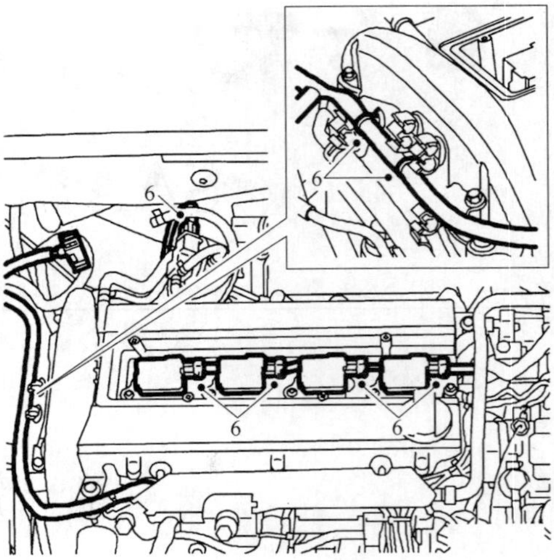

图 7-4　步骤 6）操作示意图

7）拆下螺栓，拔出各个点火线圈移到一旁。

8）从凸轮轴盖上断开曲轴箱强制通风软管。

步骤 7）~8）操作示意图见图 7-5。

9）松开气缸盖和凸轮轴盖上的线束。

10）拆卸涡轮增压器隔热罩。

步骤 9）~10）操作示意图见图 7-6。

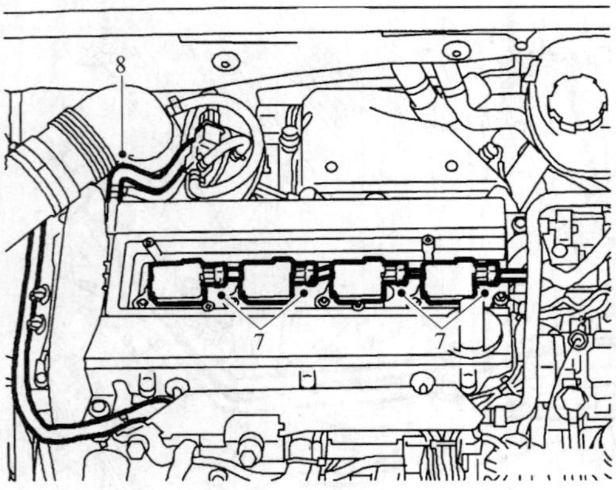

图 7-5　步骤 7）~8）操作示意图

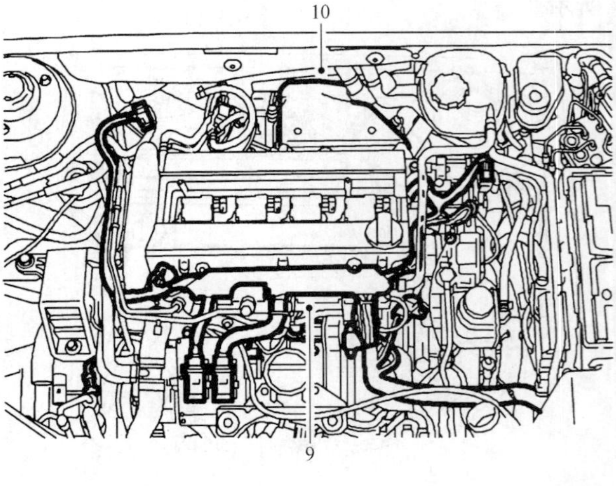

图 7-6　步骤 9）~10）操作示意图

11）从凸轮轴盖上松开接地电缆。

12）拆下凸轮轴盖，如图 7-7 所示。

13）举升车辆，拆卸右前车轮。

14）拆下右侧内翼子板，如图 7-8 所示。

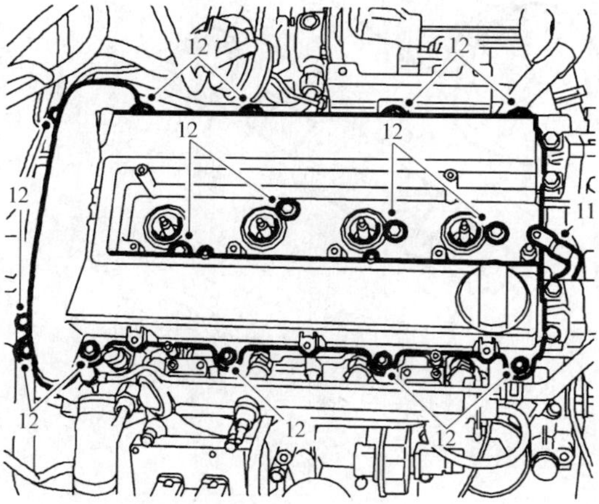

图 7-7 步骤 11）～12）操作示意图

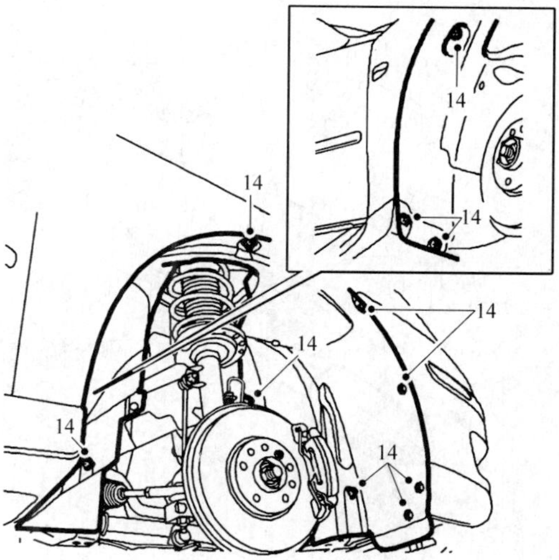

图 7-8 步骤 14）操作示意图

15）释放传动带张力，拆下传动带。在传动带上标出转动方向。

16）拆卸传动带张紧器。

步骤 15）～16）操作示意图见图 7-9。

17）降下车辆，沿发动机转动方向转动曲轴，直至曲轴带轮上的标记对准正时盖上的标记，如图 7-10 所示。

1 缸进气凸轮轴和排气凸轮轴的凸轮应朝上。

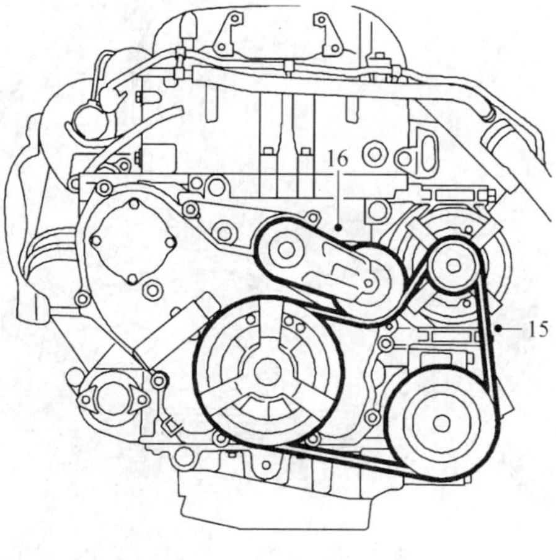

图 7-9 步骤 15）～16）操作示意图

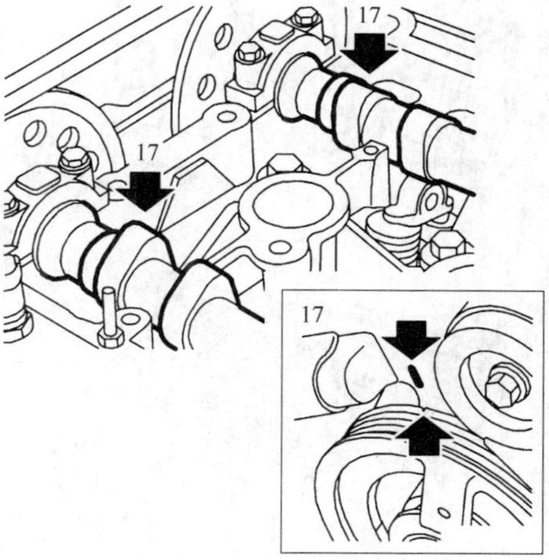

图 7-10 步骤 17）操作示意图

18）拆卸链条张紧器，如图 7-11 所示。

19）从链条张紧器上拆下锁止环，拆下张紧器的柱塞，如图 7-12 所示。

20）安装举升吊耳。

21）安装举升杆。抬起发动机并拆卸发动机支架。

步骤 20）～21）操作示意图见图 7-13。

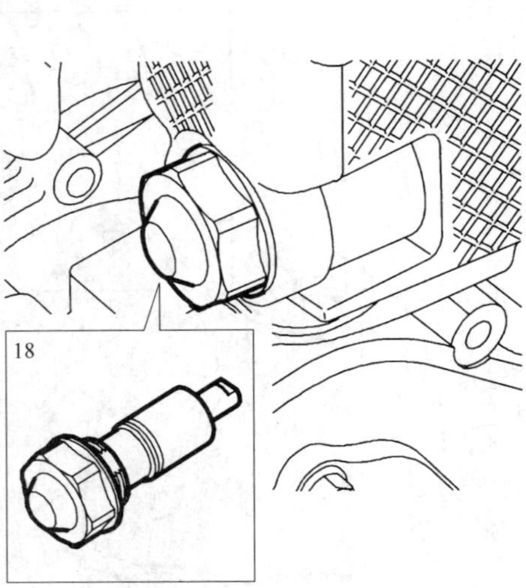

图 7-11　步骤 18）操作示意图

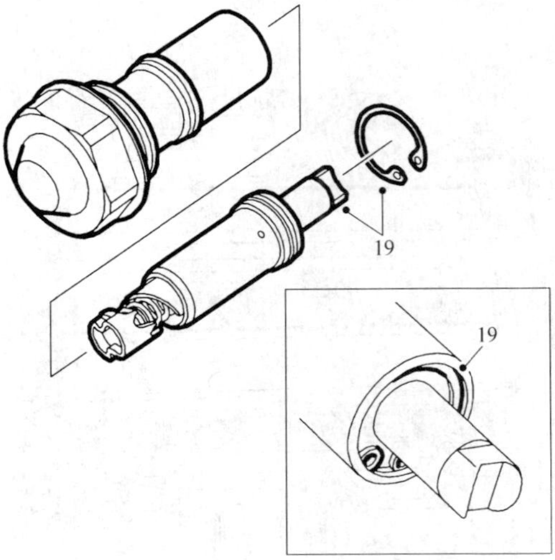

图 7-12　步骤 19）操作示意图

22）使用举升杆，将发动机降下 3cm。

23）举升车辆，拆卸曲轴带轮。

24）在车下放置一个机油收集器，小心地拆下正时盖。

步骤 23）~24）操作示意图见图 7-14。

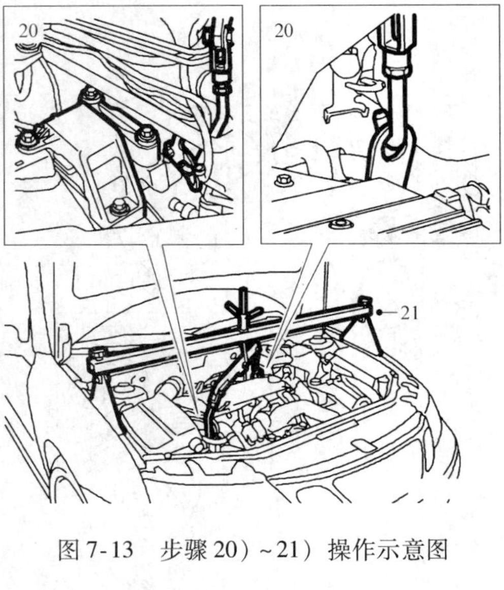

图 7-13　步骤 20）~21）操作示意图

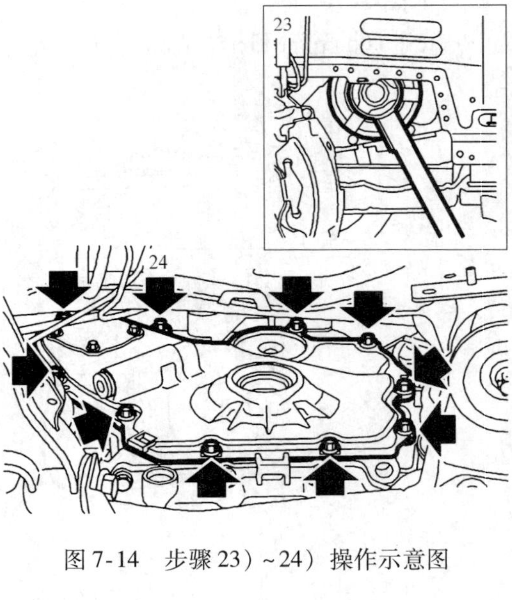

图 7-14　步骤 23）~24）操作示意图

25）拆下正时盖的密封衬垫。

26）拆下曲轴油封，降下车轮。

27）从气缸盖上拆下塞子。

28）拆卸内侧的正时链导向装置上部螺栓。

29）拆卸正时链条上部导轨。

步骤 27）~29）操作示意图见图 7-15。

30）拆卸内侧的正时链导向装置下部螺栓。

31）拆卸凸轮轴链轮，将正时链条向上提起。

32）拆卸正时链条张紧器导向装置。

步骤30）~32）操作示意图见图7-16。

图7-15 步骤27）~29）操作示意图

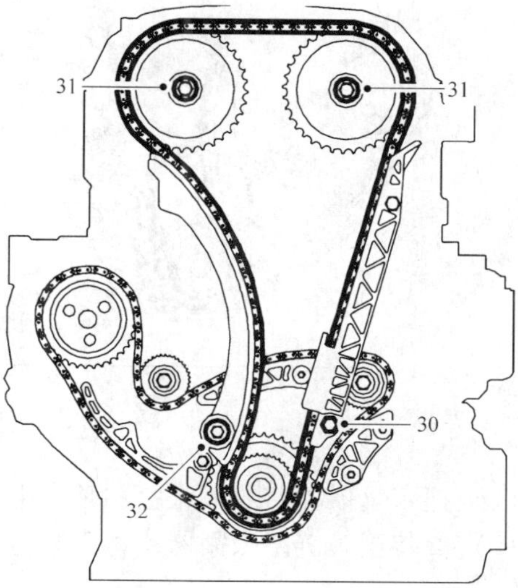

图7-16 步骤30）~32）操作示意图

二、9-3轿车2.0T发动机正时链条安装步骤

1）清洁所有的密封面。

2）将凸轮轴和链轮的接合面上的机油或油脂清理干净，如图7-17所示。

3）安装正时链条导向装置。

4）把正时链条挂到进气凸轮轴链轮上，将进气凸轮轴链轮安装到凸轮轴上并插入螺栓。

5）升起车辆。

6）把正时链条安装到曲轴链轮上，安装正时链条导向装置。

7）把下部螺栓紧固至10N·m，降下车辆。

8）安装排气凸轮轴链轮，安装螺栓。

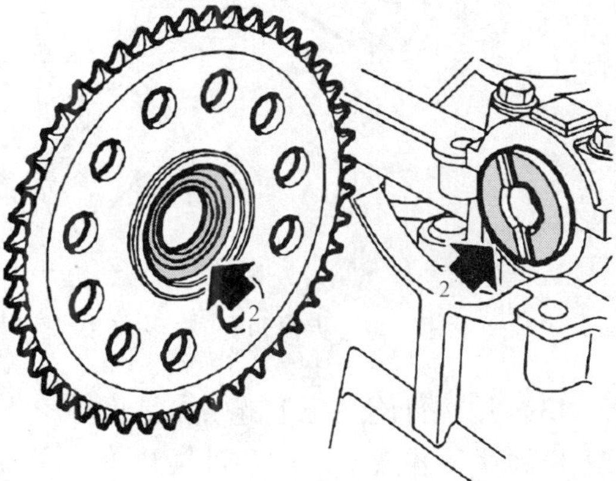

图7-17 步骤2）操作示意图

9）安装上部螺栓，将塞子装回气缸盖。

步骤3）~5）和7）~9）的操作示意图见图7-18。

10）用螺钉旋具沿顺时针方向转动张紧器，直至张紧器张紧，如图7-19所示。

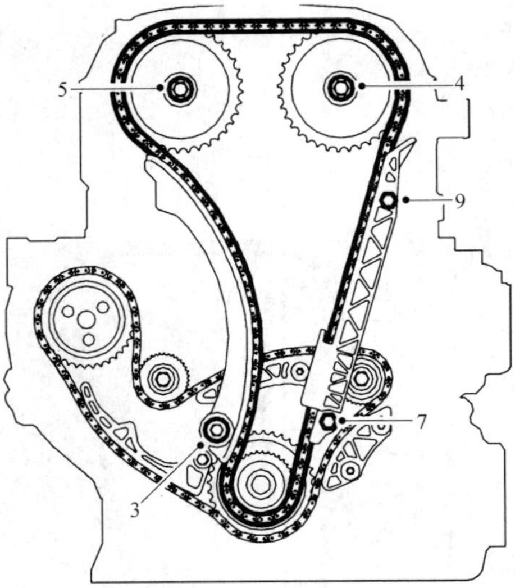

图 7-18　步骤 3）~5）、步骤 7）~9）操作示意图

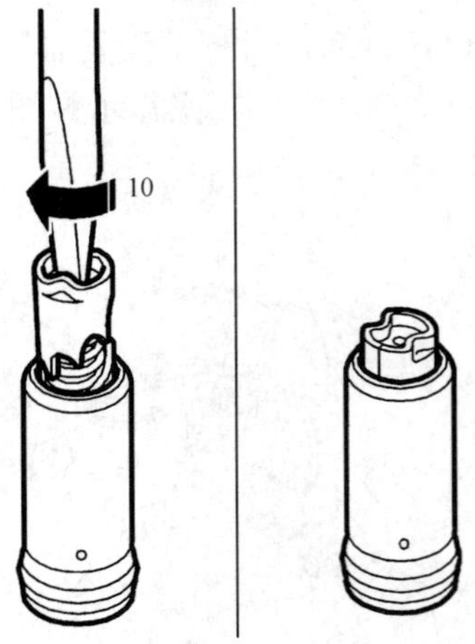

图 7-19　步骤 10）操作示意图

11）把张紧器柱塞放入张紧器轴套中，安装卡环，如图 7-20 所示。

12）安装正时链条张紧器，将张紧器螺栓紧固至 78N · m，如图 7-21 所示。

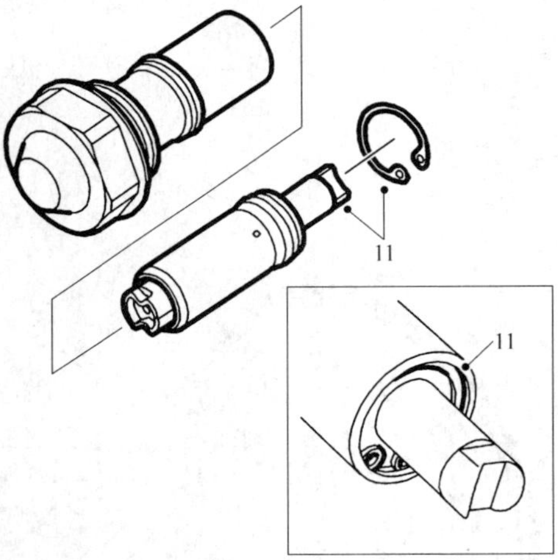

图 7-20　步骤 11）操作示意图

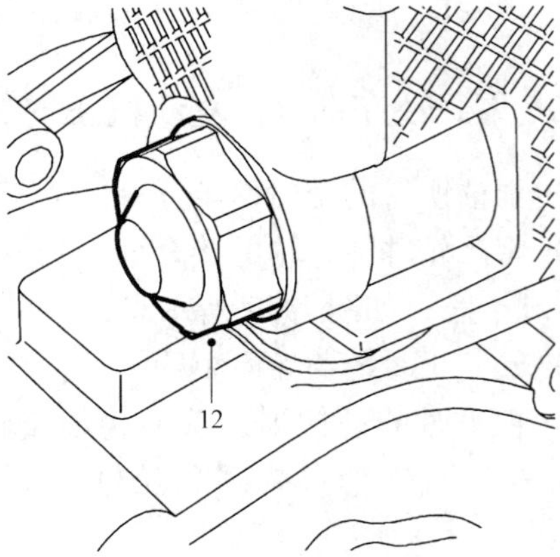

图 7-21　步骤 12）操作示意图

13）用螺钉旋具压下链条，是正时链条张紧器释放张紧力，如图 7-22 所示。

14）拆下排气凸轮轴和进气凸轮轴的 2 号和 7 号轴承盖，安装凸轮轴调整工具。将凸轮轴调整工具螺栓紧固至 10N · m，如图 7-23 所示。

15）清除旧密封垫的残留，安装新的密封垫，如图 7-24 所示。

16）安装正时盖，如图 7-25 所示。

17）把曲轴油封安装工具放置到曲轴凸出的轴套处，用润滑剂润滑新密封圈，然后把密封圈安装到曲轴油封安装工具上。

18）把曲轴油封安装工具安装到曲轴上，转动曲轴带轮螺栓，直至油封和正时盖齐平。拆下曲轴油封安装工具。

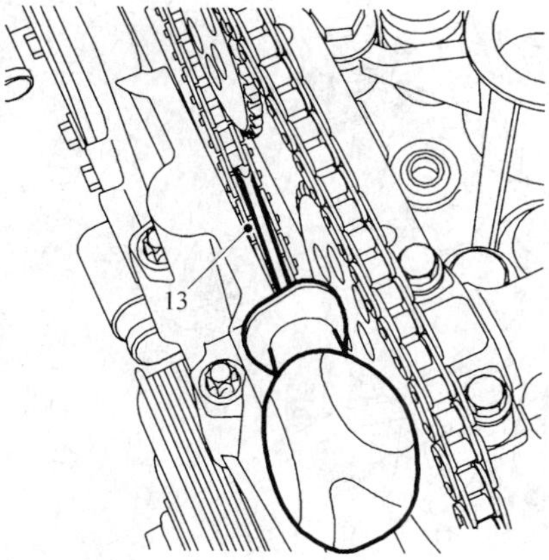

图 7-22 步骤 13）操作示意图

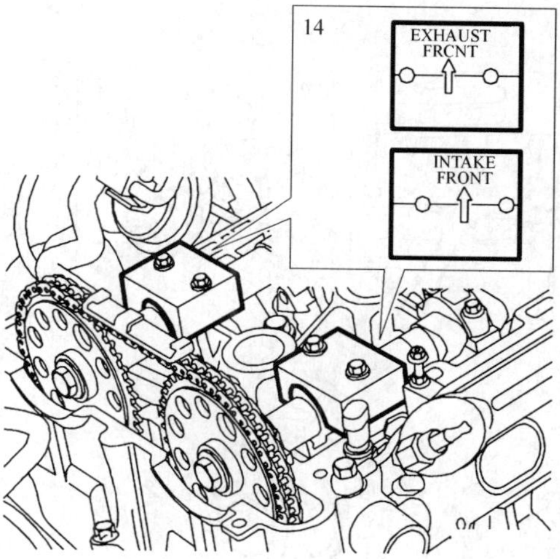

图 7-23 步骤 14）操作示意图

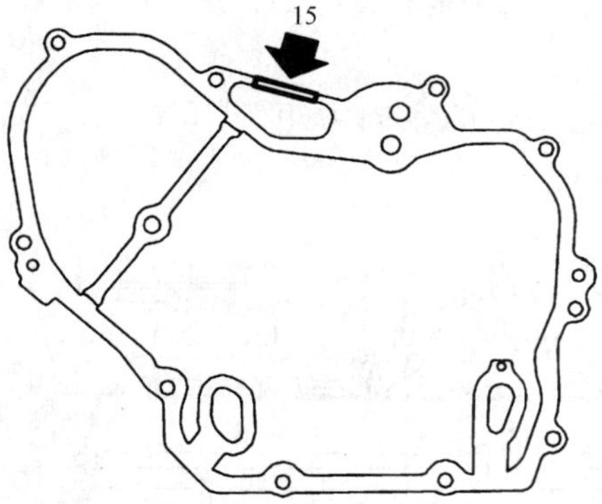

图 7-24 步骤 15）操作示意图

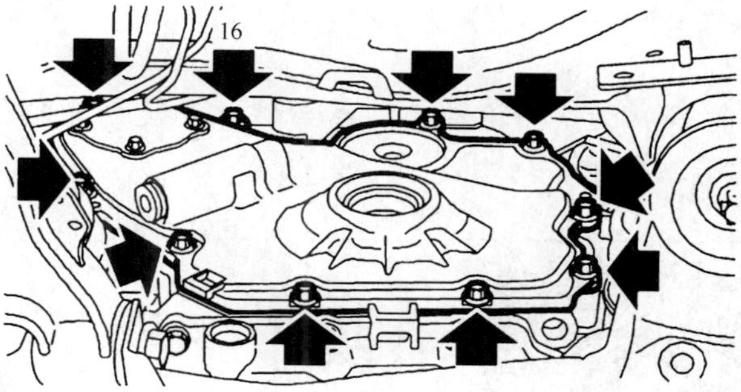

紧固力矩：20N·m

图 7-25 步骤 16）操作示意图

19）换用新的曲轴带轮螺栓，将螺栓紧固至 100N·m+75°。

步骤 17）~19）操作示意图见图 7-26。

20）确认曲轴带轮上的正时标记与正时盖上的标记对齐。紧固凸轮轴链轮螺栓。

21）拆下凸轮轴调节工具并安装凸轮轴轴承盖。轴承盖紧固力矩为 8N·m。

22）继续紧固凸轮轴链轮螺栓，直至紧固力矩达到 85N·m+30°。

23）沿发动机转动方向转动曲轴 2 周，使曲轴带轮上的正时标记与正时盖上的标记对齐。

24）安装正时链条上部导轨。

步骤 20）和 22）~24）操作示意图见图 7-27。

25）降下车辆。用举升杆提升发动机，安装发动机支架。

26）安装发动机支架螺栓。将螺栓紧固至 70N·m+60°。

27）拆下举升杆。

步骤 26）~27）操作示意图见图 7-28。

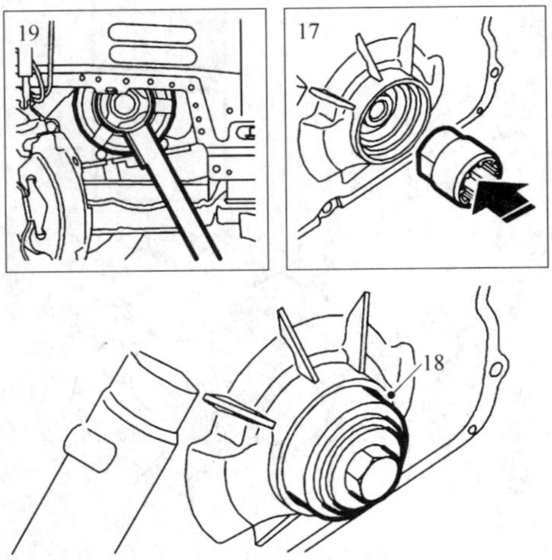

图 7-26　步骤 17）~19）操作示意图

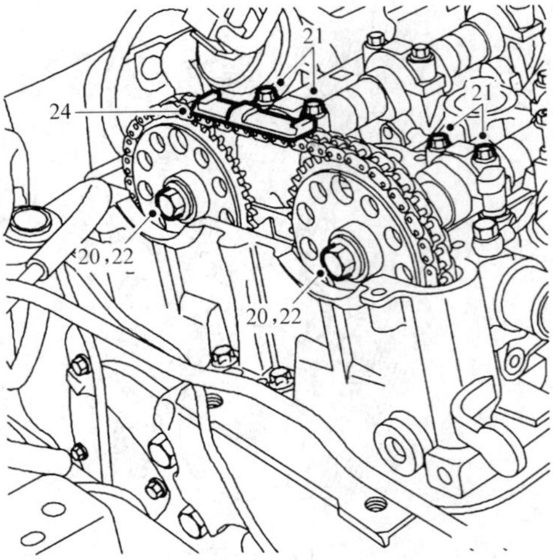

图 7-27　步骤 20）和步骤 22）~24）操作示意图

28）更换凸轮轴盖的密封件并安装凸轮轴盖。凸轮轴盖的紧固力矩为 10N · m，如图 7-29所示。

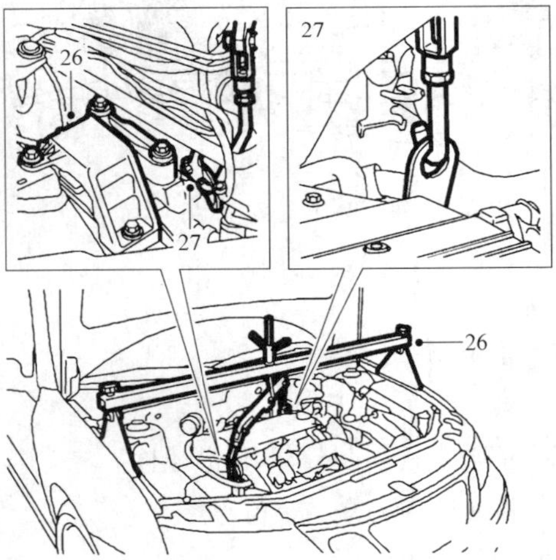

图 7-28　步骤 26）~27）操作示意图

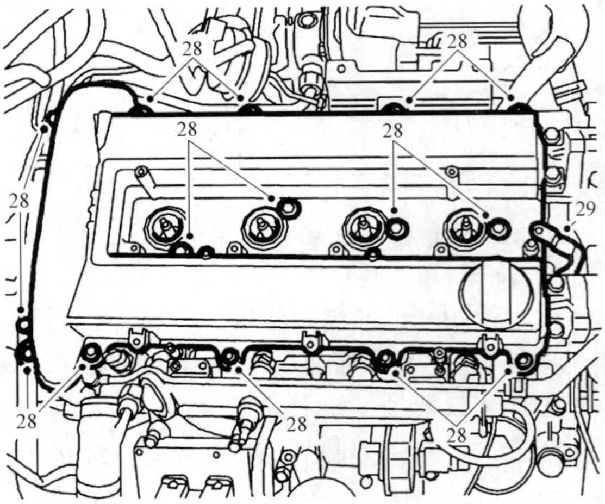

图 7-29　步骤 28）操作示意图

29）把接地电缆连接到凸轮轴盖上。

30）把曲轴箱强制通风软管安装到凸轮轴盖上。

31）安装线束和支架到凸轮轴盖上。

步骤 30）~31）操作示意图见图 7-30。

32）安装点火线圈，点火线圈紧固力矩为 8N · m。

33）插好点火线圈插接器。插好涡轮增压器电磁阀插接器及线束卡夹。

步骤 32）~33）操作示意图见图 7-31。

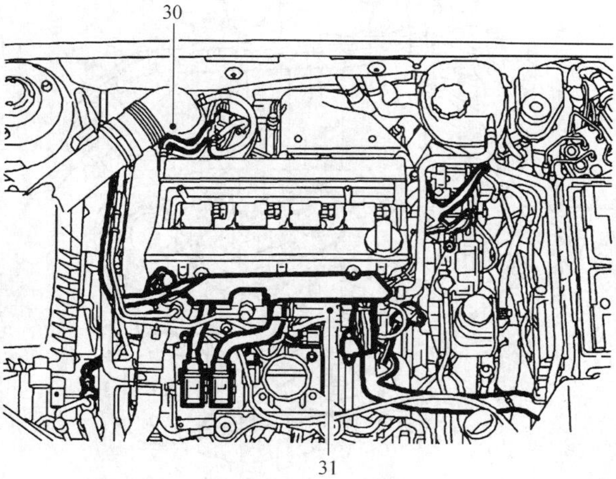

图 7-30 步骤 30）~31）操作示意图

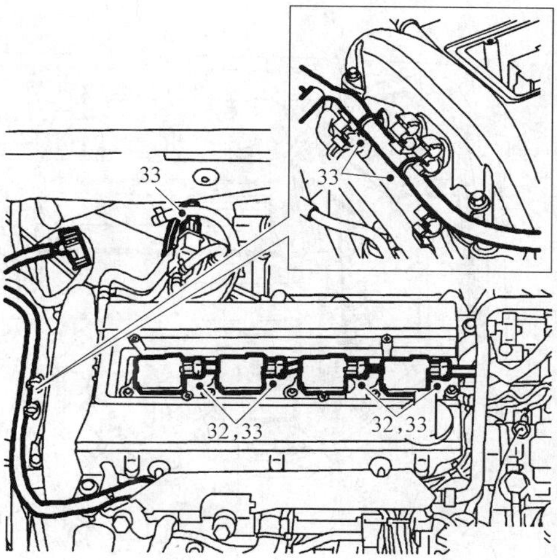

图 7-31 步骤 32）~33）操作示意图

34）安装点火线圈罩，如图 7-32 所示。

35）把燃油管路和进气管路压入凸轮轴盖上的管路卡夹中。

36）把燃油管路连接至燃油分配管。

步骤 35）~36）操作示意图见图 7-33。

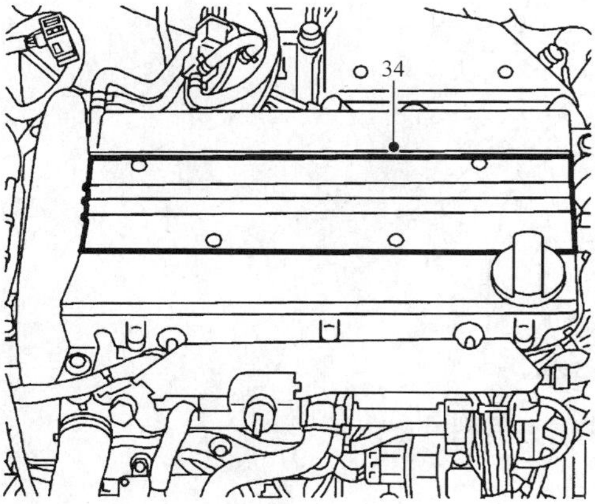

图 7-32 步骤 34）操作示意图

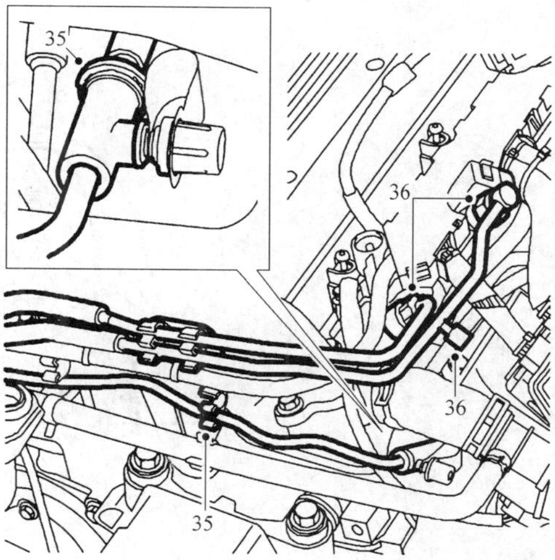

图 7-33 步骤 35）~36）操作示意图

37）安装涡轮增压器隔热罩。

38）安装空气滤清器壳体并连接进气管。连接空调压力传感器插接器。

39）安装空气滤清器和滤清器盖。连接进气管路和质量空气流量传感器插接器。

40）安装发动机上盖。

步骤 37）~40）操作示意图见图 7-34。

41）举升车辆，安装传动带张紧器。

42）使传动带张紧器释放张紧力。

步骤 41）~42）操作示意图见图 7-35。

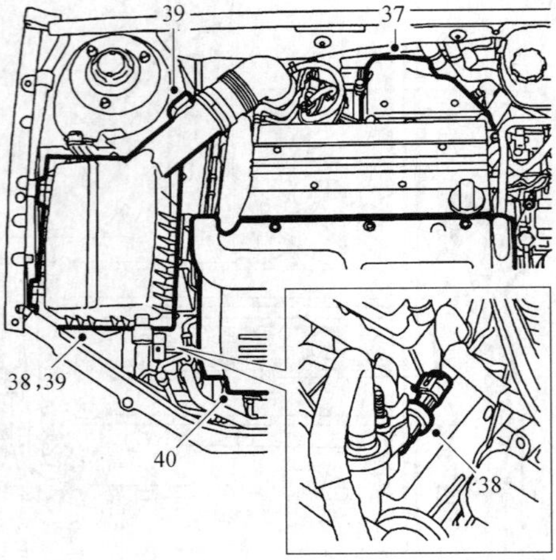

图 7-34　步骤 37）~40）操作示意图

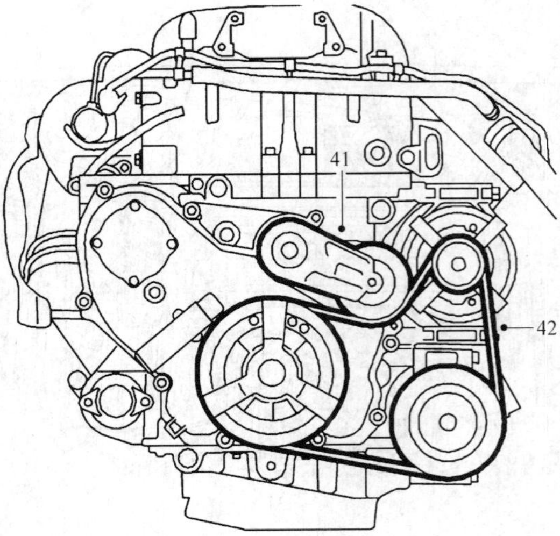

图 7-35　步骤 41）~42）操作示意图

43）略微降下车辆，安装右侧内翼子板，如图 7-36 所示。

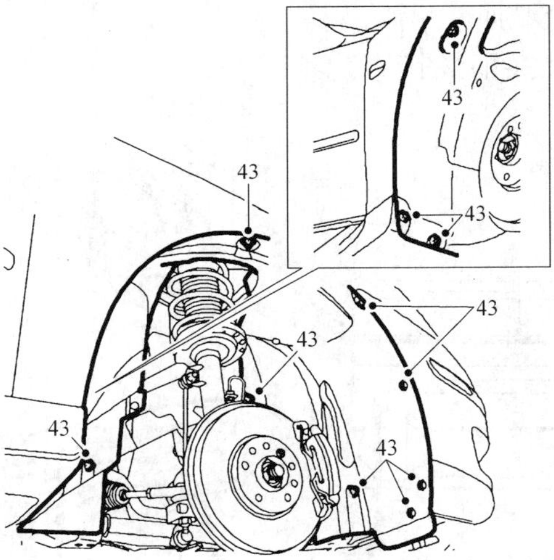

图 7-36　步骤 43）操作示意图

44）安装右前车轮。

45）完全降下车辆。

46）检查车辆机油油位，不足时予以加注。

第二节　9-5 轿车

一、9-5 轿车 2.3T 发动机正时链条校准

1. 9-5 轿车 2.3T 发动机正时链条部件识别

9-5 轿车 2.3T 发动机正时链条部件识别见图 7-37。

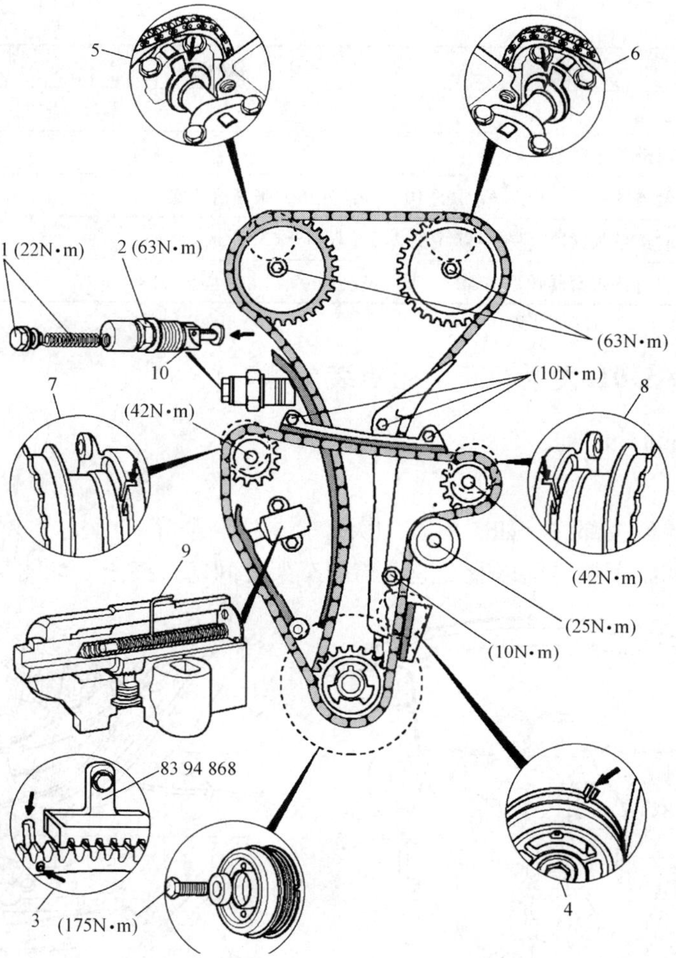

图 7-37 9-5 轿车 2.3T 发动机正时链条部件识别

2. 9-5 轿车 2.3T 发动机正时校准

9-5 轿车 2.3T 发动机正时校准操作步骤见表 7-1。

表 7-1 9-5 轿车 2.3T 发动机正时校准操作步骤

步 骤	操作方法
1	拆下油底壳
2	在拆卸正时链条盖前先拆下正时链条张紧器（图 7-37 中的 1 和 2）
3	确保曲轴位于上止点位置（图 7-37 中的 3 和 4）
4	用专用锁止工具（专用工具号 8394868）锁止飞轮/驱动盘
5	确保凸轮轴正时标记对齐（图 7-37 中的 5 和 6）
6	确保平衡轴正时标记对齐（图 7-37 中的 7 和 8）
7	压缩平衡轴链条张紧器并插入限位销（图 7-37 中的 9）
8	安装正时链条盖
9	安装油底壳

（续）

步骤	操作方法
10	安装气缸盖
11	安装正时链条张紧器
12	松开张紧器的棘爪（图7-37中的10）并彻底压下张紧器柱塞
13	安装正时链条张紧器（图7-37中的2）并紧固至63N·m
14	安装正时链条张紧器弹簧和螺栓（图7-37中的1）并紧固至22N·m

二、9-5轿车3.0L发动机正时带拆装步骤

1. 正时皮带拆卸

1）举升车辆。

2）拆卸底部导流板部件，如图7-38所示。

3）在油底壳和副车架之间以及变速器与副车架之间塞入楔子，如图7-39所示。

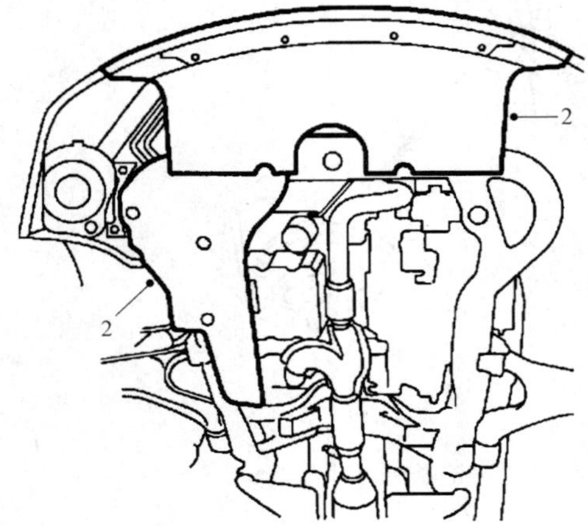

图7-38　步骤2）操作示意图

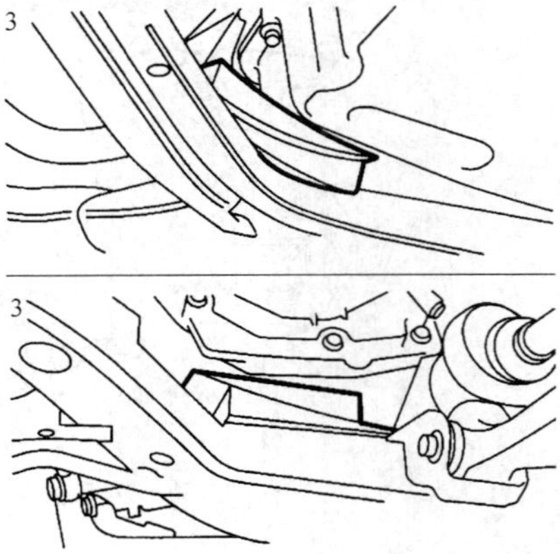

图7-39　步骤3）操作示意图

4）降下车辆。

5）把空气质量流量传感器连同进气软管一起拆下。

6）从固定架上脱开动力转向管路。

7）拆下右侧发动机支架和发动机座。

步骤5）~7）操作示意图见图7-40。

8）拆下冷却液泵轮的固定螺栓和动力转向泵轮固定螺栓。

9）释放传动带张力。

10）拆下冷却液泵轮和动力转向泵轮。

11）拆下传动带张紧器。

12）拆卸正时盖。

13）升起车辆并拆下曲轴带轮。

步骤9）~13）操作示意图见图7-41。

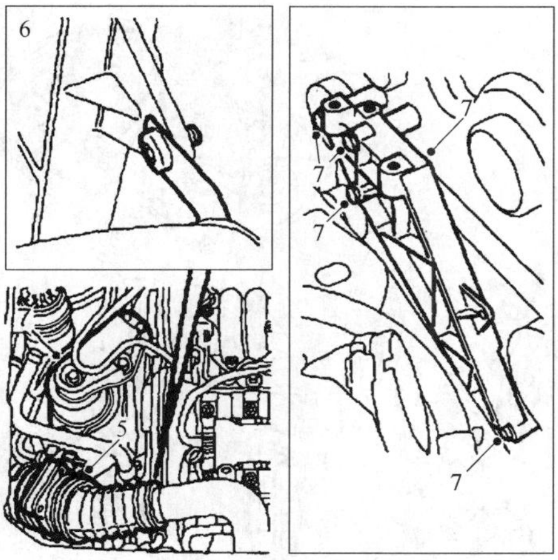

图 7-40　步骤 5）~7）操作示意图

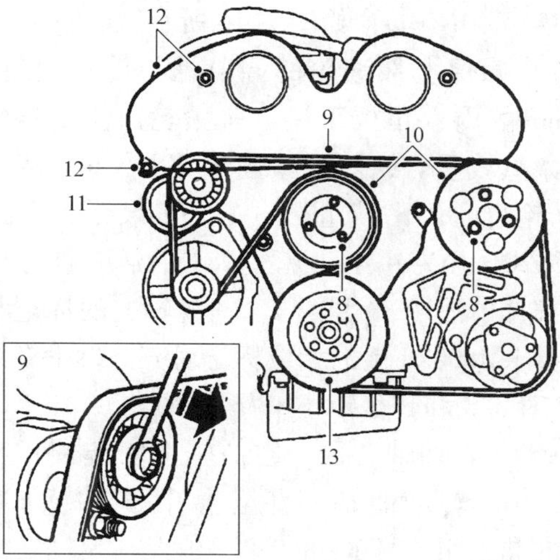

图 7-41　步骤 9）~13）操作示意图

14）降下车辆。确保凸轮轴链轮上的正时部件与正时盖上的标记对齐。确保曲轴上的正时标记对齐。安装凸轮轴链轮锁止工具和曲轴锁止工具，如图 7-42 所示。

15）拆下张紧器轮和调节滚轮。

16）在正时带上标记出转动方向，以免安装时发生错装。此外还要标记清楚正时带与凸轮轴正时标记和曲轴正时标记之间的相互位置。从曲轴上拆下锁止工具。从凸轮轴链轮上拆下锁止工具。拆卸底部的调节滚轮。滚轮后面的垫圈也要拆下。拆下正时带。

步骤 15）~16）操作示意图见图 7-43。

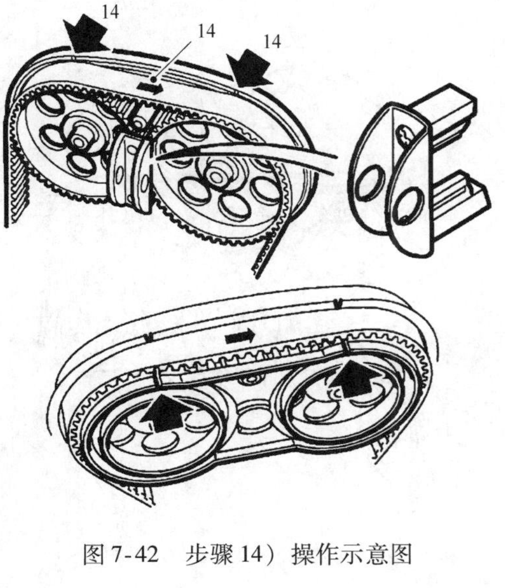

图 7-42　步骤 14）操作示意图

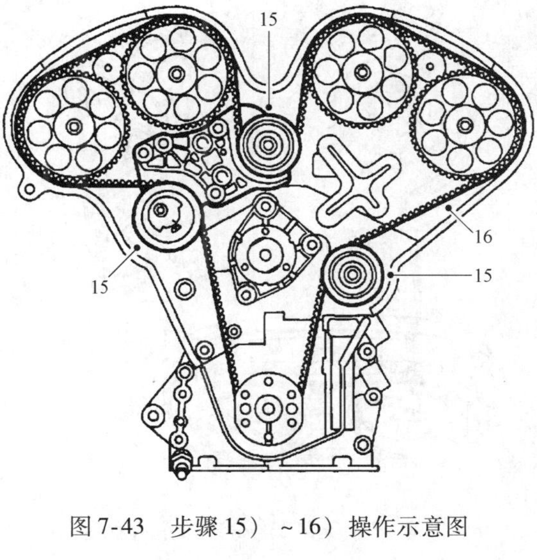

图 7-43　步骤 15）~16）操作示意图

2. 正时带安装

1）对照正时带上标好的标记，把正时带安装到凸轮轴链轮上，用调节工具把正时带固定到位。安装下部的调节滚轮和垫圈，但不要紧固螺栓。用手调节滚轮，使正时带绷紧。确保正时带上的标记与凸轮轴链轮上的标记和曲轴上的标记对齐。拆下调节工具。紧固调节滚轮螺栓至 40N·m，如图 7-44 所示。

2）确保上部滚轮的调节螺母能自由转动。用 5mm 的内六角扳手调节张紧轮，使张紧轮上的两条直线重合，然后紧固至 20N·m。从凸轮轴链轮上拆下锁止工具，安装专用工具 KM80020，用专用工具 8394983 沿逆时针方向调节上部调节滚轮，直至凸轮轴链轮上的标记与专用工具 KM80020 上的相应标记对齐。拆下专用工具 KM80020 和其他锁止工具。

3）转动曲轴 2 周，在曲轴上安装锁止工具 KM80010。转动曲轴，直至指针抵在冷却液泵上。安装专用工具 KM80020，确保凸轮轴链轮上的标记与工具上的标记对应，并确保正时带边缘与凸轮轴链轮边缘对齐。

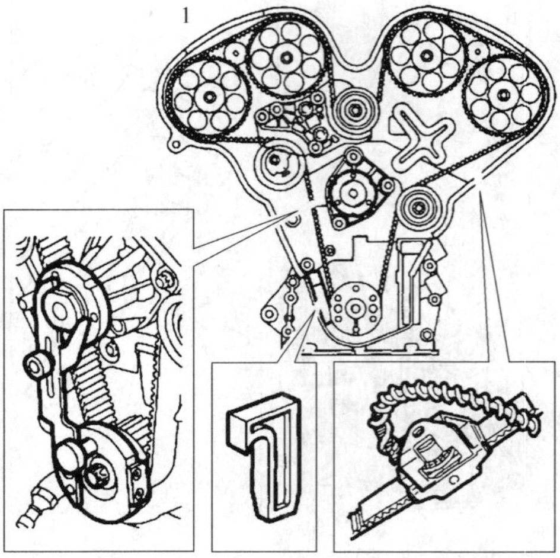

图 7-44　步骤 1）操作示意图

步骤 2）~3）操作示意图见图 7-45。

4）举升车辆并安装曲轴带轮，将曲轴带轮固定螺栓紧固至 20N·m。

5）降下车辆，安装正时盖。正时盖螺栓紧固力矩为 8N·m。

6）安装正时带张紧器。

7）安装冷却液泵轮和动力转向泵轮。

8）安装附件传动带。

步骤 4）~8）操作示意图见图 7-46。

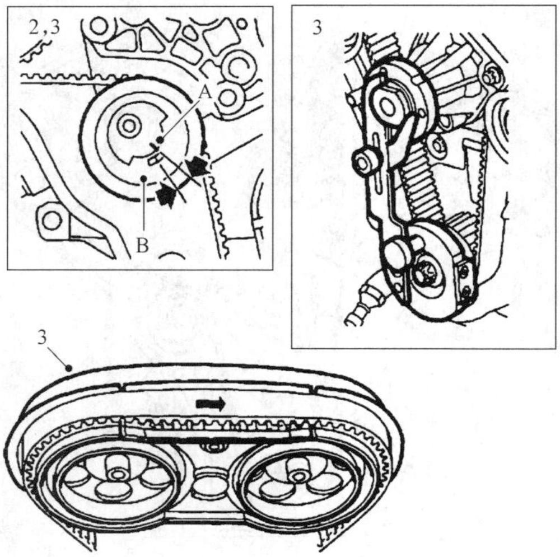

图 7-45　步骤 2）~3）操作示意图

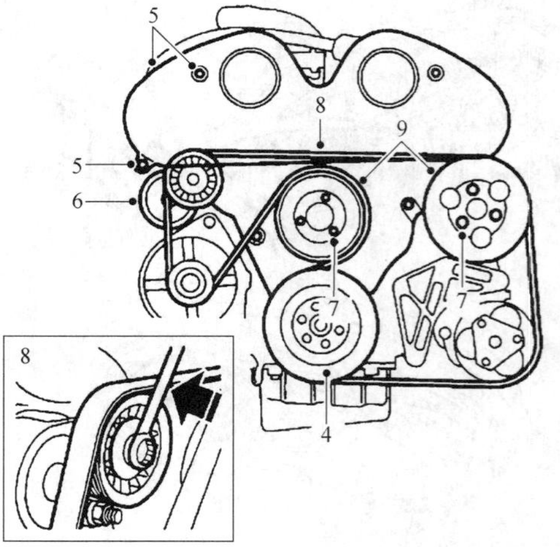

图 7-46　步骤 4）~8）操作示意图

9）将冷却液泵轮固定螺栓紧固至 8N·m；将动力转向泵轮固定螺栓紧固至 20N·m。

10）安装右侧发动机支架和发动机座。

11）把动力转向管路安装到固定架上。

12）安装质量空气流量传感器。

步骤 10）~12）操作示意图见图 7-47。

13）举升车辆。

14）拆下楔子，放下发动机，如图 7-48 所示。

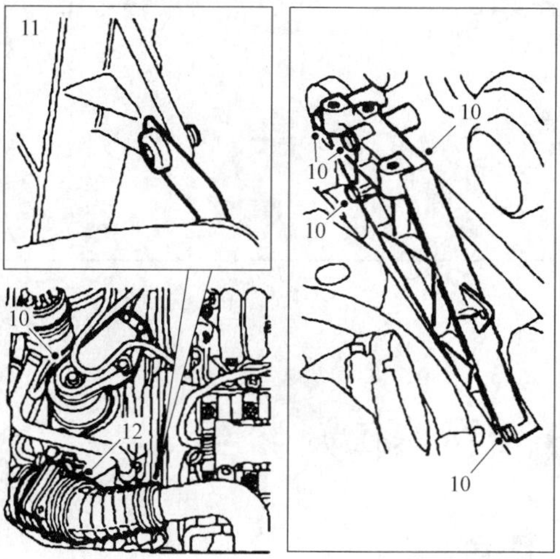

图 7-47 步骤 10）~12）操作示意图

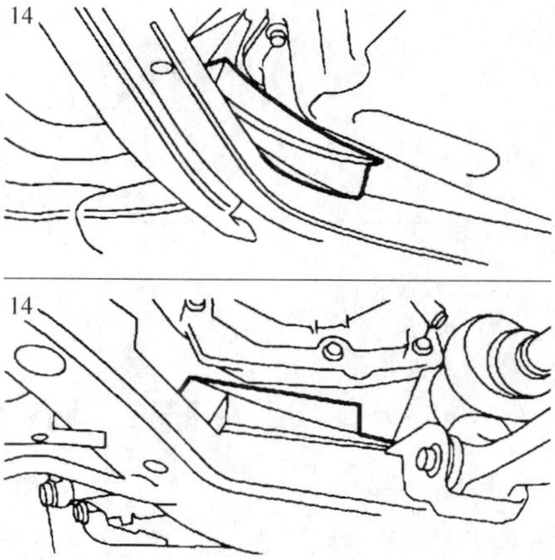

图 7-48 步骤 14）操作示意图

15）安装底部导流板，如图 7-49 所示。

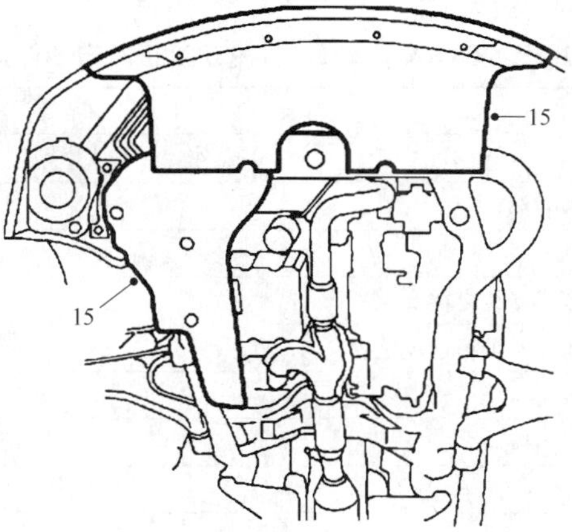

图 7-49 步骤 15）操作示意图

16）降下车辆。

第八章

OPEL（欧宝）车系

第一节 ANTARA（安德拉）轿车

ANTARA 轿车 2.4L 发动机正时带拆装步骤

1. ANTARA 轿车 2.4L 发动机正时带部件识别

ANTARA 轿车 2.4L 发动机正时带部件识别见图 8-1。

2. ANTARA 轿车 2.4L 发动机正时带部件拆装步骤见表 8-1。

表 8-1 ANTARA 轿车 2.4L 发动机正时带部件拆装步骤

拆卸	
步骤	操作方法
1	举升并支撑车辆前部
2	拆下发动机罩
3	断开进气温度传感器线束接头
4	从气缸盖罩上断开曲轴箱通风软管
5	拆下空气过滤器壳体
6	拆下发动机下部挡板
7	拆下右前车轮
8	拆下右侧挡泥板
9	拆下附件传动带
10	拆下曲轴带轮螺栓（图 8-1 中的 1）和曲轴带轮（图 8-1 中的 2）
11	支撑住发动机
12	拆下发动机右侧支座和正时带罩（图 8-1 中的 3）
13	顺时针转动曲轴，直至各个正时标记对齐（图 8-1 中的 4、5 和 6）
14	松开正时带张紧器轮螺栓（图 8-1 中的 7）
15	拆下正时带
安装	
步骤	操作方法
1	确保各个正时标记对齐（图 8-1 中的 4、5 和 6）
2	换装新的正时带张紧器轮螺栓（图 8-1 中的 7）并用手将螺栓拧紧

（续）

安装	
步骤	操作方法
3	确保正时带张紧器轮的固定凸耳正确就位（图 8-1 中的 10）
4	安装正时带
5	松开正时带张紧器轮螺栓（图 8-1 中的 7）
6	用六角扳手（图 8-1 中的 14）顺时针转动正时带张紧器轮（图 8-1 中的 11）直至活动指针（图 8-1 中的 12）与槽口对准（图 8-1 中的 13）
7	将正时带张紧器轮螺栓（图 8-1 中的 7）紧固至 25N · m
8	将曲轴顺时针转动 2 周
9	确保各个正时标记对齐（图 8-1 中的 4、5 和 6）
10	确保活动指针（图 8-1 中的 12）与槽口对准（图 8-1 中的 13）
11	按照与拆卸相反的顺序安装其他部件
12	紧固曲轴带轮螺栓（图 8-1 中的 1），紧固力矩为 20N · m

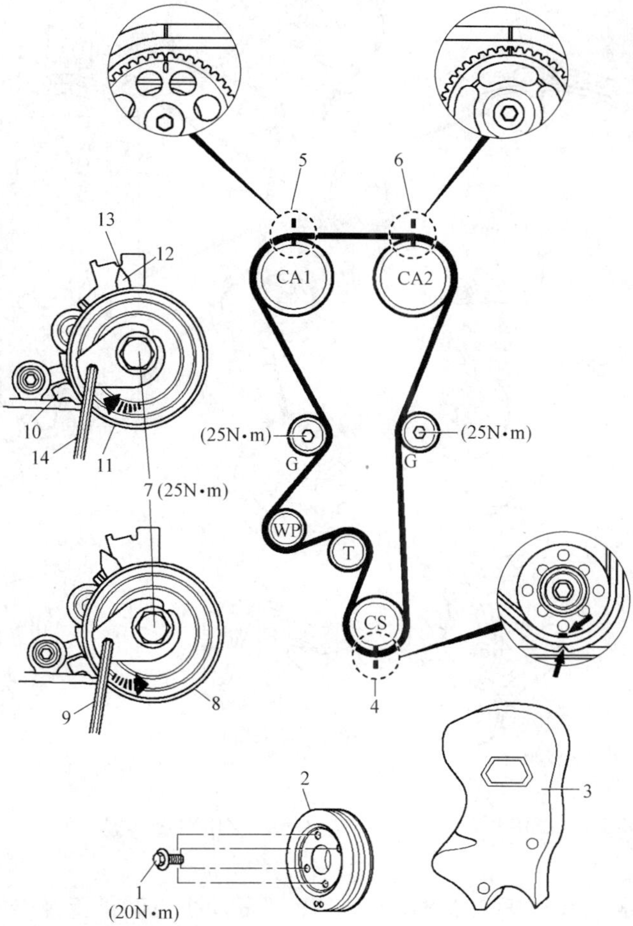

图 8-1 ANTARA 轿车 2.4L 发动机正时带部件识别

第二节　ZAFIRA（赛飞利）轿车

ZAFIRA（赛飞利）轿车 1.8L（Z18XE）发动机正时带拆装步骤

1. ZAFIRA（赛飞利）轿车 1.8L（Z18XE）发动机正时带部件识别

ZAFIRA（赛飞利）轿车 1.8L（Z18XE）发动机正时带部件识别见图 8-2。

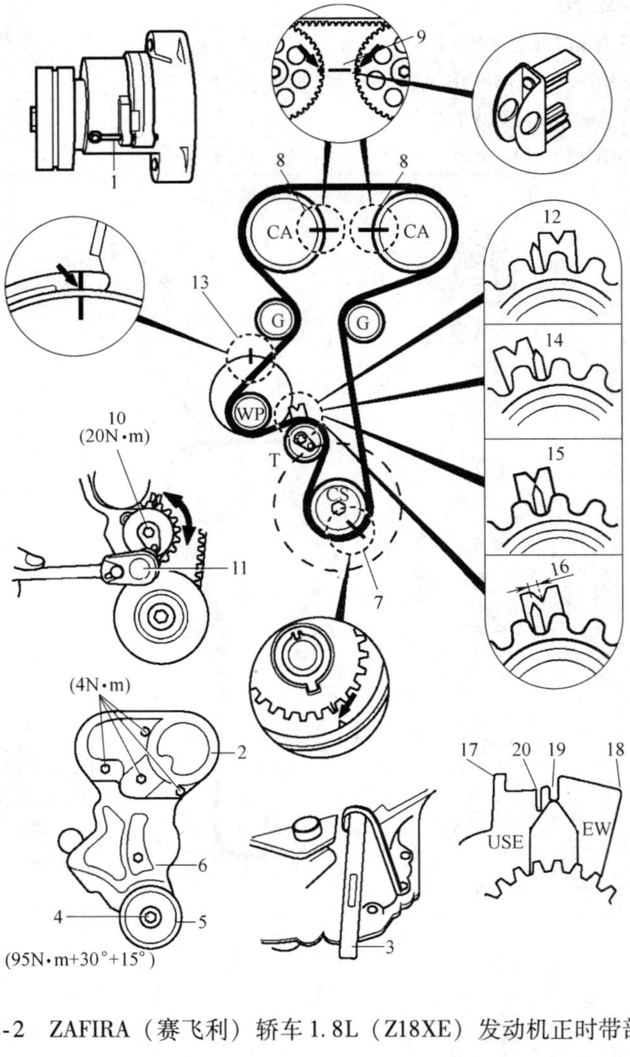

图 8-2　ZAFIRA（赛飞利）轿车 1.8L（Z18XE）发动机正时带部件

2. ZAFIRA（赛飞利）轿车 1.8L（Z18XE）发动机正时带拆装步骤

ZAFIRA（赛飞利）轿车 1.8L（Z18XE）发动机正时带拆装步骤见表 8-2。

表 8-2 ZAFIRA（赛飞利）轿车 1.8L（Z18XE）发动机正时带拆装步骤

拆卸	
步骤	操作方法
1	拆卸空气滤清器壳体
2	举升并支撑车辆
3	拆卸右前车轮
4	拆卸右侧内翼子板
5	拆卸发动机盖罩（如果配备）
6	用粉笔在发动机附件传动带上标记出旋转的方向
7	用扳手转动发动机附件传动带张紧器，放松传动带张力
8	用直径 4mm 的销子（图 8-2 中的 1）插入张紧器和固定支架的孔中
9	拆下发动机附件传动带
10	拆下正时带上盖（图 8-2 中的 2）
11	支撑发动机
12	拆下发动机附件传动带张紧器
13	拆下右侧发动机支座和支架
14	将锁止工具插入钟形壳体内锁止飞轮（图 8-2 中的 3）
15	拆下曲轴带轮螺栓（图 8-2 中的 4）
16	拆下曲轴带轮（图 8-2 中的 5）
17	拆下正时带底盖（图 8-2 中的 6）
18	拆下飞轮锁止工具（图 8-2 中的 3）
19	拆下凸轮轴位置传感器
20	暂时安装上曲轴带轮螺栓（图 8-2 中的 4）
21	顺时针转动曲轴，使曲轴设置到 1 缸压缩行程上止点位置。确保曲轴正时标记（图 8-2 中的 7）对齐
22	确保凸轮轴链轮上的正时标记与气缸盖顶面对齐（图 8-2 中的 8）
23	用专用工具锁止凸轮轴链轮（图 8-2 中的 9）
24	松开张紧器螺栓（图 8-2 中的 10）
25	用内六角扳手（图 8-2 中的 11）顺时针转动张紧器，直至指针到达左侧极限位置（类型 1：图 8-2 中的 12，类型 2：图 8-2 中的 17）
26	轻轻拧紧张紧器螺栓（图 8-2 中的 10）
27	拆卸正时带。注意：如果要继续使用拆下的正时带，应用粉笔在正时带上标记出正时带的转动方向，以免安装时发生错装
安装	
步骤	操作方法
1	确保水泵上的标记与气缸体上的标记对齐（图 8-2 中的 13）
2	确保正时标记对齐（图 8-2 中的 7 和 8）
3	从曲轴链轮开始，沿逆时针方向安装正时带
4	松开张紧器螺栓（图 8-2 中的 10）

（续）

安　装	
步　骤	操作方法
5	用内六角扳手（图 8-2 中的 11）逆时针转动张紧器，直至指针达到右侧极限位置（类型 1：图 8-2 中的 14；类型 2：图 8-2 中的 18）
6	轻轻拧紧张紧器螺栓（图 8-2 中的 10）
7	从凸轮轴链轮上拆下锁止工具（图 8-2 中的 9）
8	顺时针转动曲轴 2 周。确保正时标记对齐（图 8-2 中的 7 和 8）
9	用锁止工具（图 8-2 中的 9）锁止凸轮轴链轮
10	松开张紧器螺栓（图 8-2 中的 10）
11	顺时针转动张紧器，直至指针对准如下位置：类型 1：如果换用新正时带，指针应对准 V 形槽（图 8-2中的 15），如果使用旧正时带，指针应对准 V 形槽左边（图 8-2 中的 16）。类型 2：如果换用新正时带，指针应对准标有“NEW”字母的槽（图 8-2 中的 19），如果使用旧正时带，指针应对准标有“USED”字母的槽（图 8-2 中的 20）
12	轻轻拧紧张紧器螺栓（图 8-2 中的 10）
13	从凸轮轴链轮上拆下锁止工具（图 8-2 中的 9）
14	顺时针转动曲轴 2 周。确保正时标记对齐（图 8-2 中的 7 和 8）
15	将张紧器螺栓（图 8-2 中的 10）紧固至 20N · m
16	插入飞轮锁止工具（图 8-2 中的 3）
17	拆卸曲轴带轮螺栓（图 8-2 中的 4）
18	按照与拆卸相反的顺序安装其他部件
19	安装新的曲轴带轮螺栓，紧固至 95N · m + 30° + 15°
20	拆卸飞轮锁止工具（图 8-2 中的 3）

第三节　ASTRA（雅特）轿车

ASTRA（雅特）轿车 1.8L（Z18XE）发动机正时带拆装步骤与 ZAFIRA（赛飞利）轿车 1.8L（Z18XE）发动机正时带拆装步骤相同。

第九章

VOLVO（沃尔沃）车系

第一节　S40 轿车

一、S40 轿车 2.4L 发动机正时带拆装步骤

1. 正时带拆卸程序

1）把冷却液膨胀箱从支架上抬起，放到发动机顶上，然后安装专用工具-举升架（999-7103），如图 9-1 所示。

2）拆下发动机支座限位器上的螺栓，拆下限位器。拆下把发动机支座与气缸盖固定在一起的螺栓，如图 9-2 所示。

3）拆卸变速器前盖螺栓和前盖。

4）举升并支撑车辆。拆卸右前车轮。拆下翼子板内衬护板。调整车身支撑高度，使维修人员能看到正时带轮并能很方便地接触到举升架。

5）从动力转向泵上断开动力转向液压管路。如果操作过程中有油液泄漏，要立即清洁，并密封住动力转向泵上的油路接口和液压管路，如图 9-3 所示。

6）松开传动带张紧器，拆卸发动机附件传动带，如图 9-4 所示。

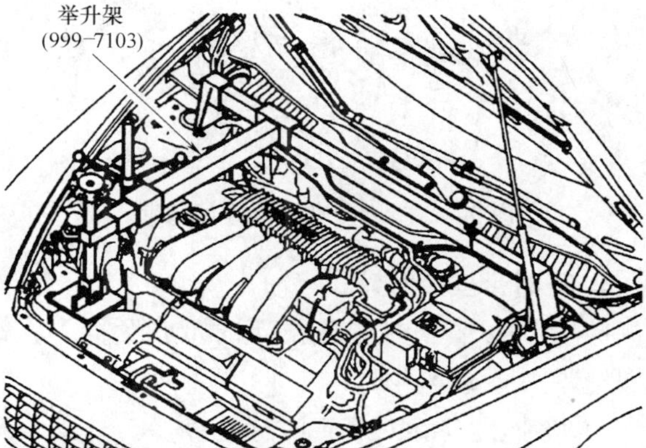

图 9-1　安装专用工具

7）拆卸减振器。

8）顺时针转动曲轴直至曲轴和凸轮轴链轮上的正时标记对齐。降下发动机，以便能从底部拆卸传动带张紧器螺栓，如图 9-5 所示。

9）固定住正时带张紧器中央螺栓，用 6mm 内六角扳手的孔把张紧器的偏心装置顺时针转动至 10 点钟位置，从带轮上拆下正时带，如图 9-6 所示。

10）拆下正时带张紧器和惰轮带轮。这两个部件都是一次性的，不能重复使用。

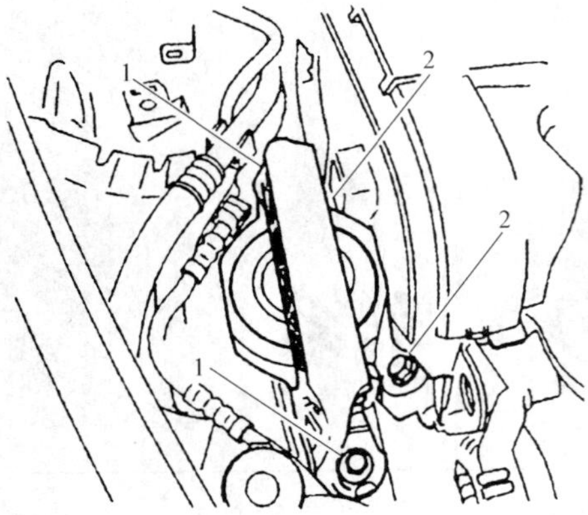

图 9-2 拆卸螺栓

1—限位螺栓 2—支架-发动机螺栓

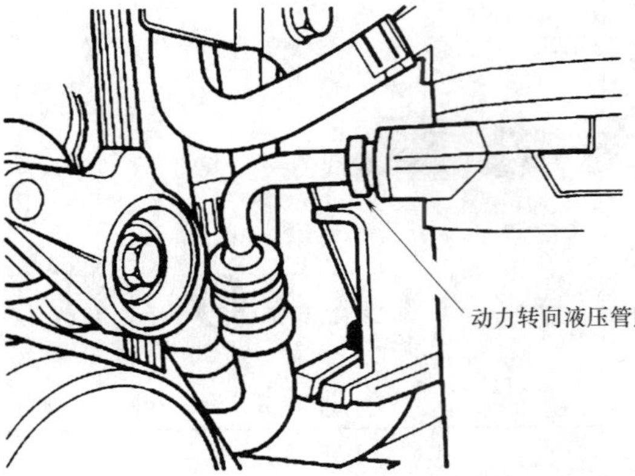

图 9-3 从动力转向泵上断开液压管路

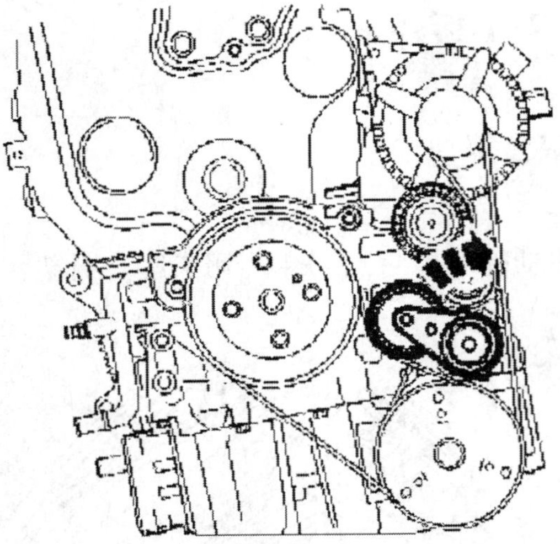

图 9-4 拆卸发动机附件传动带

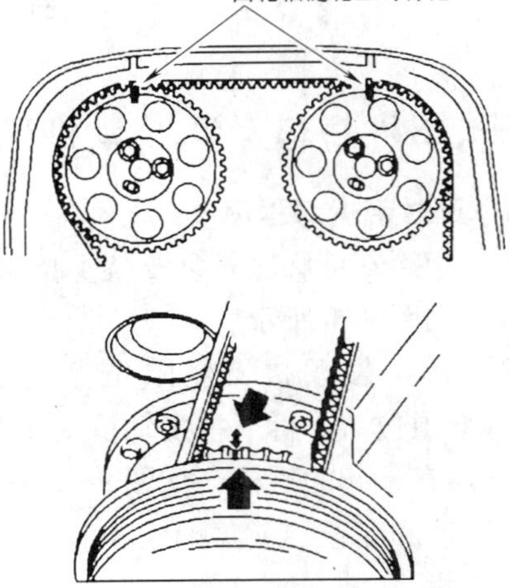

图 9-5 正时标记识别

2. 正时带安装程序

1）用中央螺栓安装新的正时带张紧器，将螺栓紧固至 20N · m。安装新的惰轮带轮并将螺栓紧固至 24N · m。

2）参照图 9-5 对齐正时标记。

按照曲轴-惰轮带轮-进气凸轮轴-排气凸轮轴-水泵-张紧器的顺序把正时带盘绕到上述部件上，如图 9-7 所示。

3）安装曲轴中央螺母。沿顺时针方向慢慢转动曲轴直至正时带达到正确的张紧程度（根据不同的发动机温度，调节正时带张紧度），如图 9-8 所示。

4）固定住正时带张紧器的中央螺栓，顺时针转动张紧器偏心装置直至张紧器的指针达到标记位置。然后向反方向转动偏心装置使指针达到缺口的中央位置，如图 9-9 所示。将传动带张紧器的中央螺栓紧固至 20N · m。

5）在图 9-8 中所示位置按压正时带，查看正时带张紧器是否能灵活运动。如果没有问题，则安装正时带上盖。将曲轴沿顺时针方向转到 2 周并确保曲轴和凸轮轴链轮上的各个正时标记均对齐。

图 9-6 用 6mm 内六角扳手的孔顺时针转动张紧器的偏心装置

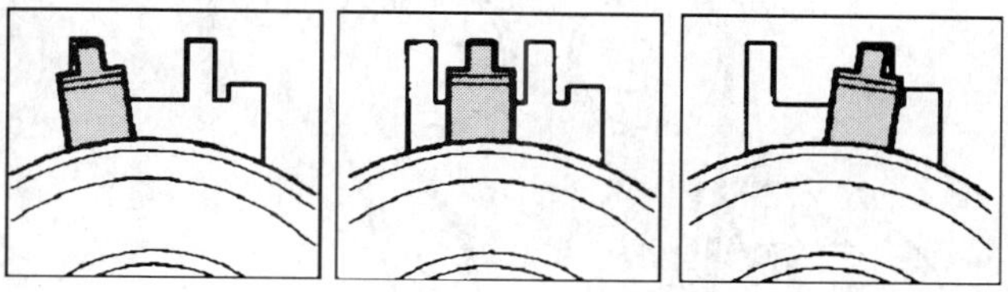

图 9-7 正时带安装顺序

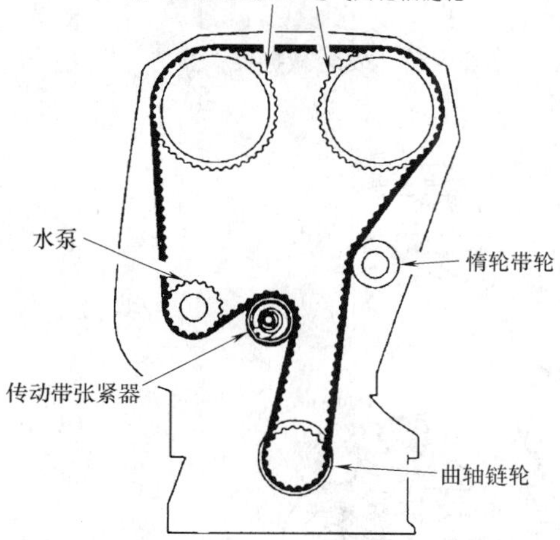

图 9-8 调节正时带张紧度

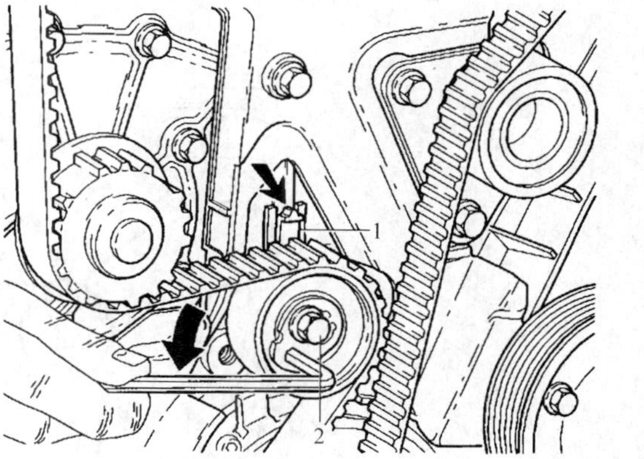

图 9-9 转动偏心装置
1—指示器 2—偏心装置

6）确保正时带张紧器的指针位于标记区域内，否则应调整正时带张紧度，如图 9-10 所示。

7）安装减振器，如图 9-11 所示。

8）安装发动机附件传动带。重新连接好动力转向液压管路。

9）安装翼子板内衬护板和右前车轮。车轮螺母的紧固：首先紧固到 20N·m，然后再紧固 90N·m。

10）降下车辆，安装变速器前盖。安装发动机支座和限位器。拆下举升架。向冷却液膨胀箱内加注发动机冷却液。

11）安装其余部件。

二、S40 轿车 2.5T 发动机正时带拆装步骤

1. S40 轿车 2.5T 发动机正时带部件识别

S40 轿车 2.5T 发动机正时带部件识别见图 9-12。

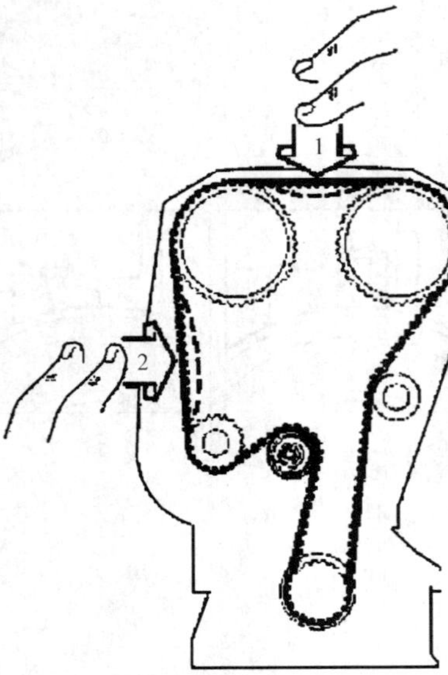

图 9-10　按压正时带

图 9-11　安装减振器

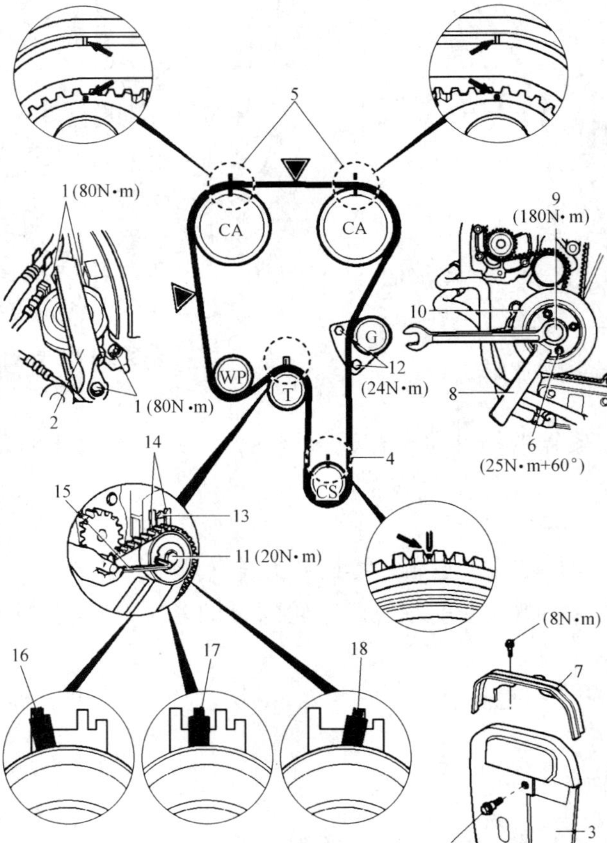

图 9-12　2.5T 发动机正时图

2. 正时带拆装步骤

正时带拆装步骤见表9-1。

表9-1 正时带拆装步骤

拆卸	
步骤	操作方法
1	举升并支撑车辆前部
2	拆卸右前轮，右前轮罩衬板和发动机盖
3	支撑发动机
4	拆卸发动机支座螺栓（图9-12中的1）和发动机支座（图9-12中的2）
5	断开动力转向系统进油管路
6	拆卸发动机传动带和正时带前盖（图9-12中的3）
7	顺时针转动曲轴，直至正时标记（图9-12中的4和5）对齐
8	拆卸曲轴带轮螺栓（图9-12中的6）和正时带上盖（图9-12中的7）
9	安装曲轴带轮固定工具（图9-12中的8）
10	拆卸曲轴带轮中央螺栓（图9-12中的9），拆下曲轴带轮固定工具和曲轴带轮（图9-12中的10）
11	略微降下发动机
12	拆卸正时带张紧器螺栓（图9-12中的11）
13	拆卸正时带张紧器轮
14	拆卸导轮螺栓（图9-12中的12）
15	拆卸导轮
16	拆卸正时带
安装	
步骤	操作方法
1	拆卸下来的旧导轮废弃不用，换用新导轮，将新导轮的螺栓紧固至24N·m
2	用六角扳手上的孔把新的正时带张紧器轮安装到10点钟位置
3	把新的正时带张紧器轮的螺栓（图9-12中的11）紧固到5N·m
4	安装正时带上盖（图9-12中的7）
5	确保正时标记（图9-12中的4和5）对齐
6	拆下正时带上盖（图9-12中的7）
7	从曲轴链轮开始，沿逆时针方向，将正时带逐一盘绕到导轮、凸轮轴链轮、张紧器轮上
8	安装曲轴带轮（图9-12中的9）和曲轴带轮中央螺栓（图9-12中的10）
9	用专用工具（图9-12中的8）将曲轴带轮中央螺栓紧固至180N·m
10	沿顺时针方向转动曲轴使进气凸轮轴链轮和曲轴链轮之间的正时带张紧
11	用6mm的内六角扳手（图9-12中的15）沿逆时针方向转动张紧器轮，使张紧器的指针（图9-12中的13）经过标记（图9-12中的14）
12	根据发动机温度，沿顺时针方向慢慢转动张紧器轮，使指针达到准确位置，参见图9-12中的16、17和18
13	把张紧器轮的螺栓（图9-12中的11）紧固至20N·m
14	参照图9-12，在标记有黑色三角形的位置按压正时带。确保张紧器指针（图9-12中的13）能自由移动

（续）

安装	
步骤	操作方法
15	安装正时带上盖（图 9-12 中的 7）
16	把曲轴沿顺时针方向转动 2 周
17	确保正时标记（图 9-12 中的 4 和 5）对齐
18	确保张紧器指针正确对准（参照不同的发动机温度）
19	废弃旧的曲轴带轮螺栓（图 9-12 中的 6）。安装新的螺栓并紧固到 25N · m +60°
20	安装其余部件
21	紧固发动机右侧安装支座上的螺栓至 80N · m

三、S40 轿车 2.0L 发动机正时链条拆装步骤

1. S40 轿车 2.0L 发动机正时链条部件识别

S40 轿车 2.0L 发动机正时链条部件识别见图 9-13。

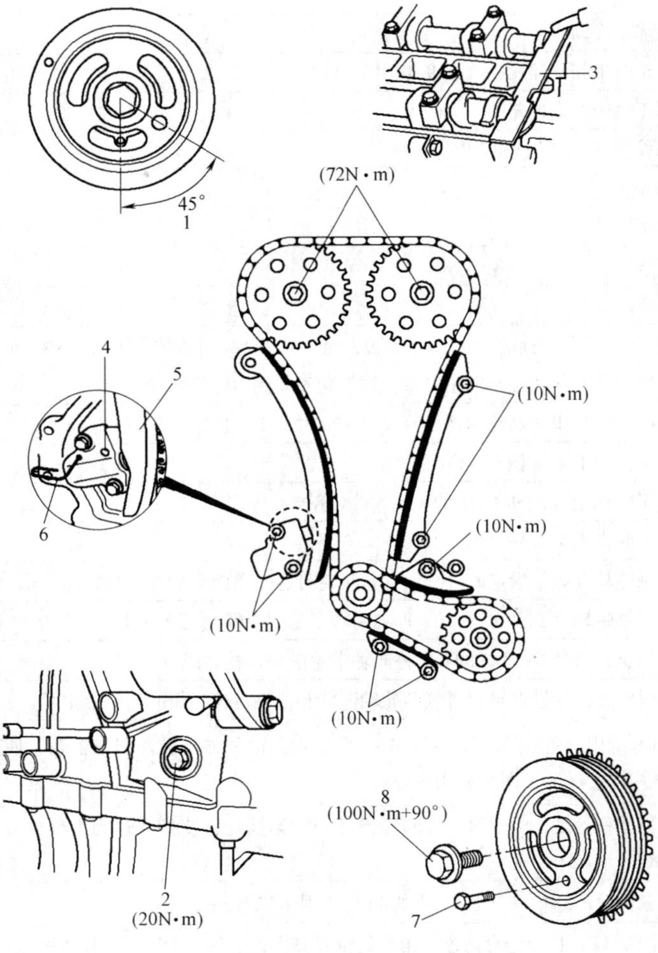

图 9-13　2.0L 发动机正时链条部件识别

2. 正时链条拆装步骤

正时链条拆装步骤见表9-2。

表9-2 正时链条拆装步骤

步骤	操作方法
拆卸	
1	将发动机设置到1缸上止点前45°（图9-13中的1）
2	从气缸体上拆下堵头（图9-13中的2）
3	安装曲轴正时销
4	沿顺时针方向慢慢转动曲轴，直至曲轴与正时销接触不能转动为止
5	用凸轮轴锁止工具（图9-13中的3）固定住凸轮轴
6	松开正时链条张紧器的棘轮（图9-13中的4），压下正时链条张紧器滑轨（图9-13中的5），插入正时链条张紧器锁止销（图9-13中的6），将正时链条张紧器锁止在压缩位置
7	用六角扳手固定住凸轮轴的六角部位，松开凸轮轴链轮上的螺栓
8	拆下凸轮轴链轮和正时链条
安装	
步骤	操作方法
1	确保曲轴正时销正确安装到位
2	确保凸轮轴锁止工具（图9-13中的3）正确安装到位
3	安装凸轮轴链轮和正时链条
4	用手将凸轮轴链轮上的螺栓拧紧
5	压下正时链条张紧器滑轨（图9-13中的5）
6	拆下正时链条张紧器锁止销（图9-13中的6）
7	用六角扳手固定住凸轮轴的六角部位，将凸轮轴链轮上的螺栓紧固至72N·m
8	拆下曲轴带轮中心螺栓（图9-13中的8）
9	安装曲轴带轮
10	在曲轴带轮上安装M6螺栓（图9-13中的7）
11	换装新的曲轴带轮中心螺栓（图9-13中的8）并将螺栓紧固至100N·m+90°
12	拆下安装到曲轴带轮上的M6螺栓（图9-13中的7）
13	拆下凸轮轴锁止工具（图9-13中的3）
14	拆下曲轴正时销
15	沿顺时针方向转动曲轴2周，直至发动机设置在1缸上止点前45°位置（图9-13中的1）
16	安装曲轴正时销
17	沿顺时针方向慢慢转动曲轴，直至曲轴与正时销接触不能转动为止
18	确保M6螺栓（图9-13中的7）能正确安装，如果发现不能正确安装，则重复正时链条安装程序
19	确保凸轮轴锁止工具（图9-13中的3）能正确安装

第二节　S80 轿车

一、S80 轿车 2.5T 发动机正时带拆装

请参见 S40 轿车 2.5T 发动机正时带拆装程序。

二、S80 轿车 3.0T 发动机正时链条拆装步骤

1. S80 轿车 3.0T 发动机正时链条部件识别

S80 轿车 3.0T 发动机正时链条部件识别见图 9-14。

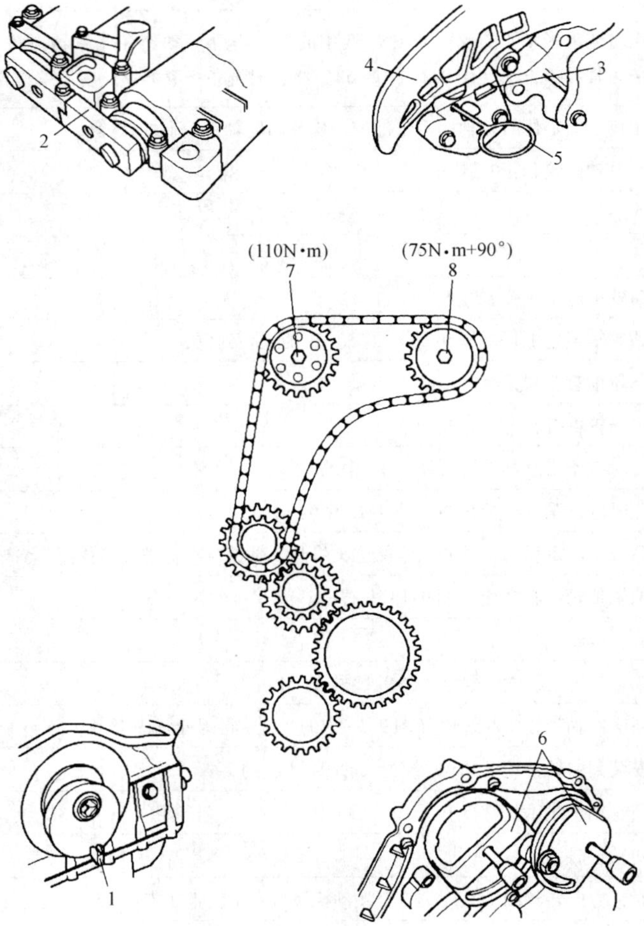

图 9-14　S80 轿车 3.0T 发动机正时链条部件识别

2. S80 轿车 3.0T 发动机正时链条拆装步骤

S80 轿车 3.0T 发动机正时链条拆装步骤见表 9-3。

表 9-3 S80 轿车 3.0T 发动机正时链条拆装步骤

拆卸	
步骤	操作方法
1	安装曲轴定位工具
2	顺时针转动曲轴，直至曲轴定位工具上的销子起作用为止（图 9-14 中的 1）
3	安装凸轮轴锁止工具（图 9-14 中的 2）
4	松开正时链条张紧器的棘轮（图 9-14 中的 3），压下正时链条张紧器滑轨（图 9-14 中的 4），插入正时链条张紧器锁止销（图 9-14 中的 5），将正时链条张紧器锁止在压缩位置
5	安装凸轮轴链轮拆卸工具（图 9-14 中的 6）
6	把凸轮轴链轮的螺栓松开（图 9-14 中的 7 和 8）
7	拆下凸轮轴链轮和正时链条
安装	
步骤	操作方法
1	确保曲轴定位工具正确安装（图 9-14 中的 1）
2	确保凸轮轴锁止工具（图 9-14 中的 2）正确安装
3	安装凸轮轴链轮和正时链条
4	用手拧紧凸轮轴链轮的螺栓
5	拆下正时链条张紧器锁止销（图 9-14 中的 5）
6	安装凸轮轴链轮拆卸工具（图 9-14 中的 6）
7	紧固排气凸轮轴链轮螺栓，紧固力矩为 75N · m + 90°
8	紧固进气凸轮轴链轮螺栓，紧固力矩为 110N · m
9	拆下凸轮轴锁止工具（图 9-14 中的 2）
10	解除曲轴定位工具上的销子（图 9-14 中的 1）
11	顺时针转动曲轴 2 周，直至曲轴定位工具上的销子起作用为止（图 9-14 中的 1）
12	确保凸轮轴锁止工具（图 9-14 中的 2）正确安装

三、S80 轿车 3.2L 发动机正时链条拆装步骤

S80 轿车 3.2L 发动机正时链条拆装步骤与 S80 轿车 3.0T 发动机正时链条拆装步骤相同。

第三节 C30 轿车

一、C30 轿车 2.0L 发动机正时链条拆装步骤

C30 轿车 2.0L 发动机正时链条拆装步骤与 S40 轿车 2.0L 发动机正时链条拆装步骤相同。

二、C30 轿车 2.4L 发动机正时带拆装步骤

1. C30 轿车 2.0L 发动机正时带部件识别

C30 轿车 2.0L 发动机正时带部件识别见图 9-15。

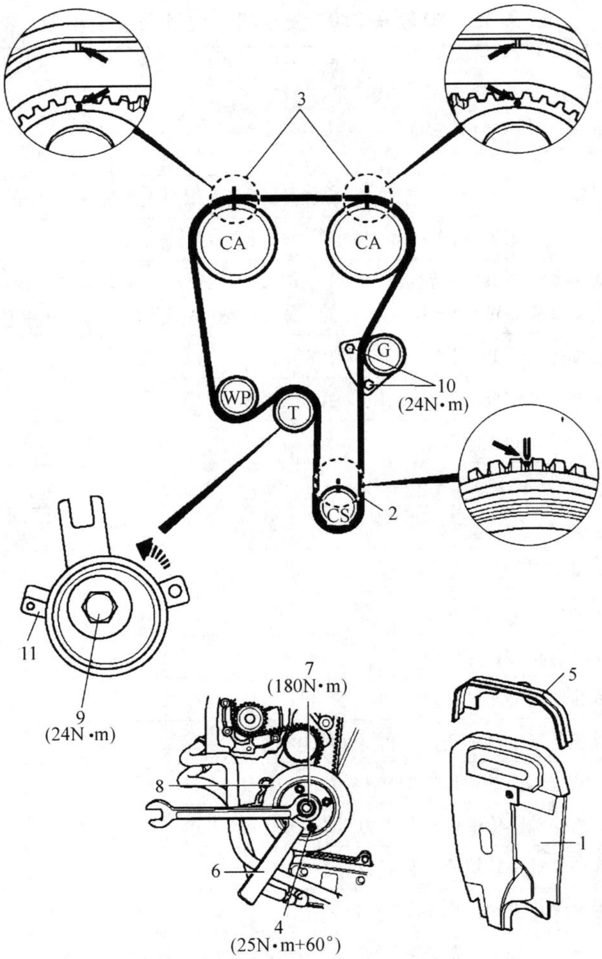

图 9-15　C30 轿车 2.0L 发动机正时带部件识别

2. C30 轿车 2.4L 发动机正时带拆装步骤

C30 轿车 2.4L 发动机正时带拆装步骤见表 9-4。

表 9-4　C30 轿车 2.4L 发动机正时带拆装步骤

拆　卸	
步　骤	操 作 方 法
1	举升并支撑车辆前部
2	拆下右前车轮、右前车轮轮拱衬板和发动机罩
3	支撑发动机
4	先标记好发动机右支座的安装位置，然后拆卸发动机右支座
5	断开动力转向系统进油软管
6	拆下发动机附件传动带和正时带前罩（图 9-15 中的 1）
7	沿顺时针方向转动曲轴，直至正时标记对准（图 9-15 中的 2 和 3）
8	拆卸曲轴带轮螺栓（图 9-15 中的 4）和正时带上盖（图 9-15 中的 5）
9	安装曲轴带轮固定工具（图 9-15 中的 6）

（续）

拆卸	
步骤	操作方法
10	拆下曲轴带轮中心螺母（图 9-15 中的 7）、曲轴带轮固定工具（图 9-15 中的 6）和曲轴带轮（图 9-15中的 8）
11	把发动机轻轻降下
12	拆下正时带张紧器螺母（图 9-15 中的 9）、正时带张紧器轮和导轮螺栓（图 9-15 中的 10）
13	拆下导轮
14	拆下正时带

安装	
步骤	操作方法
1	换装新的正时带张紧器轮并将螺栓紧固至 24N · m
2	逆时针转动正时带张紧器轮，插入锁止销（图 9-15 中的 11）
3	安装正时带上盖（图 9-15 中的 5）
4	确保正时标记对准（图 9-15 中的 2 和 3）
5	从曲轴链轮开始，沿逆时针方向安装正时带，确保正时带在两个链轮之间是绷紧的
6	拆下正时带上盖（图 9-15 中的 5）
7	换装新的导轮并将导轮螺栓（图 9-15 中的 10）紧固至 24N · m
8	安装曲轴带轮（图 9-15 中的 7）和中心螺母（图 9-15 中的 8）
9	将曲轴带轮中心螺母（图 9-15 中的 8）紧固至 180N · m
10	从正时带张紧器上拆下锁止销
11	确保正时带张紧
12	安装正时带上盖（图 9-15 中的 5）
13	顺时针转动曲轴 2 周
14	确保正时标记对准（图 9-15 中的 2 和 3）
15	安装曲轴带轮螺栓（图 9-15 中的 4）
16	紧固曲轴带轮螺栓（图 9-15 中的 4），紧固力矩为 25N · m + 60°
17	按照与拆卸相反的顺序安装其他部件

第四节 XC60 轿车

XC60 轿车 3.0T 发动机正时链条拆装步骤与第二节 S80 轿车 3.0T 发动机正时链条拆装步骤相同。

第五节 XC90 轿车

XC90 轿车 3.2L 发动机正时链条拆装步骤与第二节 S80 轿车 3.0T 发动机正时链条拆装步骤相同。

第十章

LAND ROVER（路虎）车系

第一节　DISCOVERY 3（发现 3）轿车

一、4.0L 发动机正时链条拆装步骤

1. 4.0L 发动机正时链条部件识别

4.0L 发动机正时链条部件识别见图 10-1。

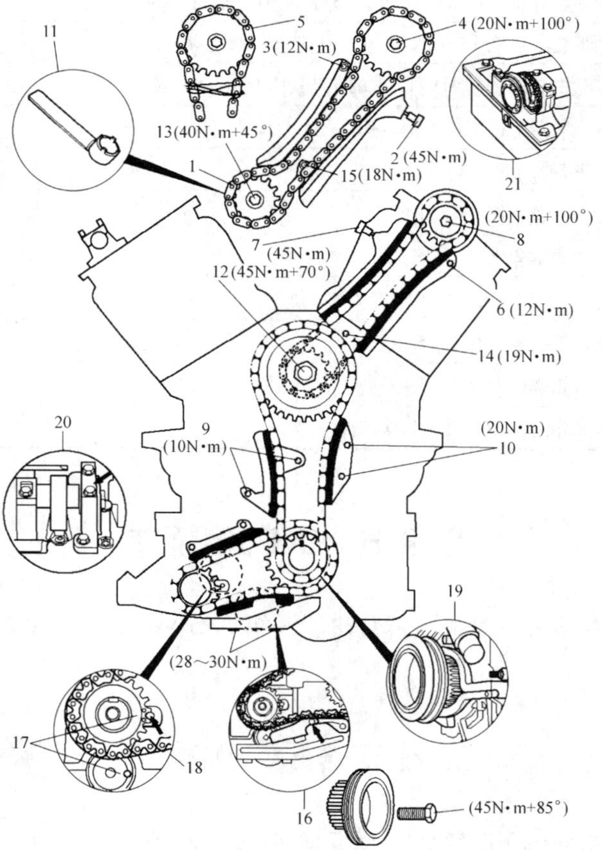

图 10-1　4.0L 发动机正时链条部件识别及紧固力矩

2. 4.0L 发动机正时链条拆装步骤

4.0L 发动机正时链条拆装步骤见表 10-1。

表 10-1　4.0L 发动机正时链条拆装步骤

拆　卸	
步　骤	操作方法
1	把 1 缸活塞设置到上止点位置。注意：右凸轮轴由发动机后部的辅助正时链条（图 10-1 中的 1）驱动
2	拆卸右侧辅助正时链条张紧器（图 10-1 中的 2）
3	拆下右侧辅助正时链条盒螺栓（图 10-1 中的 3）
4	拆下右凸轮轴链轮螺栓（图 10-1 中的 4）。注意：右凸轮轴链轮螺栓是左旋螺纹
5	把辅助正时链条（图 10-1 中的 5）拉到凸轮轴链轮上
6	拆下左侧辅助正时链条盒螺栓（图 10-1 中的 6）
7	拆卸左侧辅助正时链条张紧器（图 10-1 中的 7）
8	拆下左凸轮轴链轮螺栓（图 10-1 中的 8）
9	把辅助正时链条（图 10-1 中的 5）拉到凸轮轴链轮上
10	拆下气缸盖
11	拆卸正时罩
12	拆下主正时链条张紧器（图 10-1 中的 9）
13	拆卸主正时链条导向装置（图 10-1 中的 10）
14	拆下气缸体后部的维修堵头
15	安装中间轴后部链轮固定工具（图 10-1 中的 11）
16	拆下螺栓（图 10-1 中的 12）、中间轴前部链轮和主正时链条
17	安装中间轴后部链轮螺栓（图 10-1 中的 13）
18	拆下螺栓（图 10-1 中的 14）和左侧辅助正时链条盒
19	拆下螺栓（图 10-1 中的 15）和右侧辅助正时链条盒
20	用锁止销（图 10-1 中的 16）把平衡轴链条张紧器锁止。注意：不要拆卸平衡轴链轮螺栓
21	拆卸平衡轴正时链条和曲折链轮
安　装	
步　骤	操作方法
1	把 1 缸活塞设置到上止点位置
2	使平衡轴上的正时标记和平衡轴链轮上的正时标记对齐（图 10-1 中的 17）
3	用直径 4mm 的销子把平衡轴固定到位（图 10-1 中的 18）
4	安装平衡轴正时链条和曲轴链轮

（续）

安　装	
步　骤	操作方法
5	拆卸直径 4mm 的销子（图 10-1 中的 18）和锁止销（图 10-1 中的 16）
6	安装右侧辅助正时链条盒和螺栓（图 10-1 中的 15）
7	安装左侧辅助正时链条盒和螺栓（图 10-1 中的 14）
8	安装中间轴后部链轮螺栓（图 10-1 中的 13），不要拧紧
9	安装中间轴前端链轮、主正时链条和螺栓（图 10-1 中的 12），不要拧紧
10	安装主正时链条导向装置（图 10-1 中的 10）
11	安装主正时链条张紧器（图 10-1 中的 9）
12	固定中间轴前端链轮螺栓（图 10-1 中的 12），拧紧中间轴后部链轮螺栓（图 10-1 中的 13），紧固力矩：40N · m
13	安装中间轴后部链轮固定工具（图 10-1 中的 11）
14	拧紧中间轴后部链轮螺栓（图 10-1 中的 13），拧 45°以上
15	拧紧中间轴前端链轮螺栓（图 10-1 中的 12），紧固力矩：45N · m + 70°
16	安装正时罩
17	安装曲轴减振器，安装新的曲轴带轮螺栓
18	安装气缸盖
19	安装凸轮轴链轮螺栓（图 10-1 中的 4 和 8），不要拧紧。确保凸轮轴链轮可以自由转动，没有倾斜
20	安装右/左辅助正时链条盒螺栓（图 10-1 中的 3 和 6）
21	转动曲轴 360°，直到 1 缸活塞位于上止点位置
22	安装曲轴锁止工具（图 10-1 中的 19）
23	将凸轮轴定位工具（图 10-1 中的 20）安装到右凸轮轴前端
24	将凸轮轴链轮锁止工具和接头（图 10-1 中的 21）安装到右凸轮轴后部。注意：凸轮轴凹槽位于较低位置
25	拧紧右凸轮轴链轮螺栓（图 10-1 中的 4）。紧固力矩：20N · m + 100°
26	安装右辅助正时链条张紧器（图 10-1 中的 2）
27	从右气缸盖上拆下凸轮轴定位工具和凸轮轴链轮锁止工具
28	将凸轮轴定位工具（图 10-1 中的 20）安装到左凸轮轴后部
29	将凸轮轴链轮锁止工具和接头（图 10-1 中的 21）安装到左凸轮轴前端。 注意：凸轮轴凹槽位于较低位置
30	拧紧左凸轮轴链轮螺栓（图 10-1 中的 8）。紧固力矩：20N · m + 100°
31	安装左辅助正时链条张紧器（图 10-1 中的 7）
32	从左气缸盖上拆下凸轮轴定位工具和凸轮轴链轮锁止工具
33	拆下曲轴锁止工具（图 10-1 中的 19）

二、4.4L 发动机正时链条拆装步骤

1. 4.4L 发动机正时链条部件识别见图 10-2。

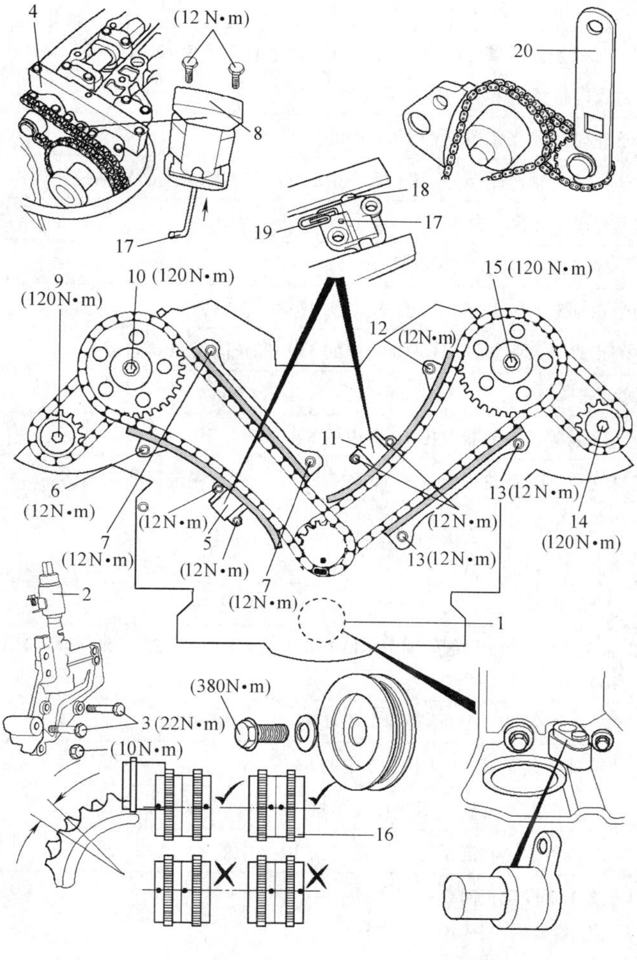

图 10-2　4.4L 发动机正时链条部件识别

2. 4.4L 发动机正时链条拆装步骤

4.4L 发动机正时链条拆装步骤见表 10-2。

表 10-2　4.4L 发动机正时链条拆装步骤

拆卸	
步骤	操作方法
1	从变矩器上拆下曲轴位置传感器
2	转动曲轴，调节孔的位置，以便安装曲轴定位工具（图 10-2 中的 1）
3	确保右凸轮轴上的平头朝上，如果不符合要求，则将曲轴转动 360° 注意：确保曲轴定位工具和触发器卡环上的孔啮合
4	从气缸盖上拆下凸轮轴位置执行器（图 10-2 中的 2）和托架底盘（图 10-2 中的 3）

（续）

拆　卸	
步　骤	操作方法
5	安装右凸轮轴设定/锁止工具（图 10-2 中的 4）
6	拆卸右正时链条张紧器（图 10-2 中的 5）和正时链条导向装置（图 10-2 中的 6 和 7）
7	拆卸右侧正时链条
8	拆卸右凸轮轴链条张紧器（图 10-2 中的 8）
9	松开右排气凸轮轴链轮螺栓（图 10-2 中的 9）和右侧进气凸轮轴链轮螺栓（图 10-2 中的 10）
10	拆卸右凸轮轴链条和链轮
11	拆卸右凸轮轴设定/锁止工具（图 10-2 中的 4）
12	在左侧凸轮轴上安装设定/锁止工具（图 10-2 中的 4）
13	拆卸左侧正时链条张紧器（图 10-2 中的 11）和正时链条导向装置（图 10-2 中的 12 和 13）
14	拆卸左侧正时链条
15	拆卸左凸轮轴链条张紧器（图 10-2 中的 8）
16	松开左排气凸轮轴链轮螺栓（图 10-2 中的 14）和左侧进气凸轮轴链轮螺栓（图 10-2 中的 15）
17	拆卸左凸轮轴链条和链轮

安　装	
步　骤	操作方法
1	确保曲轴定位工具正确安装（图 10-2 中的 1）。注意，确保曲轴链轮安装位置正确（图 10-2 中的 16）
2	确保左凸轮轴设定/锁止工具安装正确（图 10-2 中的 4）
3	安装左凸轮轴链条张紧器（图 10-2 中的 8）
4	安装左凸轮轴链条和链轮。不要拧紧螺栓
5	安装左正时链条、正时链条导向装置（图 10-2 中的 12 和 13）
6	按下列方法重新设定正时链条张紧器： 1）松开张紧器棘轮（图 10-2 中的 17） 2）压紧张紧器柱塞（图 10-2 中的 18） 3）用钢丝夹（图 10-2 中的 19）把柱塞固定在压缩位置
7	安装左侧正时链条张紧器（图 10-2 中的 11）
8	拆下钢丝夹（图 10-2 中的 19）
9	固定正时链条张紧工具（图 10-2 中的 20）。拧紧左排气凸轮轴链轮（逆时针方向）
10	拧紧左排气凸轮轴链轮螺栓（图 10-2 中的 14），紧固力矩：120N · m
11	拧紧左进气凸轮轴链轮螺栓（图 10-2 中的 15），紧固力矩：120N · m
12	确保右凸轮轴设定/锁止工具（图 10-2 中的 4）安装好
13	安装右凸轮轴链条张紧器（图 10-2 中的 8）
14	安装右凸轮轴链条和链轮。不要拧紧螺栓
15	安装右正时链条和正时链条导向装置（图 10-2 中的 6 和 7）
16	安装张紧器（图 10-2 中的 5）

（续）

安装	
步骤	操作方法
17	拆下钢丝夹（图 10-2 中的 19）
18	固定正时链条张紧工具（图 10-2 中的 20）。逆时针方向拧紧右排气凸轮轴链轮
19	拧紧右排气凸轮轴链轮螺栓（图 10-2 中的 9），紧固力矩：120N · m
20	拧紧右进气凸轮轴链轮螺栓（图 10-2 中的 10），紧固力矩：120N · m
21	拆下左/右凸轮轴设定/锁止工具（图 10-2 中的 4）
22	将凸轮轴位置执行器（图 10-2 中的 2）和托架底盘（图 10-2 中的 3）拧到气缸盖上，紧固力矩：22N · m（螺栓）、10N · m（螺母）
23	安装曲轴带轮。使用新的螺栓固定曲轴带轮

第二节 FREELANDER 2（神行者 2）轿车

1. 3.2L 发动机正时链条部件识别

3.2L 发动机正时链条部件识别见图 10-3。

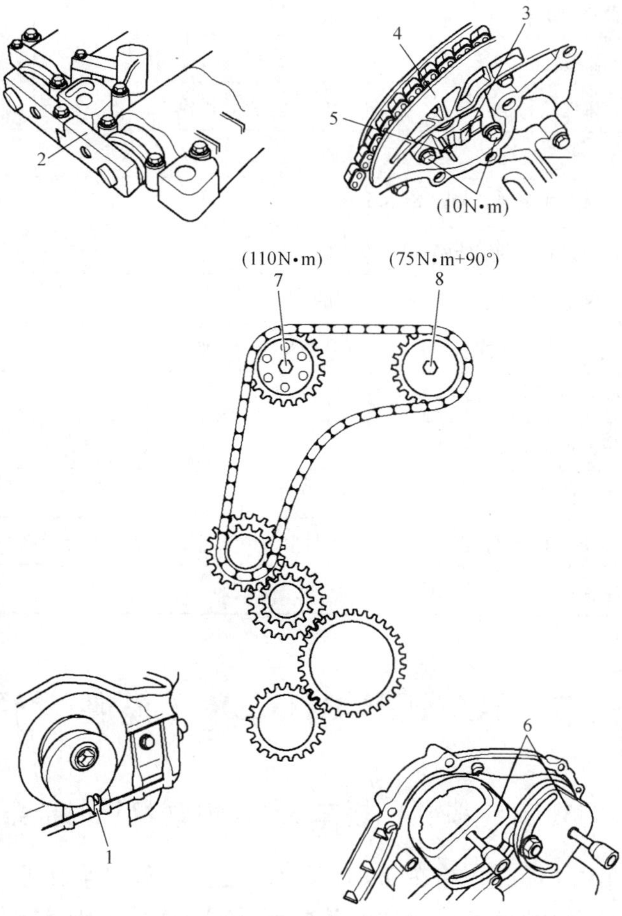

图 10-3 3.2L 发动机正时链条部件识别及紧固力矩

2. 3.2L 发动机正时链条拆装步骤

3.2L 发动机正时链条拆装步骤见表 10-3。

表 10-3　3.2L 发动机正时链条拆装步骤

拆卸	
步　骤	操作方法
1	安装曲轴定位工具
2	顺时针转动曲轴，直至曲轴定位工具上的销子起作用为止（图 10-3 中的 1）
3	安装凸轮轴锁止工具（图 10-3 中的 2）
4	松开正时链条张紧器的棘轮（图 10-3 中的 3），压下正时链条张紧器滑轨（图 10-3 中的 4），插入正时链条张紧器锁止销（图 10-3 中的 5），将正时链条张紧器锁止在压缩位置
5	安装凸轮轴链轮拆卸工具（图 10-3 中的 6）
6	把凸轮轴链轮的螺栓松开（图 10-3 中的 7 和 8）
7	拆下凸轮轴链轮和正时链条
安装	
步　骤	操作方法
1	确保曲轴定位工具正确安装（图 10-3 中的 1）
2	确保凸轮轴锁止工具（图 10-3 中的 2）正确安装
3	安装凸轮轴链轮和正时链条，换装新的凸轮轴链轮螺栓
4	用手拧紧凸轮轴链轮的螺栓
5	安装正时链条张紧器并紧固至 10N·m
6	拆下正时链条张紧器锁止销（图 10-3 中的 5）
7	安装凸轮轴链轮拆卸工具（图 10-3 中的 6）
8	紧固排气凸轮轴链轮螺栓，紧固力矩为 75N·m+90°
9	紧固进气凸轮轴链轮螺栓，紧固力矩为 110N·m
10	拆下凸轮轴锁止工具（图 10-3 中的 2）
11	解除曲轴定位工具上的销子（图 10-3 中的 1）
12	顺时针转动曲轴 2 周，直至曲轴定位工具上的销子起作用为止（图 10-3 中的 1）
13	确保凸轮轴锁止工具（图 10-3 中的 2）能正确安装

第三节　RANGE ROVER（揽胜）轿车

一、RANGE ROVER（揽胜）轿车 3.6D 发动机正时链条拆装步骤

1. RANGE ROVER（揽胜）轿车 3.6D 发动机正时链条部件识别

RANGE ROVER（揽胜）轿车 3.6D 发动机正时链条部件识别见图 10-4。

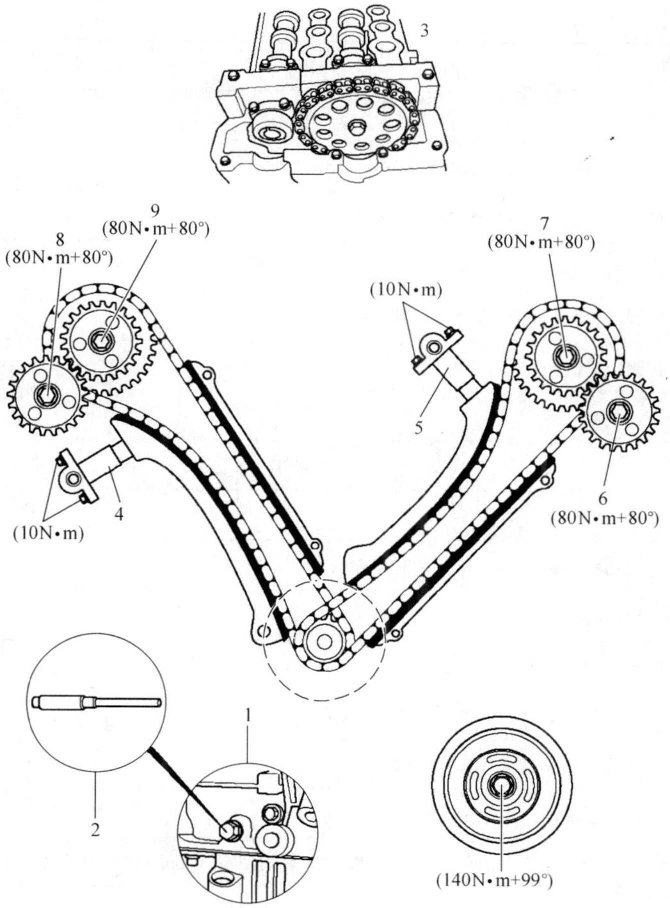

图 10-4 RANGE ROVER（揽胜）轿车 3.6D 发动机正时链条部件识别

2. RANGE ROVER（揽胜）轿车 3.6D 发动机正时链条拆装步骤

RANGE ROVER（揽胜）轿车 3.6D 发动机正时链条拆装步骤见表 10-4。

表 10-4 RANGE ROVER（揽胜）轿车 3.6D 发动机正时链条拆装步骤

拆卸	
步骤	操作方法
1	拆卸发动机、油底壳和机油泵
2	从气缸盖上拆下堵头（图 10-4 中的 1）
3	安装曲轴正时销（图 10-4 中的 2）
4	顺时针转动曲轴，直至碰到曲轴正时销无法转动为止
5	将发动机设置在 1 缸上止点位置
6	安装凸轮轴定位工具（图 10-4 中的 3）并紧固至 10N · m 注意：如果凸轮轴定位工具安装不上，则将曲轴转动 360°
7	如果凸轮轴定位工具紧靠气缸盖，说明正时正确

（续）

拆　卸	
步　骤	操作方法
8	拆下正时链条张紧器（图 10-4 中的 4 和 5）
9	拆下左侧凸轮轴链轮和凸轮轴正时齿轮
10	拆下左侧正时链条
11	拆下右侧凸轮轴链轮和凸轮轴正时齿轮
12	拆下右侧正时链条
安　装	
步　骤	操作方法
1	安装右侧正时链条
2	安装右侧凸轮轴链轮和凸轮轴正时齿轮，并用手拧紧螺栓
3	安装左侧正时链条
4	安装左侧凸轮轴链轮和凸轮轴正时齿轮，并用手拧紧螺栓
5	安装新的左侧正时链条张紧器（图 10-4 中的 4）
6	释放正时链条张紧器（图 10-4 中的 4 和 5）
7	确保曲轴位于发动机 1 缸上止点位置
8	将左侧排气凸轮轴正时齿轮螺栓（新螺栓）紧固到 80N·m+80°（图 10-4 中的 6）
9	将左侧进气凸轮轴正时齿轮螺栓（新螺栓）紧固到 80N·m+80°（图 10-4 中的 7）
10	将右侧排气凸轮轴正时齿轮螺栓（新螺栓）紧固到 80N·m+80°（图 10-4 中的 8）
11	将右侧进气凸轮轴正时齿轮螺栓（新螺栓）紧固到 80N·m+80°（图 10-4 中的 9）
12	拆下曲轴正时销（图 10-4 中的 2）和凸轮轴定位工具（图 10-4 中的 3）
13	顺时针转动曲轴 2 周，直至刚好位于 1 缸上止点前
14	安装曲轴正时销（图 10-4 中的 2）
15	顺时针转动曲轴，直至碰到曲轴正时销无法转动为止
16	确保凸轮轴定位工具（图 10-4 中的 3）能正确安装
17	如果凸轮轴定位工具紧靠气缸盖，说明正时正确

二、RANGE ROVER（揽胜）轿车 4.2L 增压发动机正时链条拆装步骤

1. RANGE ROVER（揽胜）轿车 4.2L 增压发动机正时链条部件识别

RANGE ROVER（揽胜）轿车 4.2L 增压发动机正时链条部件识别见图 10-5。

2. RANGE ROVER（揽胜）轿车 4.2L 增压发动机正时链条拆装步骤

RANGE ROVER（揽胜）轿车 4.2L 增压发动机正时链条拆装步骤见表 10-5。

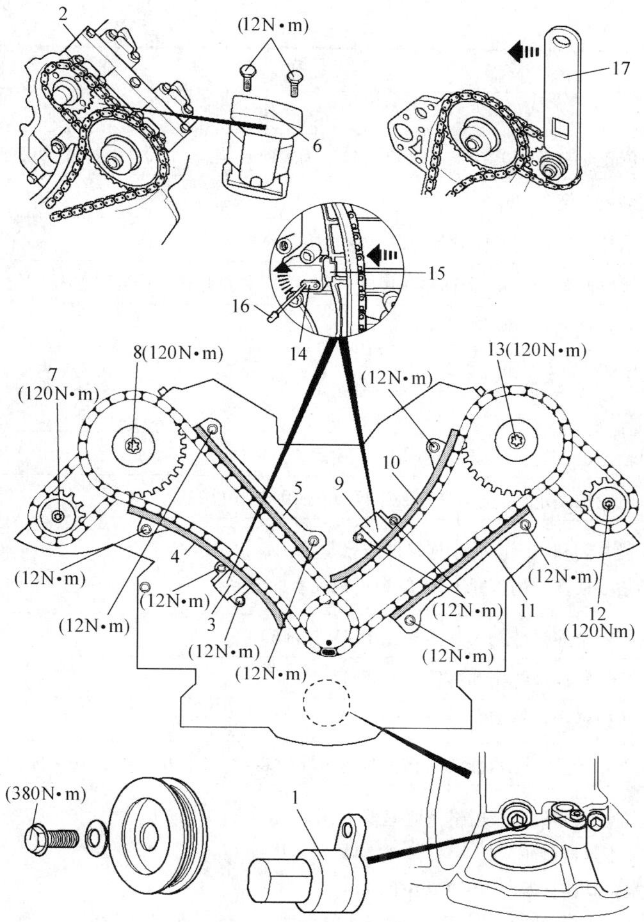

图 10-5 RANGE ROVER（揽胜）轿车 4. 2L 增压发动机正时链条部件识别

表 10-5 RANGE ROVER（揽胜）轿车 4. 2L 增压发动机正时链条拆装步骤

拆 卸	
步 骤	操 作 方 法
1	从变矩器壳体上拆下曲轴位置传感器
2	转动曲轴，调节孔的位置，以便安装曲轴定位工具（图 10-5 中的 1）
3	确保右凸轮轴上的平头朝上，如果不符合要求，则拆下曲轴定位工具并将曲轴转动 360° 注意：确保曲轴定位工具和触发器卡环上的孔啮合
4	把凸轮轴设定/锁止工具安装到右侧气缸盖上（图 10-5 中的 2）
5	拆卸右侧正时链条张紧器、滑轨和正时链条导向装置（图 10-5 中的 3、4 和 5）
6	拆卸右侧正时链条
7	拆卸右凸轮轴连接链条张紧器（图 10-5 中的 6）
8	拆下右排气凸轮轴链轮螺栓（图 10-5 中的 7）和右侧进气凸轮轴链轮螺栓（图 10-5 中的 8）
9	拆卸右凸轮轴连接链条和链轮
10	在左侧凸轮轴上安装设定/锁止工具（图 10-5 中的 2）

（续）

拆　卸	
步　骤	操作方法
11	拆卸左侧正时链条张紧器、滑轨和正时链条导向装置（图10-5中的9、10和11）
12	拆卸左侧正时链条
13	拆卸左凸轮轴连接链条张紧器（图10-5中的6）
14	拆下左排气凸轮轴链轮螺栓（图10-5中的12）和左侧进气凸轮轴链轮螺栓（图10-5中的13）
15	拆卸左凸轮轴连接链条和链轮
安　装	
步　骤	操作方法
1	确保曲轴定位工具正确安装（图10-5中的1）
2	确保左凸轮轴设定/锁止工具安装正确（图10-5中的2）
3	重新设置左侧和右侧凸轮轴连接链条张紧器： 压下张紧器柱塞，用直径1mm的销子把柱塞固定到位
4	安装左凸轮轴连接链条张紧器（图10-5中的6）
5	安装左凸轮轴连接链条和链轮。不要拧紧螺栓
6	拆下左凸轮轴连接链条张紧器的锁止销
7	安装左正时链条、张紧器滑轨和正时链条导向装置（图10-5中的10和11）
8	按下列方法重新设定正时链条张紧器（图10-5中的3和9）： 1）松开张紧器棘轮（图10-5中的14） 2）压紧张紧器柱塞（图10-5中的15） 3）用直径3mm的销子（图10-5中的16）把柱塞固定在压缩位置
9	安装左凸轮轴正时链条张紧器（图10-5中的9）
10	拆下销子（图10-5中的16）
11	使用正时链条张紧工具沿逆时针方向上紧左排气凸轮轴链轮
12	换装新的左进气凸轮轴链轮螺栓（图10-5中的13）并紧固至120N·m
13	换装新的左排气凸轮轴链轮螺栓（图10-5中的12）并紧固至120N·m
14	确保右凸轮轴设定/锁止工具（图10-5中的2）安装好
15	安装右凸轮轴连接链条张紧器（图10-5中的6）
16	安装右凸轮轴连接链条和链轮。不要拧紧螺栓
17	拆下右侧凸轮轴连接链条张紧器和锁止销
18	安装右正时链条、张紧器滑轨和正时链条导向装置（图10-5中的4和5）
19	安装右凸轮轴正时链条张紧器（图10-5中的3）
20	拆下销子（图10-5中的16）
21	使用正时链条张紧工具沿逆时针方向上紧右排气凸轮轴链轮（图10-5中的17）
22	换装新的右进气凸轮轴链轮螺栓（图10-5中的8）并紧固至120N·m
23	换装新的右排气凸轮轴链轮螺栓（图10-5中的7）并紧固至120N·m

（续）

安装	
步骤	操作方法
24	拆下左侧和右侧凸轮轴设定/锁止工具（图 10-5 中的 2）
25	拆下曲轴定位工具（图 10-5 中的 1）
26	安装曲轴带轮，换装新的曲轴带轮螺栓并紧固至 300N·m

三、RANGE ROVER（揽胜）轿车 4.4L 发动机正时链条拆装步骤

RANGE ROVER（揽胜）轿车 4.4L 发动机正时链条拆装步骤与 RANGE ROVER（揽胜）轿车 4.2L 增压发动机正时链条拆装步骤相同。

第十一章

JAGUAR（捷豹）车系

第一节　X-TYPE 轿车

一、X-TYPE 轿车 2.5L 发动机正时链条拆卸

1）拆卸发动机前盖。

2）拆卸火花塞。

3）拆卸曲轴位置传感器脉冲轮（图 11-1）。

4）安装曲轴带轮固定螺栓和垫圈，如图 11-2 所示。

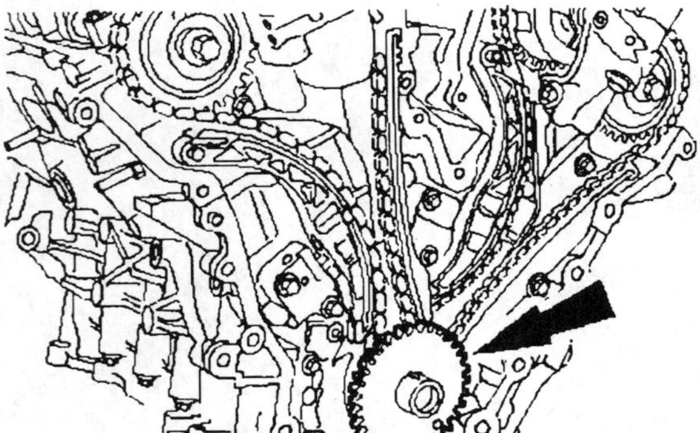

图 11-1　曲轴位置传感器脉冲轮识别

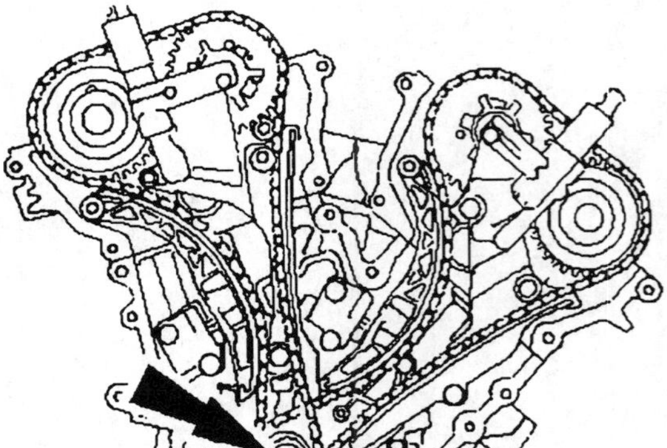

图 11-2　安装曲轴带轮固定螺栓和垫圈

5）顺时针转动曲轴，直至曲轴键槽位于 7 点钟位置，右侧进气凸轮轴链轮上的正时标记位于 1 点钟位置，右侧排气凸轮轴上的正时标记位于 8 点钟位置，如图 11-3所示。

6）拆下曲轴带轮固定螺栓和垫圈，如图 11-4 所示。

7）拆下右侧正时链条张紧器，如图 11-5 所示。

8）拆卸右侧正时链条张紧器外侧导轨（图 11-6）。

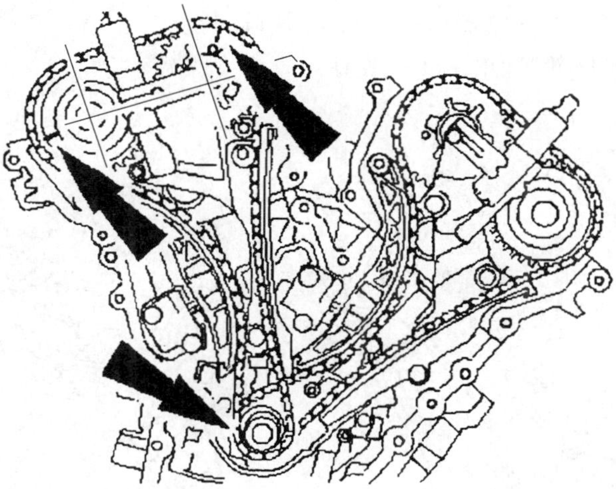

图 11-3 对齐曲轴和右侧凸轮轴链轮上的标记

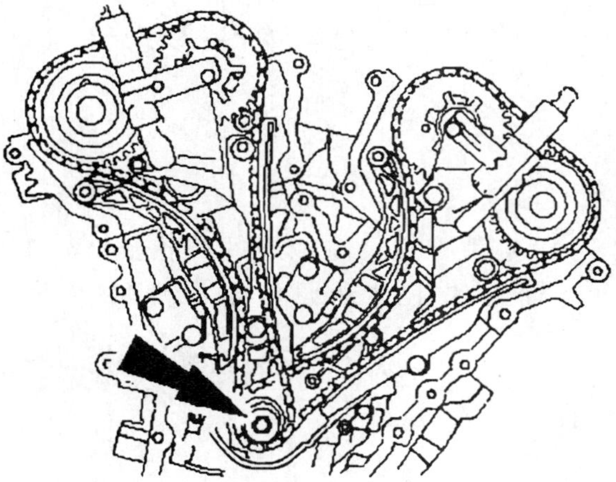

图 11-4 拆卸曲轴带轮固定螺栓和垫圈

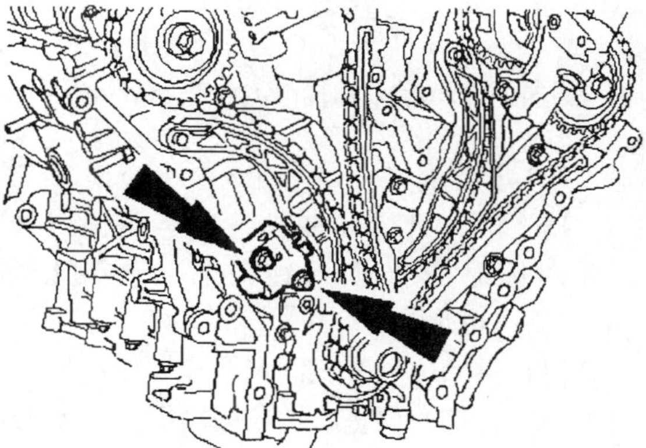

图 11-5 拆卸右侧正时链条张紧器

9）拆卸右侧正时链条，如图 11-7 所示。

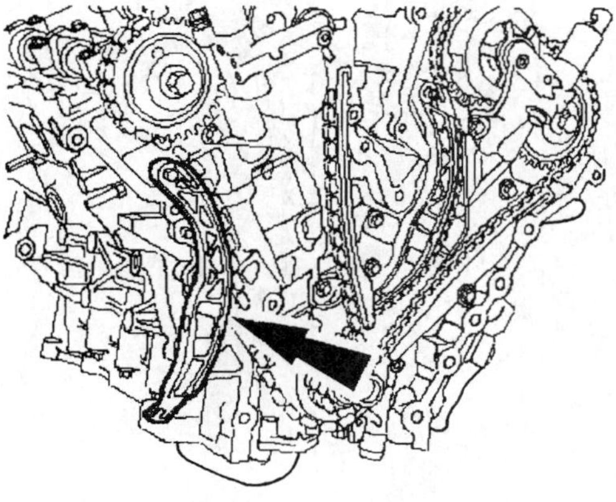

图 11-6 右侧正时链条张紧器外侧导轨

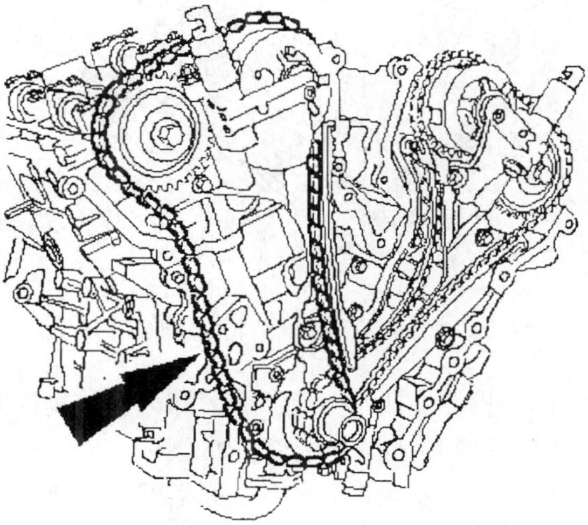

图 11-7 拆卸右侧正时链条

10）拆卸右侧正时链条张紧器内侧导轨（图 11-8）。

11）拆卸曲轴外侧链轮，如图 11-9 所示。

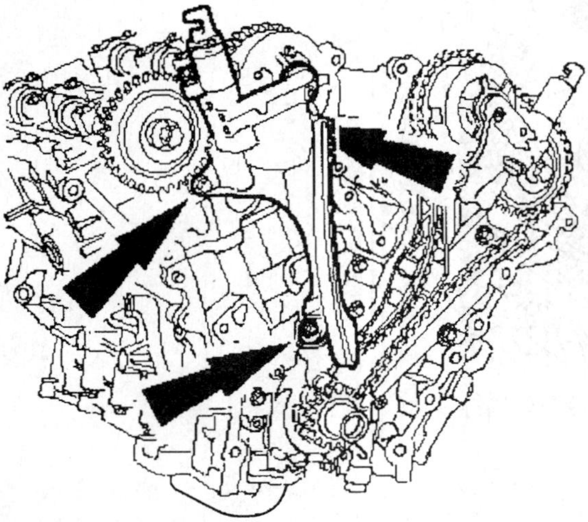

图 11-8　右侧正时链条张紧器内侧导轨

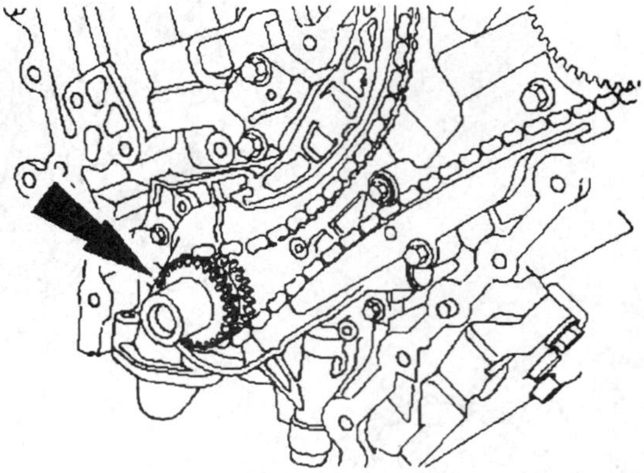

图 11-9　拆卸曲轴外侧链轮

12）安装曲轴带轮固定螺栓和垫圈。

13）顺时针转动曲轴，直至曲轴键槽位于 11 点钟位置，左侧进气凸轮轴链轮上的正时标记位于 9 点钟位置，左侧排气凸轮轴上的正时标记位于 2 点钟位置，如图 11-10所示。

14）拆卸曲轴带轮固定螺栓和垫圈。

15）拆卸左侧正时链条张紧器，如图 11-11 所示。

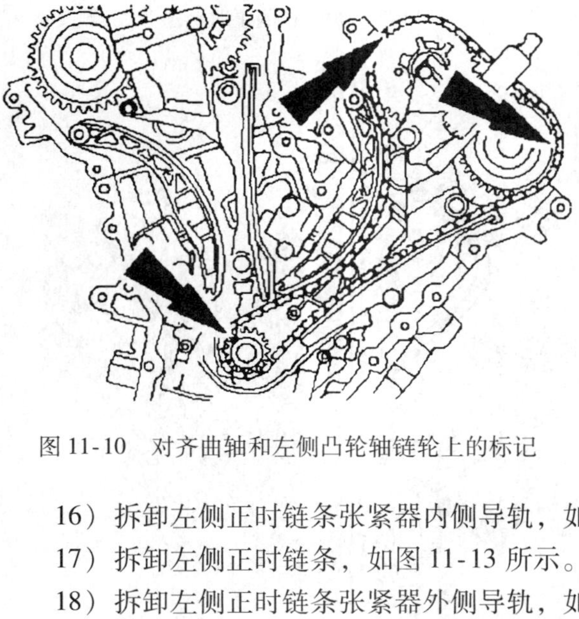

图 11-10　对齐曲轴和左侧凸轮轴链轮上的标记

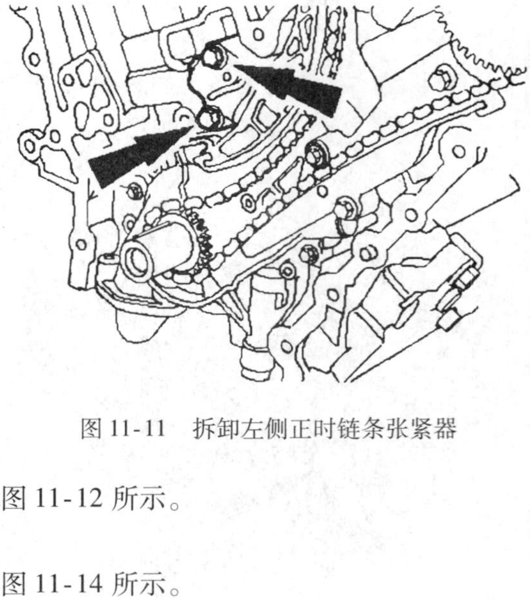

图 11-11　拆卸左侧正时链条张紧器

16）拆卸左侧正时链条张紧器内侧导轨，如图 11-12 所示。

17）拆卸左侧正时链条，如图 11-13 所示。

18）拆卸左侧正时链条张紧器外侧导轨，如图 11-14 所示。

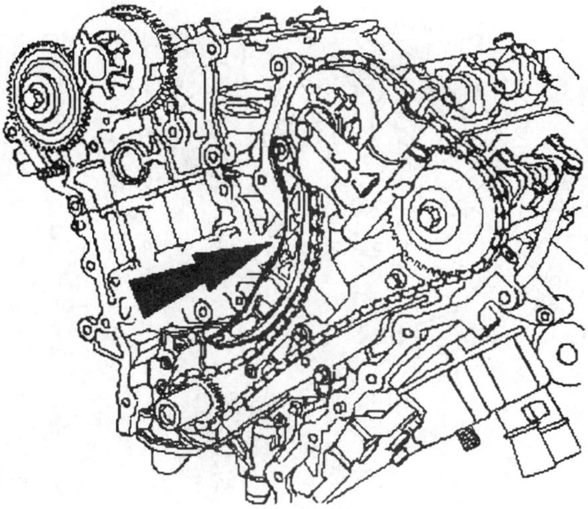
图 11-12 拆卸左侧正时链条张紧器内侧导轨

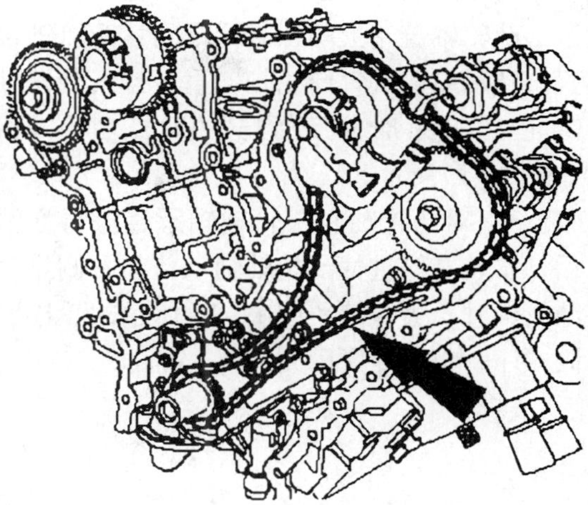
图 11-13 拆卸左侧正时链条

19）拆卸曲轴内侧链轮，如图 11-15 所示。

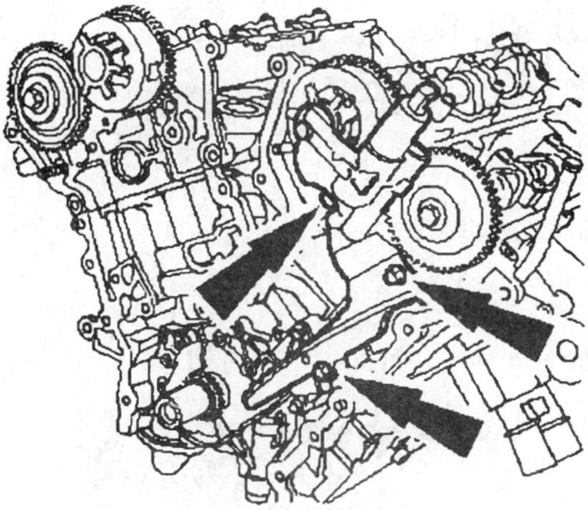
图 11-14 拆卸左侧正时链条张紧器外侧导轨

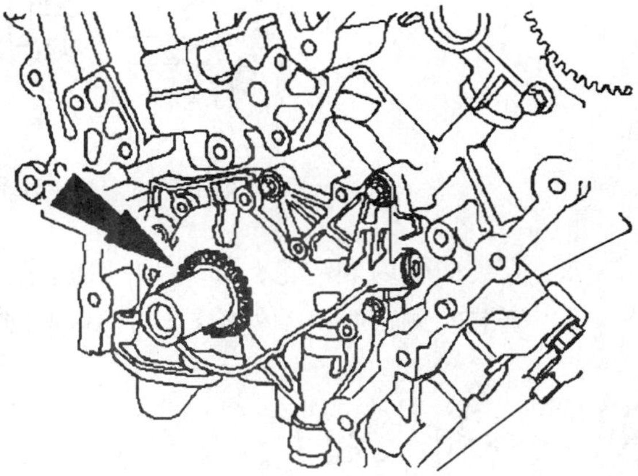
图 11-15 拆卸曲轴内侧链轮

二、X-TYPE 轿车 2.5L 发动机正时链条安装

1）拆卸右侧进气凸轮轴轴承盖和右侧排气凸轮轴轴承盖，如图 11-16 所示。

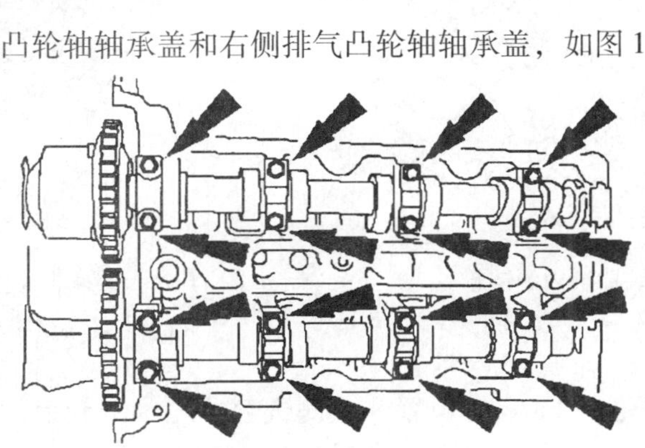
图 11-16 拆卸轴承盖

2）顺时针转动右侧进气凸轮轴，直至进气凸轮轴链轮上的正时标记到达5点钟位置，转动右侧排气凸轮轴，直至排气凸轮轴链轮上的正时标记到达12点钟位置，如图11-17所示。

3）对凸轮轴和凸轮轴轴承盖进行润滑后，安装右侧进气凸轮轴轴承盖和右侧排气凸轮轴轴承盖。按照图11-18所示的螺栓紧固顺序，将螺栓紧固到10N·m。

图11-17　对齐标记

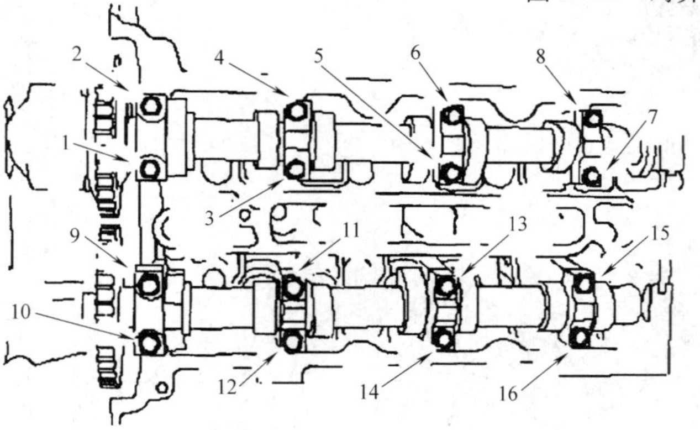

图11-18　凸轮轴轴承盖螺栓紧固顺序

4）安装曲轴内侧链轮，如图11-19所示。

5）安装左侧正时链条外侧导轨，其固定螺栓紧固顺序和紧固力矩见图11-20。

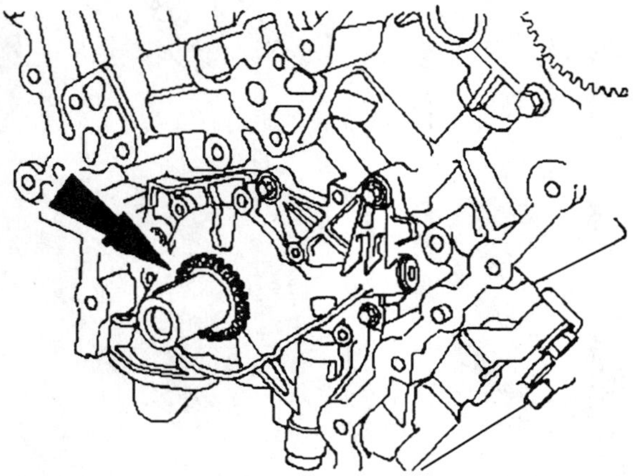

图11-19　安装曲轴内侧链轮

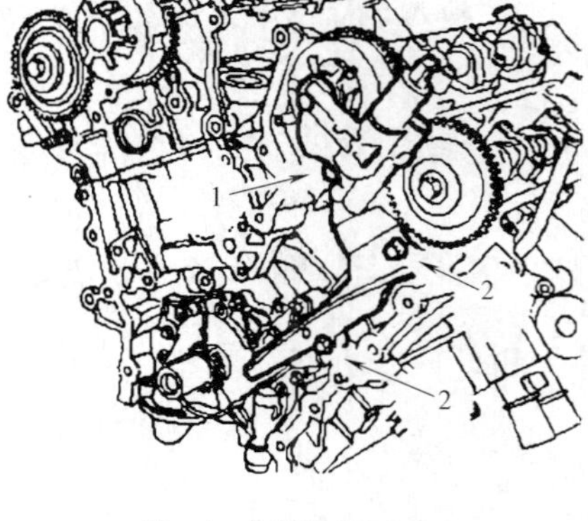

第一步：将螺栓1紧固至25N·m

第二步：将螺栓2紧固至25N·m

图11-20　左侧正时链条外侧导轨固定螺栓紧固顺序和紧固力矩

6）确保曲轴键槽位于11点钟位置，左侧进气凸轮轴链轮上的正时标记位于9点钟位置，左侧排气凸轮轴链轮上的正时标记位于2点钟位置。如图11-21所示，安装左侧正时链条。

7）安装左侧正时链条内侧导轨，如图 11-22 所示。

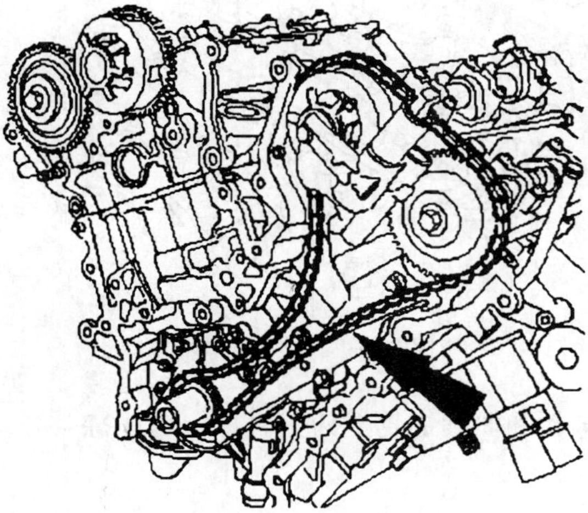

图 11-21 安装左侧正时链条

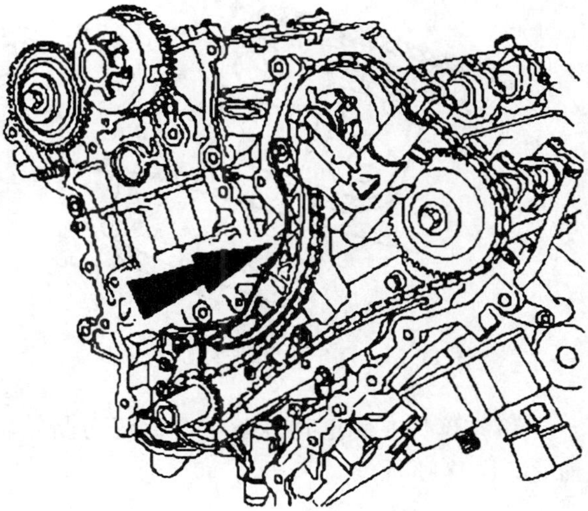

图 11-22 安装左侧正时链条内侧导轨

8）如图 11-23 所示，把左侧正时链条张紧器放入台虎钳，台虎钳卡爪要用软垫垫好，以免损伤张紧器。

9）用合适的工具，把左侧正时链条张紧器的棘爪锁止机构从棘爪上移开，如图 11-24 所示。

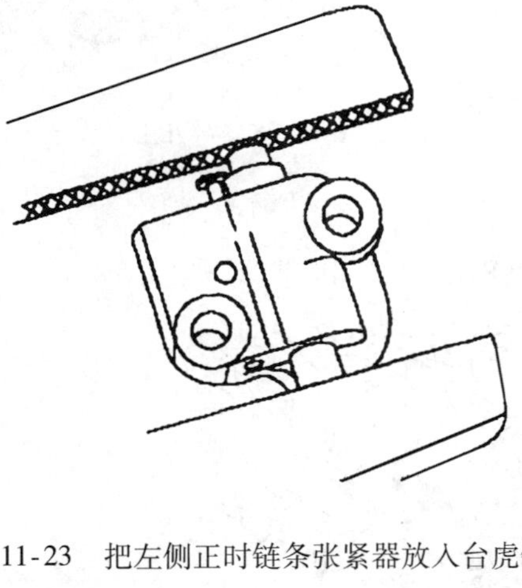

图 11-23 把左侧正时链条张紧器放入台虎钳

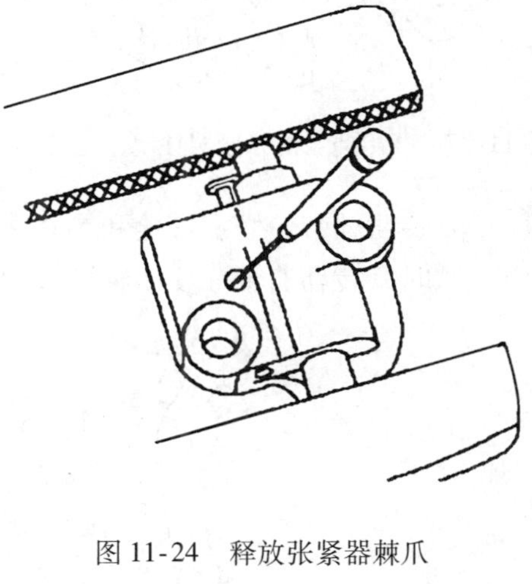

图 11-24 释放张紧器棘爪

10）慢慢压下左侧正时链条张紧器。

11）用类似曲别针的工具，固定住左侧正时链条张紧器柱塞，如图 11-25 所示。

12）安装左侧正时链条张紧器，将张紧器螺栓紧固至 25N · m，如图 11-26 所示。

13）如图 11-27 所示，拔出插入的张紧器柱塞固定工具。释放张紧器张力。

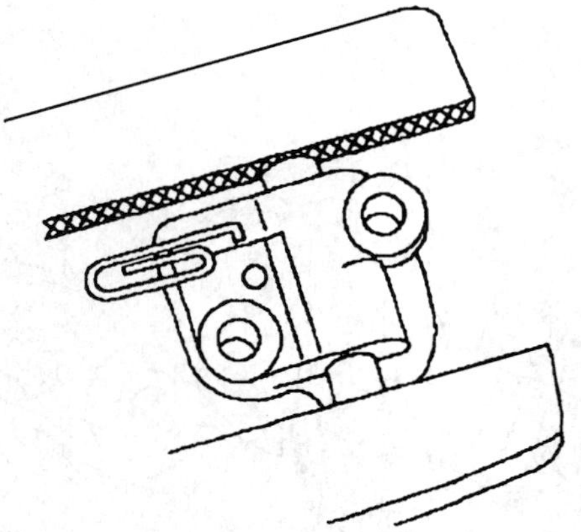

图 11-25 固定张紧器柱塞

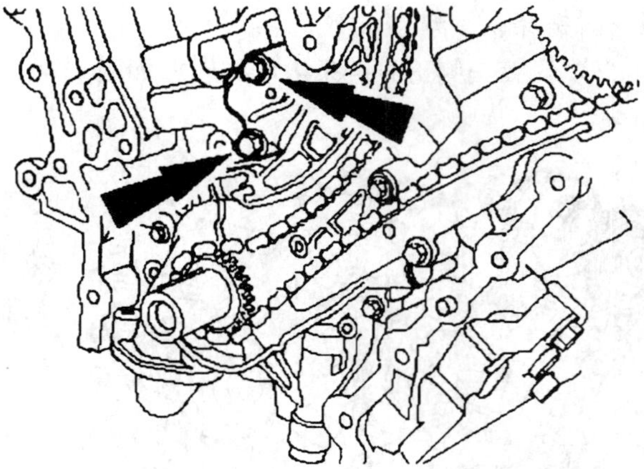

图 11-26 紧固左侧正时链条张紧器螺栓

14）确保左侧正时链条正时标记与凸轮轴链轮和曲轴链轮上的正时标记均保持对齐，如图 11-28 所示。

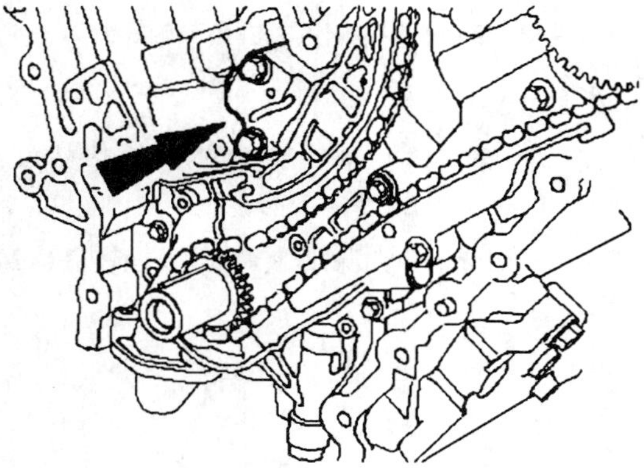

图 11-27 拔出插入的张紧器柱塞固定工具

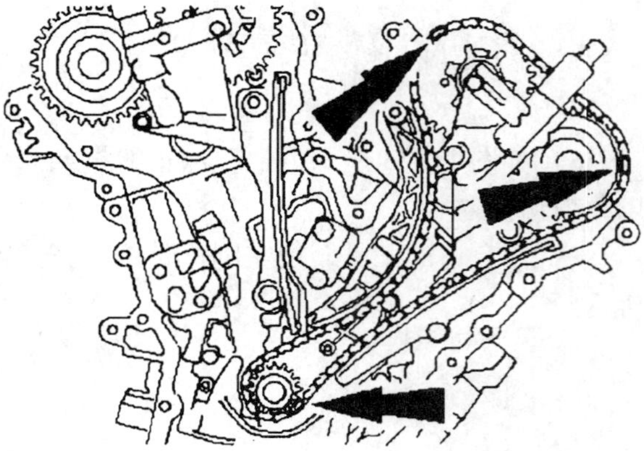

图 11-28 对齐正时标记

15）安装曲轴带轮固定螺栓和垫圈。

16）顺时针转动曲轴，使曲轴键槽到达 3 点钟位置，如图 11-29 所示。

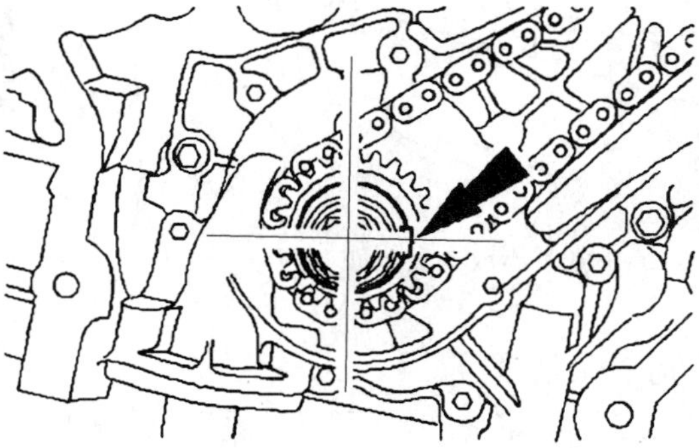

图 11-29 将曲轴键槽对准 3 点钟位置

17）拆下曲轴带轮固定螺栓和垫圈。

18）安装曲轴外侧链轮，如图 11-30 所示。

19）安装右侧正时链条内侧导轨并紧固螺栓，其紧固顺序见图 11-31。

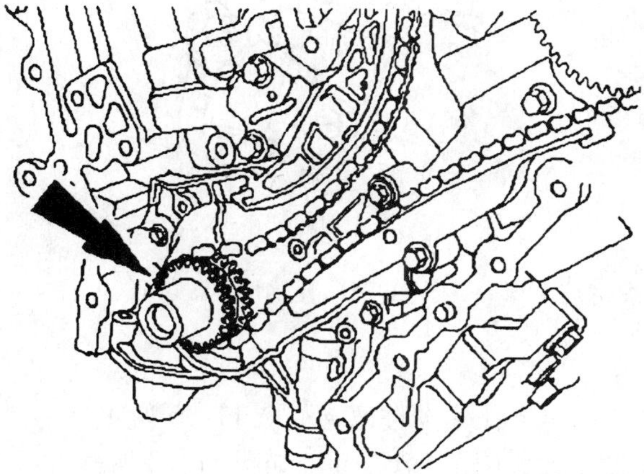

图 11-30　安装曲轴外侧链轮

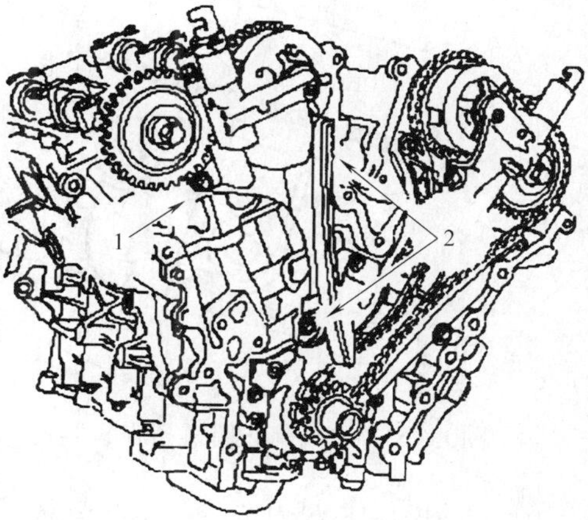

第一步：将螺栓1紧固至25N•m
第二步：将螺栓2紧固至25N•m

图 11-31　螺栓紧固顺序和紧固力矩

20）确保曲轴键槽位于 3 点钟位置，右侧进气凸轮轴链轮的正时标记对准 5 点钟位置，右侧排气凸轮轴链轮的正时标记对准 12 点钟位置。安装右侧正时链条，如图 11-32所示。

21）安装右侧正时链条外侧导轨，如图 11-33 所示。

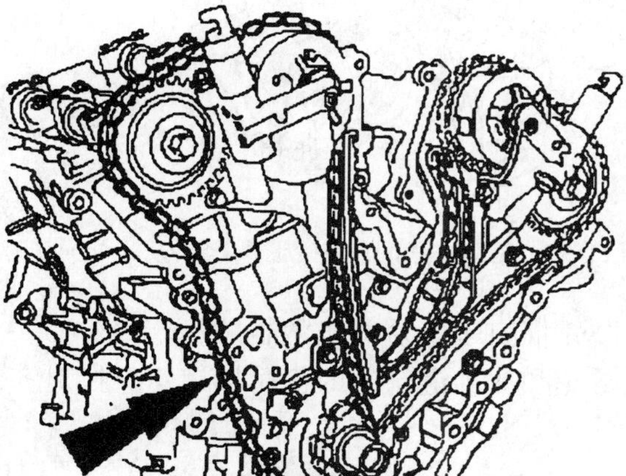

图 11-32　安装右侧正时链条

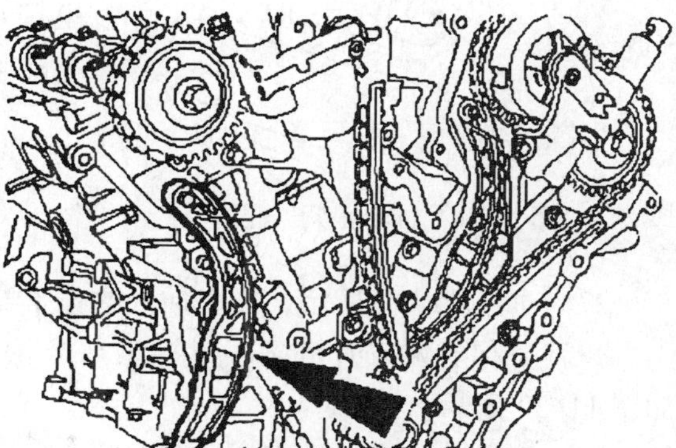

图 11-33　安装右侧正时链条外侧导轨

22）如图 11-34 所示，把右侧正时链条张紧器放入台虎钳，台虎钳卡爪要用软垫垫好，以免损伤张紧器。

23）用合适的工具，把右侧正时链条张紧器的棘爪锁止机构从棘爪上移开，如图 11-35 所示。

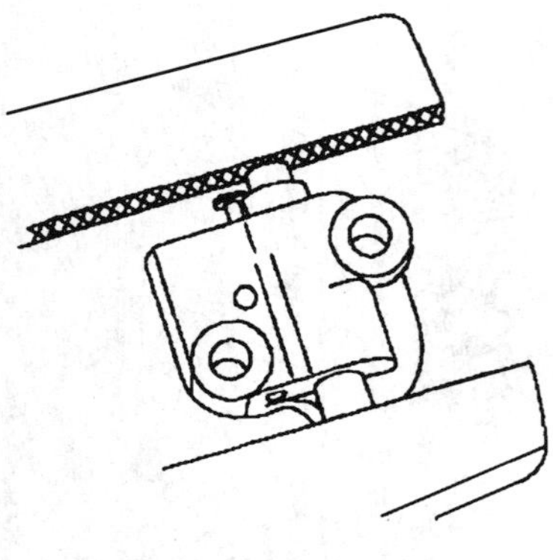

图 11-34　把右侧正时链条张紧器放入台虎钳

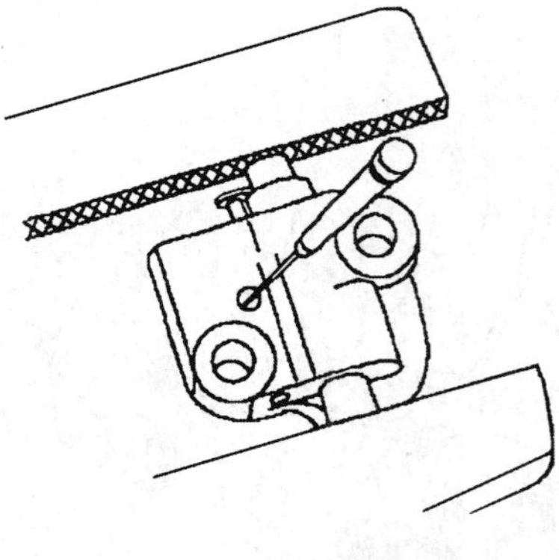

图 11-35　释放张紧器棘爪

24）慢慢压下右侧正时链条张紧器。

25）用类似曲别针的工具，固定住右侧正时链条张紧器柱塞，如图 11-36 所示。

26）安装右侧正时链条张紧器，将张紧器螺栓紧固至 25N·m，如图 11-37 所示。

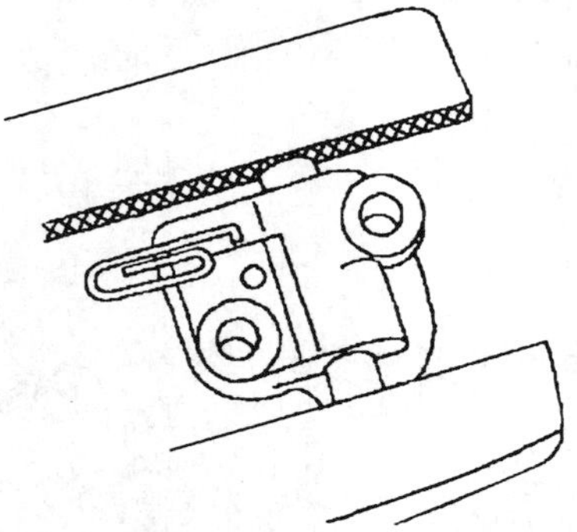

图 11-36　固定张紧器柱塞

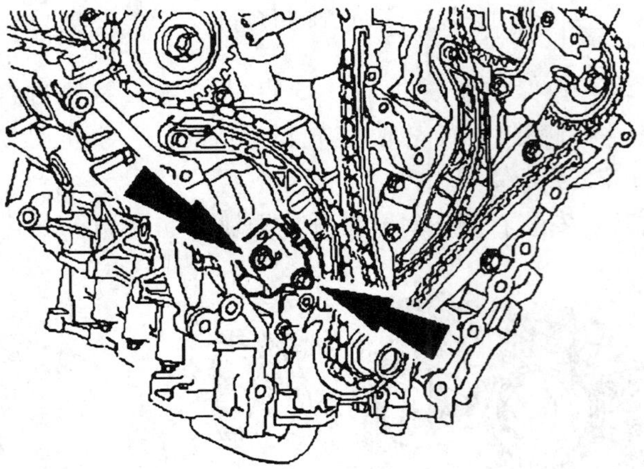

图 11-37　紧固右侧正时链条张紧器螺栓

27）如图 11-38 所示，拔出插入的张紧器柱塞固定工具。释放张紧器张力。

28）确保右侧正时链条正时标记与凸轮轴链轮和曲轴链轮上的正时标记均保持对齐，如图 11-39 所示。

29）安装曲轴带轮固定螺栓和垫圈，如图 11-40 所示。

30）顺时针转动曲轴 2 周，确保当曲轴键槽位于 11 点钟位置时，凸轮轴链轮上的正时标记应位于图 11-41 所示的位置。

31）拆下曲轴带轮固定螺栓和垫圈，如图 11-42 所示。

32）安装曲轴位置传感器脉冲轮，如图 11-43 所示。

33）安装火花塞并紧固至 15N·m。

34）安装发动机前盖。

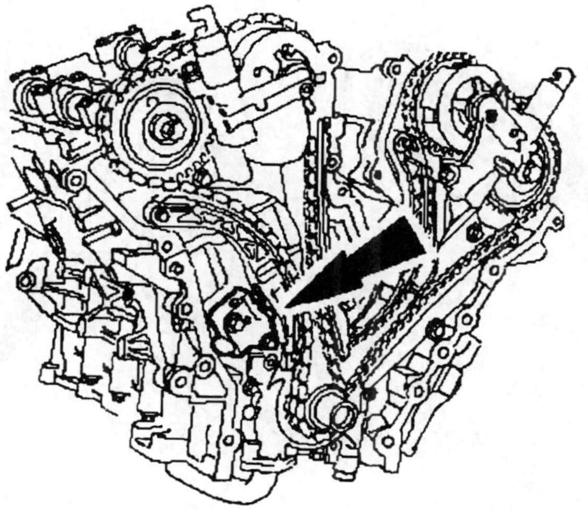

图 11-38 拔出插入的张紧器柱塞固定工具

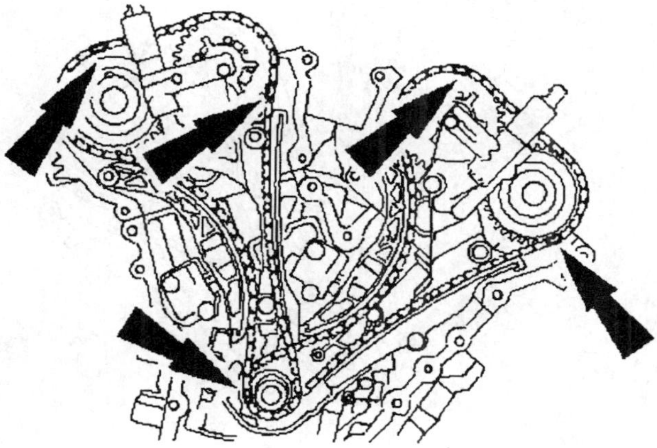

图 11-39 对齐正时标记

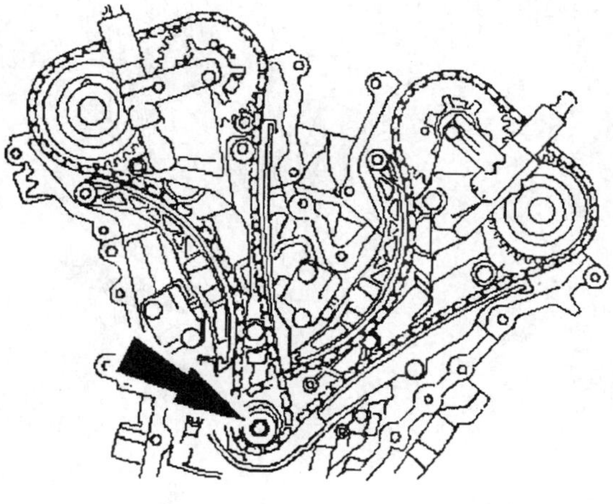

图 11-40 安装曲轴带轮固定螺栓和垫圈

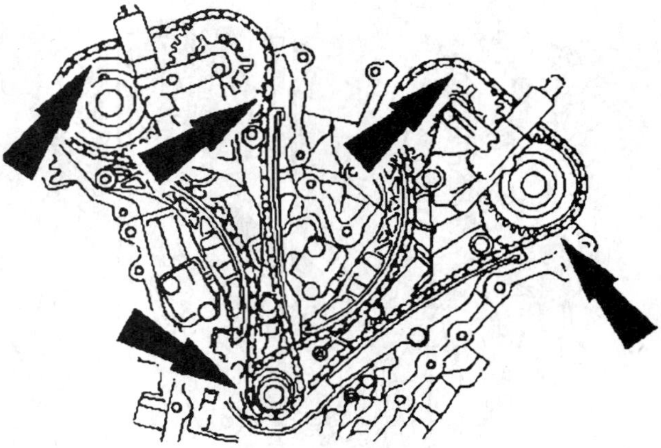

图 11-41　对齐正时标记

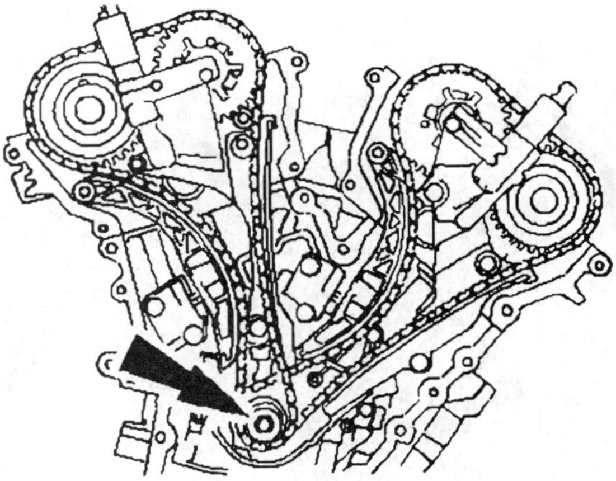

图 11-42　拆下曲轴带轮固定螺栓和垫圈

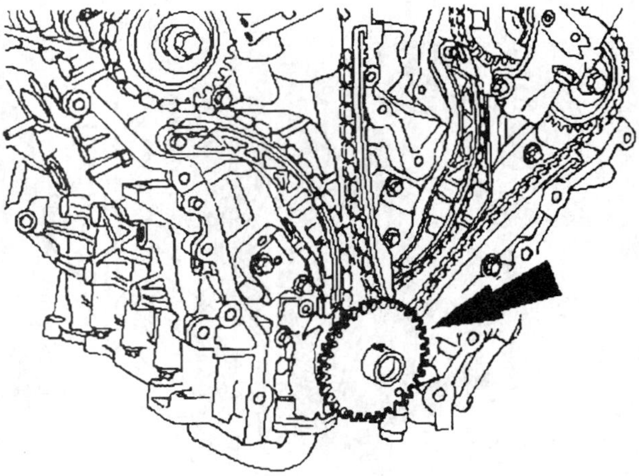

图 11-43　安装曲轴位置传感器脉冲轮

第二节 S-TYPE 轿车

一、S-TYPE 轿车 3.0L 发动机正时链条拆装

1. 正时链条拆卸步骤

1）拆卸气门室盖。排放发动机冷却液。

2）举升并支撑车辆。拆卸发动机附件传动带。降下车辆，拆卸散热器上部护罩。拆卸节气门体。

3）拆卸散热器上部固定支架，从水泵上拆下冷却液管路总成。拆下进气歧管固定支架，拆下水泵。

4）采用专用工具（专用工具号 303-D055）固定住曲轴减振器/轮。松开曲轴减振器/轮固定螺栓。用一只 3 爪拔具固定住曲轴减振器/轮内侧，拆下曲轴减振器/轮和固定螺栓。

5）拆下发电机。排出发动机机油。断开空调压缩机线束插接器，拆下空调压缩机，但不要断开空调管路。拆下动力转向管路和动力转向系统支架。

6）安装发动机支撑横梁（专用工具号 303-021）并支撑发动机。举升并支撑车辆。拆卸动力转向架固定螺栓。拆卸 4 个横梁螺栓并拆卸横梁。拆卸将油底壳固定到变速器壳体的螺栓。拆下油底壳，将油底壳的密封垫废弃。

7）拆卸燃油供油管路固定螺栓。拆卸发动机附件传动带张紧器。拆卸右侧惰轮和中央惰轮。拆卸动力转向泵上部螺栓。断开曲轴位置传感器插接器。举升车辆，拆下动力转向管路支架螺栓和动力转向管路。排出动力转向系统油液，然后拆下动力转向泵。

8）拆卸正时链条盖固定螺栓，拆卸顺序必须与图 11-44 中所示的顺序相反，拆卸发动机正时链条盖。拆卸发动机线束，将正时链条盖密封垫废弃。

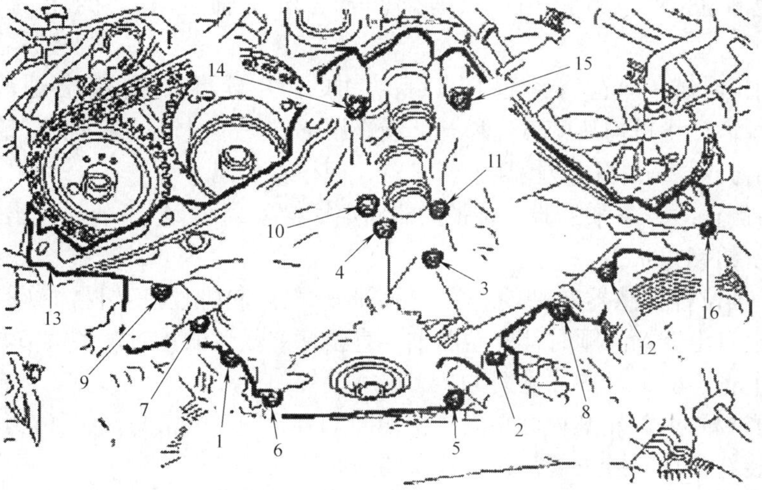

图 11-44 正时链条盖螺栓安装顺序

9）安装曲轴减振器/轮螺栓和垫圈。拆卸火花塞，使发动机能自由转动。顺时针转动

曲轴，直至标有颜色的正时链条链节与凸轮轴链轮和曲轴链轮上的上止点标记对齐，见图 11-45。

10）拆卸曲轴减振器/轮螺栓和垫圈。拆卸曲轴位置传感器脉冲轮。确保曲轴链轮标记与正时链条上的标有颜色的链节对齐。

11）拆卸右侧正时链条张紧器和正时链条张紧器臂。拆卸右侧正时链条和正时链条导轨。拆卸左侧正时链条张紧器和张紧器臂。拆卸左侧正时链条和正时链条导轨。拆卸曲轴链轮。

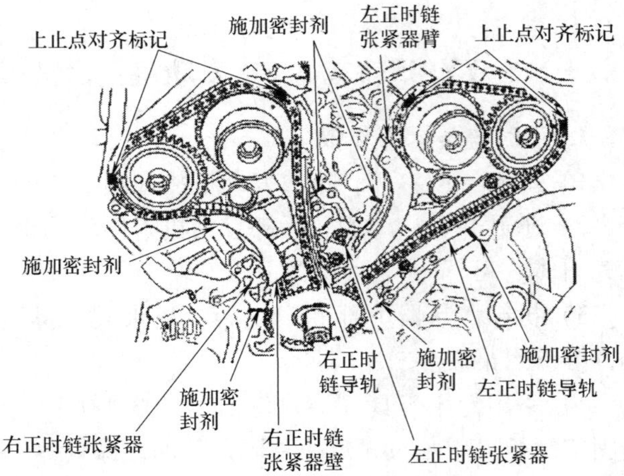

图 11-45　对齐上止点标记

2. 正时链条安装步骤

1）安装曲轴链轮。安装左侧正时链条导轨并把导轨固定螺栓紧固到 25N · m。安装左侧正时链条。确保标有颜色的正时链条链节与凸轮轴链轮和曲轴链轮上的上止点标记对齐，见图 11-45。

2）把左侧正时链条放置到台虎钳上，台虎钳的齿用软垫垫好。用合适的工具把正时链条张紧器上的棘齿锁止机构从棘齿处移开。慢慢压下左侧正时链条张紧器，直至把张紧器的柱塞压入张紧器壳体内，把限位销插入张紧器，使柱塞固定。

3）安装左侧正时链条张紧器，将张紧器固定螺栓紧固至 25N · m。拔出插入的限位销，解除张紧器柱塞的锁止状态。

4）安装右侧正时链条导轨，将导轨固定螺栓紧固至 25N · m。安装右侧正时链条。确保标有颜色的正时链条链节与凸轮轴链轮和曲轴链轮上的上止点标记对齐，见图 11-45。

5）把右侧正时链条放置到台虎钳上，台虎钳的齿用软垫垫好。用合适的工具把正时链条张紧器上的棘齿锁止机构从棘齿处移开。慢慢压下右侧正时链条张紧器，直至把张紧器的柱塞压入张紧器壳体内，把限位销插入张紧器，使柱塞固定。

6）安装右侧正时链条张紧器，将张紧器固定螺栓紧固至 25N · m。拔出插入的限位销，解除张紧器柱塞的锁止状态。

7）安装曲轴位置传感器脉冲轮。安装曲轴减振器/轮螺栓和垫圈。确保火花塞已经拆下，发动机可以自由转动。顺时针转动曲轴，直至标有颜色的正时链条链节与凸轮轴链轮和曲轴链轮上的上止点标记对齐，见图 11-45。

8）拆卸曲轴减振器/轮螺栓和垫圈。按照图 11-45 所示的密封剂施加部位在气缸体上施加密封剂。安装新的正时链条盖密封垫。安装正时链条盖。

9）在曲轴减振器/轮键槽和密封面部位涂抹密封剂。用专用工具（专用工具号 303-102）安装曲轴减振器/轮。

10）采用专用工具（专用工具号 303-D055）固定住曲轴减振器/轮。将曲轴减振器/轮固定螺栓紧固至 120N · m，将螺栓拧松 1 圈，然后再紧固 50N · m + 90°。

11）安装冷却液管路总成，把冷却液管路连接到水泵上。安装散热器上部固定支架。紧固水泵螺栓。

12）用金属材料表面清洁剂清除油底壳和气缸体密封面的污垢。安装把油底壳固定到变速器壳体上的螺栓，在气缸体密封面和正时链条盖接合处涂抹密封剂。将油底壳螺栓紧固到25N·m。

13）其余部件按照与拆卸相反的步骤安装。

14）重新加注发动机冷却液和机油。

二、S-TYPE 轿车 4.2L 发动机正时链条拆装

1. S-TYPE 轿车 4.2L 发动机正时链条部件识别

S-TYPE 轿车 4.2L 发动机正时链条部件识别见图 11-46。

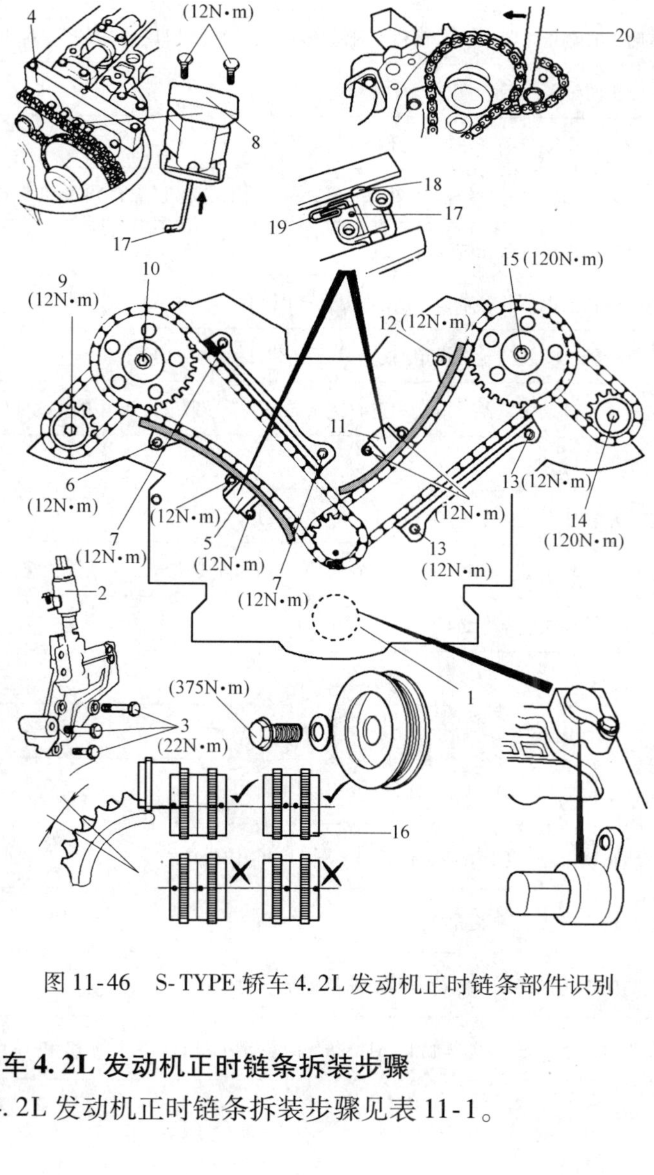

图 11-46 S-TYPE 轿车 4.2L 发动机正时链条部件识别

2. S-TYPE 轿车 4.2L 发动机正时链条拆装步骤

S-TYPE 轿车 4.2L 发动机正时链条拆装步骤见表 11-1。

表 11-1 S-TYPE 轿车 4.2L 发动机正时链条拆装步骤

拆卸	
步骤	操作方法
1	从变矩器壳体上拆下曲轴位置传感器
2	转动曲轴，调节孔的位置，以便安装曲轴定位工具（图 11-46 中的 1）
3	确保右凸轮轴上的平头朝上，如果不符合要求，则将曲轴转动 360° 注意：确保曲轴定位工具和触发器卡环上的孔啮合
4	安装曲轴定位工具（图 11-46 中的 1）
5	如果发动机上安装有凸轮轴位置执行器和支架，要将它们从气缸盖上拆下（图 11-46 中的 2 和 3）
6	把凸轮轴设定/锁止工具安装到右凸轮轴上（图 11-46 中的 4）
7	拆卸右侧正时链条张紧器、滑轨和正时链条导向装置（图 11-46 中的 5、6 和 7）
8	拆卸右侧正时链条
9	拆卸右凸轮轴连接链条张紧器（图 11-46 中的 8）
10	松开右侧排气凸轮轴链轮螺栓（图 11-46 中的 9）和右侧进气凸轮轴链轮螺栓（图 11-46 中的 10）
11	拆卸右凸轮轴连接链条和链轮
12	从右侧凸轮轴上拆下凸轮轴设定/锁止工具（图 11-46 中的 4）
13	在左侧凸轮轴上安装凸轮轴设定/锁止工具（图 11-46 中的 4）
14	拆卸左侧正时链条张紧器、滑轨和正时链条导向装置（图 11-46 中的 11、12 和 13）
15	拆卸左侧正时链条
16	拆卸左凸轮轴连接链条张紧器（图 11-46 中的 8）
17	松开左排气凸轮轴链轮螺栓（图 11-46 中的 14）和左侧进气凸轮轴链轮螺栓（图 11-46 中的 15）
18	拆卸左凸轮轴连接链条和链轮
安装	
步骤	操作方法
1	确保曲轴定位工具正确安装（图 11-46 中的 1）
2	确保左凸轮轴设定/锁止工具安装正确（图 11-46 中的 4）
3	安装左凸轮轴连接链条张紧器（图 11-46 中的 8）
4	安装左凸轮轴连接链条和链轮。不要拧紧螺栓
5	安装左正时链条、张紧器滑轨和正时链条导向装置（图 11-46 中的 12 和 13）

（续）

安装	
步骤	操作方法
6	按下列方法重新设定正时链条张紧器： 1）松开张紧器棘轮（图 11-46 中的 17） 2）压紧张紧器柱塞（图 11-46 中的 18） 3）用钢丝夹（图 11-46 中的 19）把柱塞固定在压缩位置
7	安装左凸轮轴正时链条张紧器（图 11-46 中的 11）
8	拆下钢丝夹（图 11-46 中的 19）
9	用正时链条张紧工具沿逆时针方向将左侧排气凸轮轴链轮张紧（图 11-46 中的 20）
10	换装新的左进气凸轮轴链轮螺栓（图 11-46 中的 14）并紧固至 120N · m
11	换装新的左排气凸轮轴链轮螺栓（图 11-46 中的 15）并紧固至 120N · m
12	确保右凸轮轴设定/锁止工具（图 11-46 中的 4）安装好
13	安装右凸轮轴连接链条张紧器（图 11-46 中的 8）
14	安装右凸轮轴连接链条和链轮。不要拧紧螺栓
15	安装右正时链条、张紧器滑轨和正时链条导向装置（图 11-46 中的 6 和 7）
16	安装右凸轮轴正时链条张紧器（图 11-46 中的 5）
17	拆下钢丝夹（图 11-46 中的 19）
18	使用正时链条张紧工具沿逆时针方向上紧右排气凸轮轴链轮（图 11-46 中的 20）
19	换装新的右进气凸轮轴链轮螺栓（图 11-46 中的 9）并紧固至 120N · m
20	换装新的右排气凸轮轴链轮螺栓（图 11-46 中的 10）并紧固至 120N · m
21	拆下左侧和右侧凸轮轴设定/锁止工具（图 11-46 中的 4）
22	安装有凸轮轴位置执行器和支架（图 11-46 中的 2 和 3）
23	安装曲轴带轮，换装新的曲轴带轮螺栓并紧固至 375N · m

第三节 XK 轿车

一、XKR 轿车 4. 2L 发动机正时链条拆装

1. XKR 轿车 4. 2L 发动机正时链条部件识别

XKR 轿车 4. 2L 发动机正时链条部件识别见图 11-47。

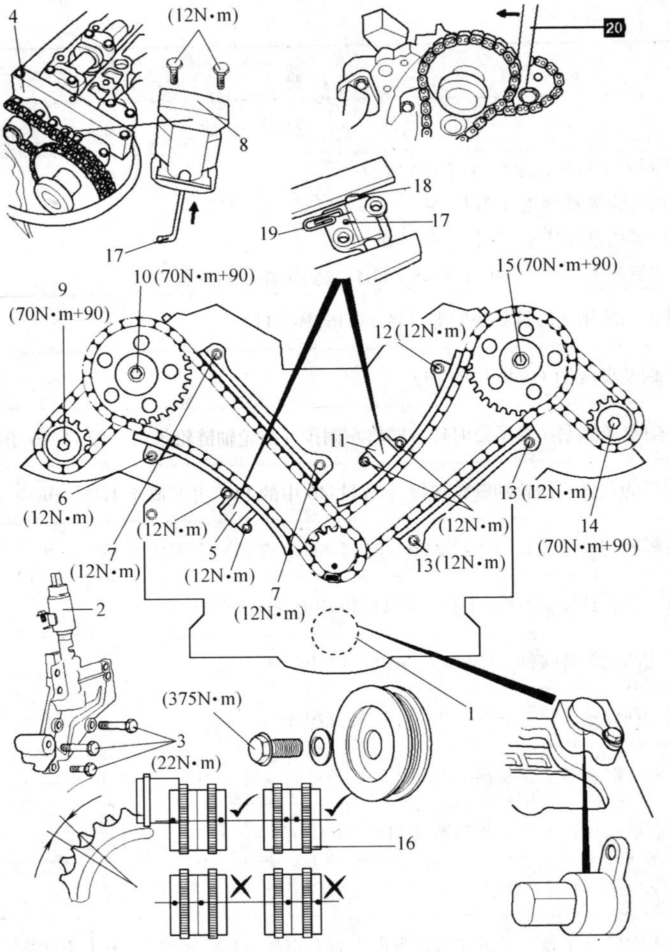

图 11-47　XKR 轿车 4. 2L 发动机正时链条部件识别

2. XKR 轿车 4. 2L 发动机正时链条拆装步骤

XKR 轿车 4. 2L 发动机正时链条拆装步骤见表 11-2。

表 11-2　XKR 轿车 4. 2L 发动机正时链条拆装步骤

拆　卸	
步　骤	操作方法
1	从变矩器壳体上拆下曲轴位置传感器
2	转动曲轴，调节孔的位置，以便安装曲轴定位工具（图 11-47 中的 1）
3	确保右凸轮轴上的平头朝上，如果不符合要求，则将曲轴转动 360° 注意：确保曲轴定位工具和触发器卡环上的孔啮合
4	安装曲轴定位工具（图 11-47 中的 1）
5	如果发动机上安装有凸轮轴位置执行器和支架，要将它们从气缸盖上拆下（图 11-47 中的 2 和 3）
6	把凸轮轴设定/锁止工具安装到右凸轮轴上（图 11-47 中的 4）
7	拆卸右侧正时链条张紧器、滑轨和正时链条导向装置（图 11-47 中的 5、6 和 7）
8	拆卸右侧正时链条

（续）

拆卸	
步骤	操作方法
9	拆卸右凸轮轴连接链条张紧器（图 11-47 中的 8）
10	松开右侧排气凸轮轴链轮螺栓（图 11-47 中的 9）和右侧进气凸轮轴链轮螺栓（图 11-47 中的 10）
11	拆卸右凸轮轴连接链条和链轮
12	从右侧凸轮轴上拆下凸轮轴设定/锁止工具（图 11-47 中的 4）
13	在左侧凸轮轴上安装凸轮轴设定/锁止工具（图 11-47 中的 4）
14	拆卸左侧正时链条张紧器、滑轨和正时链条导向装置（图 11-47 中的 11、12 和 13）
15	拆卸左侧正时链条
16	拆卸左凸轮轴连接链条张紧器（图 11-47 中的 8）
17	松开左排气凸轮轴链轮螺栓（图 11-47 中的 14）和左侧进气凸轮轴链轮螺栓（图 11-47 中的 15）
18	拆卸左凸轮轴连接链条和链轮

安装	
步骤	操作方法
1	确保曲轴定位工具正确安装（图 11-47 中的 1）
2	确保左凸轮轴设定/锁止工具安装正确（图 11-47 中的 4）
3	安装左凸轮轴连接链条张紧器（图 11-47 中的 8）
4	安装左凸轮轴连接链条和链轮。不要拧紧螺栓
5	安装左正时链条、张紧器滑轨和正时链条导向装置（图 11-47 中的 12 和 13）
6	按下列方法重新设定正时链条张紧器： 1）松开张紧器棘轮（图 11-47 中的 17） 2）压紧张紧器柱塞（图 11-47 中的 18） 3）用钢丝夹（图 11-47 中的 19）把柱塞固定在压缩位置
7	安装左凸轮轴正时链条张紧器（图 11-47 中的 11）
8	拆下钢丝夹（图 11-47 中的 19）
9	用正时链条张紧工具沿逆时针方向将左侧排气凸轮轴链轮张紧（图 11-47 中的 20）
10	换装新的左进气凸轮轴链轮螺栓（图 11-47 中的 14）并紧固至 70N · m + 90°
11	换装新的左排气凸轮轴链轮螺栓（图 11-47 中的 15）并紧固至 70N · m + 90°
12	确保右凸轮轴设定/锁止工具（图 11-47 中的 4）安装好
13	安装右凸轮轴连接链条张紧器（图 11-47 中的 8）
14	安装右凸轮轴连接链条和链轮。不要拧紧螺栓
15	安装右正时链条、张紧器滑轨和正时链条导向装置（图 11-47 中的 6 和 7）
16	安装右凸轮轴正时链条张紧器（图 11-47 中的 5）
17	拆下钢丝夹（图 11-47 中的 19）
18	使用正时链条张紧工具沿逆时针方向上紧右排气凸轮轴链轮（图 11-47 中的 20）
19	换装新的右进气凸轮轴链轮螺栓（图 11-47 中的 9）并紧固至 70N · m + 90°
20	换装新的右排气凸轮轴链轮螺栓（图 11-47 中的 10）并紧固至 70N · m + 90°

（续）

安装	
步骤	操作方法
21	拆下左侧和右侧凸轮轴设定/锁止工具（图 11-47 中的 4）
22	安装右凸轮轴位置执行器和支架（图 11-47 中的 2 和 3）
23	安装曲轴带轮，换装新的曲轴带轮螺栓并紧固至 375N·m

二、XK8 轿车 4. 2L 发动机正时链条拆装

1. XK8 轿车 4. 2L 发动机正时链条部件识别

XK8 轿车 4. 2L 发动机正时链条部件识别见图 11-48。

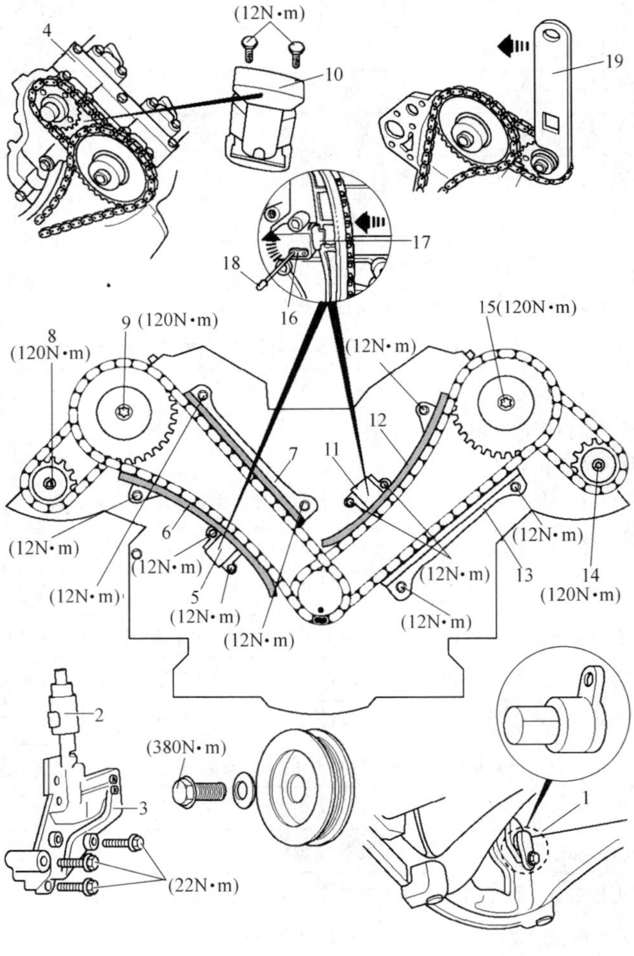

图 11-48 XK8 轿车 4. 2L 发动机正时链条部件识别

2. XK8 轿车 4. 2L 发动机正时链条拆装步骤

XK8 轿车 4. 2L 发动机正时链条拆装步骤见表 11-3。

表 11-3　XK8 轿车 4.2L 发动机正时链条拆装步骤

拆卸	
步　骤	操作方法
1	拆下曲轴位置传感器
2	转动曲轴，调节孔的位置，以便安装曲轴定位工具（图 11-48 中的 1）
3	安装曲轴定位工具（图 11-48 中的 1）
4	确保凸轮轴上的平头朝上，如果不符合要求，则拆下曲轴定位工具（图 11-48 中的 1），将曲轴转动 360°
5	拆下凸轮轴调节器控制阀（图 11-48 中的 2）
6	拆下凸轮轴调节器控制阀壳体（图 11-48 中的 3）
7	把凸轮轴设定/锁止工具安装到右气缸盖上（图 11-48 中的 4）
8	拆卸右侧正时链条张紧器、滑轨和正时链条导向装置（图 11-48 中的 5、6 和 7）
9	拆卸右侧正时链条
10	拆下右侧排气凸轮轴链轮螺栓（图 11-48 中的 8）
11	拆下右侧进气凸轮轴链轮螺栓（图 11-48 中的 9）
12	拆下右凸轮轴连接链条张紧器（图 11-48 中的 10）
13	拆下右凸轮轴连接链条和链轮
14	在左气缸盖上安装凸轮轴设定/锁止工具（图 11-48 中的 4）
15	拆卸左侧正时链条张紧器、滑轨和正时链条导向装置（图 11-48 中的 11、12 和 13）
16	拆卸左侧正时链条
17	拆下左侧排气凸轮轴链轮螺栓（图 11-48 中的 14）
18	拆下左侧进气凸轮轴链轮螺栓（图 11-48 中的 15）
19	拆卸左凸轮轴连接链条张紧器（图 11-48 中的 10）
20	拆卸左凸轮轴连接链条和链轮
安装	
步　骤	操作方法
1	确保曲轴定位工具正确安装（图 11-48 中的 1）
2	确保左凸轮轴设定/锁止工具安装正确（图 11-48 中的 4）
3	安装左凸轮轴连接链条张紧器（图 11-48 中的 8）并换装新螺栓
4	安装左凸轮轴连接链条和链轮。不要拧紧螺栓
5	安装左正时链条、张紧器滑轨和正时链条导向装置（图 11-48 中的 12 和 13）

（续）

安　　装	
步　　骤	操 作 方 法
6	按下列方法重新设定正时链条张紧器（图 11-48 中的 5 和 11）： 1）松开张紧器棘轮（图 11-48 中的 16） 2）压紧张紧器柱塞（图 11-48 中的 17） 3）用直径 3mm 的销子（图 11-48 中的 18）把柱塞固定在压缩位置
7	安装左凸轮轴正时链条张紧器（图 11-48 中的 11）
8	拆下销子（图 11-48 中的 18）
9	用正时链条张紧工具沿逆时针方向将左侧排气凸轮轴链轮张紧（图 11-48 中的 19）
10	换装新的左进气凸轮轴链轮螺栓（图 11-48 中的 15）并紧固至 120N·m
11	换装新的左排气凸轮轴链轮螺栓（图 11-48 中的 14）并紧固至 120N·m
12	确保右凸轮轴设定/锁止工具（图 11-48 中的 4）安装好
13	安装右凸轮轴连接链条张紧器（图 11-48 中的 10）并换装新螺栓
14	安装右凸轮轴连接链条和链轮。不要拧紧螺栓
15	安装右正时链条、张紧器滑轨和正时链条导向装置（图 11-48 中的 6 和 7）
16	安装右凸轮轴正时链条张紧器（图 11-48 中的 5）
17	拆下销子（图 11-48 中的 18）
18	使用正时链条张紧工具沿逆时针方向上紧右排气凸轮轴链轮（图 11-48 中的 19）
19	换装新的右进气凸轮轴链轮螺栓（图 11-48 中的 9）并紧固至 120N·m
20	换装新的右排气凸轮轴链轮螺栓（图 11-48 中的 8）并紧固至 120N·m
21	拆下左侧和右侧凸轮轴设定/锁止工具（图 11-48 中的 4）
22	拆下曲轴定位工具（图 11-48 中的 1）
23	安装凸轮轴调节器控制阀壳体（图 11-48 中的 3）
24	安装凸轮轴调节器控制阀（图 11-48 中的 2）
25	安装曲轴带轮，换装新的曲轴带轮螺栓并紧固至 380N·m

第四节　XJ 轿车

一、XJ6 轿车 3.0L 发动机正时链条拆装

1. XJ6 轿车 3.0L 发动机正时链条部件识别

XJ6 轿车 3.0L 发动机正时链条部件识别见图 11-49。

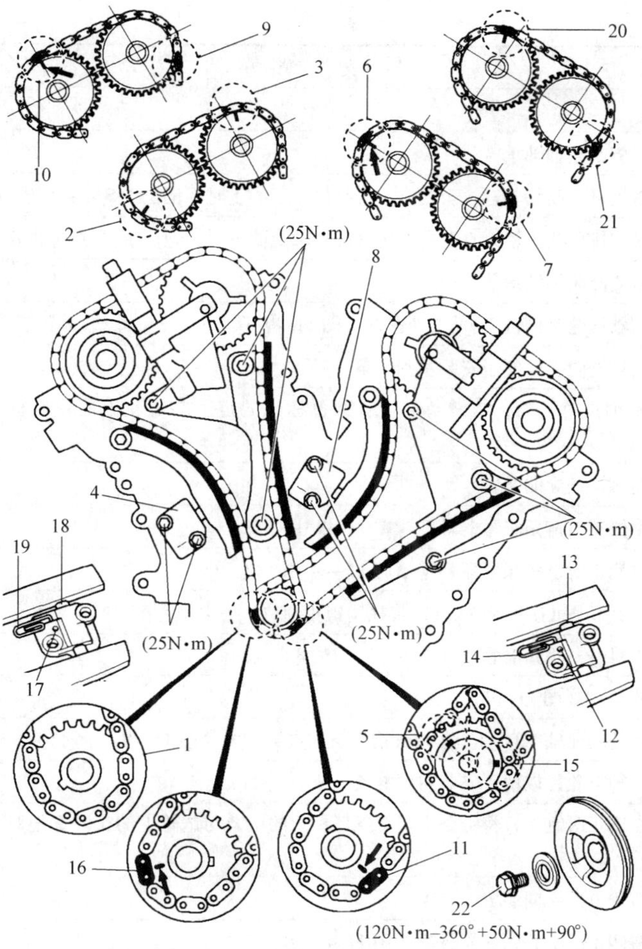

图 11-49　XJ6 轿车 3. 0L 发动机正时链条部件识别

2. XJ6 轿车 3. 0L 发动机正时链条拆装步骤

XJ6 轿车 3. 0L 发动机正时链条拆装步骤见表 11-4。

表 11-4　XJ6 轿车 3. 0L 发动机正时链条拆装步骤

拆卸	
步　骤	操作方法
1	拆卸发动机和油底壳
2	将曲轴链轮的键槽调节到 7 点钟位置（图 11-49 中的 1）
3	确保右侧进气凸轮轴上的正时标记位于 1 点钟位置（图 11-49 中的 3）
4	确保右侧排气凸轮轴上的正时标记位于 8 点钟位置（图 11-49 中的 2）
5	拆卸右侧链条张紧器（图 11-49 中的 4）、右侧链条张紧器滑轨、右侧链条导向装置和右侧链条
6	顺时针转动曲轴，直至曲轴链轮键槽位于 11 点钟位置（图 11-49 中的 5）
7	确保左侧进气凸轮轴上的正时标记位于 9 点钟位置（图 11-49 中的 6）
8	确保左侧排气凸轮轴上的正时标记位于 2 点钟位置（图 11-49 中的 7）
9	拆卸左侧链条张紧器（图 11-49 中的 8）、左侧链条张紧器滑轨、左侧链条导向装置和左侧链条

（续）

安装	
步骤	操作方法
1	拆卸右侧凸轮轴轴承盖
2	转动右侧进气凸轮轴，直至右侧进气凸轮轴上的正时标记位于5点钟位置（图11-49中的9）
3	转动右侧排气凸轮轴，直至右侧排气凸轮轴上的正时标记位于12点钟位置（图11-49中的10）
4	拧紧右侧凸轮轴轴承盖
5	确保曲轴链轮键槽位于11点钟位置（图11-49中的5）
6	安装曲轴链轮，以便于安装左侧链条
7	安装左侧正时链条，将链条上带有颜色标记的链节与链轮上的正时标记对齐（图11-49中的6、7和11）
8	安装左侧链条导向装置
9	释放左侧正时链条张紧器棘爪（图11-49中的12）
10	压下左侧正时链条张紧器柱塞（图11-49中的13）
11	用钢丝夹（图11-49中的14）将柱塞锁止到位
12	安装正时链条张紧器总成（图11-49中的8）
13	拆下钢丝夹（图11-49中的14）
14	顺时针转动曲轴120°直至曲轴键槽位于3点钟位置（图11-49中的15）
15	安装曲轴链轮，以便于安装右侧链条
16	安装右侧正时链条，将链条上带有颜色标记的链节与链轮上的正时标记对齐（图11-49中的9、10和16）
17	安装右侧链条导向装置
18	释放右侧正时链条张紧器棘爪（图11-49中的17）
19	压下右侧正时链条张紧器柱塞（图11-49中的18）
20	用钢丝夹（图11-49中的19）将柱塞锁止到位
21	安装正时链条张紧器总成（图11-49中的4）
22	拆下钢丝夹（图11-49中的19）
23	确保正时标记对齐（图11-49中的9、10、16、20、21）
24	安装曲轴带轮，换装新的曲轴带轮螺栓（图11-49中的22）并紧固至120N·m，然后将螺栓拧松360°，最后再紧固至50N·m+90°

二、XJ8轿车3.5L发动机正时链条拆装步骤

XJ8轿车3.5L发动机正时链条拆装步骤与S-TYPE轿车4.2L发动机正时链条拆装步骤相同。

三、XJ8轿车4.2L发动机正时链条拆装步骤

XJ8轿车4.2L发动机正时链条拆装步骤与S-TYPE轿车4.2L发动机正时链条拆装步骤相同。

四、XJ8 轿车 4.2L 发动机正时链条拆装步骤

XJ8 轿车 4.2L 发动机正时链条拆装步骤与 S-TYPE 轿车 4.2L 发动机正时链条拆装步骤相同。

第五节 XF 轿车

一、XF 轿车 3.0L 发动机正时链条拆装

1. XF 轿车 3.0L 发动机正时链条部件识别

XF 轿车 3.0L 发动机正时链条部件识别见图 11-50。

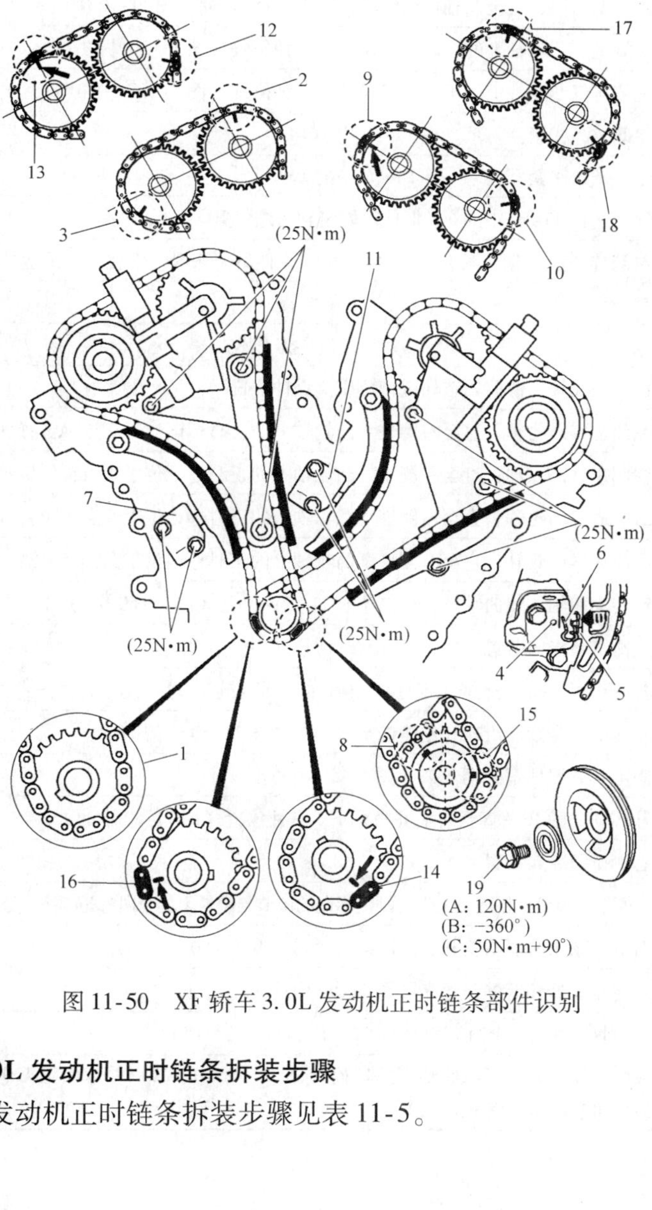

图 11-50 XF 轿车 3.0L 发动机正时链条部件识别

2. XF 轿车 3.0L 发动机正时链条拆装步骤

XF 轿车 3.0L 发动机正时链条拆装步骤见表 11-5。

表 11-5　XF 轿车 3.0L 发动机正时链条拆装步骤

拆卸	
步　骤	操作方法
1	拆卸油底壳
2	将曲轴链轮的键槽调节到 7 点钟位置（图 11-50 中的 1）
3	确保右侧进气凸轮轴上的正时标记位于 1 点钟位置（图 11-50 中的 3）
4	确保右侧排气凸轮轴上的正时标记位于 8 点钟位置（图 11-50 中的 2）
5	释放右侧链条张紧器棘爪（图 11-50 中的 4）
6	压下右侧链条张紧器柱塞（图 11-50 中的 5）
7	用钢丝夹（图 11-50 中的 6）把柱塞固定到压缩位置
8	拆卸右侧链条张紧器（图 11-50 中的 7）、右侧链条张紧器滑轨、右侧链条导向装置和右侧链条
9	顺时针转动曲轴，直至曲轴链轮键槽位于 11 点钟位置（图 11-50 中的 8）
10	确保左侧进气凸轮轴上的正时标记位于 9 点钟位置（图 11-50 中的 9）
11	确保左侧排气凸轮轴上的正时标记位于 2 点钟位置（图 11-50 中的 10）
12	释放左侧链条张紧器棘爪（图 11-50 中的 4）
13	压下左侧链条张紧器柱塞（图 11-50 中的 5）
14	用钢丝夹（图 11-50 中的 6）把柱塞固定到压缩位置
15	拆卸左侧链条张紧器（图 11-50 中的 11）、左侧链条张紧器滑轨、左侧链条导向装置和左侧链条
安装	
步　骤	操作方法
1	顺时针转动曲轴，使曲轴链轮键槽位于 9 点钟位置
2	转动左侧进气凸轮轴，直至左侧进气凸轮轴上的正时标记位于 9 点钟位置（图 11-50 中的 9）
3	转动左侧排气凸轮轴，直至左侧排气凸轮轴上的正时标记位于 2 点钟位置（图 11-50 中的 10）
4	转动右侧进气凸轮轴，直至右侧进气凸轮轴上的正时标记位于 5 点钟位置（图 11-50 中的 12）
5	转动右侧排气凸轮轴，直至右侧排气凸轮轴上的正时标记位于 12 点钟位置（图 11-50 中的 13）
6	顺时针转动曲轴，使曲轴链轮键槽位于 11 点钟位置（图 11-50 中的 8）
7	安装左侧链条导向装置
8	安装左侧正时链条，将链条上带有颜色标记的链节与链轮上的正时标记对齐（图 11-50 中的 9、10 和 14）
9	安装左侧链条张紧器滑轨和左侧链条张紧器（图 11-50 中的 11）
10	拆下固定张紧器柱塞的钢丝夹（图 11-50 中的 6）
11	顺时针转动曲轴 120°直至曲轴键槽位于 3 点钟位置（图 11-50 中的 15）
12	安装右侧链条导向装置
13	安装右侧正时链条，将链条上带有颜色标记的链节与链轮上的正时标记对齐（图 11-50 中的 12、13 和 16）
14	安装右侧链条张紧器滑轨和右侧链条张紧器（图 11-50 中的 7）
15	拆下固定张紧器柱塞的钢丝夹（图 11-50 中的 6）
16	确保正时标记对齐（图 11-50 中的 12、13、16、17、18）
17	安装曲轴带轮，换装新的曲轴带轮螺栓（图 11-50 中的 22）并紧固至 120N·m，然后将螺栓拧松 360°，最后再紧固至 50N·m+90°

二、XF 轿车 4.2L 发动机正时链条拆装步骤

XR 轿车 4.2L 发动机正时链条拆装步骤与第三节 XK8 轿车 4.2L 发动机正时链条拆装步骤相同。

三、XF 轿车 4.2L 增压发动机正时链条拆装

1. XF 轿车 4.2L 增压发动机正时链条部件识别

XF 轿车 4.2L 增压发动机正时链条部件识别见图 11-51。

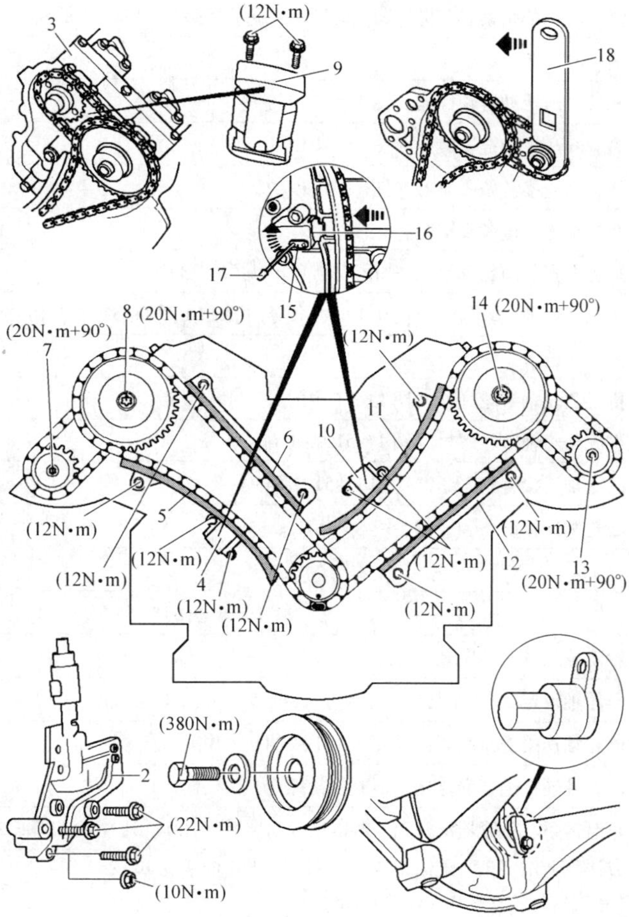

图 11-51 XF 轿车 4.2L 增压发动机正时链条部件识别

2. XF 轿车 4.2L 增压发动机正时链条拆装步骤

XF 轿车 4.2L 增压发动机正时链条拆装步骤见表 11-6。

表 11-6　XF 轿车 4.2L 增压发动机正时链条拆装步骤

拆卸	
步骤	操作方法
1	拆下曲轴位置传感器
2	转动曲轴，调节孔的位置，以便安装曲轴定位工具（图 11-51 中的 1）
3	安装曲轴定位工具（图 11-51 中的 1）
4	确保凸轮轴上的平头朝上，如果不符合要求，则拆下曲轴定位工具（图 11-51 中的 1），将曲轴转动 360°
5	拆下凸轮轴调节器控制阀壳体（图 11-51 中的 2）
6	把凸轮轴设定/锁止工具安装到右气缸盖上（图 11-51 中的 3）
7	拆卸右侧正时链条张紧器、滑轨和正时链条导向装置（图 11-51 中的 4、5 和 6）
8	拆卸右侧正时链条
9	拆下右侧排气凸轮轴链轮螺栓（图 11-51 中的 7）
10	拆下右侧进气凸轮轴链轮螺栓（图 11-51 中的 8）
11	拆下右凸轮轴连接链条张紧器（图 11-51 中的 9）
12	拆下右凸轮轴连接链条和链轮
13	在左气缸盖上安装凸轮轴设定/锁止工具（图 11-51 中的 3）
14	拆卸左侧正时链条张紧器、滑轨和正时链条导向装置（图 11-51 中的 10、11 和 12）
15	拆卸左侧正时链条
16	拆下左排气凸轮轴链轮螺栓（图 11-51 中的 13）
17	拆下左进气凸轮轴链轮螺栓（图 11-51 中的 14）
18	拆卸左凸轮轴连接链条张紧器（图 11-51 中的 9）
19	拆卸左凸轮轴连接链条和链轮
安装	
步骤	操作方法
1	确保曲轴定位工具正确安装（图 11-51 中的 1）
2	确保左凸轮轴设定/锁止工具安装正确（图 11-51 中的 3）
3	安装左凸轮轴连接链条张紧器（图 11-51 中的 9）并换装新螺栓
4	安装左凸轮轴连接链条和链轮。不要拧紧螺栓
5	安装左正时链条、张紧器滑轨和正时链条导向装置（图 11-51 中的 11 和 12）
6	按下列方法重新设定正时链条张紧器（图 11-51 中的 4 和 10）： 1）松开张紧器棘轮（图 11-51 中的 15） 2）压紧张紧器柱塞（图 11-51 中的 16） 3）用直径 3mm 的销子（图 11-51 中的 17）把柱塞固定在压缩位置
7	安装左凸轮轴正时链条张紧器（图 11-51 中的 10）
8	拆下销子（图 11-51 中的 17）
9	用正时链条张紧工具沿逆时针方向将左侧排气凸轮轴链轮张紧（图 11-51 中的 18）
10	换装新的左进气凸轮轴链轮螺栓（图 11-51 中的 14）并紧固至 20N · m + 90°
11	换装新的左排气凸轮轴链轮螺栓（图 11-51 中的 13）并紧固至 20N · m + 90°

（续）

安　　装	
步　　骤	操 作 方 法
12	确保右凸轮轴设定/锁止工具（图 11-51 中的 3）安装好
13	安装右凸轮轴连接链条张紧器（图 11-51 中的 9）并换装新螺栓
14	安装右凸轮轴连接链条和链轮。不要拧紧螺栓
15	安装右正时链条、张紧器滑轨和正时链条导向装置（图 11-51 中的 5 和 6）
16	安装右凸轮轴正时链条张紧器（图 11-51 中的 4）
17	拆下销子（图 11-51 中的 17）
18	使用正时链条张紧工具沿逆时针方向上紧右排气凸轮轴链轮（图 11-51 中的 18）
19	换装新的右进气凸轮轴链轮螺栓（图 11-51 中的 8）并紧固至 20N · m + 90°
20	换装新的右排气凸轮轴链轮螺栓（图 11-51 中的 7）并紧固至 20N · m + 90°
21	拆下左侧和右侧凸轮轴设定/锁止工具（图 11-51 中的 3）
22	拆下曲轴定位工具（图 11-51 中的 1）
23	安装凸轮轴调节器控制阀壳体壳体（图 11-51 中的 2）
24	安装曲轴带轮，换装新的曲轴带轮螺栓并紧固至 380N · m

第十二章

PEUGEOT（标致）车系

第一节　607 轿车

607 轿车 2. 2L 发动机正时带拆装步骤

1. 607 轿车 2. 2L 发动机正时带部件识别

607 轿车 2. 2L 发动机正时带部件识别见图 12-1。

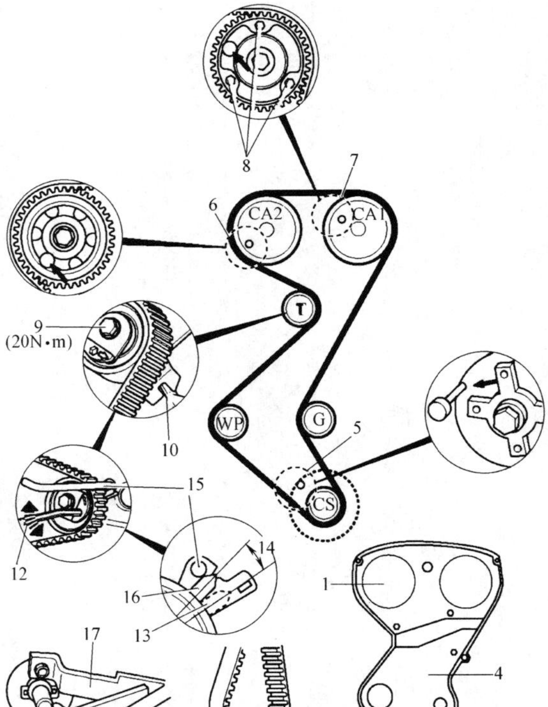

图 12-1　607 轿车 2. 2L 发动机正时带部件

2. 607 轿车 2.2L 发动机正时带拆装步骤

607 轿车 2.2L 发动机正时带拆装步骤见表 12-1。

表 12-1 607 轿车 2.2L 发动机正时带拆装步骤

步骤	操作方法
拆卸	
1	举升并支撑车辆
2	拆卸发动机罩
3	拆卸右前车轮
4	拆卸发动机附件传动带
5	拆卸正时带上盖（图 12-1 中的 1）
6	拆卸曲轴带轮固定螺栓（图 12-1 中的 2）
7	拆卸曲轴带轮（图 12-1 中的 3）
8	拆卸正时带下盖（图 12-1 中的 4）
9	顺时针转动曲轴到设定位置
10	把正时销插入曲轴带轮的轴孔内（图 12-1 中的 5）
11	把正时销插入排气凸轮轴链轮内（图 12-1 中的 6）
12	把正时销插入进气凸轮轴链轮内（图 12-1 中的 7）
13	不要松开进气凸轮轴链轮的螺栓（图 12-1 中的 8）
14	松开正时带张紧器轮螺栓（图 12-1 中的 9）
15	把正时带张紧器支架从气缸体加强筋上松开（图 12-1 中的 10）
16	把正时带张紧器轮从正时带处移开
17	拆下正时带。注意：正时带一旦拆下，就必须换用新的正时带
安装	
步骤	操作方法
1	确保各个正时销（图 12-1 中的 5、6、7）均安装正确
2	将正时带安装到曲轴链轮上
3	用固定夹（图 12-1 中的 11）把正时带固定到曲轴链轮上
4	把正时带安装到导轮上（图 12-1 中的 G）
5	把正时带安装到进气凸轮轴链轮上（图 12-1 中的 CA1）
6	把正时带安装到排气凸轮轴链轮上（图 12-1 中的 CA2）

（续）

安装	
步　骤	操作方法
7	把正时带安装到水泵链轮上（图 12-1 中的 WP）
8	把正时带安装到正时带张紧器轮上（图 12-1 中的 T）
9	把正时带张紧器支架安装到气缸体加强筋上（图 12-1 中的 10）
10	用手把正时带轮螺栓（图 12-1 中的 9）拧紧
11	从正时带上拆下固定夹（图 12-1 中的 11）
12	用内六角扳手（图 12-1 中的 12）逆时针转动张紧器，使正时带张紧。确保指针指向图 12-1 中 13 所示的位置
13	确保指针从槽口移开至少 10°（图 12-1 中的 14）
14	插入正时带张紧器定位工具（图 12-1 中的 15）
15	用内六角扳手（图 12-1 中的 12）顺时针转动张紧器，直至指针（图 12-1 中的 16）和正时带张紧器定位工具（图 12-1 中的 15）接触。注意：指针和槽口也要对齐
16	将正时带张紧器轮螺栓紧固至 20N·m
17	拆卸正时带张紧器定位工具（图 12-1 中的 15）
18	拆卸正时销（图 12-1 中的 5、6、7）
19	顺时针转动曲轴到设定位置
20	确保指针和槽口对齐（图 12-1 中的 16）
21	把正时销插入进气凸轮轴链轮中（图 12-1 中的 7）
22	把正时销插入曲轴带轮的轴孔中（图 12-1 中的 5）
23	紧固曲轴带轮轴孔螺栓（图 12-1 中的 18），紧固力矩为 40N·m+50°
24	拆下正时销（图 12-1 中的 5 和 7）
25	按照与拆卸相反的顺序安装其他部件
26	紧固曲轴带轮螺栓（图 12-1 中的 2），紧固力矩为 20N·m

第二节　207 轿车

207 轿车 1.6L（NFU）发动机正时带拆装步骤如下：

1. 207 轿车 1.6L 发动机正时带部件识别

207 轿车 1.6L 发动机正时带部件识别见图 12-2。

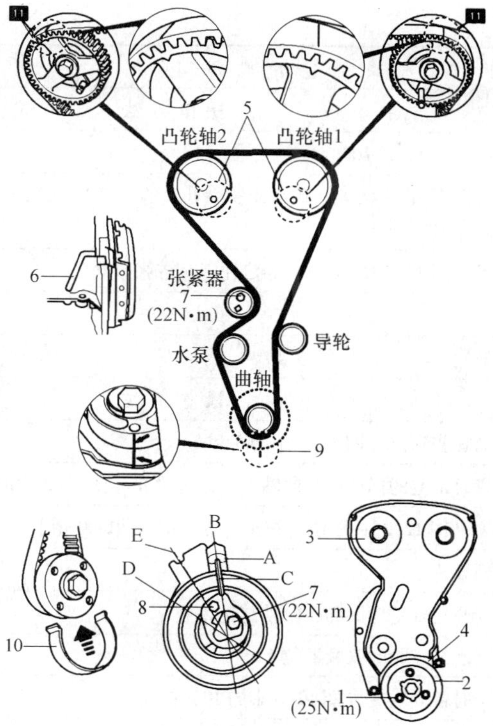

图 12-2　207 轿车 1. 6L 发动机正时带部件

2. 207 轿车 1. 6L 发动机正时带拆装步骤

207 轿车 1. 6L 发动机正时带拆装步骤见表 12-2。

表 12-2　207 轿车 1. 6L 发动机正时带拆装步骤

拆卸	
步骤	操作方法
1	升起并支持车辆前部
2	拆卸右前轮
3	拆卸发动机附件传动带罩
4	拆卸发动机附件传动带
5	拆卸曲轴带轮螺栓（图 12-2 中的 1）
6	拆卸曲轴带轮（图 12-2 中的 2）
7	支撑发动机
8	拆卸发动机支座
9	拆卸正时带上盖（图 12-2 中的 3）
10	拆卸正时带下盖（图 12-2 中的 4）
11	松开空调管路固定夹，把空调管路挪到一旁
12	把曲轴顺时针转到 1 缸上止点位置
13	在凸轮轴链轮上插入正时销（图 12-2 中的 5）
14	在飞轮上插入正时销（图 12-2 中的 6）

（续）

拆　卸	
步　骤	操 作 方 法
15	松开张紧器螺栓（图 12-2 中的 7）
16	用内六角扳手（图 12-2 中的 8）转动张紧器轮，直至指针（图 12-2 中的 A）达到图示中的位置（图 12-2 中的 B）
17	插入合适的销子（图 12-2 中的 C），固定住正时带张紧器
18	拆卸正时带
安　装	
步　骤	操 作 方 法
1	确保正时销正确安装到位（图 12-2 中的 5 和 6）
2	安装正时带。正时带上的标记应与曲轴上的标记对齐（图 12-2 中的 9）
3	用正时带固定夹（图 12-2 中的 10）把正时带固定到曲轴链轮上
4	把正时带安装到导轮上
5	把正时带安装到凸轮轴链轮 1 和凸轮轴链轮 2 上
6	把正时带安装到水泵链轮和张紧器轮上
7	从正时带上把正时带固定夹（图 12-2 中的 10）拆下
8	拆下固定正时带张紧器的销子（图 12-2 中的 C）
9	用内六角扳手（图 12-2 中的 8）转动张紧器轮，直至指针（图 12-2 中的 A）达到图示中的位置（图 12-2 中的 D）
10	把正时带张紧器螺栓（图 12-2 中的 7）紧固至 22N·m
11	确保凸轮轴链轮上的正时标记对齐（图 12-2 中的 9 和 11）
12	确保凸轮轴链轮上的正时标记对齐（图 12-2 中的 9 和 11）
13	拆下正时销（图 12-2 中的 5 和 6）
14	顺时针转动曲轴 4 周至 1 缸上止点位置
15	插入正时销（图 12-2 中的 5 和 6）
16	松开正时带张紧器螺栓（图 12-2 中的 7）
17	用内六角扳手（图 12-2 中的 8）转动张紧器，使指针（图 12-2 中的 A）与图中所示位置（图 12-2 中的 E）对齐
18	把正时带张紧器螺栓（图 12-2 中的 7）紧固至 22N·m
19	顺时针转动曲轴 2 周
20	插入正时销（图 12-2 中的 5 和 6）
21	检查正时带张紧器位置是否正确，如果不正确，应重复上述操作
22	拆下正时销（图 12-2 中的 5 和 6）
23	安装其他部件
24	把曲轴带轮螺栓（图 12-2 中的 1）紧固至 25N·m

第十三章

CITERON（雪铁龙）车系

第一节　C3 轿车

C3 轿车 1.6L 发动机正时带拆装步骤

1. C3 轿车 1.6L 发动机正时带部件识别

C3 轿车 1.6L 发动机正时带部件识别见图 13-1。

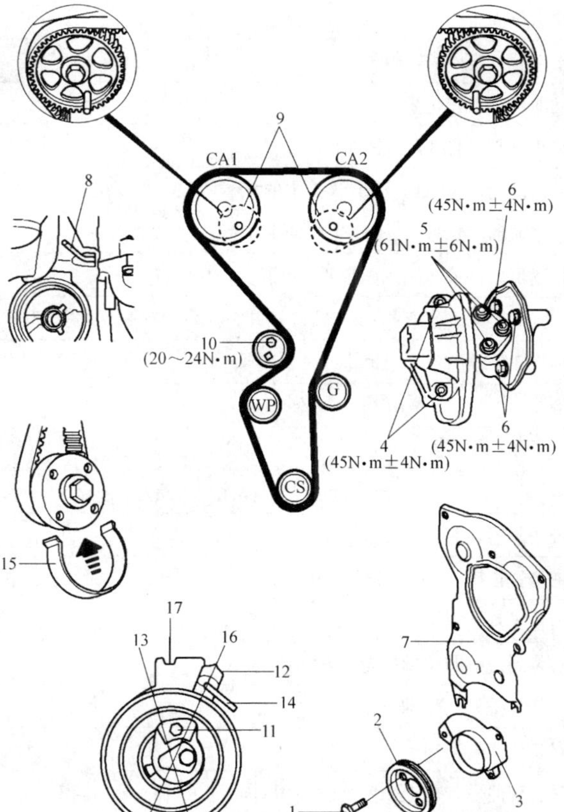

图 13-1　C3 轿车 1.6L 发动机正时带部件识别及紧固力矩

2. C3 轿车 1.6L 发动机正时带拆装步骤

C3 轿车 1.6L 发动机正时带拆装步骤见表 13-1。

表 13-1　C3 轿车 1.6L 发动机正时带拆装步骤

拆卸	
步骤	操作方法
1	举升并支撑车辆
2	拆卸右前车轮
3	拆卸右侧挡泥板
4	拆卸发动机附件传动带
5	拆卸曲轴带轮螺栓（图 13-1 中的 1）
6	拆卸曲轴带轮（图 13-1 中的 2）
7	拆下机油滤清器
8	支撑发动机
9	拆卸正时带底罩（图 13-1 中的 3）
10	拆卸发动机右侧固定螺栓（图 13-1 中的 4 和 5）
11	拆卸发动机右侧固定件
12	拆卸发动机右侧固定支架螺栓（图 13-1 中的 6）
13	拆卸发动机右侧固定支架
14	拆卸正时带上罩（图 13-1 中的 7）
15	顺时针转动曲轴到设定位置
16	安装飞轮锁止工具（图 13-1 中的 8）
17	把正时销插入凸轮轴链轮内（图 13-1 中的 9）
18	松开正时带张紧器轮螺栓（图 13-1 中的 10）
19	在正时带张紧器轮内插入内六角扳手（图 13-1 中的 11）
20	顺指针转动张紧器轮，直至指针（图 13-1 中的 12）与图 13-1 中 13 所示的位置对齐
21	用限位销（图 13-1 中的 14）锁止张紧器轮
22	拆卸正时带
安装	
步骤	操作方法
1	检查正时带张紧器轮是否能顺滑转动
2	确保正时销位置正确（图 13-1 中的 9）
3	确保飞轮锁止工具位置正确（图 13-1 中的 8）
4	把正时带安装到进气凸轮轴链轮（CA1）上
5	把正时带安装到排气凸轮轴链轮（CA2）上
6	把正时带安装到惰轮上
7	把正时带安装到曲轴带轮上。安装时要用固定夹（图 13-1 中的 15）
8	将正时带安装到水泵轮上

（续）

安装	
步骤	操作方法
9	将正时带安装到正时带张紧器轮上
10	拆卸正时销（图 13-1 中的 9）
11	拆卸飞轮锁止工具（图 13-1 中的 8）
12	拆卸固定夹（图 13-1 中的 15）
13	在正时带张紧器轮内插入内六角扳手，见图 13-1 中的 11
14	拆下正时带张紧器上插入的限位销（图 13-1 中的 14）
15	转动张紧器轮，直至指针（图 13-1 中的 12）达到图 13-1 中 16 所示的位置
16	用限位销（图 13-1 中的 14）锁止张紧器轮
17	把张紧器轮的固定螺栓紧固到 10N · m
18	顺时针转动曲轴到设定位置
19	安装飞轮锁止工具（图 13-1 中的 8）
20	把正时销插入凸轮轴链轮内（图 13-1 中的 9）
21	拆下飞轮锁止工具（图 13-1 中的 8）和正时销（图 13-1 中的 9）
22	在正时带张紧器轮内插入内六角扳手（图 13-1 中的 11）
23	松开正时带张紧器轮螺栓（图 13-1 中的 10）
24	从张紧器轮上拆下限位销（图 13-1 中的 14）
25	转动张紧器轮，直至指针（图 13-1 中的 12）与槽（图 13-1 中的 17）对齐
26	用内六角扳手（图 13-1 中的 11）固定住张紧器轮，将张紧器轮螺栓（图 13-1 中的 10）紧固到 20 ~ 24N · m
27	安装右侧发动机固定支架
28	紧固右侧发动机固定支架螺栓（图 13-1 中的 6）
29	安装右侧发动机固定件
30	紧固右侧发动机固定件螺栓（图 13-1 中的 4）
31	紧固发动机右侧固定螺栓（图 13-1 中的 5）
32	按照与拆卸相反顺序安装其他部件
33	紧固曲轴带轮螺栓（图 13-1 中的 1）

第二节 C4 轿车

C4 轿车 2. 0L 发动机正时带拆装步骤

1. C4 轿车 2. 0L 发动机正时带部件识别

C4 轿车 2. 0L 发动机正时带部件识别见图 13-2。

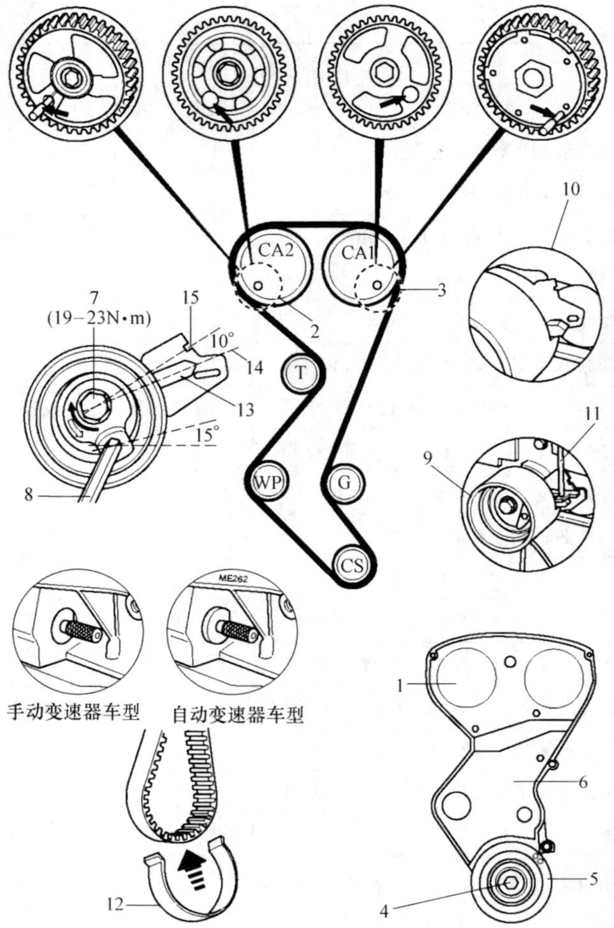

图 13-2　C4 轿车 2.0L 发动机正时带部件识别及紧固力矩

2. C4 轿车 2.0L 发动机正时带拆装步骤

C4 轿车 2.0L 发动机正时带拆装步骤见表 13-2。

表 13-2　C4 轿车 2.0L 发动机正时带拆装步骤

拆卸	
步　骤	操作方法
1	举升并支撑车辆
2	拆卸右前车轮
3	拆卸右侧挡泥板
4	拆卸发动机附件传动带
5	松开燃油供油管（在正时带罩上）
6	支撑发动机
7	拆卸右侧发动机固定件
8	拆卸正时带底罩（图 13-2 中的 1）
9	顺时针转动曲轴到设定位置

（续）

拆　卸	
步　骤	操作方法
10	安装飞轮/驱动盘锁止工具
11	断开动力转向系统管路。将管路移到一边
12	在凸轮轴链轮上安装正时销（图 13-2 中的 2 和 3）
13	拆卸曲轴带轮螺栓（图 13-2 中的 4）
14	拆卸曲轴带轮（图 13-2 中的 5）
15	拆卸正时带底罩（图 13-2 中的 6）
16	松开正时带张紧器轮螺栓（图 13-2 中的 7）
17	用内六角扳手（图 13-2 中的 8）顺时针转动正时带张紧器轮
18	拆卸正时带
安　装	
步　骤	操作方法
1	确保飞轮/驱动盘锁止工具安装正确
2	确保正时销位置正确（图 13-2 中的 2 和 3）
3	把调整工具安装到正时带张紧器轮上（图 13-2 中的 9）
4	顺时针转动正时带张紧器轮，直至指针通过槽口（图 13-2 中的 10）
5	在张紧器轮上安装锁止工具（图 13-2 中的 11）
6	从张紧器轮上拆下调整工具（图 13-2 中的 9）。注意：确保曲轴键槽在 9 点钟位置
7	将正时带安装到曲轴链轮上
8	用固定夹把正时带固定到曲轴链轮上
9	按照惰轮、进气凸轮轴链轮（CA1）、排气凸轮轴链轮（CA2）、水泵链轮和张紧器轮的安装顺序，将正时带安装好
10	拆下专用工具（图 13-2 中的 2、11、12）
11	安装正时带底罩（图 13-2 中的 6）
12	安装曲轴带轮（图 13-2 中的 5）
13	紧固曲轴带轮螺栓（图 13-2 中的 4），紧固力矩为（40 ±4）N·m +（40 ±4）°
14	用内六角扳手（图 13-2 中的 8）逆时针转动张紧器轮，直至指针（图 13-2 中的 13）到达图 13-2 中 14 所示的位置
15	顺时针转动张紧器轮，直至指针（图 13-2 中的 13）和槽口（图 13-2 中的 15）对齐
16	紧固张紧器轮螺栓（图 13-2 中的 7）
17	拆卸飞轮/驱动盘锁止工具和正时销（图 13-2 中的 3）
18	顺时针转动曲轴 10 周，直至曲轴到达设置位置
19	在进气凸轮轴链轮上插入正时销（图 13-2 中的 3）
20	确保指针（图 13-2 中的 13）和槽口（图 13-2 中的 15）对齐
21	从进气凸轮轴链轮上拆下正时销（图 13-2 中的 3）
22	按照与拆卸相反的顺序安装其他部件

第三节　C5 轿车

C5 轿车 3.0L 发动机正时带拆装步骤

1. C5 轿车 3.0L 发动机正时带部件识别

C5 轿车 3.0L 发动机正时带部件识别见图 13-3。

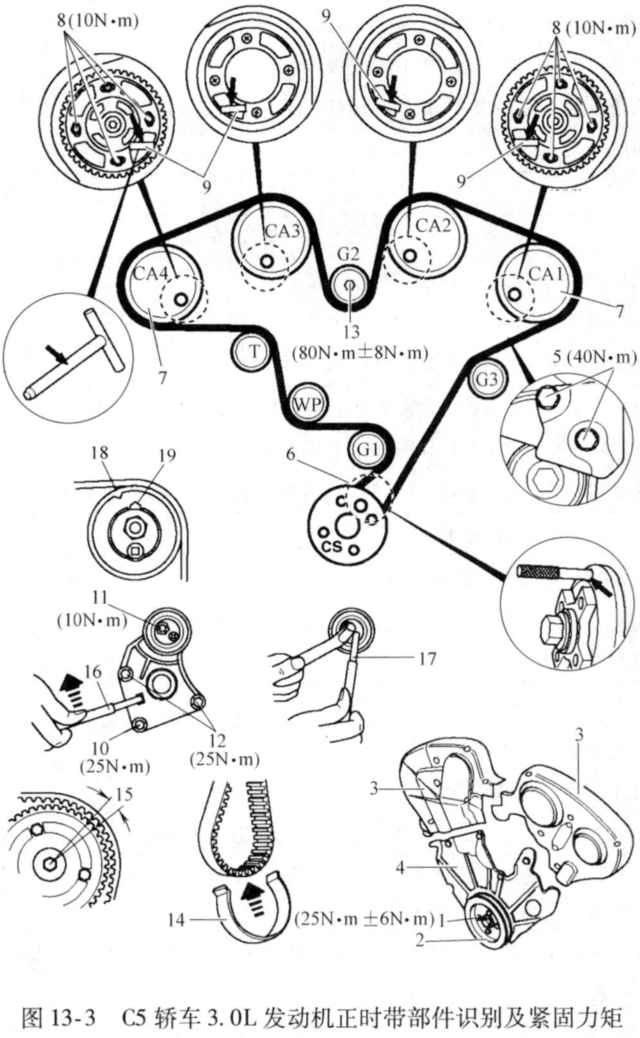

图 13-3　C5 轿车 3.0L 发动机正时带部件识别及紧固力矩

2. C5 轿车 3.0L 发动机正时带拆装步骤

C5 轿车 3.0L 发动机正时带拆装步骤见表 13-3。

表 13-3　C5 轿车 3.0L 发动机正时带拆装步骤

拆　　卸	
步　　骤	操 作 方 法
1	支撑发动机
2	拆下发动机上罩
3	释放燃油压力
4	松开冷却液膨胀罐顶部软管和燃油管的紧固卡夹
5	拆下动力转向管前面的两个支架螺栓
6	断开冷却液膨胀罐接头
7	拆下：冷却液膨胀罐，扭力反作用杆，右发动机座，发动机附件传动带，动力转向泵带轮，发动机附件传动带张紧器，曲轴带轮螺栓（图 13-3 中的 1），曲轴带轮（图 13-3 中的 2），正时带上罩（图 13-3中的 3），正时带下罩（图 13-3 中的 4），螺栓和支架（图 13-3 中的 5）
8	顺时针转动曲轴，使曲轴位于设定位置
9	插入曲轴正时销（图 13-3 中的 6）
10	用力保持排气凸轮轴链轮（图 13-3 中的 7）的位置
11	拧松排气凸轮轴链轮上的各个螺栓（图 13-3 中的 8）
12	在凸轮轴链轮的相应位置（图 13-3 中的 9）插入正时销
13	拆下张紧器螺栓（图 13-3 中的 10）
14	拧松张紧轮螺母（图 13-3 中的 11）
15	拧松张紧器螺栓（图 13-3 中的 12）
16	转动张紧轮，使张紧轮离开传动带
17	拆下导轮 G2（图 13-3 中的 13） 注意：若要重复使用正时带，则用粉笔标出方向
18	拆下正时带
安　　装	
步　　骤	操 作 方 法
1	确保曲轴正时销（图 13-3 中的 6）位于正确的位置
2	确保正时销安装在凸轮轴链轮的正确位置（图 13-3 中的 9）
3	确保排气凸轮轴链轮可以自由转动，且转动时不发生偏摆
4	在长圆孔中尽量沿顺时针方向旋转排气凸轮轴链轮
5	将正时带安装到曲轴链轮上
6	安装正时带保持夹（图 13-3 中的 14）
7	按下列顺序安装正时带：导轮（图 13-3 中的 G3），凸轮轴链轮（图 13-3 中的 CA1），凸轮轴链轮（图 13-3 中的 CA2）
8	安装导轮（图 13-3 中的 13）。紧固力矩：(80 ± 8) N · m
9	按顺序安装正时带：导轮（图 13-3 中的 G2），凸轮轴链轮（图 13-3 中的 CA3），凸轮轴链轮（图 13-3 中的 CA4），张紧轮，水泵链轮，导轮（图 13-3 中的 G1） 注意：观察正时带上的旋转方向或确保正时带的字母从发动机前端能清楚看到。逆时针旋转排气凸轮轴链轮，直到与正时带齿牙对齐。链轮的移动角度不能超过一个齿牙（图 13-3 中的 15）

（续）

安　装	
步　骤	操 作 方 法
10	使用专用工具（图 13-3 中的 16）将张紧器架移到正确的位置并安装螺栓（图 13-3 中的 10）
11	拧紧张紧器螺栓（图 13-3 中的 10 和 12），紧固力矩：25N·m
12	使用专用工具（13-3 中的 17）将张紧轮推到正时带上
13	拧紧张紧轮螺母（图 13-3 中的 11），紧固力矩：10N·m 注意：确保排气凸轮轴链轮上的每个螺栓不在长圆孔底部。若有必要，则重复安装程序
14	对于每个排气凸轮轴链轮，至少拧紧两个螺栓（图 13-3 中的 8）。紧固力矩：10N·m
15	拆下正时销（图 13-3 中的 6 和 9）和正时带保持夹（图 13-3 中的 14）
16	顺时针慢慢转动曲轴两圈。注意：不要使曲轴逆时针转动
17	插入曲轴正时销（图 13-3 中的 6）
18	在凸轮轴链轮相应位置（图 13-3 中的 9）插入正时销
19	拧松张紧轮螺母（图 13-3 中的 11）
20	使用专用工具调整张紧器，直到标记（图 13-3 中的 18 和 19）对齐，不要松开正时带。注意：若正时带松动，则重复张紧过程
21	拧紧张紧轮螺母（图 13-3 中的 11），紧固力矩：10N·m
22	确保张紧轮标记（图 13-3 中的 18 和 19）对齐
23	拆下正时销（图 13-3 中的 6 和 9）
24	顺时针慢慢旋转曲轴两圈。注意：不要使曲轴逆时针转动
25	插入曲轴正时销（图 13-3 中的 6）
26	确保张紧轮标记（图 13-3 中的 18 和 19）对齐
27	将正时销插入凸轮轴链轮的相应位置（图 13-3 中的 9）
28	若正时销可以插入，则将排气凸轮轴链轮螺栓拧松 45°
29	若正时销不能插入，则将排气凸轮轴链轮螺栓拧松 45°，并且应使用专用工具使链轮处于正确的位置。注意：确保排气凸轮轴上的每个螺栓不在长圆孔的底部。若有必要，重复安装程序
30	拧紧每个排气凸轮轴链轮螺栓（图 13-3 中 8），紧固力矩：10N·m
31	拆下正时销（图 13-3 中的 6 和 9）
32	安装螺栓和支架（图 13-3 中的 5），紧固力矩：40N·m
33	按与拆卸相反的顺序安装其他部件
34	拧紧曲轴带轮螺栓（图 13-3 中的 1），紧固力矩：(25 ±6) N·m

第十四章

FIAT（菲亚特）车系

第一节　菲亚特 500 轿车

一、菲亚特 500 轿车 1.4L 发动机正时带部件识别

菲亚特 500 轿车 1.4L 发动机正时带部件识别见图 14-1。

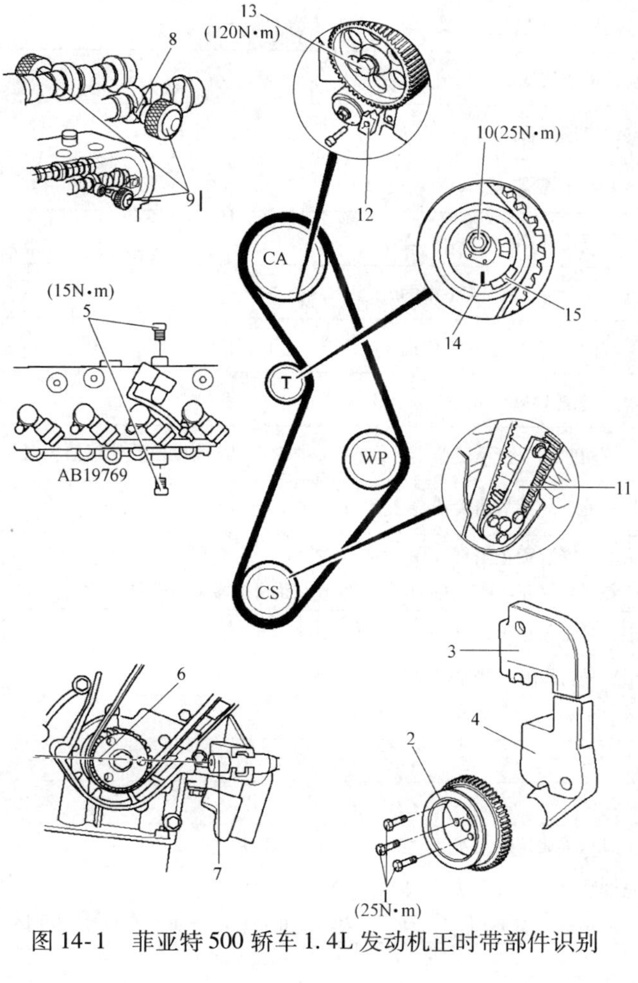

图 14-1　菲亚特 500 轿车 1.4L 发动机正时带部件识别

二、菲亚特500轿车1.4L发动机正时带拆装步骤

菲亚特500轿车1.4L发动机正时带拆装步骤见表14-1。

表14-1 菲亚特500轿车1.4L发动机正时带拆装步骤

拆卸	
步骤	操作方法
1	举升并支撑车辆前部
2	拆卸车身横梁与底盘之间的稳定杆
3	拆卸右前车轮
4	拆卸右前轮拱
5	拆卸发动机附件传动带罩
6	拆卸发动机附件传动带
7	把发动机冷却液膨胀罐移到一旁
8	支撑发动机
9	拆卸右侧发动机支座和支架
10	拆卸发动机空气滤清器总成
11	拆卸发动机进气管路
12	拆卸曲轴带轮螺栓（图14-1中的1）
13	拆卸曲轴带轮（图14-1中的2）
14	拆卸正时带上盖（图14-1中的3）
15	拆卸正时带下盖（图14-1中的4）
16	拆卸堵头（图14-1中的5）
17	顺时针转动曲轴，直至定位销（图14-1中的6）与曲轴位置传感器相对（图14-1中的7）
18	确保凸轮轴上的槽与堵头孔（图14-1中的8）对齐
19	在凸轮轴上安装锁止工具（图14-1中的9） 注意：定位销（图14-1中的6）与曲轴位置传感器必须保持相对（图14-1中的7）
20	松开正时带张紧轮螺母（图14-1中的10）
21	用专用工具将正时带张紧轮从正时带处移开
22	拆卸正时带
安装	
步骤	操作方法
1	检查正时带张紧轮和水泵轮，确保它们转动顺畅
2	安装曲轴锁止工具（图14-1中的11） 注意：定位销（图14-1中的6）与曲轴位置传感器必须保持相对（图14-1中的7）

（续）

安　装	
步　骤	操作方法
3	安装凸轮轴链轮锁止工具（图 14-1 中的 12）
4	松开凸轮轴链轮螺栓（图 14-1 中的 13）
5	拆卸凸轮轴链轮锁止工具（图 14-1 中的 12） 注意：确保凸轮轴链轮转动顺畅
6	按照曲轴链轮（图 14-1 中的 CS）、水泵链轮（图 14-1 中的 WP）、凸轮轴链轮（图 14-1 中的 CA）和张紧轮（图 14-1 中的 T）的顺序将正时带安装上 注意：要确保正时带在链轮之间的非张紧侧是绷紧的
7	逆时针转动正时带张紧轮直至槽口（图 14-1 中的 15）到达限位位置
8	将正时带张紧轮螺母（图 14-1 中的 10）紧固至 25N · m
9	安装凸轮轴链轮锁止工具（图 14-1 中的 12）
10	将凸轮轴链轮螺栓（图 14-1 中的 13）紧固至 120N · m
11	拆卸凸轮轴链轮锁止工具（图 14-1 中的 12）
12	拆卸凸轮轴锁止工具（图 14-1 中的 9）
13	拆卸曲轴锁止工具（图 14-1 中的 11）
14	顺时针转动曲轴 2 周到达设定位置
15	松开正时带张紧轮螺母（图 14-1 中的 10）
16	转动正时带张紧轮，使指针（图 14-1 中的 14）与槽口（图 14-1 中的 15）对齐
17	将正时带张紧轮螺母（图 14-1 中的 10）紧固至 25N · m
18	顺时针转动曲轴 2 周到达设定位置
19	确保凸轮轴上的槽与堵头孔（图 14-1 中的 8）对齐
20	确保凸轮轴锁止工具（图 14-1 中的 9）均能便捷地安装到凸轮轴上
21	确保曲轴锁止工具（图 14-1 中的 11）能安装到曲轴上
22	按照与拆卸相反的顺序安装其他部件
23	将曲轴带轮螺栓（图 14-1 中的 1）紧固到 25N · m

第二节　菲亚特 BRAVO 轿车

一、菲亚特 BRAVO 轿车 1.4L 发动机正时带部件识别

菲亚特 BRAVO 轿车 1.4L 发动机正时带部件识别见图 14-2。

二、菲亚特 BRAVO 轿车 1.4L 发动机正时带拆装步骤

菲亚特 BRAVO 轿车 1.4L 发动机正时带拆装步骤见表 14-2。

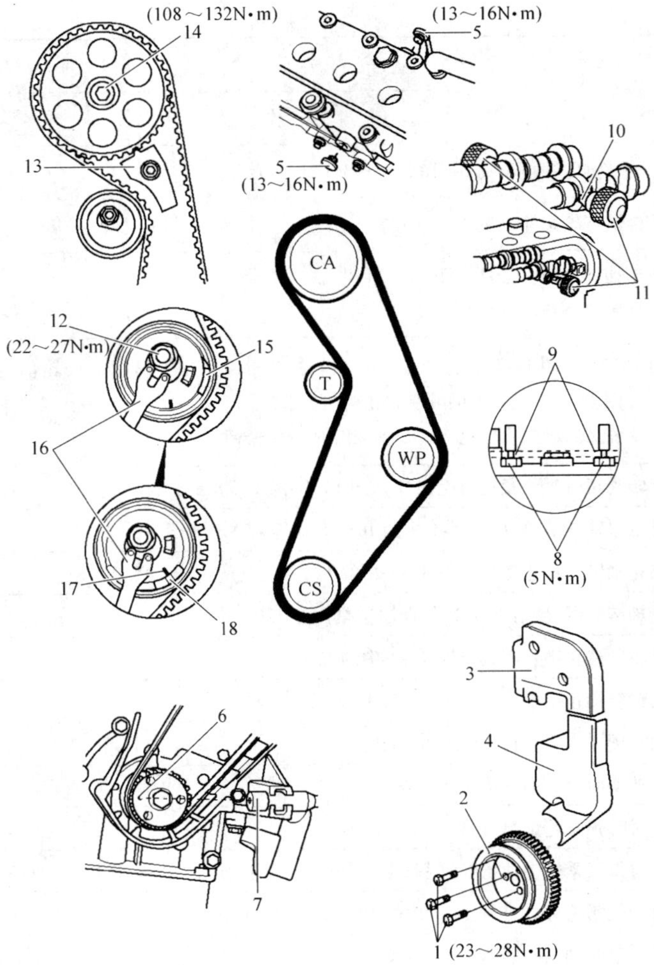

图 14-2　菲亚特 BRAVO 轿车 1.4L 发动机正时带部件识别

表 14-2　菲亚特 BRAVO 轿车 1.4L 发动机正时带拆装步骤

拆　卸	
步　骤	操 作 方 法
1	举升并支撑车辆前部
2	拆卸右前车轮
3	拆卸发动机下部挡板
4	拆卸右前轮拱
5	拆卸发动机空气滤清器总成
6	拆卸燃油总管和喷油器
7	拆卸发动机附件传动带
8	拆卸曲轴带轮螺栓（图 14-2 中的 1）
9	拆卸曲轴带轮（图 14-2 中的 2）
10	拆卸发动机冷却液膨胀罐但不要断开冷却液软管

（续）

拆　卸	
步　骤	操作方法
11	支撑发动机
12	拆卸右侧发动机支座和支架
13	拆卸正时带上盖（图 14-2 中的 3）
14	拆卸正时带下盖（图 14-2 中的 4）
15	拆卸点火线圈
16	拆卸火花塞
17	拆卸堵头（图 14-2 中的 5）
18	顺时针转动曲轴，直至定位销（图 14-2 中的 6）与曲轴位置传感器彼此相对（图 14-2 中的 7）
19	将活塞定位工具（图 14-2 中的 8）装入气缸 3 和气缸 4 中，并紧固至 5N · m
20	轻微转动曲轴，使 2 个活塞定位工具的槽口与上表面对齐（图 14-2 中的 9） 注意：定位销（图 14-2 中的 6）与曲轴位置传感器必须保持彼此相对（图 14-2 中的 7）
21	确保凸轮轴上的槽与堵头孔（图 14-2 中的 8）对齐
22	在凸轮轴上安装锁止工具（图 14-2 中的 11）
23	松开正时带张紧轮螺母（图 14-2 中的 12）
24	用专用工具将正时带张紧轮从正时带处移开
25	拆卸正时带
安　装	
步　骤	操作方法
1	用工具（图 14-2 中的 13）锁止凸轮轴链轮
2	松开凸轮轴链轮螺栓（图 14-2 中的 14）
3	确保活塞定位工具（图 14-2 中的 8）正确安装在气缸 3 和气缸 4 中
4	确保凸轮轴锁止工具（图 14-2 中的 11）安装正确
5	拆卸凸轮轴链轮锁止工具（图 14-2 中的 13）
6	从曲轴链轮开始，沿逆时针方向安装正时带，确保正时带在链轮之间的非张紧侧是绷紧的
7	用专用工具（图 14-2 中的 16）逆时针转动张紧轮，直至张紧轮碰到止动器（图 14-2 中的 15）
8	将正时带张紧轮螺母（图 14-2 中的 12）紧固到 22 ~ 27N · m
9	用凸轮轴链轮锁止工具（图 14-2 中的 13）锁止凸轮轴链轮
10	将凸轮轴链轮螺栓（图 14-2 中的 14）紧固至 108 ~ 132N · m
11	拆卸凸轮轴链轮锁止工具（图 14-2 中的 13）
12	拆卸凸轮轴锁止工具（图 14-2 中的 11）
13	拆卸活塞定位工具（图 14-2 中的 8）
14	顺时针转动曲轴 2 周到达设定位置
15	松开正时带张紧轮螺母（图 14-2 中的 12）
16	用专用工具（图 14-2 中的 16）转动张紧轮直至标记对齐（图 14-2 中的 17 和 18）
17	将正时带张紧轮螺母（图 14-2 中的 12）紧固到 22 ~ 27N · m

（续）

安　装	
步　骤	操作方法
18	顺时针转动曲轴 2 周到达设定位置
19	将活塞定位工具（图 14-2 中的 8）装入气缸 3 和气缸 4 中，并紧固至 5N·m
20	轻微转动曲轴，使 2 个活塞定位工具的槽口与上表面对齐（图 14-2 中的 9）
21	确保凸轮轴上的槽与堵头孔（图 14-2 中的 10）对齐
22	确保凸轮轴锁止工具（图 14-2 中的 11）均能便捷地安装到凸轮轴上
23	拆卸凸轮轴锁止工具（图 14-2 中的 11）
24	拆卸活塞定位工具（图 14-2 中的 8）
25	按照与拆卸相反的顺序安装其他部件
26	将曲轴带轮螺栓（图 14-2 中的 1）紧固到 23～28N·m

第十五章 FORD（福特）车系

第一节 EDGE（锐界）轿车

一、EDGE（锐界）轿车 3.5L 发动机正时链条拆卸

1）拆卸发动机前盖。

2）顺时针转动曲轴，按照图 15-1 所示将可变凸轮轴正时总成上的正时标记对齐。

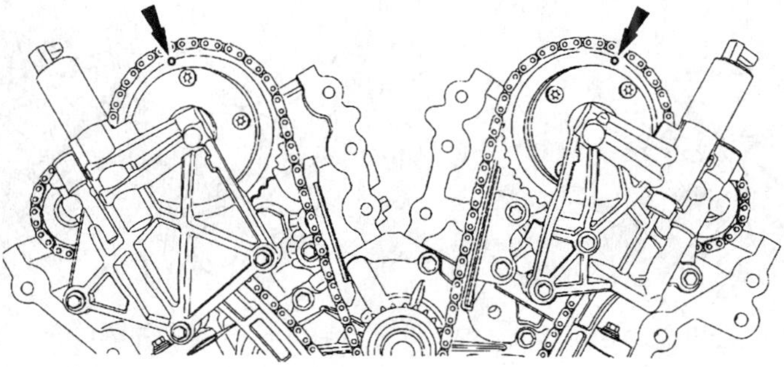

图 15-1 可变凸轮轴正时总成正时标记

3）将专用工具（工具号 303-1248）安装到左侧凸轮轴上，如图 15-2 所示。将凸轮轴固定在上止点位置。

4）将专用工具（工具号 303-1248）安装到右侧凸轮轴上，如图 15-3 所示。将凸轮轴固定在上止点位置。

5）拆卸右侧可变凸轮轴正时总成壳体上的 3 个螺栓，如图 15-4 所示。

6）拆卸左侧可变凸轮轴正时总成壳体上的 3 个螺栓，如图 15-5 所示。

7）拆卸并废弃可变凸轮轴正时总成壳体的密封圈，如图 15-6 所示。

8）拆下主正时链条张紧器的 2 个固定螺栓，如图 15-7 所示。

9）拆下主正时链条张紧器臂，如图 15-8 所示。

10）拆下 2 个螺栓和左侧主正时链条下部导轨，如图 15-9 所示。

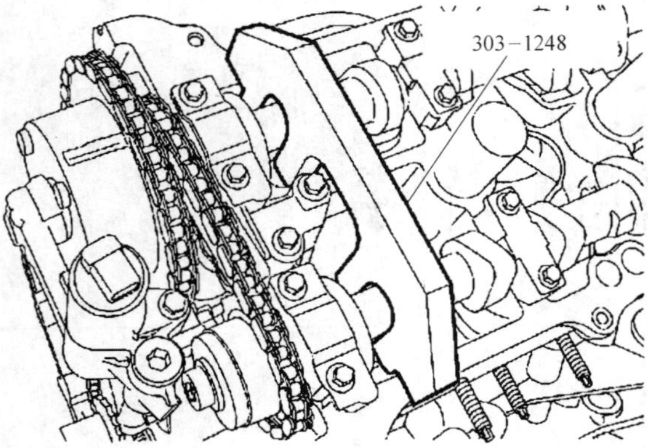

图 15-2　在左侧凸轮轴上安装专用工具

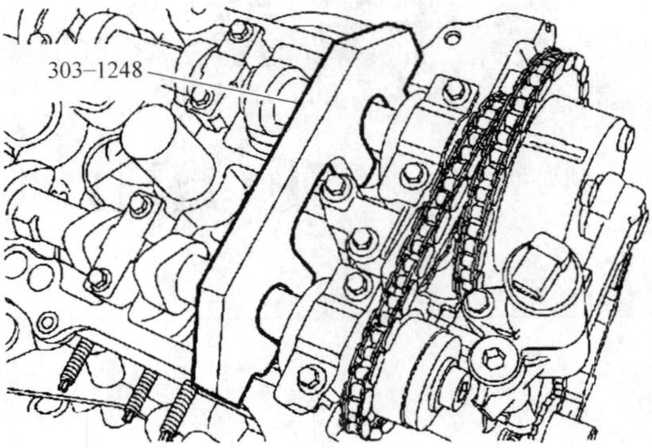

图 15-3　在右侧凸轮轴上安装专用工具

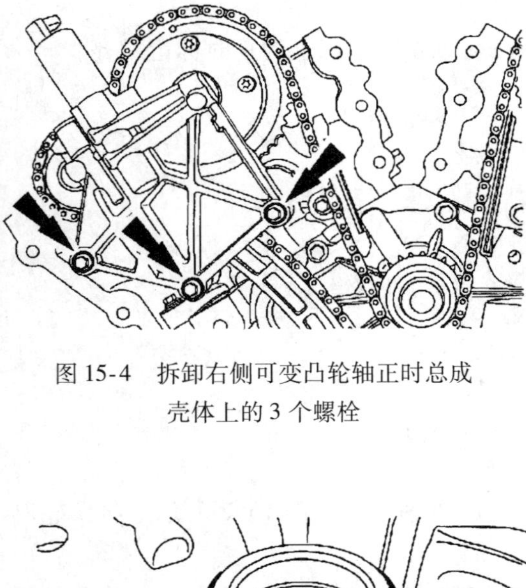

图 15-4　拆卸右侧可变凸轮轴正时总成壳体上的 3 个螺栓

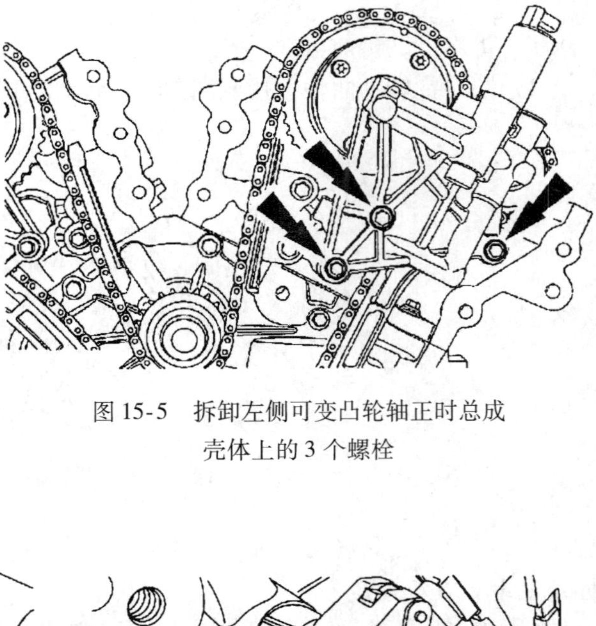

图 15-5　拆卸左侧可变凸轮轴正时总成壳体上的 3 个螺栓

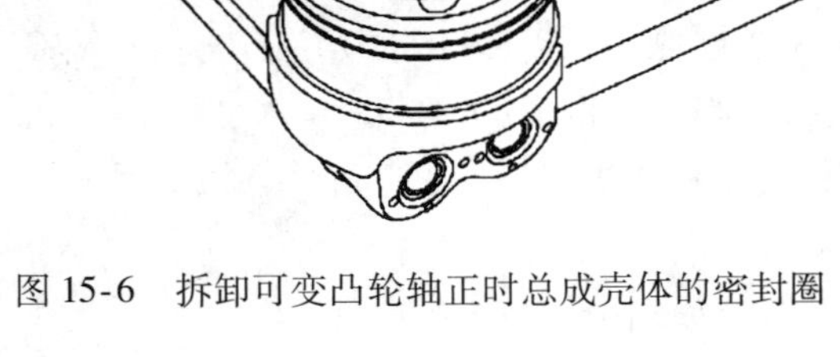

图 15-6　拆卸可变凸轮轴正时总成壳体的密封圈

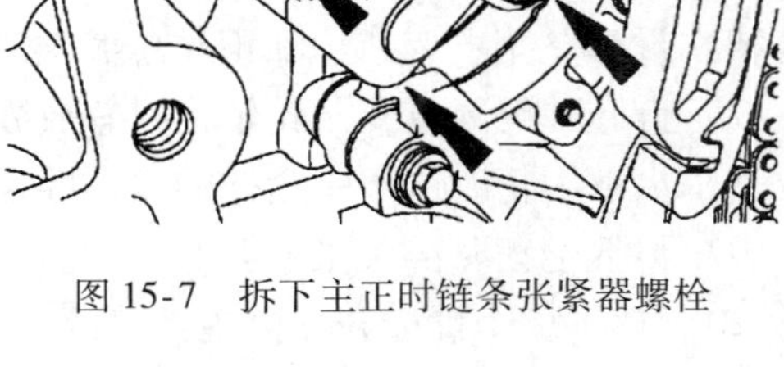

图 15-7　拆下主正时链条张紧器螺栓

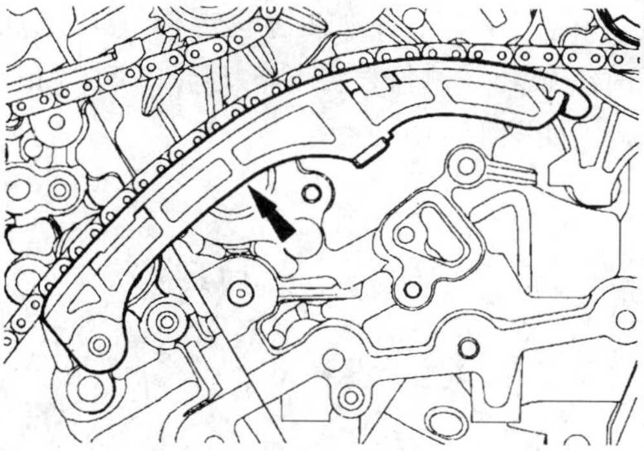

图 15-8 拆下主正时链条张紧器臂

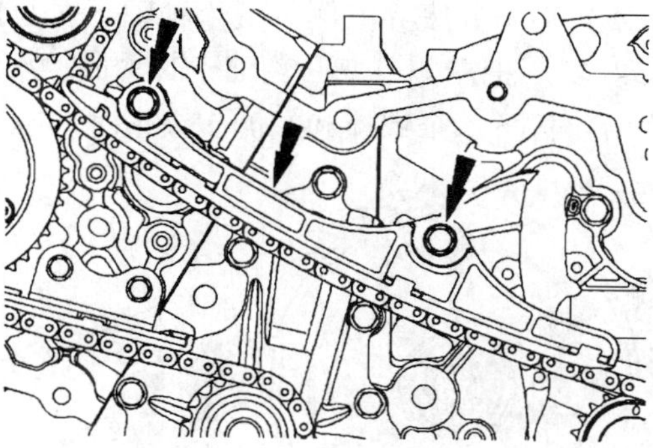

图 15-9 拆卸螺栓和下部导轨

11）拆卸主正时链条，如图 15-10 所示。

12）拆卸曲轴链轮，如图 15-11 所示。

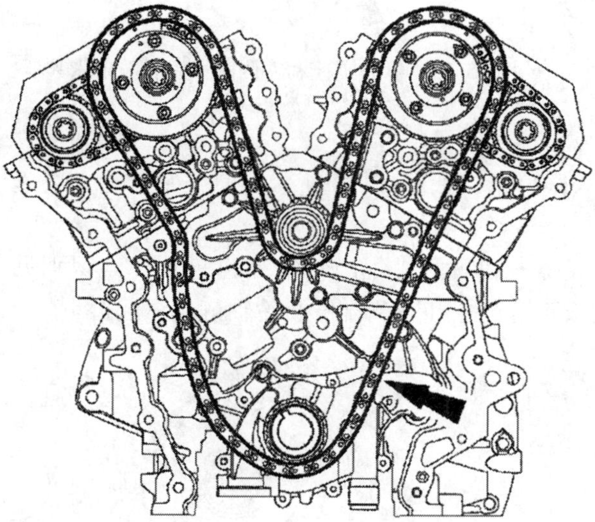

图 15-10 拆卸主正时链条

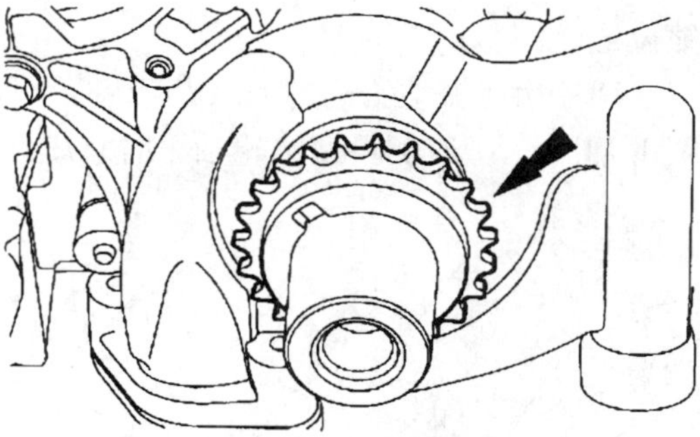

图 15-11 拆卸曲轴链轮

13）拆卸 2 个螺栓和左侧正时链条上部导轨，如图 15-12 所示。

14）压缩左侧次级正时链条张紧器并插入限位销，如图 15-13 所示，使张紧器固定在压缩位置。

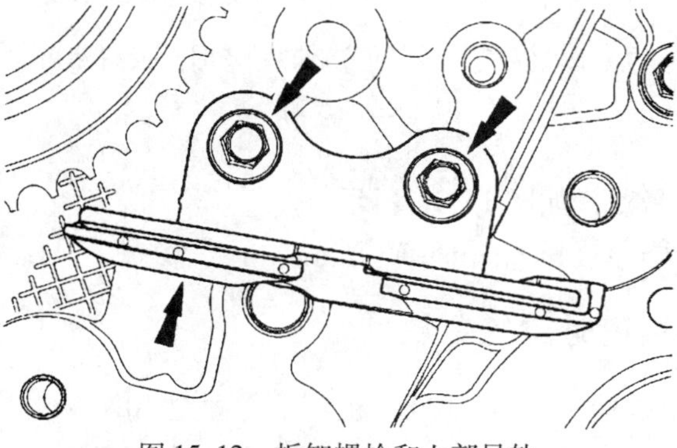

图 15-12 拆卸螺栓和上部导轨

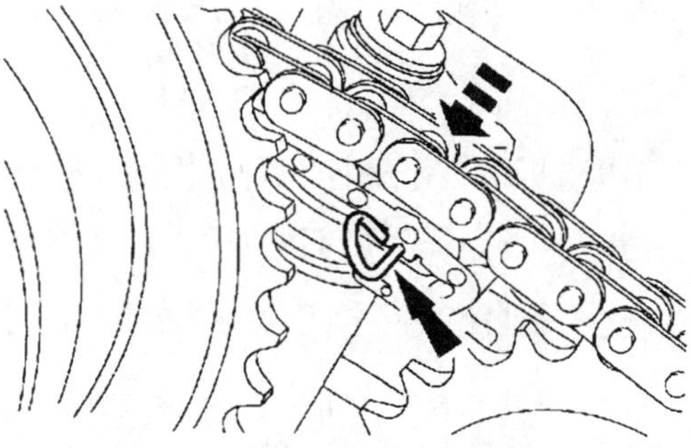

图 15-13 在左侧次级正时链条张紧器内插入限位销

15）拆下并废弃左侧可变凸轮轴正时总成螺栓和左侧排气凸轮轴链轮螺栓（其识别见图 15-14）。把左侧可变凸轮轴正时总成、次级正时链条和左侧排气凸轮轴链轮一起拆下。

16）拆下 2 个螺栓和左侧次级正时链条张紧器，如图 15-15 所示。

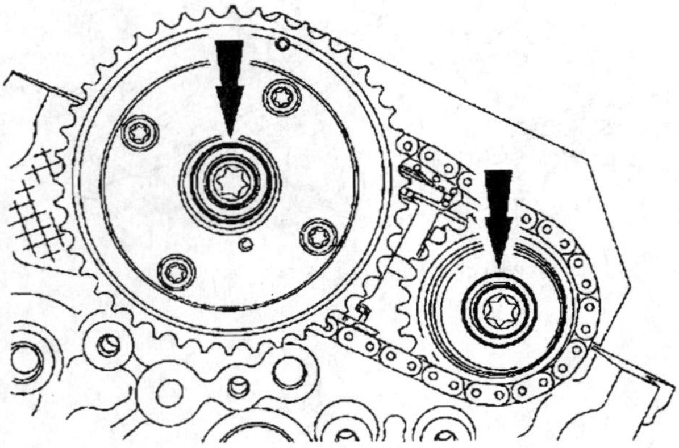

图 15-14　左侧可变凸轮轴正时总成螺栓和左侧排气凸轮轴链轮螺栓识别

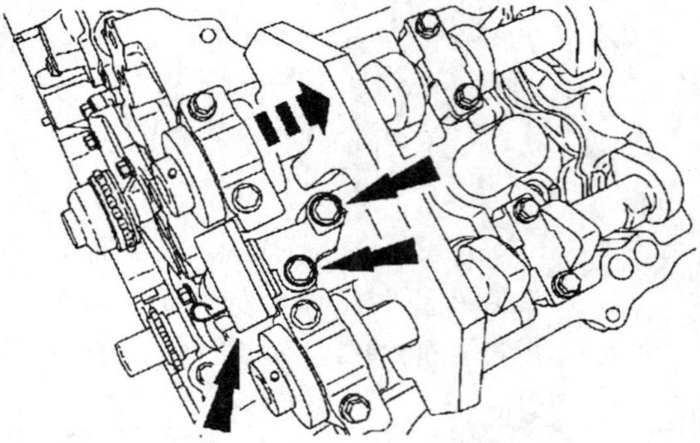

图 15-15　拆卸螺栓和左侧次级正时链条张紧器

17）压缩右侧次级正时链条张紧器并插入限位销，如图15-16 所示，使张紧器固定在压缩位置。

18）拆下并废弃右侧可变凸轮轴正时总成螺栓和右侧排气凸轮轴链轮螺栓（其识别见图 15-17）。把右侧可变凸轮轴正时总成、次级正时链条和右侧排气凸轮轴链轮一起拆下。

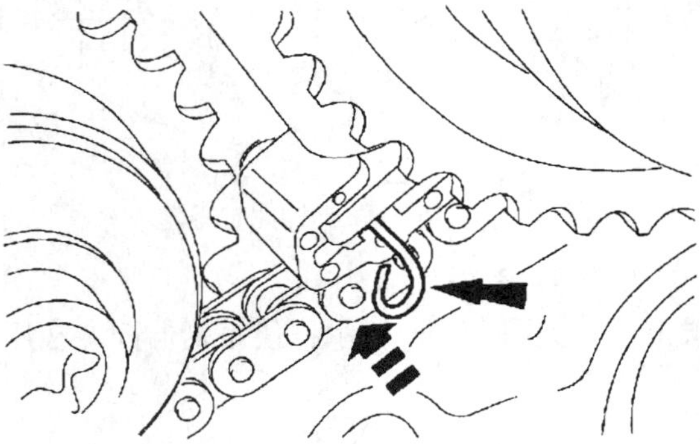

图 15-16　在右侧次级正时链条张紧器内插入限位销

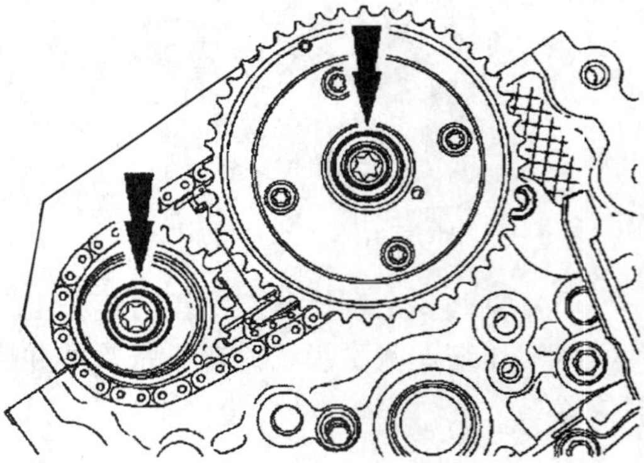

图 15-17　右侧可变凸轮轴正时总成螺栓和右侧排气凸轮轴链轮螺栓识别

19）拆下 2 个螺栓和右侧次级正时链条张紧器，如图 15-18 所示。

20）拆卸 2 个螺栓和右侧主正时链条张紧器导轨，如图 15-19 所示。

二、EDGE（锐界）轿车 3.5L 发动机正时链条安装

1）安装右侧主正时链条张紧器导轨和 2 个螺栓（图 15-19），将螺栓紧固至 10N·m。

2）安装右侧主正时链条张紧器和 2 个螺栓，参见图 15-18，将螺栓紧固至 10N·m。

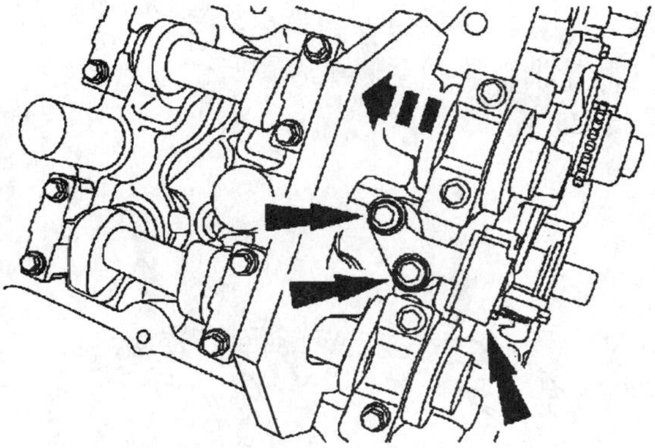

图 15-18 拆卸螺栓和右侧次级正时链条张紧器

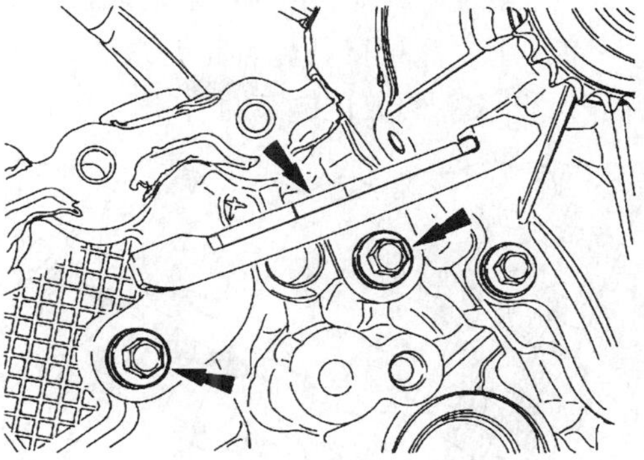

图15-19 拆卸螺栓和右侧主正时链条张紧器导轨

3）把右侧可变凸轮轴正时总成、右侧排气凸轮轴链轮和右侧次级正时链条组装好。确保正时链条上的镀色链节对齐正时标记，如图 15-20 所示。

4）把右侧次级正时链条安装到凸轮轴上，如图 15-21 所示。

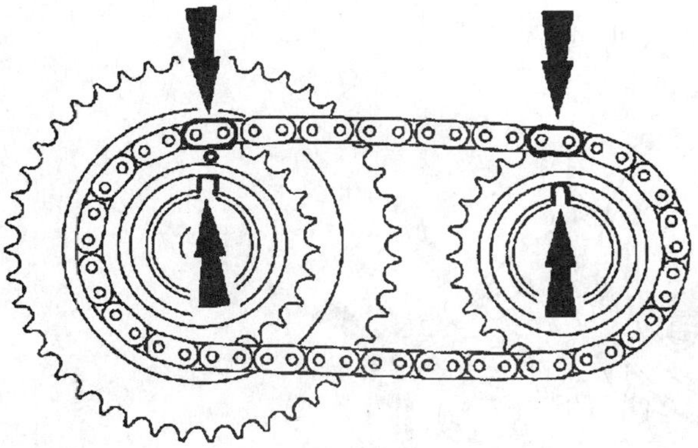

图 15-20 镀色链节对准正时标记

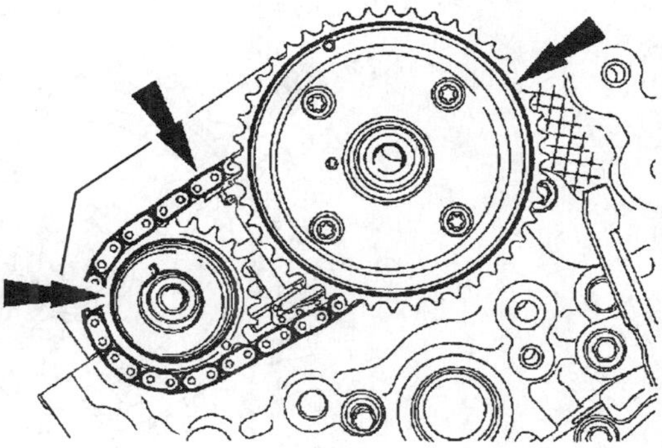

图 15-21 安装右侧次级正时链条

5）如图 15-22 所示，换用 2 个新螺栓并分四次紧固：第一步紧固至 40N · m，第二步拧松 1 周，第三步紧固 10N · m，第四步拧紧 90°。

6）拆卸右侧次级正时链条张紧器内插入的限位销，如图 15-23 所示。

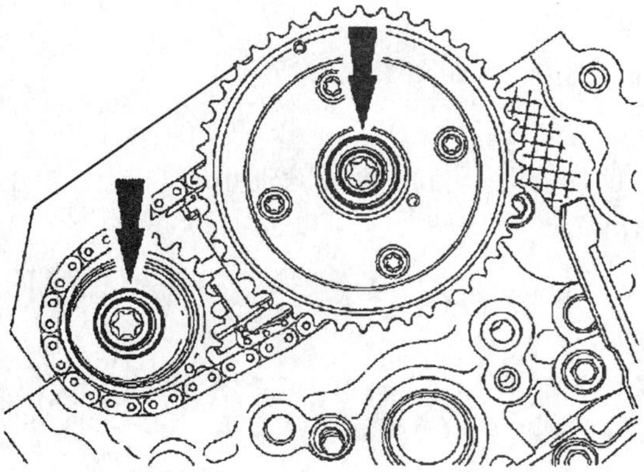

图 15-22 紧固 2 个螺栓

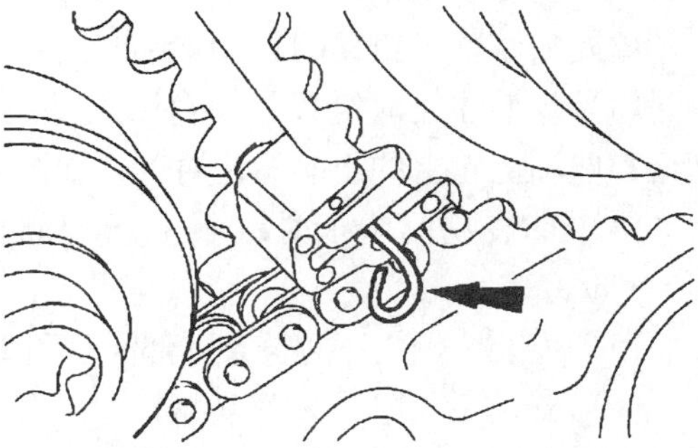

图 15-23 拆下限位销

7）安装左侧次级正时链条张紧器和2个螺栓，如图15-24所示。将螺栓紧固至10N·m。

8）把左侧可变凸轮轴正时总成、左侧排气凸轮轴链轮和左侧次级正时链条组装好。确保正时链条上的镀色链节对齐正时标记，如图15-25所示。

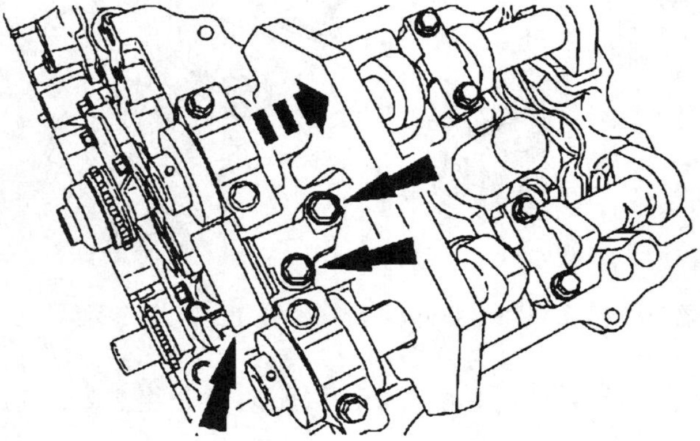

图15-24　安装左侧次级正时链条张紧器和2个螺栓

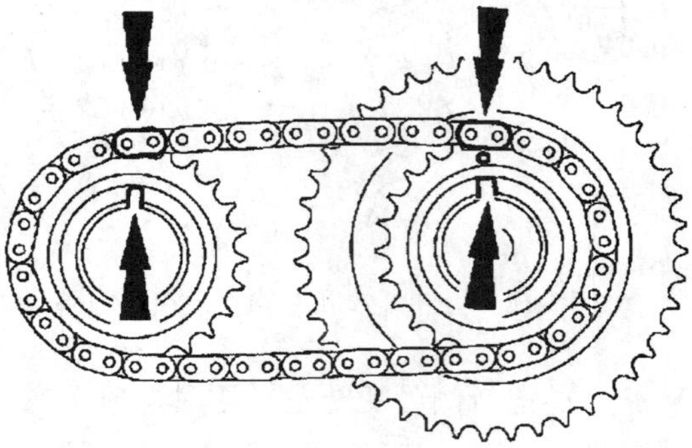

图15-25　镀色链节对准正时标记

9）把左侧次级正时链条安装到凸轮轴上，如图15-26所示。

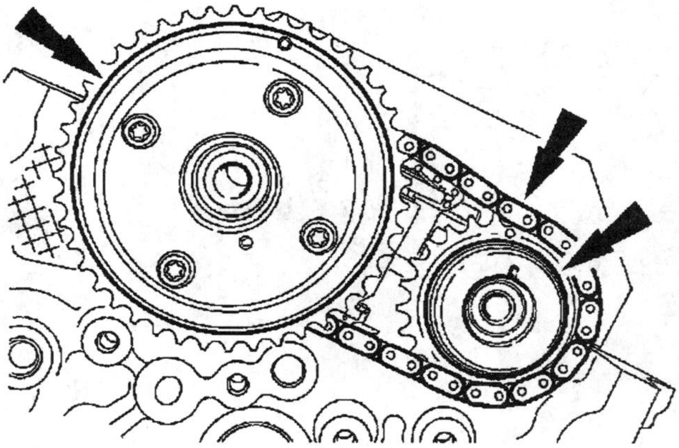

图15-26　安装左侧次级正时链条

10）如图15-27所示，换用2个新螺栓并分四次紧固：第一步紧固至40N·m，第二步拧松1周，第三步紧固10N·m，第四步拧紧90°。

11）拆卸左侧次级正时链条张紧器内插入的限位销，如图15-28所示。

12）安装曲轴链轮，如图15-29所示。

13）安装主正时链条，并确保正时链条上的镀色链节与可变凸轮轴正时总成上的正时标记和曲轴链轮上的正时标记对齐，如图15-30所示。

14）安装左侧主正时链条上部导轨和2个螺栓，如图15-31所示。将螺栓紧固至10N·m。

15）安装左侧主正时链条下部导轨和2个螺栓，如图15-32所示。将螺栓紧固至10N·m。

16）安装主正时链条张紧器臂，如图15-33所示

17）如图15-34所示，重新设置主正时链条张紧器：

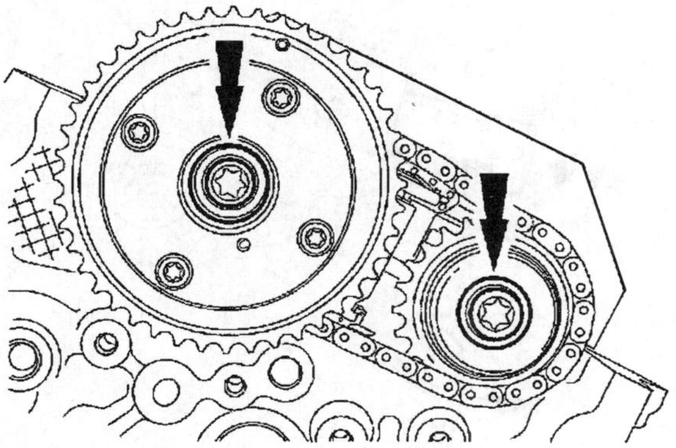

图 15-27 紧固 2 个螺栓

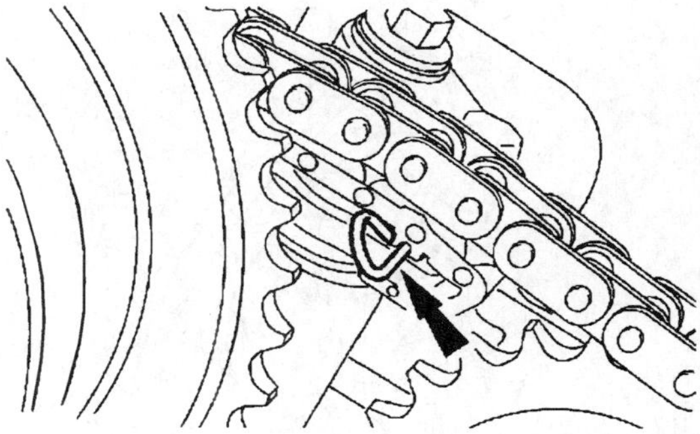

图 15-28 拆下限位销

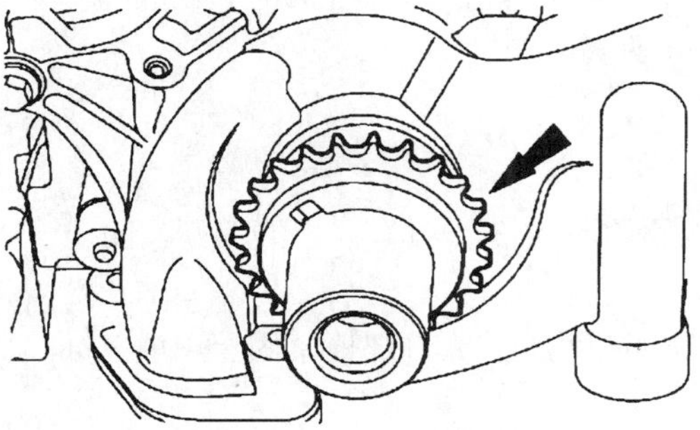

图 15-29 安装曲轴链轮

图 15-30 对齐正时标记

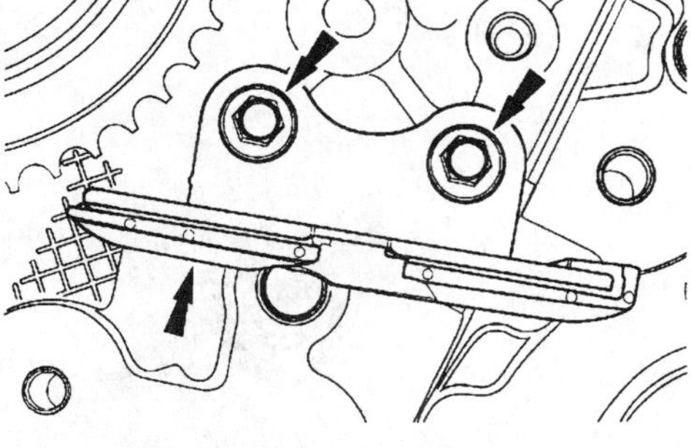

图 15-31 安装左侧主正时链条上部导轨和 2 个螺栓

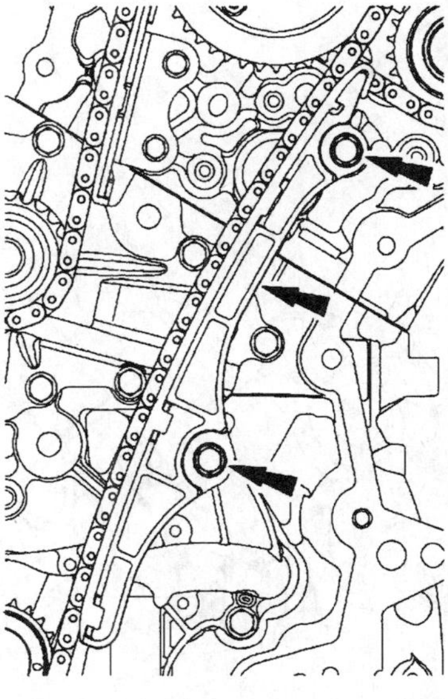

图 15-32 安装左侧主正时链条下部导轨和 2 个螺栓

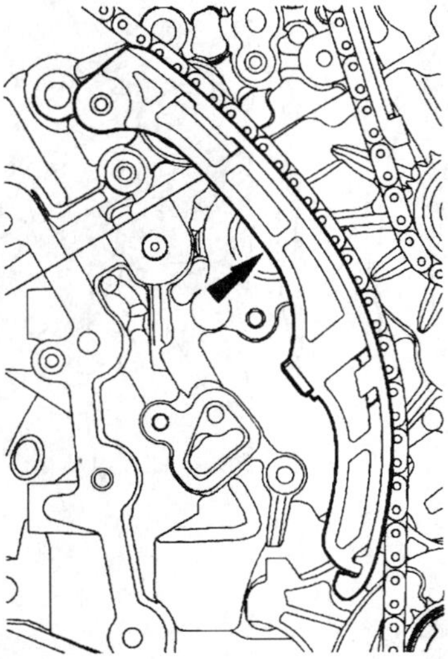

图 15-33　安装主正时链条张紧器臂

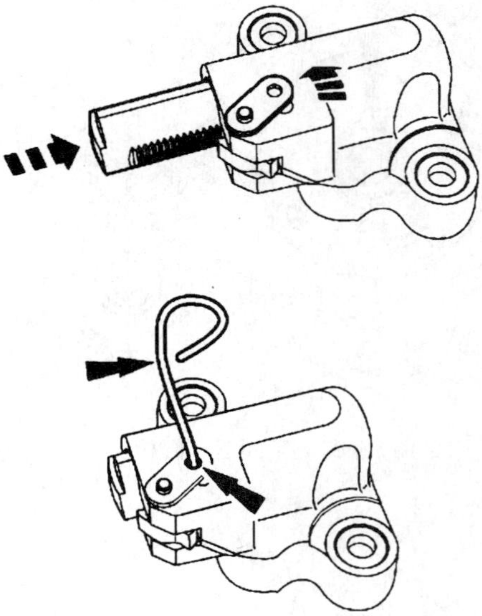

图 15-34　重新设置主正时链条张紧器

① 逆时针转动张紧器杆。
② 用装有软套的台虎钳压缩张紧器柱塞。
③ 将张紧器杆上的小孔与张紧器壳体上的小孔对齐。
④ 插入限位销。

18）安装主正时链条张紧器和 2 个螺栓，如图 15-35 所示。将螺栓紧固至 10N · m。

19）确认各个正时标记对齐，如图 15-36 所示。

20）安装新的可变凸轮轴正时壳体密封，如图 15-37 所示。

21）安装发动机前盖。

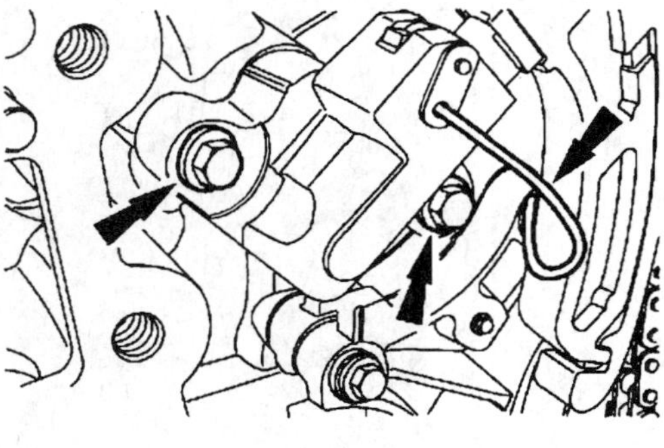

图 15-35　安装主正时链条张紧器和 2 个螺栓

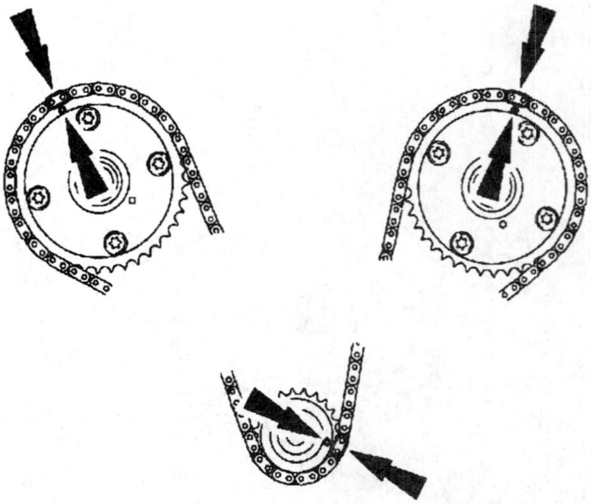

图 15-36　对齐正时标记

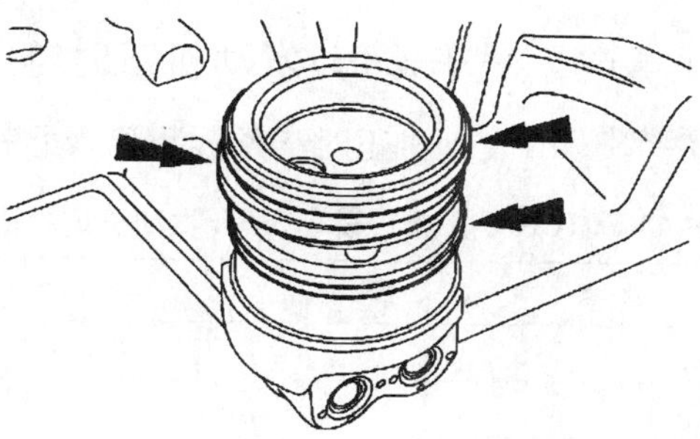

图 15-37 安装新密封

第二节 MAVERICK（翼虎）轿车

一、MAVERICK（翼虎）轿车 3.0L 发动机正时链条部件识别

MAVERICK（翼虎）轿车 3.0L 发动机正时链条部件见图 15-38。

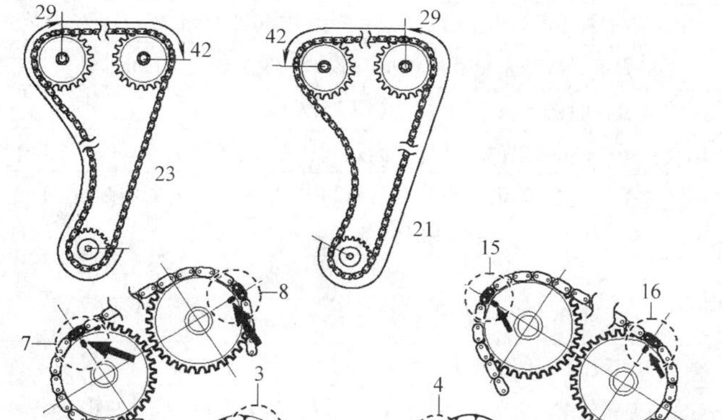

图 15-38 MAVERICK（翼虎）轿车 3.0L 发动机正时链条部件

二、MAVERICK（翼虎）轿车3.0L发动机正时链条拆装步骤

MAVERICK（翼虎）轿车3.0L发动机正时链条拆装步骤见表15-1。

表15-1 MAVERICK（翼虎）轿车3.0L发动机正时链条拆装步骤

拆卸	
步骤	操作方法
1	拆卸油底壳
2	将发动机设置到1缸上止点位置
3	确保曲轴链轮键槽位于11点钟位置（图15-38中的1），确认凸轮轴正时标记对齐（图15-38中的2、3、4、5）
4	顺时针转动曲轴120°，使曲轴键槽对准3点钟位置（图15-38中的6）
5	松开右侧正时链条张紧器的棘爪（图15-38中的9）
6	压缩右侧正时链条张紧器柱塞（图15-38中的10）
7	用直径1.5mm的限位销把柱塞固定到压缩位置（图15-38中的11）
8	拆卸右侧正时链条张紧器（图15-38中的12）、张紧器片（图15-38中的13）、张紧器导轨（图15-38中的14）和右侧正时链条
9	将曲轴顺时针1周后再转动240°，直至曲轴链轮的键槽对齐11点钟位置（图15-38中的1）
10	松开左侧正时链条张紧器的棘爪（图15-38中的9）
11	压缩左侧正时链条张紧器柱塞（图15-38中的10）
12	用直径1.5mm的限位销把柱塞固定到压缩位置（图15-38中的11）
13	拆卸左侧正时链条张紧器（图15-38中的17）、张紧器片（图15-38中的18）、链条导轨（图15-38中的19）和左侧正时链条
安装	
步骤	操作方法
1	将发动机设置到1缸上止点位置
2	确保曲轴链轮键槽位于11点钟位置（图15-38中的1），安装左侧正时链条导轨（图15-38中的19）
3	安装左侧正时链条。将镀色链节与各个链轮上的正时部件对齐（图15-38中的15、16和20），确认正时标记之间的链节数量（图15-38中的21）： 从曲轴链轮标记（图15-38中的20）到排气凸轮轴链轮标记（图15-38中的16）应为29个链节；从排气凸轮轴链轮标记（图15-38中的16）到进气凸轮轴链轮标记（图15-38中的15）应为42个链节
4	安装左侧正时链条张紧器片和张紧器导轨（图15-38中的13和14），安装左侧正时链条张紧器（图15-38中的12），将螺栓紧固至25N·m（图15-38中的18）
5	用力推张紧器片，使张紧器片抵住正时链条，拔出插入的限位销（图15-38中的11）
6	顺时针转动曲轴120°，直至曲轴键槽对准3点钟位置（图15-38中的2）
7	安装右侧正时链条。将镀色链节与各个链轮上的正时部件对齐（图15-38中的19、20和21）
8	安装右侧正时链条张紧器片和张紧器导轨（图15-38中的7和8），安装右侧正时链条张紧器（图15-38中的6），将螺栓紧固至25N·m（图15-38中的22）
9	用力推张紧器片，使张紧器片抵住正时链条，拔出插入的限位销（图15-38中的5）
10	确保正时标记之间的链节数量为29个（图15-38中的23）
11	将曲轴带轮螺栓（图15-38中的24）紧固至120N·m，然后拧松360°，最后再紧固50N·m+90°

第十六章 CHRYSLER（克莱斯勒）车系

第一节　300C 轿车

一、300C 轿车 2.7L 发动机正时链条拆卸步骤

1）如图 16-1 所示，拆卸发动机冷却液储液罐。

2）如图 16-2 所示，拆卸正时链条盖。

图 16-1　拆卸发动机冷却液储液罐

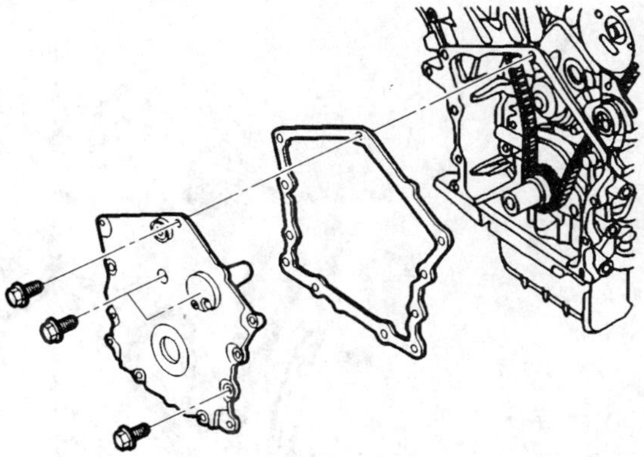

图 16-2　拆卸正时链条盖

3）如图 16-3 所示，对齐各个正时标记。

4）如图 16-4 所示，拆卸正时链条张紧器。

5）拆卸检修塞（图 16-5 中的 1）

6）拆卸凸轮轴齿轮螺栓。

7）拆卸凸轮轴齿轮。注意，拆卸时要先拆卸右侧的凸轮轴齿轮（图 16-5 中的 2）

8）拆卸底部的正时链条导向装置（图 16-5 中的 3）。

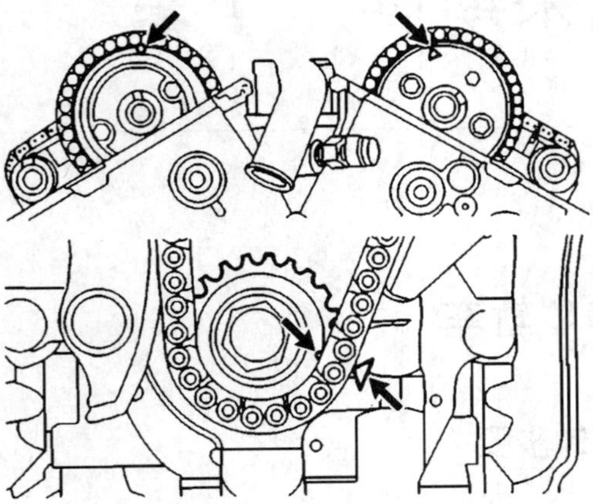

图 16-3　对齐各个正时标记

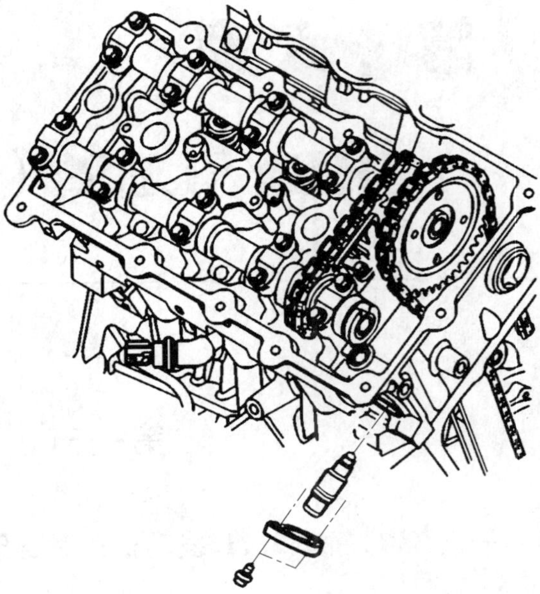

图 16-4　拆卸正时链条张紧器

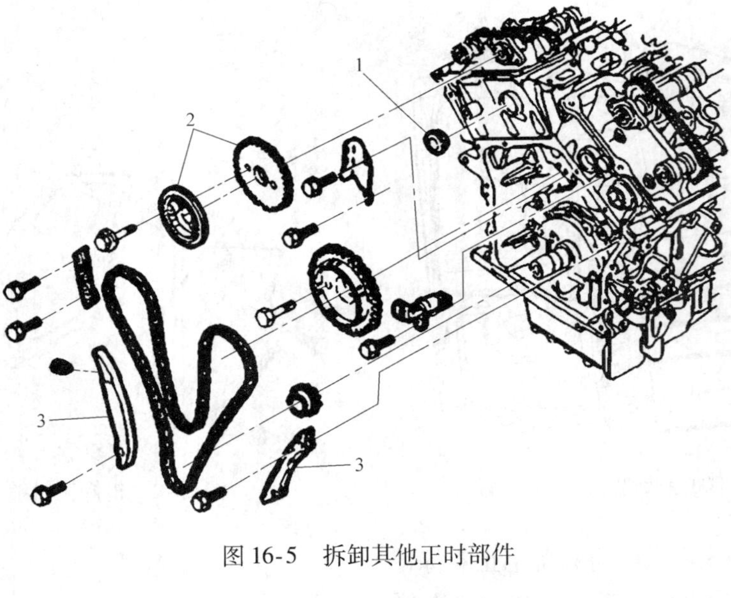

图 16-5　拆卸其他正时部件

9）拆卸曲轴油封并将拆下的油封废弃。

10）拆卸正时带。

二、300C 轿车 2.7L 发动机正时链条安装步骤

1）检查凸轮轴齿轮、张紧器和惰轮是否磨损或损坏。如有磨损或损坏应予以更换。

2）如图 16-6 所示，将曲轴正时标记对齐。

3）将左侧凸轮轴齿轮安装正时链条上，安装时，要确保左侧凸轮轴齿轮上的正时标记对准正时链条两个染色链节的中间，如图 16-7 所示。

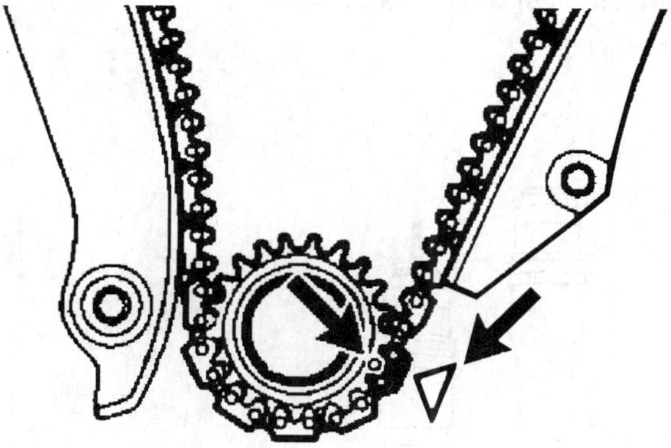

图 16-6 对齐曲轴正时标记

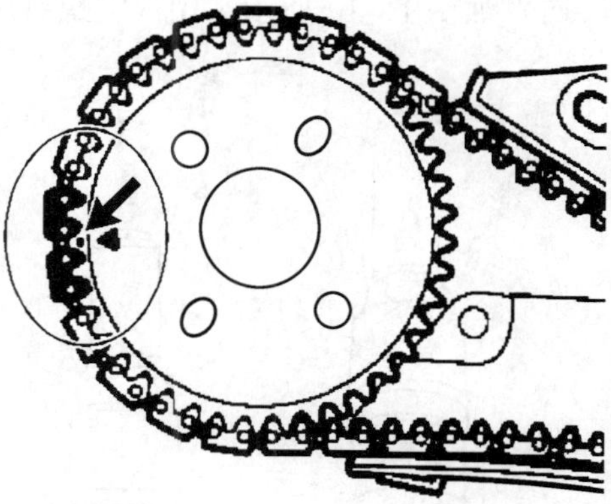

图 16-7 对准左侧凸轮轴齿轮正时标记

4）把凸轮轴齿轮安装到凸轮轴轴套上。

5）将右侧凸轮轴齿轮安装正时链条上，安装时，要确保右侧凸轮轴齿轮上的正时标记对准正时链条两个染色链节的中间，如图 16-8 所示。

6）把正时链条安装到冷却液泵齿轮上。

7）如图 16-9 所示，安装底部的正时链条导向装置，将固定螺栓紧固至 28N · m。

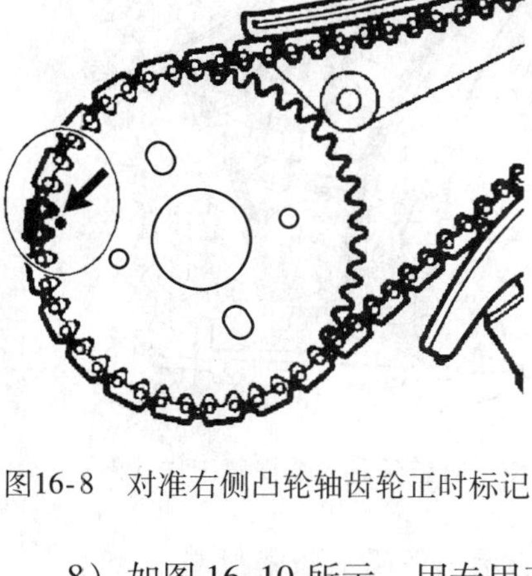

图16-8 对准右侧凸轮轴齿轮正时标记

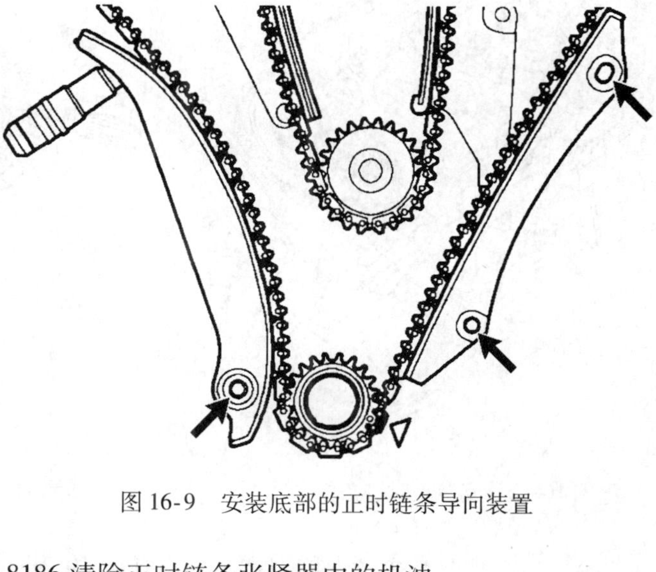

图 16-9 安装底部的正时链条导向装置

8）如图 16-10 所示，用专用工具 8186 清除正时链条张紧器中的机油。

9）如图 16-11 所示，用专用工具 8186 压缩正时链条张紧器并检查 O 形密封圈和卡环是否完好，如发现损坏，应予以更换。

10）如图 16-12 所示，安装正时链条张紧器，将张紧器的固定螺栓紧固至 12N · m。

11）转动凸轮轴，使凸轮轴轴套上的螺栓孔与凸轮轴齿轮上的孔对齐。

12）安装凸轮轴齿轮固定螺栓并紧固至 28N · m。注意：要先安装右侧凸轮轴齿轮的固定螺栓。

13）安装检修塞并将其紧固至20N・m。

14）预紧正时链条。

15）如图16-13所示，用一字螺钉旋具解除正时链条张紧器的压缩状态。

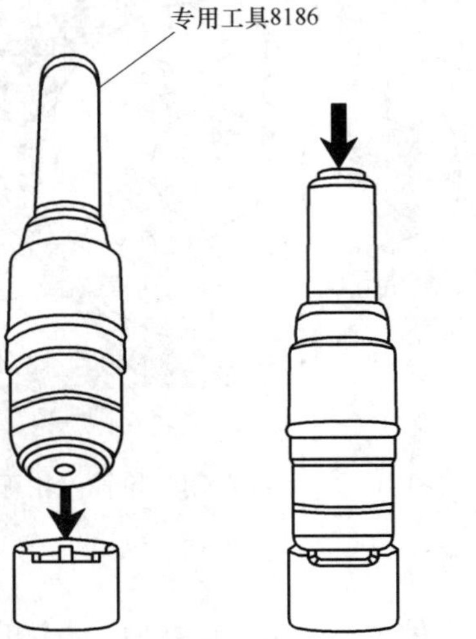

图16-10 清除正时链条张紧器内的机油

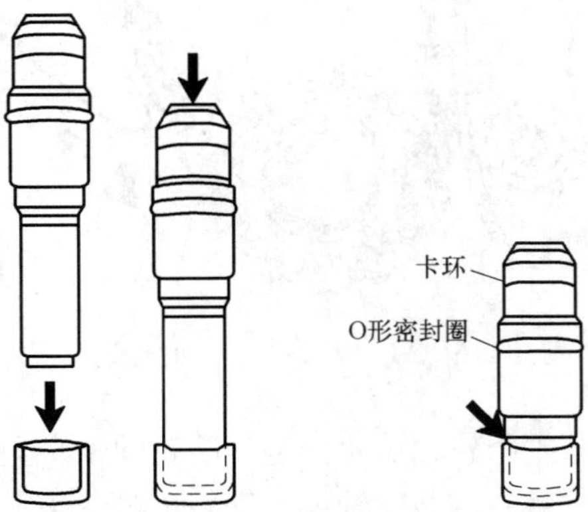

图16-11 检查O形密封圈和卡环

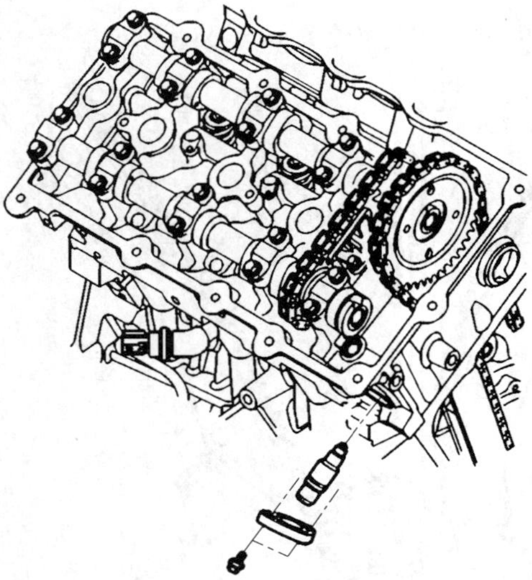

图16-12 安装正时链条张紧器

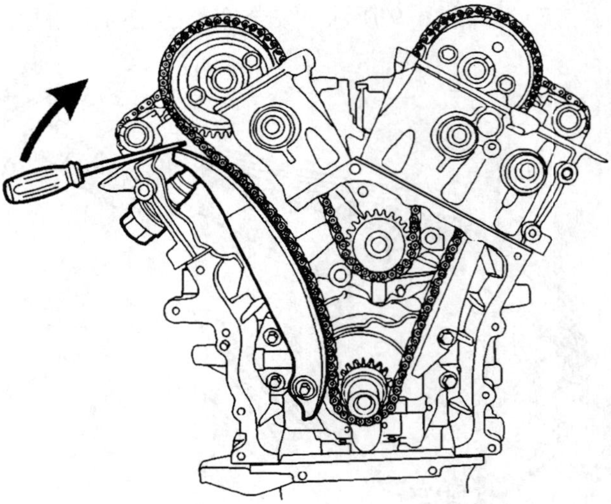

图16-13 使正时链条张紧器恢复工作状态

16）清除正时链条盖上的旧密封剂，在图16-14箭头所示部位施加新密封剂。

17）安装正时链条盖。

18）换装新的密封衬垫并将固定衬垫的M6和M10螺栓分别紧固至12N・m和54N・m。

19）如图16-15所示，换装新的机油油封。

三、300C轿车3.5L发动机正时带拆卸步骤

1）拔下燃油泵继电器。

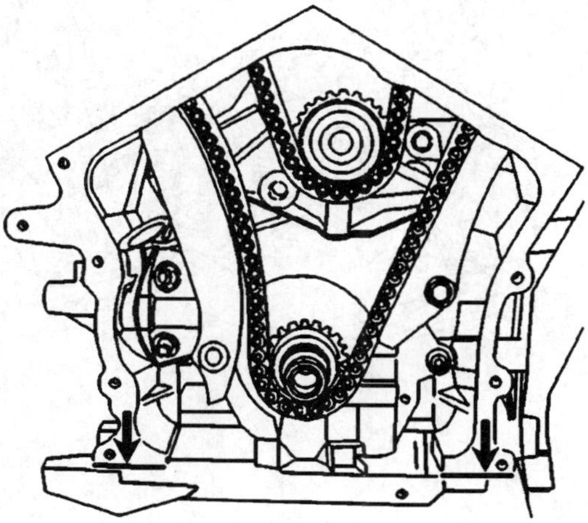

图 16-14 密封剂涂抹位置识别

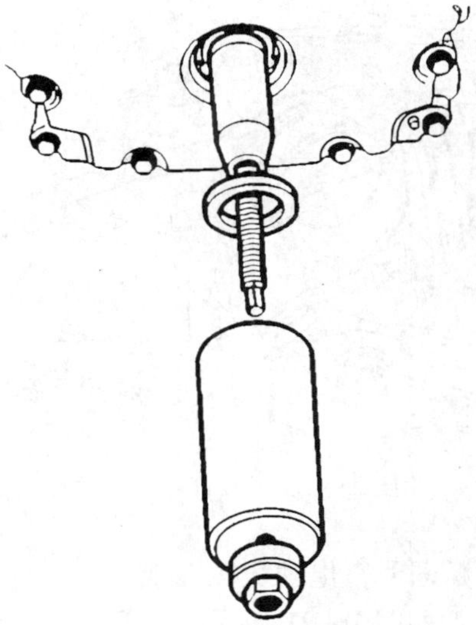

图 16-15 换装新的机油油封

2）起动发动机直至发动机停止运行。

3）关闭点火开关。

4）重新安装燃油泵继电器。

5）断开蓄电池负极电缆。

6）如图 16-16 所示，断开进气温度传感器插接器和进气软管。

7）如图 16-17 所示，断开进气歧管绝对压力传感器插接器。

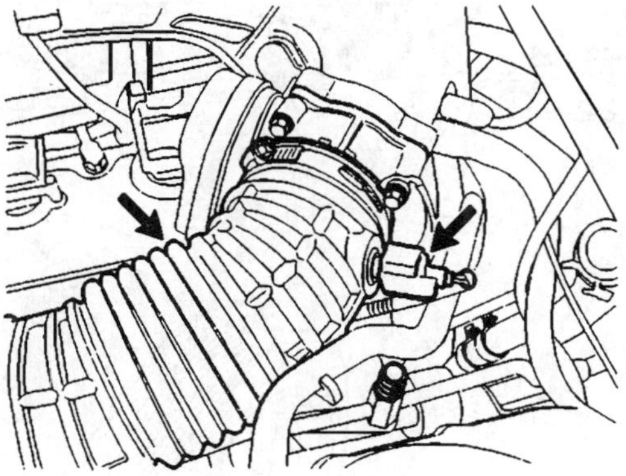

图 16-16 断开进气温度传感器插接器和进气软管

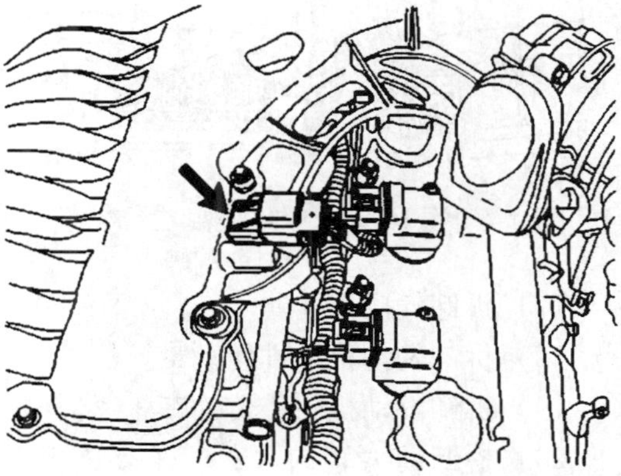

图 16-17 断开进气歧管绝对压力传感器插接器

8）从进气歧管上断开所有的电路连接。

9）断开软管（图 16-18 中的 1）。

10）断开节气门体电路插接器（图 16-18 中的 2）

11）如图 16-19 所示，断开电气线束。

12）如图 16-20 所示，拆下支架。

13）拆卸上进气歧管。

14）拆卸点火线圈。

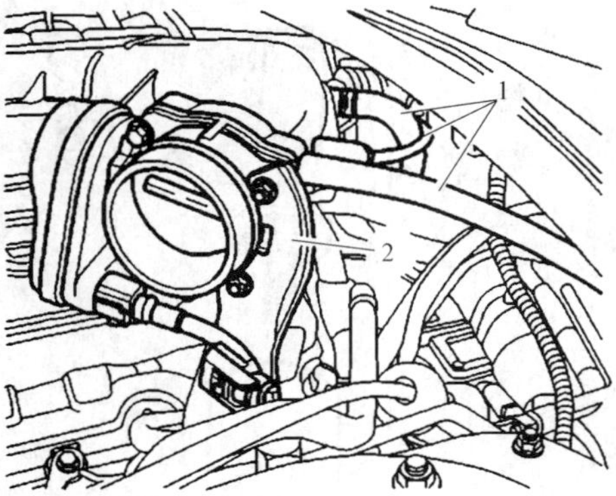

图 16-18　断开软管和电路插接器

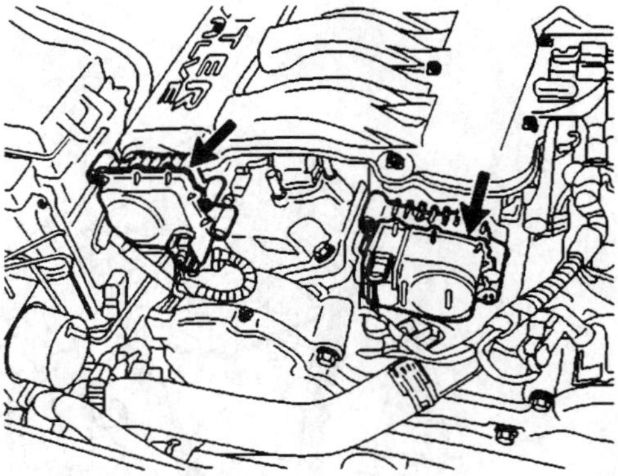

图 16-19　断开电气线束

15）断开蓄电池负极电缆。

16）如图 16-21 所示，松开线束绝缘套。

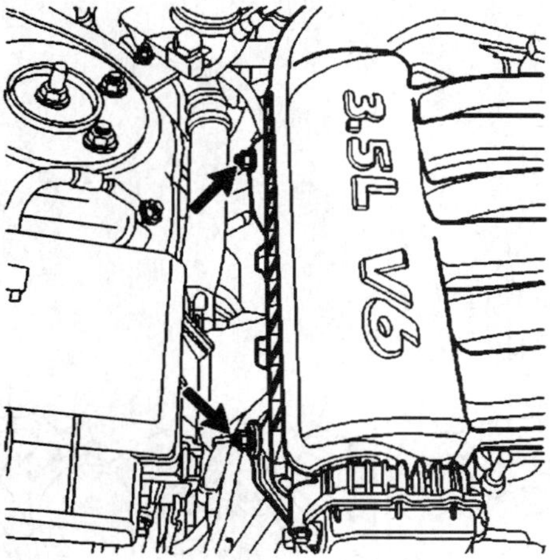

图 16-20　拆卸支架

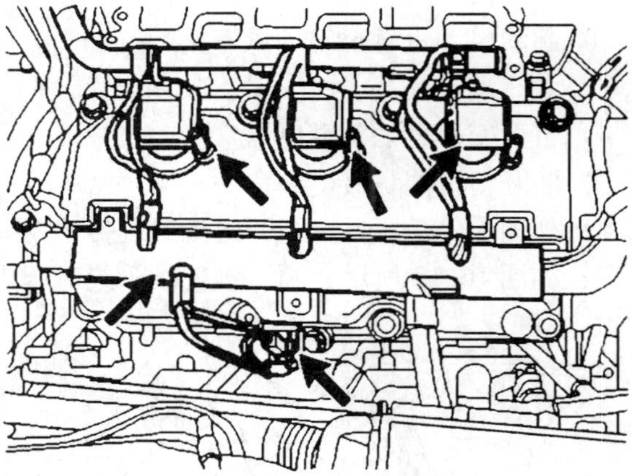

图 16-21　松开线束绝缘套

17）拆卸气门摇臂罩。

18）拆卸发动机附件传动带。

19）拆卸发动机附件传动带张紧器。

20）拆卸动力转向泵，但不要断开动力转向泵上的软管。

21）如图 16-22 所示，用专用工具拆卸曲轴带轮中央螺栓。

22）如图 16-23 所示，拆卸正时带罩。

23）如图 16-24 所示，对齐正时标记。

24）按照与图 16-25 相反的顺序松开气门摇臂轴的保险螺栓。

25）检查正时标记。

26）拆卸正时带张紧器。

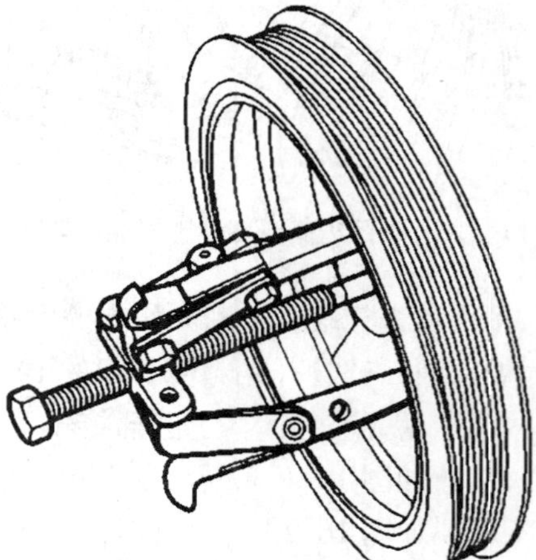

图 16-22　用专用工具拆卸曲轴带轮中央螺栓

27）拆卸正时带。

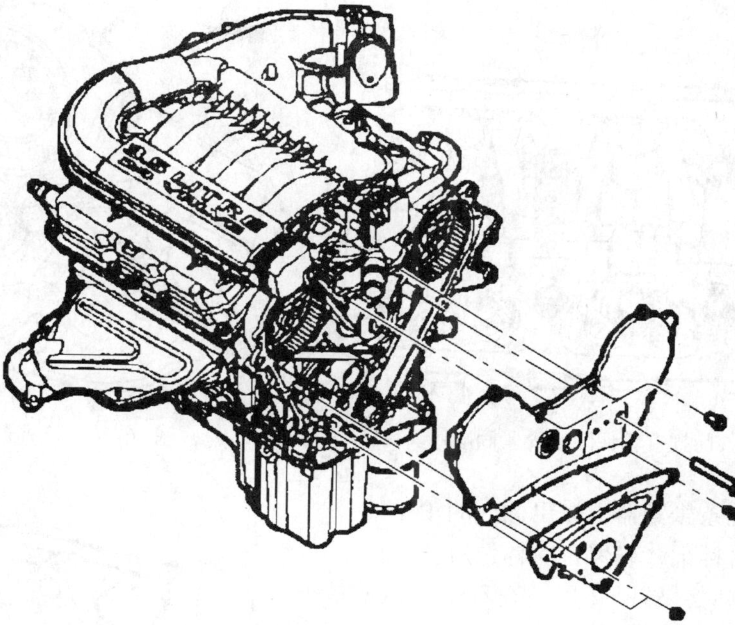

图 16-23 拆卸正时带罩

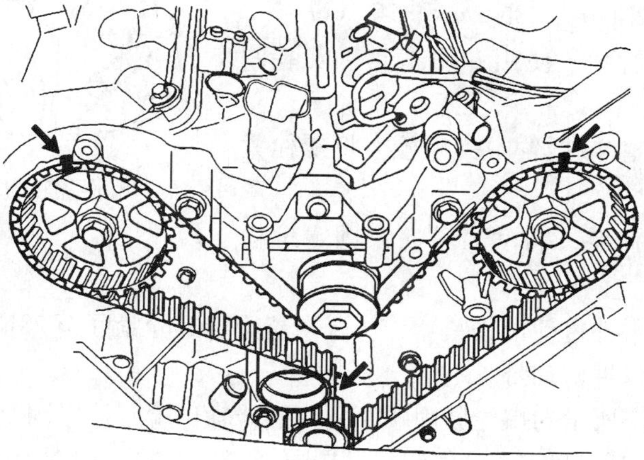

图 16-24 对齐正时标记

四、300C 轿车 3.5L 发动机正时带安装步骤

1）检查正时带张紧器有无油液泄漏。

2）如图 16-26 所示，检查带轮运转是否灵活自如。

3）如图 16-27 所示，用台虎钳慢慢压缩正时带张紧器，直至将正时带张紧器完全压缩（操作过程约持续 5min 左右），然后用锁止销插入，将正时带张紧器保持在压缩状态。

4）再次检查正时标记，确保正时标记对齐。

5）从曲轴轮开始，沿逆时针方向安装正时带。

6）安装正时带张紧器，将张紧器的固定螺栓紧固至28N·m。

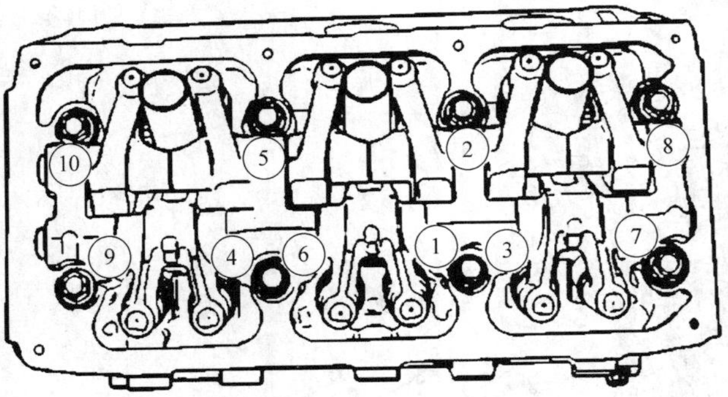

图16-25　气门摇臂轴保险螺栓紧固顺序

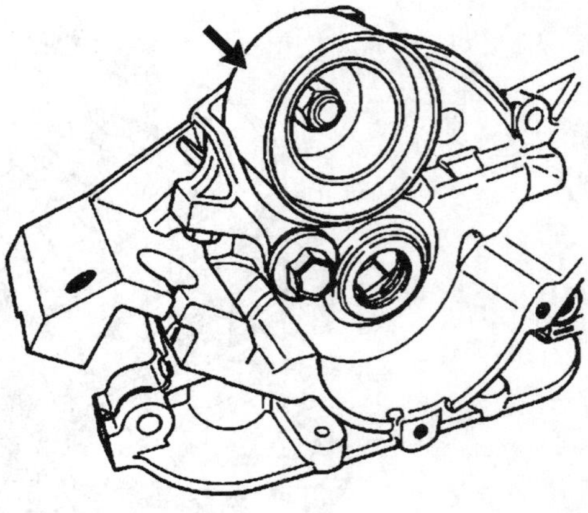
图16-26　检查带轮运转

7）从正时链条张紧器上拔出插入的锁止销。

8）检查正时标记，确保正时标记对齐。

9）将曲轴顺时针转动2周。查看正时标记是否对齐，如果没有对齐，则重新安装正时带。

10）安装正时带罩，将正时带罩的M6、M8和M10固定螺栓分别紧固至12N·m、28N·m和54N·m。

11）如图16-28所示，使用专用工具，安装曲轴带轮。

12）安装曲轴齿轮/减振轮中央螺栓，将螺栓紧固至95N·m。

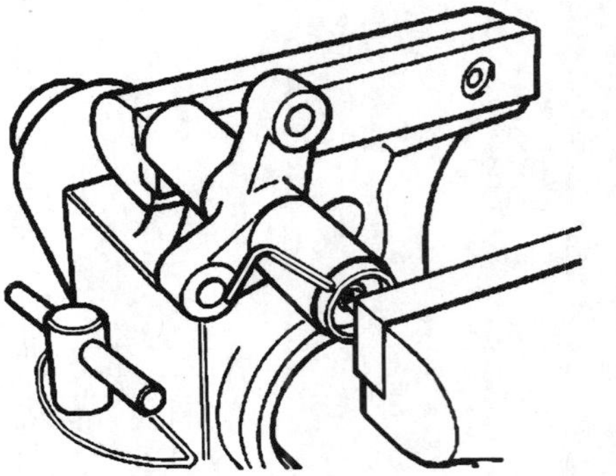
图16-27　压缩正时带张紧器并插入锁止销

13）安装动力转向泵，将动力转向泵固定螺栓紧固至23N·m。

14）安装发动机附件传动带张紧器，将张紧器固定螺栓紧固至28N·m。

15）安装发动机附件传动带。

16）按照图16-25所示的螺栓紧固顺序，将摇臂轴保险螺栓紧固至31N·m。

17）用专用工具MD-998306为气门摇臂罩更换新的衬垫，如图16-29所示。

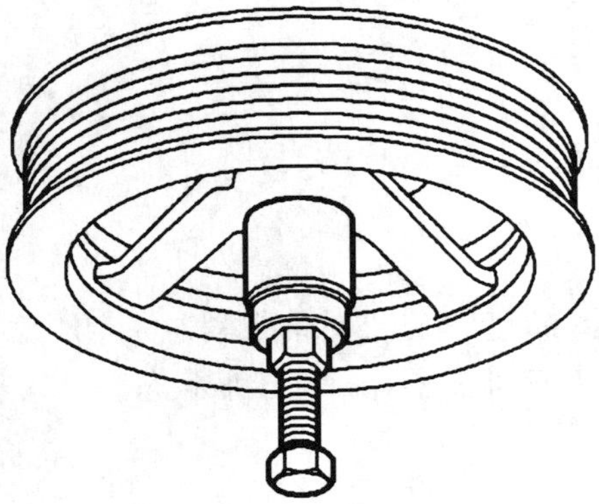
图16-28　安装曲轴带轮

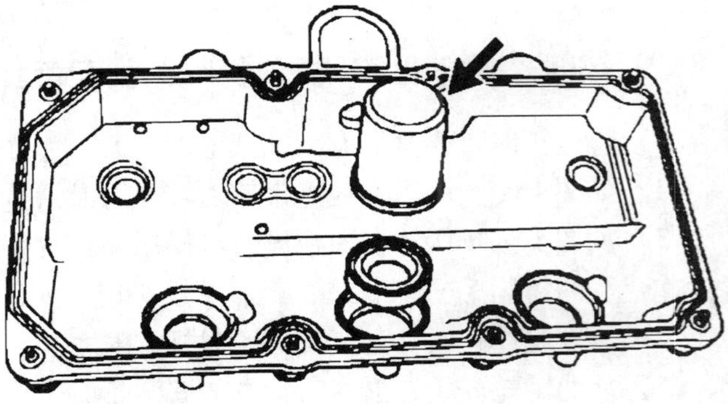
图16-29　更换新的衬垫

18）安装气门摇臂罩，并将气门摇臂罩的固定螺栓紧固至 12N·m。

19）如图 16-30 所示，安装好发动机线束绝缘套。

20）更换上进气歧管的衬垫，安装上进气歧管并将固定螺栓紧固至 12N·m。

21）如图 16-31 所示，安装支架，把支架固定螺栓紧固至 12N·m

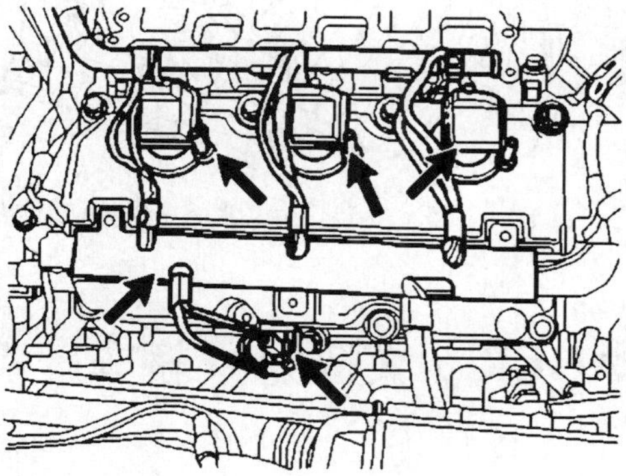

图 16-30 安装发动机线束绝缘套

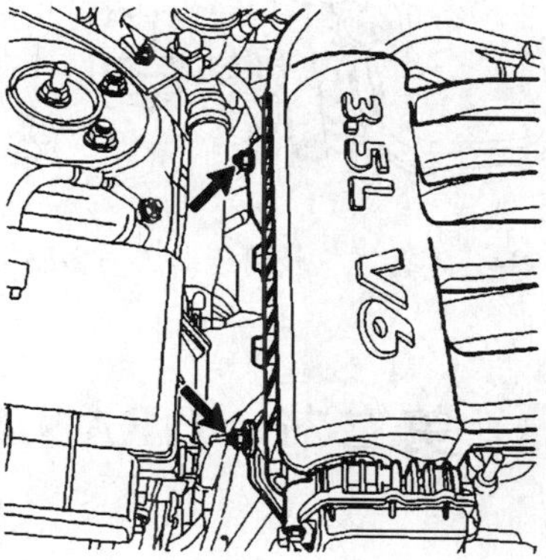

图 16-31 安装支架

22）如图 16-32 所示，重新连接好电路线束。

23）重新连接节气门体电路。

24）重新连接软管（图 16-33 中的 1）和其他电路连接（图 16-33 中的 2）。

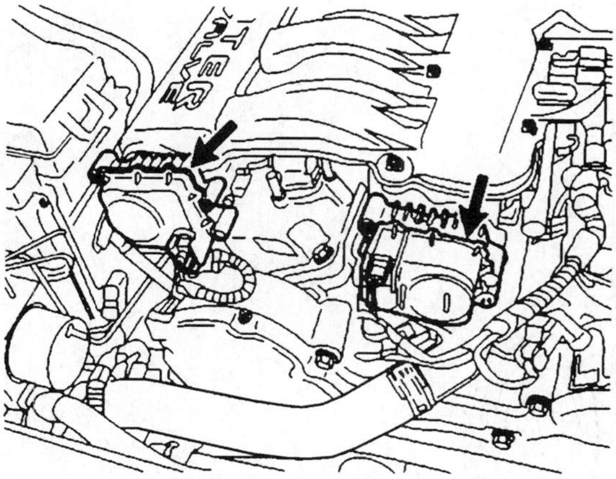

图 16-32 连接电路线束

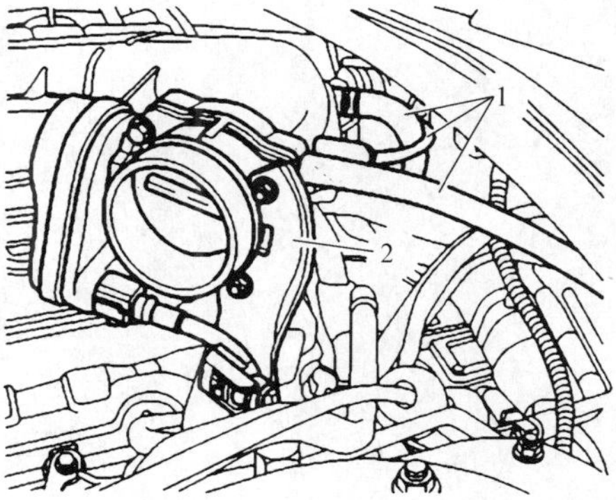

图 16-33 连接软管和电路

25）如图 16-34 所示，重新连接进气歧管绝对压力传感器插接器。

26）如图 16-35 所示，安装进气软管和进气温度传感器。

27）安装燃油泵继电器。

28）连接蓄电池负极电缆。

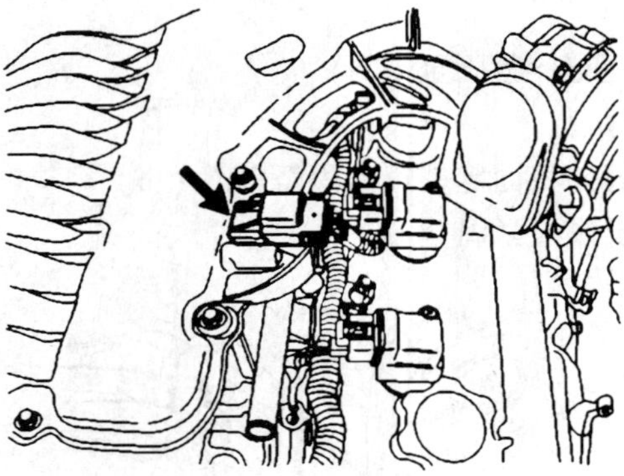

图 16-34　连接进气歧管绝对压力传感器插接器

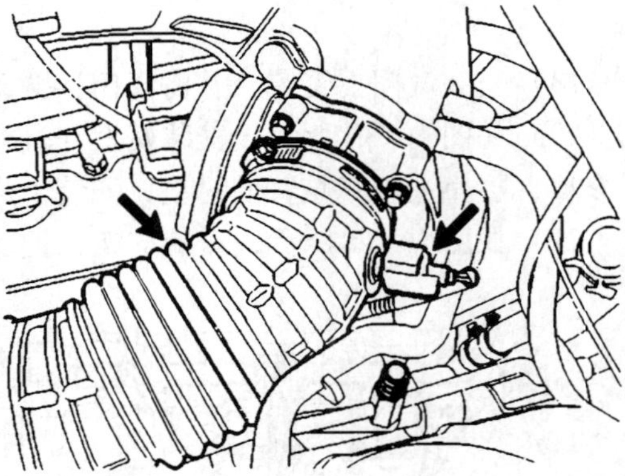

图 16-35　安装进气软管和进气温度传感器

第二节　GRAND VOYAGER（大捷龙）轿车

一、GRAND VOYAGER（大捷龙）轿车 3.3L 发动机正时链条部件识别

GRAND VOYAGER（大捷龙）轿车 3.3L 发动机正时链条部件识别见图 16-36。

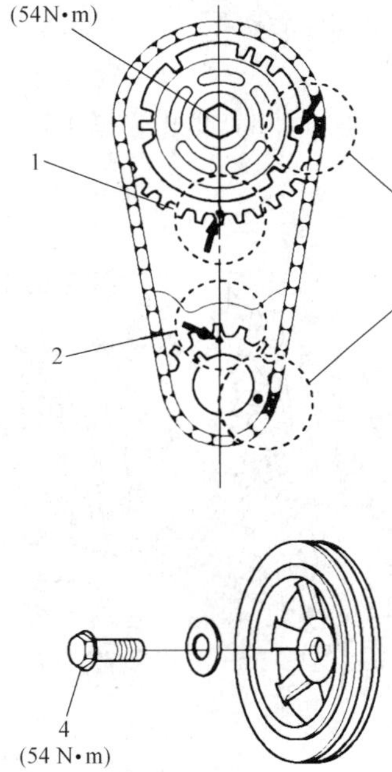

图 16-36　GRAND VOYAGER（大捷龙）轿车 3.3L 发动机正时链条部件识别

二、GRAND VOYAGER（大捷龙）轿车 3.3L 发动机正时校准操作要点

GRAND VOYAGER（大捷龙）轿车 3.3L 发动机正时校准操作要点见表 16-1。

表 16-1　GRAND VOYAGER（大捷龙）轿车 3. 3L 发动机正时校准操作要点

步　骤	操作方法
1	拆卸发动机油底壳
2	转动曲轴，直至凸轮轴正时标记位于 6 点钟位置（图 16-36 中的 1）
3	确保曲轴和凸轮轴的正时标记都处在同一中心线上（图 16-36 中的 1 和 2）
4	将正时链条上的深色链节与链轮上的标记对齐（图 16-36 中的 3）
5	检查正时链条运动情况： 1）固定住曲轴，使其不能转动 2）沿顺时针方向在凸轮轴链轮处施加 41N · m 的力矩（气缸盖已经安装）；如果气缸盖尚未安装，则沿顺时针方向在凸轮轴链轮施加 20N · m 的力矩 3）在正时链条边缘固定好测量正时链条运动的量尺 4）沿逆时针方向在凸轮轴链轮施加 41N · m 的力矩（气缸盖已经安装）；如果气缸盖尚未安装，则沿逆时针方向在凸轮轴链轮施加 20N · m 的力矩 5）用量尺测量正时链条的运动情况，如果正时链条运动值超过 3. 2mm，则更换新的正时链条
6	确认机油泵运行正常后再安装正时链条盖
7	换装新的曲轴油封
8	将曲轴带轮螺栓（图 16-36 中的 3）紧固到 54N · m

第三节　PT CRUISER（巡游者）轿车

一、PT CRUISER（巡游者）轿车 2. 4L 发动机正时带部件识别

PT CRUISER（巡游者）轿车 2. 4L 发动机正时带部件见图 16-37。

二、PT CRUISER（巡游者）轿车 2. 4L 发动机正时带拆装步骤

PT CRUISER（巡游者）轿车 2. 4L 发动机正时带拆装步骤见表 16-2。

表 16-2　PT CRUISER（巡游者）轿车 2. 4L 发动机正时带拆装步骤

拆　卸	
步　骤	操作方法
1	升起并支撑车辆
2	拆卸右前车轮
3	拆卸右挡泥板
4	拆卸发动机冷却液膨胀罐
5	拆卸发动机附件传动带
6	拆卸发动机附件传动带张紧器
7	拆卸发电机和发电机固定支架
8	拆卸曲轴带轮螺栓（图 16-37 中的 1）

（续）

拆　卸	
步　骤	操 作 方 法
9	拆卸曲轴带轮（图 16-37 中的 2）
10	从排气歧管上断开排气前管；断开空调压力开关插头
11	排干空调系统中的制冷剂，断开空调管路
12	支撑发动机
13	拆卸发动机下部扭力反作用杆
14	拆卸右侧发动机座
15	拆卸右侧发动机支架（图 16-37 中的 3）
16	拆卸发动机上部扭力反作用杆和支架
17	拆卸动力转向泵和支架
18	拆卸正时带罩（图 16-37 中的 4）
19	顺时针转动曲轴，使 1 缸处于上止点位置。确保正时标记对齐（图 16-37 中的 5 和 6）。 注意：凸轮轴链轮上的箭头和 UP 标记必须朝上
20	松开张紧轮螺母（图 16-37 中的 7）
21	使用 6mm 的六角扳手，顺时针转动张紧轮，释放正时带张力（图 16-37 中的 8）
22	拆卸正时带。如果要继续使用正时带，可用粉笔在正时带上标注出转动方向，以防重新安装时发生错装

安　装	
步　骤	操 作 方 法
1	确保正时标记对齐（图 16-37 中的 5 和 6）
2	顺时针转动排气凸轮轴链轮 1/2 齿（图 16-37 中的 9）
3	从曲轴链轮开始，沿逆时针方向安装正时带
4	沿顺时针方向慢慢转动排气凸轮轴链轮，直至正时标记对齐（图 16-37 中的 6）
5	沿逆时针方向用 6mm 的六角扳手（图 16-37 中的 8）转动张紧轮，直至张紧器标记和垫片对齐（图 16-37 中的 10）
6	将张紧轮固定螺母（图 16-37 中的 7）紧固至 24N · m
7	顺时针转动曲轴 2 轴，确保正时标记对齐（图 16-37 中的 5 和 6）
8	确保张紧器标记和垫片对齐（图 16-37 中的 11）
9	按照与拆卸相反的顺序安装其他部件
10	安装曲轴带轮（图 16-37 中的 2）
11	安装曲轴带轮螺栓（图 16-37 中的 1）并紧固至 136N · m
12	重新加注制冷剂

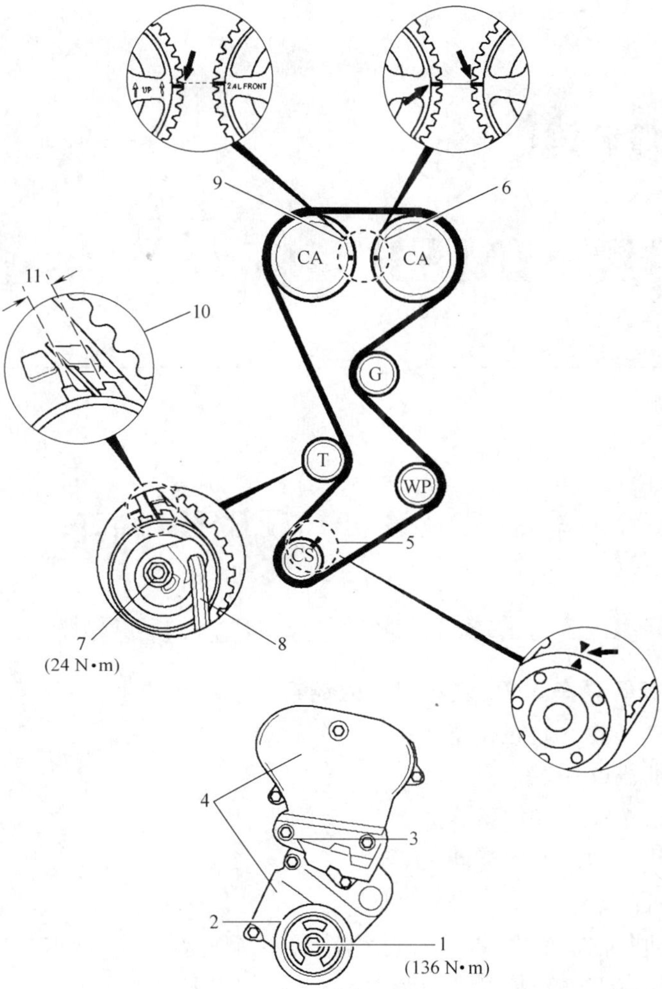

图 16-37 PT CRUISER（巡游者）轿车 2.4L 发动机正时带部件

第十七章 HUMMER（悍马）车系

第一节 HUMMER H3 轿车

一、HUMMER H3 轿车 3.7L 发动机正时链条拆装步骤

1. HUMMER H3 轿车 3.7L 发动机正时链条拆卸步骤

1）拆卸发动机气缸 1 上的火花塞。

2）拆卸凸轮轴盖罩。

3）拆卸排气凸轮轴位置传感器。

4）拆卸进气凸轮轴位置传感器。

5）拆卸发动机前罩。

6）顺时针转动曲轴，使发动机 1 缸活塞位于压缩行程上止点位置。

7）把凸轮轴固定工具安装到凸轮轴后端，见图 17-1。

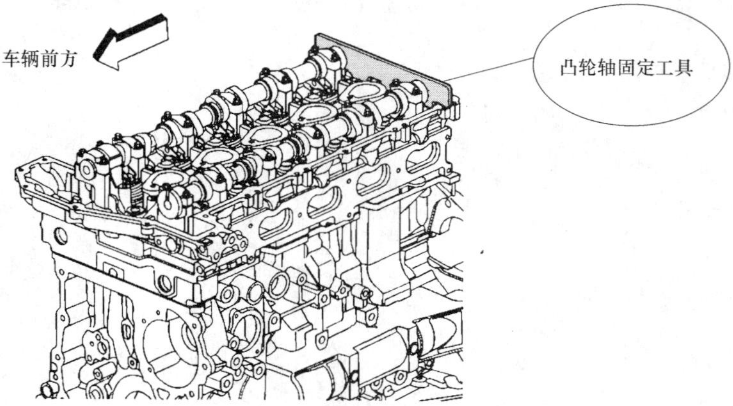

图 17-1 安装凸轮轴固定工具

8）按照图 17-2 所示，把正时链条张紧器的张紧滑轨压入，解除正时链条的张紧力。

9）按照图 17-3 所示，用一个 T 字形零件将正时链条张紧器的滑轨固定住。

10）如图 17-4 所示，拆下排气凸轮轴位置执行器螺栓并将拆下的螺栓废弃。

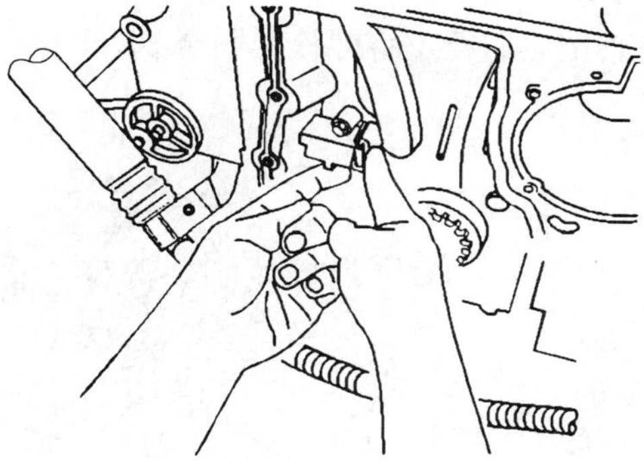

图 17-2 解除正时链条张紧力

图 17-3 固定正时链条张紧器滑轨

11）拆下排气凸轮轴位置执行器。拆下进气凸轮轴链轮螺栓并将拆下的螺栓废弃，见图 17-5。

12）拆下进气凸轮轴链轮，见图 17-5。

13）拆卸正时链条，见图 17-5。

14）拆卸曲轴链轮，见图 17-5。

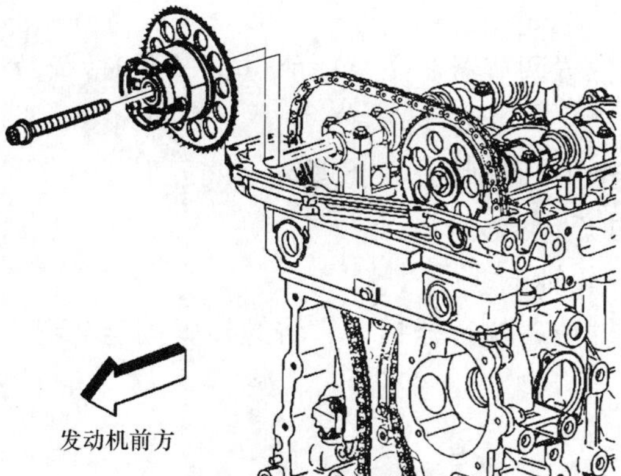

图 17-4 拆下排气凸轮轴位置执行器螺栓

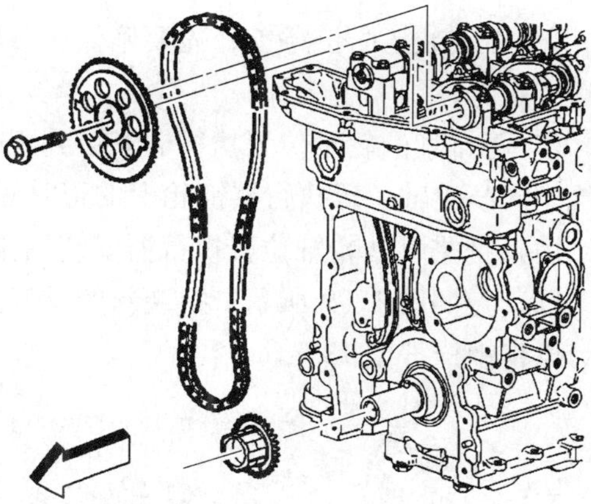

图 17-5 正时链条与链轮识别

15）将拆下的正时链条和链轮擦拭干净。

2. HUMMER H3 轿车 3.7L 发动机正时链条安装步骤

1）确保气缸 1 活塞位于上止点位置，曲轴上的销子应笔直朝上。按照图 17-6 所示，把曲轴链轮安装到曲轴上。

2）按照图 17-6 所示，把进气凸轮轴链轮安装到正时链条上。将正时链条上的深色链节 1 与进气凸轮轴上的正时标记对齐。

3）沿着气缸盖内部的空隙，将正时链条向下放入。

4）把正时链条安装到曲轴链轮上。

5）按照图 17-6 所示，将正时链条上的深色链节 2 与曲轴链轮上的正时标记对齐。

6）把进气凸轮轴链轮安装到进气凸轮轴上

7）按照图17-7所示，换装新的进气凸轮轴链轮螺栓。将螺栓紧固至20N·m，然后再将螺栓拧紧100°。

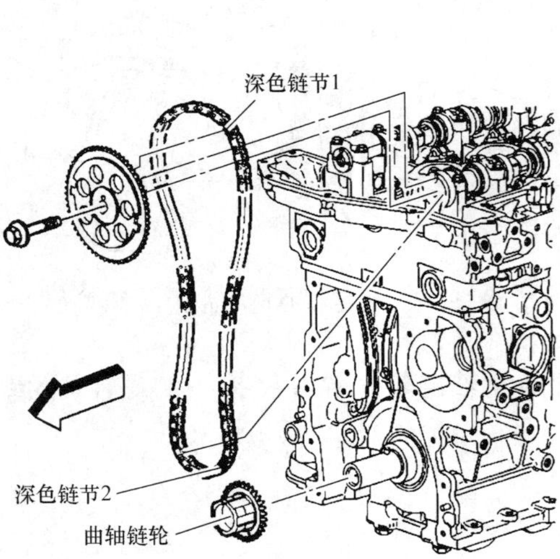

图17-6　安装正时链条和链轮

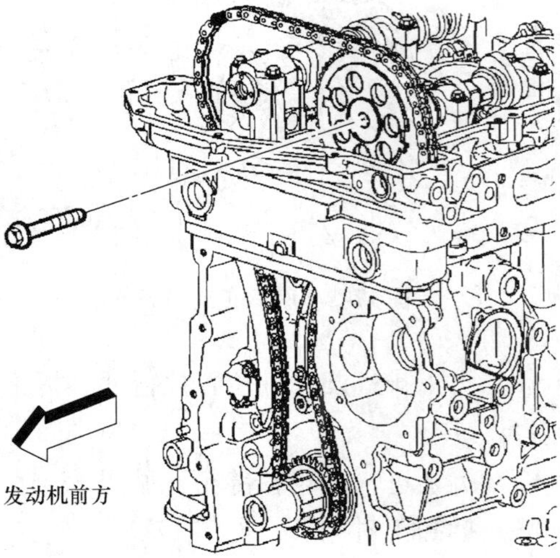

图17-7　安装进气凸轮轴链轮螺栓

8）在安装正时链条前，先要确保使凸轮轴位置调节器在完全提前位置（顺时针转动到底）。

9）将排气凸轮轴位置执行器安装到正时链条上，按照图17-8所示，将正时链条深色链节与排气凸轮轴位置执行器链轮上的正时标记对齐。

10）把排气凸轮轴位置执行器安装到排气凸轮轴上。

11）按照图17-9所示，换装新的排气凸轮轴位置执行器螺栓，将螺栓紧固至25N·m，然后再将螺栓拧紧135°。

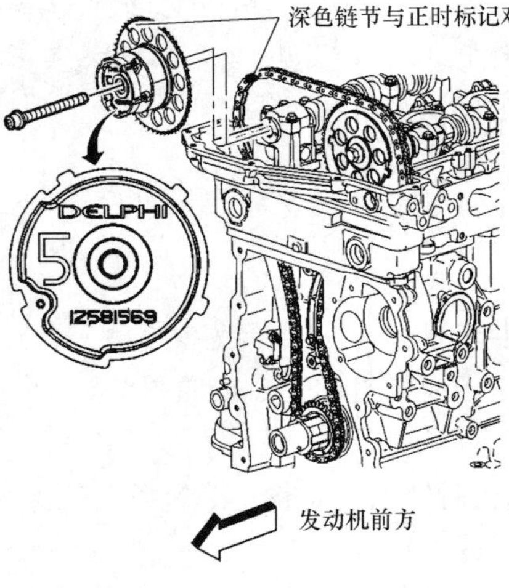

图17-8　安装排气凸轮轴位置执行器

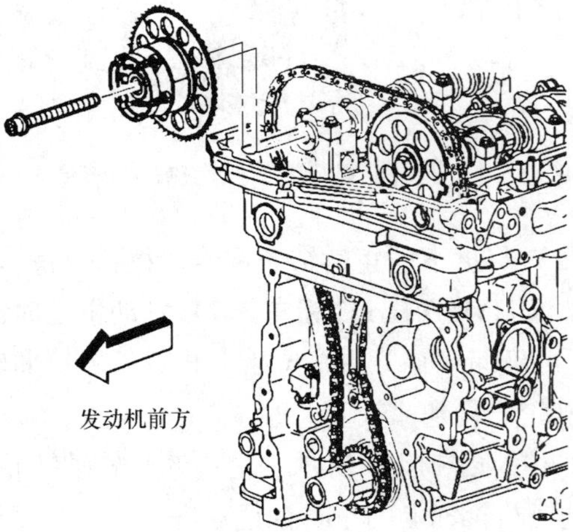

图17-9　排气凸轮轴位置执行器螺栓

12）按照图17-10所示，把固定正时链条张紧器滑轨的T字形零件取下，使正时链条重新张紧。

13）按照图 17-11 所示，从凸轮轴上拆下凸轮轴固定工具。

图 17-10 取出 T 字形零件

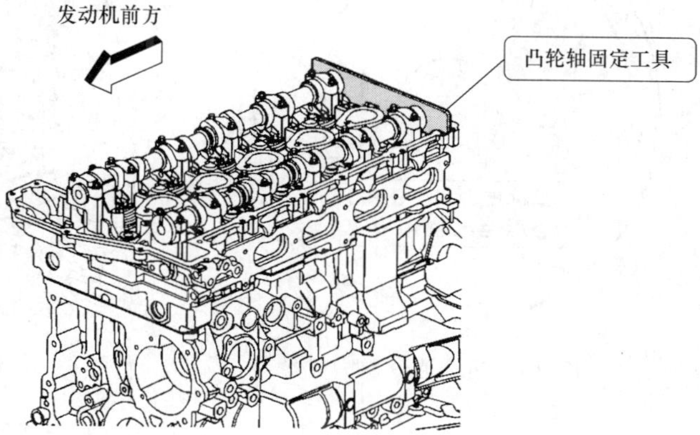

图 17-11 凸轮轴固定工具

14）确保正时链条上的深色链节必须与各个链轮上的正时标记对齐，见图 17-12。

15）安装发动机前盖。

16）安装进气凸轮轴位置传感器。

17）安装排气凸轮轴位置传感器。

18）安装凸轮轴盖。

19）安装 1 缸火花塞。

二、HUMMER H3 轿车 3.5L 发动机正时链条拆装步骤

1. HUMMER H3 轿车 3.5L 发动机正时链条拆卸步骤

1）拆卸发动机气缸 1 上的火花塞。

2）拆卸凸轮轴盖罩。

3）拆卸排气凸轮轴位置传感器。

4）拆卸进气凸轮轴位置传感器。

5）拆卸发动机前罩。

6）顺时针转动曲轴，使发动机 1 缸活塞位于压缩行程上止点位置。排气凸轮轴位置执行器上的“DELPHI”字母应平行于气缸盖至凸轮轴盖配合面，见图 17-13。

7）把凸轮轴固定工具安装到凸轮轴后端，见图 17-14。

8）按照图 17-15 所示，把正时链条张紧器的张紧滑轨压入，解除正时链条的张紧力。

9）按照图 17-16 所示，用一个 T 字形零件将正时链条张紧器的滑轨固定住。

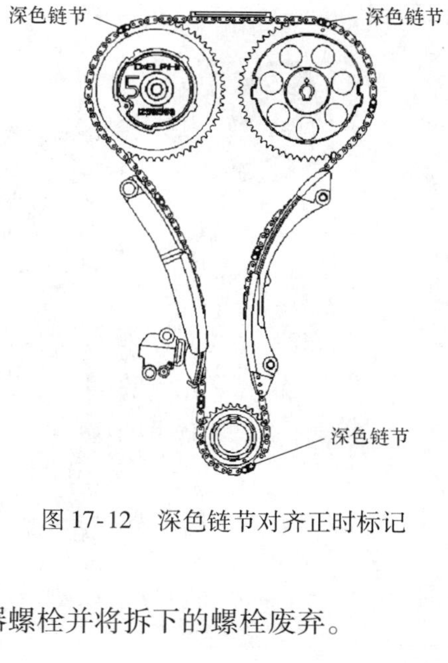

图 17-12 深色链节对齐正时标记

10）如图 17-17 所示，拆下排气凸轮轴位置执行器螺栓并将拆下的螺栓废弃。

图 17-13　凸轮轴位置执行器

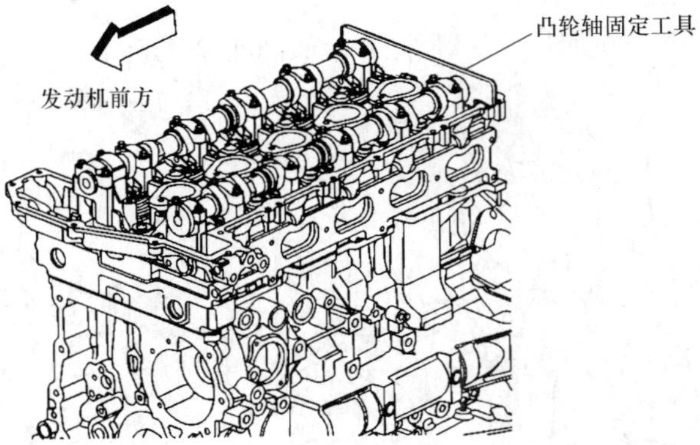

图 17-14　安装凸轮轴固定工具

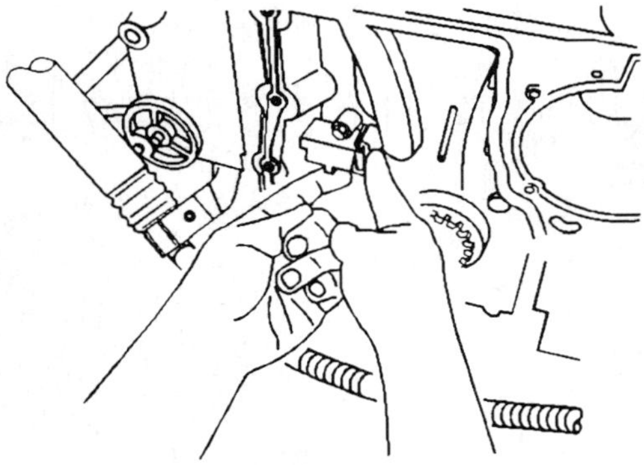

图 17-15　解除正时链条张紧力

图 17-16　固定正时链条张紧器滑轨

11）拆下排气凸轮轴位置执行器。拆下进气凸轮轴链轮螺栓并将拆下的螺栓废弃，见图 17-18。

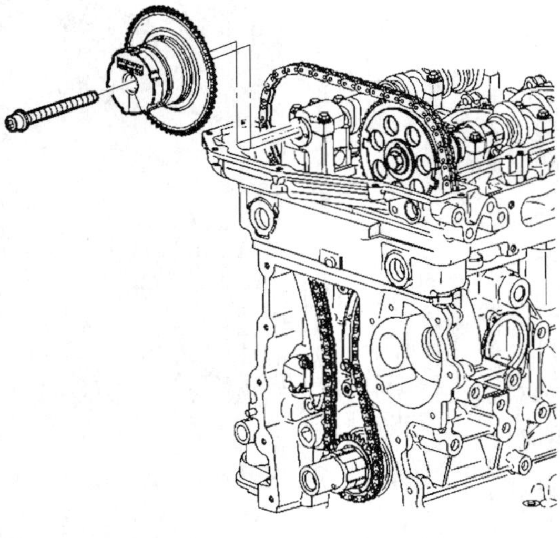

图 17-17　拆下排气凸轮轴位置执行器螺栓

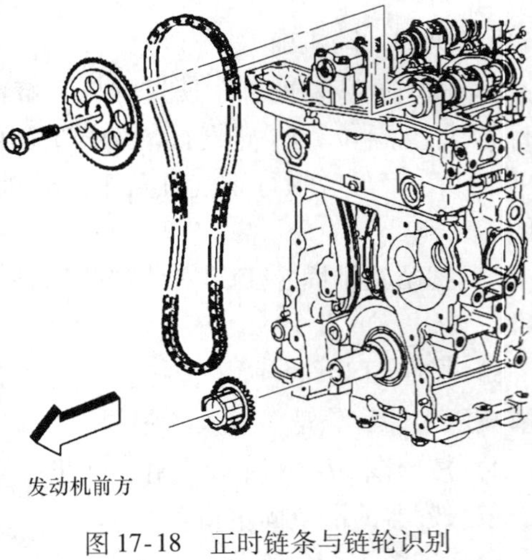

图 17-18　正时链条与链轮识别

12）拆下进气凸轮轴链轮，见图 17-18。

13）拆卸正时链条，见图 17-18。

14）拆卸曲轴链轮，见图 17-18。

15）将拆下的正时链条和链轮擦拭干净。

2. HUMMER H3 轿车 3.5L 发动机正时链条安装步骤

1）确保气缸 1 活塞位于上止点位置，曲轴上的销子应笔直朝上。按照图 17-19 所示，把曲轴链轮安装到曲轴上。

2）按照图 17-19 所示，把进气凸轮轴链轮安装到正时链条上。将正时链条上的深色链节 1 与进气凸轮轴上的正时标记对齐。

3）沿着气缸盖内部的空隙，将正时链条向下放入。

4）把正时链条安装到曲轴链轮上。

5）按照图 17-19 所示，将正时链条上的深色链节 2 与曲轴链轮上的正时标记对齐。

6）把进气凸轮轴链轮安装到进气凸轮轴上。

7）按照图 17-20 所示，换装新的进气凸轮轴链轮螺栓。将螺栓紧固至 20N · m，然后再将螺栓拧紧 100°。

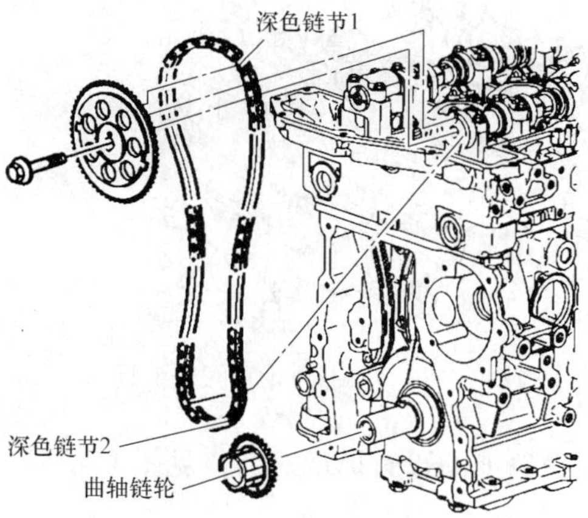

图 17-19 安装正时链条和链轮

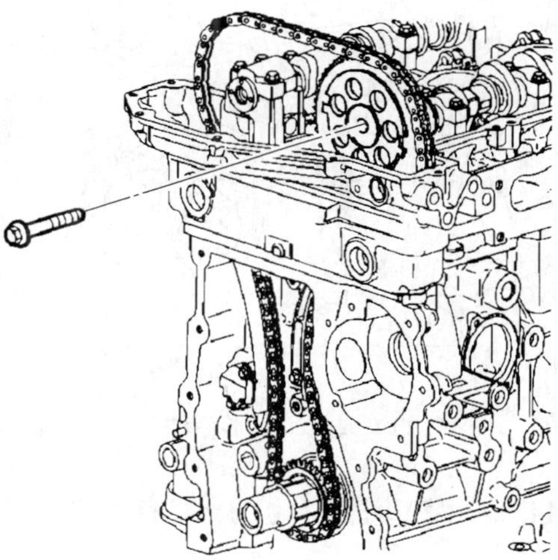
图 17-20 安装进气凸轮轴链轮螺栓

8）在安装正时链条时，先要确保使凸轮轴位置调节器在完全提前位置（顺时针转动到底）。

9）将排气凸轮轴位置执行器安装到正时链条上，按照图 17-21 所示，将正时链条深色链节与排气凸轮轴位置执行器链轮上的正时标记对齐。

10）把排气凸轮轴位置执行器安装到排气凸轮轴上。

11）按照图 17-22 所示，换装新的排气凸轮轴位置执行器螺栓，将螺栓紧固至 25N · m，然后再将螺栓拧紧 135°。

12）按照图 17-23 所示，把固定正时链条张紧器滑轨的 T 字形零件取下，使正时链条重新张紧。

13）按照图 17-24 所示，从凸轮轴上拆下凸轮轴固定工具。

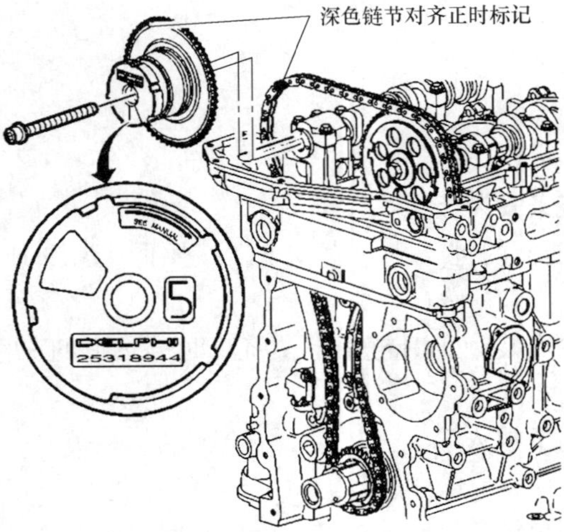

图 17-21　安装排气凸轮轴位置执行器

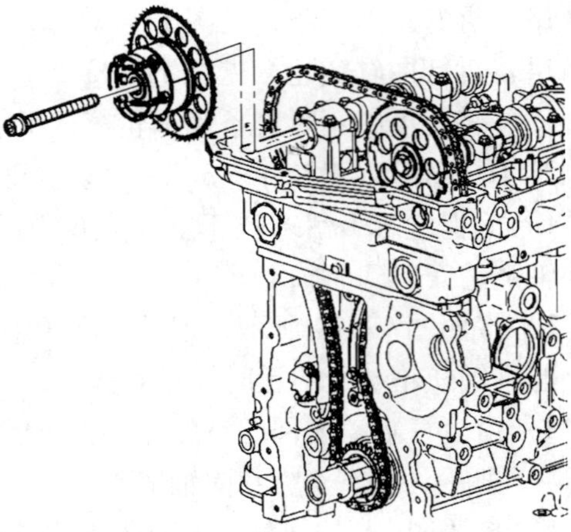

图 17-22　排气凸轮轴位置执行器螺栓

图 17-23　取出 T 字形零件

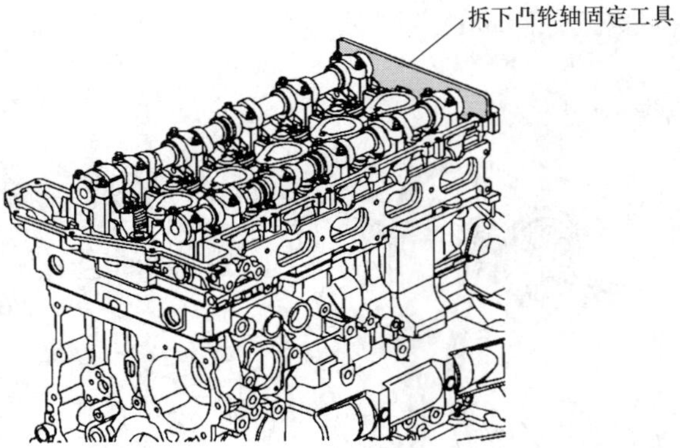

图 17-24　取下凸轮轴固定工具

14）确保正时链条上的深色链节必须与各个链轮上的正时标记对齐，见图 17-25。

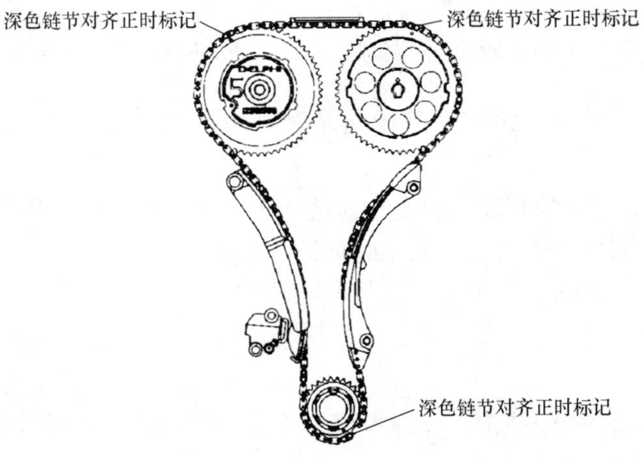

图 17-25　深色链节对齐正时标记

15）安装发动机前盖。

16）安装进气凸轮轴位置传感器。

17）安装排气凸轮轴位置传感器。

18）安装凸轮轴盖。

19）安装1缸火花塞。

第二节 HUMMER H2轿车

一、HUMMER H2轿车4.8L发动机正时链条拆装步骤

1. HUMMER H2轿车4.8L发动机正时链条拆卸步骤

1）拆卸发动机机油泵。

2）转动曲轴，使曲轴上的正时标记与凸轮轴链轮上的正时标记对齐。

3）拆卸凸轮轴链轮螺栓。

4）拆卸凸轮轴链轮和正时链条，见图17-26。

5）如图17-27所示，安装专用工具，准备拆卸曲轴链轮

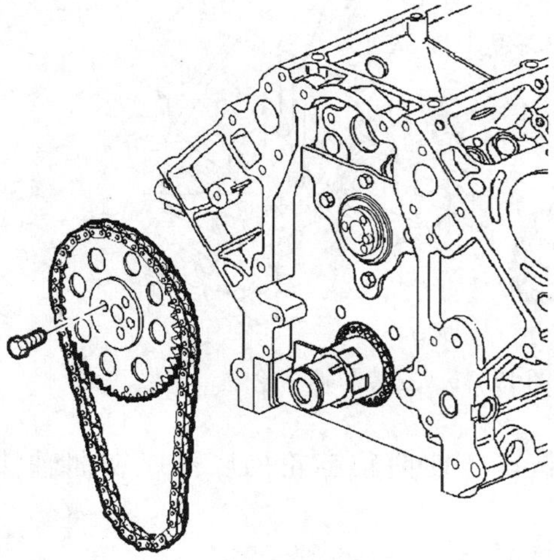

图17-26 凸轮轴链轮、链轮螺栓和正时链条

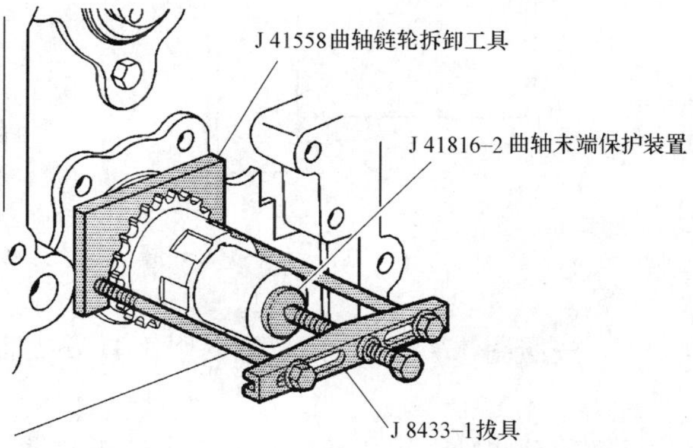

图17-27 安装专用工具

6）拆下曲轴链轮，如图17-28所示。

7）如有必要，取下曲轴键。

8）把拆下的正时链条和各个链轮擦拭干净。

2. HUMMER H2轿车4.8L发动机正时链条安装步骤

1）把曲轴键安装到键槽内，如图17-29所示。

2）按照图17-30所示，把曲轴键敲入曲轴键槽中。

3）按照图17-31所示，把曲轴链轮安装到曲轴前部，曲轴键要对准曲轴链轮上的键槽。

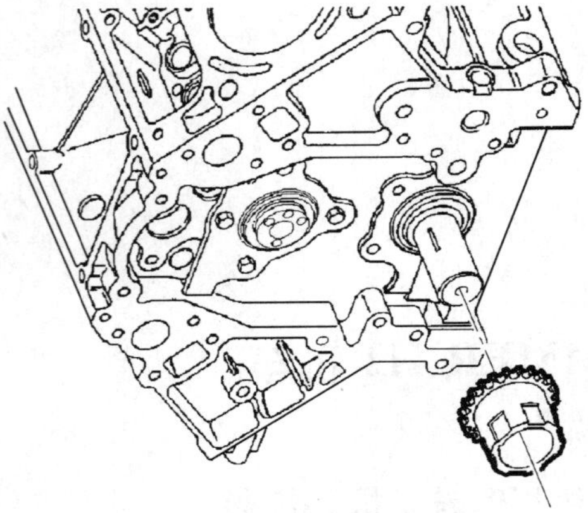

图 17-28　曲轴链轮

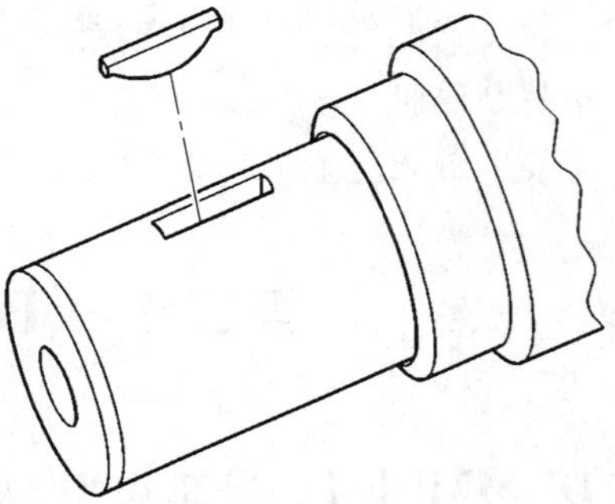

图 17-29　曲轴键和键槽

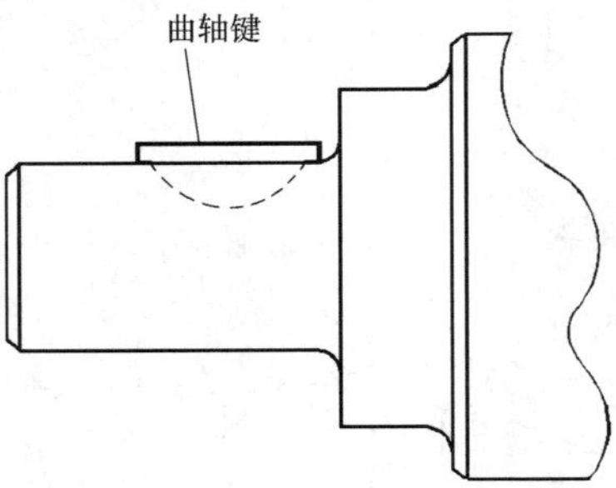

图 17-30　把曲轴键敲入键槽

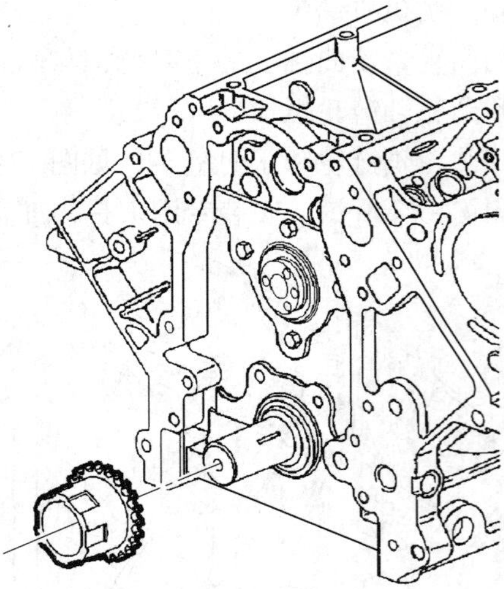

图 17-31　安装曲轴链轮

4）按照图 17-32 所示，用专用工具安装曲轴链轮，使曲轴链轮彻底落座在曲轴法兰上。

5）转动曲轴链轮，使曲轴链轮上的正时标记定位在 12 点钟位置。

6）按照图 17-33 所示，安装凸轮轴链轮和正时链条。

7）必要时转动凸轮轴链轮或曲轴链轮，使曲轴链轮正时标记（位于 12 点钟位置）与凸轮轴链轮正时标记（位于 6 点钟位置）对齐，见图 17-34。

8）安装凸轮轴链轮螺栓并将螺栓紧固至 35N · m。

9）安装机油泵。

二、HUMMER H2 轿车 5. 3L 发动机正时链条拆装步骤

HUMMER H2 轿车 5. 3L 发动机正时链条拆装步骤与 HUMMER H2 轿车 4. 8L 发动机正时链条拆装步骤相同。

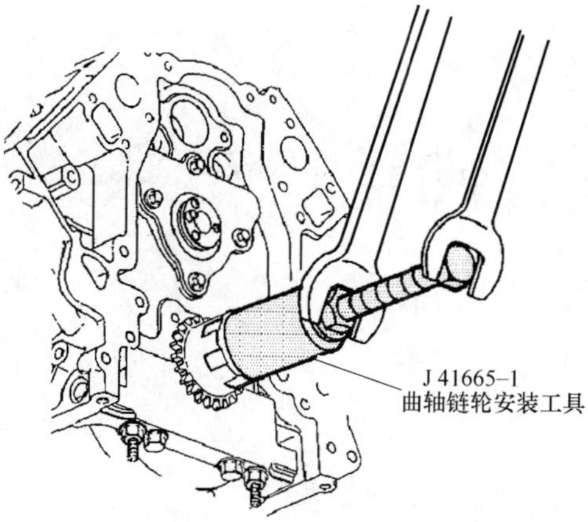

图 17-32 用专用工具安装曲轴链轮

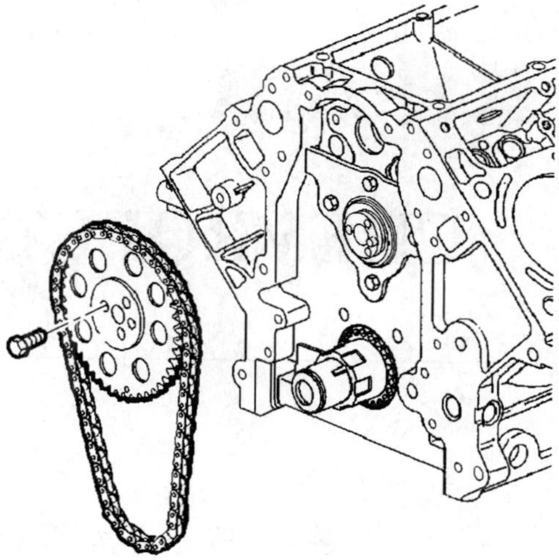

图 17-33 安装凸轮轴链轮和正时链条

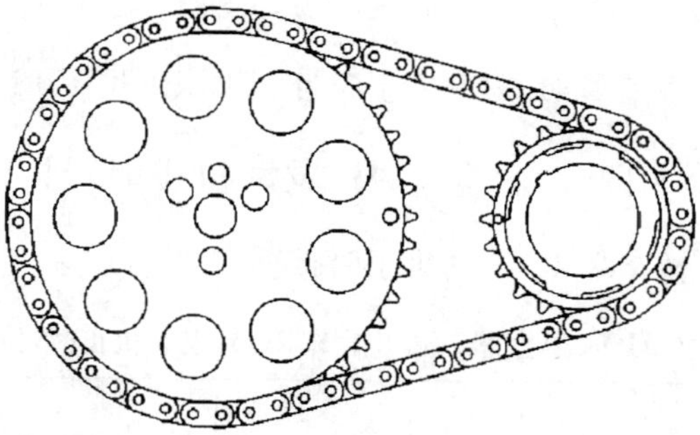

图 17-34 将曲轴链轮正时标记与凸轮轴链轮正时标记对齐

三、HUMMER H2 轿车 6.0L 发动机正时链条拆装步骤

HUMMER H2 轿车 6.0L 发动机正时链条拆装步骤与 HUMMER H2 轿车 4.8L 发动机正时链条拆装步骤相同。

第十八章 CHEVROLET（雪佛兰）车系

第一节 CAPTIVA（科帕奇）轿车

一、CAPTIVA（科帕奇）轿车 2.4L 发动机正时带部件识别

CAPTIVA（科帕奇）轿车 2.4L 发动机正时带部件识别见图 18-1。

二、CAPTIVA（科帕奇）轿车 2.4L 发动机正时带拆卸步骤

CAPTIVA（科帕奇）轿车 2.4L 发动机正时带拆卸步骤见表 18-1。

表 18-1 CAPTIVA（科帕奇）轿车 2.4L 发动机正时带拆卸步骤

步　骤	操作方法
1	升起并支撑车辆前部
2	拆卸发动机顶部盖罩
3	断开发动机进气流量传感器插接器
4	从气缸盖罩上断开曲轴箱通风软管
5	拆卸发动机空气滤清器壳体
6	拆卸发动机底部护板
7	拆卸右前车轮
8	拆卸右侧挡泥板
9	拆卸发动机附件传动带
10	拆卸曲轴带轮螺栓（图 18-1 中的 1）
11	拆卸曲轴带轮（图 18-1 中的 2）
12	支撑发动机
13	拆卸发动机右侧支承
14	拆卸正时带罩（图 18-1 中的 3）
15	顺时针转动曲轴，使各个正时标记对齐（图 18-1 中的 4、5 和 6）
16	松开正时带张紧轮螺栓（图 18-1 中的 7）

（续）

步　骤	操作方法
17	使用内六角扳手（图18-1中的7）沿逆时针方向转动正时带张紧轮（图18-1中的8），将其从正时带上拆下
18	拆卸正时带

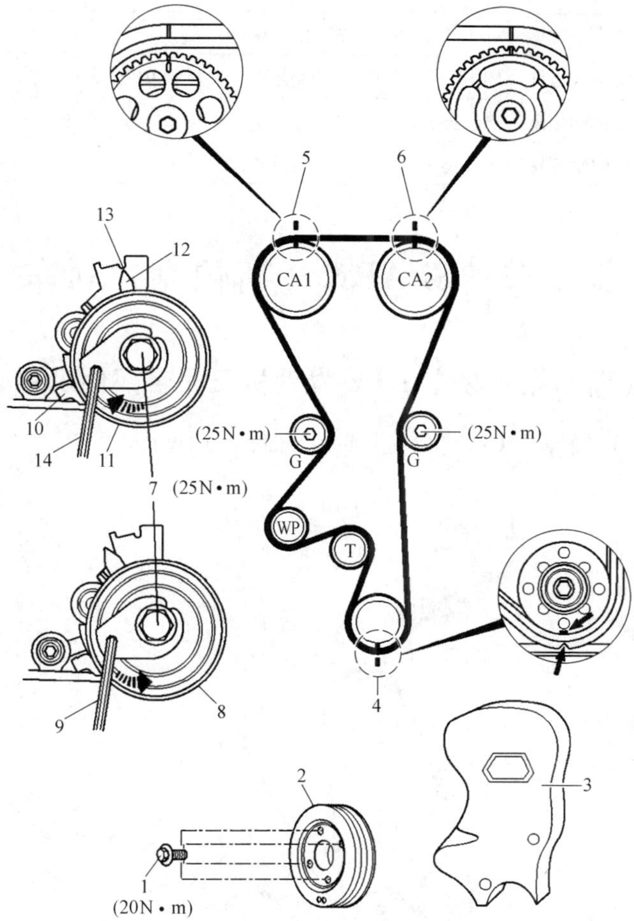

图18-1　CAPTIVA（科帕奇）轿车2.4L发动机正时带部件识别

三、CAPTIVA（科帕奇）轿车2.4L发动机正时带安装步骤

CAPTIVA（科帕奇）轿车2.4L发动机正时带安装步骤见表18-2。

表18-2　CAPTIVA（科帕奇）轿车2.4L发动机正时带安装步骤

步　骤	操作方法
1	确保各个正时标记对齐（图18-1中的4、5和6）
2	确保正时带张紧轮的限位凸块（图18-1中的10）正确作用
3	安装正时带

（续）

步骤	操作方法
4	使用内六角扳手（图 18-1 中的 7）沿顺时针方向（图 18-1 中的 11）转动正时带张紧轮，使移动式指针（图 18-1 中的 12）对准槽口（图 18-1 中的 13）
5	将正时带张紧轮螺栓（图 18-1 中的 7）紧固至 25N · m
6	顺时针转动曲轴 2 周
7	确保各个正时标记对齐（图 18-1 中的 4、5 和 6）
8	确保移动式指针（图 18-1 中的 12）对准槽口（图 18-1 中的 13）
9	按照与拆卸相反的顺序安装其他部件
10	将拆卸曲轴带轮螺栓（图 18-1 中的 1）紧固至 20N · m

第二节　SPARK（斯帕克）轿车

一、SPARK（斯帕克）轿车 1.0L 发动机正时带部件识别

SPARK（斯帕克）轿车 1.0L 发动机正时带部件识别见图 18-2。

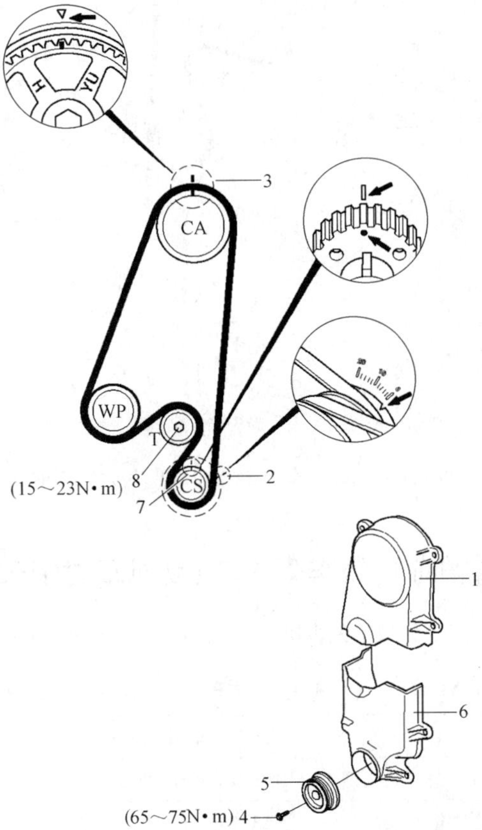

图 18-2　SPARK（斯帕克）轿车 1.0L 发动机正时带部件识别

二、SPARK（斯帕克）轿车 1.0L 发动机正时带拆卸步骤

SPARK（斯帕克）轿车 1.0L 发动机正时带拆卸步骤见表 18-3。

表 18-3 SPARK（斯帕克）轿车 1.0L 发动机正时带拆卸步骤

步 骤	操作方法
1	拆卸右侧前照灯
2	拆卸发动机附件传动带
3	拆卸正时带上盖（图 18-2 中的 1）
4	举升并支撑车辆前部
5	拆卸右前车轮
6	顺时针转动曲轴至 1 缸上止点位置，确保各个正时标记对齐（图 18-2 中的 2 和 3）
7	用大号螺钉旋具固定住飞轮
8	拆卸曲轴带轮螺栓（图 18-2 中的 4）
9	拆卸曲轴带轮（图 18-2 中的 5）
10	拆卸发动机机油油尺和机油油管
11	拆卸正时带下盖（图 18-2 中的 6）
12	确保正时标记对齐（图 18-2 中的 7）
13	松开正时带张紧轮螺栓（图 18-2 中的 8）。把张紧轮从正时带处挪开。轻轻拧上正时带张紧轮螺栓
14	拆卸正时带

三、SPARK（斯帕克）轿车 1.0L 发动机正时带安装步骤

SPARK（斯帕克）轿车 1.0L 发动机正时带安装步骤见表 18-4。

表 18-4 SPARK（斯帕克）轿车 1.0L 发动机正时带安装步骤

步 骤	操作方法
1	确保各个正时标记对齐（图 18-2 中的 3 和 7）
2	从曲轴链轮开始，沿逆时针方向安装正时带。确保在非张紧侧，正时带是绷紧的
3	松开正时带张紧轮螺栓（图 18-2 中的 8），使张紧轮起到张紧作用
4	沿顺时针方向转动曲轴 2 周，直至达到 1 缸上止点位置
5	确保各个正时标记对齐（图 18-2 中的 3 和 7）
6	将正时带张紧轮螺栓（图 18-2 中的 8）紧固至 15～23N·m
7	按照与拆卸相反的顺序安装其他的部件
8	用大号螺钉旋具固定住飞轮
9	将曲轴带轮螺栓（图 18-2 中的 4）紧固至 55～75N·m

第十九章

JEEP（吉普）车系

第一节　WRANGLER（牧马人）轿车

牧马人轿车 3. 8L 发动机正时链条部件拆装

1. 正时链条盖拆卸程序

1）执行燃油压力卸放程序。

2）断开蓄电池负极电缆。

3）排放发动机冷却液。

4）拆下空气滤清器软管（图 19-1）和空气滤清器壳体总成。

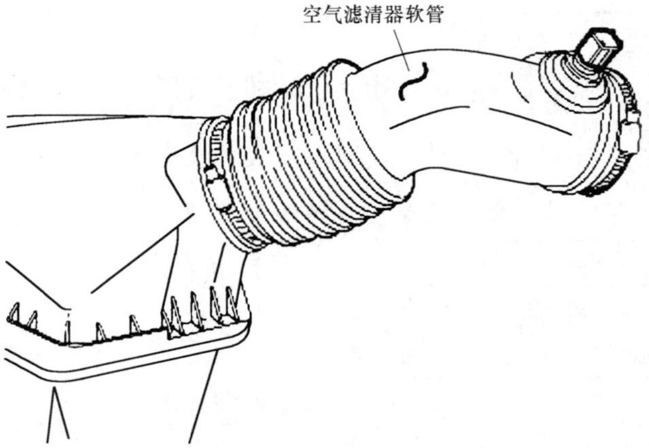

图 19-1　空气滤清器软管

5）拆下发动机附件传动带和传动带张紧器。

6）拆下发电机，发电机固定螺栓见图 19-2。

7）拆下机油油尺管路。

8）排放发动机机油。

9）拆卸油底壳。

10）如图 19-3 所示，拆卸动力转向泵固定螺钉，将动力转向泵移到一旁。

11）断开底部散热器管路。

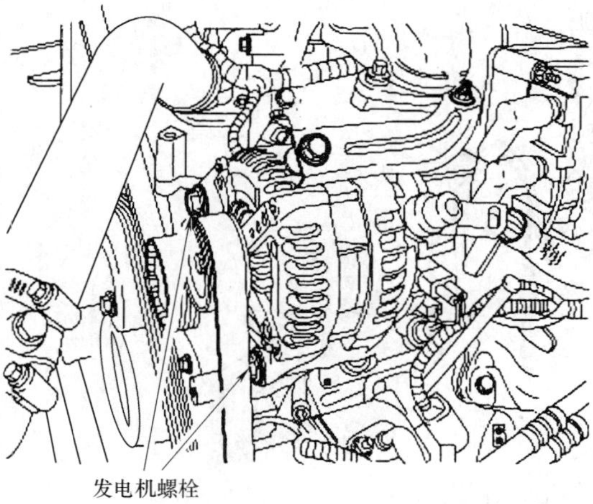

图 19-2 发电机固定螺栓识别

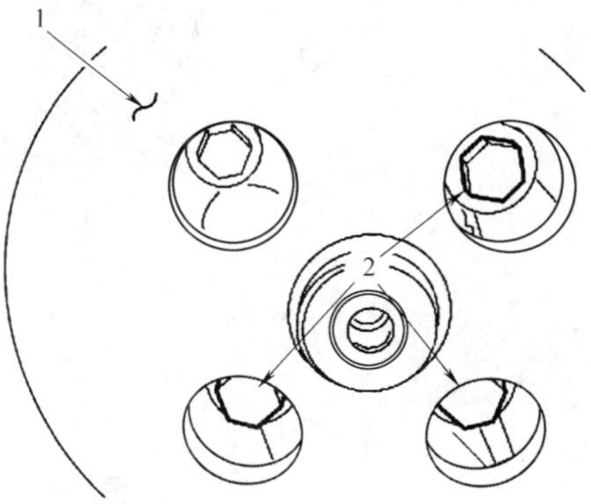

图 19-3 拆卸动力转向泵固定螺钉
1—动力转向泵 2—动力转向泵固定螺钉

12）从发动机上移开空调压缩机，将压缩机移到一旁。

13）拆下曲轴带轮。

14）从正时链条盖上拆下凸轮轴位置传感器（图 19-4）。

15）拆卸正时链条盖的各个固定螺栓（图 19-5）。

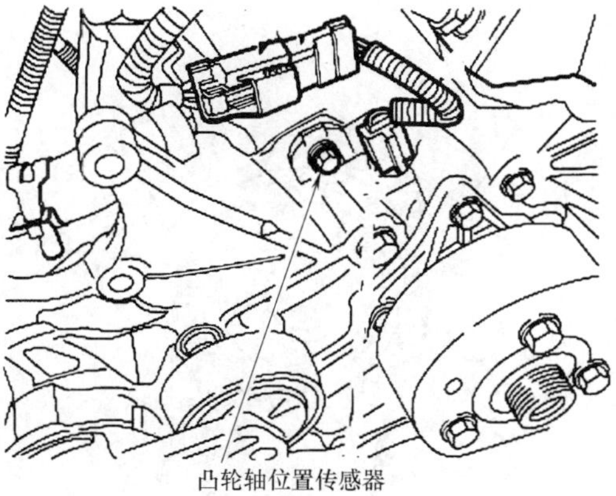

图 19-4 凸轮轴位置传感器识别

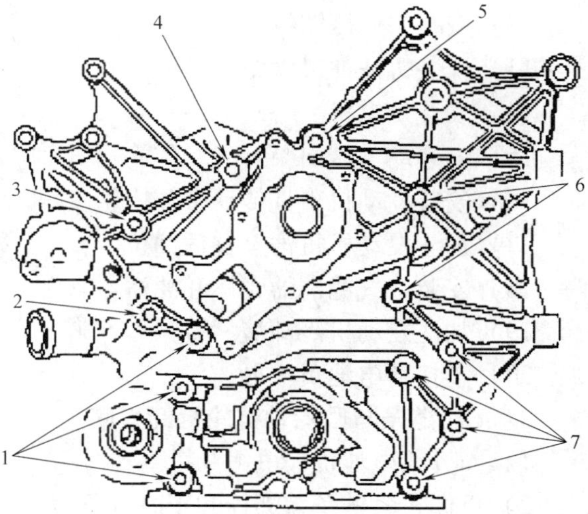

图 19-5 正时链条盖固定螺栓位置

2. 正时链条盖安装程序

1）确保正时链条盖和气缸体的结合面清洁。

2）在正时链条盖上安装新的衬垫，如图 19-6 所示，确保衬垫的底边要比正时链条盖的底边高出 0.5mm。

3）转动曲轴，使机油泵驱动面位于垂直位置。

4）调节机油泵内部转子，使结合面与曲轴驱动面处于同一位置。

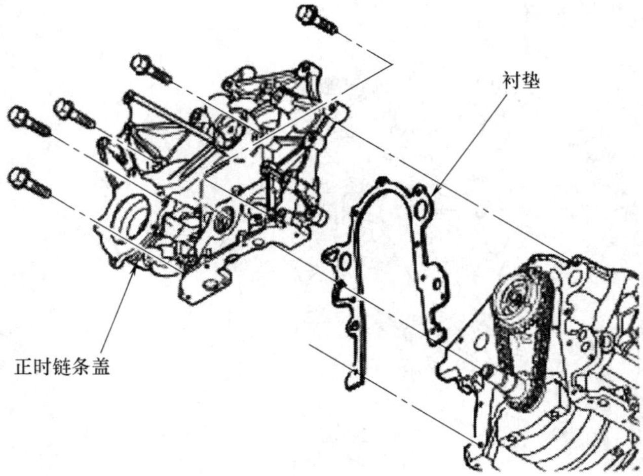

图 19-6　衬垫与正时链条盖识别

5）安装正时链条盖。

6）安装正时链条盖螺栓，M8 螺栓紧固力矩为 27N · m，M10 螺栓紧固力矩为 54N · m。

7）安装油底壳。

8）安装曲轴前油封。

9）安装曲轴带轮。

10）连接冷却液软管。

11）安装凸轮轴位置传感器。

12）安装空调压缩机。

13）安装机油油尺管路。

14）安装发电机。

15）安装动力转向泵。

16）安装发动机附件传动带和惰轮。

17）加注发动机机油至合适油位。

18）安装空气滤清器壳体和滤清器软管。

19）加注发动机冷却液。

20）连接蓄电池负极电缆。

3. 正时链条与凸轮轴链轮拆卸程序

1）断开蓄电池负极电缆。

2）拆卸正时链条盖螺栓和正时链条盖。

3）转动曲轴，对齐正时标记，如图 19-7 所示。

4）拆下凸轮轴链轮固定螺栓。

5）把正时链条和凸轮轴链轮一起拆下。

4. 正时链条与凸轮轴链轮安装程序

1）转动曲轴，使曲轴链轮上的正时箭头对准 12 点钟位置（见图 19-7）。

2）把正时链条绕到凸轮轴链轮上，使镀色链节对齐（见图 19-7）。把凸轮轴链轮上的正时箭头对准

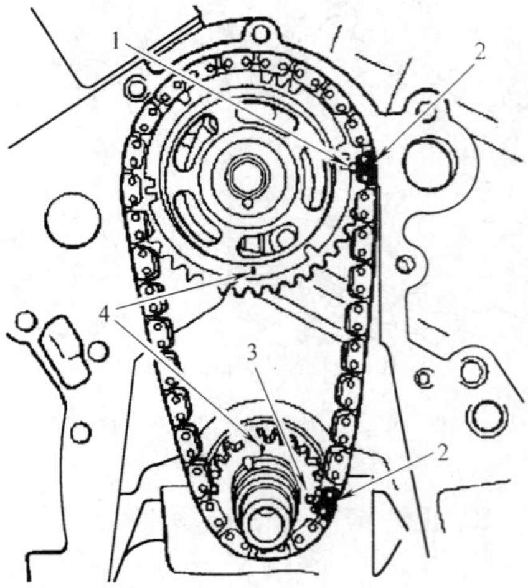

图 19-7　对齐正时标记

1—凸轮轴链轮正时标记　2—镀色链节

3—曲轴链轮正时标记　4—箭头标记

6点钟位置（见图19-7）。

3）把正时链条安装到曲轴链轮上，使正时链条上的镀色链条与曲轴链轮上的正时标记对齐（见图19-7）。

4）检查各个正时标记是否对齐。

5）安装凸轮轴链轮螺栓和垫圈。把螺栓紧固至54N·m。

6）转动曲轴2周，检查各个正时标记是否对齐。

7）安装正时链条盖。

8）连接蓄电池负极电缆。

5. 曲轴链轮拆卸程序

1）拆卸正时链条。

2）使用专用工具固定住曲轴，然后拆下曲轴链轮，如图19-8所示。

6. 曲轴链轮安装程序

1）把曲轴链轮安装到曲轴上（曲轴链轮上的正时标记向外），使正时槽和正时销对齐。

2）用专用工具安装曲轴链轮，如图19-9所示，使其完全落位在曲轴上。

3）安装正时链条和凸轮轴链轮。

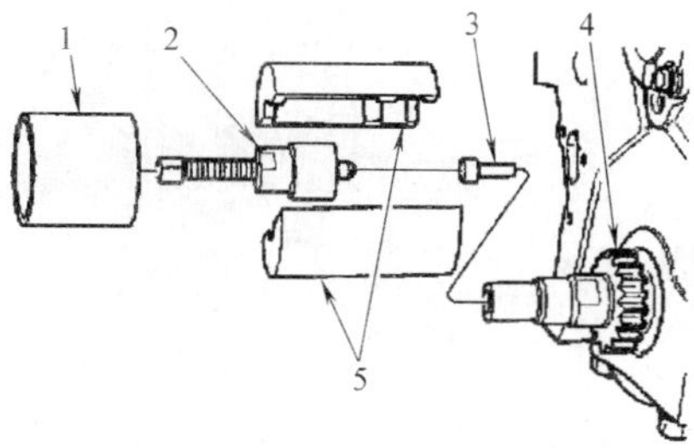

图19-8 用专用工具固定曲轴再拆卸曲轴链轮
1—专用工具5048-6 2—专用工具5048-1
3—专用工具8450 4—曲轴链轮
5—专用工具8539

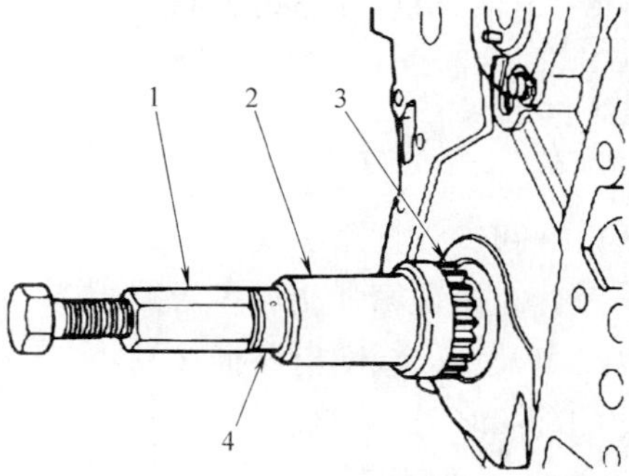

图19-9 用专用工具安装曲轴链轮
1—专用工具8452-3 2—专用工具8452-1
3—曲轴链轮 4—推力轴承/垫圈

第二节 COMPASS（指南者）轿车

一、COMPASS（指南者）轿车2.4L发动机正时链条部件识别

二、COMPASS（指南者）轿车2.4L发动机正时链条系统部件拆装

1. 正时链条盖拆装步骤

拆卸步骤：

1）拆下发动机罩。

2）泄放燃油压力。

3）断开蓄电池负极电缆。

4）拆卸发动机冷却液储液罐。

5）拆卸风窗玻璃清洗器储液罐。

6）拆卸动力转向储液罐（图19-11）并将其移到一旁。

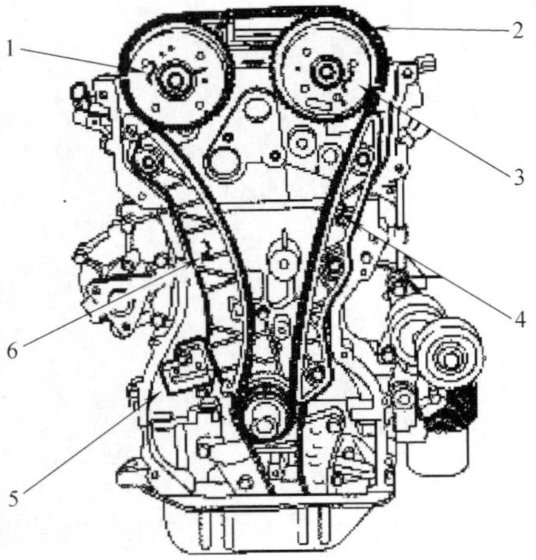

图19-10　COMPASS（指南者）轿车2.4L发动机正时链条部件识别

1—凸轮轴链轮　2—正时链条　3—凸轮轴链轮　4—左侧正时链条导轨（可移动）　5—正时链条张紧器　6—右侧正时链条导轨（固定）

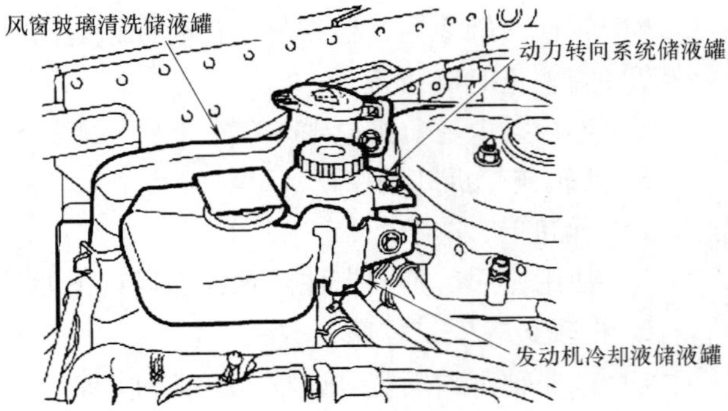

图19-11　拆卸各个储液罐

7）拆卸进气管路。

8）拆卸曲轴箱强制通风管路。

9）断开点火线圈电路插接器。

10）拆卸气缸盖罩。

11）举升车辆。

12）拆下右侧底部挡泥板。

13）将发动机设置到上止点位置，上止点标记见图19-12。

14）拆下发动机附件传动带。

15）拆下空调压缩机固定螺栓。

16）拆卸空调压缩机底部支架，如图19-13所示。

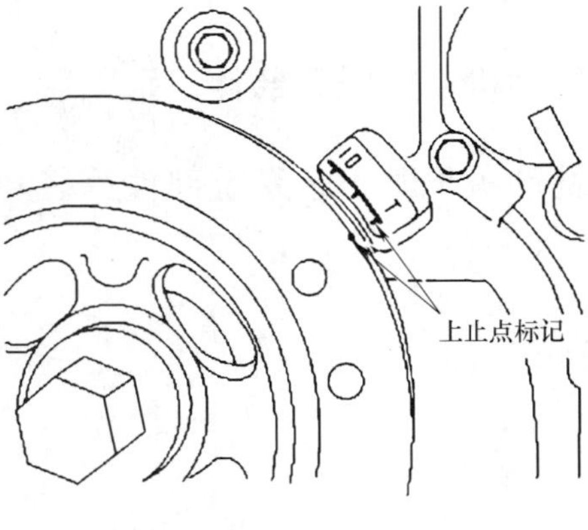

图19-12　上止点标记识别

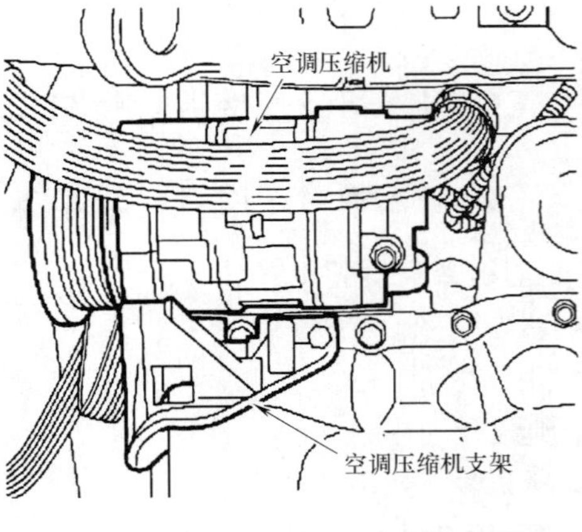

图19-13　空调压缩机和支架识别

17）拆下发动机附件传动带下部惰轮。

18）拆下曲轴带轮（图 19-14）。

19）拆下曲轴前油封。

20）拆下水泵轮（图 19-14）。

21）拆下发动机固定支架（图 19-14）螺栓。

22）拆下正时链条盖底部螺栓（图 19-15）。

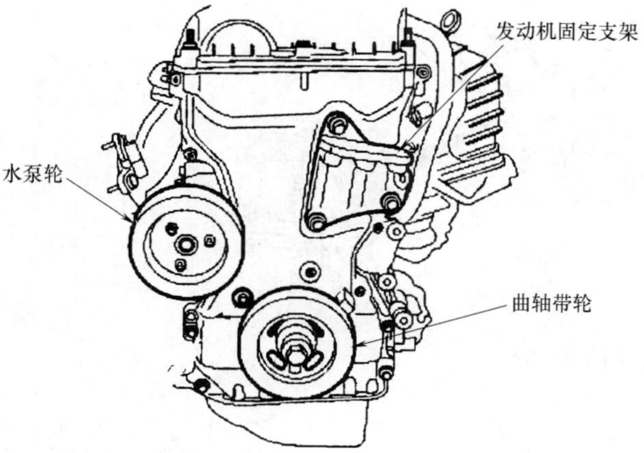

图 19-14 曲轴带轮、水泵轮和发动机固定支架识别

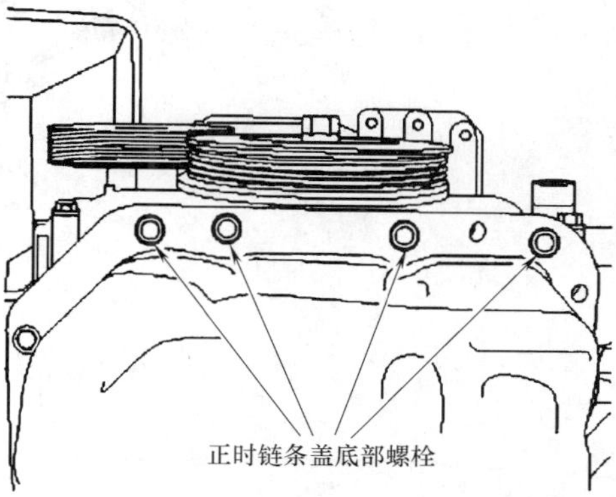

图 19-15 正时链条盖底部螺栓识别

23）降下车辆。

24）拆下动力转向管路支撑件，如图 19-16 所示。

25）拆下动力转向泵，将其移到一旁。

26）在油底壳下垫上木块，用千斤顶顶起发动机。

27）拆下右侧发动机支架螺栓。

28）拆下发动机附件传动带上部惰轮。

29）拆下发动机右侧安装支架。

30）拆下发动机附件传动带张紧器。

31）拆下正时链条盖固定螺栓。

32）在图 19-17 中所示的 3 个位置，用合适的工具把正时链条盖撬开。

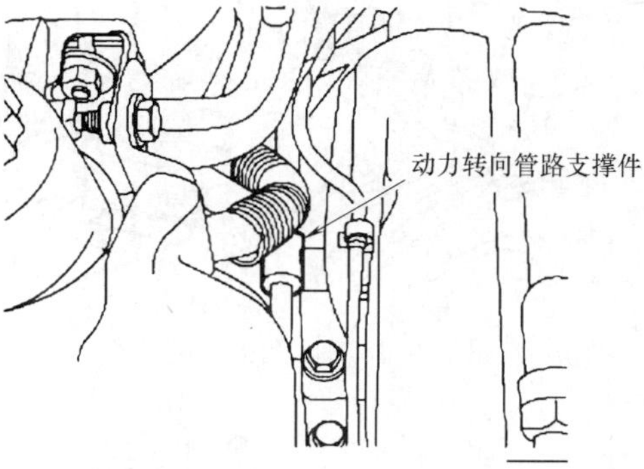

图 19-16 拆下动力转向管路支撑件

33）拆下正时链条盖，如图 19-18 所示。

安装步骤：

1）将所有的密封面清理干净。

2）按照图 19-19 中所示的位置，将密封剂涂抹在气缸盖和气缸体的结合线处。

3）在图 19-20 所示部位涂抹密封剂。

4）在油底壳与气缸体结合面之间涂抹密封剂。

5）按照图 19-21 所示位置，在发动机缸体上涂抹密封剂。

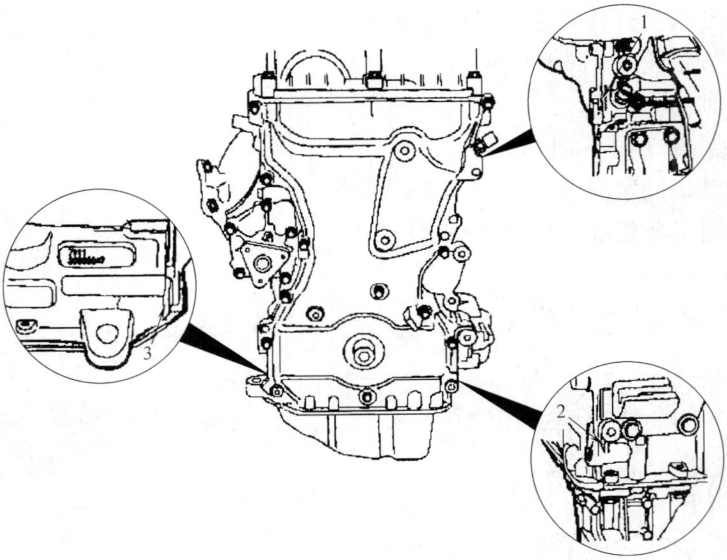

图 19-17　正时链条盖撬开位置

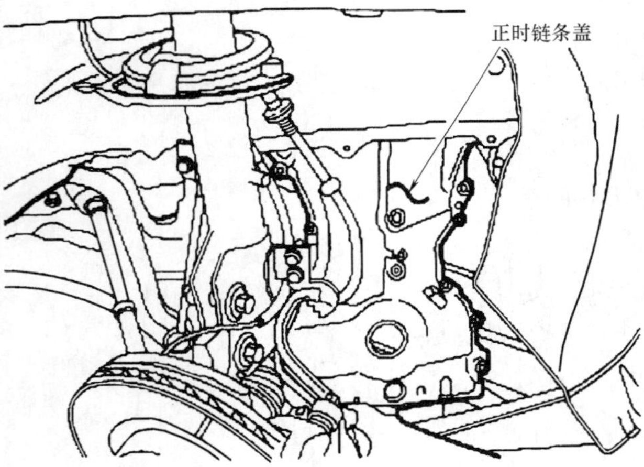

图 19-18　拆下正时链条盖

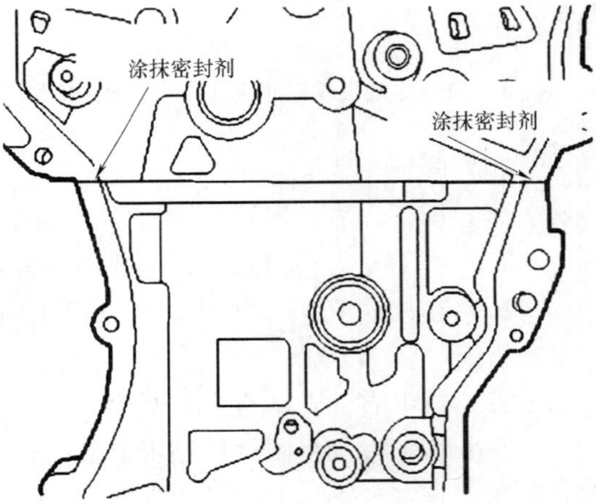

图 19-19　气缸盖与气缸体之间密封剂涂抹位置

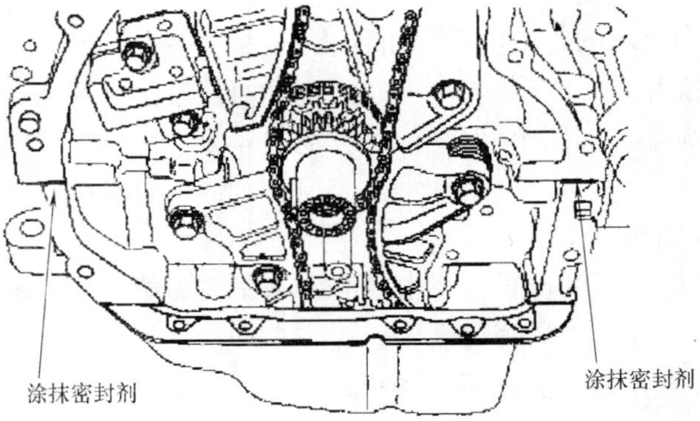

图 19-20　在发动机与车架结合点涂抹密封剂

6）安装正时链条盖，如图 19-22 所示。

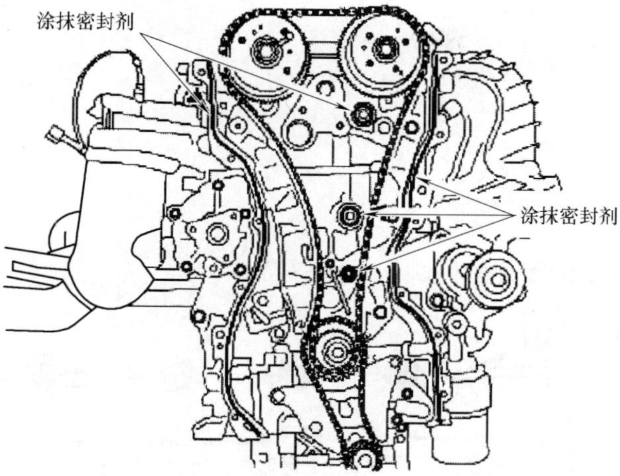

图 19-21 在发动机缸体上涂抹密封剂

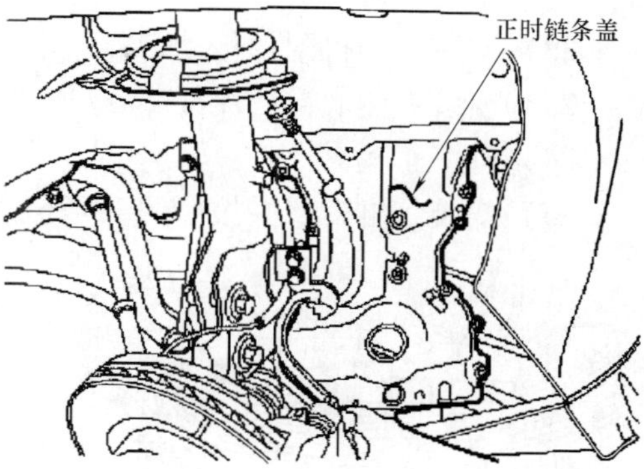

图 19-22 安装正时链条盖

7）安装正时链条盖上部固定螺栓并紧固。M6 螺栓紧固至 12N · m；M8 螺栓紧固至 23N · m。

8）安装发动机附件传动带张紧器。

9）安装发动机右侧固定支架，如图 19-23 所示。

10）安装发动机附件传动带惰轮。

11）安装右侧发动机座。

12）从发动机下方撤开千斤顶。

13）安装动力转向泵。

14）举升车辆。

15）如图 19-24 所示，安装正时链条盖底部固定螺栓并紧固。

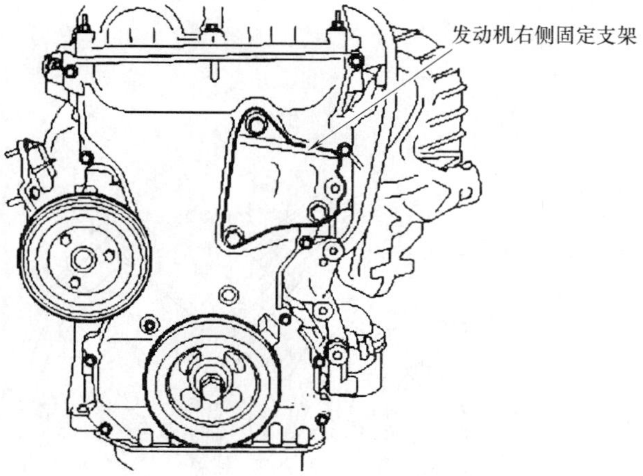

图 19-23 安装发动机右侧固定支架

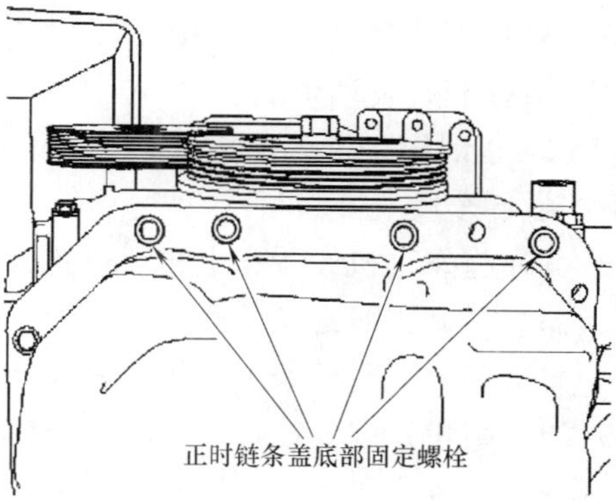

图 19-24 安装正时链条盖底部固定螺栓

16）安装正时链条盖固定螺栓并紧固。

17）安装水泵轮。

18）安装曲轴带轮并紧固螺栓。

19）安装发动机附件传动带下部惰轮。

20）安装空调压缩机固定支架（图 19-25）。

21）安装空调压缩机。

22）安装发动机附件传动带。

23）安装右侧底部挡泥板。

24）降下车辆。

25）安装气缸盖罩并按照图 19-26 中所示的螺栓紧固顺序紧固螺栓。

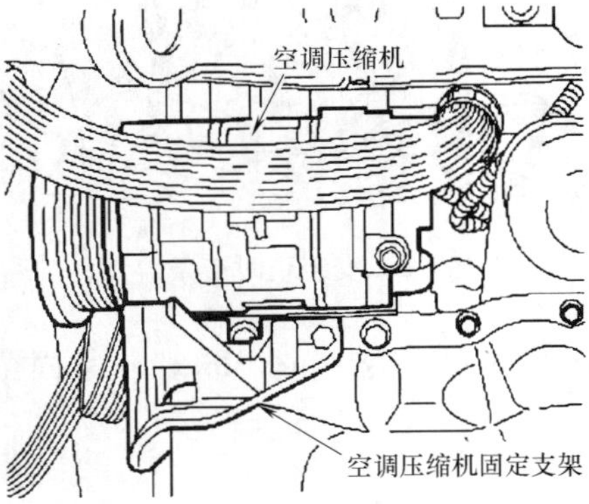

图 19-25　空调压缩机和固定支架识别

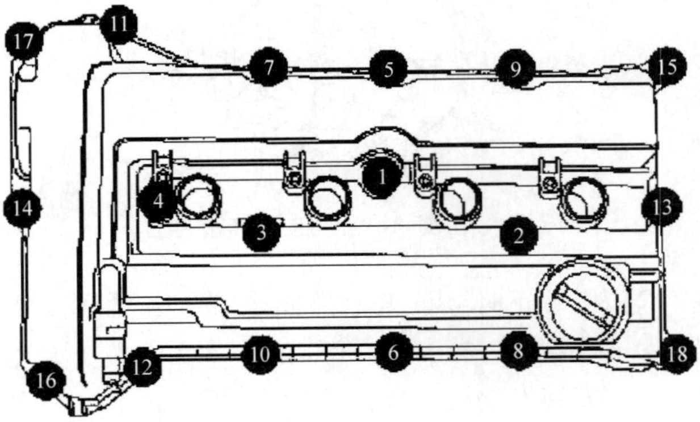

图 19-26　气缸盖罩螺栓紧固顺序

26）连接点火线圈电路插接器。

27）把曲轴箱强制通风软管连接到曲轴箱强制通风阀上。

28）安装动力转向泵储液罐。

29）安装风窗玻璃清洗器储液罐。

30）安装发动机冷却液储液罐。

31）加注发动机冷却液。

32）安装空气滤清器壳体。

33）连接蓄电池负极电缆。

34）安装发动机罩。

2. 正时链条拆装步骤

拆卸步骤：

1）将发动机设置在上止点位置（图 19-27）。

2）拆卸正时链条盖。

3）如果正时链条上的镀色链节（图 19-28 和图 19-29）褪色，则要在拆卸正时链条前进行标注。

4）拆卸正时链条张紧器。

5）拆卸正时链条。

安装步骤：

1）确保曲轴链轮键槽位于 9 点钟位置。

2）对齐凸轮轴链轮正时标记，如图 19-30 所示。

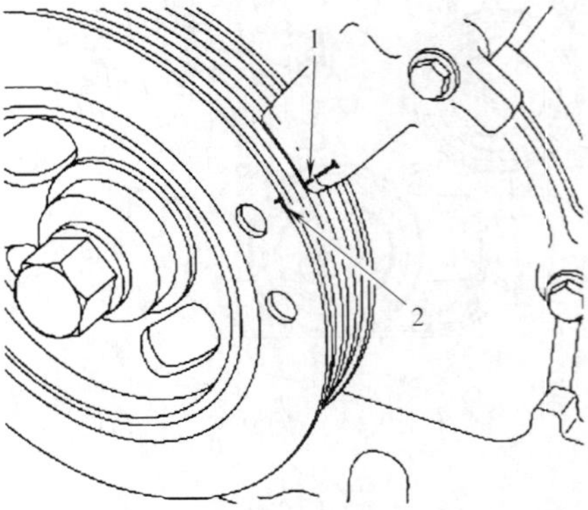

图 19-27　上止点标记识别

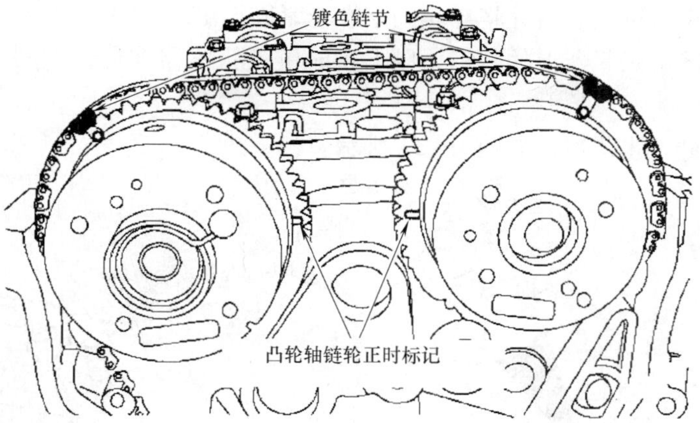

图 19-28 镀色链节与凸轮轴链轮正时标记识别

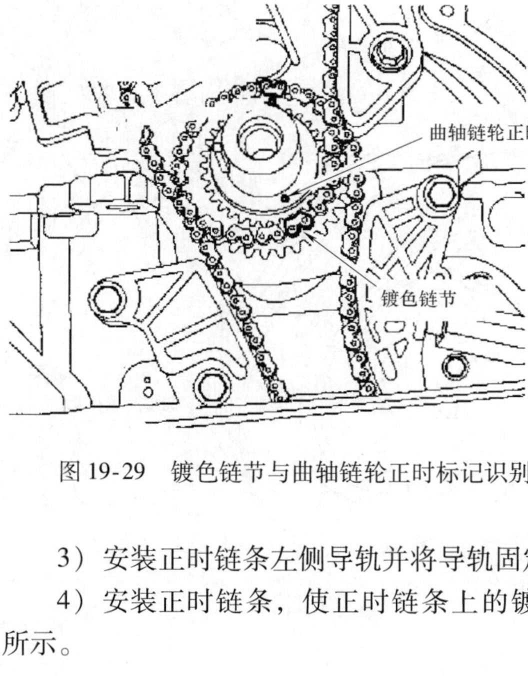

图 19-29 镀色链节与曲轴链轮正时标记识别

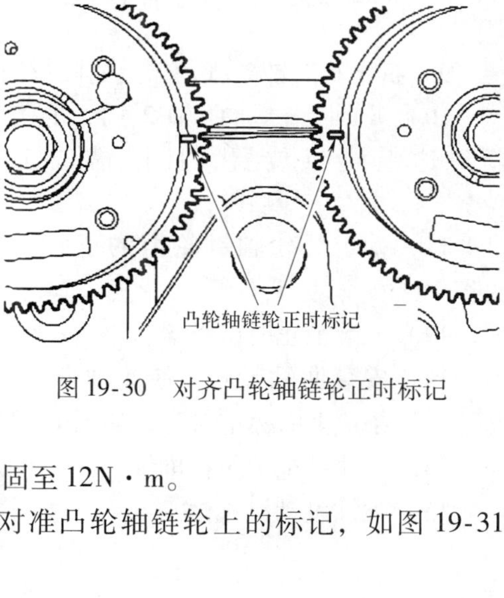

图 19-30 对齐凸轮轴链轮正时标记

3）安装正时链条左侧导轨并将导轨固定螺栓紧固至 12N·m。

4）安装正时链条，使正时链条上的镀色链节对准凸轮轴链轮上的标记，如图 19-31 所示。

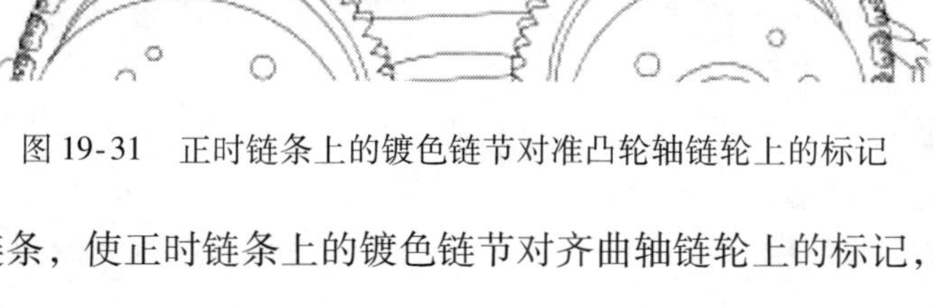

图 19-31 正时链条上的镀色链节对准凸轮轴链轮上的标记

5）安装正时链条，使正时链条上的镀色链节对齐曲轴链轮上的标记，见图 19-29。

6）安装右侧正时链条导轨并将导轨固定螺栓紧固至12N·m。

7）抬起正时链条张紧器上的棘爪，压下正时链条张紧器推杆，如图19-32所示，将限位销插入槽中。

8）安装正时链条张紧器，如图19-33所示。

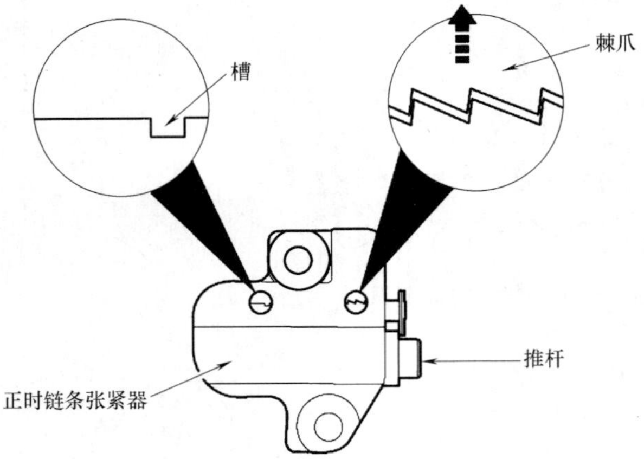

图19-32　设置正时链条张紧器

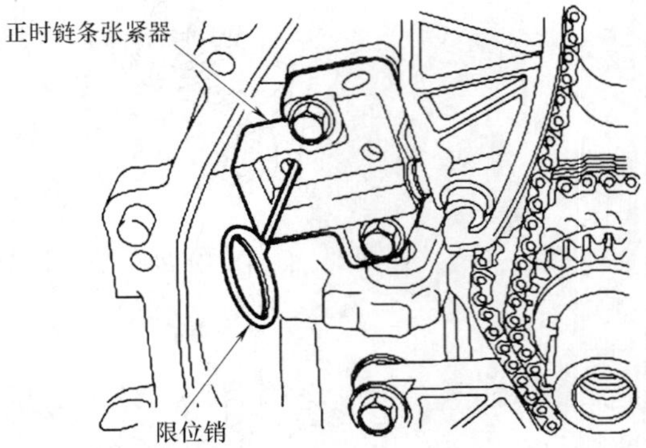

图19-33　安装正时链条张紧器

9）拆下正时链条张紧器上的限位销。

10）顺时针转动曲轴2周，直至曲轴重新到达上止点位置，且键槽位于9点钟位置。

11）确定凸轮轴链轮上的正时标记对齐，见图19-30。

12）安装前正时链条盖。

13）安装曲轴带轮，使曲轴带轮上的标记与正时链条盖上的标记对齐，如图19-34所示。

14）连接蓄电池负极电缆。

15）加注发动机机油。

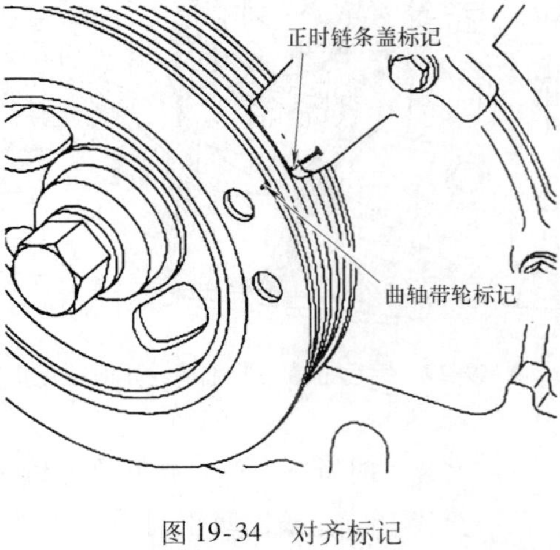

图19-34　对齐标记

第三节　COMMANDER（指挥官）轿车

一、COMMANDER（指挥官）轿车5.7L发动机正时链条盖拆装

1. 拆卸步骤

1）断开蓄电池负极电缆。

2）拆下发动机罩。

3）拆下空气滤清器总成。

4）排干发动机冷却液。

5）拆卸发动机附件传动带。

6）拆下冷却风扇和风扇驱动总成。

7）拆下冷却液储液罐和风窗玻璃清洗器储液罐。

8）拆下冷却风扇护罩。

9）拆下空调压缩机将其移到一旁。

10）拆下发电机。

11）拆下散热器上部软管。

12）拆下正时链条盖上的 2 个加热器软管。

13）断开散热器下部软管。

14）拆下发动机附件传动带张紧器和 2 个惰轮。

15）使用专用工具拆下曲轴带轮，如图 19-36 所示。

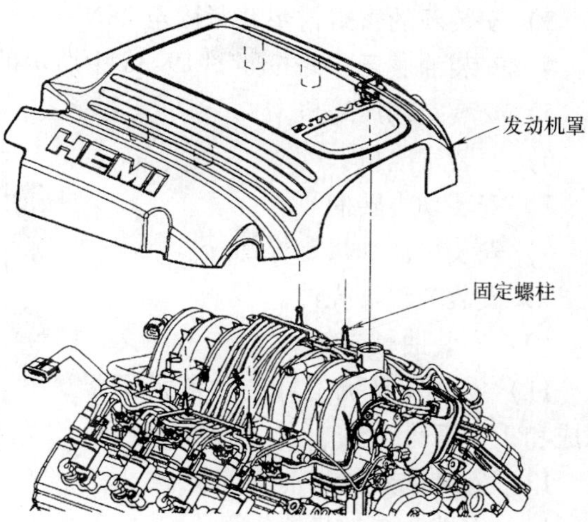

图 19-35 拆下发动机罩

16）拆下动力转向泵，将其移到一旁。

17）拆下机油油尺支撑螺栓。

18）排空发动机机油。

19）拆下油底壳。

20）拆下正时链条盖螺栓，拆下正时链条盖。

21）确认正时链条盖的滑套（图 19-37）位于正时链条盖内。

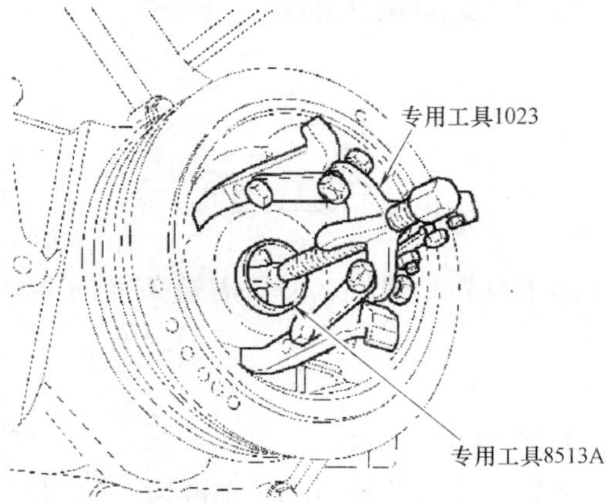

图 19-36 使用专用工具拆下曲轴带轮

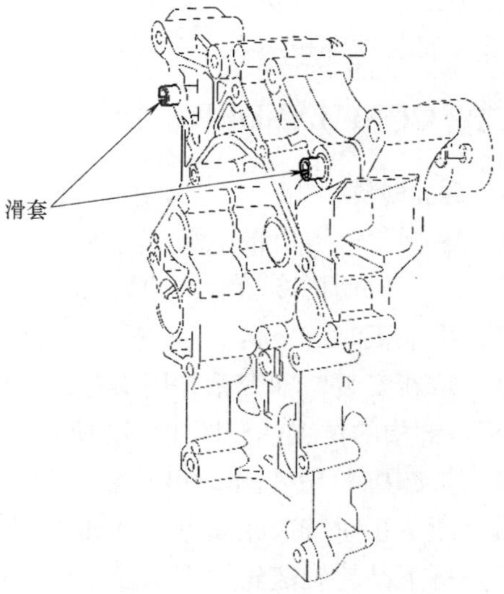

图 19-37 正时链条盖滑套

2. 安装步骤

1）把正时链条盖与气缸体结合面清理干净。注意：安装正时链条盖时要换用新的密封衬垫。

2）确认正时链条盖的滑套（图 19-37）安装在正时链条盖内。

3）安装新的密封衬垫并紧固至 28N · m。

4）安装油底壳，并按照图 19-38 中所示的螺栓紧固顺序紧固油底壳螺栓。

5）安装空调压缩机。

6）安装发电机。

7）安装动力转向泵。

8）安装机油油尺支撑螺栓。

9）安装节温器壳体。

10）安装曲轴带轮。

11）安装发动机附件传动带张紧器总成和 2 个惰轮。

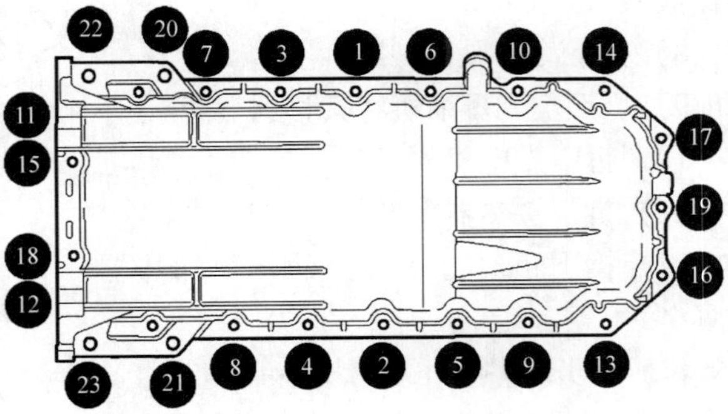

图 19-38　油底壳螺栓紧固顺序

12）安装散热器底部软管。

13）安装 2 个加热器软管。

14）安装散热器风扇护罩。

15）安装风扇和风扇驱动总成。

16）安装发动机附件传动带。

17）安装发动机冷却液储液罐和风窗玻璃清洗器储液罐。

18）安装散热器上部软管。

19）安装空气滤清器总成。

20）加注发动机冷却液。

21）加注发动机机油。

22）连接蓄电池负极电缆。

23）安装发动机罩。

二、COMMANDER（指挥官）轿车 5.7L 发动机正时链条拆装

1. 拆卸步骤

1）断开蓄电池负极电缆。

2）排放发动机冷却液。

3）拆下正时链条盖。

4）重新安装曲轴带轮并用手拧紧。用合适的工具转动曲轴，使正时链条上的镀色链节和链轮与键槽的位置达到图 19-39 所示的位置。

5）拆卸机油泵（图 19-40）。

6）压下正时链条张紧器，并插入限位销，如图 19-41 所示。

7）拆下凸轮轴链轮固定螺栓，然后将正时链条、曲轴链轮与凸轮轴链轮一起拆下。

2. 安装步骤

1）把正时链条安装到凸轮轴链轮和曲轴链轮上，见图 19-39。

2）将凸轮轴链轮和曲轴链轮安装到凸轮轴和曲轴上，并按照图 19-39 所示的正时标记检查是否对准。

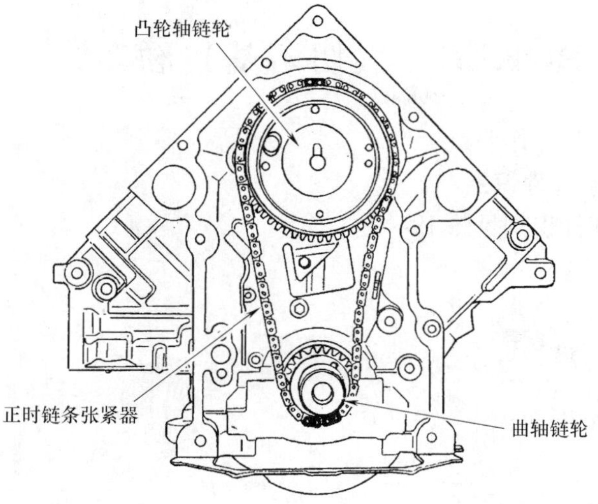

图 19-39 曲轴链轮、凸轮轴链轮与正时链条张紧器识别

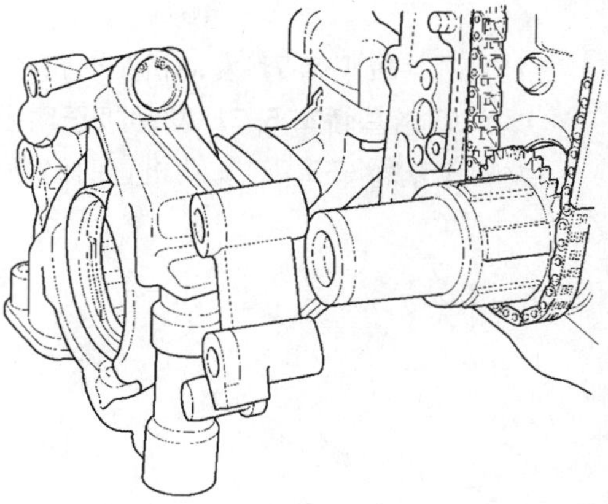

图 19-40 机油泵识别

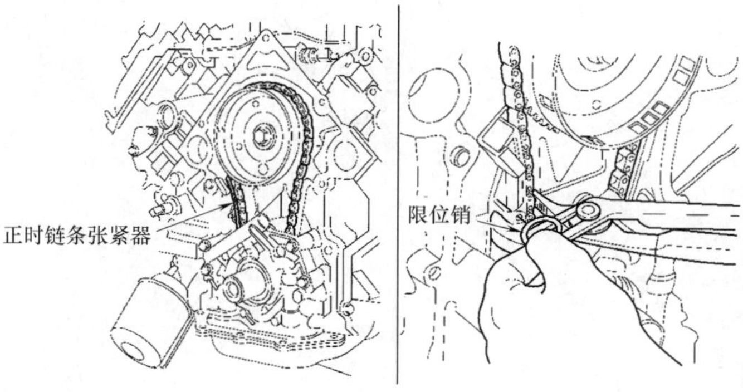

图 19-41 插入限位销

3）安装凸轮轴螺栓并紧固至 122N·m。

4）拔出插入正时链条张紧器的限位销，如图 19-42 所示。

5）安装机油泵。

6）安装油底壳。

7）安装正时链条盖。

8）加注发动机机油。

9）加注发动机冷却液。

10）连接蓄电池负极电缆。

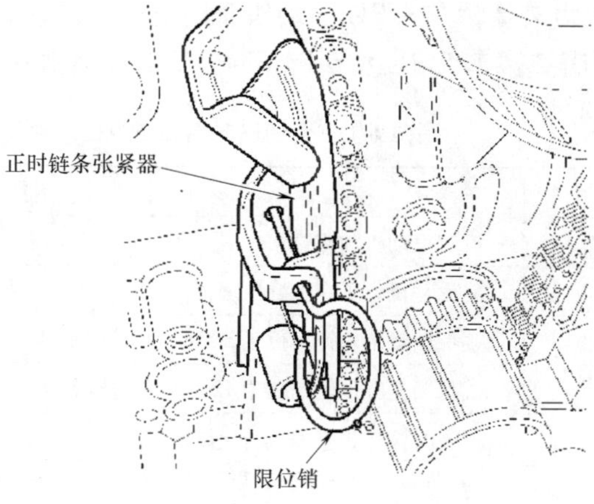

图 19-42 拔出限位销

第四节　GRAND CHEROKEE（大切诺基）轿车

大切诺基轿车 5.7L 发动机正时链条校准操作要点

1. 大切诺基轿车 5.7L 发动机正时链条部件识别

大切诺基轿车 5.7L 发动机正时链条部件识别见图 19-43。

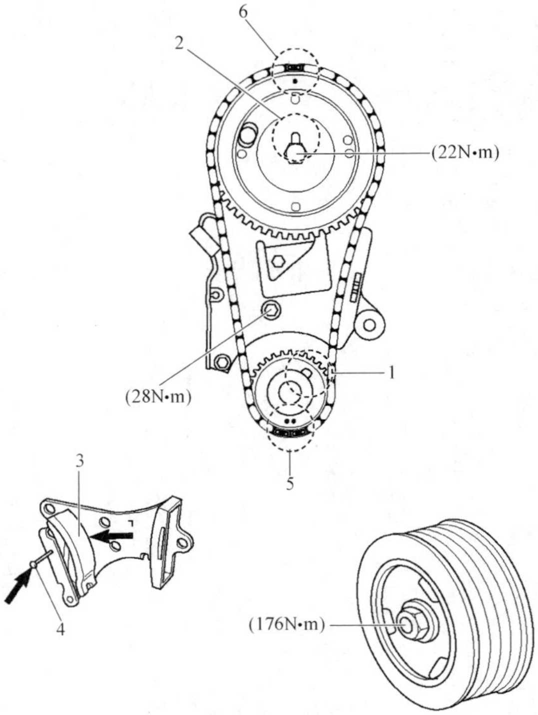

图 19-43　大切诺基轿车 5.7L 发动机正时链条部件识别

2. 大切诺基轿车 5.7L 发动机正时链条校准操作要点

大切诺基轿车 5.7L 发动机正时链条校准操作要点见表 19-1。

表 19-1　大切诺基轿车 5.7L 发动机正时链条校准操作要点

步　骤	操 作 方 法
1	拆卸发动机油底壳
2	将发动机设置在 1 缸压缩行程上止点位置
3	确保曲轴链轮键槽位于 2 点钟位置（图 19-43 中的 1）
4	确保凸轮轴链轮销位于 12 点钟位置（图 19-43 中的 2）
5	对正时链条张紧器进行重新设置： 1）推压正时链条张紧器的弹簧（图 19-43 中的 3） 2）把锁止销（图 19-43 中的 4）插入正时链条张紧器壳体内，把张紧器固定在压缩位置
6	将正时链条、曲轴链轮和凸轮轴链轮作为一个整体拆下
7	确保曲轴链轮键槽位于 2 点钟位置（图 19-43 中的 1）
8	确保凸轮轴链轮销位于 12 点钟位置（图 19-43 中的 2）

（续）

步骤	操作方法
9	把正时链条安装到曲轴链轮和凸轮轴链轮上
10	确保正时链条上的染色链节与各个链轮上的正时标记对齐（图19-43中的5和6）
11	将正时链条、曲轴链轮和凸轮轴链轮作为一个整体安装
12	从正时链条张紧器上拔出锁止销（图19-43中的4）
13	再次确认正时链条上的染色链节与各个链轮上的正时标记对齐（图19-43中的5和6）

第五节 PATRIOT（自由客）轿车

PATRIOT（自由客）2.4L发动机正时链条校准操作要点如下：

1. PATRIOT（自由客）2.4L发动机正时链条部件识别

PATRIOT（自由客）2.4L发动机正时链条部件识别见图19-44。

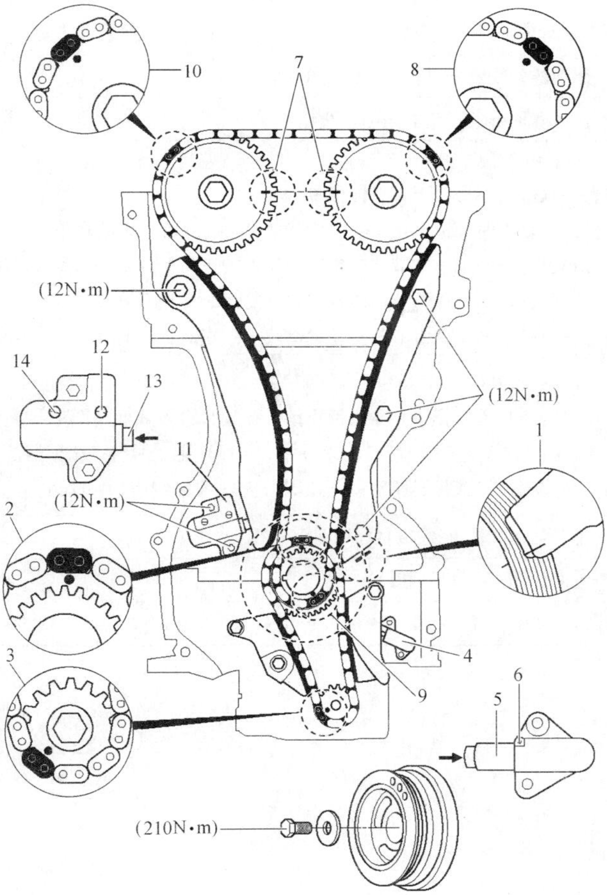

图19-44 PATRIOT（自由客）2.4L发动机正时链条部件识别

2. PATRIOT（自由客）2. 4L 发动机正时链条校准操作要点

PATRIOT（自由客）2. 4L 发动机正时链条校准操作步骤见表 19-2。

表 19-2 PATRIOT（自由客）2. 4L 发动机正时链条校准操作步骤

步　骤	操 作 方 法
1	拆卸发动机油底壳
2	将发动机设置在 1 缸压缩行程上止点位置（图 19-44 中的 1） 注意：拆卸正时链条前如果看到正时链条上没有染色链节，则要在拆卸前先用油漆标记出与链轮上的正时标记对齐的链节，以便在安装时参照
3	确保曲轴链轮键槽位于 9 点钟位置
4	安装平衡轴链条时要注意： 1）将平衡轴链条上的染色链节与曲轴链轮上的正时标记对齐（图 19-44 中的 2） 2）将平衡轴链条上的染色链节与平衡轴链轮上的正时标记对齐（图 19-44 中的 3）
5	锁止平衡轴链条张紧器： 1）把平衡轴链条张紧器的柱塞压入张紧器壳体中（图 19-44 中的 5） 2）插入锁止销，将张紧器柱塞锁止在压缩状态（图 19-44 中的 6）
6	安装平衡轴链条张紧器（图 19-44 中的 4）
7	拔出插在平衡轴链条张紧器内的锁止销
8	安装正时链条时要注意： 1）确保曲轴链轮键槽位于 9 点钟位置 2）确保凸轮轴正时标记（图 19-44 中的 7）与气缸盖上表面对齐 3）确保正时链条的染色链节与凸轮轴链轮上的正时标记对齐（图 19-44 中的 8） 4）确保正时链条的染色链节与曲轴链轮上的正时标记对齐（图 19-44 中的 9） 5）确保正时链条的染色链节与凸轮轴链轮上的正时标记对齐（图 19-44 中的 10）
9	锁止正时链条张紧器（图 19-44 中的 11）： 1）在正时链条张紧器壳体上插入锁止销，释放张紧器棘爪（图 19-44 中的 12） 2）沿图 19-44 中的箭头方向（图 19-44 中的 13）把正时链条张紧器的柱塞压入张紧器壳体中 3）插入锁止销，将张紧器柱塞锁止在压缩状态（图 19-44 中的 14）
10	安装正时链条张紧器（图 19-44 中的 11）
11	拆卸锁止销（图 19-44 中的 14）
12	顺时针转动曲轴 2 周，确保各个正时标记对齐（图 19-44 中的 7、8、9、10）

第二十章

CADILLAC（凯迪拉克）车系

第一节　ESCALADE（凯雷德）轿车

一、ESCALADE（凯雷德）轿车6.2L发动机正时链条拆卸

1）拆卸机油泵。

2）拆下起动机电动机。

3）安装专用工具J42386A（图20-1）和螺栓，一个螺栓规格为M10-1.5×120mm，另一个螺栓的规格为M10-1.5×45mm，确保专用工具J42386A的齿与发动机飞轮齿啮合。将螺栓紧固到50N·m。

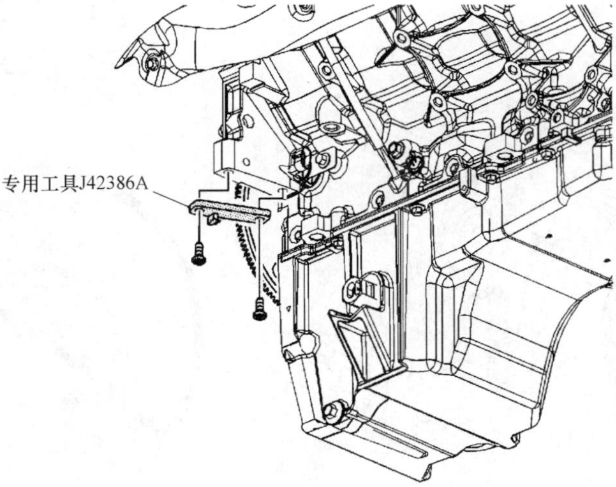

图20-1　安装专用工具J42386A

4）转动曲轴链轮，使凸轮轴位置执行器正时标记与曲轴链轮正时标记对齐，如图20-2所示。

5）拆卸并废弃凸轮轴位置执行器电磁阀（图20-3）。

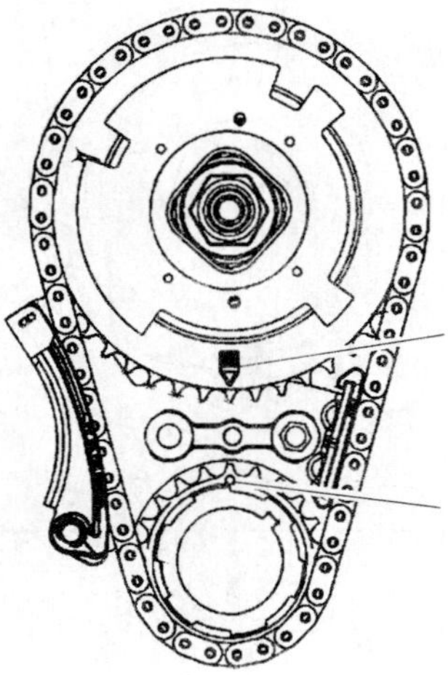

图 20-2　使凸轮轴位置执行器正时标记与曲轴链轮正时标记对齐

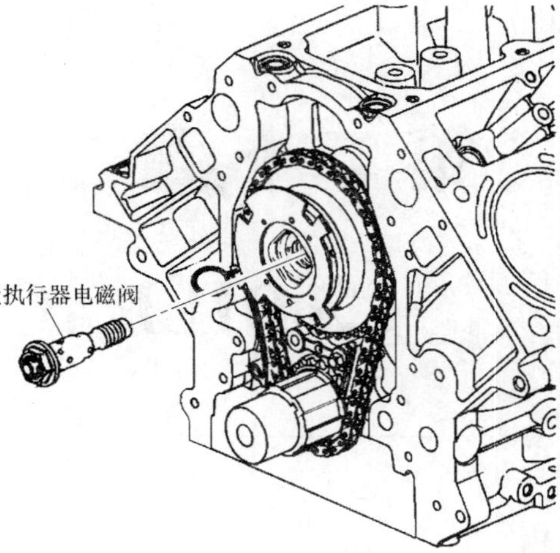

图 20-3　凸轮轴位置执行器电磁阀识别

6）拆下凸轮轴位置执行器和正时链条（图 20-4）。

7）从凸轮轴上拆下凸轮轴位置执行器链轮，如图 20-5 所示。

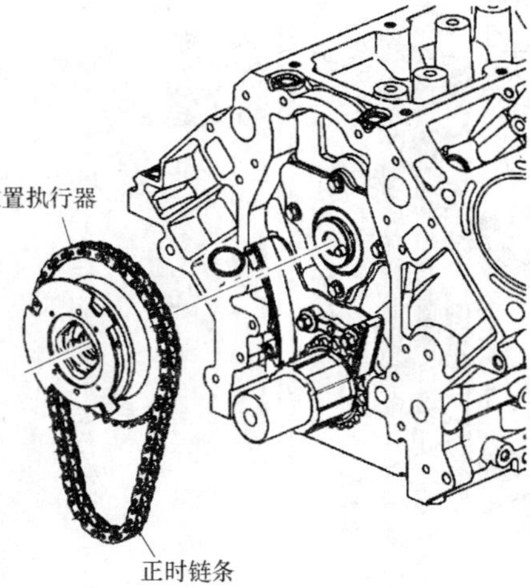

图 20-4　拆下凸轮轴位置执行器和正时链条

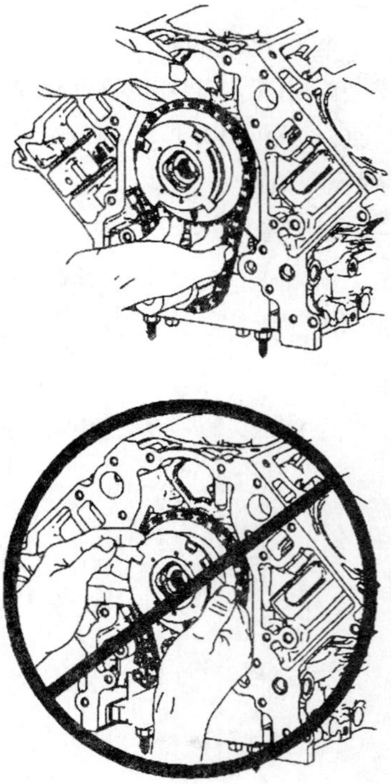

图 20-5　拆卸凸轮轴位置执行器链轮

8）用捆扎带把凸轮轴位置执行器固定好，如图 20-6 所示。

9）拆卸正时链条张紧器固定螺栓和张紧器，如图 20-7 所示。

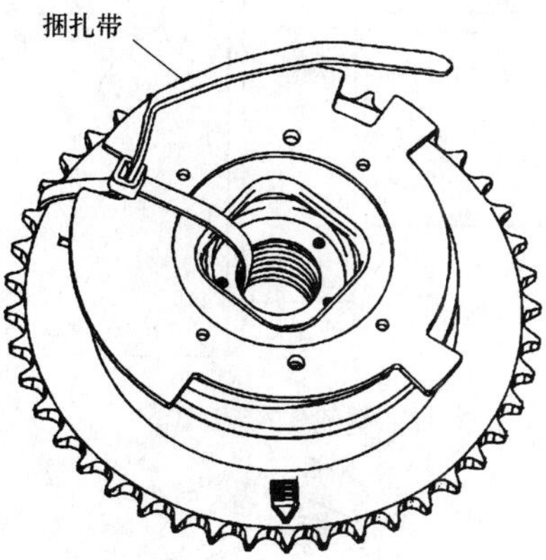

图 20-6 用捆扎带固定凸轮轴位置执行器

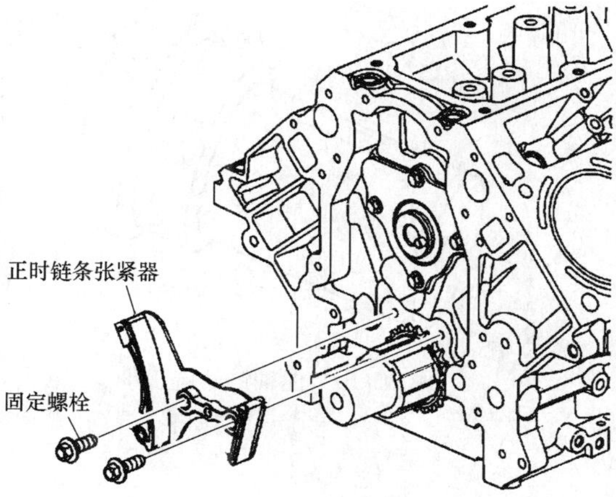

图 20-7 正时链条张紧器和固定螺栓识别

10）如图 20-8 所示，安装专用工具，准备拆卸曲轴链轮。

11）拆下曲轴链轮（图 20-9）。

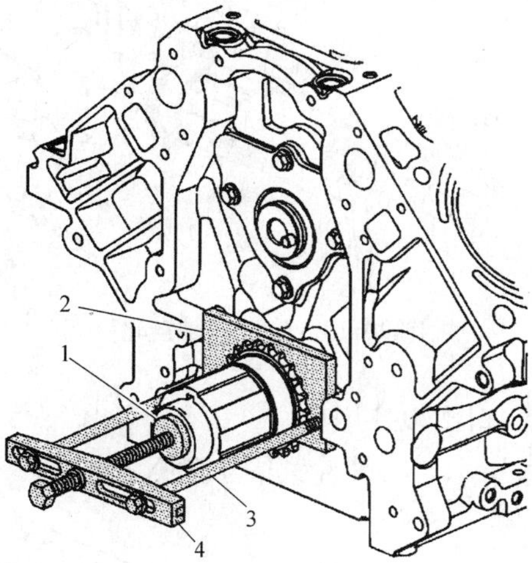

图 20-8 安装专用工具

1—专用工具 J41816-2 2—专用工具 J41558

3—螺栓 4—专用工具 J8433

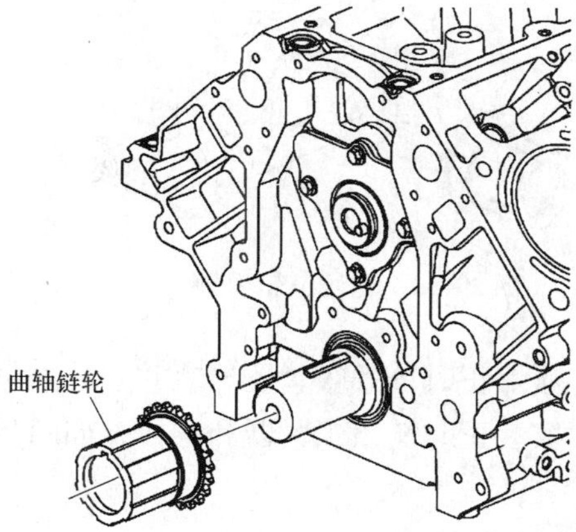

图 20-9 曲轴链轮识别

12）如有需要，拆卸曲轴链轮键（图 20-10）。

二、ESCALADE（凯雷德）轿车 6.2L 发动机正时链条安装

1）把曲轴链轮键插入键槽中。

2）将曲轴链轮键敲入键槽，如图 20-11 所示。

3）把曲轴链轮（图 20-12）安装到曲轴上。使曲轴键对准曲轴链轮键槽。

4）使用专用工具安装曲轴链轮，如图 20-13 所示。

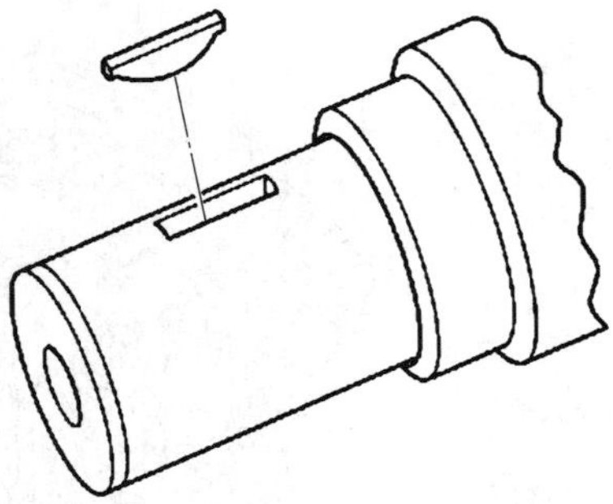

图 20-10　曲轴链轮键识别

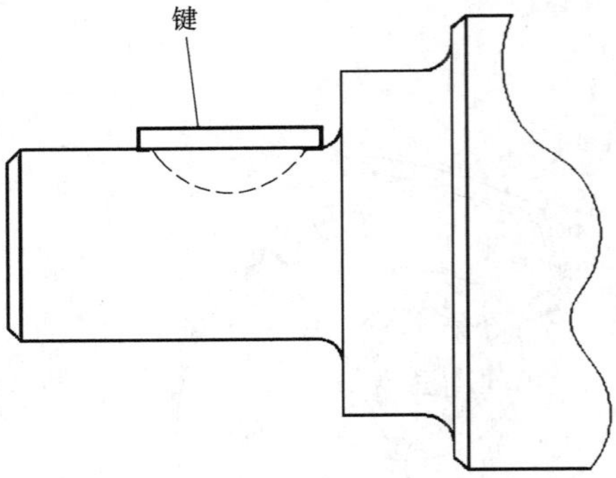

图 20-11　将曲轴链轮键敲入键槽

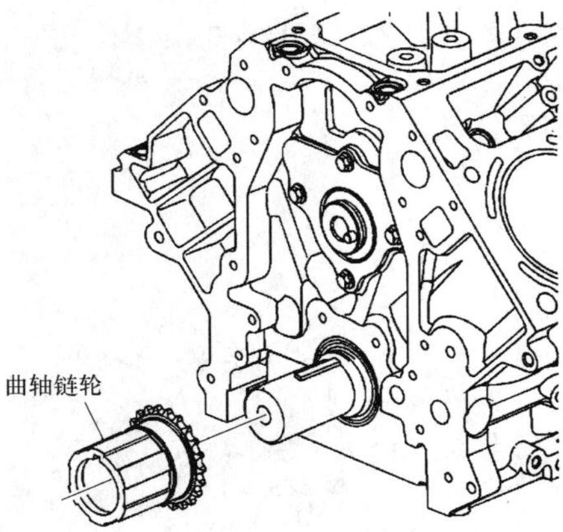

图 20-12　曲轴链轮识别

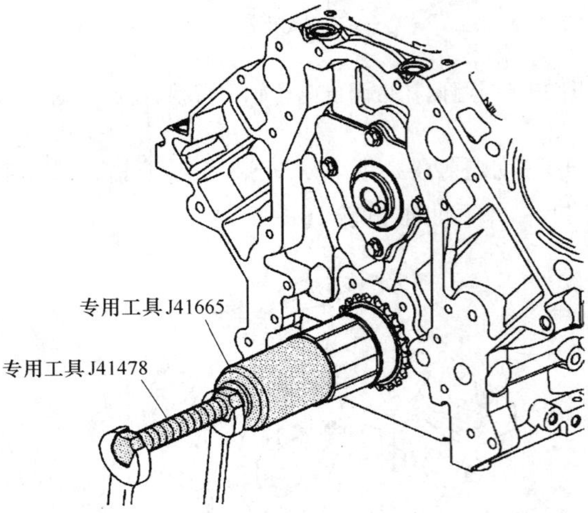

图 20-13　安装曲轴链轮

5）压缩正时链条张紧器导轨并安装限位销，如图 20-14 所示。

6）安装正时链条张紧器和螺栓，如图 20-15 所示。将螺栓紧固至 25N · m。

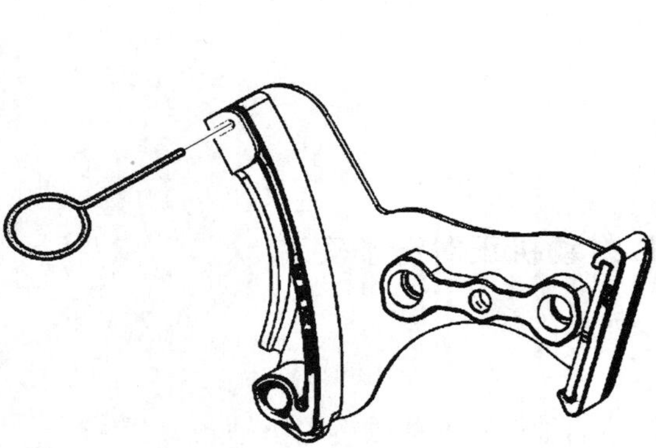

图 20-14　安装限位销

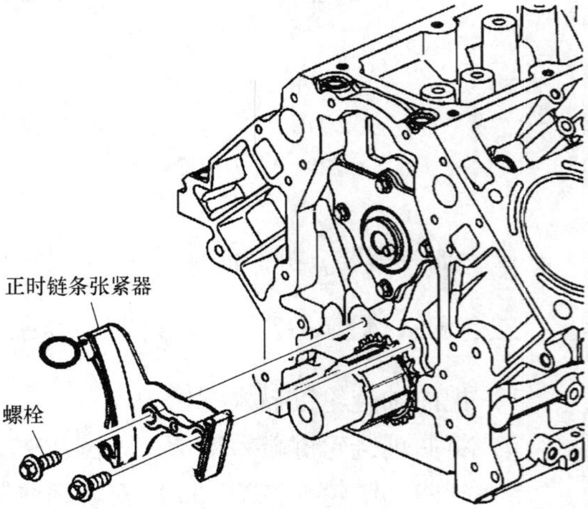

图 20-15　安装正时链条张紧器和螺栓

7）将凸轮轴位置执行器的正时标记调节到对准 6 点钟位置。

8）安装凸轮轴位置执行器和正时链条，使凸轮轴执行器孔对齐凸轮轴销，如图 20-16 所示。使凸轮轴位置执行器（图 20-17）准确落座在凸轮轴销上。

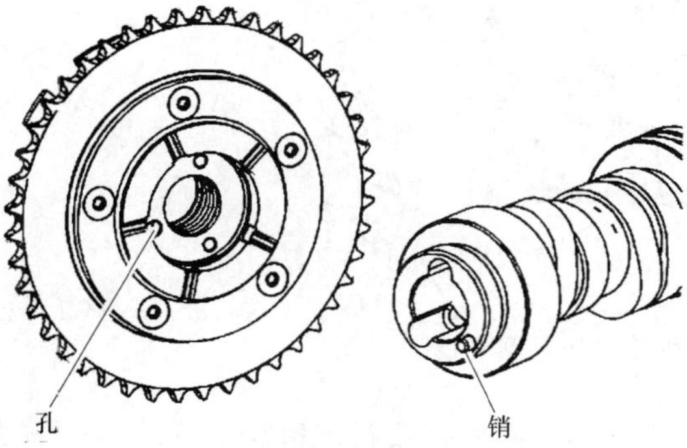

图 20-16 凸轮轴执行器孔对齐凸轮轴销

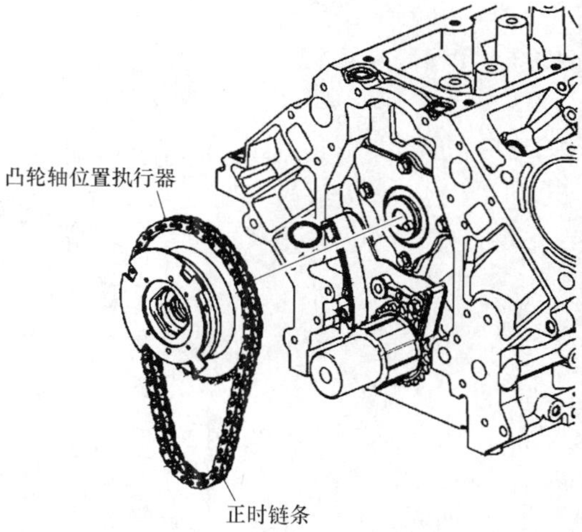

图 20-17 凸轮轴位置执行器和正时链条识别

9）把凸轮轴位置执行器安装到凸轮轴上，如图 20-18 所示。

10）如图 20-19 所示，用一条平板检查凸轮轴位置执行器和正时链条安装是否正确，如果安装正确，则正时链条不会凸出发动机缸体前面。

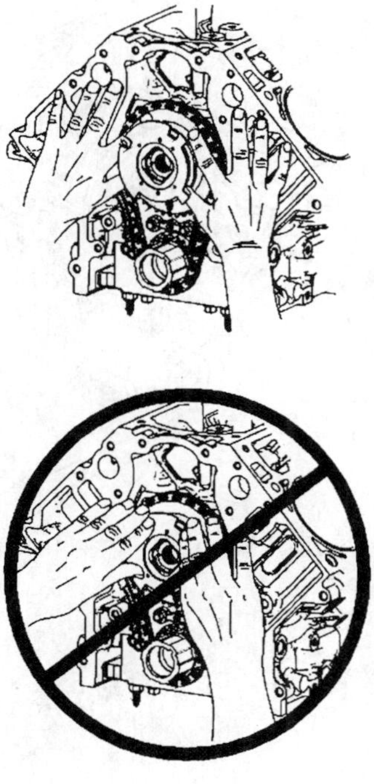

图 20-18 把凸轮轴位置执行器安装到凸轮轴上

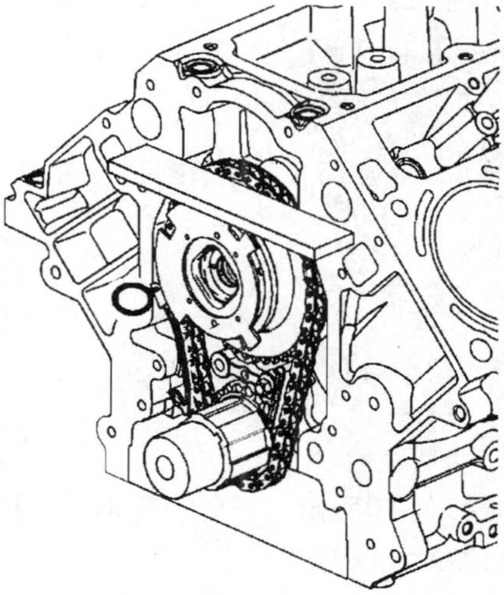

图 20-19 用平板检查凸轮轴位置执行器和正时链条的安装情况

11）安装新的凸轮轴位置执行器电磁阀，如图 20-20 所示。

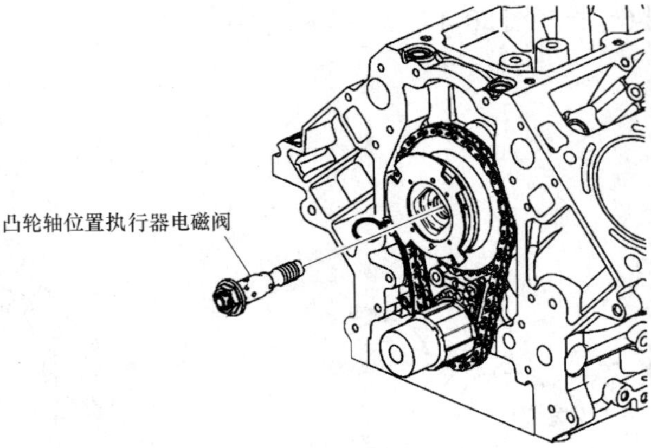

图 20-20　安装新的凸轮轴位置执行器电磁阀

12）如图 20-21 所示，检查链轮正时标记是否对齐，凸轮轴执行器链轮的正时标记应为 6 点钟位置，曲轴链轮的正时标记应为 12 点钟位置。

13）拆下插入的限位销，如图 20-22 所示。

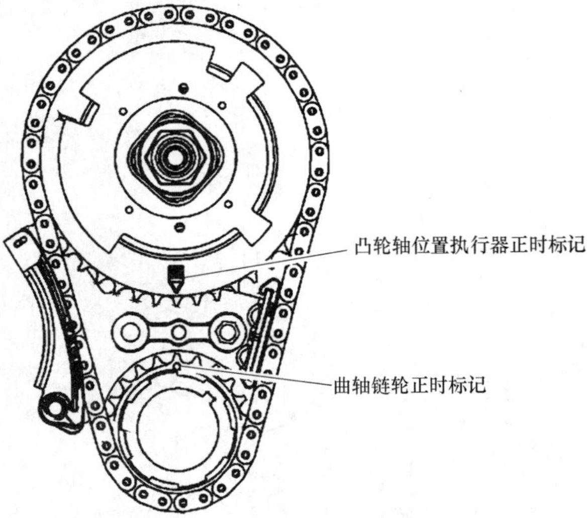

图 20-21　对齐正时标记

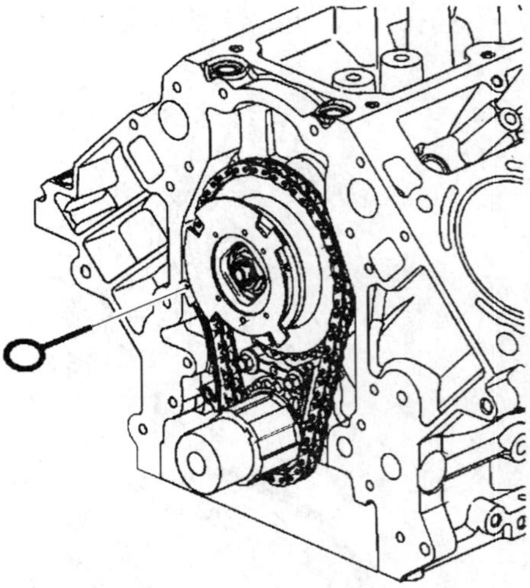

图 20-22　拆下限位销

14）如图 20-23 所示，紧固凸轮轴位置执行器电磁阀，第一步紧固到 65N · m，然后用专用工具 J45059 再紧固 90°。

15）拆卸专用工具 J42386A 和螺栓，如图 20-24 所示。

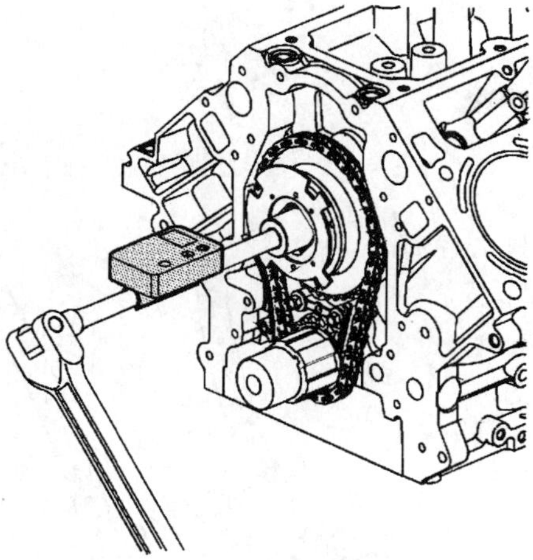

图 20-23 紧固凸轮轴执行器电磁阀

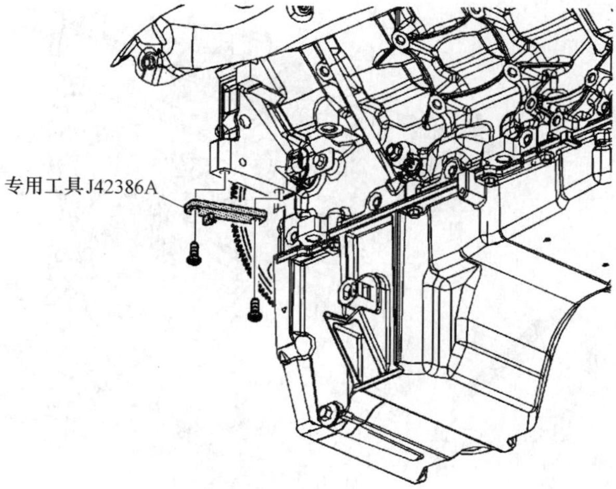

图 20-24 拆卸专用工具 J42386A 和螺栓

第二节 SLS（赛威）轿车

一、SLS 轿车 3.6L 发动机左侧次级正时链条安装

1）把专用工具安装到左凸轮轴后部，如图 20-25 所示。

2）使曲轴链轮正时标记对准机油盖正时标记，如图 20-26 所示。

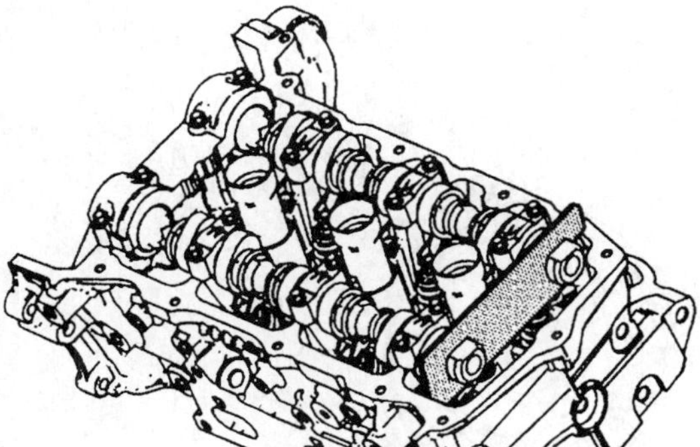

图 20-25 安装专用工具

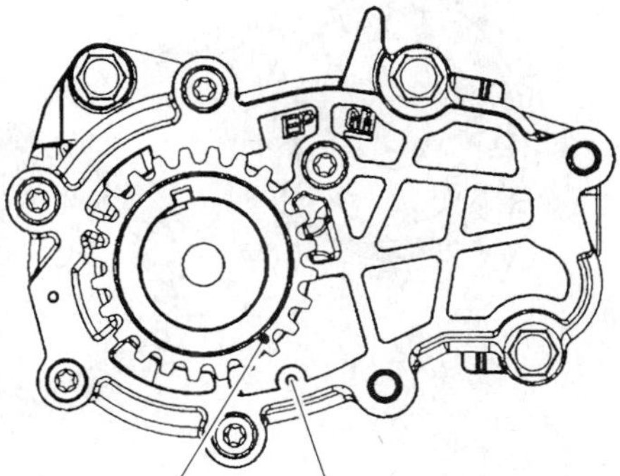

图 20-26 曲轴链轮正时标记对准机油盖正时标记

3）安装左侧次级凸轮轴正时链条（图 20-27）。

4）把左侧次级凸轮轴正时链条套在左凸轮轴中间传动链条惰轮的内侧链轮上，如图 20-28 所示，使正时链节对准左凸轮轴中间传动链条外侧链轮上的检修孔。

5）把次级凸轮轴正时链条套在两个左凸轮轴位置执行器链轮上。

6）确保凸轮轴位置执行器链轮上的正时链节之间有 7 个链节，如图 20-29 所示。

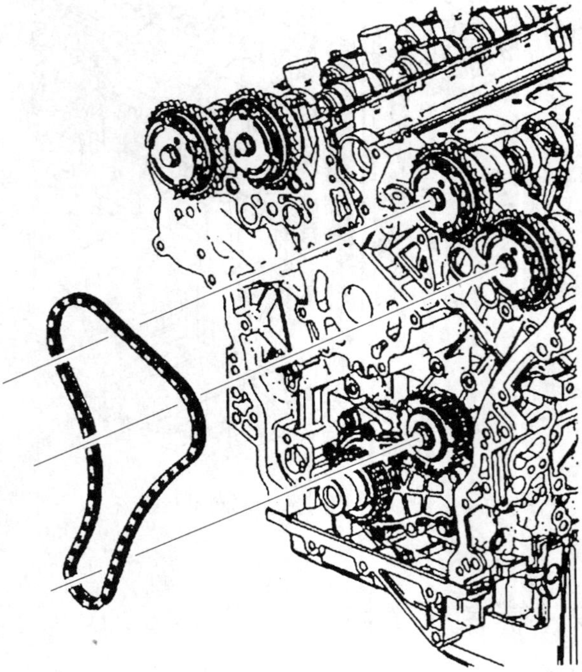

图 20-27　左侧次级凸轮轴正时链条

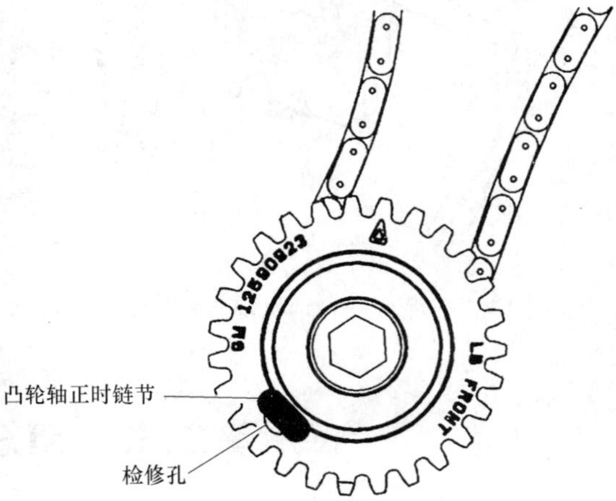

图 20-28　正时链节对准检修孔

7）使左排气凸轮轴位置执行器链轮上的圆形正时标记对准凸轮轴正时链条的正时链节，如图 20-30 所示。

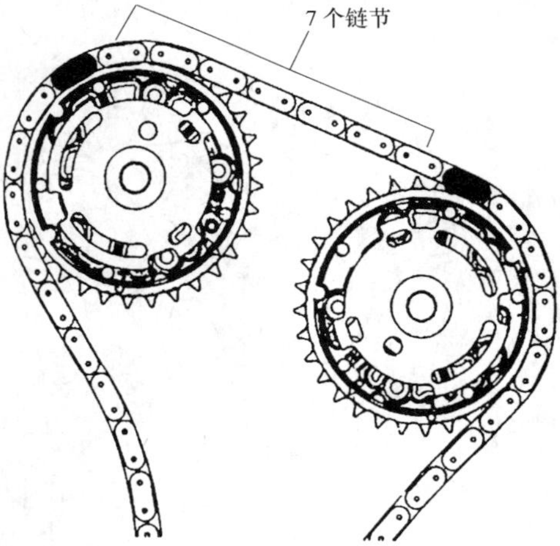

图 20-29　凸轮轴位置执行器链轮上的正时链节之间有 7 个链节

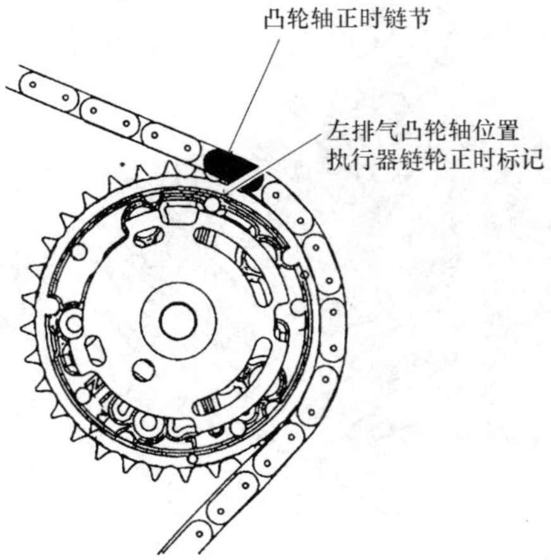

图 20-30　左排气凸轮轴位置执行器链轮上的圆形正时标记对齐正时链节

8）使左进气凸轮轴位置执行器链轮上的圆形正时标记对准凸轮轴正时链条的正时链节，如图 20-31 所示。

9）按照图 20-32 所示，检查正时链节之间是否有 18 个链节。

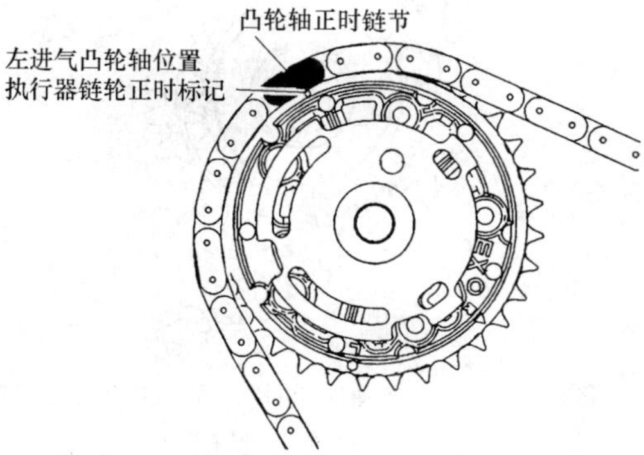

图 20-31 左进气凸轮轴位置执行器链轮上的圆形正时标记对齐正时链节

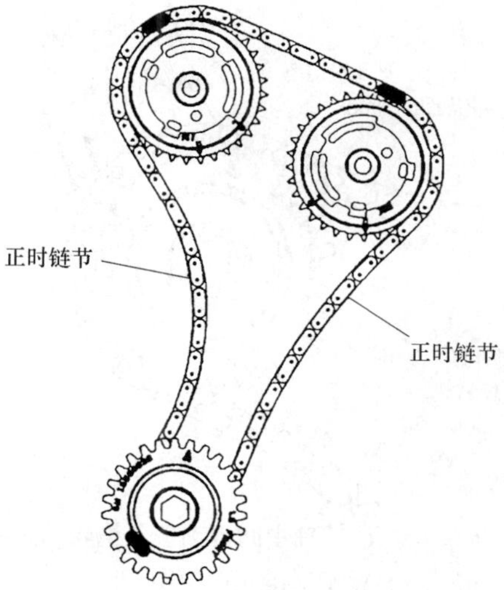

图 20-32 检查两个正时链节之间的链节数量

二、SLS 轿车 3.6L 发动机主正时链条安装

1）安装主正时链条，如图 20-33 所示。

2）把主正时链条套在凸轮轴中间传动惰轮的大链轮和曲轴链轮上，如图 20-34 所示。

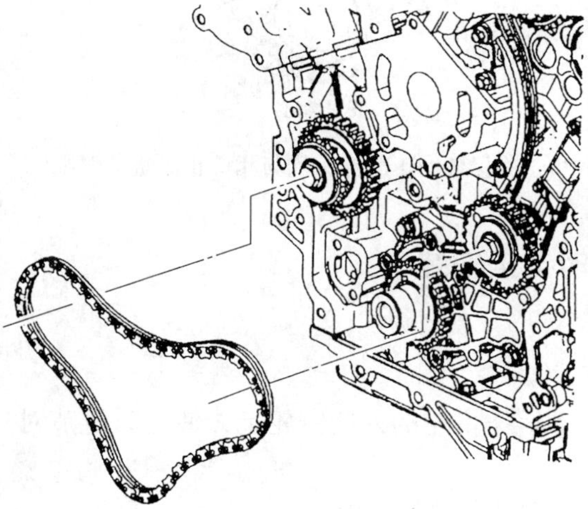

图 20-33 安装主正时链条

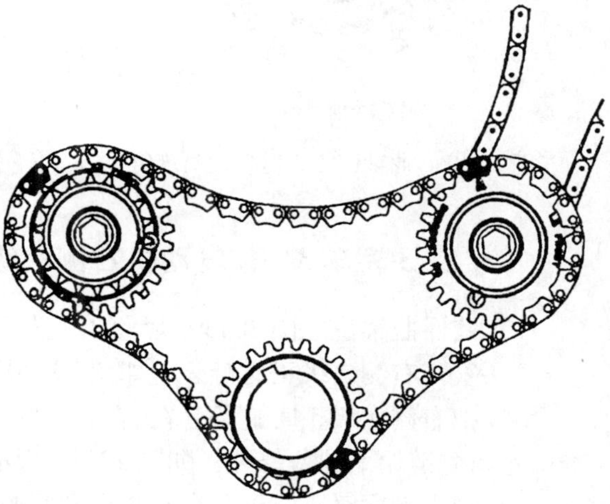

图 20-34 把主正时链条套在凸轮轴中间传动惰轮的大链轮和曲轴链轮上

3）左凸轮轴中间传动链条惰轮的正时标记应对准正时链节，如图 20-35 所示。

4）右凸轮轴中间传动链条惰轮的正时标记应对准正时链节，如图 20-36 所示。

5）曲轴链轮正时标记应对准正时链条链节，如图 20-37 所示。

6）确保各个正时标记均与相应正时链节对准，如图 20-38 所示。

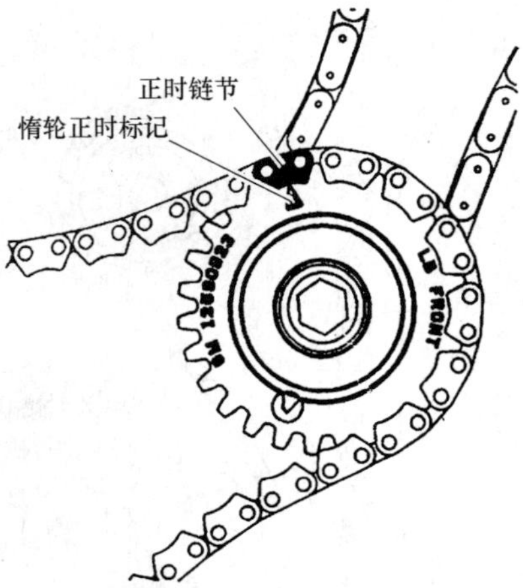

图 20-35　左凸轮轴中间传动链条惰轮的正时标记对准正时链节

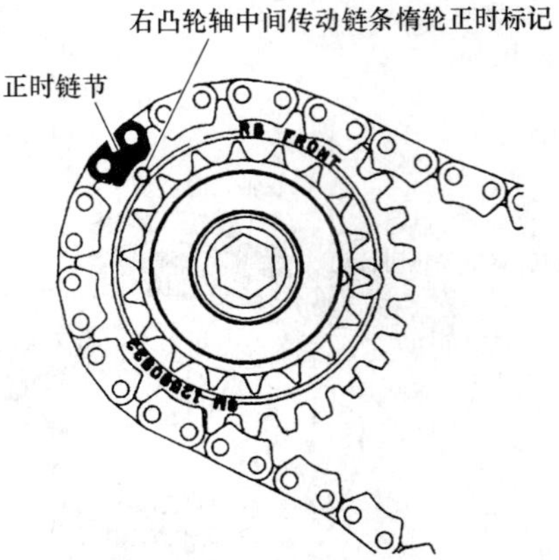

图20-36　右凸轮轴中间传动链条惰轮的正时标记对准正时链节

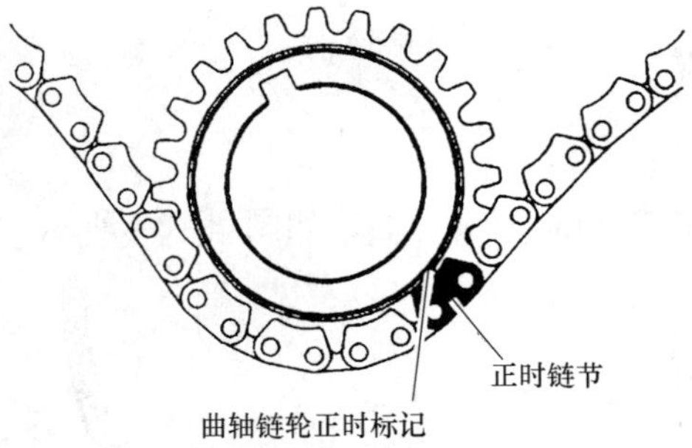

图 20-37　曲轴链轮正时标记对准链节

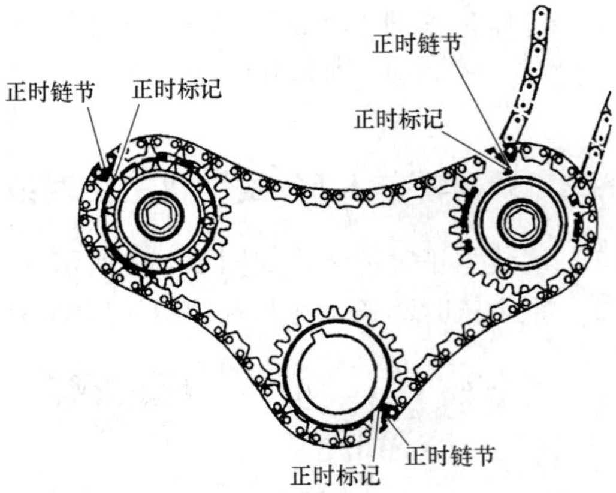

图 20-38　确保各个正时标记均与相应正时链节对准

三、SLS 轿车 3.6L 发动机右侧次级正时链条安装

1）确保曲轴位于图 20-39 所示的位置。

2）安装右侧次级正时链条，如图 20-40 所示。

3）把右侧次级正时链条套在右凸轮轴中间传动链条惰轮的外侧链轮上，使正时链节对准惰轮内侧链轮上的检修孔，如图 20-41 所示。

4）把右侧次级正时链条套在 2 个右侧凸轮轴位置执行器链轮上。

5）确保两个右侧凸轮轴位置执行器链轮之间的正时链条链节之间有 7 节，如图 20-42 所示。

6）使右排气凸轮轴位置执行器链轮上的三角形正时标记对准正时链节，如图 20-43 所示。

7）使右进气凸轮轴位置执行器链轮上的三角形正时标记对准正时链节，如图 20-44 所示。

8）确认图 20-45 中两个正时链节之间应有 18 个链节。

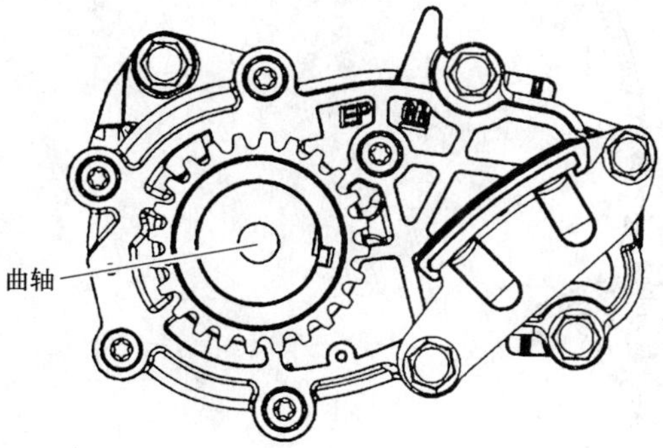

图 20-39 曲轴位置

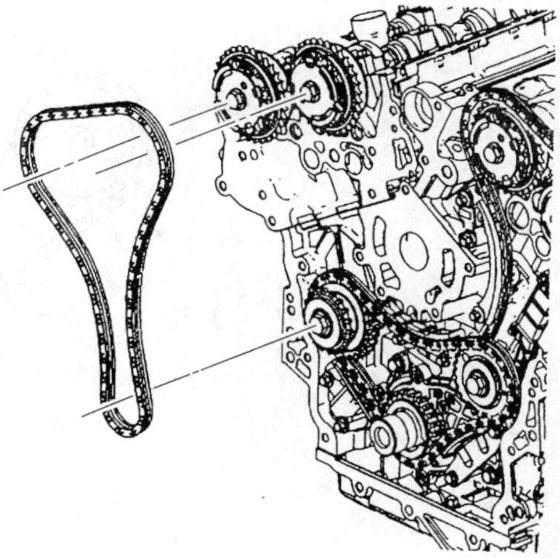

图 20-40 安装右侧次级正时链条

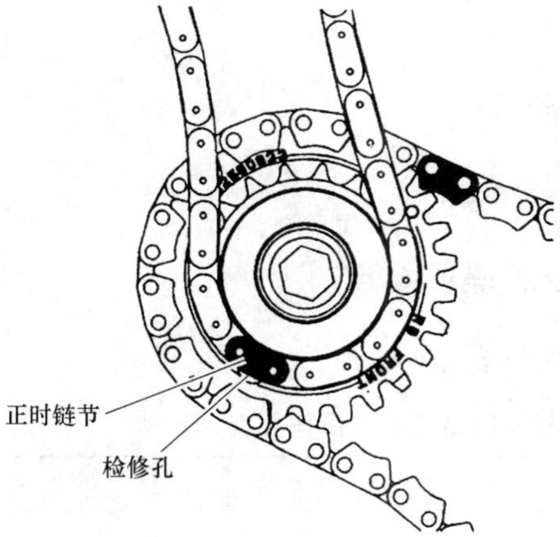

图 20-41 正时链节对准检修孔

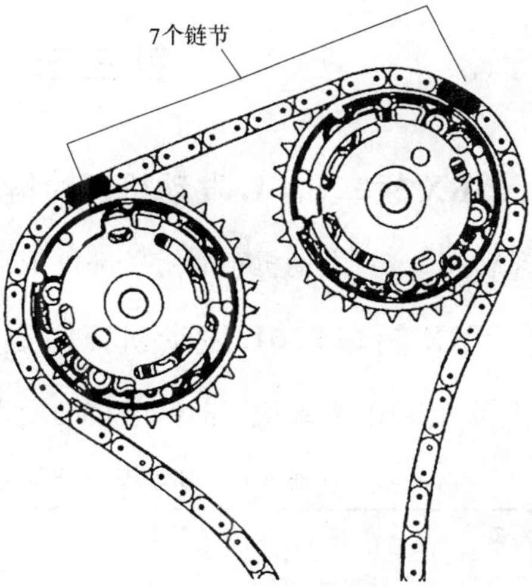

图 20-42 正时链节之间有 7 节链节

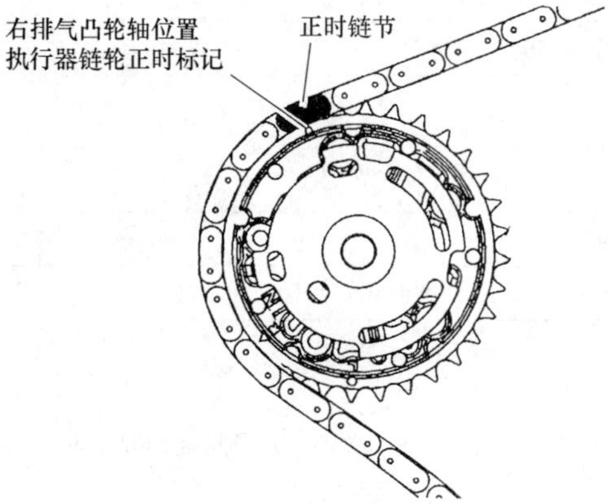

图 20-43 右排气凸轮轴位置执行器链轮上的三角形正时标记对准正时链节

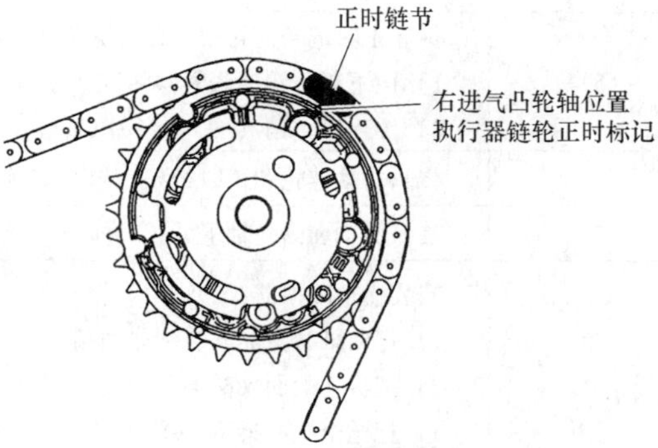

图 20-44 右进气凸轮轴位置执行器链轮上的三角形正时标记对准正时链节

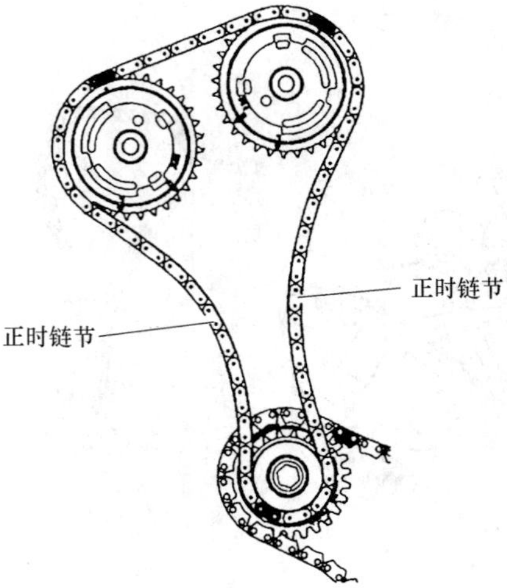

图 20-45　两个正时链节之间应有 18 个链节

第三节　SRX 轿车

一、SRX 轿车 3.6L 发动机正时链条部件识别

SRX 轿车 3.6L 发动机正时链条部件识别见图 20-46。

二、SRX 轿车 3.6L 发动机正时链条校准操作要点

SRX 轿车 3.6L 发动机正时链条校准操作要点见表 20-1。

表 20-1　SRX 轿车 3.6L 发动机正时链条校准操作要点

步　骤	操 作 方 法
1	拆卸发动机油底壳
2	拆卸起动机
3	使曲轴链轮正时标记位于 12 点钟位置（图 20-46 中的 1）
4	使凸轮轴链轮正时标记位于 6 点钟位置（图 20-46 中的 2）
5	拆卸正时链条前先锁止正时链条张紧器： 1）压下正时链条张紧器弹簧（图 20-46 中的 5） 2）插入锁止销（图 20-46 中的 6）
6	将凸轮轴链轮和正时链条一起安装到凸轮轴上
7	确保曲轴和凸轮轴上的正时标记（图 20-46 中的 1 和 2）彼此相对并且同在一条中心线上
8	安装曲轴减振器： 1）把曲轴减振器安装到曲轴端 2）把拆下的曲轴减振器螺栓（图 20-46 中的 A）安装到曲轴减振器上并紧固至 330N · m 3）把这个螺栓拆下（图 20-46 中的 A） 4）换装一个新的曲轴减振器螺栓（图 20-46 中的 B）并紧固至 50N · m + 140°
9	维修完毕后把插在正时链条张紧器上的锁止销（图 20-46 中的 6）拔出来

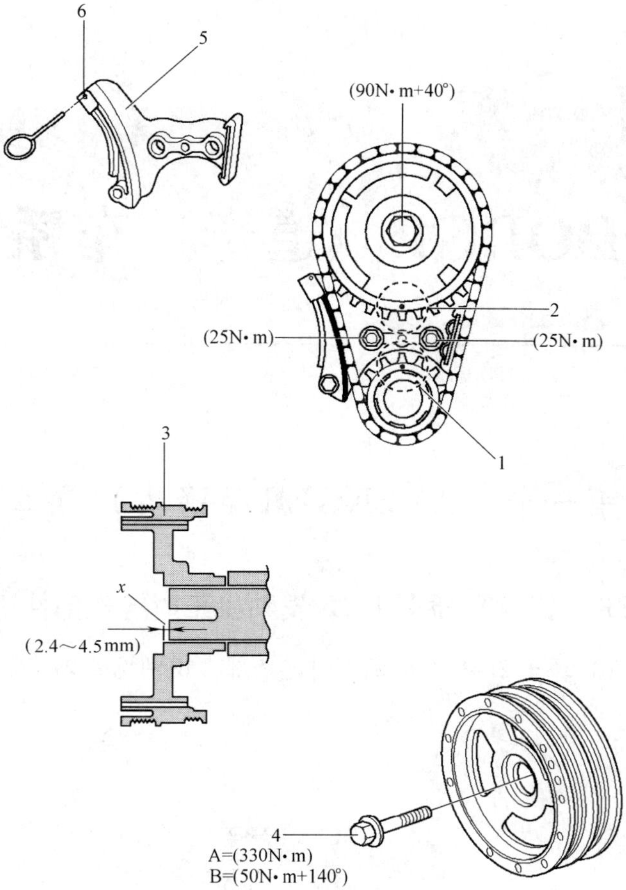

图 20-46　SRX 轿车 3. 6L 发动机正时链条部件识别

第二十一章

DODGE（道奇）车系

第一节　AVENGER（锋哲）轿车

一、AVENGER（锋哲）轿车 2.4L 发动机正时链条部件识别

AVENGER（锋哲）轿车 2.4L 发动机正时链条部件识别见图 21-1。

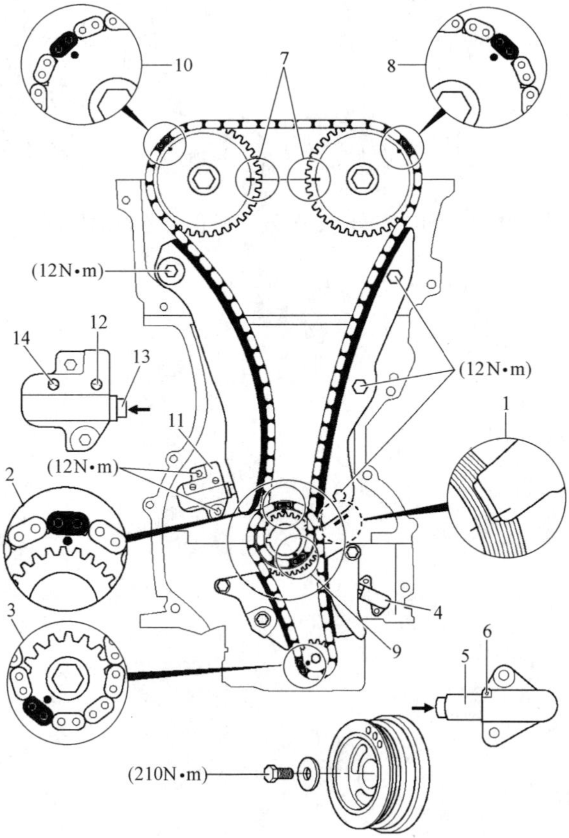

图 21-1　AVENGER（锋哲）轿车 2.4L 发动机正时链条部件识别

二、AVENGER（锋哲）轿车 2.4L 发动机正时链条校准操作要点

AVENGER（锋哲）轿车 2.4L 发动机正时链条校准操作要点见表 21-1。

表 21-1　AVENGER（锋哲）轿车 2.4L 发动机正时链条校准操作要点

步骤	操作方法
1	拆卸发动机油底壳
2	将发动机设置在 1 缸压缩行程上止点位置（图 21-1 中的 1） 注意：拆卸正时链条前如果看到正时链条上没有染色链节，则要在拆卸前先用油漆标记出与链轮上的正时标记对齐的链节，以便在安装时参照
3	确保曲轴链轮键槽位于 9 点钟位置
4	安装平衡轴链条时要注意： 1）将平衡轴链条上的染色链节与曲轴链轮上的正时标记对齐（图 21-1 中的 2） 2）将平衡轴链条上的染色链节与平衡轴链轮上的正时标记对齐（图 21-1 中的 3）
5	锁止平衡轴链条张紧器： 1）把平衡轴链条张紧器的柱塞压入张紧器壳体中（图 21-1 中的 5） 2）插入锁止销，将张紧器柱塞锁止在压缩状态（图 21-1 中的 6）
6	安装平衡轴链条张紧器（图 21-1 中的 4）
7	拔出插在平衡轴链条张紧器内的锁止销（图 21-1 中的 6）
8	安装正时链条时要注意： 1）确保曲轴链轮键槽位于 9 点钟位置 2）确保凸轮轴正时标记（图 21-1 中的 7）与气缸盖上表面对齐 3）确保正时链条的染色链节与凸轮轴链轮上的正时标记对齐（图 21-1 中的 8） 4）确保正时链条的染色链节与曲轴链轮上的正时标记对齐（图 21-1 中的 9） 5）确保正时链条的染色链节与凸轮轴链轮上的正时标记对齐（图 21-1 中的 10）
9	锁止正时链条张紧器（图 21-1 中的 11）： 1）在正时链条张紧器壳体上插入锁止销，释放张紧器棘爪（图 21-1 中的 12） 2）沿图 21-1 中的箭头方向（图 21-1 中的 13）把正时链条张紧器的柱塞压入张紧器壳体中 3）插入锁止销，将张紧器柱塞锁止在压缩状态（图 21-1 中的 14）
10	安装正时链条张紧器（图 21-1 中的 11）
11	拆卸锁止销（图 21-1 中的 14）
12	顺时针转动曲轴 2 周，确保各个正时标记对齐（图 21-1 中的 7、8、9、10）

第二节　CALIBER（酷博）轿车

CALIBER（酷博）轿车 2.0L 发动机正时链条校准

CALIBER（酷博）轿车 2.0L 发动机正时链条校准方法与锋哲轿车 2.4L 发动机正时校准方法相同。

第二十二章 TOYOTA（丰田）车系

第一节 FJ CRUISER（FJ 酷路泽）轿车

一、FJ CRUISER（FJ 酷路泽）轿车 1GR-FE 发动机正时链条部件识别

正时链条部件识别见图 22-1 ~ 图 22-5。

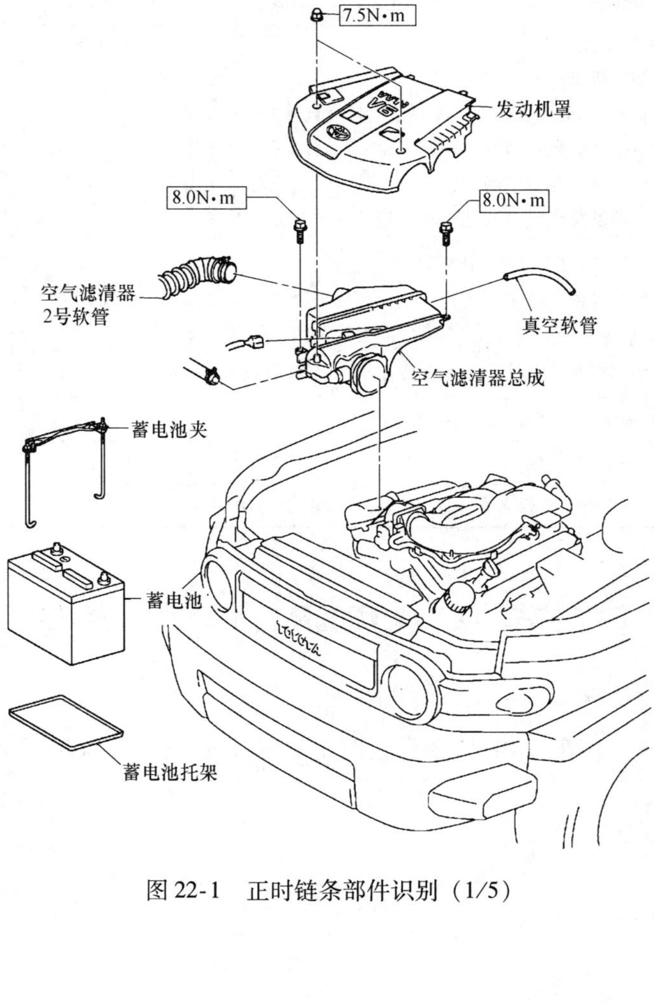

图 22-1　正时链条部件识别（1/5）

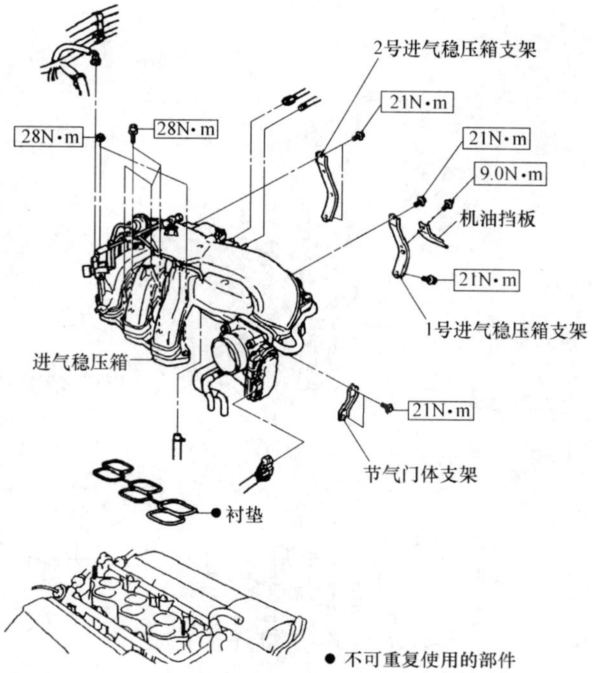

图 22-2　正时链条部件识别（2/5）

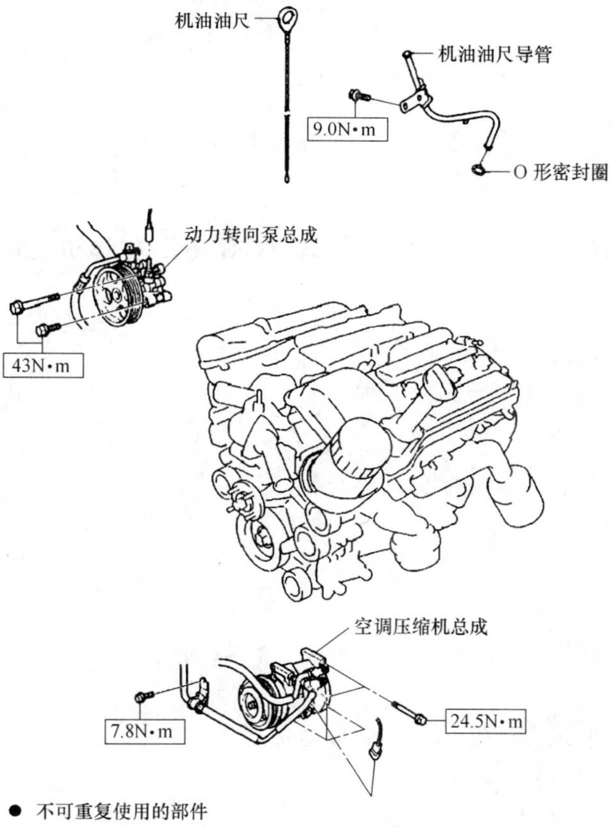

图 22-3　正时链条部件识别（3/5）

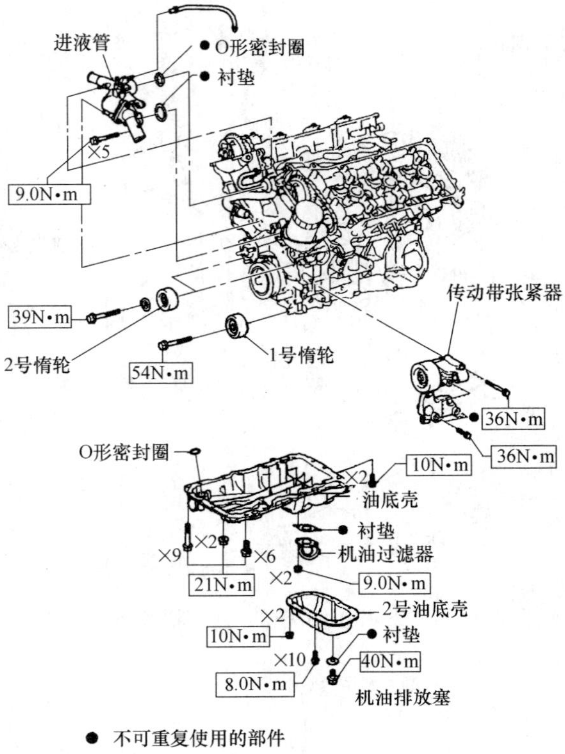

图 22-4 正时链条部件识别（4/5）

二、FJ CRUISER（FJ 酷路泽）轿车 1GR-FE 发动机正时链条拆卸步骤

1）拆卸蓄电池。

2）排放发动机冷却液。

3）排放发动机机油。

4）拆卸动力转向管路。

5）对于 4 轮驱动车型，拆卸前分动器托架。

6）拆卸风扇。

7）拆卸发电机总成。

8）拆下空调压缩机总成。

9）按照图 22-6 所示，拆卸发动机传动带张紧器总成。

10）拆卸机油油尺导管。

11）按照图 22-7 所示，拆卸动力转向泵总成：

① 断开动力转向压力开关接头。

② 拆卸 2 个螺栓，拆下动力转向泵。

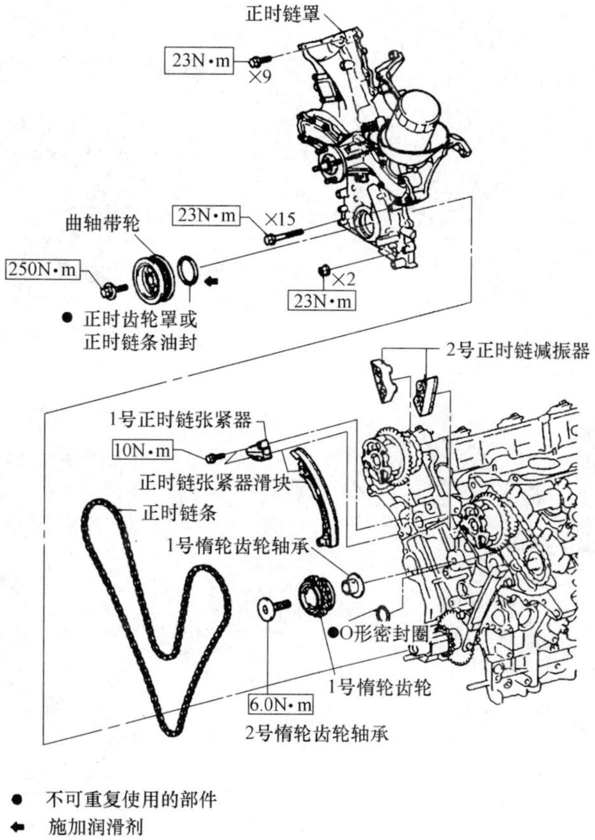

图 22-5 正时链条部件识别（5/5）

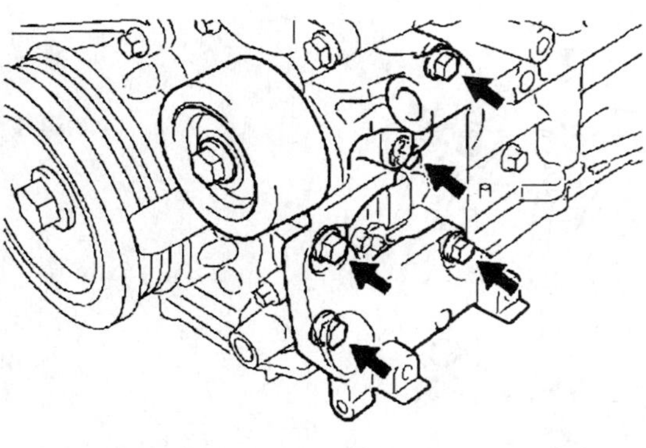

图 22-6 拆卸发动机传动带张紧器总成

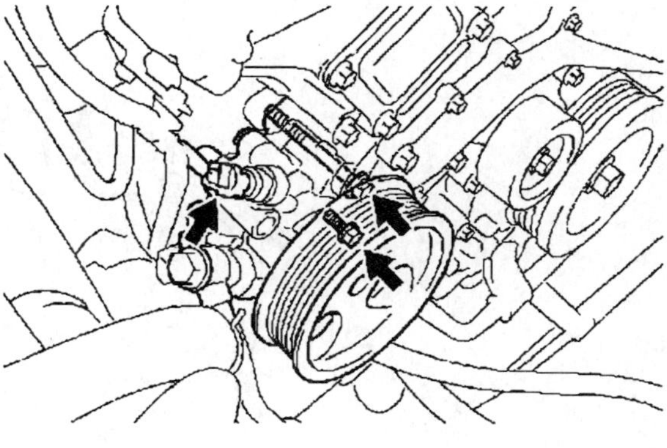

图 22-7 拆卸动力转向泵

12）按照图 22-8 所示，拆卸 2 号惰轮。

13）按照图 22-9 所示，拆卸 1 号惰轮。

14）用专用工具（SST）拆卸曲轴带轮。

① 按照图 22-10 所示，用专用工具固定住曲轴带轮，松开曲轴带轮固定螺栓。

② 按照图 22-11 所示，用专用工具拆卸曲轴带轮。

15）拆卸 2 号油底壳：

① 如图 22-12 所示，拆卸油底壳上的 10 个螺栓和 2 个螺母。

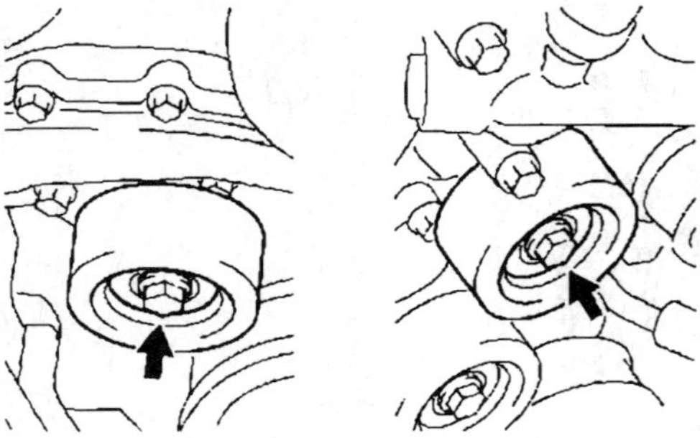

图 22-8 拆卸 2 号惰轮

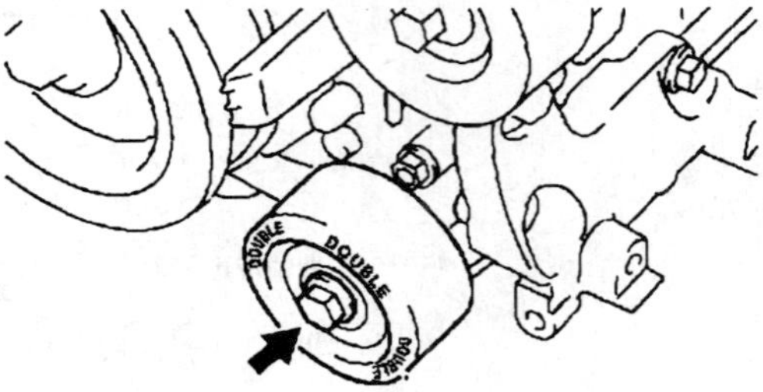

图 22-9 拆卸 1 号惰轮

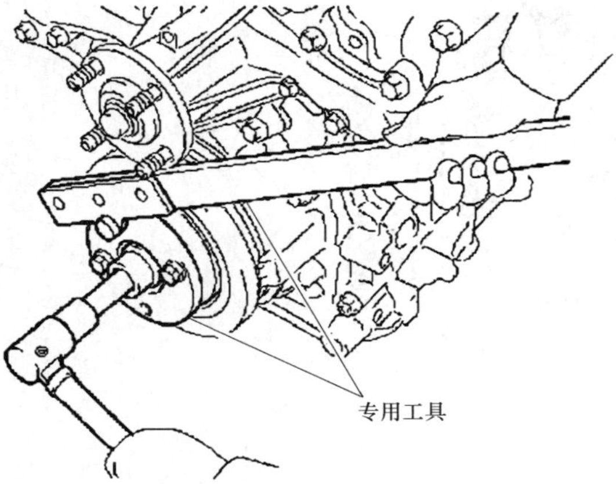

图 22-10 用专用工具固定曲轴带轮

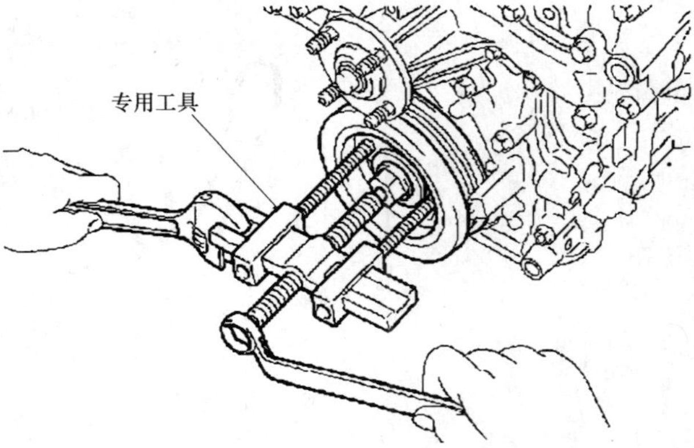

图 22-11 用专用工具拆卸曲轴带轮

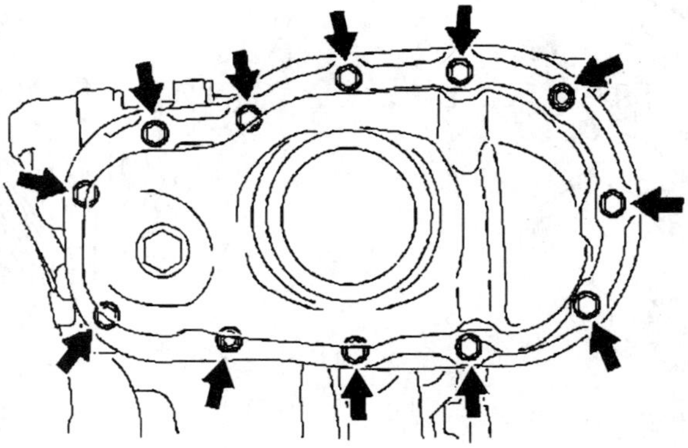

图 22-12 拆卸 2 号油底壳上的螺栓和螺母

② 按照图 22-13 所示，用专用工具（SST）去除油底壳的油封，拆卸 2 号油底壳。

16）按照图 22-14 所示，拆卸机油过滤器。

17）拆卸油底壳：

① 拆卸 4 个飞轮壳螺栓。

② 按照图 22-15 所示，拆卸飞轮壳。

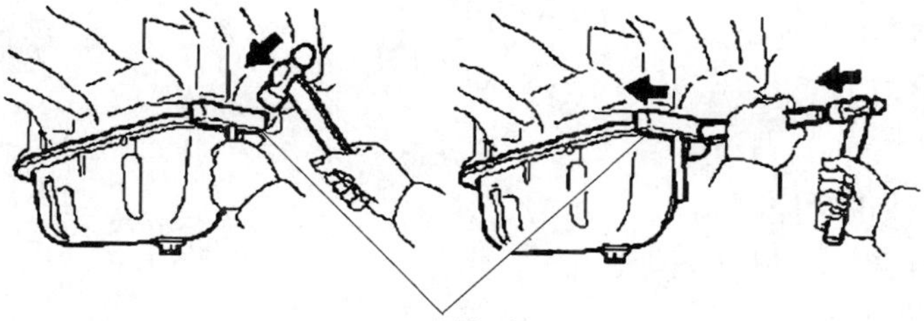

图 22-13 用专用工具（SST）去除油底壳的油封

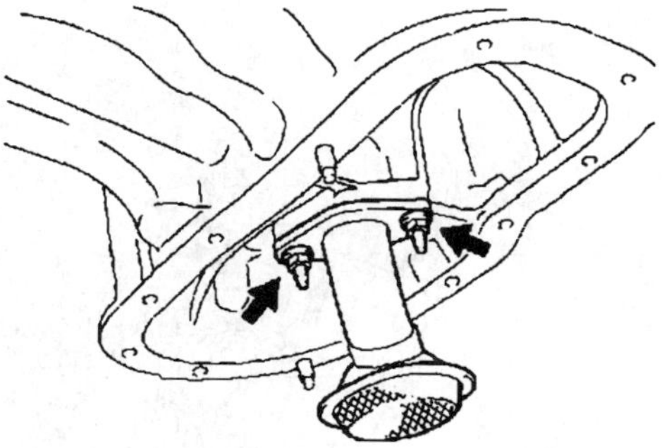

图 22-14 拆卸机油过滤器

图 22-15 拆卸飞轮壳

③ 按照图 22-16 所示，拆卸 17 个螺栓和 2 个螺母。

④ 按照图 22-17 所示，用一把螺钉旋具插入油底壳和发动机缸体支架，把油底壳撬下。

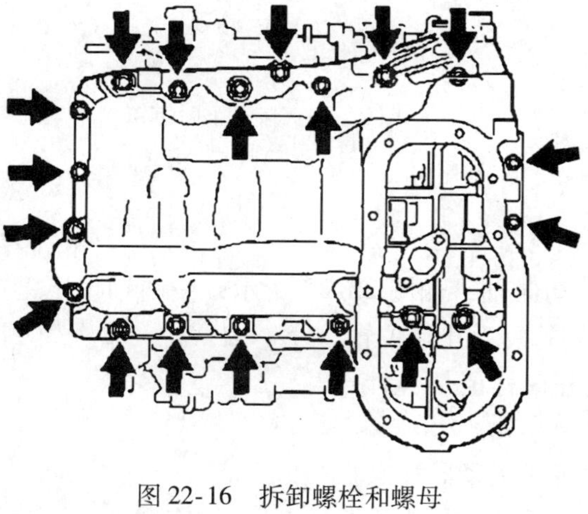

图 22-16 拆卸螺栓和螺母

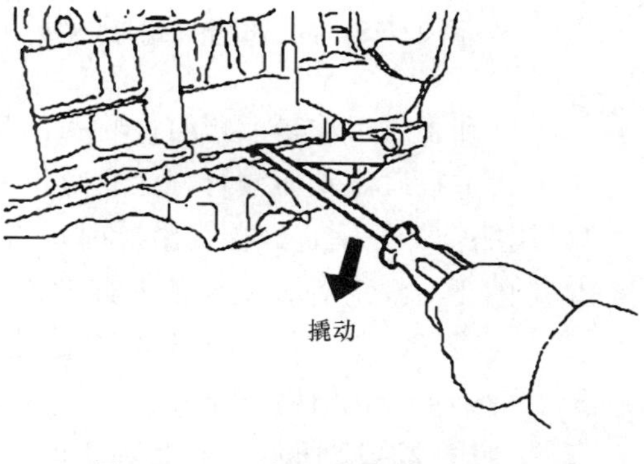

图 22-17 用螺钉旋具撬下油底壳

⑤ 从机油泵上拆下 O 形密封圈。

18）拆卸空气滤清器总成。

19）拆卸节气门体支架。

20）拆卸机油挡板。

21）拆卸 1 号稳压箱支架。

22）拆卸2号稳压箱支架。

23）拆卸进气稳压箱。

24）拆卸点火线圈。

25）拆卸凸轮轴正时控制阀。

26）拆卸气门可变正时传感器。

27）拆卸冷却液进液管。

28）拆卸右侧气缸盖罩。

29）拆卸左侧气缸盖罩。

30）拆卸正时链罩：

① 按照图22-18所示，拆卸螺栓和螺母。

② 按照图22-19所示，用螺钉旋具把正时链条罩撬下。

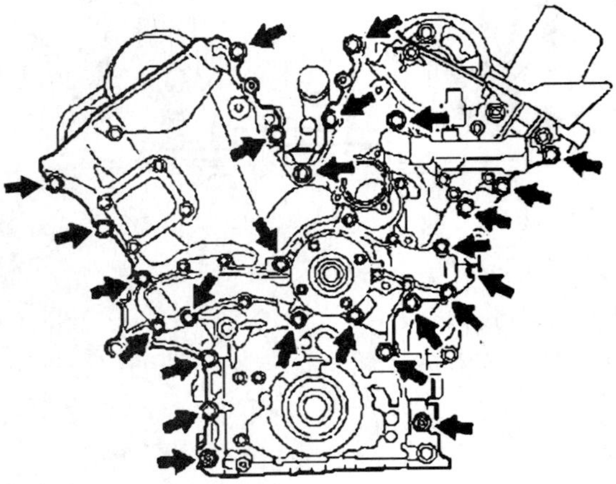

图22-18　拆卸螺栓和螺母

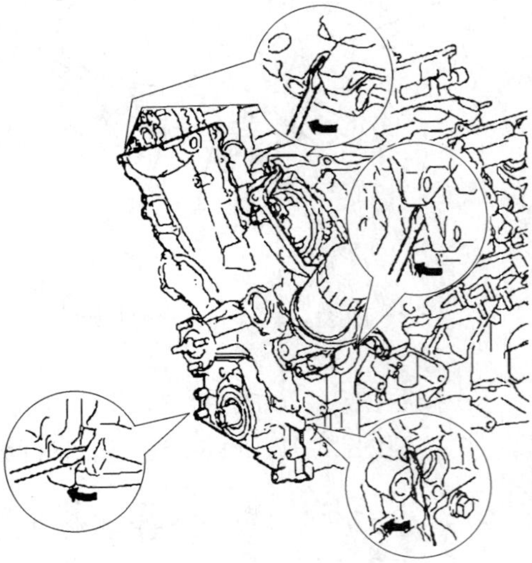

图22-19　撬下正时链罩

31）拆卸正时齿轮箱或正时齿轮箱油封。

32）将1缸设置到压缩行程上止点位置：

① 用曲轴带轮固定螺栓，沿顺时针方向转动曲轴，如图22-20所示，使曲轴设定键与气缸体上的正时线对齐，从而使1缸设置到压缩行程上止点位置。

② 按照图22-21所示，核查各个凸轮轴的正时标记是否对齐。

33）拆卸1号正时链张紧器：

① 按照图22-22所示，向上转动止动片并推压张紧器柱塞。

② 按照图22-22所示，向下推动止动片，然后把一根直径为3.5mm的直杆插入止动片和张紧器上的孔中，将止动片固定到位。

34）拆卸正时链条张紧器滑块。

35）按照图22-23所示，拆卸惰轮链轮。

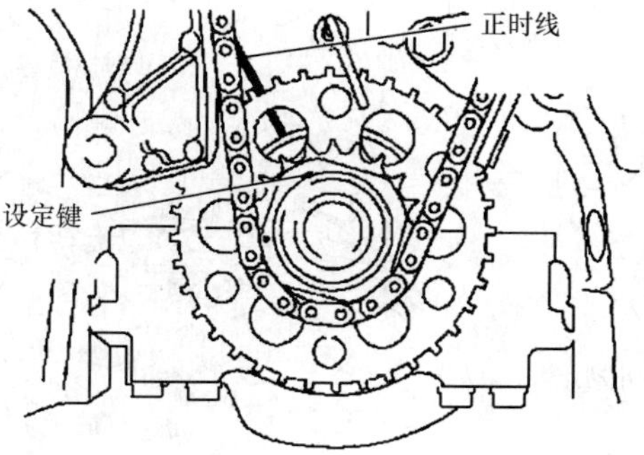

图 22-20　曲轴设定键与气缸体上的正时线对齐

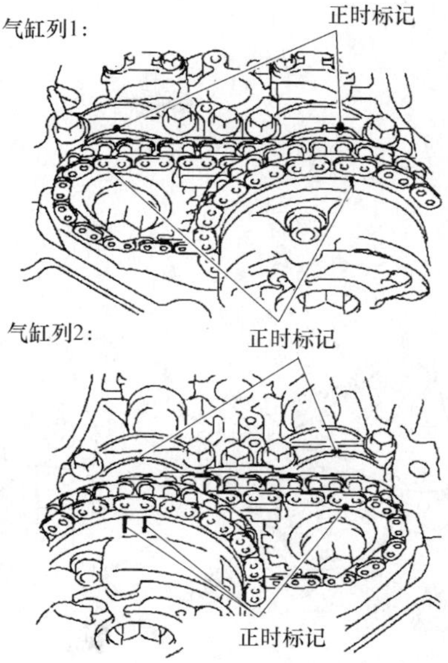

图 22-21　凸轮轴正时标记

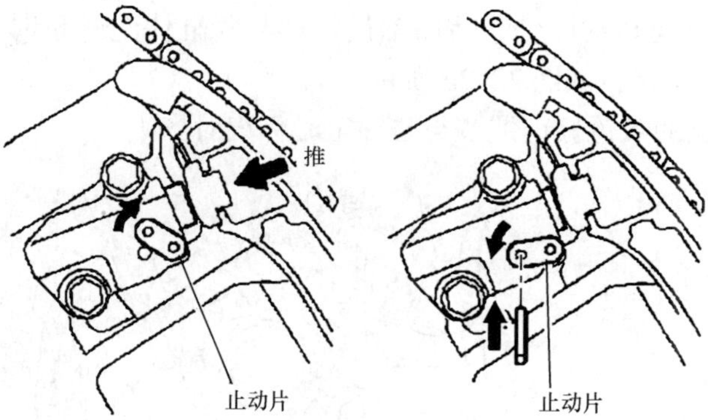

图 22-22　向上转动止动片并推压张紧器柱塞

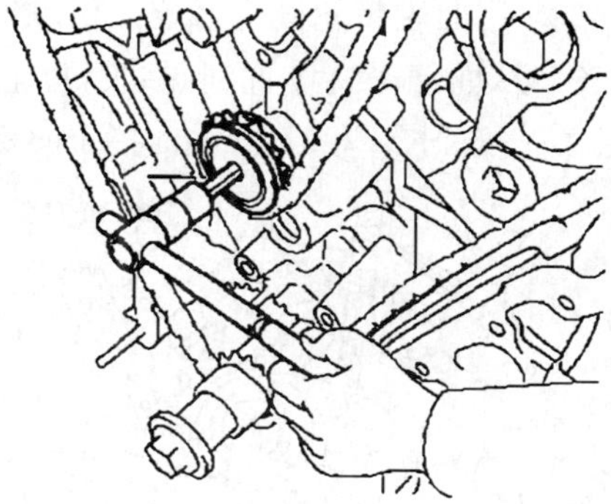

图 22-23　拆卸惰轮链轮

36）拆卸 2 号正时链条减振器。

37）拆卸正时链条。

三、FJ CRUISER（FJ 酷路泽）轿车 1GR-FE 发动机正时链条安装步骤

1）安装正时链条张紧器滑块。

2）安装 1 号正时链条张紧器总成：

① 按照图 22-24 所示，沿顺时针方向转动止动片，推压张紧器柱塞。

② 沿逆时针转动止动片，按照图 22-24 所示在张紧器和止动片上的孔中插入一根直径 3.5mm 的直杆，将止动片固定到位。

③ 安装正时链条张紧器并将螺栓紧固至 10N · m。

3）安装正时链条：

① 按照图 22-25 所示，对齐凸轮轴各个正时标记。

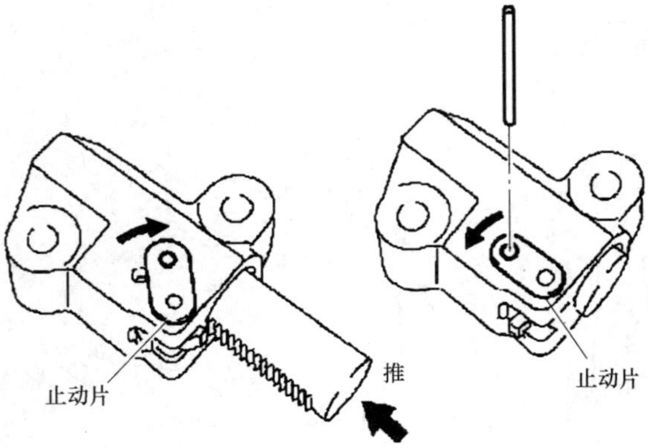

图 22-24 推压柱塞，固定止动片

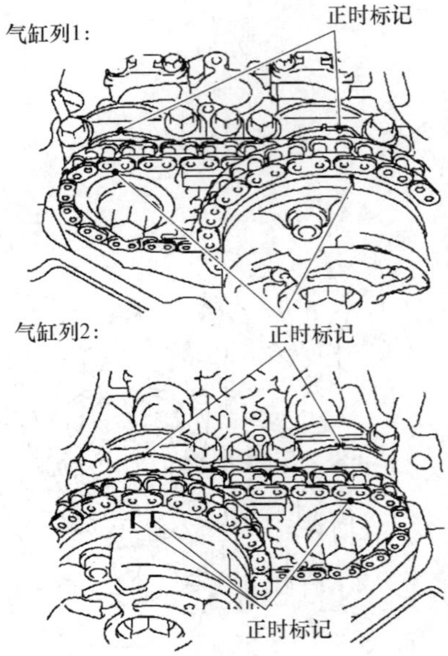

图 22-25 对齐凸轮轴正时标记

② 用曲轴带轮固定螺栓，沿顺时针方向转动曲轴，使曲轴设定键与气缸体上的正时线对齐，从而使 1 缸设置到压缩行程上止点位置，如图 22-26 所示。

③ 按照图 22-27 所示，将正时链条上的黄色标记链节与曲轴正时标记对齐。

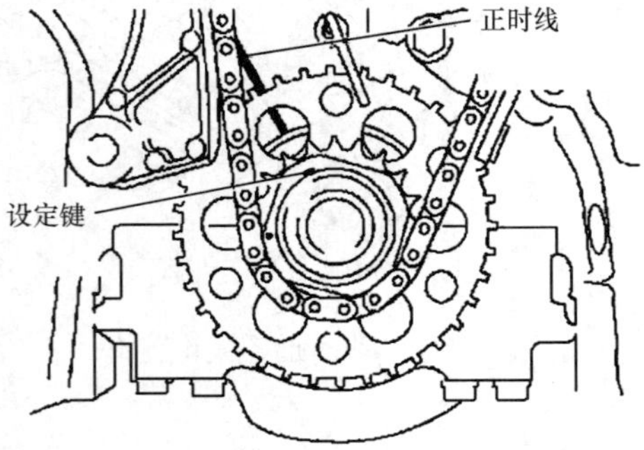

图 22-26 曲轴设定键与气缸体上的正时线对齐

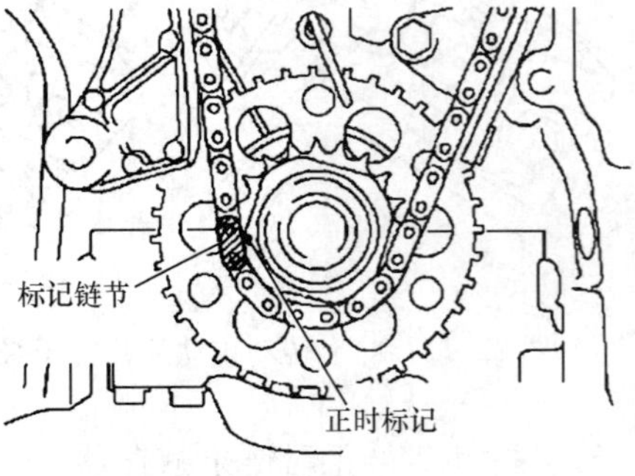

图 22-27 黄色标记链节与曲轴正时标记对齐

④ 按照图 22-28 所示，把橙色的正时链节与凸轮轴齿轮上的正时标记对齐。

4）安装 2 号正时链条减振器。

5）安装惰轮链轮：

① 在 1 号惰轮齿轮轴承的转动面涂抹一层发动机机油。

② 安装 1 号和 2 号惰轮齿轮轴承，使 1 号惰轮齿轮轴承上的定位销与气缸体上的定位销槽对齐，如图 22-29 所示。

③ 用 10mm 的六角扳手，把 2 号惰轮齿轮轴承紧固到 60N · m。

④ 从正时链条张紧器上把插入的直杆拆下。

6）安装正时齿轮箱或正时链条箱油封。

7）安装正时链条：

① 把旧的密封材料清除干净。

② 按照图 22-30 所示，把新的 O 形密封圈安装到气缸列 2 的气缸盖上。

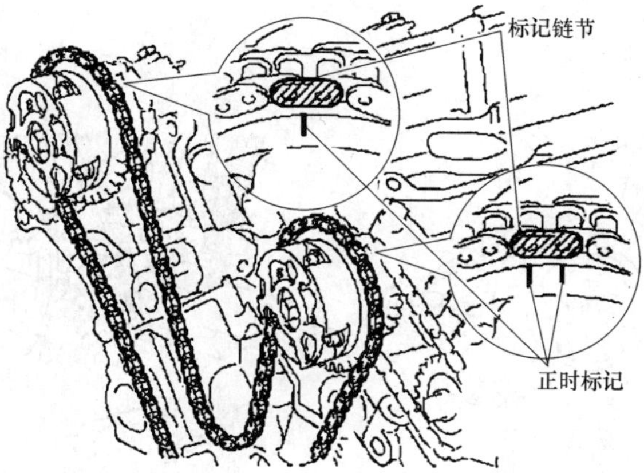

图 22-28 橙色的正时链节与凸轮轴齿轮上的正时标记对齐

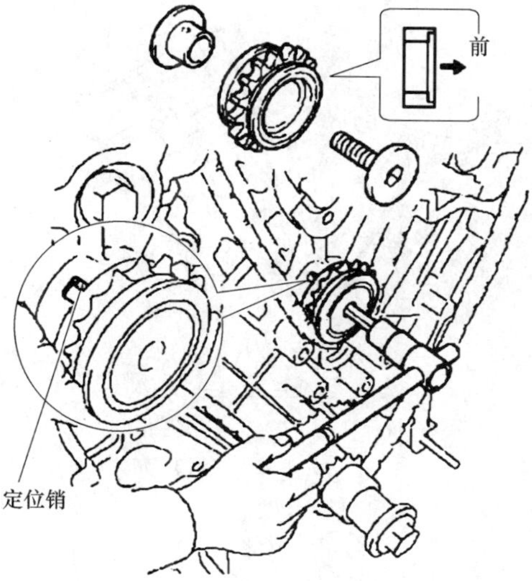

图 22-29 定位销与气缸体上的定位销槽对齐

③ 按照图 22-31 所示，在图中所示的 4 个位置涂抹密封材料。

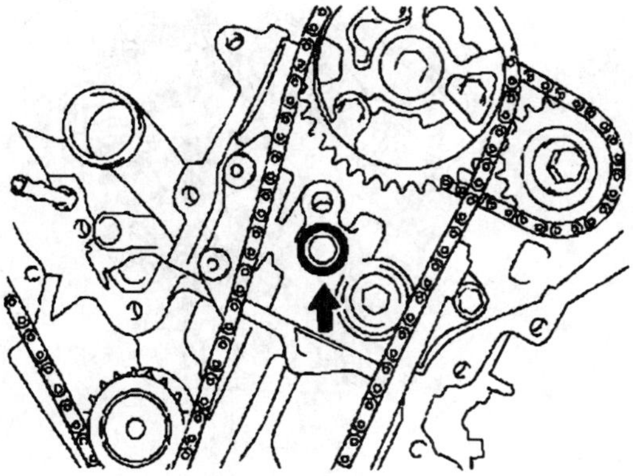

图 22-30 安装 O 形密封圈

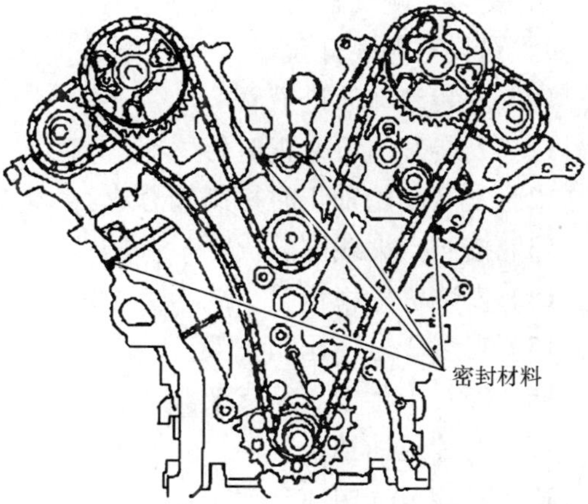

图 22-31 密封材料施加位置

④ 如图 22-32 所示，把密封材料涂抹到图中所示的位置，图中 A 处不要涂抹密封材料。水泵部件涂抹的密封材料应选用丰田公司 1207B 密封剂；其他部分的密封材料可选用丰田公司 1282B 密封剂。涂抹密封剂后 3min 内要安装上正时链罩，正时链罩的紧固螺栓和螺母也要在 15min 内紧固完毕。

⑤ 按照图 22-33 所示，把机油泵驱动转子上的键槽与曲轴正时齿轮上的矩形部分对齐，将正时链罩安装到位。

⑥ 按照图 22-34，安装正时链罩的 24 个螺栓和 2 个螺母。

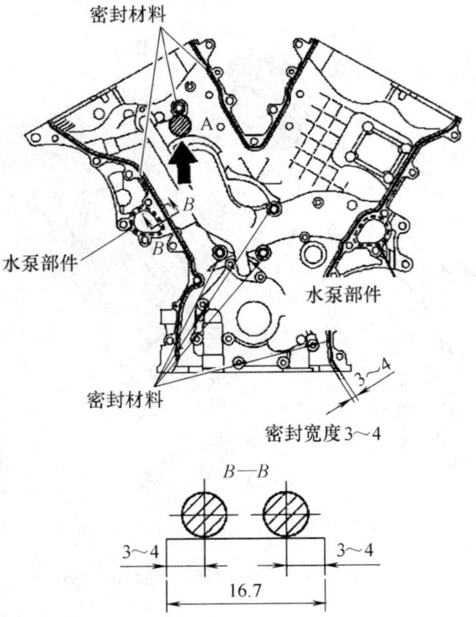

图 22-32　密封剂施加位置

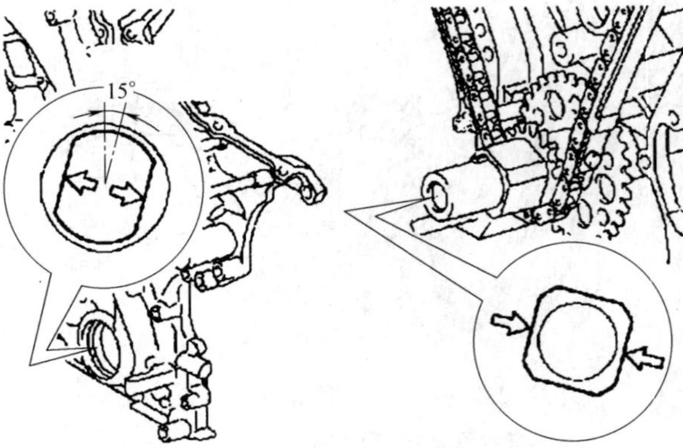

图 22-33　机油泵驱动转子上的键槽与曲轴正时齿轮上的矩形部分对齐

8）安装左侧气缸盖罩。

9）安装右侧气缸盖罩。

10）安装冷却液进液管。

11）安装气门可变正时传感器。

12）安装凸轮轴正时控制阀总成。

13）按照点火线圈总成。

14）安装进气稳压箱。

15）安装 2 号稳压箱支架。

16）安装 1 号稳压箱支架。

17）安装机油挡板。

18）安装节气门体支架。

19）安装空气滤清器总成。

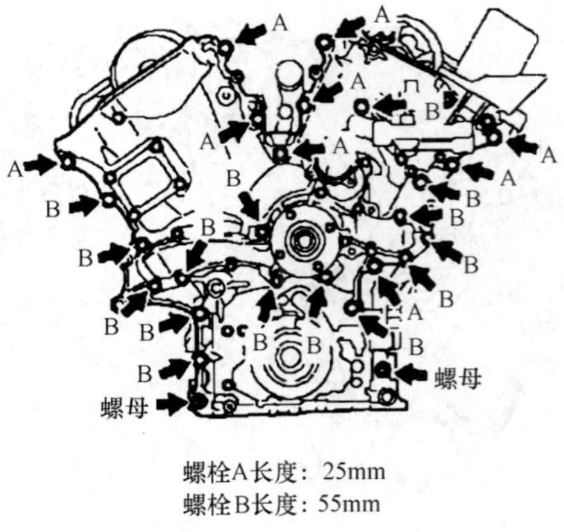

图 22-34　安装正时链罩的螺栓和螺母

20）安装油底壳：

① 把旧的密封材料清除干净。

② 按照图 22-35 所示，在机油泵上安装新的 O 形密封圈。

③ 按照图 22-36 所示，涂抹丰田密封剂 1207B。涂抹密封胶后 3min 内应安装油底壳，15min 内应将油底壳的螺栓紧固完毕。

④ 按照图 22-37 所示，安装油底壳固定螺栓和螺母。

⑤ 按照图 22-38 所示，安装飞轮壳。

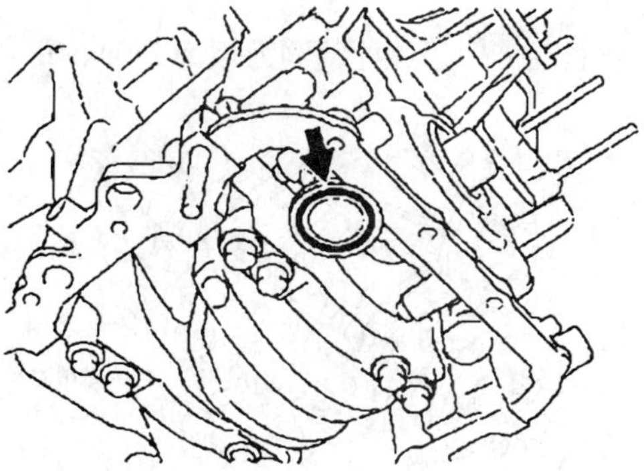

图 22-35 安装新的 O 形密封圈

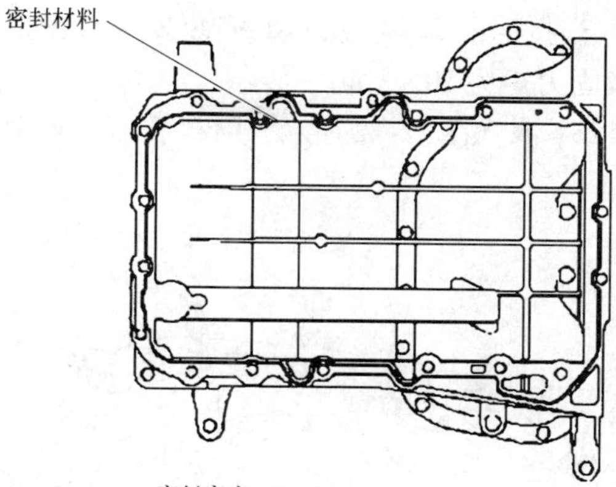

图 22-36 涂抹密封剂

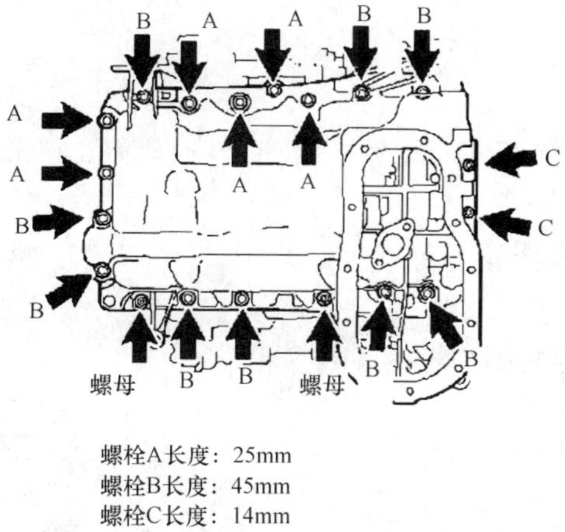

图 22-37 安装油底壳固定螺栓和螺母

图 22-38 安装飞轮壳

21）按照图 22-39 所示，安装机油过滤器。

22）安装 2 号油底壳：

① 把旧有的密封材料清除干净。

② 按照图 22-40 所示，涂抹丰田密封剂 1207B。涂抹密封胶后 3min 内应安装油底壳，15min 内应将油底壳的螺栓紧固完毕。

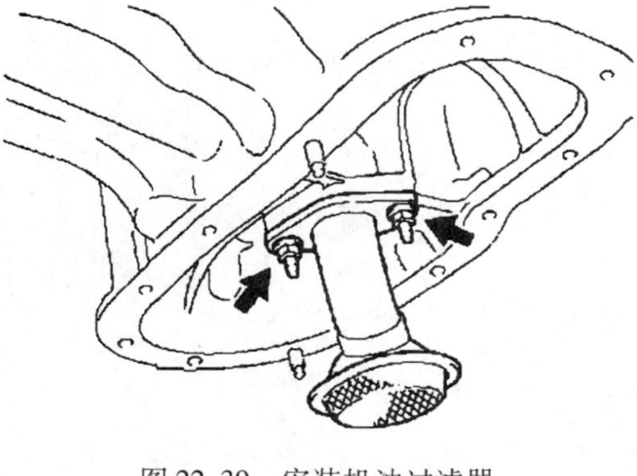

图 22-39 安装机油过滤器

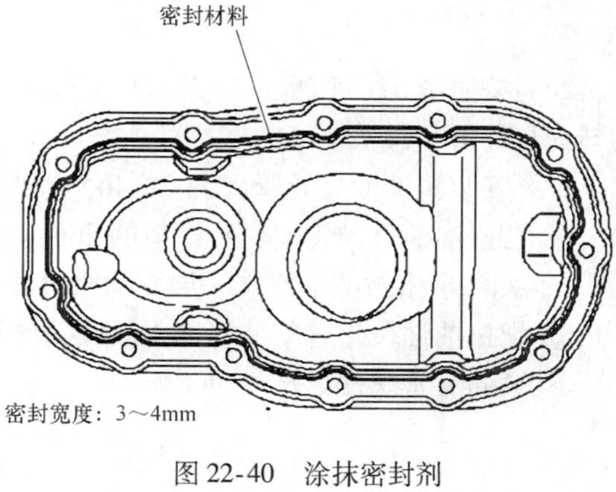

图 22-40 涂抹密封剂

③ 按照图 22-41 所示，安装 2 号油底壳上的螺栓和螺母，螺栓紧固力矩为 9N · m。螺母紧固力矩为 10N · m。

23）按照图 22-42 所示，用专用工具（SST）安装曲轴带轮。螺栓紧固力矩为 250N · m。

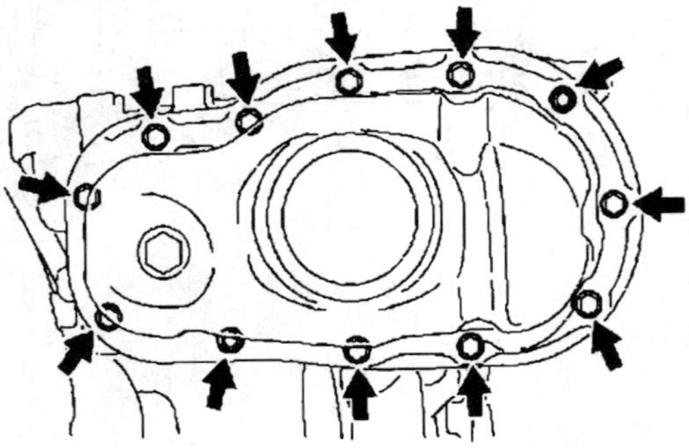

图 22-41　安装 2 号油底壳上的螺栓和螺母

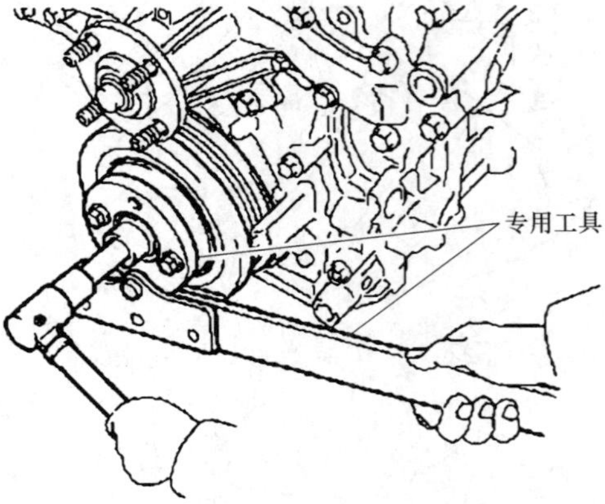

图 22-42　用专用工具（SST）安装曲轴带轮

24）按照图 22-43 所示，安装 1 号惰轮（1 号惰轮上标有 “DOUBLE” 字母）。螺栓紧固力矩为 39N · m。

25）按照图 22-44 所示，安装 2 号惰轮，螺栓紧固力矩为 54N · m。

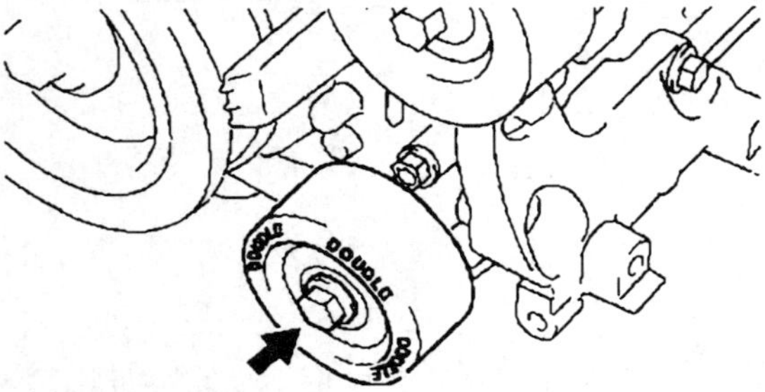

图 22-43　安装 1 号惰轮

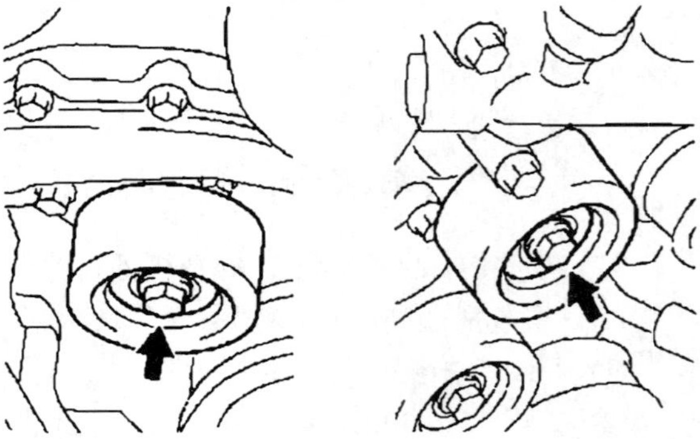

图 22-44　安装 2 号惰轮

26）按照图 22-45 所示，安装动力转向泵总成，螺栓紧固力矩为 43N · m，然后连接动力转向压力开关接头。

27）安装机油油尺导管（图 22-46）：

① 在机油油尺导管上安装好新的 O 形密封圈。

② 在 O 形密封圈上涂抹一层发动机机油。

③ 把机油油尺导管的一端推入油底壳导管孔内。

④ 紧固导管螺栓至 9N · m。

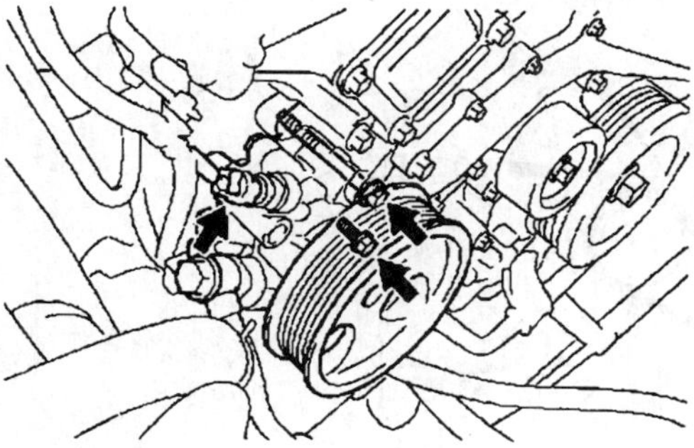

图 22-45 安装动力转向泵

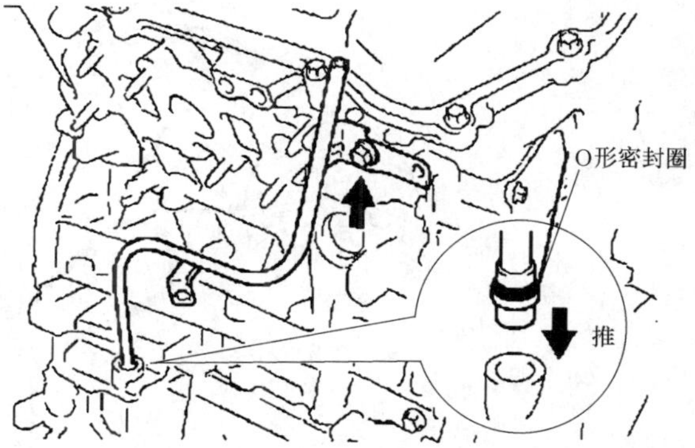

图 22-46 安装机油油尺导管

28）按照图 22-47 所示，安装发动机传动带张紧器。图中 A 处的螺栓应换用新螺栓。位置 A 处的螺栓长度为 70mm，其余位置的螺栓长度为 33mm。先把位置 A 和 E 处的螺栓紧固至 36N · m，然后再把位置 B、C、D 处的螺栓紧固至 36N · m。

29）安装空气压缩机总成。

30）安装发电机总成。

31）安装风扇。

32）安装前分动器托架总成（4 轮驱动车型）。

33）安装动力转向油路。

34）安装蓄电池。

35）添加发动机冷却液。

36）添加发动机机油。

37）添加动力转向油液。

38）检查各系统是否有油液或冷却液泄漏。

39）检查前轮定位，必要时予以调节。

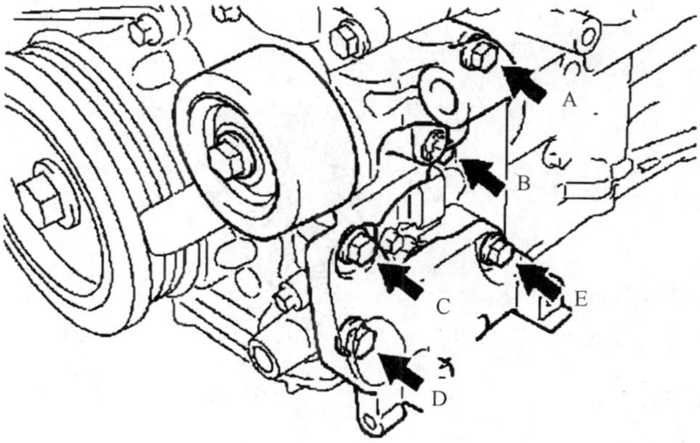

图 22-47 安装发动机传动带张紧器

第二节 LAND CRUISER（陆地巡洋舰）轿车

一、LAND CRUISER（陆地巡洋舰）轿车 2UZ-FE（4.7L）发动机正时带部件识别

LAND CRUISER 2UZ-FE（4.7L）发动机正时系统部件识别见图 22-48。

二、LAND CRUISER（陆地巡洋舰）轿车 2UZ-FE（4.7L）发动机正时带拆卸步骤

LAND CRUISER（陆地巡洋舰）轿车 2UZ-FE（4.7L）发动机正时带拆卸步骤见表 22-1。

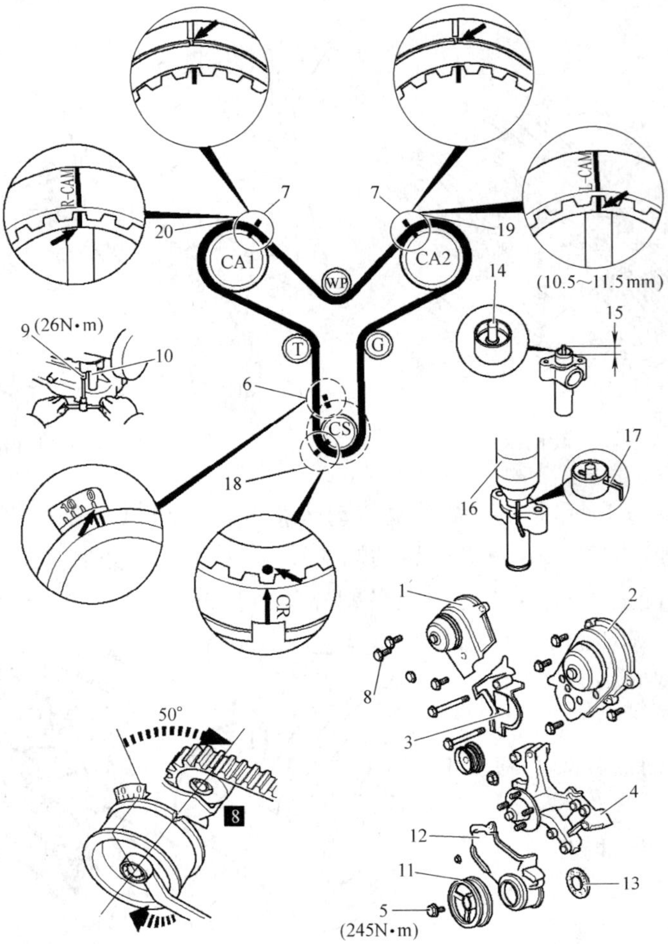

图 22-48　4.7L 发动机正时图

表 22-1　LAND CRUISER（陆地巡洋舰）轿车 2UZ-FE（4.7L）发动机正时带拆卸步骤

步　骤	操 作 方 法
1	排出发动机冷却液
2	拆卸发动机下部隔板
3	拆卸蓄电池盖
4	拆卸进气管路
5	拆卸发动机传动带
6	拆卸冷却风扇和粘性联轴器
7	拆卸冷却风扇带轮
8	拆卸发动机传动带张紧器
9	拆卸正时带左侧和右侧上盖上的配线
10	拆卸机油冷却管
11	拆卸空调压缩机，但不要断开制冷剂管路
12	拆卸正时带右侧上盖（图 22-48 中的 1）
13	拆卸正时带左侧上盖（图 22-48 中的 2）
14	拆卸正时带中部盖（图 22-48 中的 3）
15	拆卸冷却风扇支架（图 22-48 中的 4）
16	松开曲轴带轮螺栓（图 22-48 中的 5）

（续）

步骤	操作方法
17	转动曲轴至1缸上止点位置，确保正时标记（图22-48中的6和7）对齐
18	再顺时针转动曲轴50°，直至曲轴带轮正时标记与导轮螺栓（图22-48中的8）对齐。注意：凸轮轴链轮上的正时标记会向前移动25°
19	拆卸曲轴带轮螺栓（图22-48中的5）
20	拆卸自动张紧器螺栓（图22-48中的9）
21	拆卸自动张紧器（图22-48中的10）
22	拆卸自动张紧器防尘罩
23	把正时带从凸轮轴链轮上取下
24	拆卸曲轴带轮（图22-48中的11）。注意：不要转动曲轴
25	拆卸发电机
26	拆卸正时带下盖（图22-48中的12）
27	拆卸曲轴链轮导向垫圈（图22-48中的13）
28	拆卸正时带
29	如果要继续使用拆下的正时带，要在正时带上标记出转动方向

三、LAND CRUISER（陆地巡洋舰）轿车2UZ-FE（4.7L）发动机正时带安装步骤

LAND CRUISER（陆地巡洋舰）轿车2UZ-FE（4.7L）发动机正时带安装步骤见表22-2。

表22-2 LAND CRUISER（陆地巡洋舰）轿车2UZ-FE（4.7L）发动机正时带安装步骤

步骤	操作方法
1	检查并设置自动张紧器： 1）检查张紧器壳体，查看有无机油泄漏或损伤。如果有，必须更换 2）把张紧器保持在向上位置，用力按压推杆（图22-48中的14），如果推杆移动，则更换自动张紧器 3）测量推杆的突出长度是否在10.5～11.5mm，如果不是，则更换自动张紧器 4）用压入工具（图22-48中的16）慢慢按压推杆，将推杆压入张紧器壳体内，直至孔对齐 5）把销子（图22-48中的17）插入孔中
2	把正时带安装到曲轴链轮上，确保正时标记对齐（图22-48中的18）
3	把正时带安装到导轮上
4	把正时带安装到张紧器轮上
5	安装曲轴链轮导向垫圈（图22-48中的13）
6	安装正时带下盖（图22-48中的12）
7	安装曲轴带轮（图22-48中的11）
8	确保曲轴带轮正时标记与导轮螺栓对齐（图22-48中的8）
9	安装发电机
10	把正时带安装到左侧凸轮轴链轮上，确保正时标记对齐（图22-48中的19）
11	轻轻沿逆时针方向转动左侧凸轮轴链轮，使正时带张紧
12	把正时带安装到水泵带轮上
13	把正时带安装到右侧凸轮轴链轮上，确保正时标记对齐（图22-48中的20）
14	检查并确认正时带张紧
15	安装自动张紧器（图22-48中的10）

（续）

步骤	操作方法
16	安装自动张紧器螺栓（图 22-48 中的 9）
17	顺时针转动曲轴 2 周到达 1 缸上止点位置
18	确保正时标记（图 22-48 中的 6 和 7）对齐
19	固定住曲轴带轮（图 22-48 中的 11）。将曲轴带轮螺栓紧固至 245N·m
20	安装剩余部件
21	充注发动机冷却液

第三节　PREVIA（普瑞维亚）轿车

一、PREVIA（普瑞维亚）轿车 2AZ-FE 发动机正时链条部件识别

PREVIA（普瑞维亚）轿车 2AZ-FE 发动机正时链条部件识别见图 22-49。

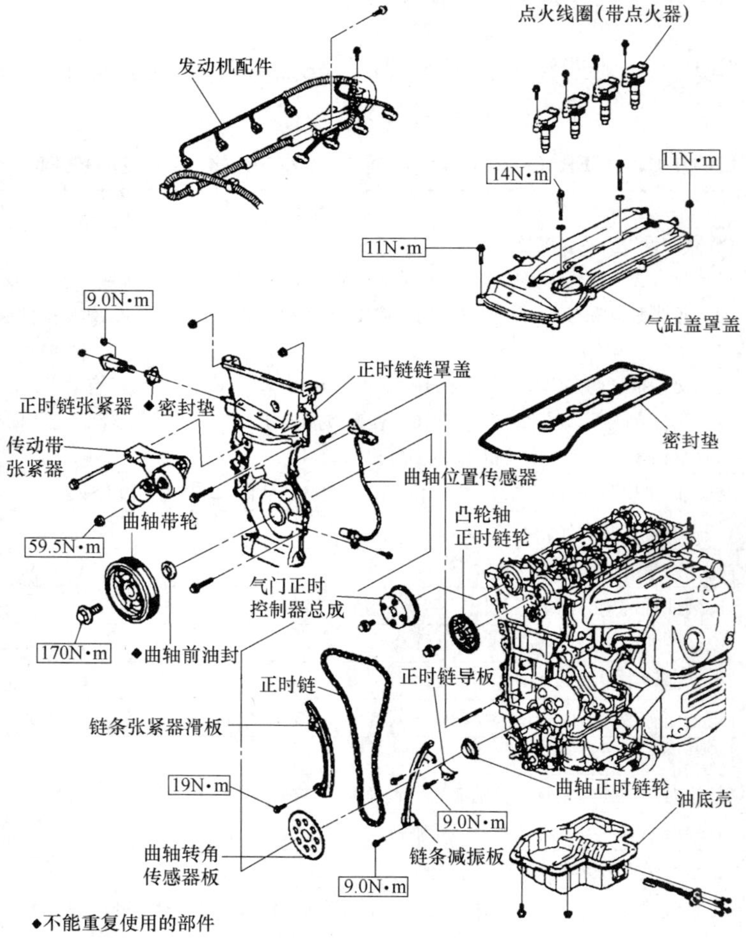

图 22-49　正时链条部件

二、PREVIA（普瑞维亚）轿车 2AZ-FE 发动机正时链条拆卸

1）拆下传动皮带、发电机、动力转向泵、气缸盖罩盖。

2）将第 1 缸设定在压缩行程上止点位置：

① 转动曲轴带轮，并将它的凹槽和正时链罩盖的正时标记“0”对准（图 22-50）。

② 如图 22-51 所示，凸轮轴正时链轮正时标记应与 1 号、2 号轴承盖正时标记对准。若没对准，则转动曲轴 1 圈（360°），对准标记。

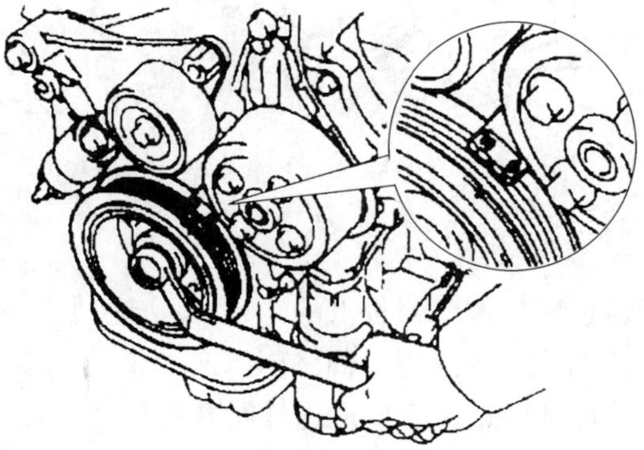

图 22-50 曲轴带轮凹槽对准正时标记

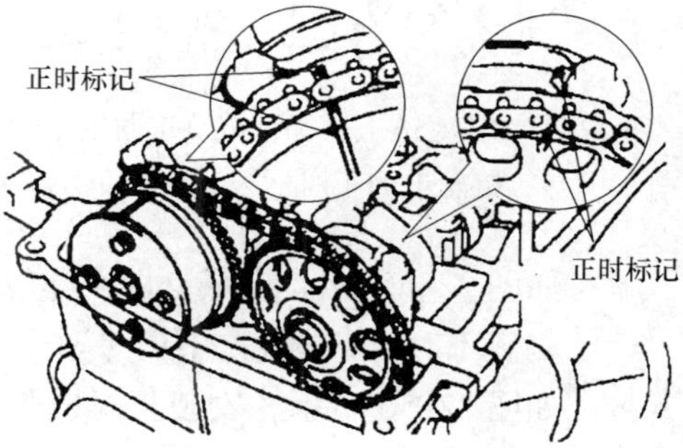

图 22-51 对准正时链轮标记

3）拆下曲轴带轮、链条张紧器。

4）拆下传动带张紧器、曲轴位置传感器、油底壳。

5）拆下正时链罩盖、曲轴转角传感器板。

6）拆下链条张紧器滑板、链条减振板。

7）拆下正时链导板、正时链、曲轴正时链轮。

三、PREVIA（普瑞维亚）轿车 2AZ-FE 发动机正时链条安装

1）将第 1 缸设定在压缩行程上止点位置：

① 转动凸轮轴，将凸轮轴正时链轮和 1 号轴承盖正时标记对准（图 22-52）。

② 用曲轴带轮螺栓转动曲轴，并将定位链设定在曲轴上面（图 22-52）。

2）安装链条减振板。

3）安装正时链导板。

4）安装正时链和曲轴正时链轮。

① 将正时链装在曲轴正时链轮上，并将正时链上的标记链节与曲轴正时链轮上的正时标记对齐，如图 22-53 所示。

② 将正时链装在凸轮轴正时链轮上，并将正时链上的标记链节与凸轮轴正时链轮上的正时标记对齐。

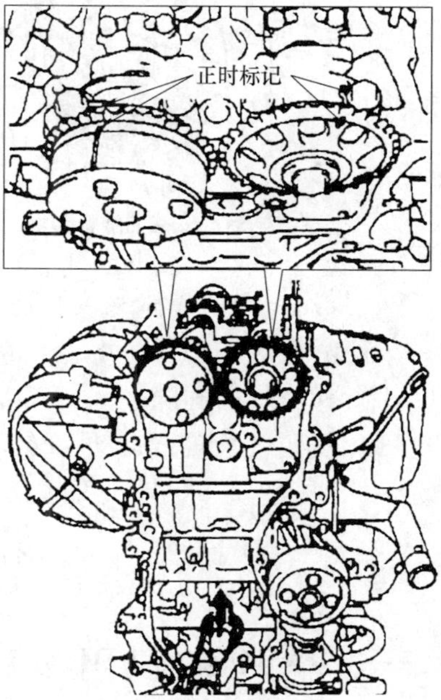

图 22-52 凸轮轴正时链轮和 1 号轴承盖正时标记对准

5）如图 22-54 所示，安装正时链条张紧器滑板，滑板应固定在气缸体定位器上。

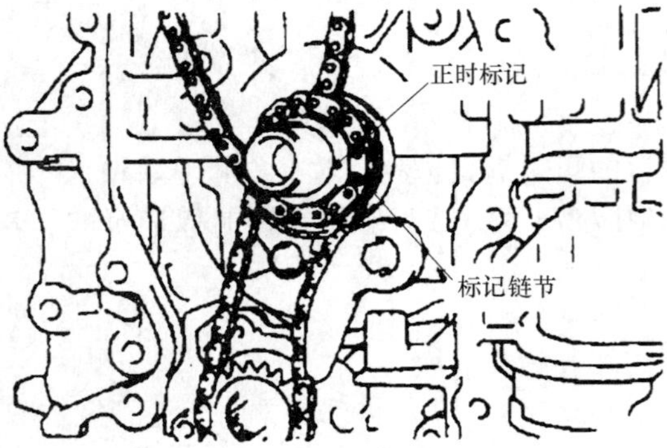

图 22-53　正时链上的标记链节与曲轴正时链轮上的正时标记对齐

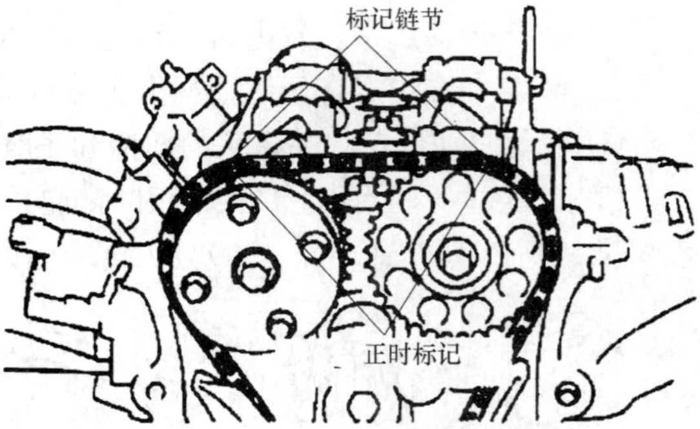

图 22-54　安装链条张紧器滑板

6）如图 22-55 所示，安装曲轴转角传感器板，使传感器板上的“F”标记朝上。

7）安装正时链条罩盖、传动带张紧器、曲轴位置传感器、油底壳、曲轴带轮。

8）如图 22-56 所示，安装正时链张紧器。松开棘爪，完全压进柱塞并使挂钩勾住销子，使柱塞不能弹出。

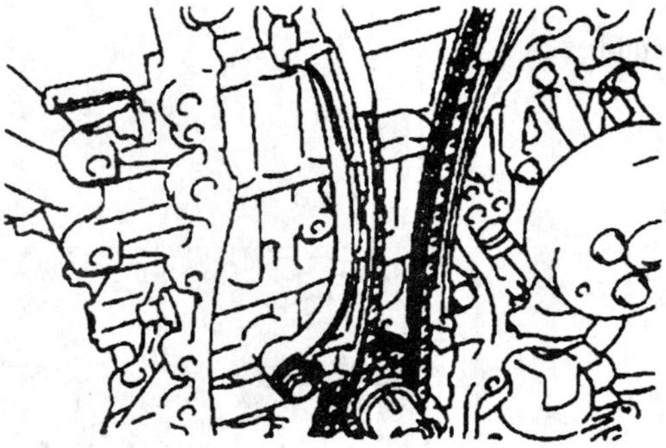

图 22-55　安装曲轴转角传感器板

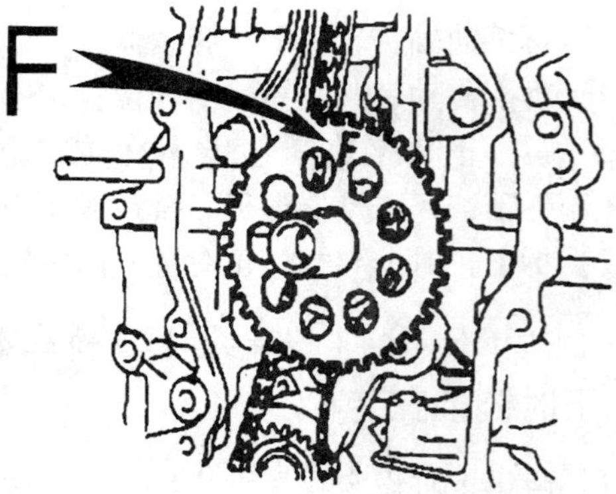

图 22-56　安装正时链张紧器

9）设定正时链条张紧度，逆时针转动曲轴，使柱塞定位销从挂钩上脱开，顺时针转动曲轴，使滑板被柱塞压住。

10）检查气门间隙。

11）安装气缸盖罩、动力转向泵、发电机和传动带。

第四节　RAV4 轿车

一、RAV4 轿车 2.0L 发动机正时链条部件识别

RAV4 轿车 2.0L 发动机正时链条部件识别见图 22-57。

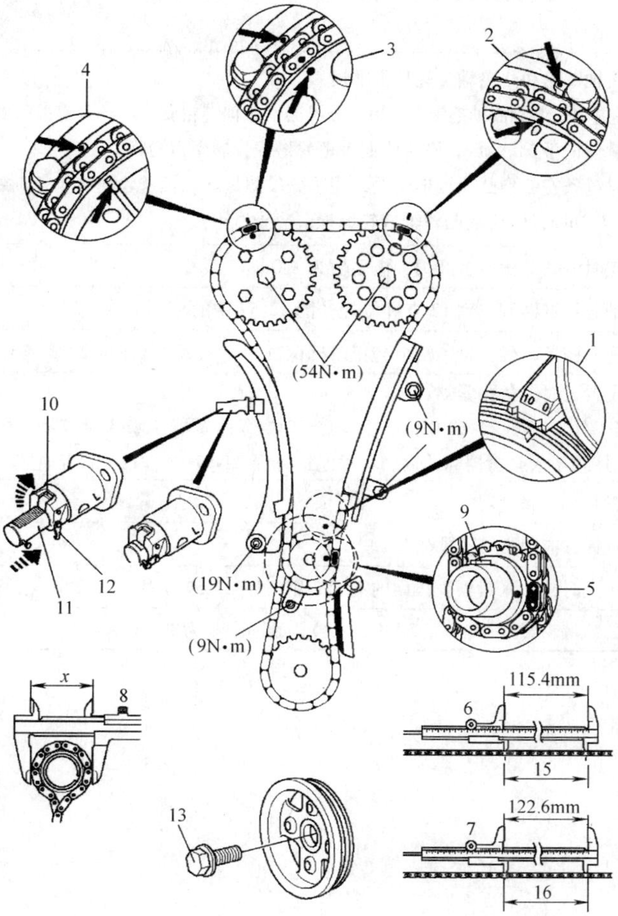

图 22-57　RAV4 轿车 2. 0L 发动机正时链条部件识别

二、RAV4 轿车 2. 0L 发动机正时链条校对操作要点

RAV4 轿车 2. 0L 发动机正时链条校对操作要点见表 22-3。

表 22-3　RAV4 轿车 2. 0L 发动机正时链条校对操作要点

步　骤	操 作 方 法
1	确保曲轴带轮上的正时标记与正时链条盖上的正时标记对齐（图 22-57 中的 1）
2	确保各个凸轮轴链轮上的正时标记对齐（图 22-57 中的 2、3 或 4）
3	确保曲轴链轮正时标记与正时链条的染色链节对齐（图 22-57 中的 5）
4	拆卸正时链条张紧器、正时链条张紧器滑轨和链条导向装置
5	将拆下的正时链条完全展开，测量正时链条 16 个链节之间的长度，如果测量值超过 122.6mm（图 22-57 中的 7），则说明正时链条磨损，应予以更换

（续）

步骤	操作方法
6	检查曲轴链轮和凸轮轴链轮是否磨损： 把正时链条安装到曲轴链轮上，用千分尺测量曲轴链轮套装上正时链条时的直径（图22-57中的x），如果测量值低于51.6mm，则说明曲轴链轮磨损，应予以更换。 把正时链条安装到凸轮轴链轮上，用千分尺测量凸轮轴链轮套装上正时链条时的直径，如果测量值低于97.3mm，则说明凸轮轴链轮磨损，应予以更换
7	检查正时链条导槽是否磨损，极限值为1.0mm
8	将曲轴链轮键槽调节到12点钟位置（图22-57中的9）
9	安装正时链条，确保染色链节与正时标记对齐（图22-57中的2、3或4、5）
10	重新设置正时链条张紧器： 1）压下棘爪（图22-57中的10），使正时链条张紧器柱塞（图22-57中的11）释放 2）把柱塞压入张紧器壳体内，用固定销（图22-57中的12）固定住
11	安装正时链条张紧器
12	沿逆时针方向微微转动曲轴
13	把插在正时链条张紧器壳体内的上固定销（图22-57中的12）取出
14	紧固曲轴带轮螺栓（图22-57中的13），紧固力矩为180N·m

第二十三章

ACURA（讴歌）车系

第一节 ACURA RL 轿车

一、ACURA RL 轿车 J35A8（3.5L V6）发动机正时带拆装

1. 正时带拆卸

1）拆卸右侧挡泥板。

2）转动曲轴，使白色标记 A 与指针 B 对齐（图 23-1）。

3）检查凸轮轴带轮上的 1 缸上止点标记 A 是否与正时带前罩上的指针 B 对齐（图 23-2）。

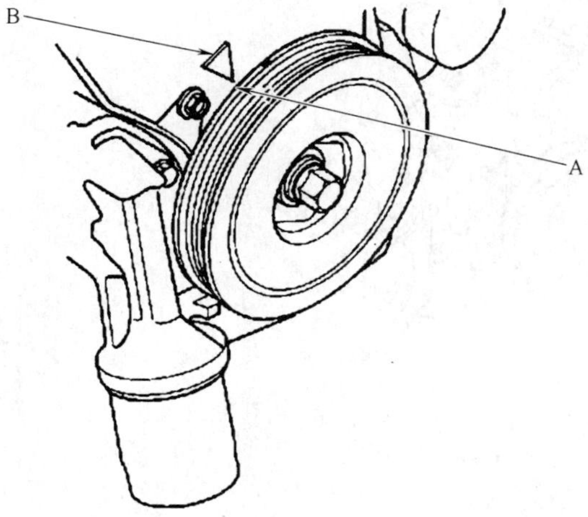

图 23-1 白色标记 A 与指针 B 对齐

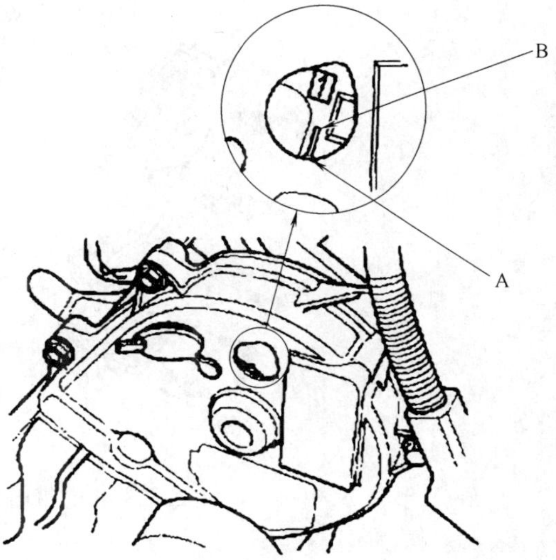

图 23-2 上止点标记 A 与指针 B 对齐

4）拆卸右前车轮。

5）拆卸挡泥板（图 23-3）。

6）拆卸传动带。

7）拆卸传动带自动张紧器。

8）在油底壳处垫上木块，然后用千斤顶把发动机撑起。

9）把接地线 A 从发动机支架 B 上拆下（图 23-4）。

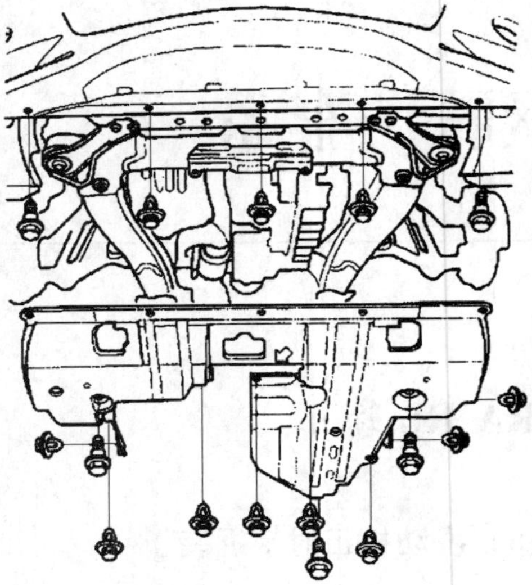

图 23-3　拆卸挡泥板

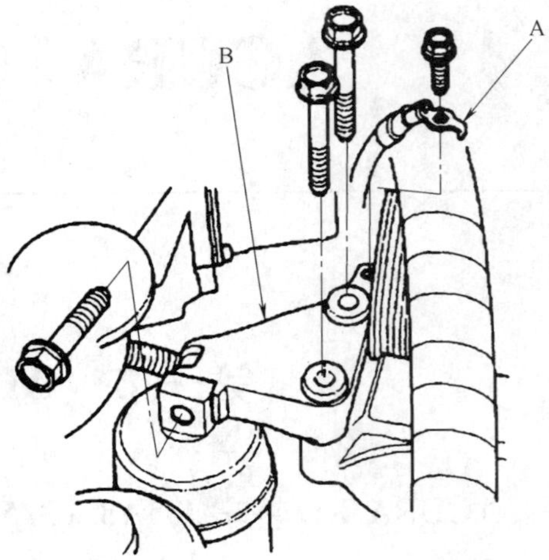

图 23-4　从发动机支架 B 上拆下接地线 A

10）拆卸正时带前部上盖 A 和后部上盖 B（图 23-5）。

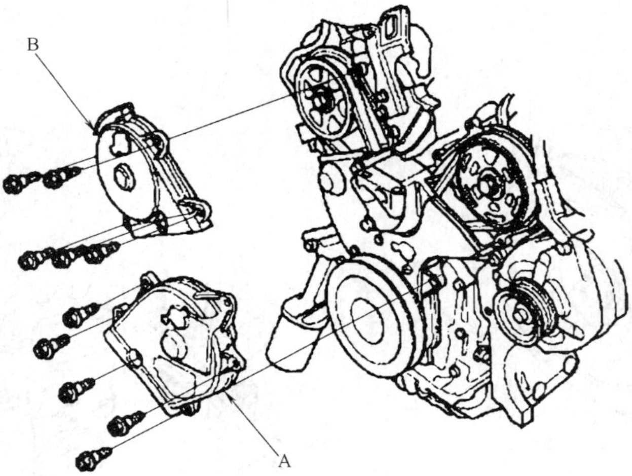

图 23-5　正时带前部上盖 A 和后部上盖 B

11）拆卸曲轴带轮。

12）拆卸下盖（图 23-6）。

13）按照图 23-7 所示，找一只从蓄电池支架上拆下的螺栓，把螺栓的一端打磨成尖头。

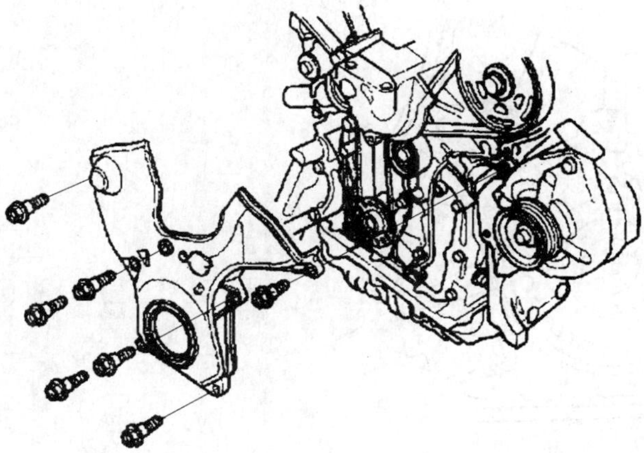

图 23-6 拆卸下盖

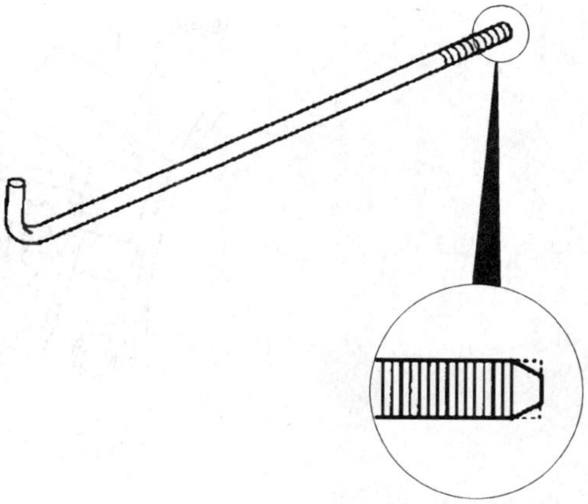

图 23-7 将螺栓打磨成尖头

14）按照图 23-8 所示，用打磨好的螺栓把正时带调节器固定好，并用手把螺栓拧紧。

15）按照图 23-9 所示，拆卸发动机支架。

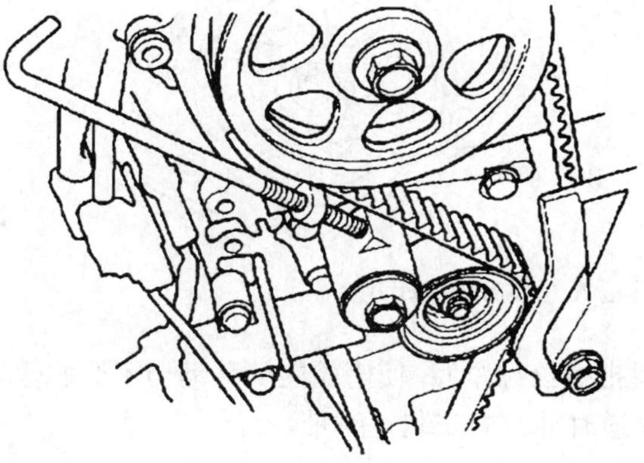

图 23-8 用螺栓固定正时带调节器

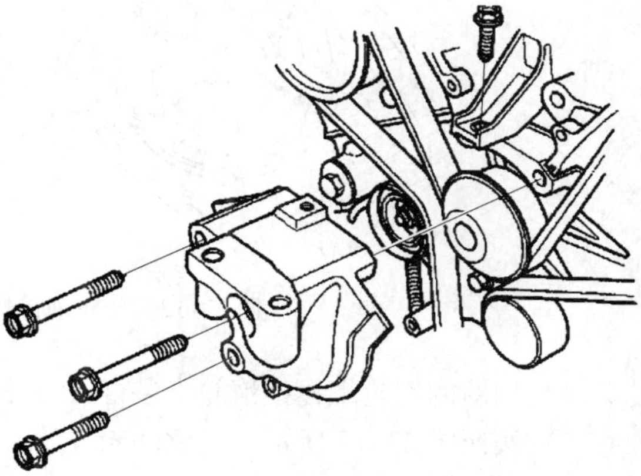

图 23-9 拆卸发动机支架

16）按照图 23-10 所示，拆卸惰轮螺栓 A 和惰轮 B，然后拆下正时带。惰轮螺栓是一次性使用的，因此拆下惰轮螺栓后即可废弃不用。

2. 正时带安装

1）把正时带轮、正时带导板以及正时带上盖和下盖擦拭干净。

2）按照图 23-11 所示，转动正时带驱动轮，使驱动轮上的标记 A 与机油盘上的指针 B 对齐。

3）按照图 23-12 所示，把凸轮轴带轮上的标记 A 对准后盖上的指针 B，使凸轮轴带轮设置到上止点位置。

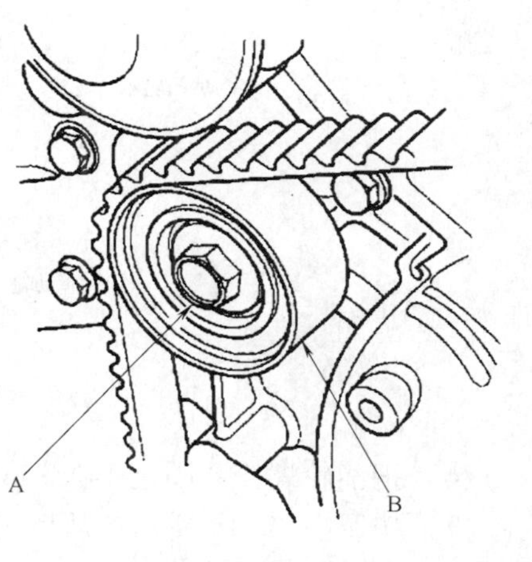

图 23-10 拆卸惰轮螺栓 A 和惰轮 B

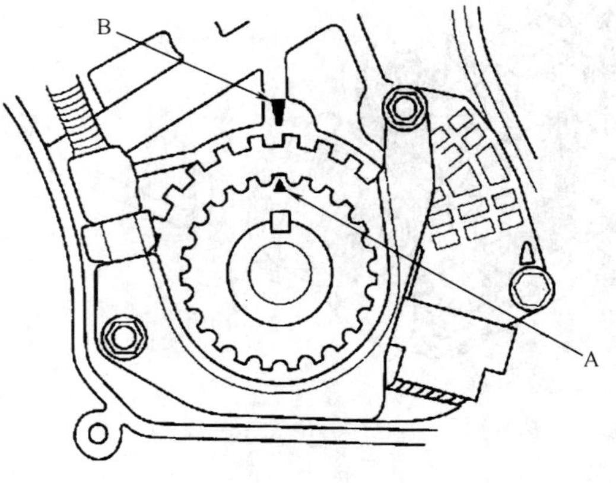

图 23-11　驱动轮标记 A 与指针 B 对齐

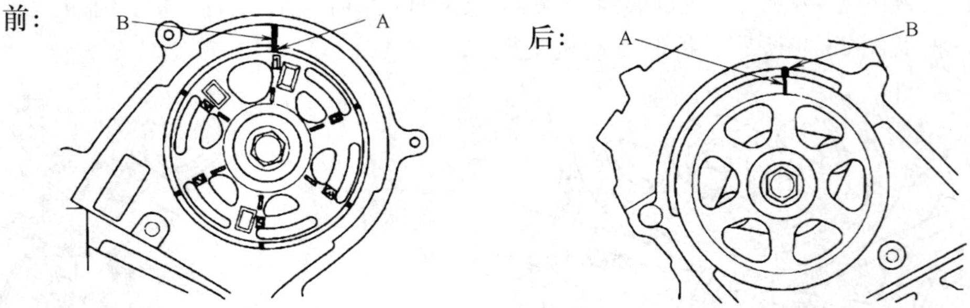

图 23-12　凸轮轴带轮标记 A 对准后盖指针 B

4）用新的惰轮螺栓把惰轮安装好（先不要把螺栓拧紧），使惰轮能够移动但不会脱落。

5）按照图 23-13 所示，从驱动轮开始，沿逆时针方向安装正时带。

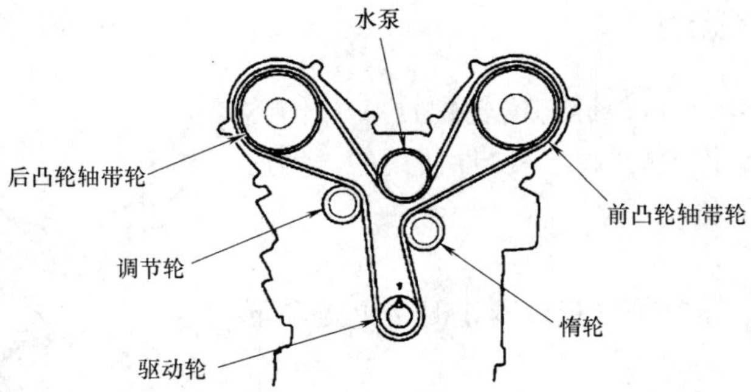

图 23-13　安装正时带

6）把惰轮螺栓紧固至 44N · m。

7）按照图 23-14 所示，从后盖上把固定正时带调节器的螺栓取下。

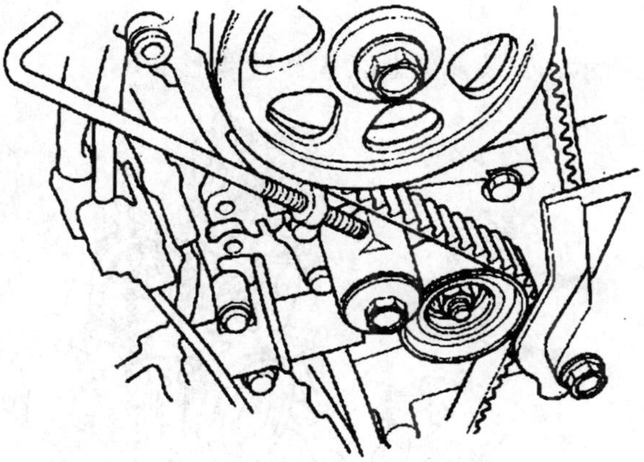

图 23-14　取下螺栓

8）按照图 23-15 所示，安装发动机支架螺栓。

9）按照图 23-16 所示，安装正时带导盘。

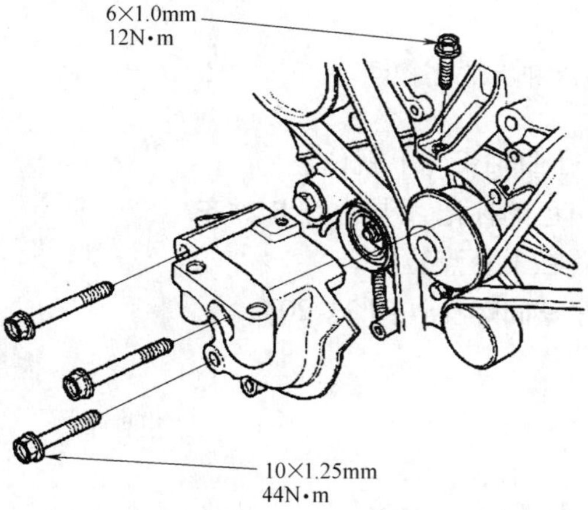

图 23-15　安装发动机支架螺栓

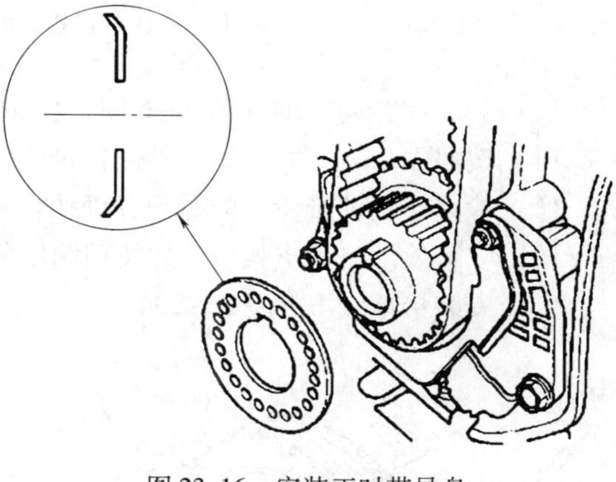

图 23-16　安装正时带导盘

10）按照图 23-17 所示，安装下盖。

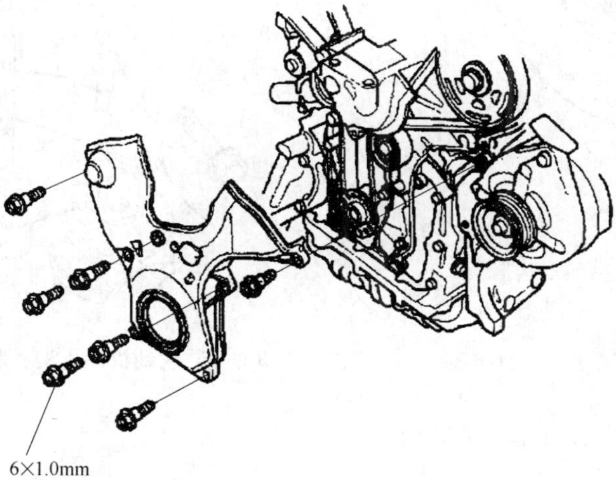

图 23-17　安装下盖

11）安装曲轴带轮。

12）按照图 23-18 所示，安装前部上盖 A 和后部上盖 B。

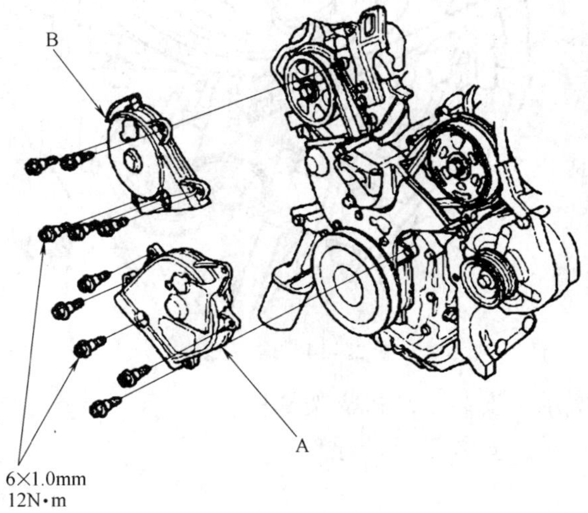

图 23-18 安装前部上盖 A 和后部上盖 B

13）顺时针转动曲轴带轮 5 ~6 圈，使正时带在曲轴带轮上就位。

14）按照图 23-19 所示，转动曲轴带轮，使白色的标记 A 与指针 B 对齐。

15）检查凸轮轴带轮上的标记，确认标记设置在上止点位置。

16）安装发动机侧支架 A，并按照图中的顺序紧固螺栓（图 23-20）。

17）安装接地线 B（图 23-20）。

图 23-19 白色标记 A 与指针 B 对齐

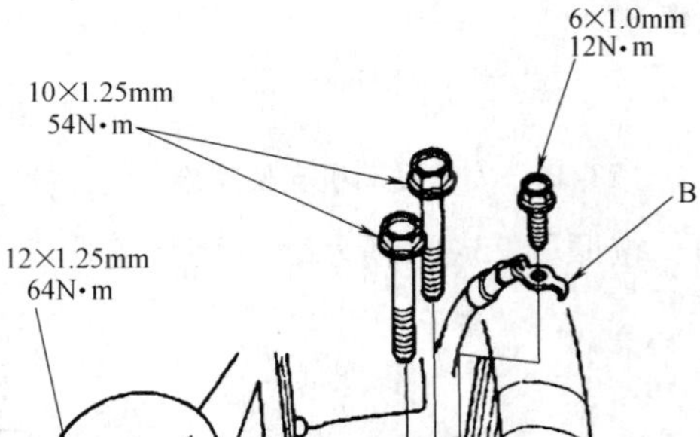

图 23-20 安装发动机侧支架，紧固螺栓并安装接地线

18）安装发动机传动带自动张紧器。

19）安装发动机传动带。

20）安装挡泥板。

21）安装右前车轮。

22）执行曲轴位置学习程序。

二、ACURA RL 轿车 J37A2 发动机（3.7L V6）正时带拆装

1. 正时带拆卸

1）转动曲轴，使白色标记 A 与指针 B 对齐（图 23-21）。

2）检查凸轮轴带轮上的 1 缸上止点标记 A 是否与正时带前罩上的指针 B 对齐（图 23-22）。

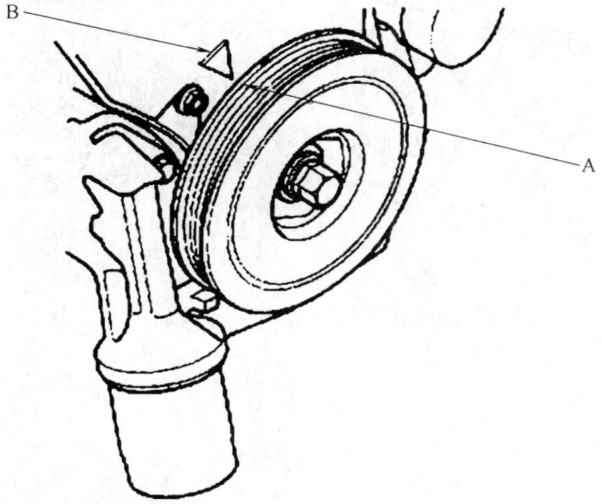

图 23-21　白色标记 A 与指针 B 对齐

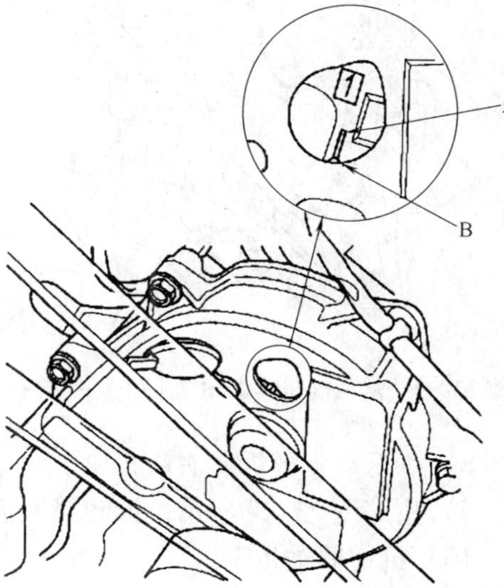

图 23-22　上止点标记 A 与指针 B 对齐

3）按照图 23-23 所示，记清发动机传动带盘绕路径。

4）按照图 23-24 所示，拆卸发动机传动带和传动带自动张紧器。

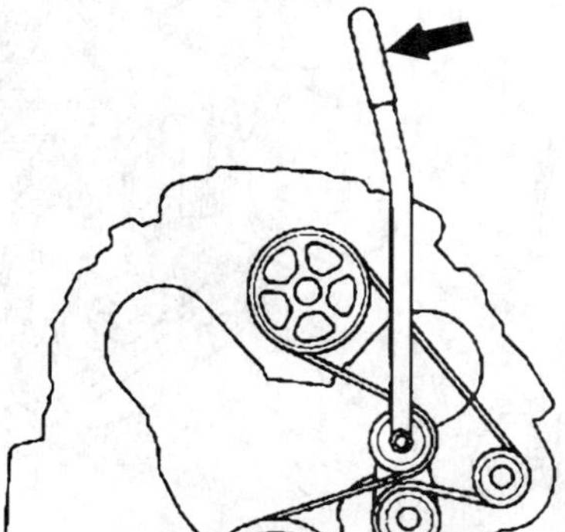

图 23-23　发动机传动带盘绕路径

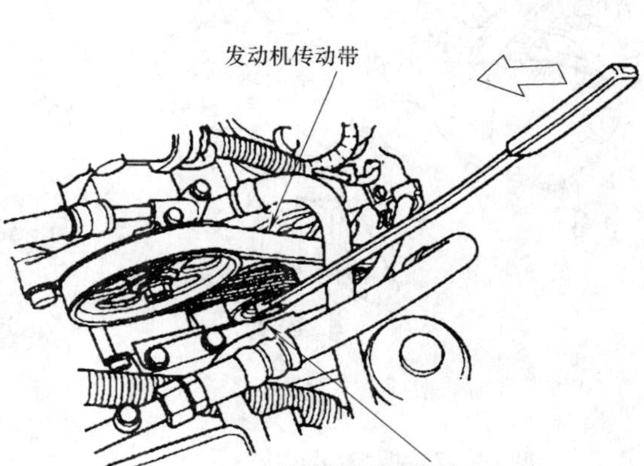

图 23-24　拆卸发动机传动带和自动张紧器

5）为便于拆卸发动机侧支架，可在油底壳处垫上木块，然后用千斤顶把发动机撑起。

6）把接地线 A 从发动机支架 B 上拆下（图 23-25）。

7）拆卸正时带前部上盖 A 和后部上盖 B（图 23-26）。

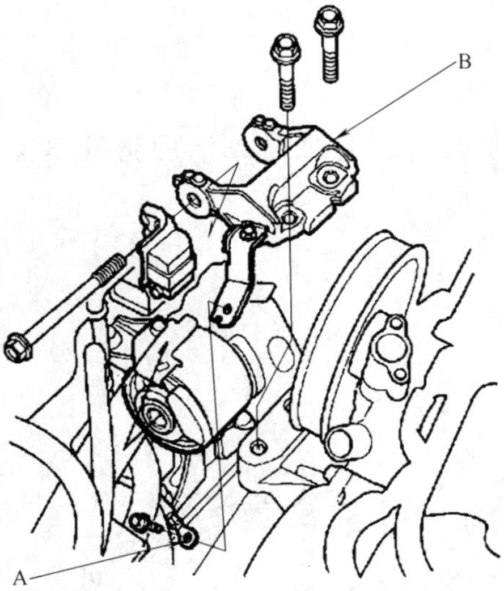

图 23-25　从发动机支架 B 上拆下接地线 A

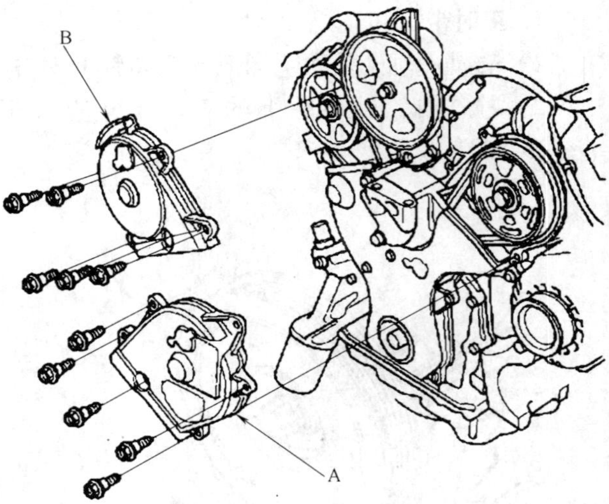

图 23-26　正时带前部上盖 A 和后部上盖 B

8）举升车辆，拆卸右前车轮。

9）按照图 23-27 所示，拆卸挡泥板。

10）拆卸曲轴带轮。

11）拆卸下盖（图 23-28）。

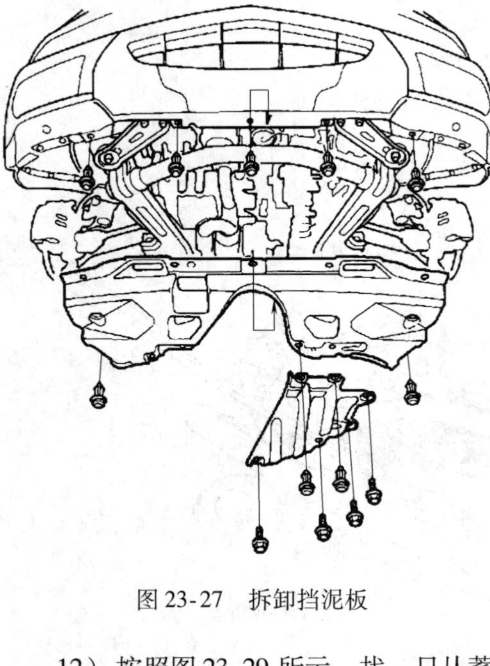

图 23-27　拆卸挡泥板

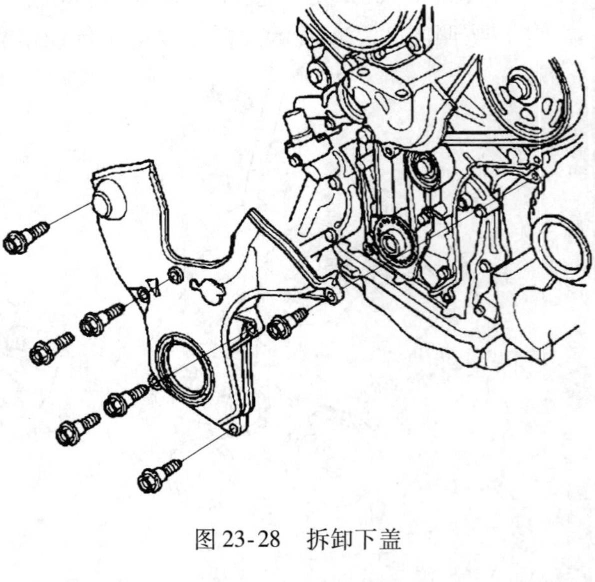

图 23-28　拆卸下盖

12）按照图 23-29 所示，找一只从蓄电池支架上拆下的螺栓，把螺栓的一端打磨成尖头。

13）按照图23-30所示，用打磨好的螺栓把正时带调节器固定好，并用手把螺栓拧紧。

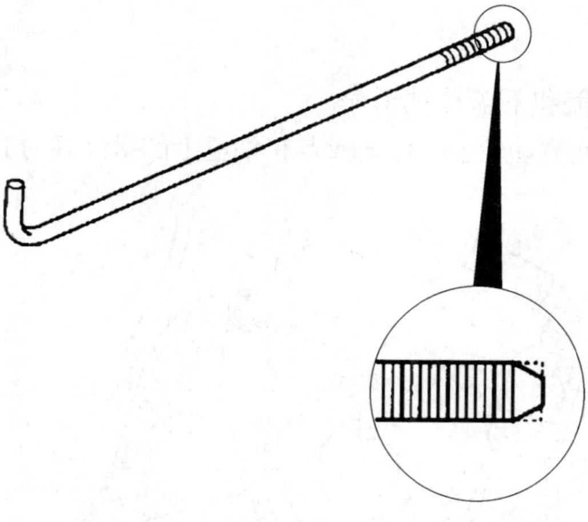

图23-29 将螺栓的一端打磨成尖头

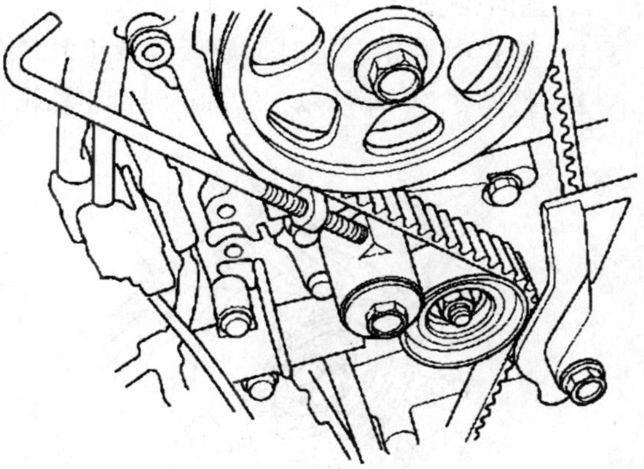

图23-30 用螺栓固定正时带调节器

14）按照图23-31所示，拆卸正时带导板。

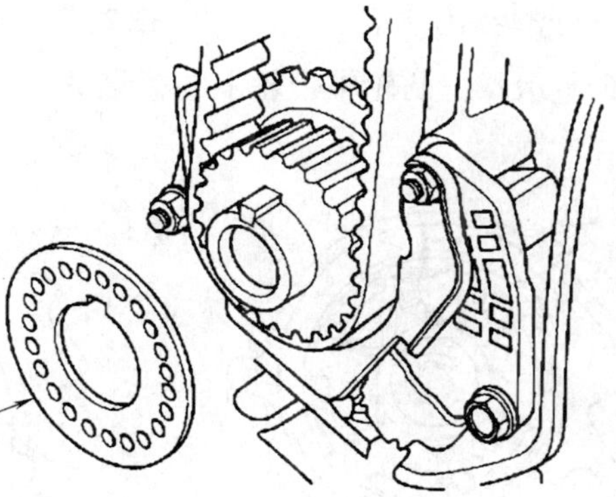

图23-31 拆卸正时带导板

15）按照图23-32所示，拆卸发动机侧面安装支架的下半部分。

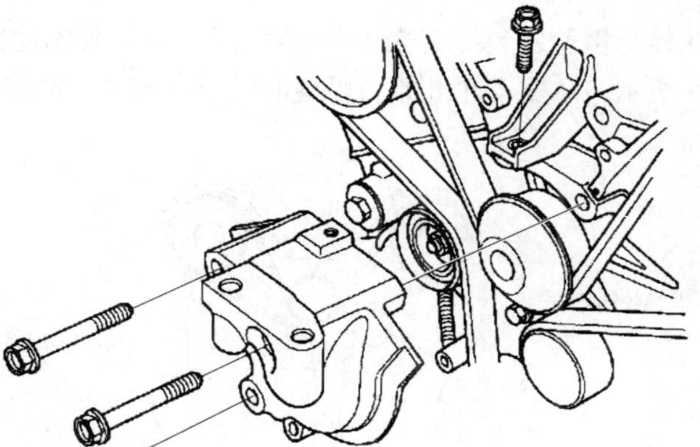

图23-32 拆卸发动机侧面安装支架的下半部分

16）按照图 23-33 所示，拆卸惰轮螺栓和惰轮，然后拆下正时带。惰轮螺栓是一次性使用的，因此拆下惰轮螺栓后即可废弃不用。

2. 正时带安装

1）把正时带轮、正时带导板以及正时带上盖和下盖擦拭干净。

2）按照图 23-34 所示，转动正时带驱动轮，使驱动轮上的标记 A 与机油盘上的指针 B 对齐。

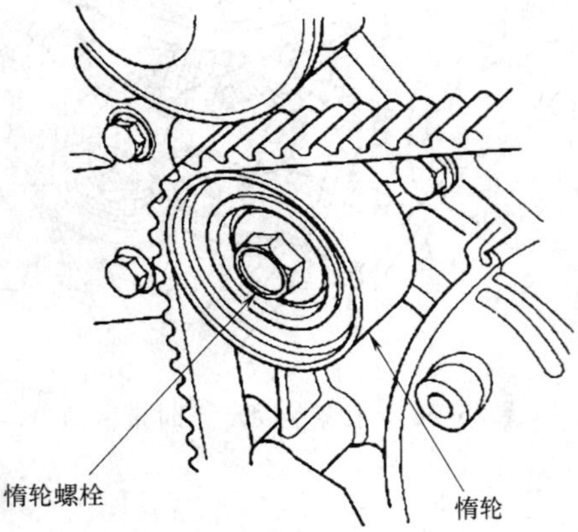

图 23-33　拆卸惰轮螺栓和惰轮

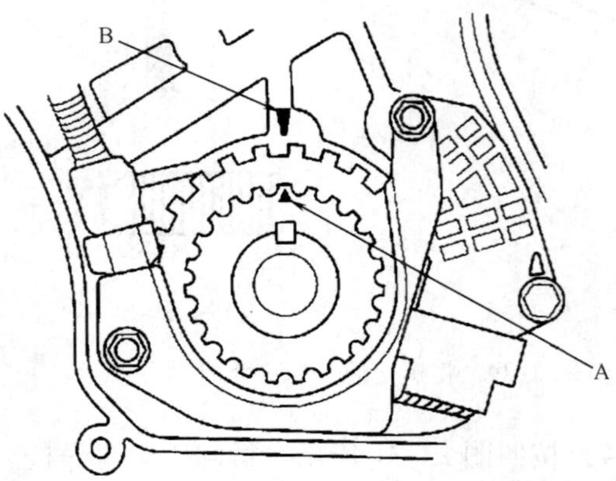

图 23-34　驱动轮标记 A 与指针 B 对齐

3）按照图 23-35 所示，把凸轮轴带轮上的标记 A 对准后盖上的指针 B，使凸轮轴带轮设置到上止点位置。

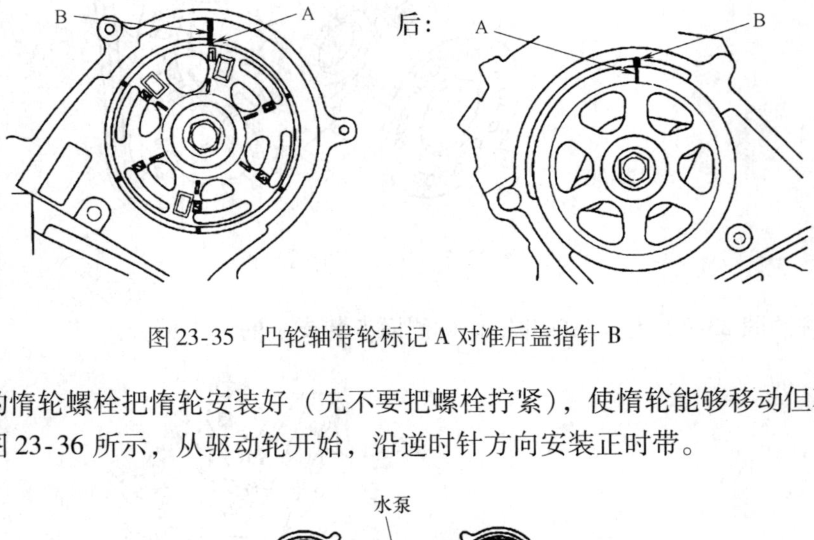

图 23-35　凸轮轴带轮标记 A 对准后盖指针 B

4）用新的惰轮螺栓把惰轮安装好（先不要把螺栓拧紧），使惰轮能够移动但不会脱落。

5）按照图 23-36 所示，从驱动轮开始，沿逆时针方向安装正时带。

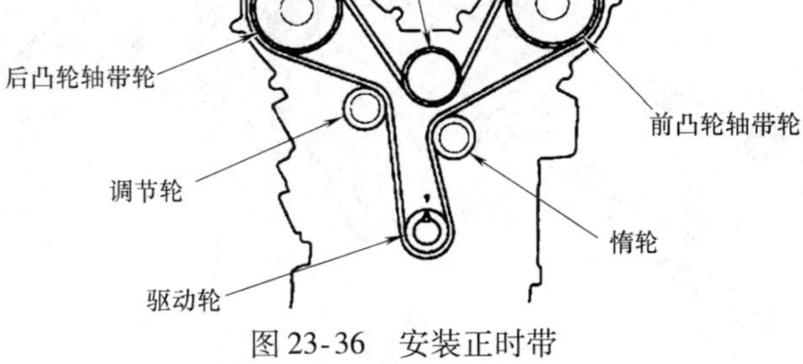

图 23-36　安装正时带

6）按照图 23-37 所示，把惰轮螺栓紧固至 45N·m。

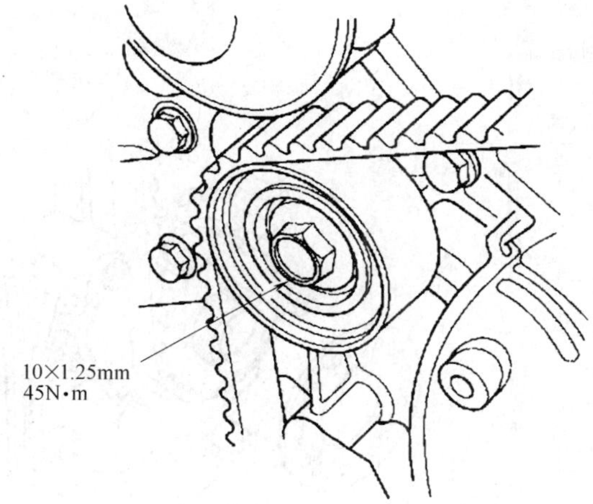

图 23-37　紧固惰轮螺栓

7）按照图 23-38 所示，从后盖上把固定正时带调节器的螺栓取下。

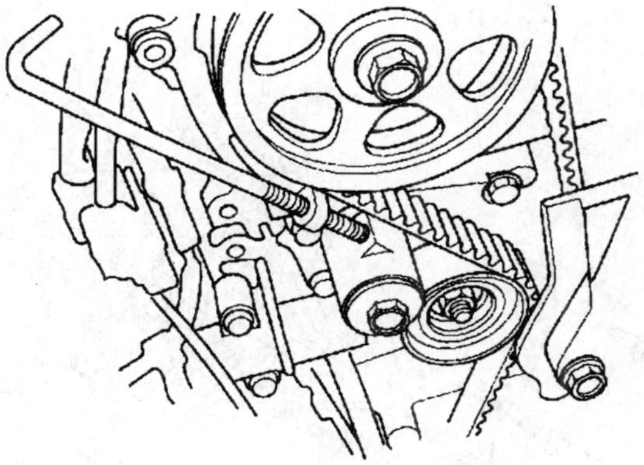

图 23-38　取下螺栓

8）按照图 23-39 所示，安装发动机侧支架下半部分。

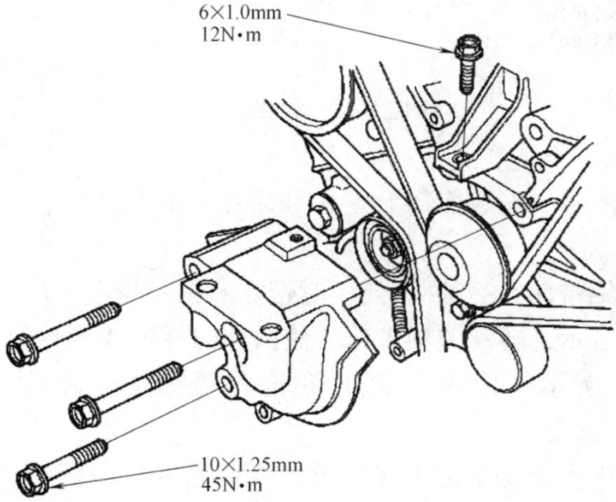

图 23-39　安装发动机侧支架下半部分

9）按照图 23-40 所示，安装正时带导盘。

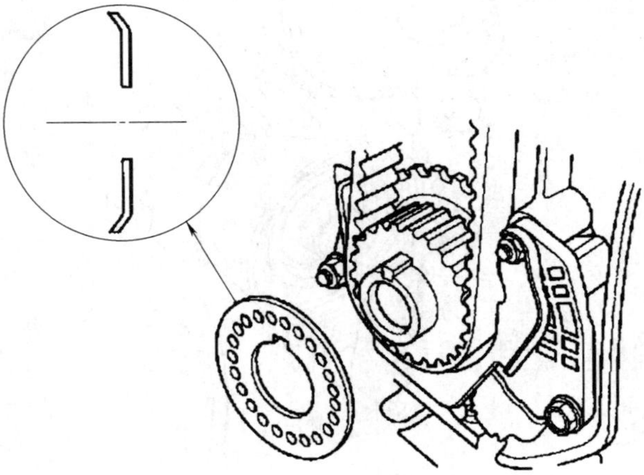

图 23-40　安装正时带导盘

10）按照图 23-41 所示，安装下盖。

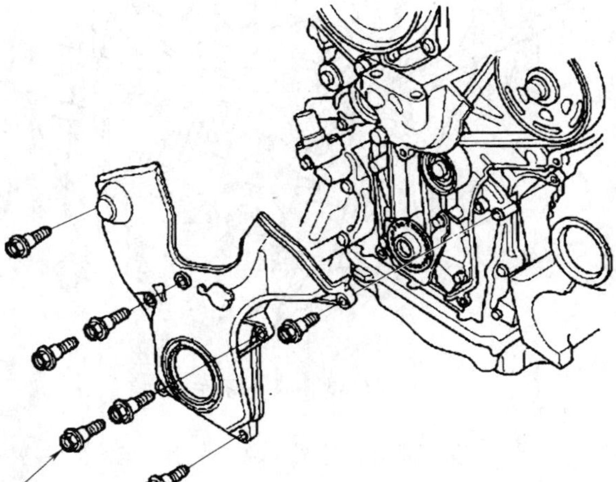

图 23-41　安装下盖

11）按照图 23-42 所示，安装前部上盖 A 和后部上盖 B。

12）安装曲轴带轮。

13）顺时针转动曲轴带轮 5 ~6 圈，使正时带在曲轴带轮上就位。

14）按照图 23-43 所示，转动曲轴带轮，使白色的标记 A 与指针 B 对齐。

15）按照图 23-44 所示，检查凸轮轴带轮上的标记，确认标记已设置在上止点位置。

16）安装发动机侧面安装支架的上半部分，换装新的安装螺栓 A 并紧固，然后再紧固阻尼器的安装螺栓 B（图 23-45）。

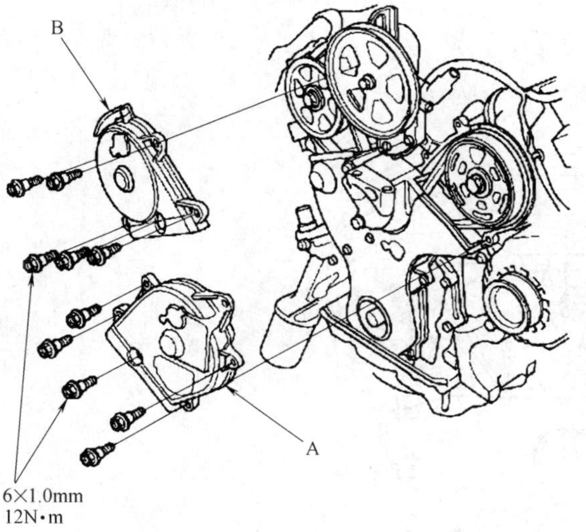

图 23-42 安装前部上盖 A 和后部上盖 B

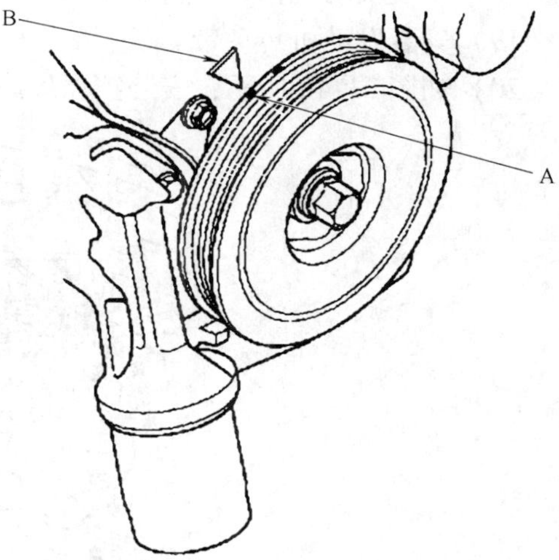

图 23-43 白色标记 A 与指针 B 对齐

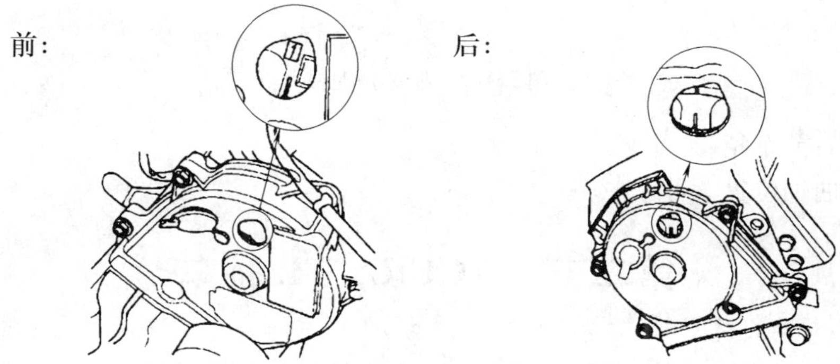

图 23-44 检查凸轮轴带轮标记

17）安装接地线 C（图 23-45）。

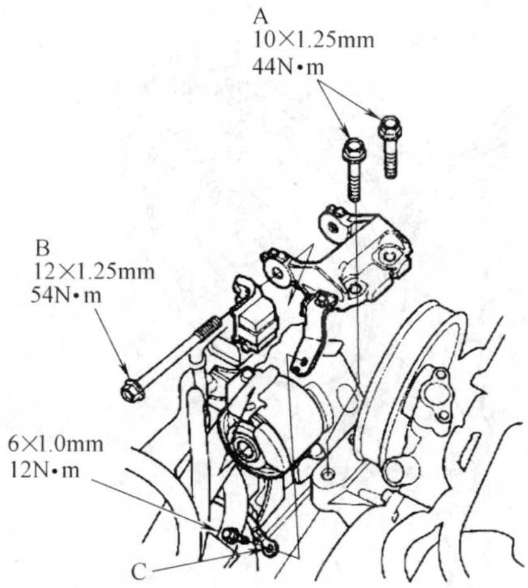

图23-45 安装发动机侧面安装支架，紧固螺栓并安装接地线

18）安装发动机传动带自动张紧器。

19）安装发动机传动带。

20）如图 23-46 所示，安装挡泥板。

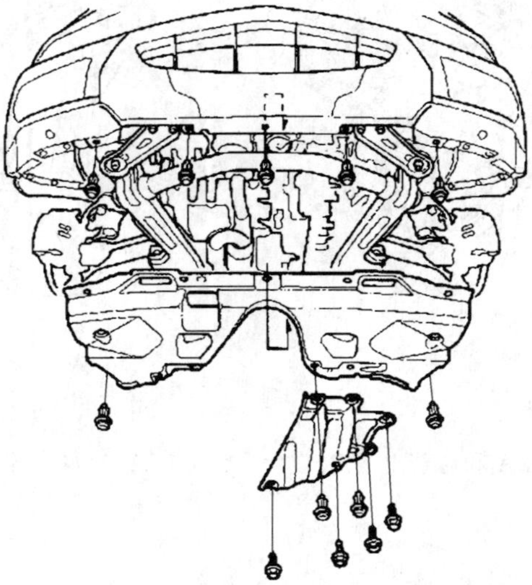

图 23-46　安装挡泥板

21）安装右前车轮。

22）执行曲轴位置学习程序。

第二节　ACURA TL 轿车

一、ACURA TL 轿车 J32A3（3.2L V6）发动机正时带拆装

1. 正时带拆卸

1）拆下右侧发动机盖罩。

2）转动曲轴，使曲轴带轮上的白色标记 A 与指针 B 对准（图 23-47）。

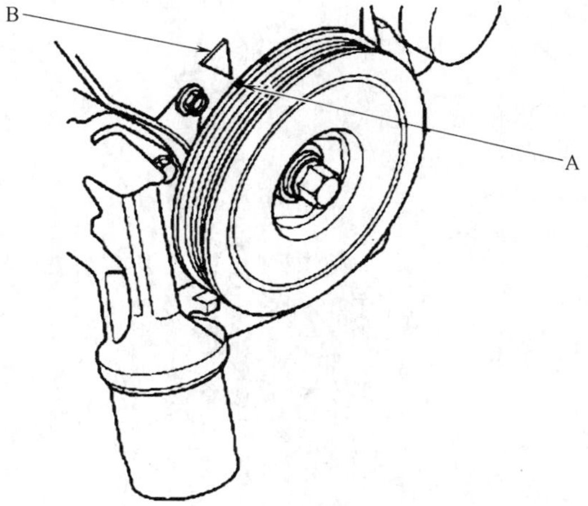

图 23-47　曲轴带轮上的白色标记 A 与指针 B 对准

3）检查凸轮轴带轮上的1缸上止点标记A是否与正时带前罩上的指针B对齐（图23-48）。如果标记没有对齐，则将曲轴转动360°，重新检查凸轮轴带轮上的标记。

4）拆卸右前车轮。

5）如图23-49所示，拆卸挡泥板。

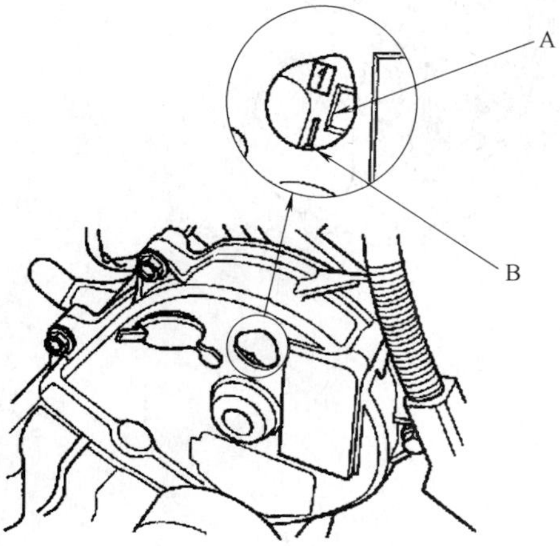

图23-48 上止点标记A与指针B对齐

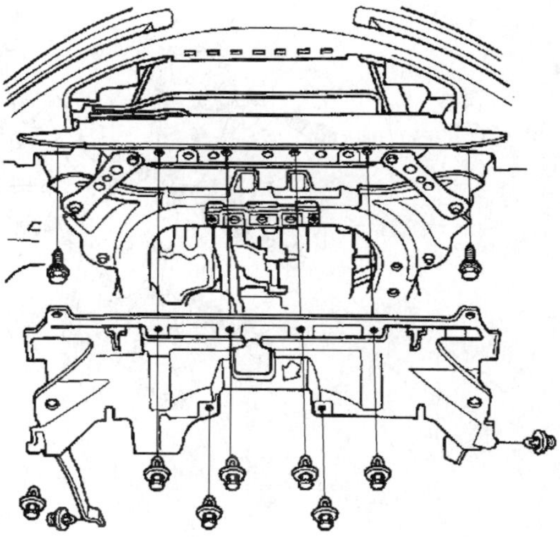

图23-49 拆卸挡泥板

6）拆卸发动机传动带。

7）在油底壳下方垫上木块，用千斤顶支撑发动机。

8）如图23-50所示，拆下接地线束A，然后拆下发动机侧面安装支架B的上半部分。

9）拆卸曲轴带轮。

10）如图23-51所示，拆卸正时带前部上盖A和后部上盖B。

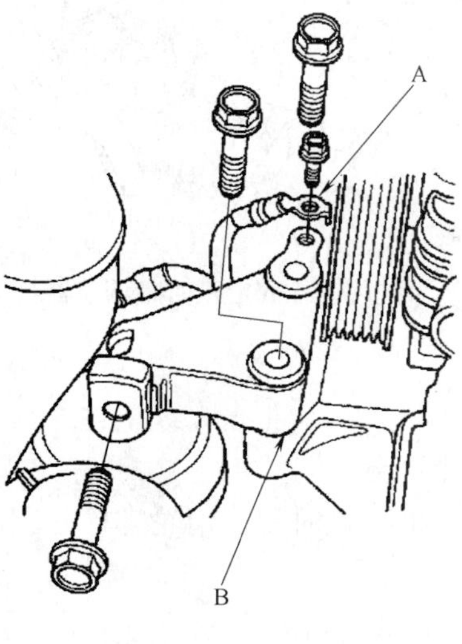

图23-50 拆卸接地线束A和发动机侧面安装支架B上半部分

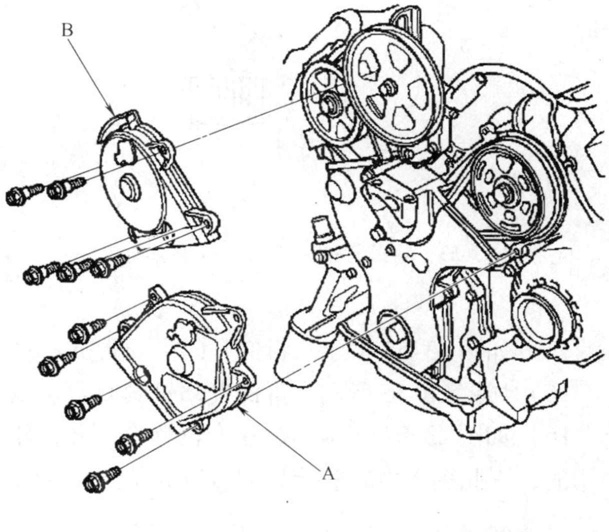

图23-51 正时带前部上盖A和后部上盖B

11）如图23-52所示，拆卸下盖。

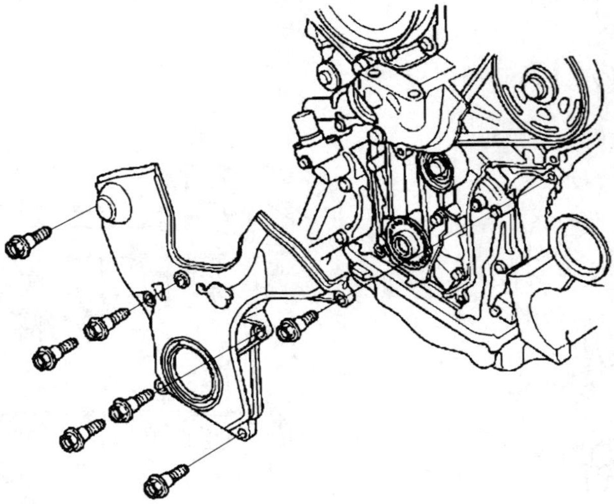

图23-52　拆卸下盖

12）按照图23-53所示，找一只从蓄电池支架上拆下的螺栓，把螺栓的一端打磨成尖头。

13）按照图23-54所示，用打磨好的螺栓把正时带调节器固定好，并用手把螺栓拧紧。

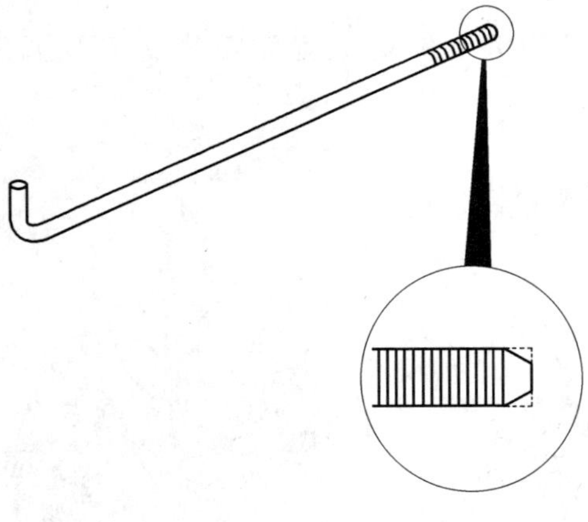

图23-53　将螺栓的一端打磨成尖头

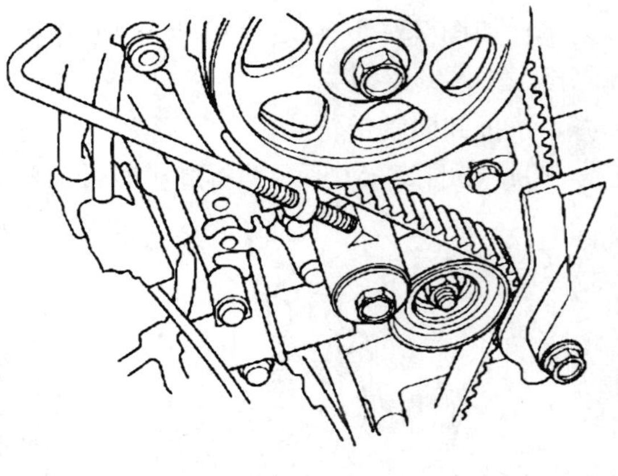

图23-54　用螺栓固定正时带调节器

14）如图23-55所示，拆卸正时带导板A。

15）如图23-56所示，拆卸发动机侧面安装支架的下半部分。

16）如图23-57所示，拆卸惰轮螺栓A和惰轮B，然后拆下正时带。惰轮螺栓是一次性使用的，因此拆下惰轮螺栓后即可废弃不用。

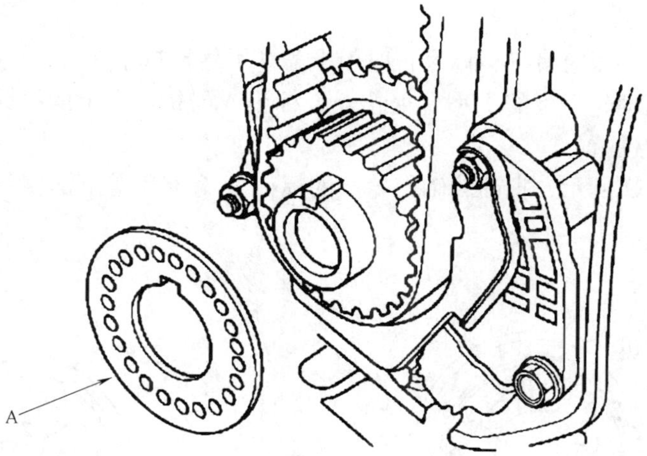

图 23-55 拆卸正时带导板 A

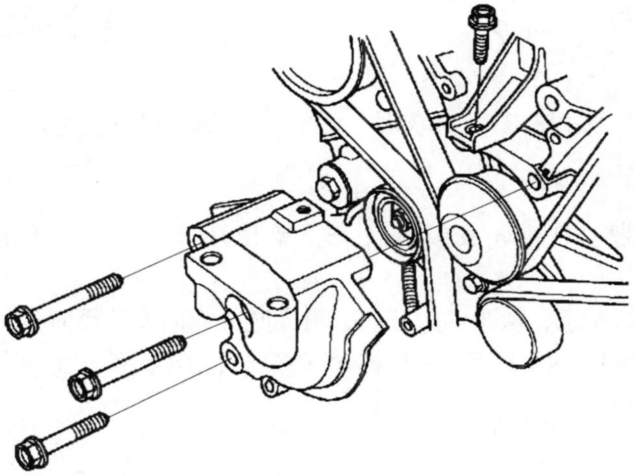

图 23-56 拆卸发动机侧面安装支架的下半部分

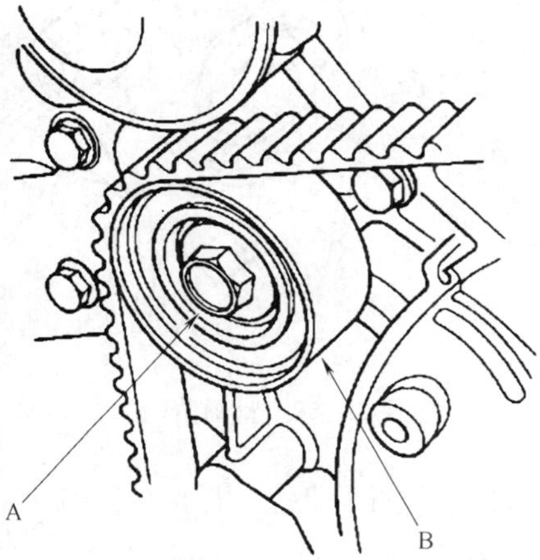

图 23-57 拆卸惰轮螺栓 A 和惰轮 B

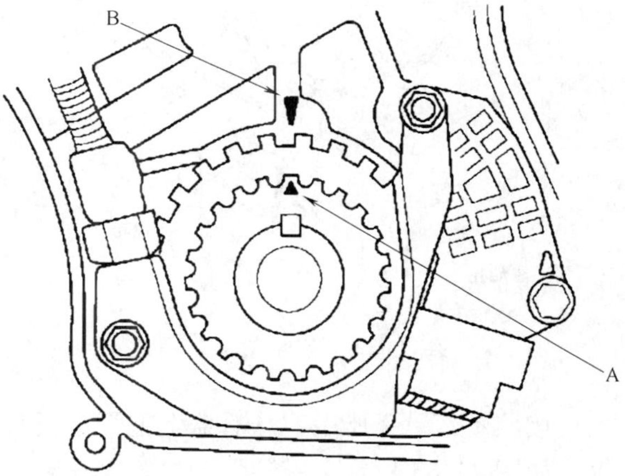

图 23-58 上止点标记 A 与机油泵上的指针 B 对齐

2. 正时带安装

1）把正时带轮、正时带导板以及正时带上盖和下盖擦拭干净。

2）将正时带驱动轮齿上的TDC（上止点）标记A与机油泵上的指针B对齐，使正时带驱动轮设置到上止点位置。

3）按照图23-59所示，把凸轮轴带轮上的标记A对准后盖上的指针B，使凸轮轴带轮设置到上止点位置。

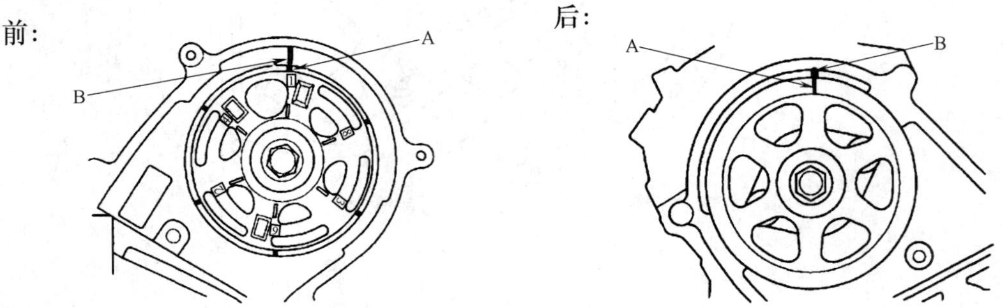

图23-59　凸轮轴带轮标记A对准后盖指针B

4）用新的惰轮螺栓把惰轮安装好（先不要把螺栓拧紧），使惰轮能够移动但不会脱落。

5）按照图23-60所示，从驱动轮开始，沿逆时针方向安装正时带。

6）如图23-61所示，换用新的惰轮螺栓，并把惰轮螺栓紧固至44N·m。

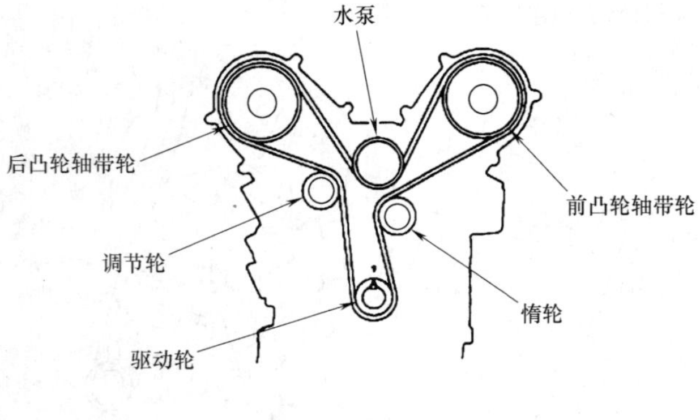

图23-60　安装正时带

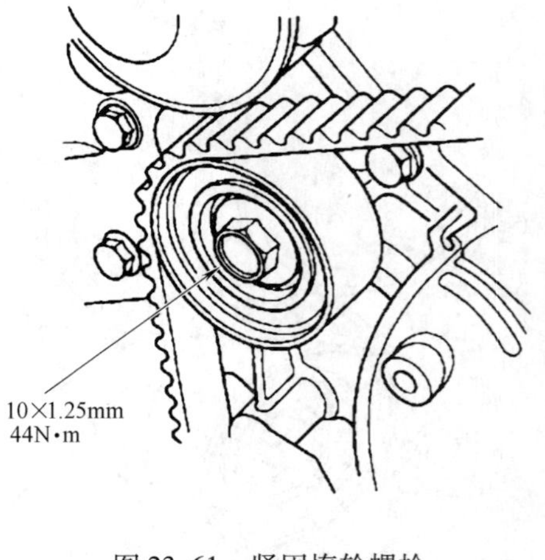

图23-61　紧固惰轮螺栓

7）按照图23-62所示，从后盖上把固定正时带调节器的螺栓取下。

8）如图23-63所示，安装发动机侧面安装支架的下半部分。

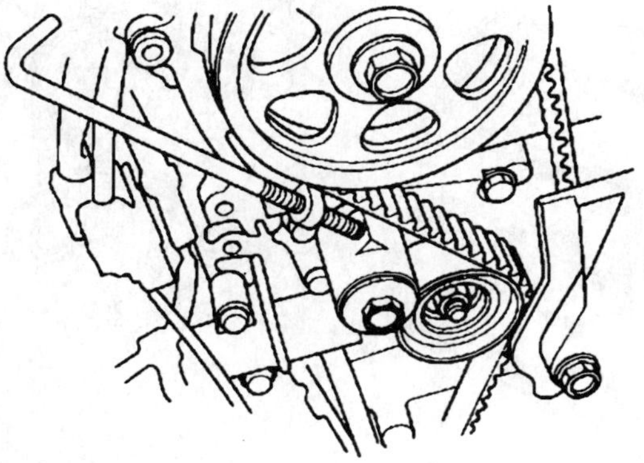

图 23-62 取下螺栓

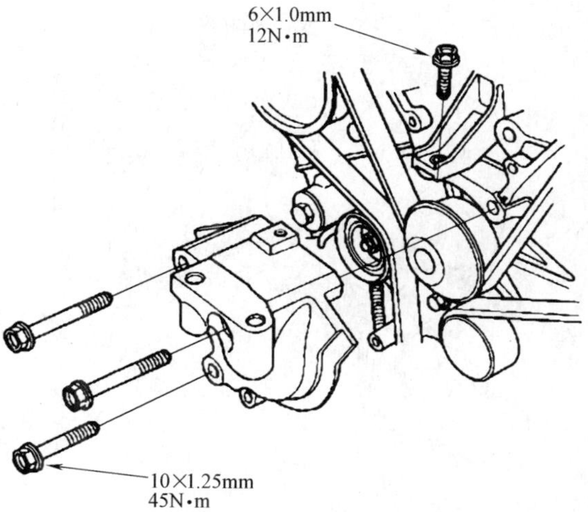

图 23-63 安装发动机侧面安装支架的下半部分

9）如图 23-64 所示，安装正时带导板。

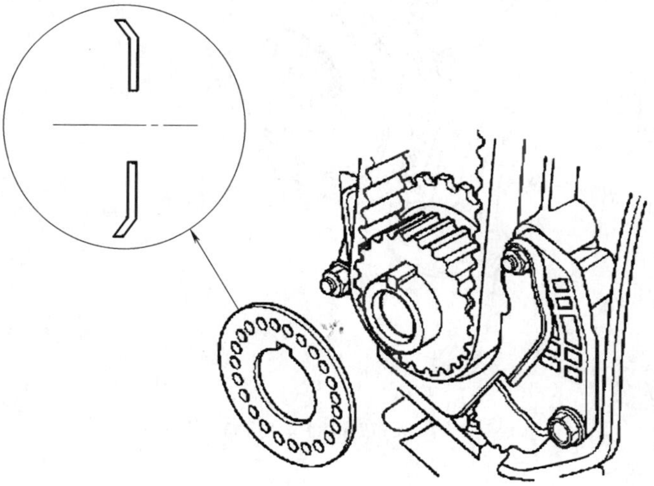

图 23-64 安装正时带导板

10）如图 23-65 所示，安装下盖。

11）按照图 23-66 所示，安装前部上盖 A 和后部上盖 B。

12）安装曲轴带轮。

13）顺时针转动曲轴带轮 5 ~6 圈，使正时带在曲轴带轮上就位。

14）按照图 23-67 所示，转动曲轴带轮，使白色的标记 A 与指针 B 对齐。

15）如图 23-68 所示，检查凸轮轴带轮上的标记，确认标记设置在上止点位置。

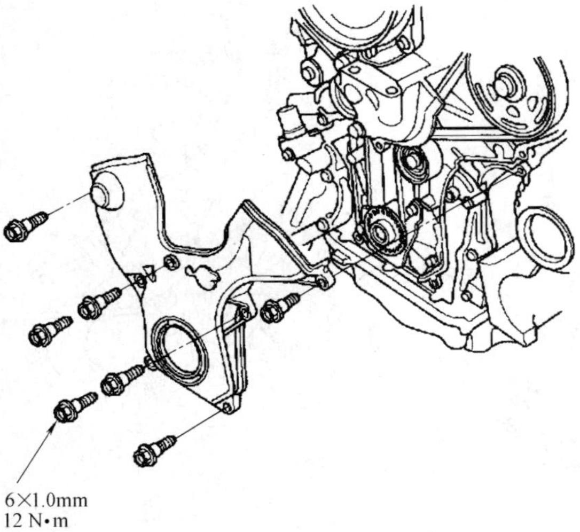

图 23-65　安装下盖

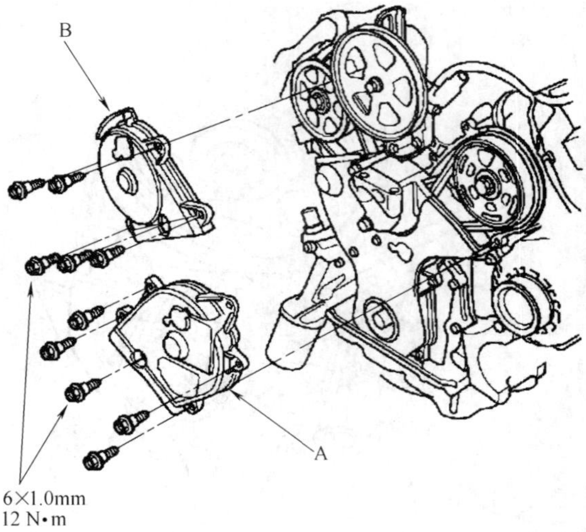

图 23-66　安装前部上盖 A 和后部上盖 B

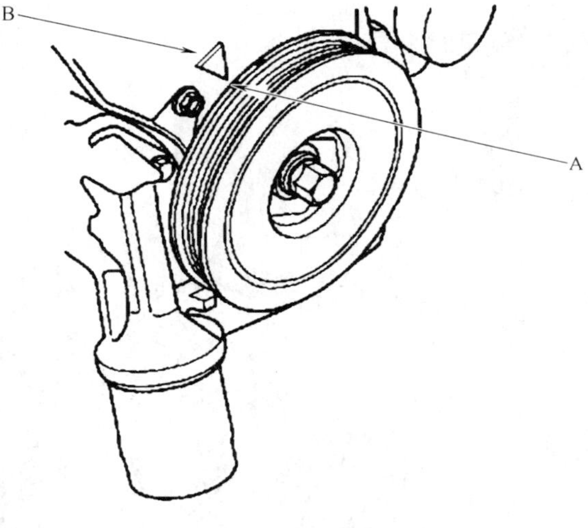

图 23-67　白色标记 A 与指针 B 对齐

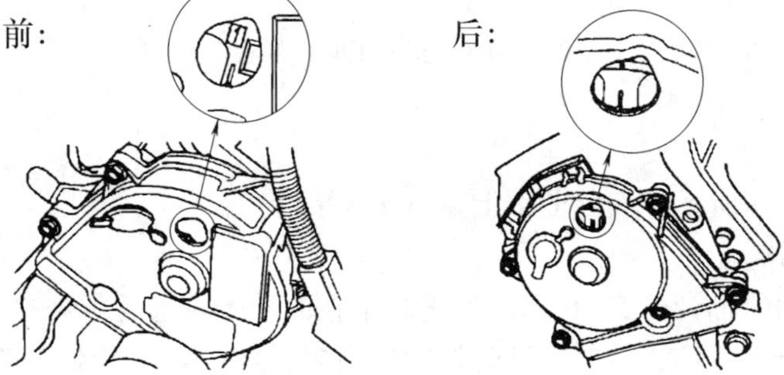

图 23-68　检查凸轮轴带轮上的标记

16）安装发动机侧支架 A 的上半部分，并按照图中的顺序紧固螺栓（图 23-69）。

17）如图 23-69 所示，安装接地线束 B。

18）如图 23-70 所示，安装发动机传动带。

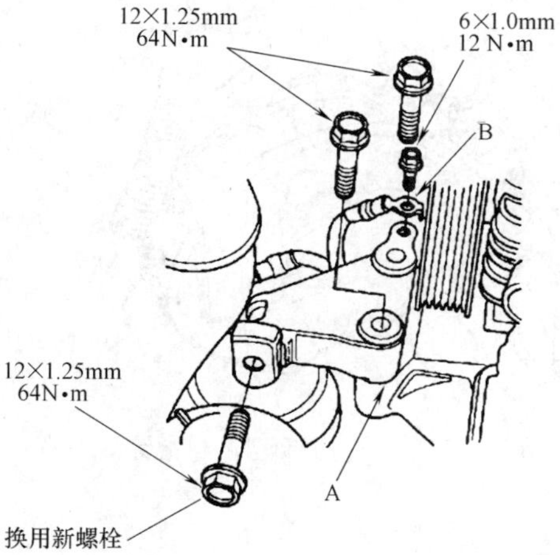

图 23-69 紧固螺栓

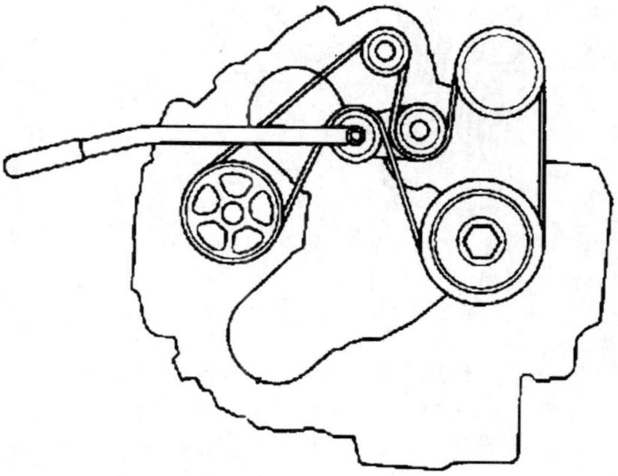

图 23-70 安装发动机传动带

19）安装挡泥板。

20）安装右前车轮。

21）执行曲轴位置学习程序。

二、ACURA TL 轿车 J35A8（3.5L V6）发动机正时带拆装

参见第一节 ACURA RL 轿车 J35A8 发动机正时带拆装程序。

三、ACURA TL 轿车 J37A2 发动机（3.7L V6）正时带拆装

参见第一节 ACURA RL 轿车 J37A2 发动机（3.7L V6）正时带拆装程序。

第三节 ACURA MDX 轿车

一、ACURA MDX 轿车 J35A5 发动机正时带拆装

1. 正时带拆卸

1）转动曲轴，使白色标记 A 对准指针 B，如图 23-71 所示。

2）检查前凸轮轴带轮上的 1 缸上止点标记 A 是否与正时带前罩上的指针 B 对齐（图 23-72）。

3）拆卸右前车轮。

4）拆卸挡泥板（图 23-73）。

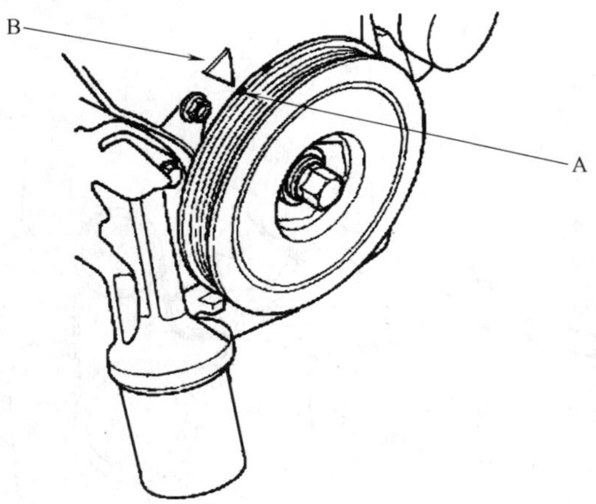

图 23-71　白色标记 A 对准指针 B

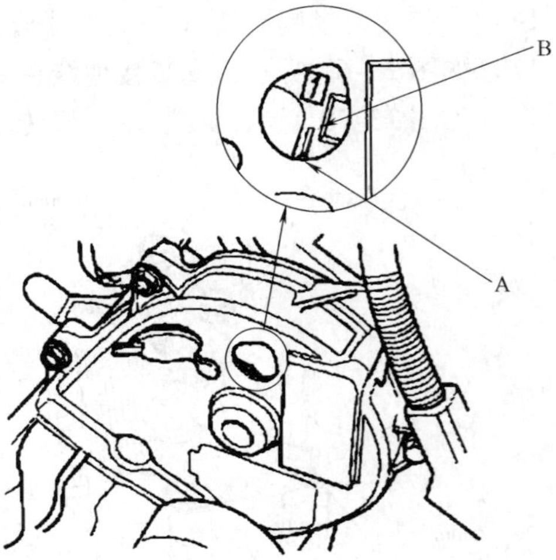

图 23-72　上止点标记 A 与指针 B 对齐

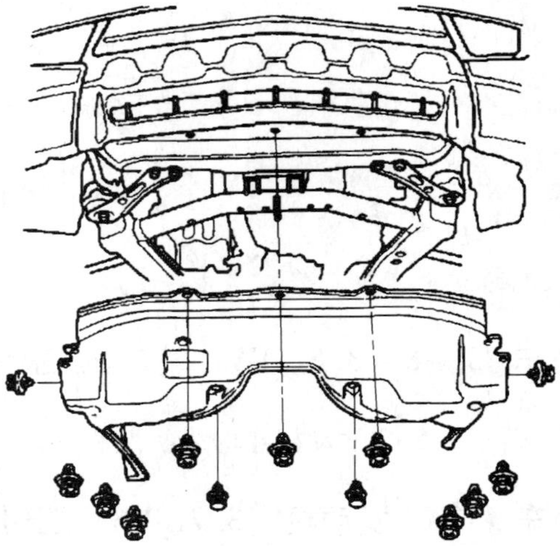

图 23-73　拆卸挡泥板

5）如图 23-74 所示，拆卸发动机传动带。

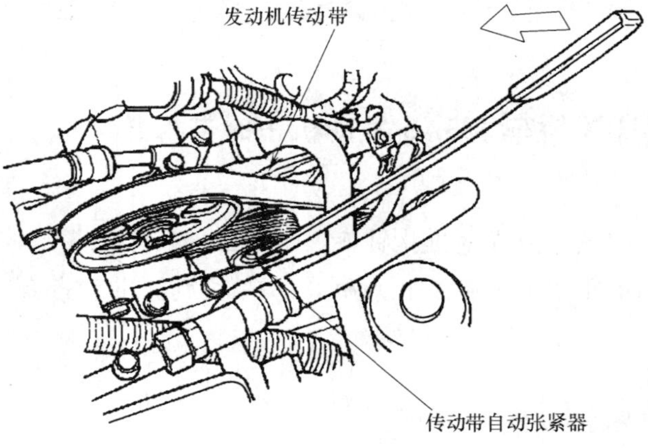

图 23-74　拆卸发动机传动带

6）在油底壳处垫上木块，然后用千斤顶把发动机撑起。

7）如图 23-75 所示，拆下发动机侧面安装支架的上半部分。

8）拆卸曲轴带轮。

9）如图 23-76 所示，拆卸正时带前部上盖 A 和后部上盖 B。

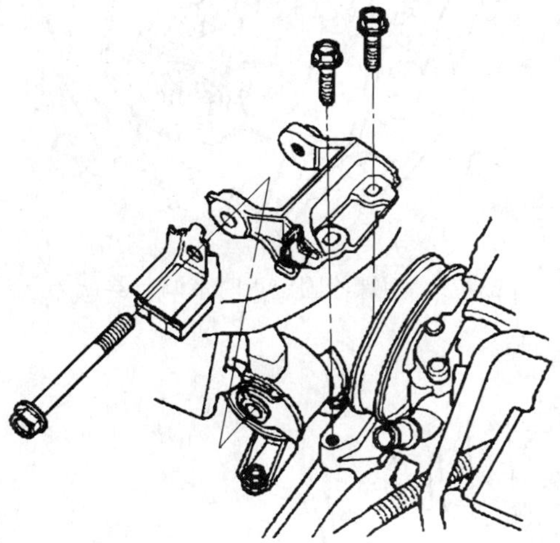

图 23-75 拆卸发动机侧面安装支架上半部分

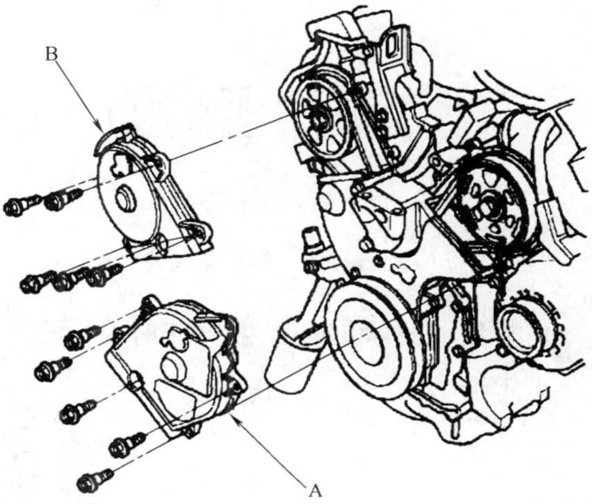

图 23-76 正时带前部上盖 A 和后部上盖 B

10）如图 23-77 所示，拆卸下盖。

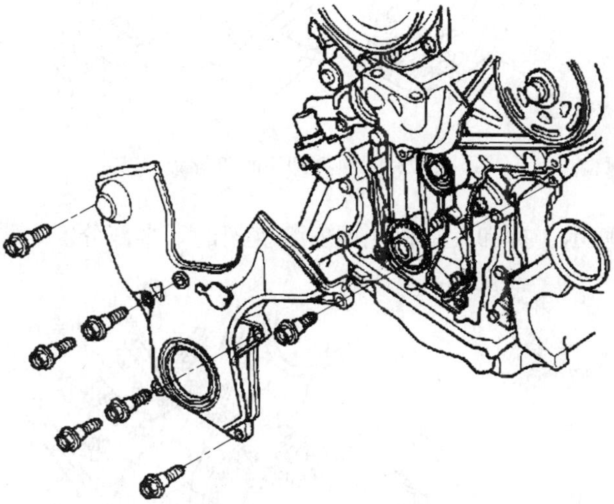

图 23-77 拆卸下盖

11）按照图 23-78 所示，找一只从蓄电池支架上拆下的螺栓，把螺栓的一端打磨成尖头。

12）按照图 23-79 所示，用打磨好的螺栓把正时带调节器固定好，并用手把螺栓拧紧。

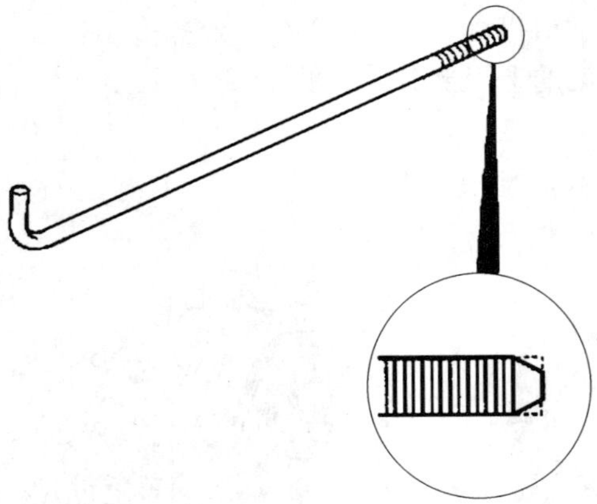

图 23-78　将螺栓的一端打磨成尖头

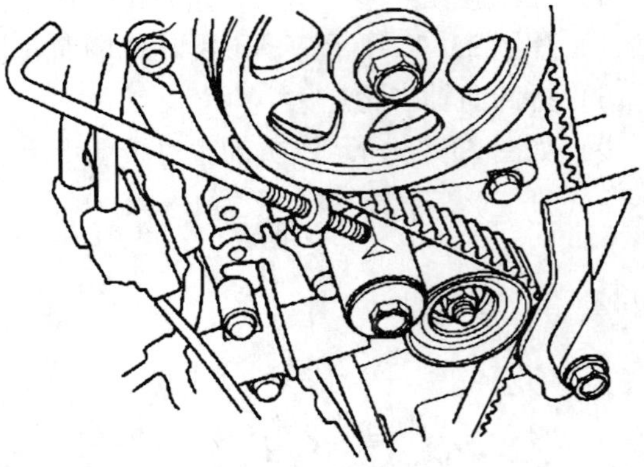

图 23-79　用螺栓固定正时带调节器

13）如图 23-80 所示，拆卸正时带导板。

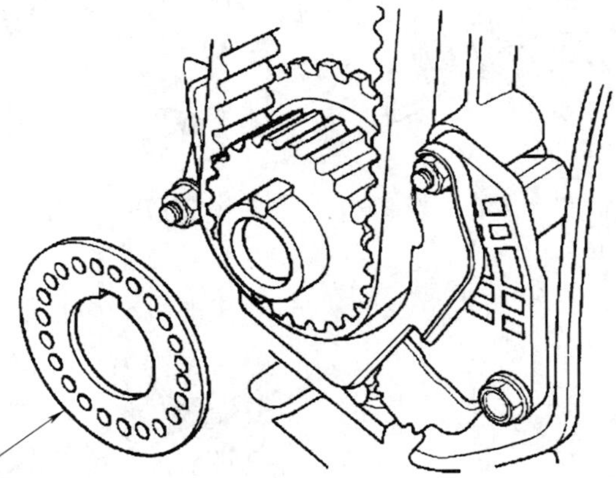

图 23-80　拆卸正时带导板

14）如图 23-81 所示，拆卸发动机侧面安装支架的下半部分。

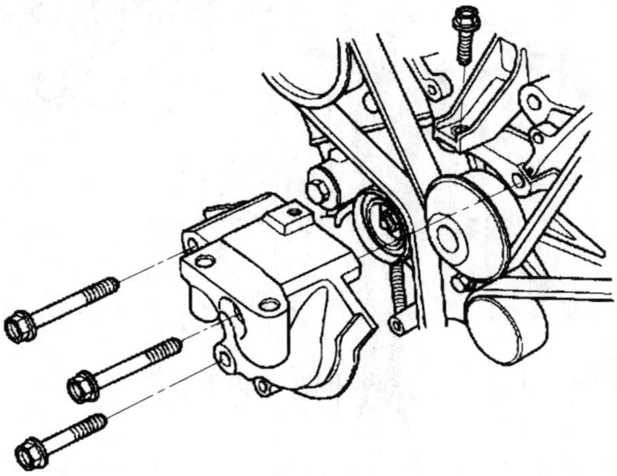

图 23-81　拆卸发动机侧面安装支架的下半部分

15）如图23-82所示，拆卸惰轮螺栓A和惰轮B，然后拆下正时带。惰轮螺栓是一次性使用的，因此拆下惰轮螺栓后即可废弃不用。

2. 正时带安装

1）把正时带轮、正时带导板以及正时带上盖和下盖擦拭干净。

2）如图23-83所示，将正时带驱动轮轮齿上的TDC（上止点）标记A与机油泵上的指针B对齐，使正时带驱动轮设置到上止点位置。

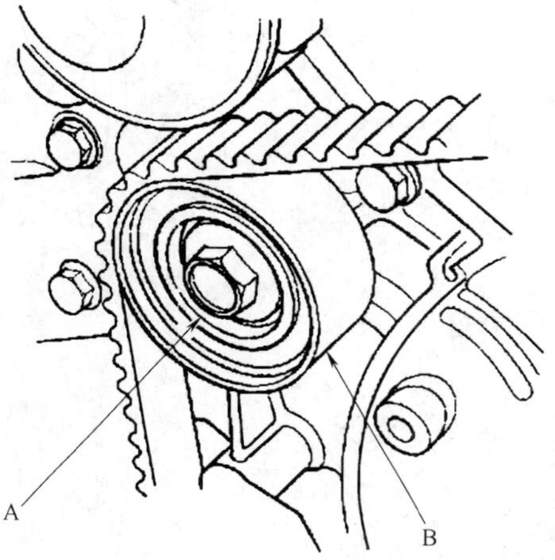

图23-82 拆卸惰轮螺栓A和惰轮B

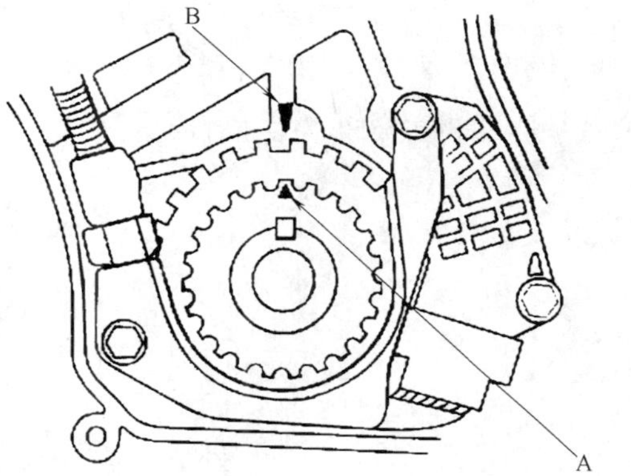

图23-83 上止点标记A与机油泵上的指针B对齐

3）按照图23-84所示，把凸轮轴带轮上的标记A对准后盖上的指针B，使凸轮轴带轮设置到上止点位置。

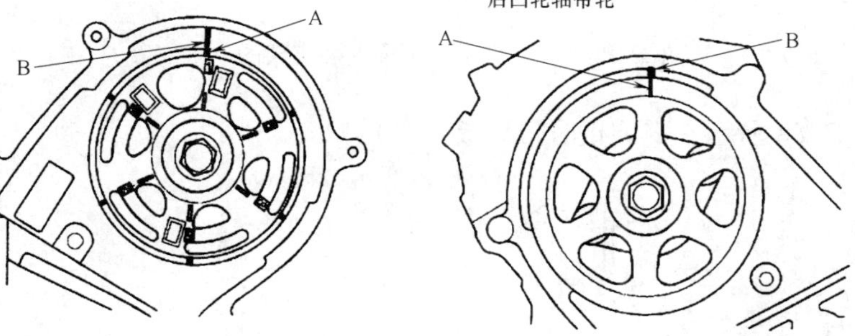

图23-84 凸轮轴带轮标记A对准后盖指针B

4）用新的惰轮螺栓把惰轮安装好（先不要把螺栓拧紧），使惰轮能够移动但不会脱落。

5）按照图23-85所示，从驱动轮开始，沿逆时针方向安装正时带。

6）如图23-86所示，换用新的惰轮螺栓，并把惰轮螺栓紧固至44N·m。

7）从后盖上把固定正时带调节器的螺栓取下。

8）如图23-87所示，安装发动机侧面安装支架的下半部分。

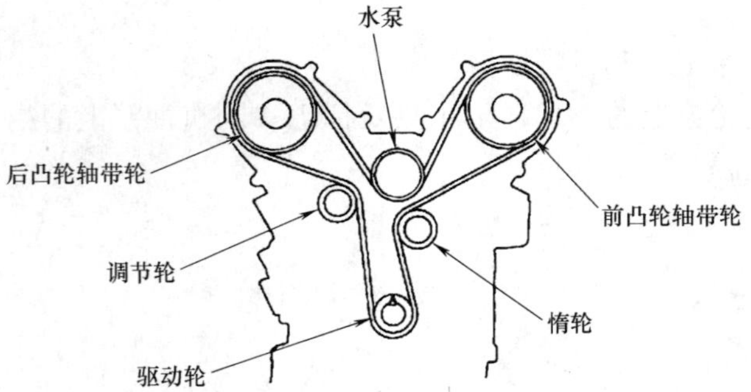

图 23-85　安装正时带

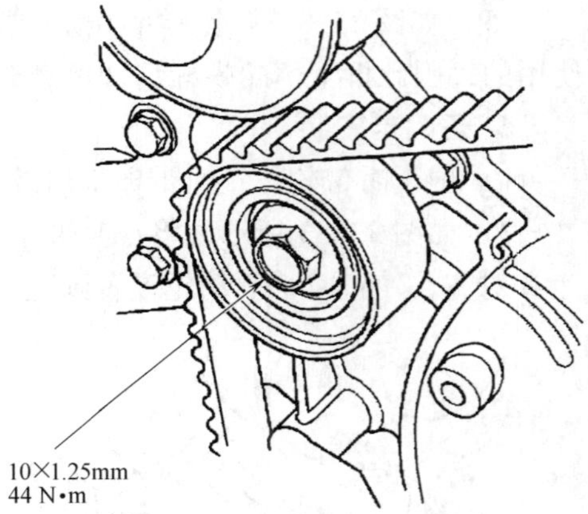

图 23-86　紧固惰轮螺栓

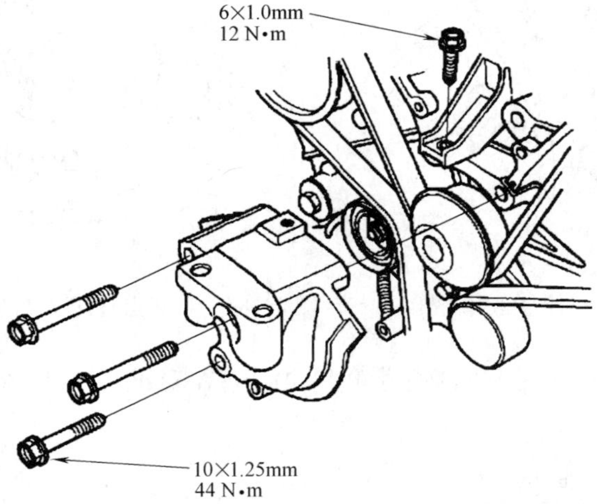

图 23-87　安装发动机侧面安装支架的下半部分

9）如图 23-88 所示，安装正时带导板。

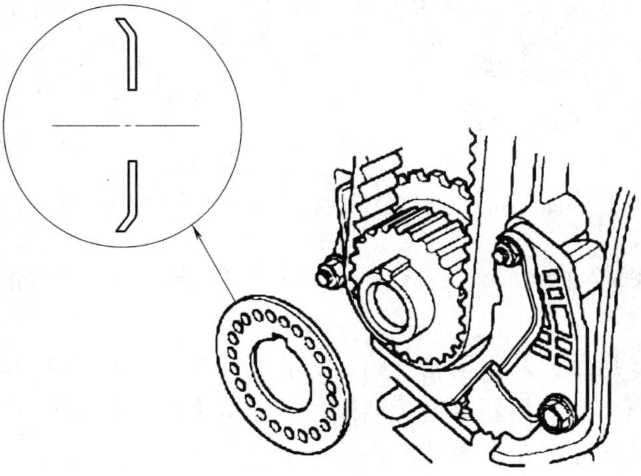

图 23-88　安装正时带导板

10）如图 23-89 所示，安装下盖。

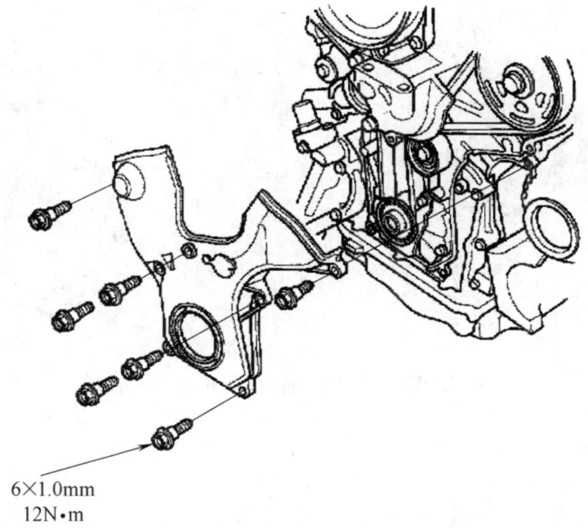

图 23-89 安装下盖

11）安装曲轴带轮。

12）按照图 23-90 所示，安装前部上盖 A 和后部上盖 B。

13）顺时针转动曲轴带轮 5 ~6 圈，使正时带在曲轴带轮上就位。

14）按照图 23-91 所示，转动曲轴带轮，使白色的标记 A 与指针 B 对齐。

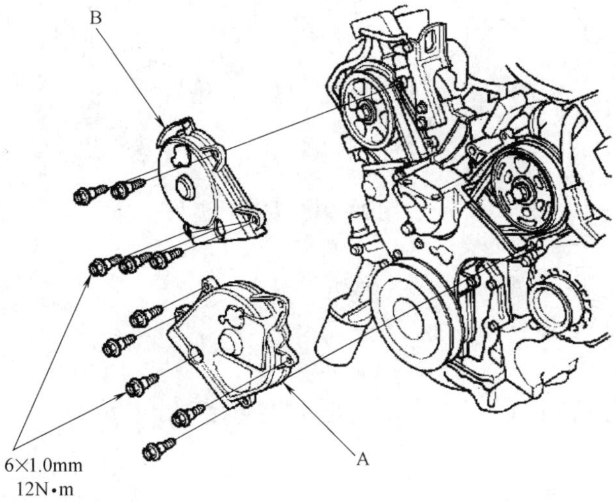

图 23-90 安装前部上盖 A 和后部上盖 B

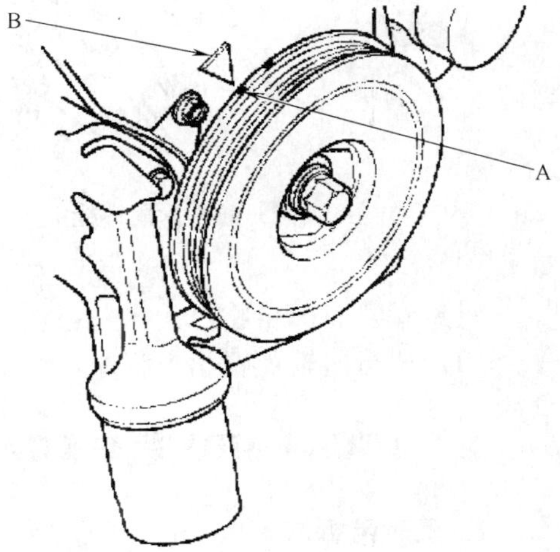

图 23-91 白色标记 A 与指针 B 对齐

15）如图 23-92 所示，检查凸轮轴带轮上的标记，确认标记设置在上止点位置。

16）安装发动机传动带。

17）安装发动机侧支架 A 的上半部分，并按照图中的顺序紧固螺栓（图 23-93）。

18）如图 23-94 所示，安装挡泥板。

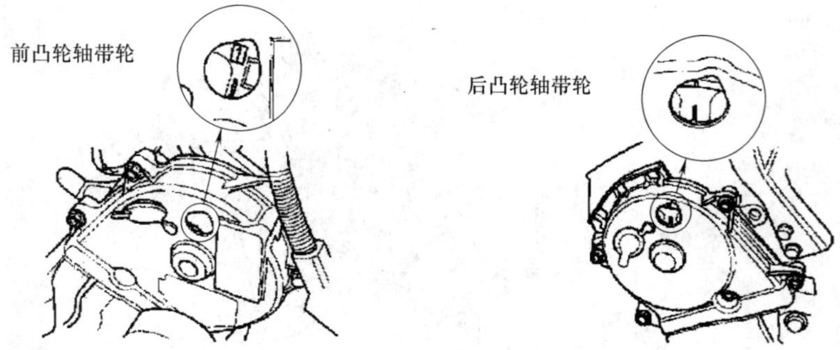

图 23-92　检查凸轮轴带轮上的标记

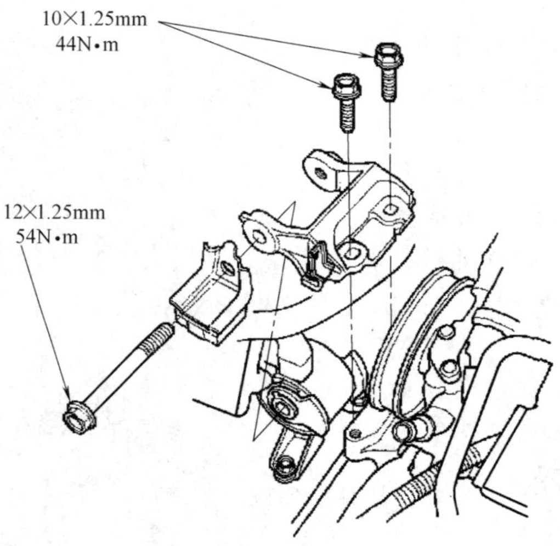

图 23-93　紧固螺栓

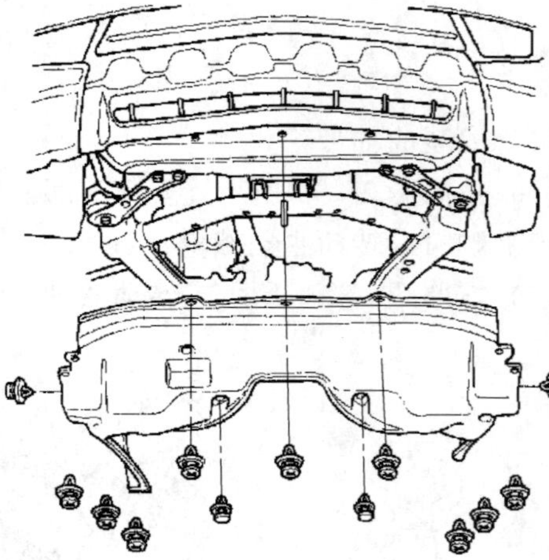

图 23-94　安装挡泥板

19）安装右前车轮。

20）执行曲轴位置学习程序。

二、ACURA MDX 轿车 J37A1 发动机（3.7L V6）正时带拆装

1. 正时带拆卸

1）转动曲轴，使白色标记 A 与指针 B 对齐（图 23-95）。

2）检查凸轮轴带轮上的 1 缸上止点标记 A 是否与正时带前罩上的指针 B 对齐（图 23-96）。

3）按照图 23-97 所示，记清发动机传动带的盘绕路径。

4）按照图 23-98 所示，拆卸发动机传动带和传动带自动张紧器。

5）为便于拆卸发动机侧支架，可在油底壳处垫上木块，然后用千斤顶把发动机撑起。

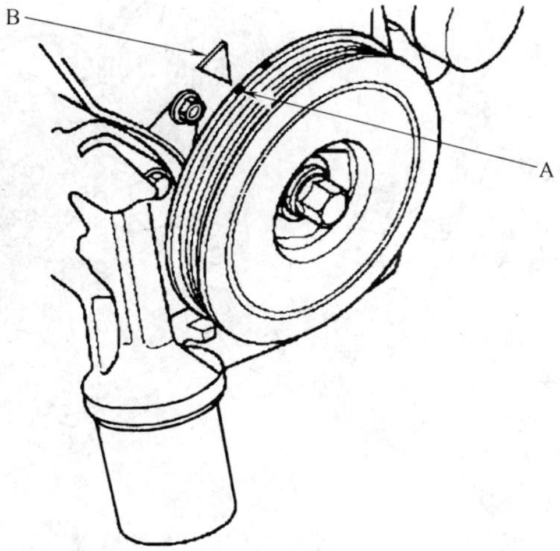

图 23-95　白色标记 A 与指针 B 对齐

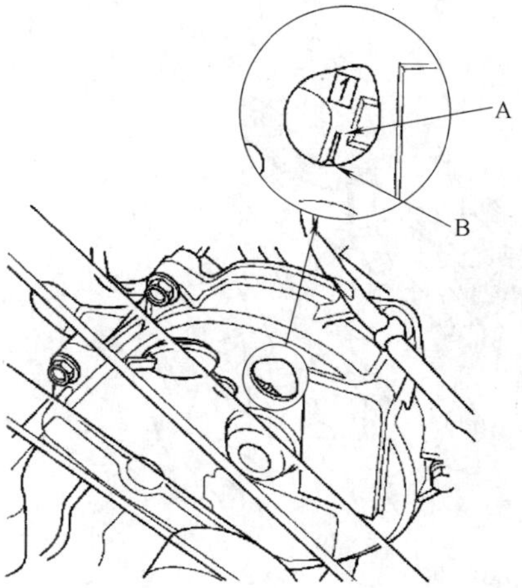

图 23-96　上止点标记 A 与指针 B 对齐

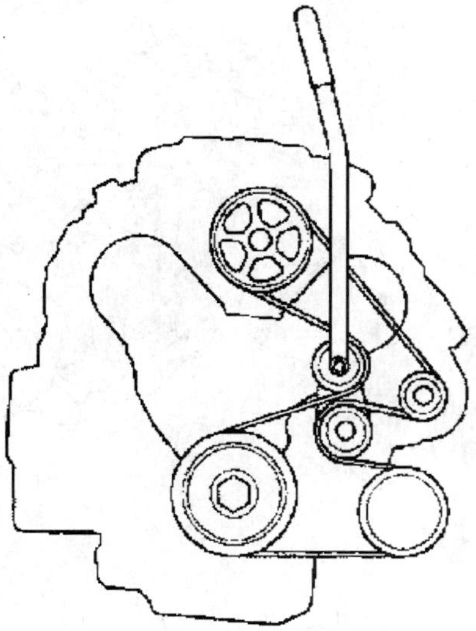

图 23-97　发动机传动带盘绕路径

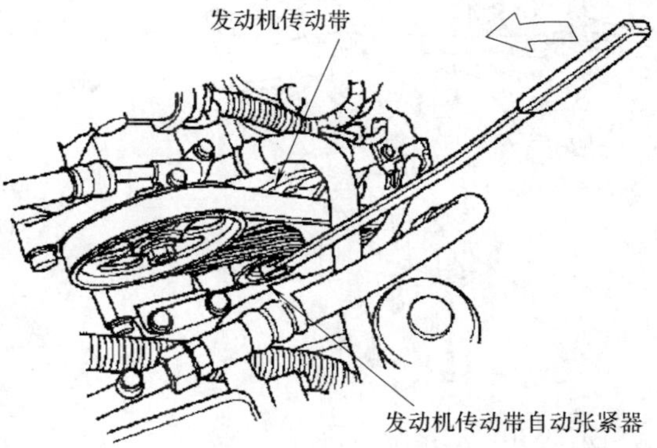

图 23-98　拆卸发动机传动带和自动张紧器

6）把接地线 A 从发动机侧安装支架 B 上拆下（图 23-99），然后再拆下发动机侧安装支架的上半部分。

7）拆卸正时带前部上盖 A 和后部上盖 B（图 23-100）。

8）举升车辆，拆卸右前车轮。

9）按照图 23-101 所示，拆卸挡泥板。

10）拆卸曲轴带轮。

11）拆卸下盖（图 23-102）。

12）按照图 23-103 所示，找一只从蓄电池支架上拆下的螺栓，把螺栓的一端打磨成尖头。

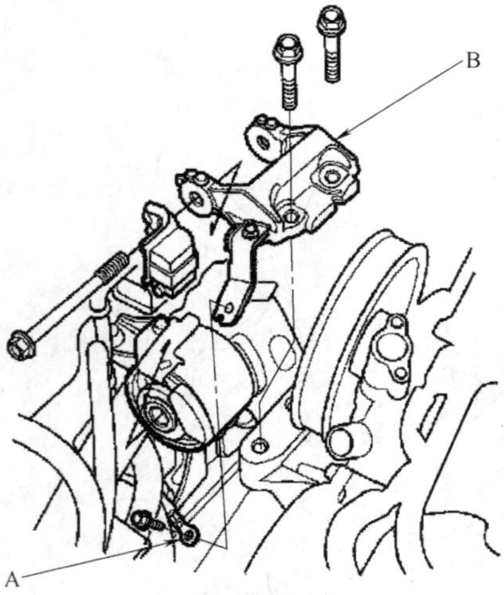

图 23-99　拆下接地线和发动机侧安装支架的上半部分

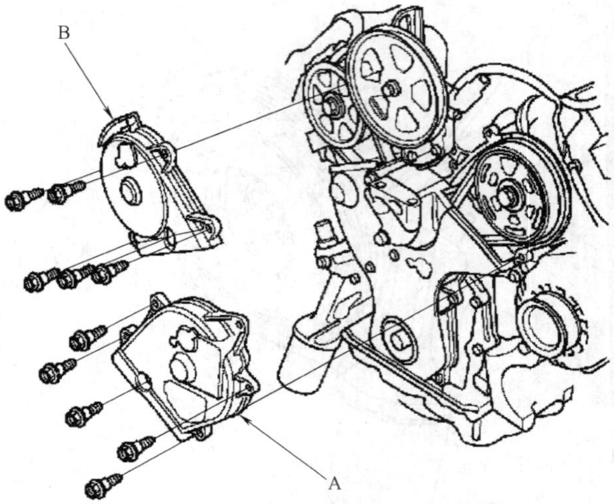

图 23-100　正时带前部上盖 A 和后部上盖 B

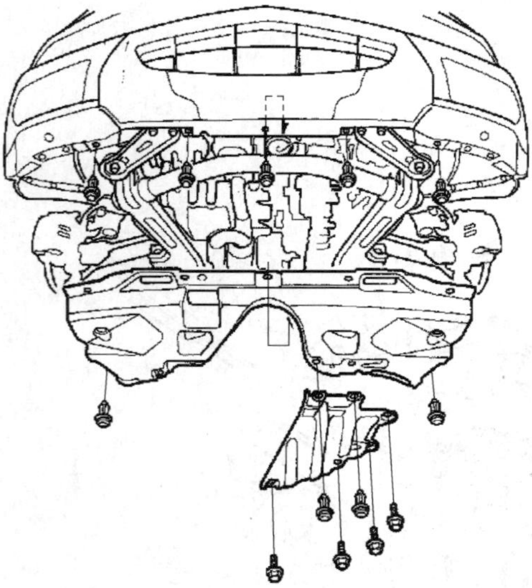

图 23-101　拆卸挡泥板

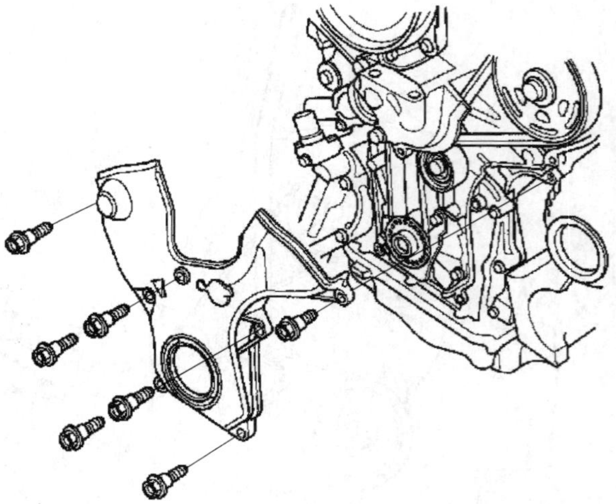

图 23-102　拆卸下盖

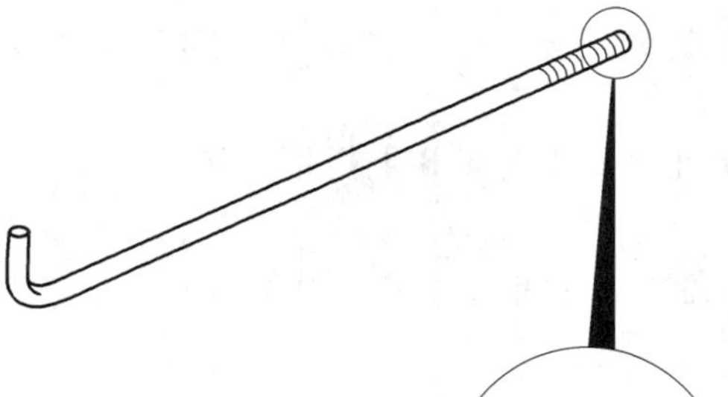

图 23-103　将螺栓的一端打磨成尖头

13）按照图 23-104 所示，用打磨好的螺栓把正时带调节器固定好，并用手把螺栓拧紧。

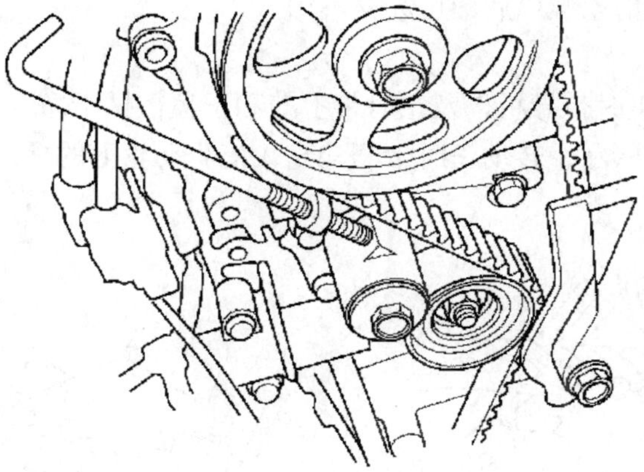

图 23-104 用螺栓固定正时带调节器

14）按照图 23-105 所示，拆卸正时带导板。

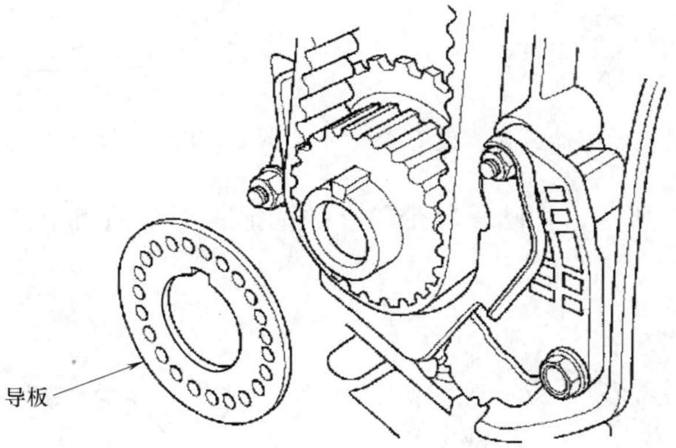

图 23-105 拆卸正时带导板

15）按照图 23-106 所示，拆卸发动机侧面安装支架的下半部分。

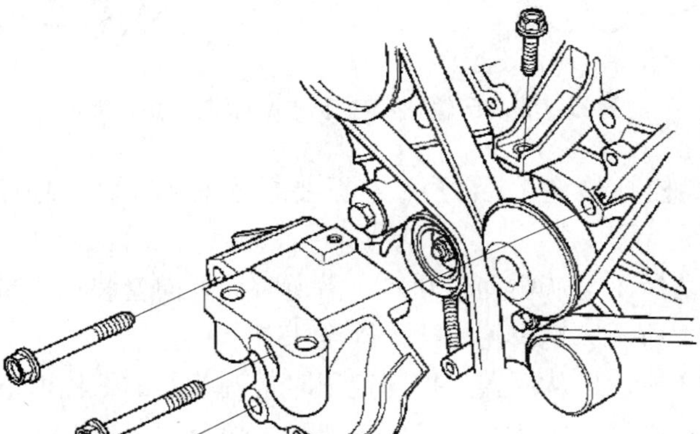

图 23-106 拆卸发动机侧面安装支架的下半部分

16）按照图 23-107 所示，拆卸惰轮螺栓 A 和惰轮 B，然后拆下正时带。惰轮螺栓是一次性使用的，因此拆下惰轮螺栓后即可废弃不用。

2. 正时带安装

1）把正时带轮、正时带导板以及正时带上盖和下盖擦拭干净。

2）按照图 23-108 所示，转动正时带驱动轮，使驱动轮上的标记 A 与机油盘上的指针 B 对齐。

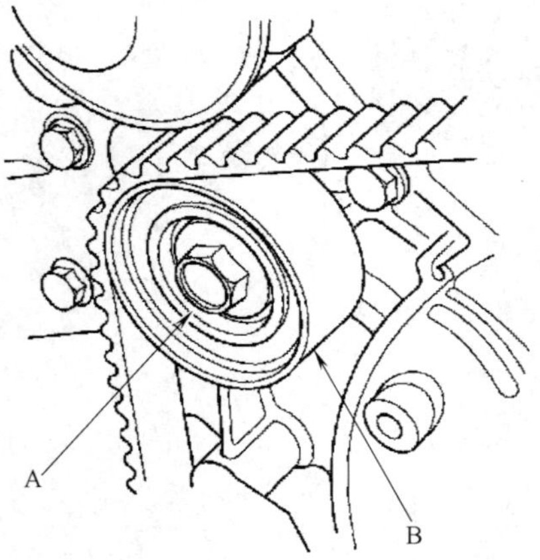

图 23-107 拆卸惰轮螺栓 A 和惰轮 B

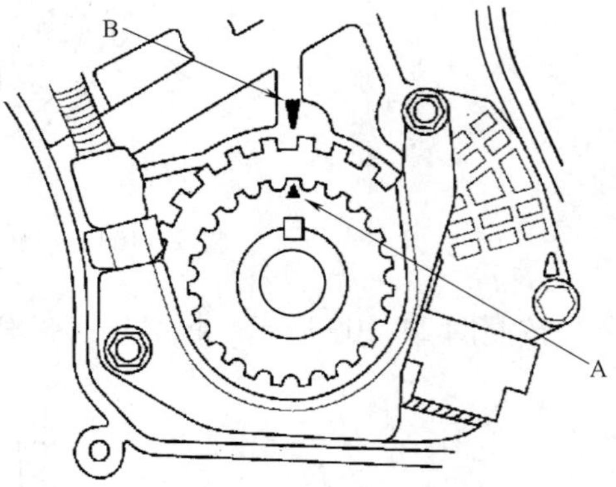

图 23-108 驱动轮标记 A 与指针 B 对齐

3）按照图 23-109 所示，把凸轮轴带轮上的标记 A 对准后盖上的指针 B，使凸轮轴带轮设置到上止点位置。

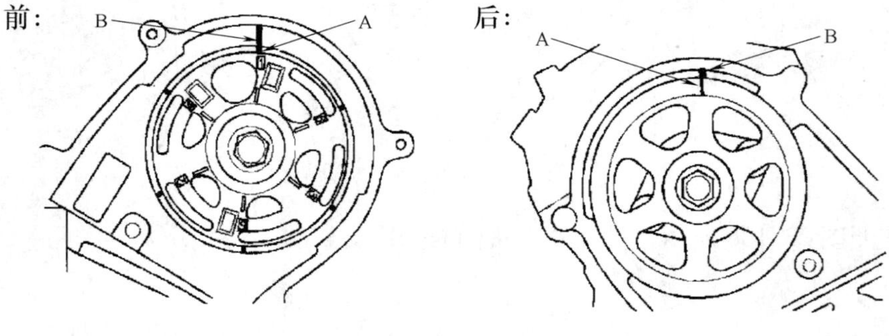

图 23-109 凸轮轴带轮标记 A 对准后盖指针 B

4）用新的惰轮螺栓把惰轮安装好（先不要把螺栓拧紧），使惰轮能够移动但不会脱落。

5）按照图 23-110 所示，从驱动轮开始，沿逆时针方向安装正时带。

6）按照图 23-111 所示，把惰轮螺栓紧固至 45N · m。

7）按照图 23-112 所示，从后盖上把固定正时带调节器的螺栓取下。

8）按照图 23-113 所示，安装发动机侧支架下半部分。

9）按照图 23-114 所示，安装正时带导盘。

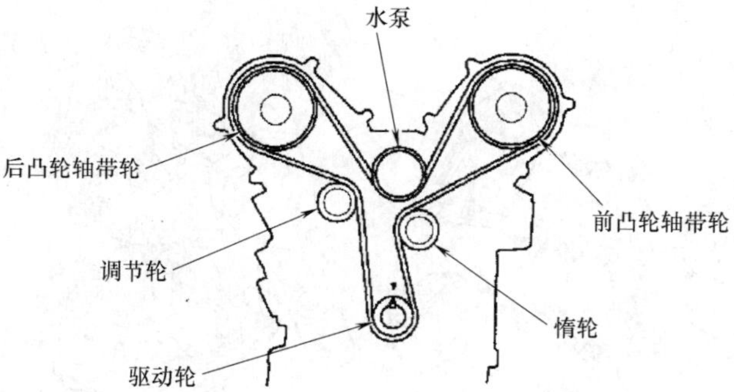

图 23-110 安装正时带

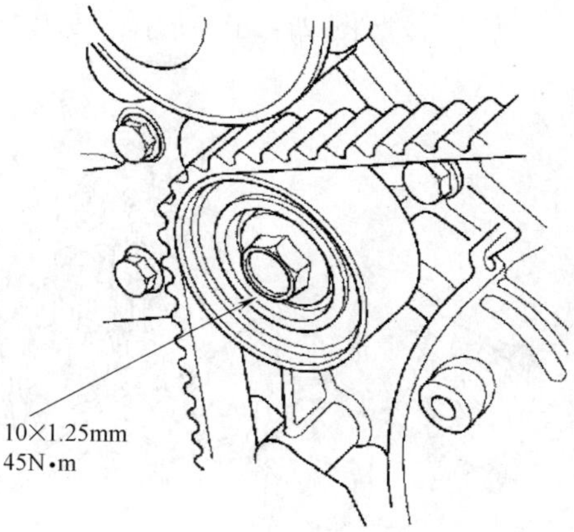

图 23-111 紧固惰轮螺栓

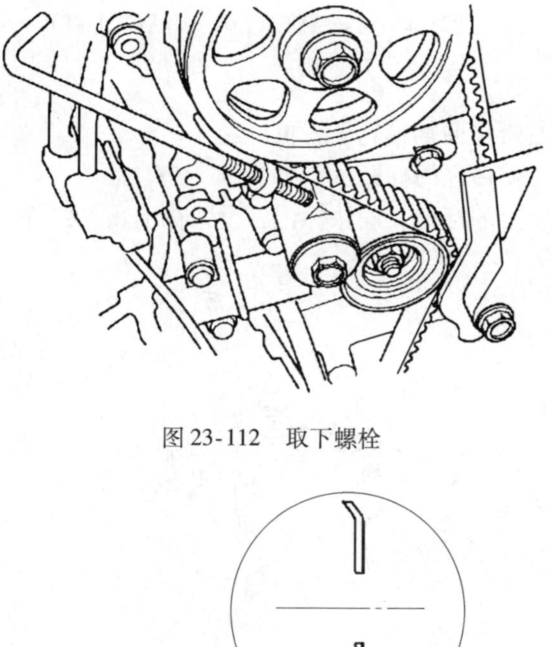

图 23-112 取下螺栓

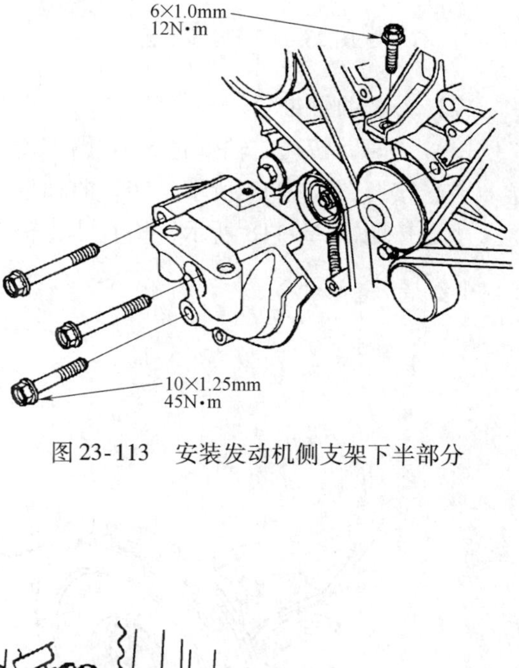

图 23-113 安装发动机侧支架下半部分

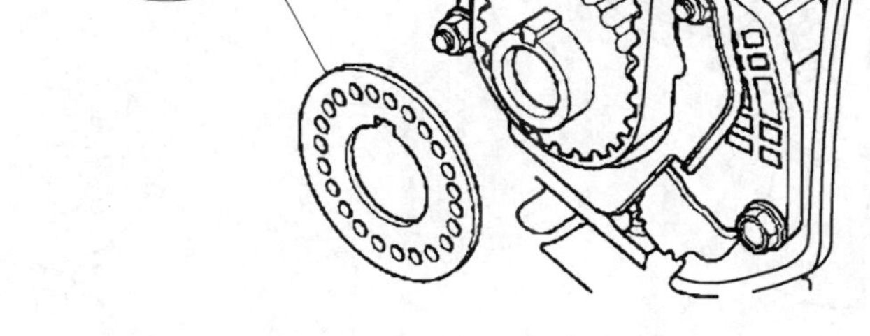

图 23-114 安装正时带导盘

10）按照图 23-115 所示，安装下盖。

11）按照图 23-116 所示，安装前部上盖 A 和后部上盖 B。

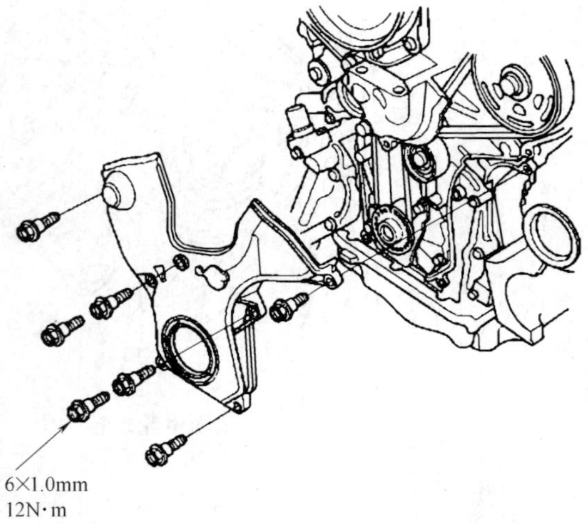

图 23-115　安装下盖

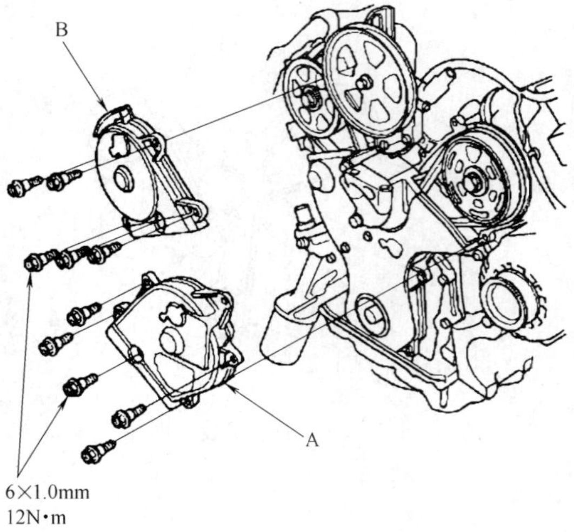

图 23-116　安装前部上盖 A 和后部上盖 B

12）安装曲轴带轮。

13）顺时针转动曲轴带轮 5 ~6 圈，使正时带在曲轴带轮上就位。

14）按照图 23-117 所示，转动曲轴带轮，使白色的标记 A 与指针 B 对齐。

15）按照图 23-118 所示，检查凸轮轴带轮上的标记，确认标记已设置在上止点位置。

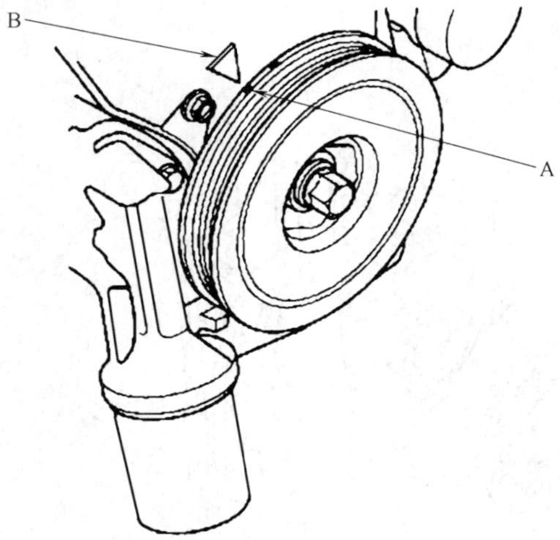

图 23-117　白色标记 A 与指针 B 对齐

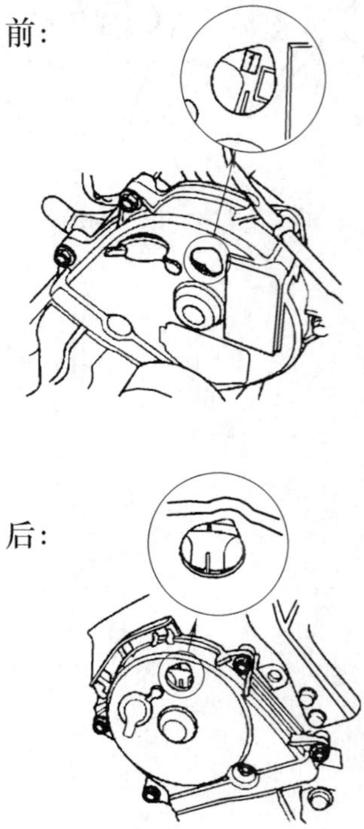

图 23-118　检查凸轮轴带轮标记

16）安装发动机侧面安装支架的上半部分，换装新的安装螺栓 A 并紧固，然后再紧固阻尼器的安装螺栓 B（图 23-119）。

17）安装接地线 C（图 23-119）。

18）安装发动机传动带自动张紧器。

19）安装发动机传动带。

20）如图 23-120 所示，安装挡泥板。

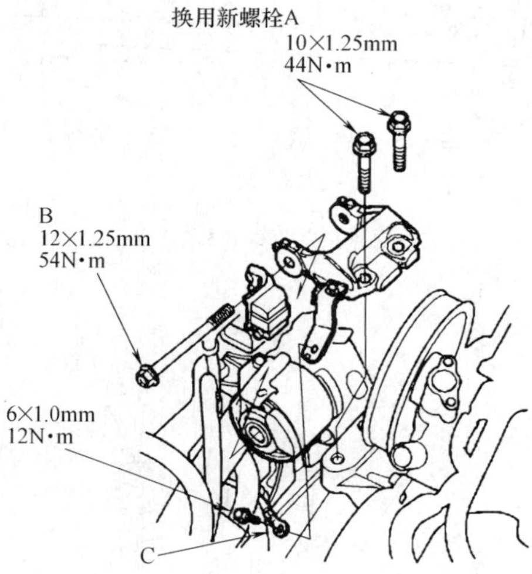

图 23-119　安装发动机侧面安装支架，紧固螺栓并安装接地线 C

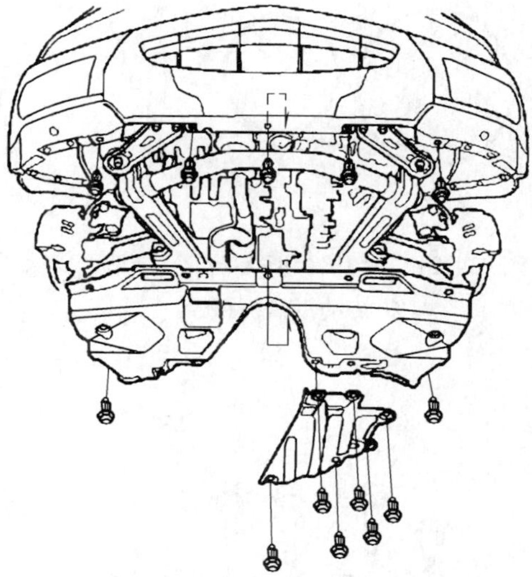

图 23-120　安装挡泥板

21）安装右前车轮。

22）执行曲轴位置学习程序。

第四节　ACURA RDX 轿车

一、ACURA RDX 轿车 2.3T 发动机正时链条拆卸

1）拆卸前车轮。

2）拆卸挡泥板。

3）拆卸发动机传动带并记下传动带盘绕路径，如图 23-121。

4）拆卸发动机气缸盖罩。

5）参照图 23-122，将 1 缸活塞设置到上止点位置：使可变气门正时控制执行器上的标记 A 和排气凸轮轴链轮上的标记 B 均位于顶部，然后将可变气门正时控制执行器和排气凸轮轴链轮上的上止点标记 C 对齐。

6）拆卸可变气门正时控制阀。

7）拆卸曲轴带轮。

8）在油底壳下方垫好木块，用千斤顶支撑起发动机。

9）按照图 23-123 所示，拆卸扭力杆加强件和上部扭力杆。

10）按照图 23-124 所示，拆卸接地电缆 A 和发动机侧面固定支架 B。

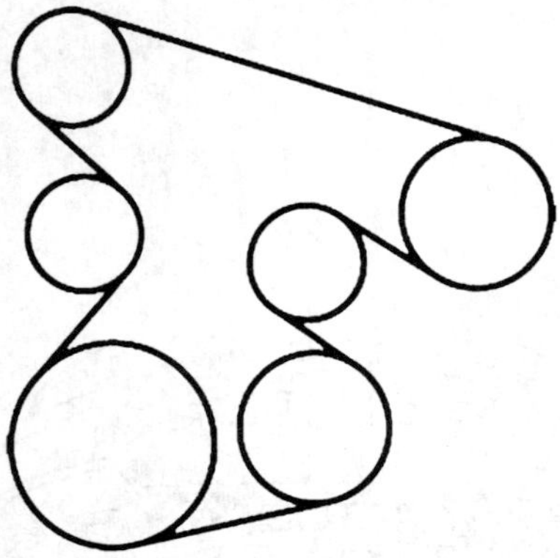

图 23-121　ACURA RDX 轿车 2.3T 发动机传动带盘绕路径

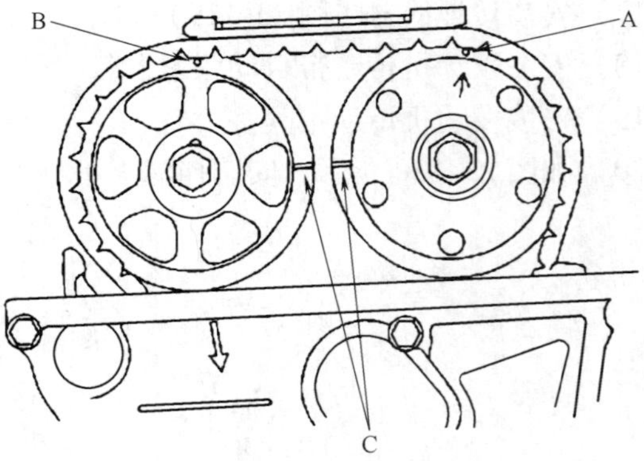

图 23-122　对齐标记

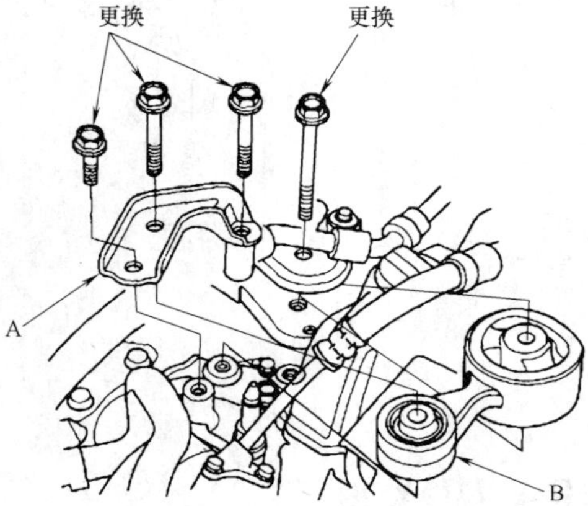

图 23-123　扭力杆加强件和上部扭力杆

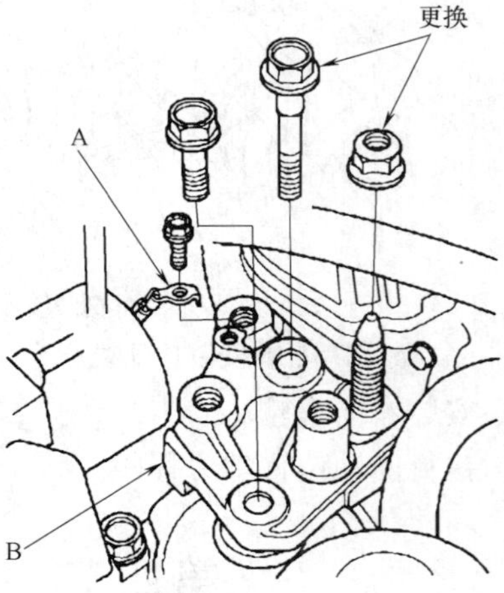

图 23-124　拆卸接地电缆 A 和发动机侧面固定支架 B

11）按照图 23-125 所示，拆卸发动机冷却液旁通管路固定螺栓 A，然后拆卸发动机侧面固定支架 B。

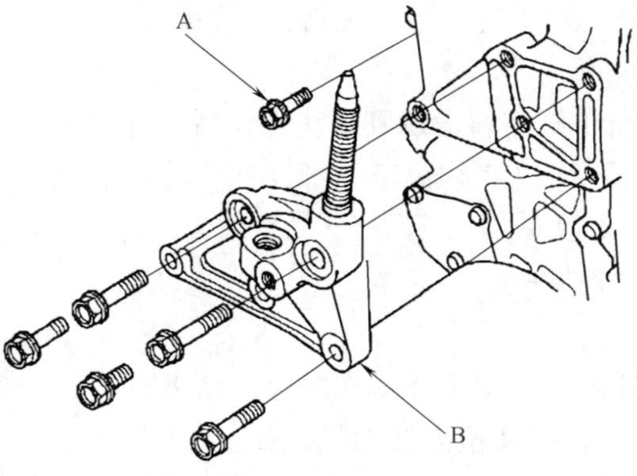

图23-125　拆卸发动机冷却液旁通管路固定螺栓 A 和发动机侧面固定支架 B

12）按照图 23-126 所示，拆卸正时链条外壳。

13）安装上曲轴带轮，但不要拧紧。

14）按照图 23-127 所示，逆时针转动曲轴，使自动张紧器压缩。

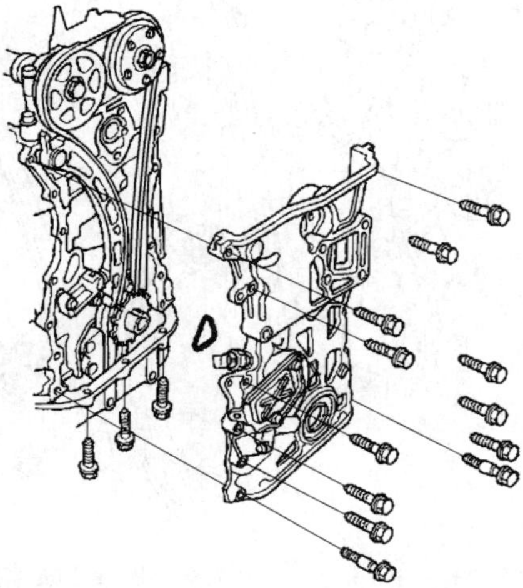

图 23-126　拆卸正时链条外壳

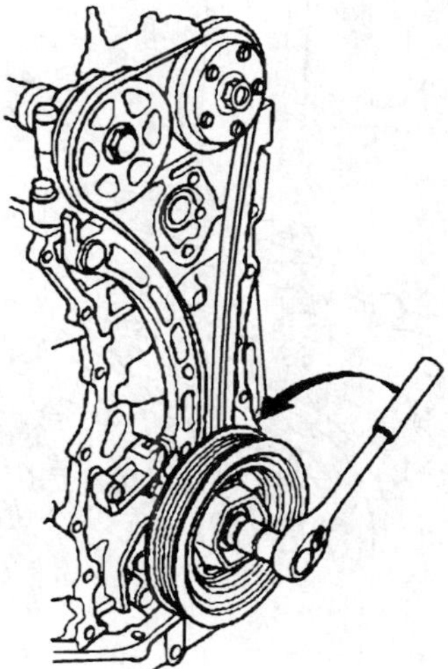

图 23-127　逆时针转动曲轴

15）按照图 23-128 所示，将锁止装置 A 和自动张紧器 B 上的小孔对齐，然后将直径为 1.5mm 的锁止销 C 插入孔中。

16）按照图 23-129 所示，拆卸自动张紧器。

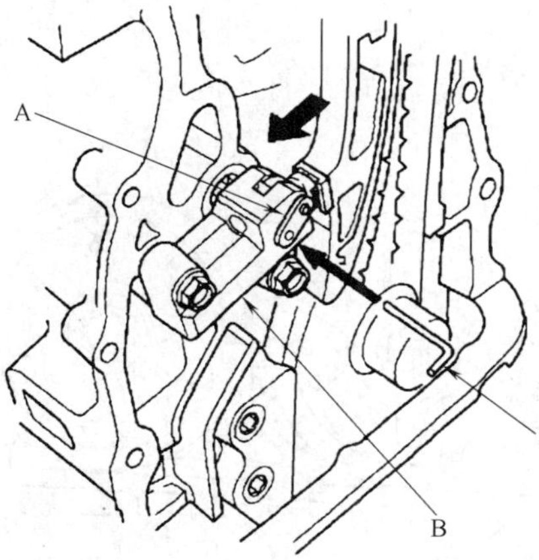

图 23-128　插入锁止销

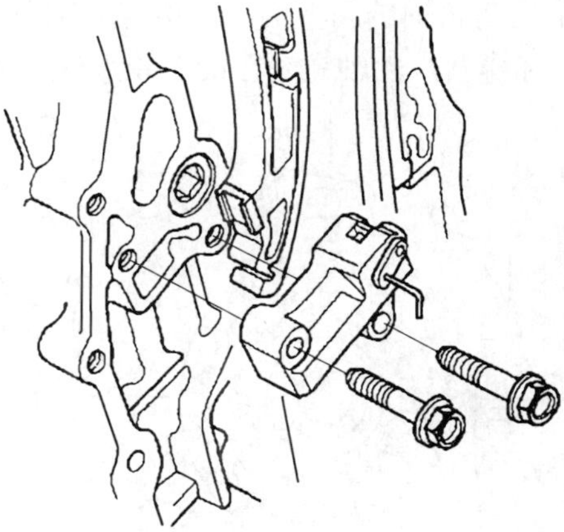

图 23-129　拆卸自动张紧器

17）按照图 23-130 所示，拆卸正时链条导板。

18）按照图 23-131 所示，拆卸正时链条导板 A 和张紧器臂 B。

19）拆卸正时链条。

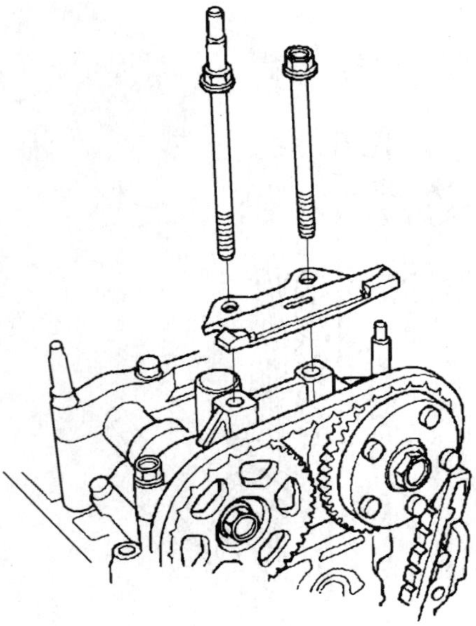

图 23-130　拆卸正时链条导板

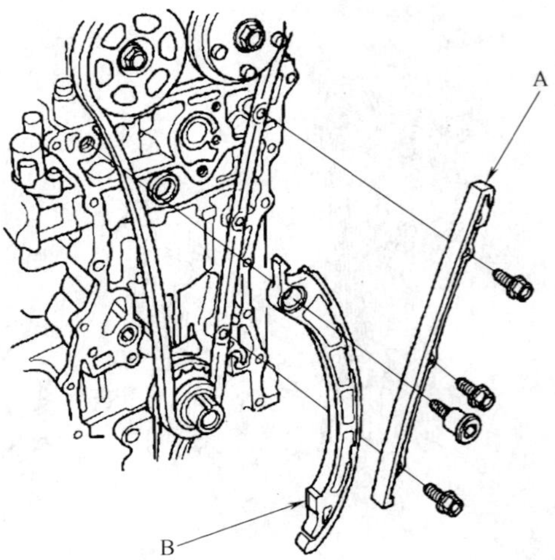

图 23-131　拆卸正时链条导板 A 和张紧器臂 B

二、ACURA RDX 轿车 2.3L 发动机正时链条安装

1）将曲轴设置到上止点位置：按照图 23-132 所示，使曲轴链轮上的上止点标记 A 与发动机气缸体上的指针 B 对齐。

2）把凸轮轴设置到上止点位置：按照图 23-133 所示，可变气门正时控制执行器上的标记 A 和排气凸轮轴链轮上的标记 B 均应位于顶部位置，可变气门正时控制执行器上的上止点标记 C 和排气凸轮轴链轮上的上止点标记 C 应对齐。

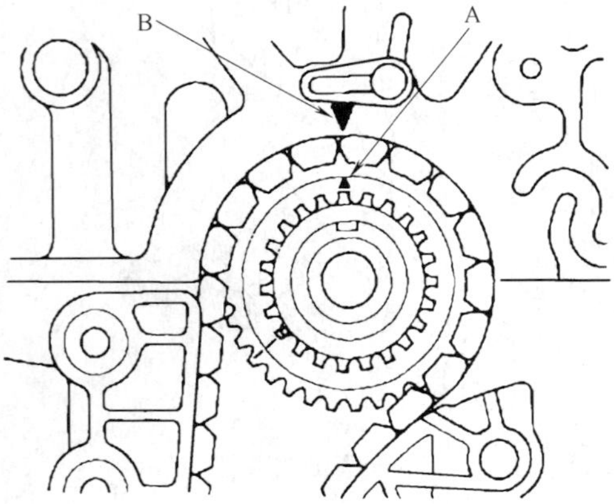

图 23-132　曲轴链轮上的上止点标记 A 与发动机气缸体上的指针 B 对齐

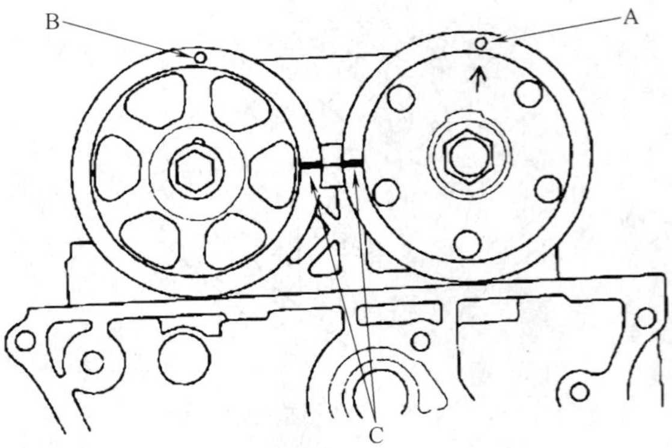

图 23-133　对齐标记

3）按照图 23-134 所示，固定住进气凸轮轴，把止动器 A（工具号：24635-P6H-003）插入凸轮轴位置脉冲板 B 中的检修孔中并穿过 5 号摇臂固定器 C。

4）按照图23-134所示，固定住排气凸轮轴，把止动器A（工具号：24635-P6H-003）插入凸轮轴位置脉冲板D中的检修孔中并穿过5号摇臂固定器C。

5）按照图23-135所示，把正时链条安装到曲轴链轮上，使正时链条上的两个标有颜色的链节的中央部分A与曲轴链轮上的标记B对齐。

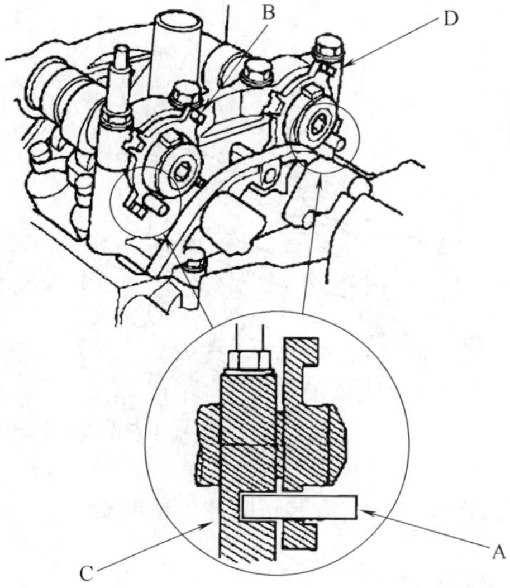

图23-134 插入止动器

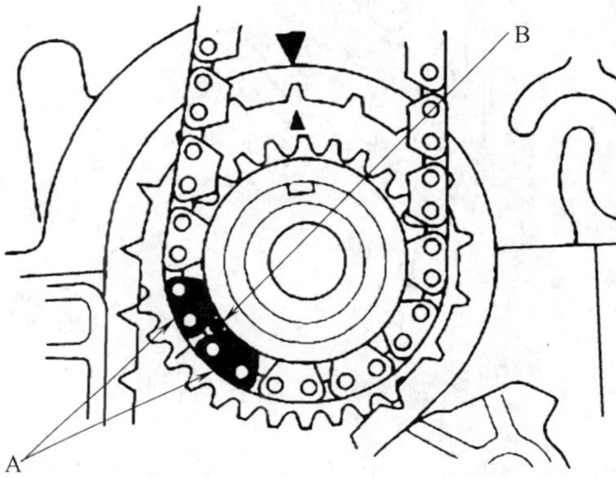

图23-135 正时链条上的两个标有颜色的链节的中央部分A与曲轴链轮上的标记B对齐

6）把正时链条安装到气门正时控制执行器和排气凸轮轴链轮上，并按照图23-136所示，使标记A与3个标有颜色的链节的中央部分对齐。

7）按照图23-137所示，安装正时链条导板A和张紧器臂B。

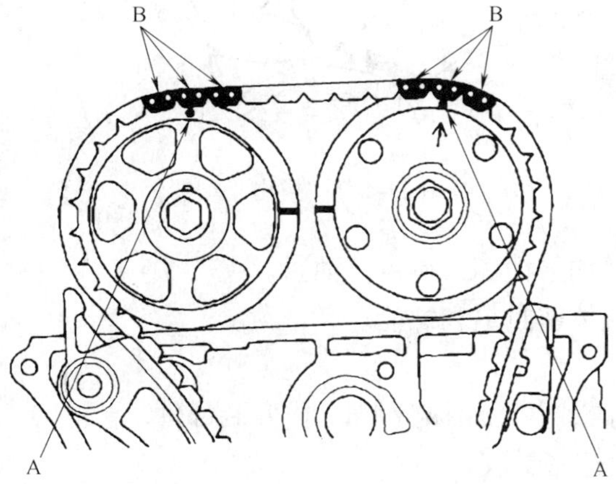

图23-136 标记A与3个标有颜色的链节的中央部分对齐

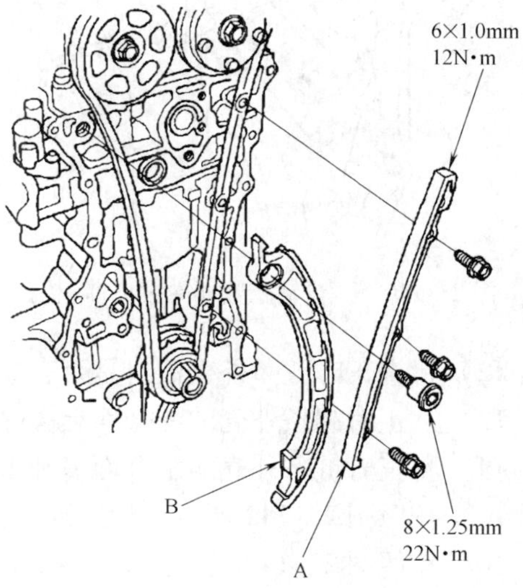

图23-137 安装正时链条导板A和张紧器臂B

8）按照图 23-138 所示，安装自动张紧器。

9）按照图 23-139 所示，安装正时链条导板 B。

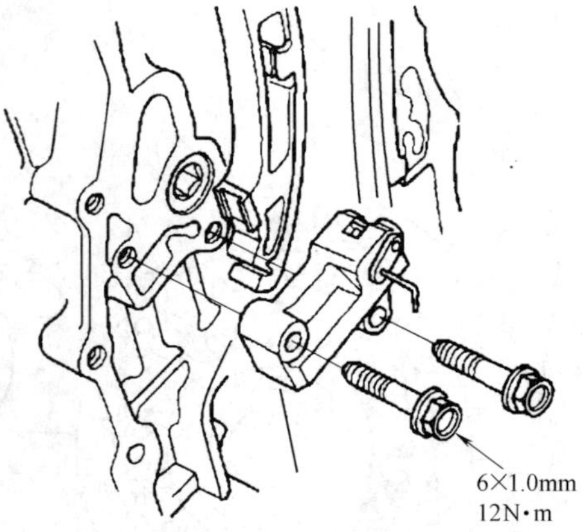

图 23-138　安装自动张紧器

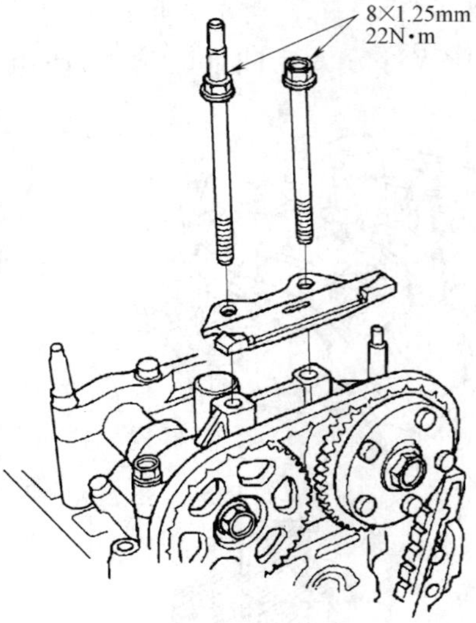

图 23-139　安装正时链条导板 B

10）按照图 23-140 所示，从自动张紧器中拔出锁止销。

11）按照图 23-141 所示，拔出止动器（工具号：24635-P6H-003）。

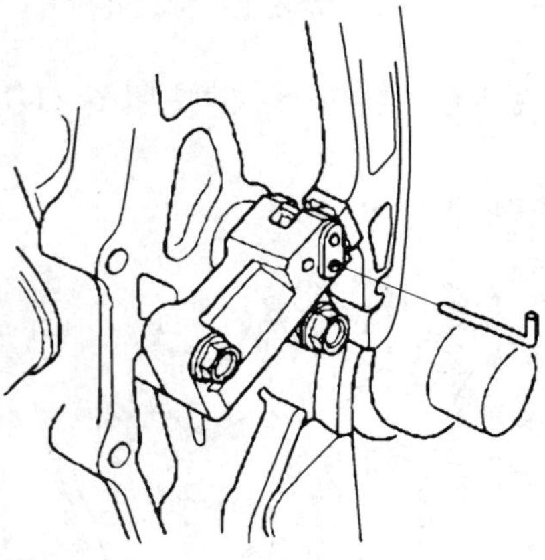

图 23-140　从自动张紧器中拔出锁止销

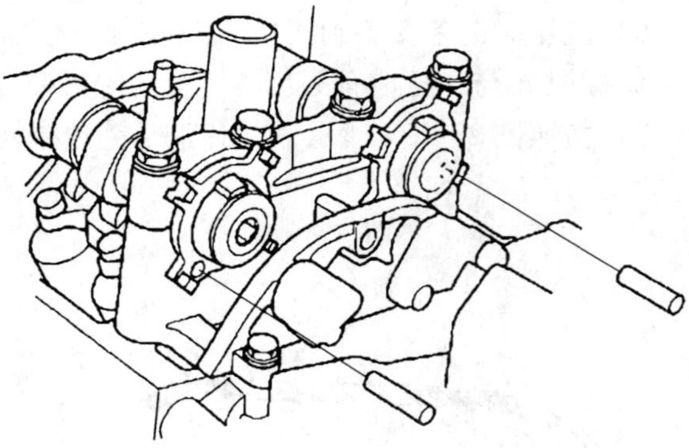

图 23-141　拔出止动器

12）检查正时链条外壳油封是否有损坏。如果损坏，应更换油封。

13）从正时链条外壳的配合面上去除旧液体密封垫和螺栓。

14）将正时链条外壳的配合面清理干净。

15）按照图 23-142 所示，涂抹液体密封胶，并在涂抹后 4min 内安装部件。

16）按照图 23-142 所示，在 A 和 B 处涂抹密封胶。

17）按照图 23-143 所示，在正时链条外壳和机油盘接合面上涂抹密封胶，并在涂抹后 4min 内安装部件。

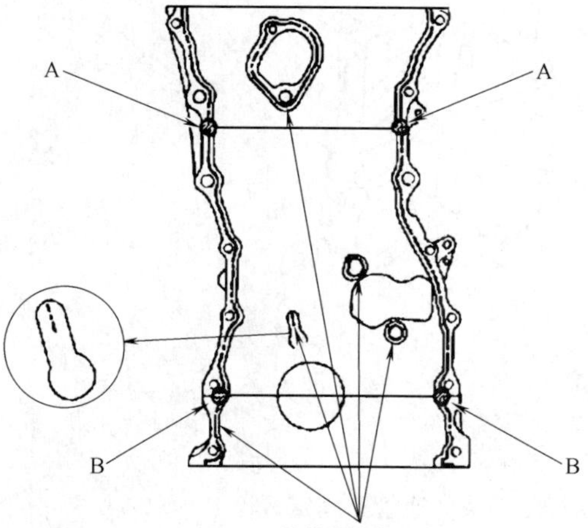

图 23-142　涂抹液体密封胶

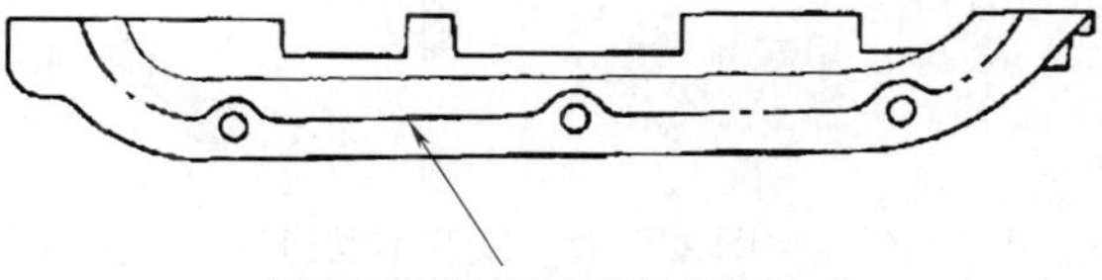

图 23-143　涂抹密封胶

18）按照图 23-144 所示，在正时链条外壳上安装新的 O 形密封圈 A，将正时链条外壳 B 的边缘与机油盘 C 的边缘设置到位，然后将正时链条外壳安装到发动机缸体 D 上。安装完毕后 3h 内不要起动发动机。

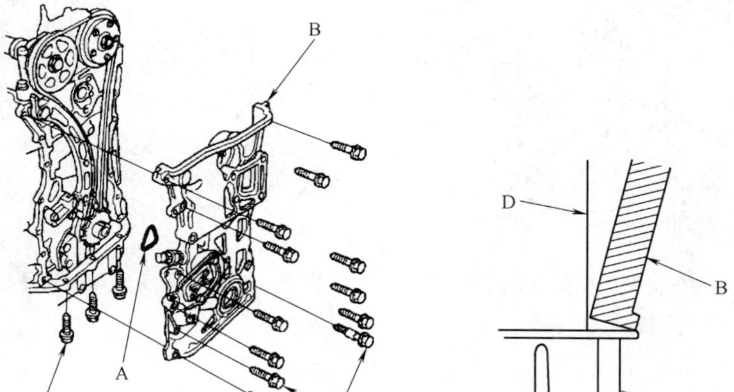

图 23-144　安装密封圈并将正时链条外壳安装到发动机缸体上

19）按照图 23-145 所示，安装发动机固定支架 A 和发动机冷却液旁通管路固定螺栓 B。

20）按照图 23-146 所示，安装发动机侧面固定支架 A，拧上新的螺栓和螺母 B（不要拧紧），然后拧上螺栓 C（不要拧紧）。

21）按照图 23-146 所示，安装好接地电缆 D。

22）拆下空气滤清器壳体总成。

23）按照图 23-147 所示，拆下变速器固定螺栓和螺母 A。

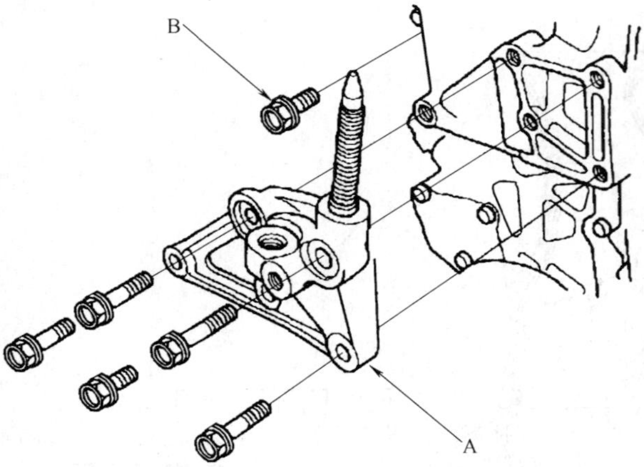

图 23-145　安装发动机固定支架 A 和发动机冷却液旁通管路固定螺栓 B

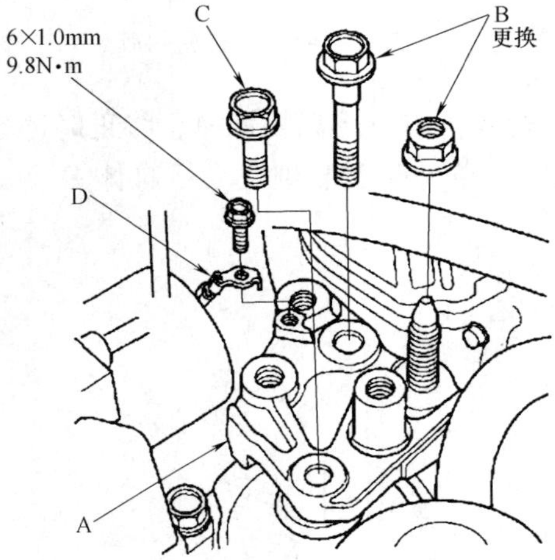

图 23-146　安装发动机侧面固定支架并拧上螺栓和螺母

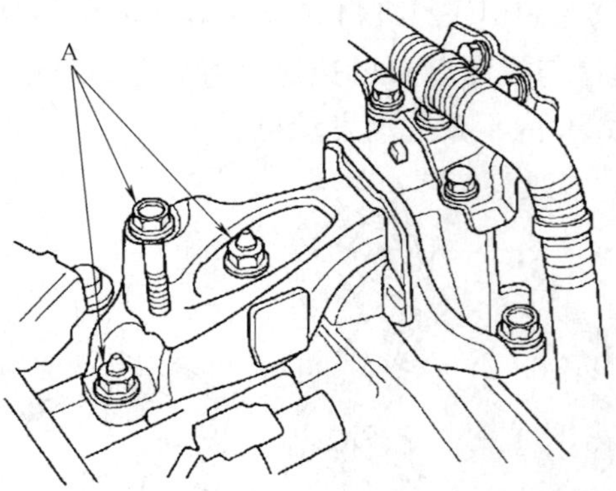

图 23-147　拆下变速器固定螺栓和螺母 A

24）举升车辆。

25）按照图 23-148 所示，松开底部的扭力杆固定螺栓 A。

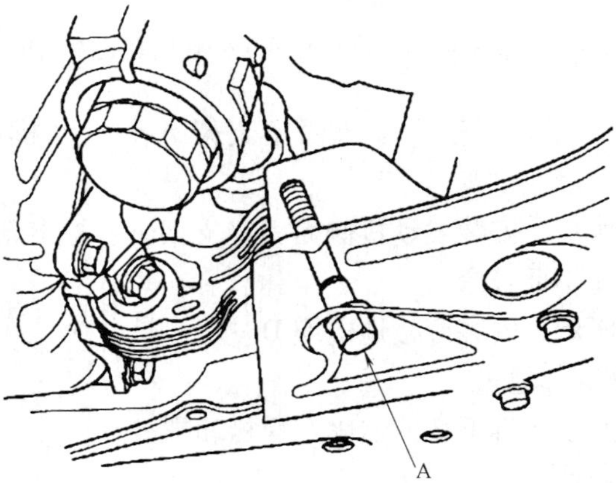

图 23-148　松开底部的扭力杆固定螺栓 A

26）将车辆降下。

27）按照图 23-149 所示，紧固发动机侧面固定螺栓和螺母。

28）按照图 23-150 所示，紧固变速器固定螺栓和螺母。

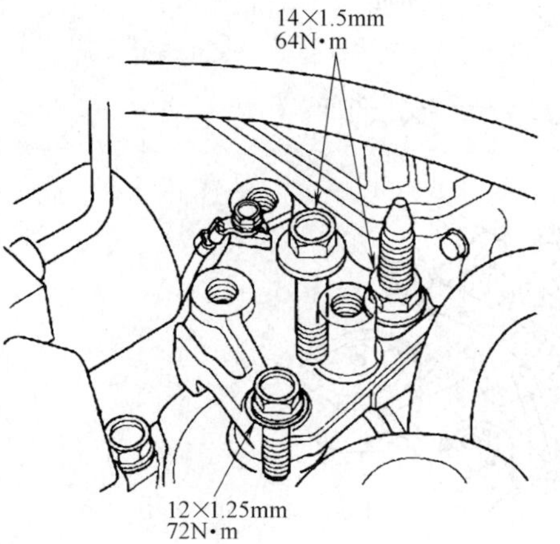

图 23-149 紧固发动机侧面固定螺栓和螺母

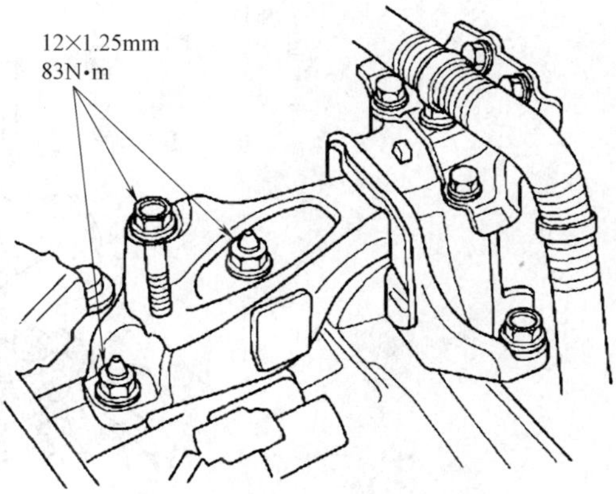

图 23-150 紧固变速器固定螺栓和螺母

29）举升车辆。

30）按照图 23-151 所示，紧固底部扭力杆固定螺栓。

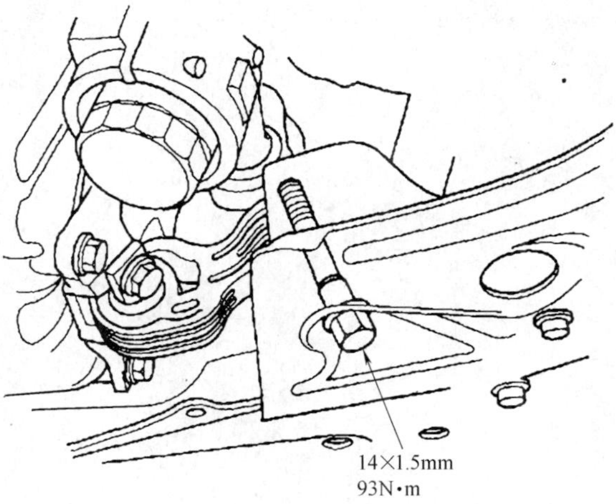

图 23-151 紧固底部扭力杆固定螺栓

31）将车辆降下。

32）安装空气滤清器壳体总成。

33）按照图 23-152 所示，安装上部扭力杆 A 和扭力杆加强件 B，然后紧固新更换的加强件固定螺栓 C 并按照图中所示的紧固顺序予以紧固。

34）安装曲轴带轮。

35）安装气门正时控制电磁阀。

36）安装气缸盖罩。

37）安装发动机传动带。

38）执行曲轴位置清除和学习程序。

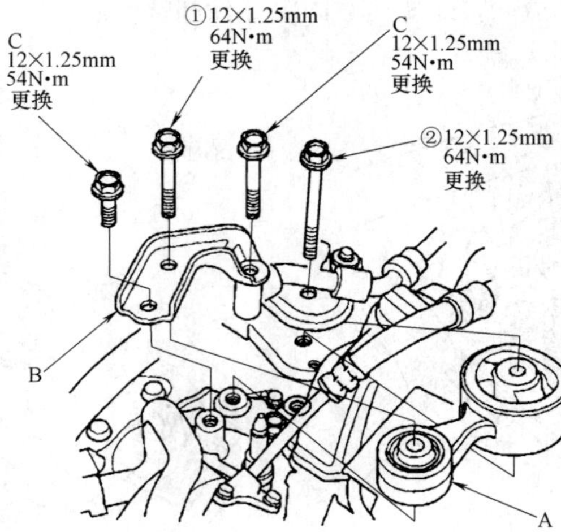

图 23-152　安装上部扭力杆和加强件

第二十四章
LEXUS（雷克萨斯）车系

第一节 LEXUS ES 系列轿车

一、ES 330 轿车 3.3L（3MZ-FE）发动机正时带部件识别

3MZ-FE 发动机正时带部件识别如图 24-1 和图 24-2 所示。

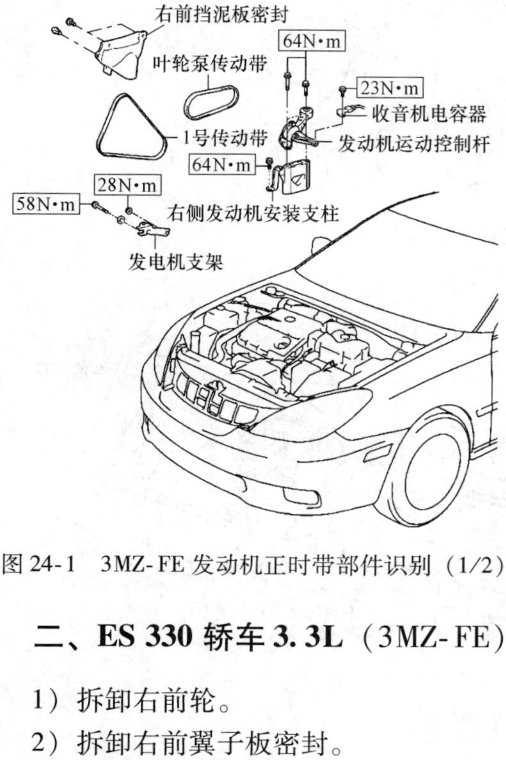

图 24-1 3MZ-FE 发动机正时带部件识别（1/2）

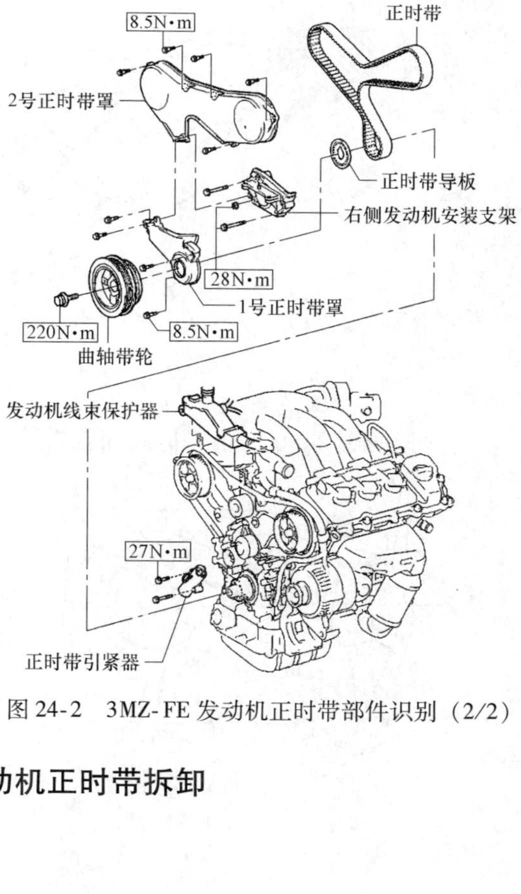

图 24-2 3MZ-FE 发动机正时带部件识别（2/2）

二、ES 330 轿车 3.3L（3MZ-FE）发动机正时带拆卸

1）拆卸右前轮。

2）拆卸右前翼子板密封。

3）拆卸连接空调压缩机和曲轴带轮的传动带。

4）拆卸叶轮泵传动带。

5）按照图 24-3 所示，拆卸发动机运动控制杆和支架。

6）按照图 24-4 所示，拆卸右侧发动机安装支柱。

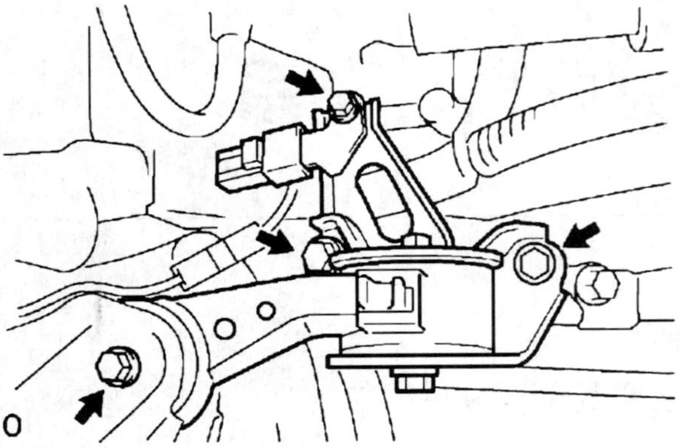

图 24-3　拆卸发动机运动控制杆和支架

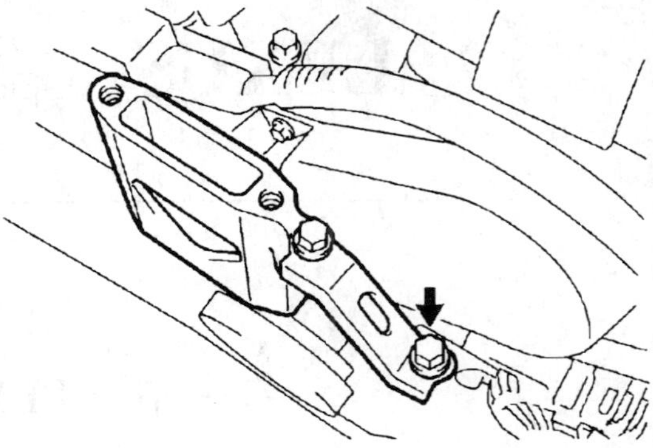

图 24-4　拆卸右侧发动机安装支柱

7）按照图 24-5 所示，拆卸发电机安装支架。

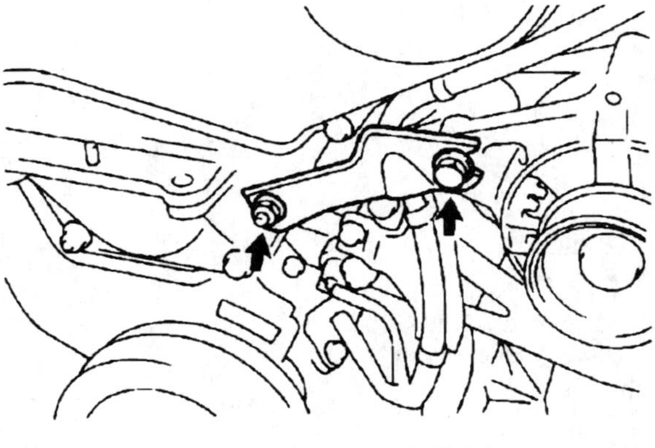

图 24-5　拆卸发电机安装支架

8）按照图 24-6 所示，拆卸曲轴带轮。

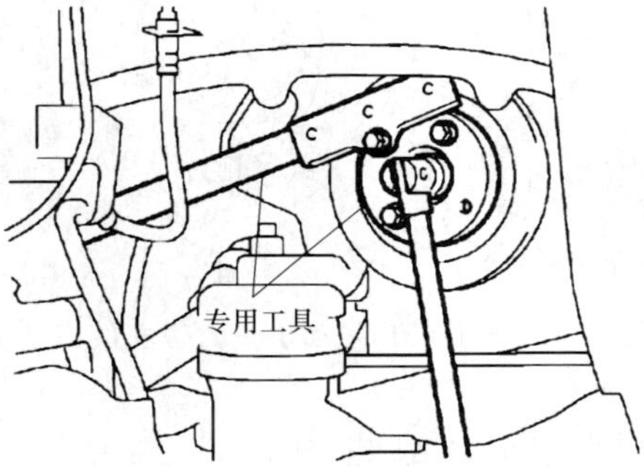

用专用工具松开曲轴带轮螺钉

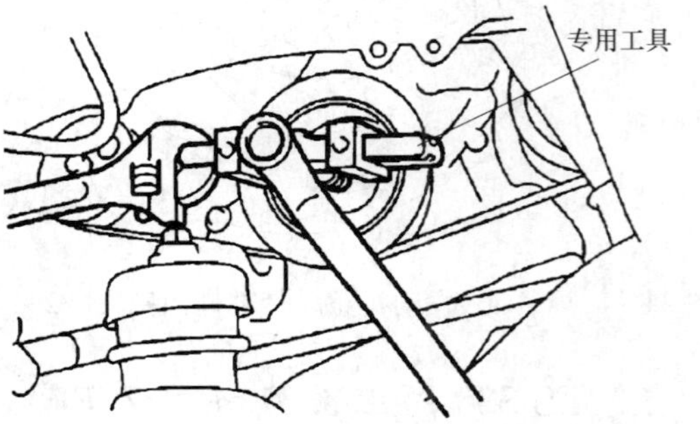

用专用工具拆卸曲轴带轮

图 24-6　拆卸曲轴带轮

9）拆卸1号正时带罩。

10）按照图24-7所示，拆卸2号正时带罩上的卡子和螺钉，拆下正时带罩。

11）如图24-8所示，拆卸右侧发动机安装支架。

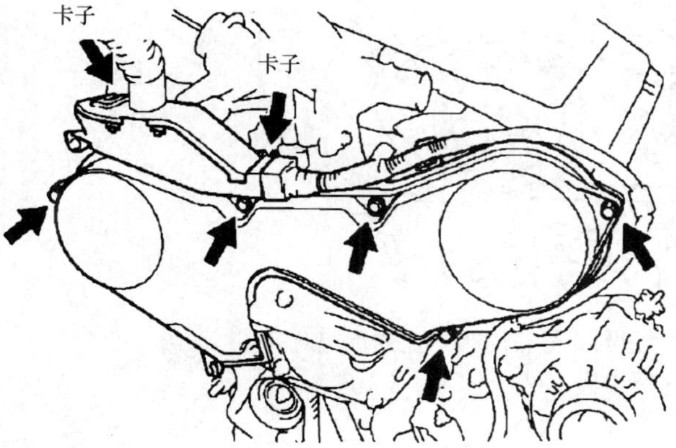

图24-7 拆卸2号正时带罩

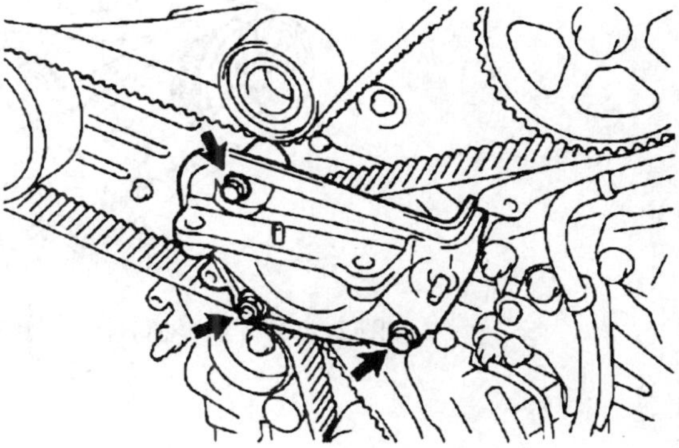

图24-8 拆卸右侧发动机安装支架

12）拆卸正时带导板。

13）拆卸正时带：

① 先暂时将曲轴带轮螺栓和垫圈安装到曲轴上。

② 顺时针转动曲轴，如图24-9所示，使曲轴带轮上的正时标记与机油泵壳体上的标记对齐。

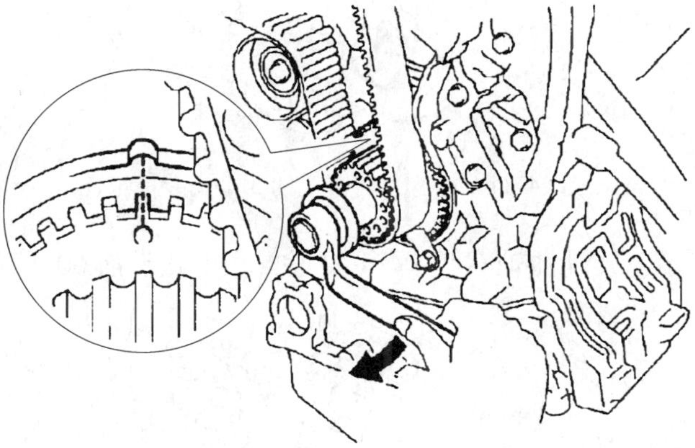

图24-9 使曲轴带轮上的正时标记与机油泵壳体上的标记对齐

③ 按照图24-10所示，检查凸轮轴带轮上的正时标记是否与3号正时带罩上的标记对齐，如果没有对齐，将曲轴转动1周。

④ 拆下曲轴带轮螺栓。

⑤ 如果不换用新正时带而继续使用旧的正时带，则要按照图24-11所示，检查正时带上的3个安装标记是否齐全。

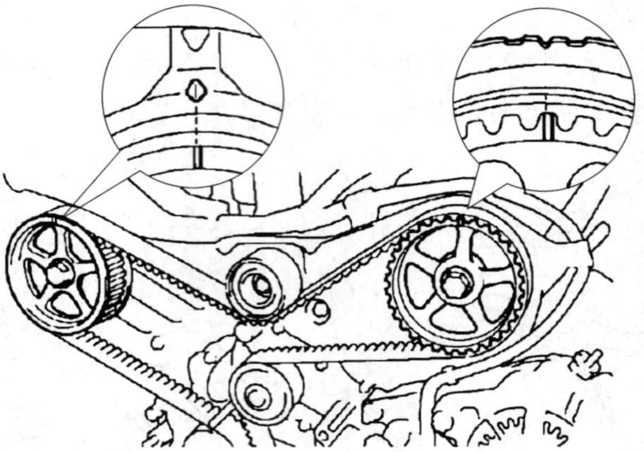

图 24-10　凸轮轴带轮上的正时标记与 3 号正时带罩上的标记对齐

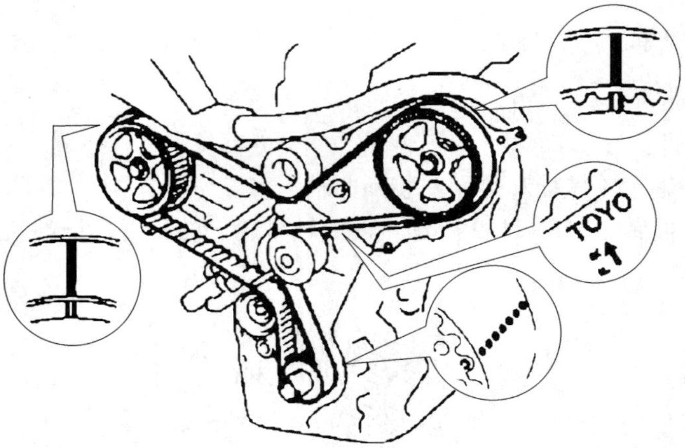

图 24-11　检查正时带上的 3 个安装标记

⑥ 如图 24-12 所示，转动曲轴 60°，将 1 缸设置在上止点前 60°位置。

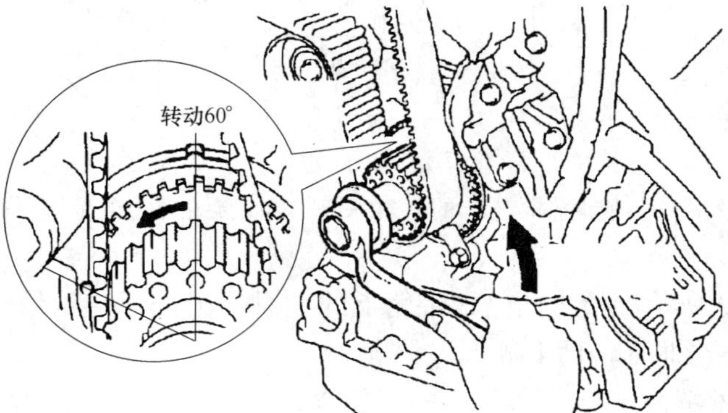

图 24-12　转动曲轴 60°

14）拆卸正时带张紧器。

15）按照图 24-13 所示的顺序，将正时带从各个带轮上拆下。

16）检查正时带，如果发现正时带磨损、裂纹等情况，则要换用新的正时带。

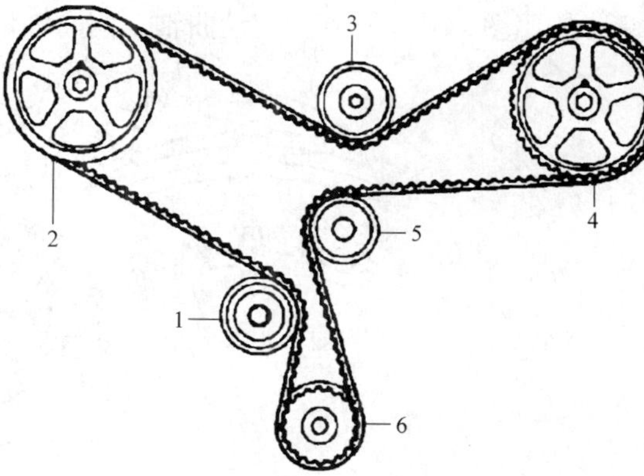

图 24-13 正时带拆卸顺序

三、ES 330 轿车 3.3L（3MZ-FE）发动机正时带安装

1）把各个带轮擦拭干净。

2）确认惰轮转动顺畅，油封完好。

3）确认水泵带轮转动顺畅。

4）先暂时将曲轴带轮螺栓和垫圈安装到曲轴上。

5）如图 24-14 所示，逆时针转动曲轴 60°。

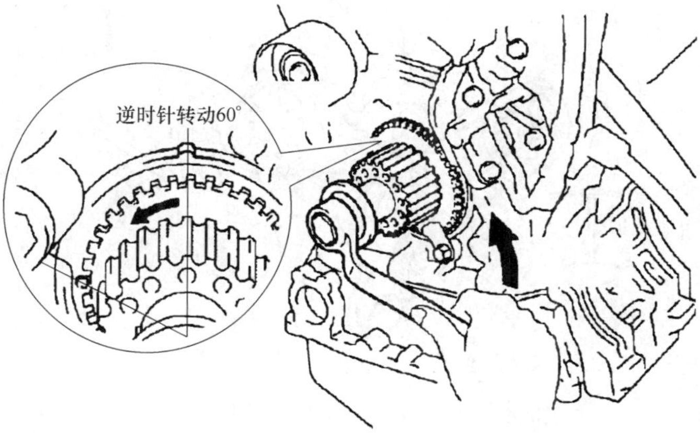

图 24-14 逆时针转动曲轴 60°

6）如图 24-15 所示，用专用工具转动凸轮轴带轮，使带轮上的正时标记与 3 号正时带罩上的标记对齐。

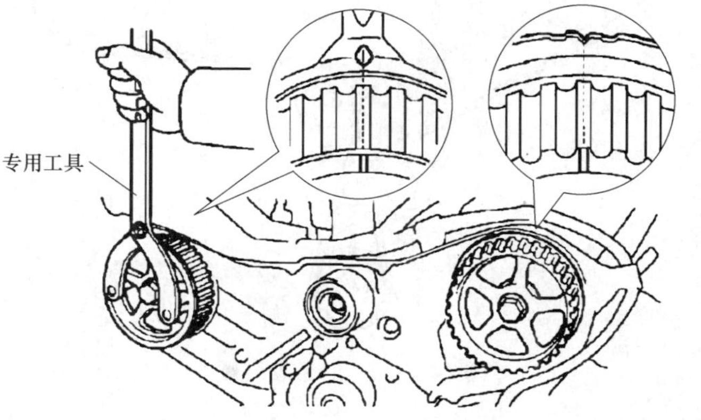

图 24-15 凸轮轴带轮上的正时标记与 3 号正时带罩上的标记对齐

7）按照图 24-16 所示，转动曲轴，使曲轴带轮上的正时标记与机油泵壳体上的标记对齐。

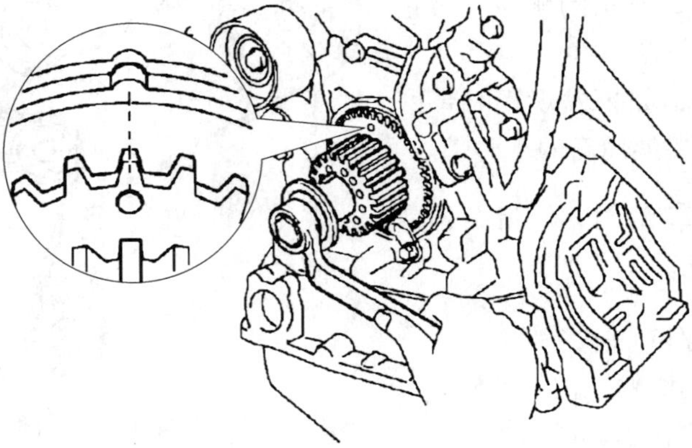

图 24-16　曲轴带轮上的正时标记与机油泵壳体上的标记对齐

8）按照图 24-17 所示，将正时带上的安装标记对齐。

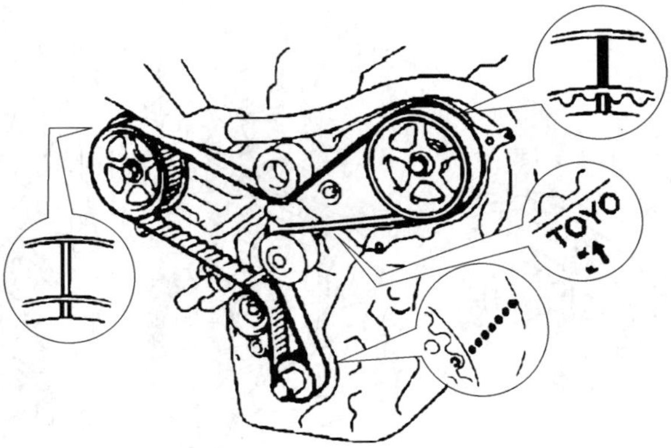

图 24-17　将正时带上的安装标记对齐

9）按照图 24-18 所示的安装顺序，安装正时带。

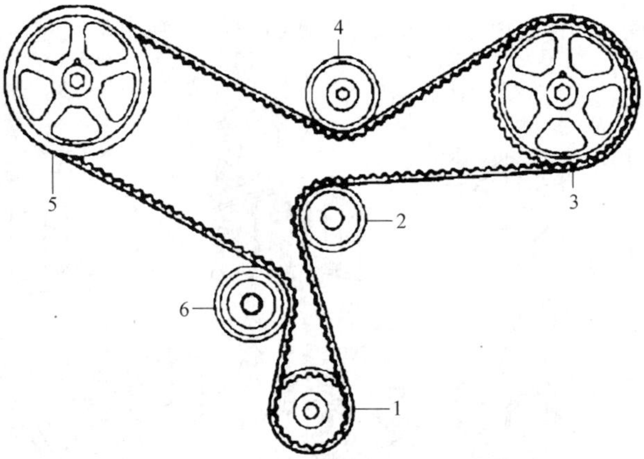

图 24-18　正时带安装顺序

10）安装正时带张紧器：

① 将正时带张紧器朝上放置在压床上。

② 按照图 24-19 所示，以小于 9.8kN 的力量将张紧器推杆慢慢压下。等到张紧器壳体上的小孔与推杆上的小孔对齐时，插入一根直径为 1.5mm 的六角扳手，固定住推杆。

③ 将曲轴转动 2 周，然后按照图 24-16 所示，将曲轴带轮和机油泵壳体上的标记对齐。

④ 参照图 24-15，确认凸轮轴带轮上的正时标记与 3 号正时带罩上的标记对齐。

⑤ 拆下曲轴带轮螺栓。

11）按照图 24-20 所示，安装正时带导板。

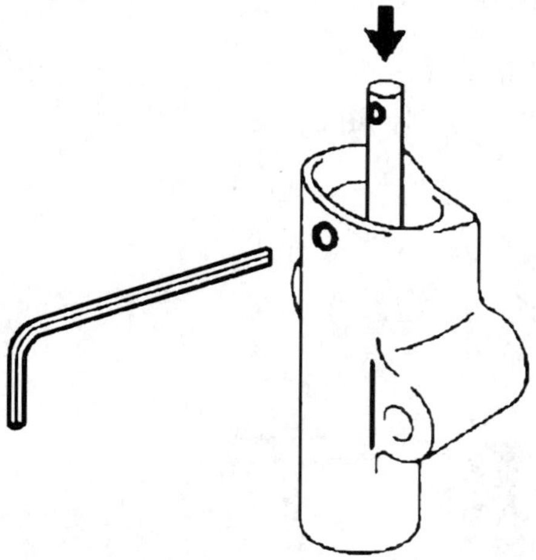

图 24-19　压下推杆并插入六角扳手

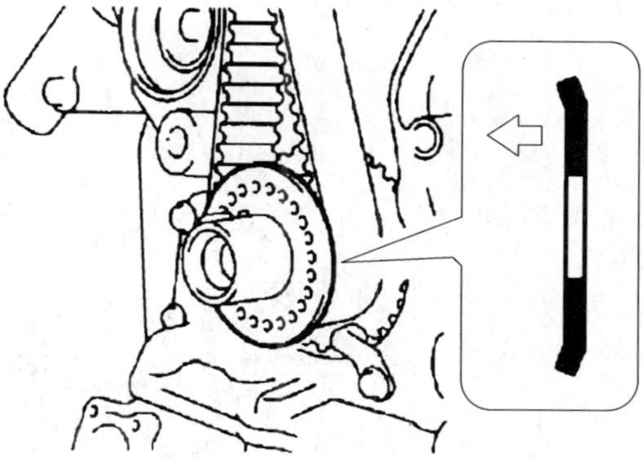

图 24-20　安装正时带导板

12）按照图 24-21 所示，安装发动机右侧安装支架。

13）安装 2 号正时带罩。

14）安装 1 号正时带罩。

15）用专用工具安装曲轴带轮，将曲轴带轮螺栓紧固至 220N · m。

16）安装发电机支架。

17）安装发动机安装支柱和发动机安装支架。

18）按照图 24-22 所示，安装发动机运动控制杆和支架。

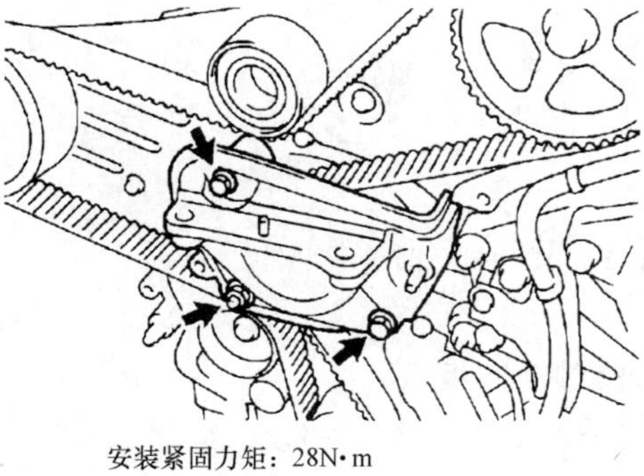

安装紧固力矩：28N·m

图 24-21　安装发动机右侧安装支架

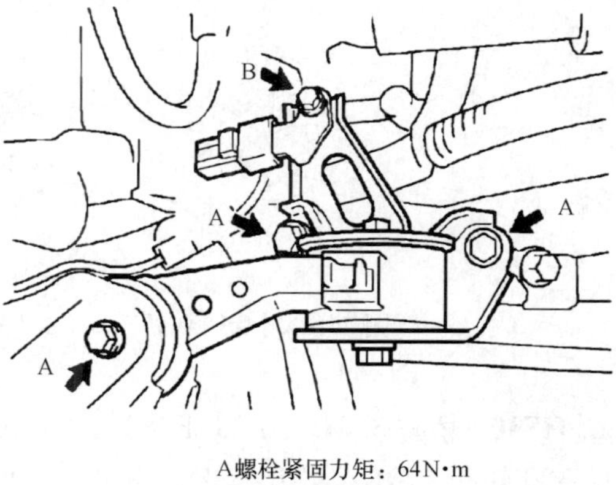

A螺栓紧固力矩：64N·m
B螺栓紧固力矩：23N·m

图 24-22　安装发动机运动控制杆和支架

19）安装叶轮泵传动带。

20）安装连接空调压缩机和曲轴带轮的传动带。

21）安装右前车轮。

第二节　LEXUS GS 系列轿车

一、GS300 轿车 3.0L（3GR-FSE）发动机正时校对

1. GS300 轿车 3.0L（3GR-FSE）发动机正时链条部件识别

GS300 轿车 3.0L（3GR-FSE）发动机正时链条部件识别见图 24-23。

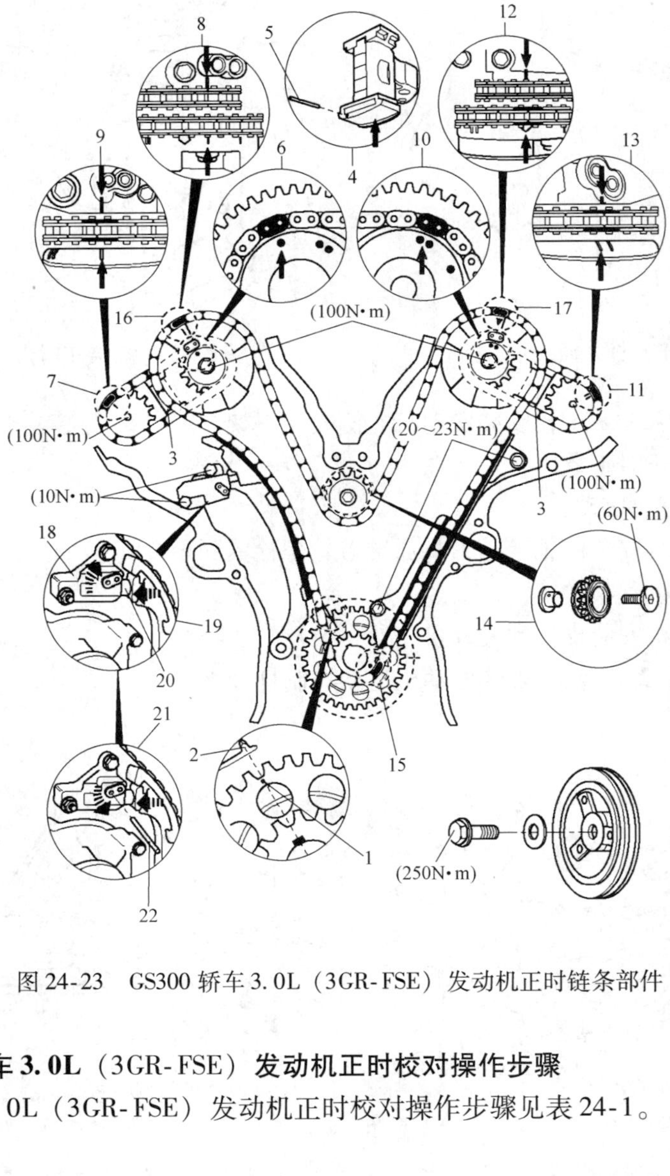

图 24-23　GS300 轿车 3.0L（3GR-FSE）发动机正时链条部件

2. GS300 轿车 3.0L（3GR-FSE）发动机正时校对操作步骤

GS300 轿车 3.0L（3GR-FSE）发动机正时校对操作步骤见表 24-1。

表 24-1 GS300 轿车 3.0L（3GR-FSE）发动机正时校对操作步骤

步 骤	操 作 方 法
1	拆卸发动机
2	拆卸上部和下部油底壳
3	把曲轴链轮上的正时标记（图 24-23 中的 1）与气缸体槽口中心（图 24-23 中的 2）对齐
4	把左侧次级正时链条张紧器和右侧次级正时链条张紧器锁止到压缩位置： 1）把张紧器柱塞压入到张紧器壳体中（图 24-23 中的 4） 2）插入合适的销子，把张紧器柱塞锁止在压缩位置（图 24-23 中的 5）
5	安装左侧次级正时链条张紧器和右侧次级正时链条张紧器（图 24-23 中的 3）
6	安装次级正时链条： 1）把次级正时链条上的黄色链节与右侧进气凸轮轴链轮后部的正时标记对齐（图 24-23 中的 6） 2）把次级正时链条上的黄色链节与右侧排气凸轮轴链轮后部的正时标记对齐（图 24-23 中的 7） 3）把右侧凸轮轴链轮和次级正时链条作为一个整体安装到凸轮轴上 4）确保次级正时链条的黄色链节和凸轮轴链轮上的正时标记与凸轮轴轴承盖上的正时标记对齐（图 24-23中的 8 和 9） 5）把次级正时链条上的黄色链节与左侧进气凸轮轴链轮后部的正时标记对齐（图 24-23 中的 10） 6）把次级正时链条上的黄色链节与左侧排气凸轮轴链轮后部的正时标记对齐（图 24-23 中的 11） 7）把左侧凸轮轴链轮和次级正时链条作为一个整体安装到凸轮轴上 8）确保次级正时链条的黄色链节和凸轮轴链轮上的正时标记与凸轮轴轴承盖上的正时标记对齐（图 24-23中的 12 和 13）
7	取下插在左侧和右侧次级正时链条张紧器中的锁止销（图 24-23 中的 5）
8	安装惰轮链轮（图 24-23 中的 14），确保惰轮链轮正确就位
9	安装主正时链条： 1）确保主正时链条的黄色链节和凸轮轴链轮上的正时标记与凸轮轴轴承盖上的正时标记对齐（图 24-23中的 8、9、12 和 13） 2）把曲轴链轮上的正时标记（图 24-23 中的 1）与气缸体槽口中心（图 24-23 中的 2）对齐 3）把曲轴链轮上的正时标记（图 24-23 中的 1）与主正时链条的黄色链节（图 24-23 中的 15）对齐 4）把凸轮轴链轮上的正时标记与主正时链条的橙色链节（图 24-23 中的 16 和 17）对齐
10	把主正时链条张紧器（图 24-23 中的 18）锁止到压缩位置： 1）把杆转动到解锁位置（图 24-23 中的 19） 2）把张紧器柱塞（图 24-23 中的 20）沿着图 24-23 中所示的箭头方向压入到张紧器壳体中 3）把杆转动到锁止位置（图 24-23 中的 21） 4）插入合适的销子（图 24-23 中的 22），把张紧器柱塞锁止在压缩位置
11	安装主正时链条张紧器滑轨和主正时链条张紧器
12	把插在主正时链条张紧器中的销子（图 24-23 中的 22）取下，使张紧器柱塞释放

二、GS350 轿车 3.5L（2GR-FSE）发动机正时校对

GS350 轿车 3.5L（2GR-FSE）发动机正时校对方法与 GS300 轿车 3.0L（3GR-FSE）发动机正时校对方法相同。

三、GS430 轿车 4.3L（3UZ-FE）发动机正时带拆装

1. 正时带拆卸

正时带部件识别见图 24-24。

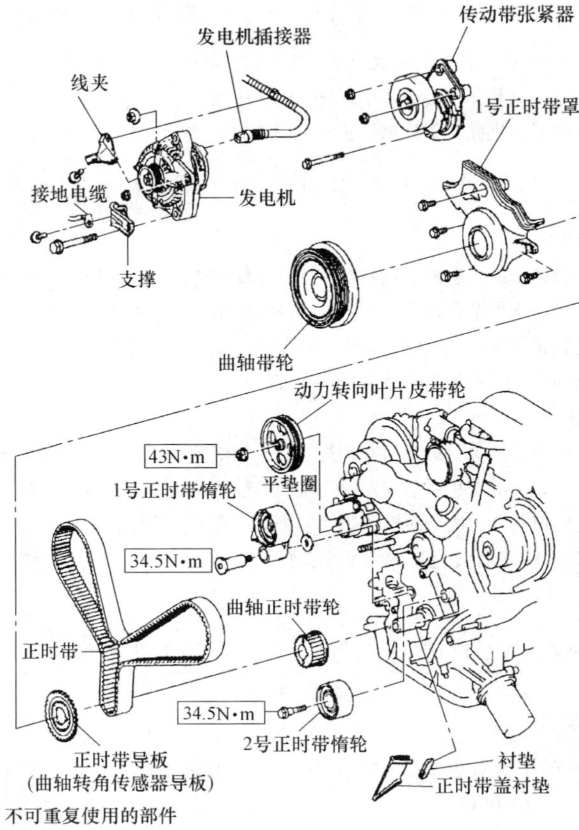

图 24-24 正时带部件识别

1）拆卸发动机上罩盖，排出发动机冷却液。

2）拆卸空气滤清器进气口、发动机舱侧罩盖、2 号气缸罩、传动带、散热器总成。

3）拆卸正时带罩和 1 号正时带惰轮。

4）如果想重复使用正时带，则检查正时带的安装标记，转动曲轴带轮，正时带上应有 3 个安装标记（图 24-25）。如果安装标记未出现，则在拆下每个部件前应标出新的安装标记。

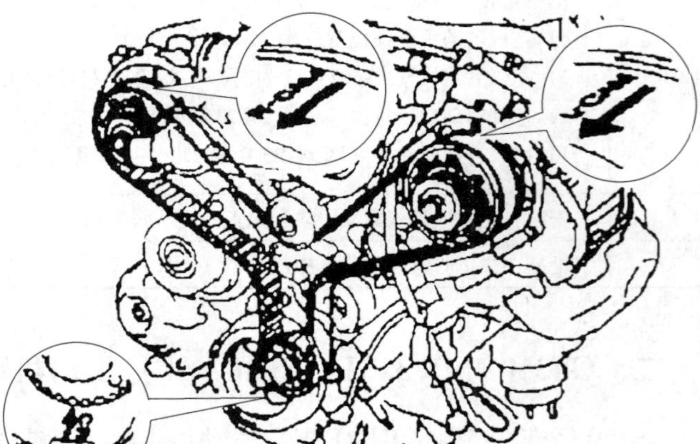

图 24-25 正时带标记

5）松开曲轴带轮螺栓。

6）将1缸设置在压缩冲程上止点后5°的位置。

① 转动曲轴带轮，并将它的槽口和1号正时带罩的正时标记“O”对齐，如图24-26所示。

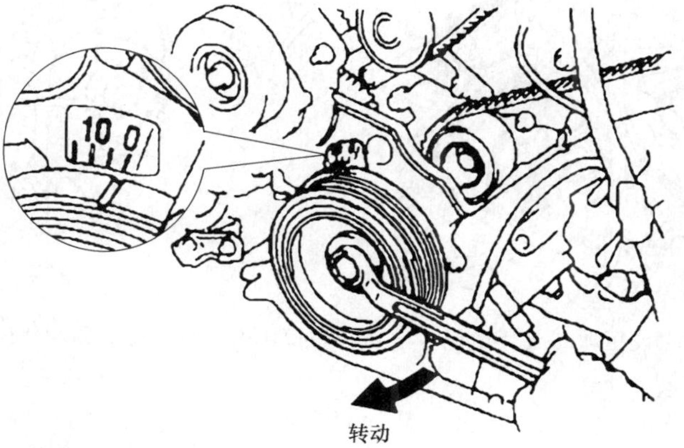

图24-26　对准正时标记

② 凸轮轴正时带轮上的正时标记要与正时带后板对准，如图24-27所示。

③ 顺时针转动曲轴带轮约50°，使曲轴带轮正时标记与曲轴带轮螺栓中央和2号正时带惰轮成一直线，如图24-28所示。

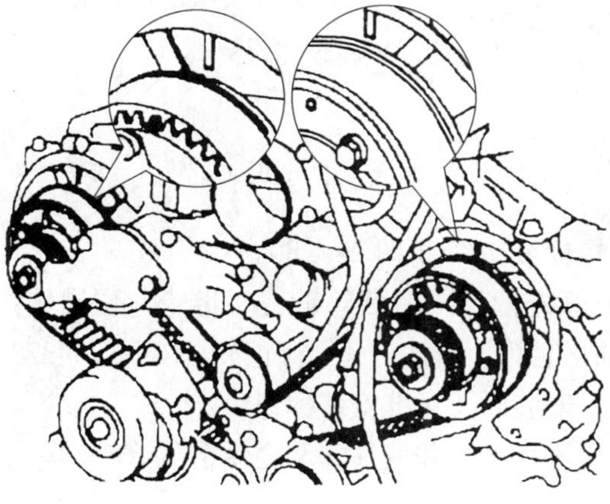

图24-27　检查凸轮轴正时带轮上的正时标记

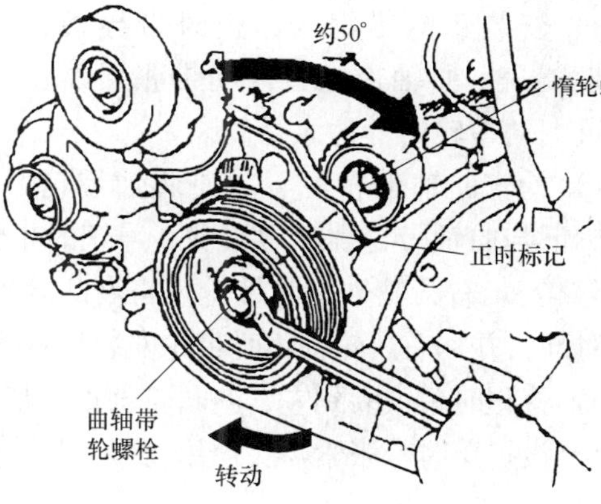

图24-28　顺时针转动曲轴传动带约50°

④ 拆卸曲轴带轮螺栓。

7）拆下正时带张紧器。注意：在重复使用正时带时，如果安装标记未出现，则在拆下正时带前，要在正时带上设定2个新的安装标记，与凸轮轴正时标记相匹配（图24-29）。当更换正时带张紧器时，要避免正时带轮和正时带啮合，用绳子系住它们其中之一，并在正时带和右凸轮轴正时带轮上作标记（图24-30）。

8）从凸轮轴正时带轮上拆下正时带。

9）拆下凸轮轴正时带轮、动力转向叶片泵带轮、发电机、曲轴带轮、1号正时带罩盖、正时带。

10）拆下1号正时带惰轮、2号正时带惰轮、正时带导板、正时带滑板、曲轴正时带轮。

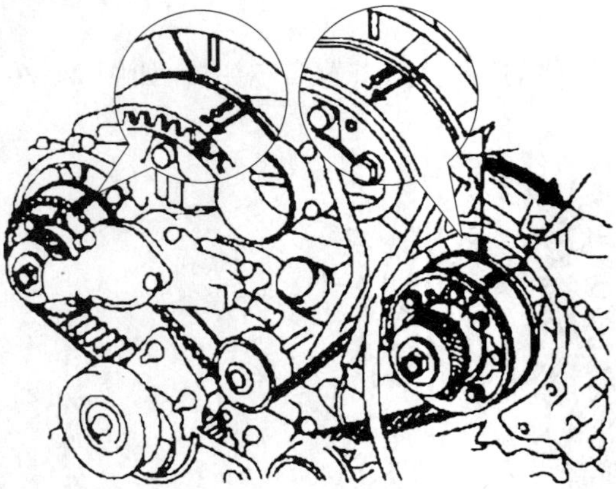

图 24-29 在正时带上设定新的安装标记

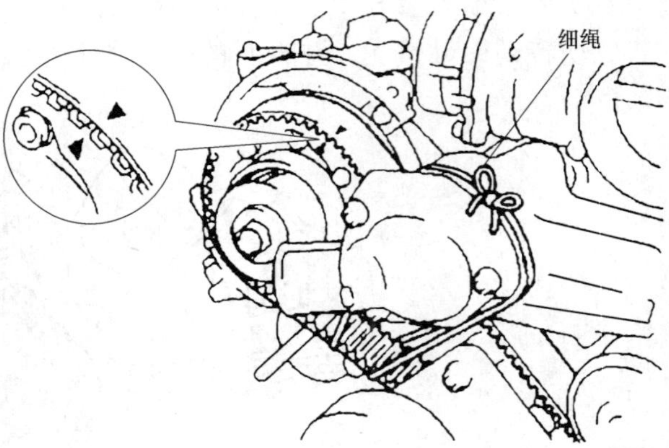

图 24-30 在正时带和右凸轮轴正时带轮上作标记

2. 正时带安装

1）安装曲轴正时带轮。将曲轴正时带轮定位键对准曲轴正时带轮的键槽，使角度传感器朝内，推入曲轴正时带轮（图 24-31）。

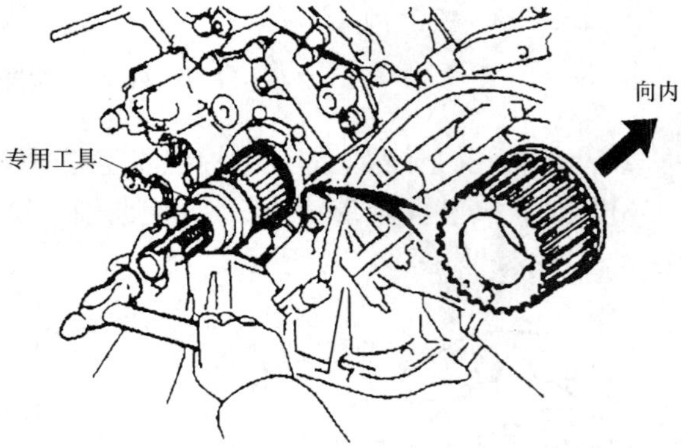

图 24-31 安装曲轴正时带轮

2）安装 1 号正时带惰轮、2 号正时带惰轮，并检查惰轮转动是否平滑。

3）安装正时带滑板、正时带导板、正时带罩盖、曲轴带轮、传动带张紧器、发电机、动力转向叶片泵带轮。

4）检查曲轴带轮位置。使曲轴带轮正时标记与曲轴带轮螺栓中央和 2 号正时带惰轮螺栓成一线（图 24-28）。

5）安装右凸轮轴正时带轮。将右凸轮轴正时管定位销与右凸轮轴正时带轮定位销槽口对准，并把右凸轮轴正时带轮安装到右凸轮轴正时管上，使“R”标记朝外（图 24-32）。

6）将正时带安装到左、右凸轮轴正时带轮上，安装时要对准安装标记。

7）设定正时带张紧器：使用压紧工具，慢慢压进柱塞，并使柱塞和壳体上的孔对准。对

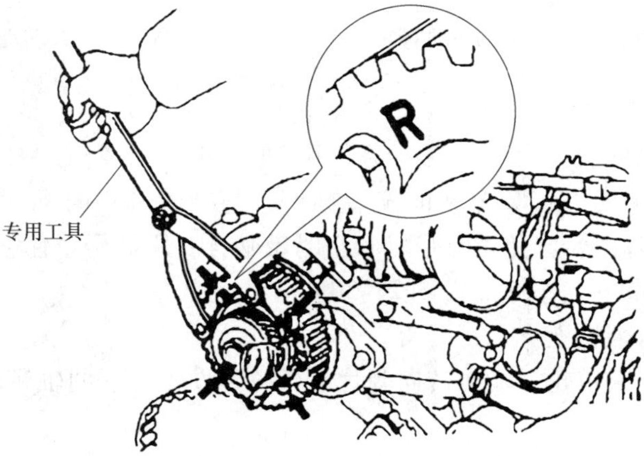

图 24-32 安装右凸轮轴正时带轮

准孔插入一个 12mm 六角扳手，使柱塞保持在压缩位置（图 24-33）。

8）安装正时带张紧器。

9）检查气门间隙。

10）安装 1 号传动带惰轮、压缩机、正时带盖罩、2 号传动带惰轮。

11）安装散热器风扇总成、传动带、气缸盖罩、发动机舱侧罩盖、空气滤清器进气口。

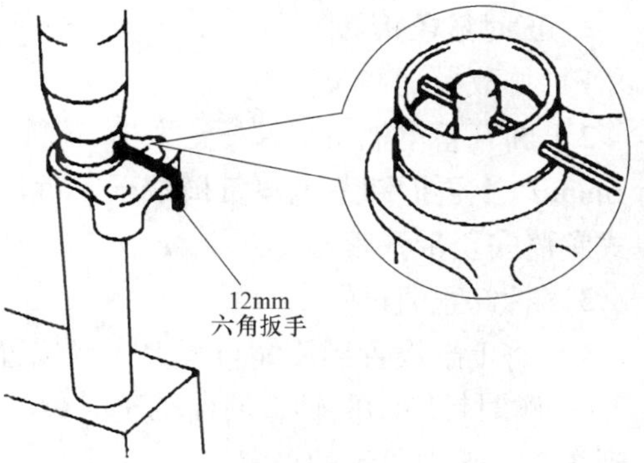

图 24-33 设定正时带张紧器

四、GS460 轿车 4.6L（1UR-FSE）发动机正时链条拆装

请参见第三节 LS460 轿车 1UR-FSE 发动机正时链条拆装步骤。

第三节 LEXUS LS 系列轿车

一、LS 460 轿车 4.6L（1UR-FSE）发动机正时校对

LS 460 轿车 4.6L（1UR-FSE）发动机正时链条部件识别见图 24-34。

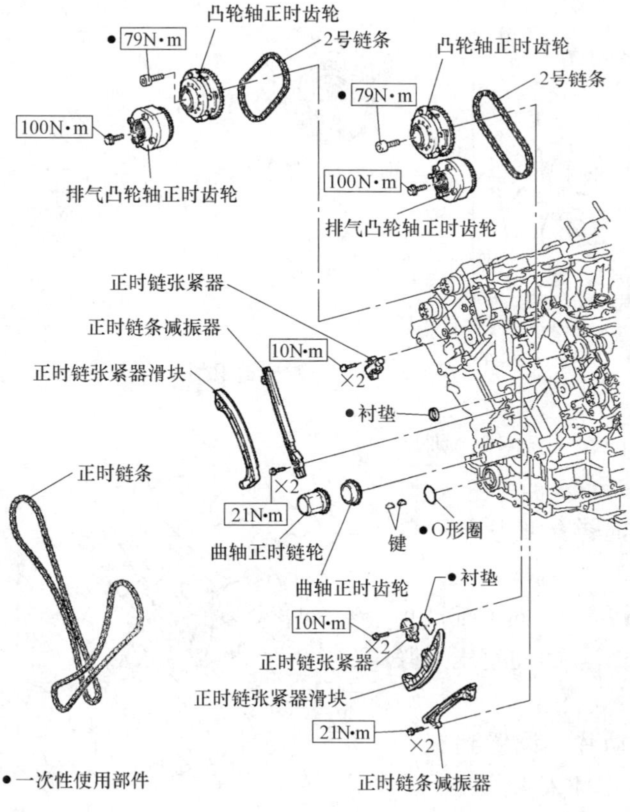

图 24-34 LS 460 轿车 4.6L（1UR-FSE）发动机正时链条部件

1. 正时链条拆卸

1）排放燃油系统压力。

2）断开蓄电池负极端子。如果车辆配备有HDD导航系统，则要在将发动机关闭后等待6min以上再拆卸蓄电池负极端子。拆卸负极端子后应等待90s以上，以防安全气囊和燃爆式座椅安全带张紧器膨开。

3）拆卸正时链罩。

4）将1缸设置到压缩行程上止点位置：

① 顺时针转动曲轴，使曲轴正时齿轮上的正时标记和凸轮轴正时齿轮上的正时标记均达到图24-35中所示的位置。

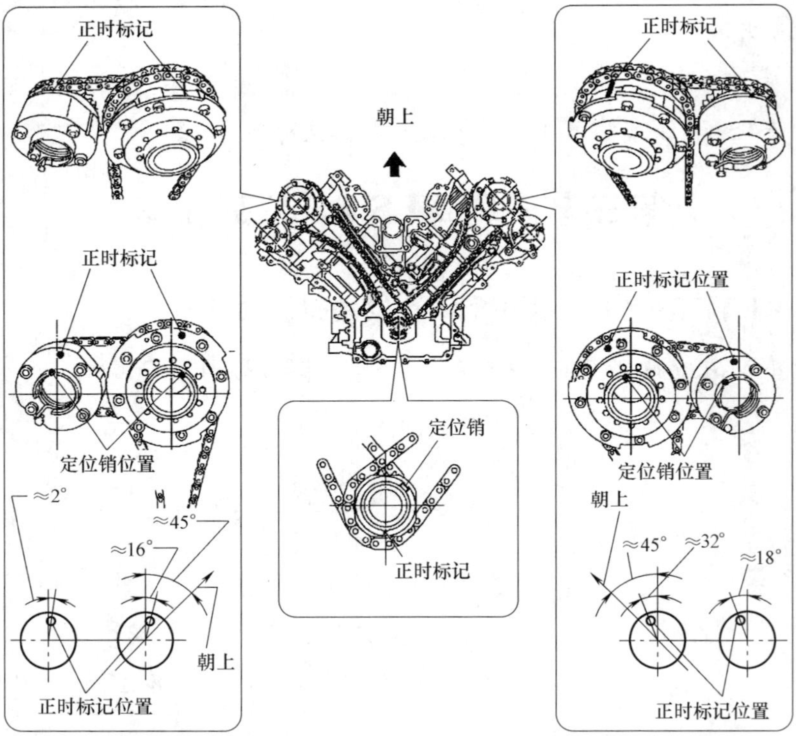

图24-35 正时标记识别

② 如果正时标记没有对齐，则顺时针转动曲轴并对齐标记。

5）拆卸1号正时链条张紧器（气缸列1）：

① 按照图24-36所示，向上推动止动片解除锁定，将张紧器的柱塞压入张紧器中。

② 向下推动止动片，设置到锁定位置，在止动片的孔中插入六角扳手。

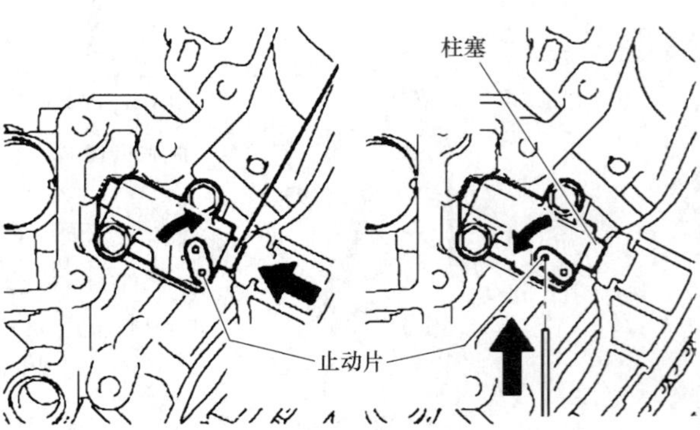

图24-36 止动片和柱塞识别

③ 按照图24-37所示，拆卸正时链

条张紧器上的 2 个螺栓和张紧器。

6）拆卸正时链条张紧器滑块（气缸列 1）。

7）按照图 24-38 所示，拆下正时链条减振器上的 2 个螺栓并拆卸减振器。

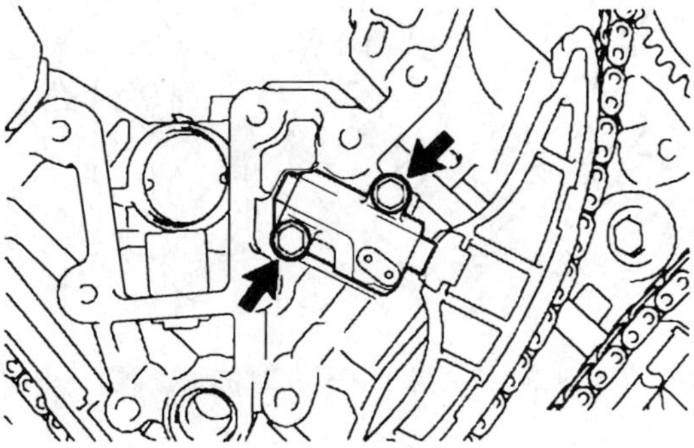

图 24-37 正时链条张紧器螺栓

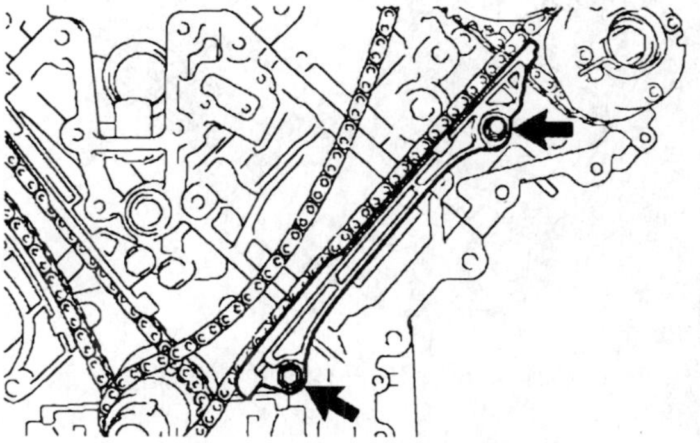

图 24-38 正时链条减振器螺栓

8）拆卸正时链条（气缸列 1）：

① 如图 24-39 所示，推压正时链条张紧器，将一根直径为 1.0mm 的销子插入孔中，使其固定到位。

② 如图 24-40 所示，用扳手固定住凸轮轴的六角部位，然后用 12mm 的六角扳手松开螺栓。注意，操作时扳手不要碰伤气缸盖，也不要分解凸轮轴正时齿轮。

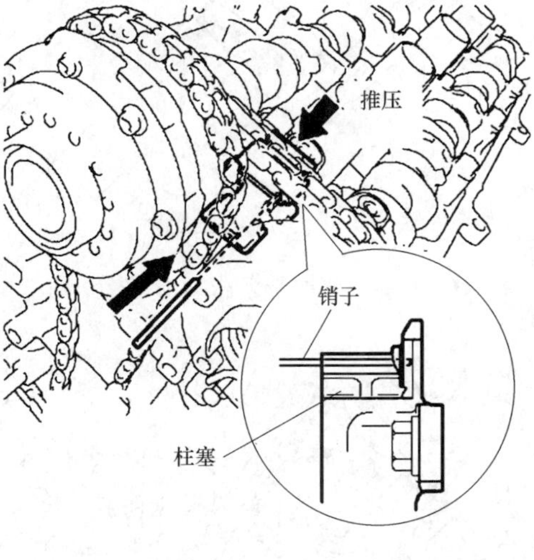

图 24-39 插入销子以固定张紧器

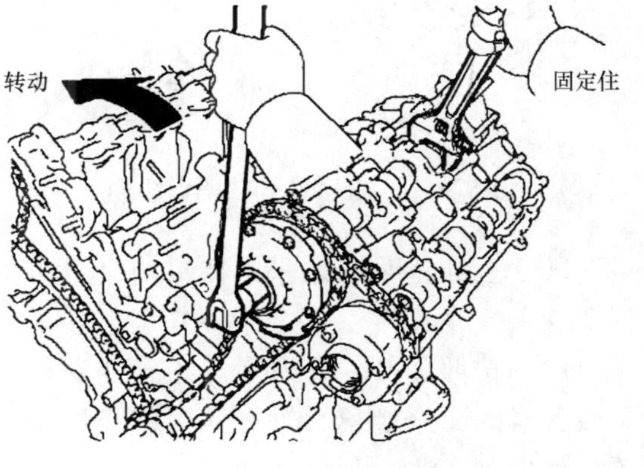

图 24-40 固定凸轮轴并松开螺栓

③ 按照图 24-41 所示，用扳手固定住凸轮轴的六角部位，然后用 12mm 的六角扳手松开螺栓。

④ 拆下 2 个螺栓，然后把连着齿轮的 1 号和 2 号正时链拆下，拆下凸轮轴正时齿轮，排气凸轮轴齿轮和曲轴正时链轮。

⑤ 将正时链条从齿轮上拆下。

9）如图 24-42 所示，拆下 3 号正时链张紧器。

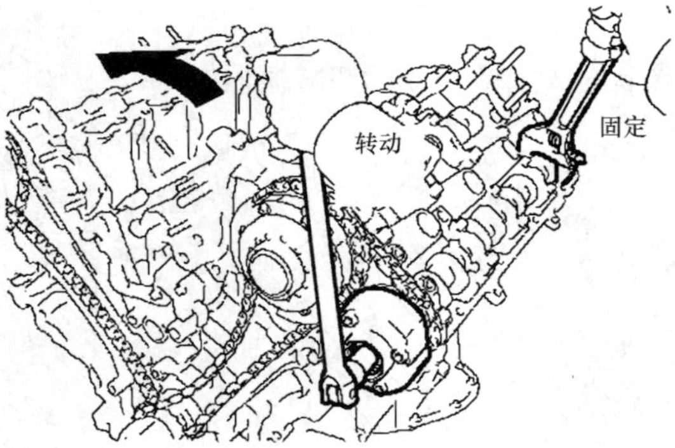

图 24-41　固定凸轮轴并松开螺栓

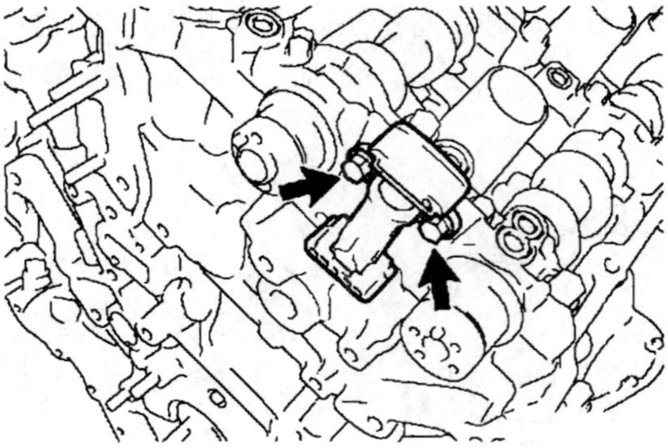

图 24-42　拆下 3 号正时链张紧器

10）拆卸 1 号正时链条张紧器（气缸列 2）：

① 按照图 24-43 所示，向上推动止动片解除锁定，将张紧器的柱塞压入张紧器中。

② 向下推动止动片，设置到锁定位置，在止动片的孔中插入六角扳手。

③ 按照图 24-44 所示，拆卸正时链条张紧器上的 2 个螺栓，然后拆下张紧器。

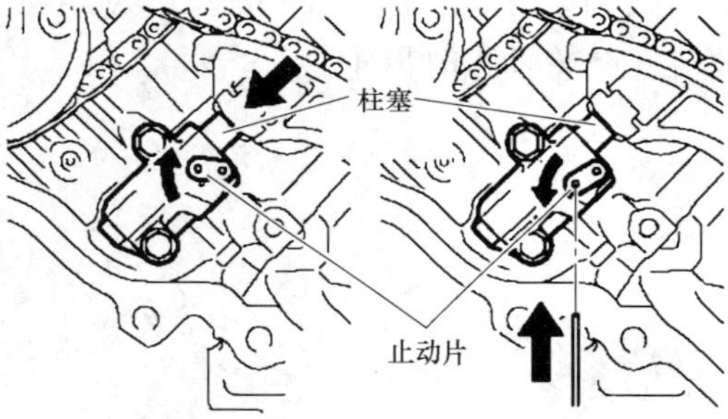

图 24-43　止动片和柱塞识别

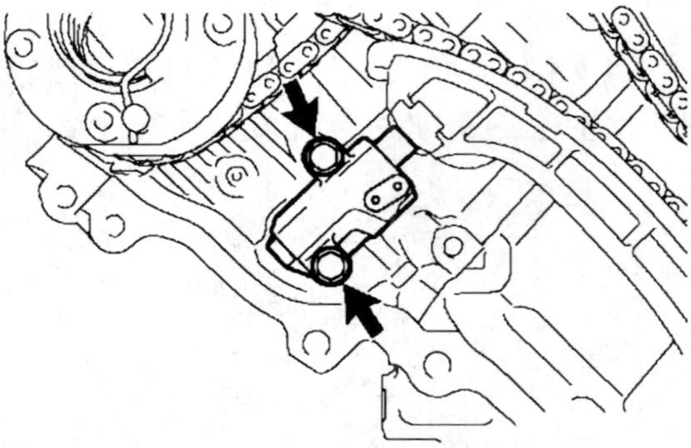

图 24-44　正时链条张紧器螺栓识别

11）拆卸正时链条张紧器滑块（气缸列 2）。

12）按照图 24-45 所示，松开正时链条减振器的 2 个螺栓，拆卸正时链条减振器（气缸列 2）。

13）拆卸正时链条（气缸列 2）：

① 如图 24-46 所示，推压正时链条张紧器，将直径为 1.0mm 的销子插入孔中，将正时链条张紧器固定到位。

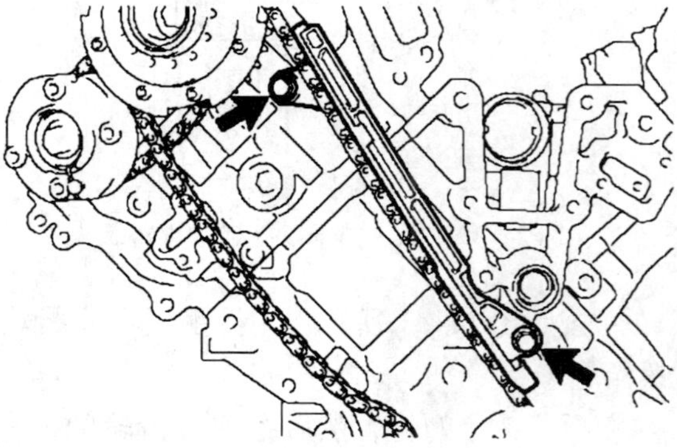

图 24-45　正时链条减振器螺栓

② 如图 24-47 所示，用扳手固定住凸轮轴的六角部位，然后用 12mm 的六角扳手松开螺栓。注意，操作时扳手不要碰伤气缸盖，也不要分解凸轮轴正时齿轮。

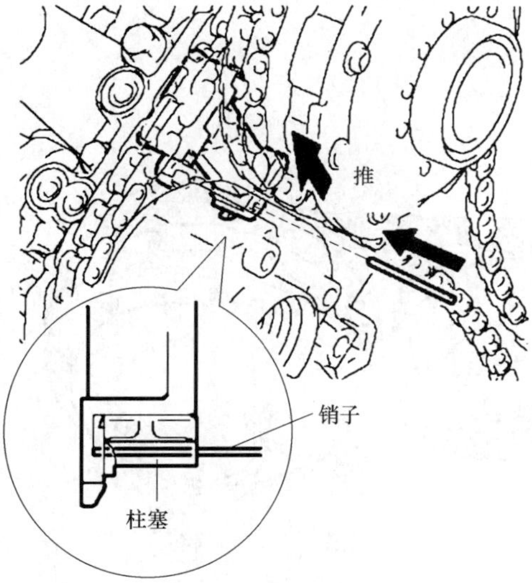

图 24-46 插入销子以固定张紧器

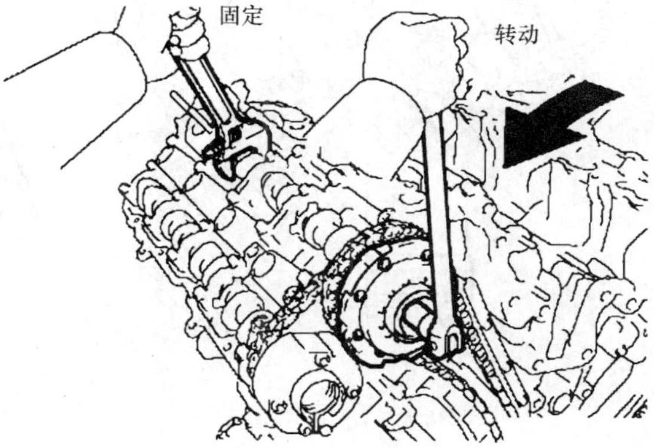

图 24-47 固定凸轮轴并松开螺栓

③ 按照图 24-48 所示，用扳手固定住凸轮轴的六角部位，然后用 12mm 的六角扳手松开螺栓。

④ 拆下 2 个螺栓，然后把连着齿轮的 1 号和 2 号正时链拆下，拆下凸轮轴正时齿轮、排气凸轮轴齿轮和曲轴正时链轮。

⑤ 将正时链条从齿轮上拆下。

14）按照图 24-49 所示，拆卸 2 号正时链条张紧器

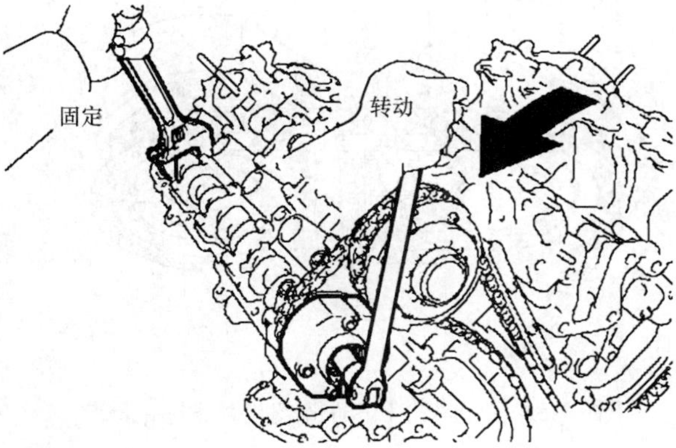

图 24-48 固定凸轮轴并松开螺栓

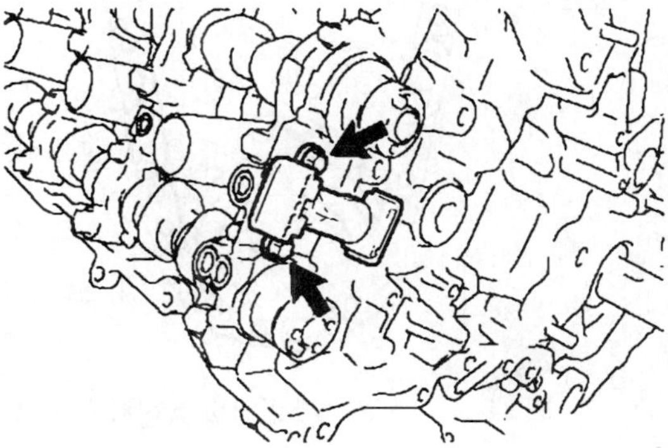
图 24-49 拆卸 2 号正时链条张紧器

2. 正时链条安装

1）安装 2 号正时链条张紧器：

① 先把 2 号正时链条张紧器的 2 个螺栓安装好，将螺栓紧固至 10N·m。

② 如图 24-50 所示，推动 2 号正时链条张紧器，将一根直径为 1.0mm 的销子插入孔中，使张紧器固定到位。

2）安装正时链条（气缸列 2）：

① 按照图 24-51 所示，把 1 号正时链条上的橙色标记链片与凸轮轴正时齿轮上的正时标记对齐。将正时链条安装到凸轮轴正时齿轮上。

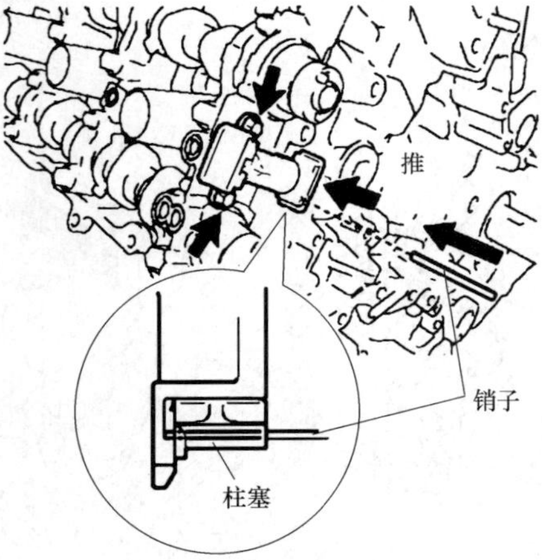

图 24-50　插入销子

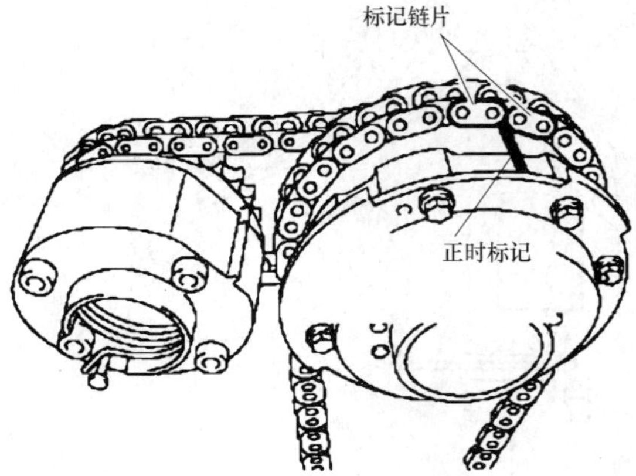

图 24-51　1 号正时链条上的橙色标记链片与凸轮轴正时齿轮上的正时标记对齐

② 按照图 24-52 所示，把 1 号正时链条上的橙色标记链片与曲轴正时齿轮上的正时标记对齐。将正时链条安装到曲轴正时齿轮上。

③ 按照图 24-53 所示，把 2 号正时链条上的黄色标记链片与凸轮轴正时齿轮上的正时标记和排气凸轮轴正时齿轮上的正时标记对齐。将 2 号正时链条安装到上述齿轮上。

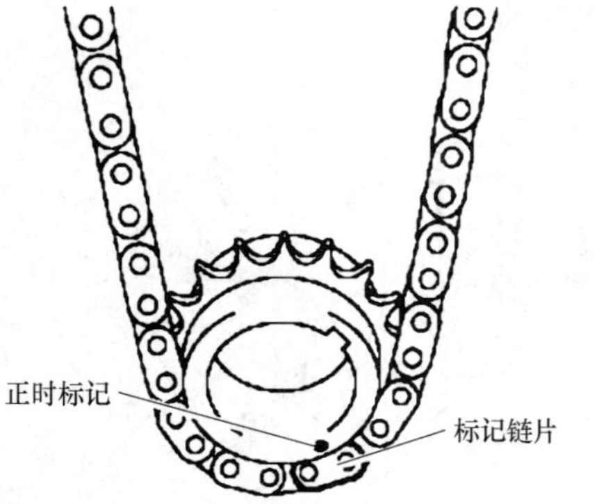

图 24-52　安装 1 号正时链条并对齐标记

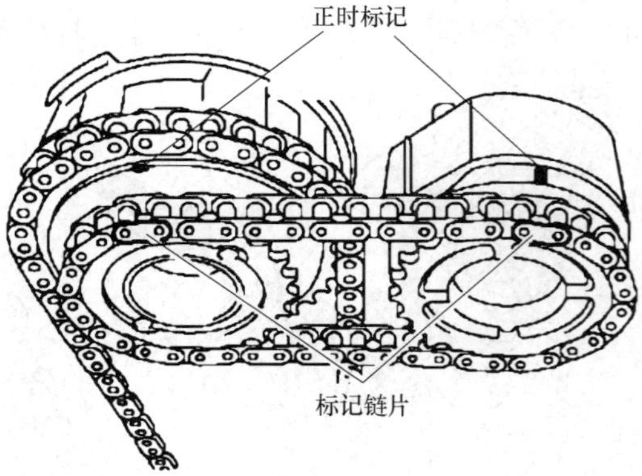

图 24-53　安装 2 号正时链条并对齐标记

④ 把曲轴正时齿轮安装到曲轴上。

⑤ 把 1 号凸轮轴的定位销与凸轮轴正时齿轮上的定位销孔对齐。

⑥ 转动 2 号凸轮轴的六角部位，使 2 号凸轮轴定位销插入排气凸轮轴正时齿轮定位销孔。

⑦ 从 2 号正时链条张紧器上拆下销子。

3）按照图 24-54 所示，安装 1 号正时链条减振器（气缸列 2）并将 2 个螺栓紧固至 21N · m。

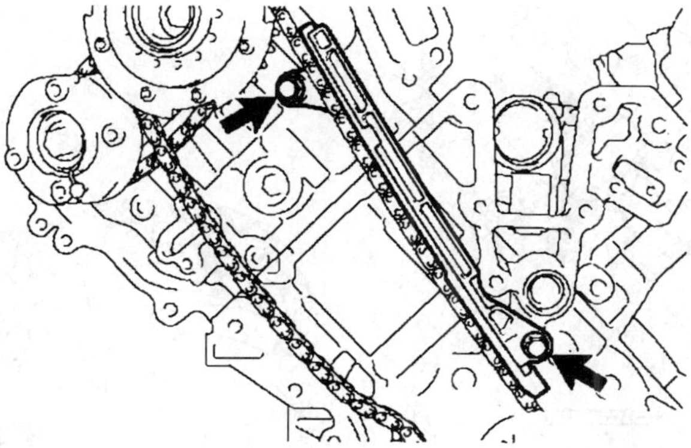

图 24-54 安装 1 号正时链条减振器

4）安装正时链条张紧器滑块（气缸列 2）。如果安装时发现正时链条过紧无法安装，可转动凸轮轴的六角部位使正时链条松弛，然后再安装正时链条张紧器滑块。

5）安装 1 号正时链条张紧器（气缸列 2）：

① 按照图 24-55 所示，向上推动止动片，解除锁定，把柱塞压入正时链条张紧器中。

② 向下移动止动片，使其恢复锁定状态，然后把一根六角扳手插入止动片的孔中。

③ 按照图 24-56 所示，安装正时链条张紧器并将 2 个螺栓紧固至 10N · m。

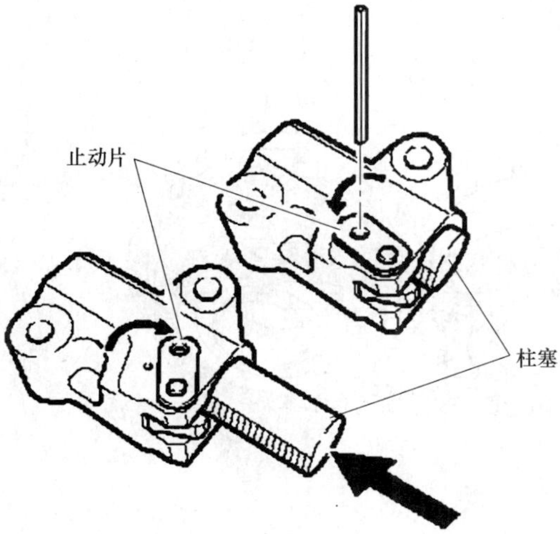

图 24-55 止动片和柱塞识别

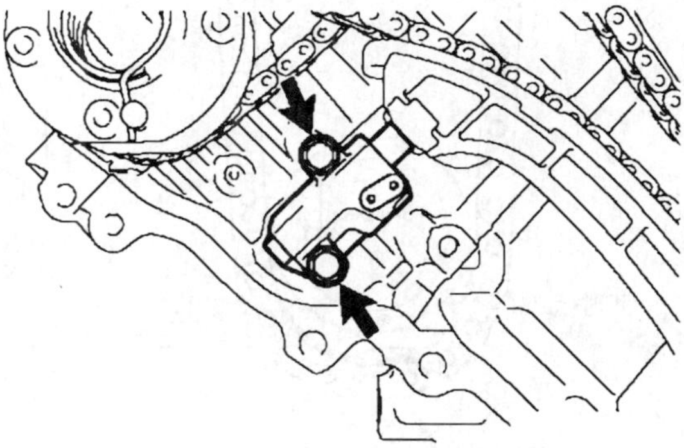

图 24-56 安装正时链条张紧器

④ 从正时链条张紧器上拆下六角扳手。

6）安装 3 号正时链条张紧器：

① 按照图 24-57 所示，安装正时链条张紧器并把 2 个螺栓紧固至 10N · m。

② 向下推正时链条张紧器把一个直径为 1.0mm 的销子插入张紧器孔中使其固定。

7）安装正时链条（气缸列 1）：

① 按照图 24-58 所示，把 1 号正时链条上的橙色链片与凸轮轴正时齿轮上的正时标记对齐，然后把 1 号正时链条安装到凸轮轴正时齿轮上。

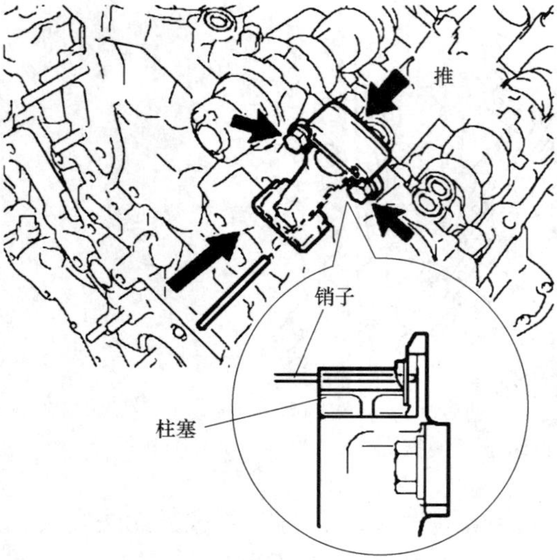

图 24-57　安装正时链条张紧器

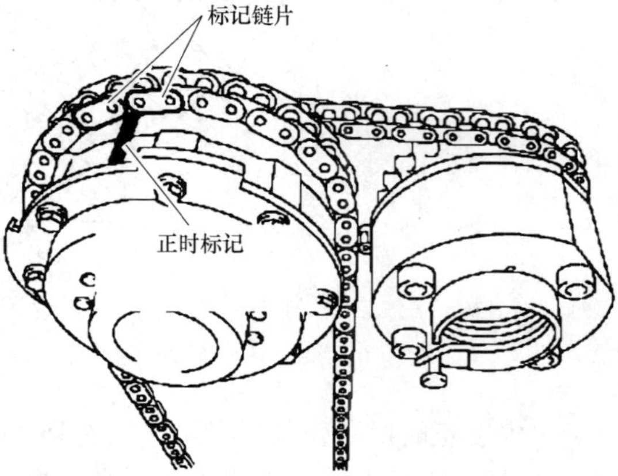

图 24-58　对齐凸轮轴正时标记

② 按照图 24-59 所示，把 1 号正时链条上的橙色链片与曲轴正时齿轮上的正时标记对齐，然后把 1 号正时链条安装到曲轴正时齿轮上。

③ 按照图 24-60 所示，把 2 号正时链条上的黄色链片与凸轮轴正时齿轮上的正时标记对齐，然后把 2 号正时链条安装到凸轮轴正时齿轮上。

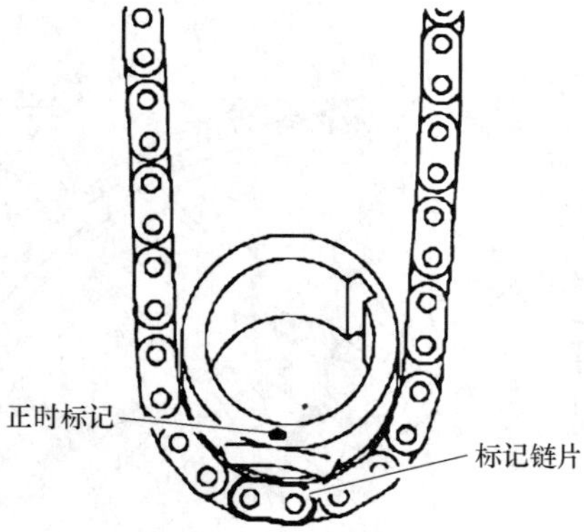

图 24-59　对齐曲轴正时标记

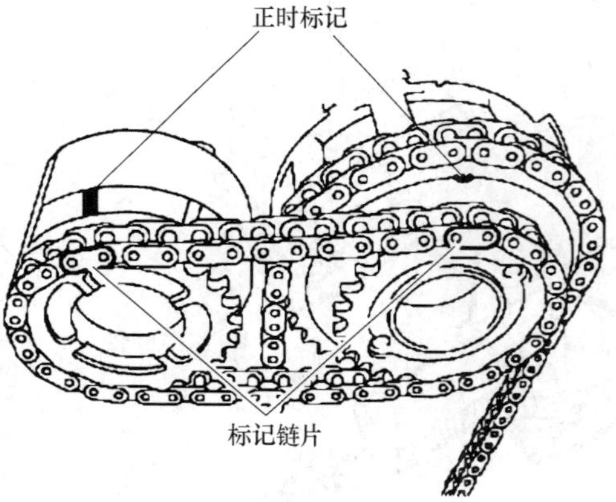

图 24-60　对齐凸轮轴正时标记

④ 把曲轴正时齿轮安装到曲轴上。

⑤ 把 3 号凸轮轴的定位销与凸轮轴正时齿轮上的定位孔对齐并插入销子。

⑥ 利用 4 号凸轮轴的六角部位，把 4 号凸轮轴的定位销与凸轮轴正时齿轮上的定位孔对齐并插入销子。

⑦ 从 2 号正时链条张紧器上拆下销子。

8）安装正时链条张紧器滑块（气缸列 1）。

9）安装 1 号正时链条张紧器（气缸列 1）：

① 按照图 24-61 所示，向上推动止动片，解除锁定，把柱塞压入正时链条张紧器中。

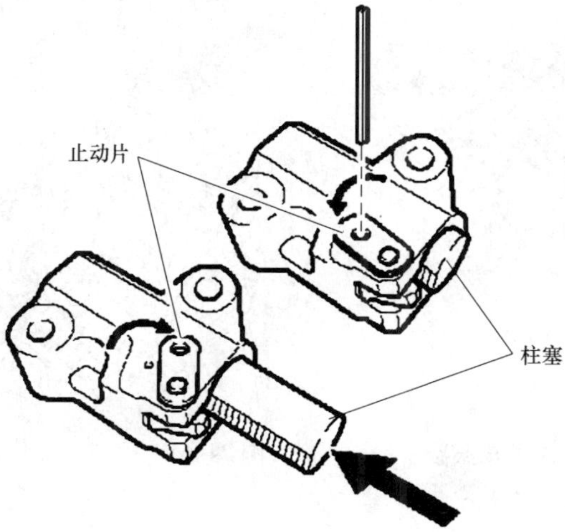

图 24-61 止动片和柱塞识别

② 向下移动止动片，使其恢复锁定状态，然后把一根六角扳手插入止动片的孔中。

③ 按照图 24-62 所示，安装正时链条张紧器并将 2 个螺栓紧固至 10N · m。

10）安装 1 号正时链条减振器（气缸列 1）：

① 按照图 24-63，安装 1 号正时链条减振器并将 2 个螺栓紧固至 21N · m。

② 拆下 1 号正时链条张紧器的六角扳手。

11）上紧凸轮轴正时齿轮：

① 对于气缸列 1，按照图 24-64 所示，用扳手固定 3 号凸轮轴六角部位，然后用 12mm 的六角扳手和新螺栓把凸轮轴正时齿轮上紧，紧固力矩为 79N · m。最后按照图 24-65 所示，用扳手固定 4 号凸轮轴六角部位，然后用 12mm 的六角扳手和螺栓把排气凸轮轴正时齿轮上紧，紧固力矩为 100N · m。

② 对于气缸列 2，按照图 24-66 所示，用扳手把 1 号凸轮轴的六角部位固定，然后用 12mm 的六角扳手和新螺栓把凸轮轴正时齿轮上紧，紧固力矩为 79N · m。最后按照图 24-67 所示，用扳手固定 2 号凸轮轴六角部位，然后用 12mm 的六角扳手和螺栓把排气凸轮轴正时齿轮上紧，紧固力矩为 100N · m。

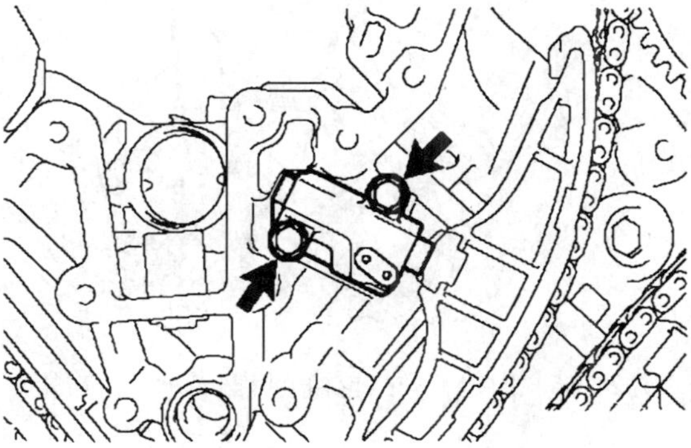

图 24-62 安装正时链条张紧器

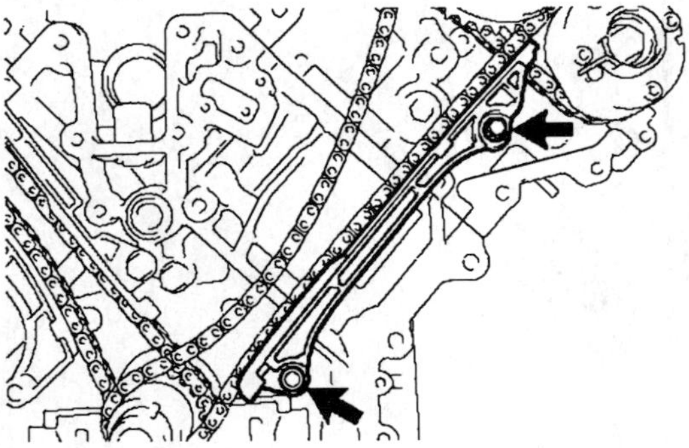

图 24-63　安装 1 号正时链条减振器

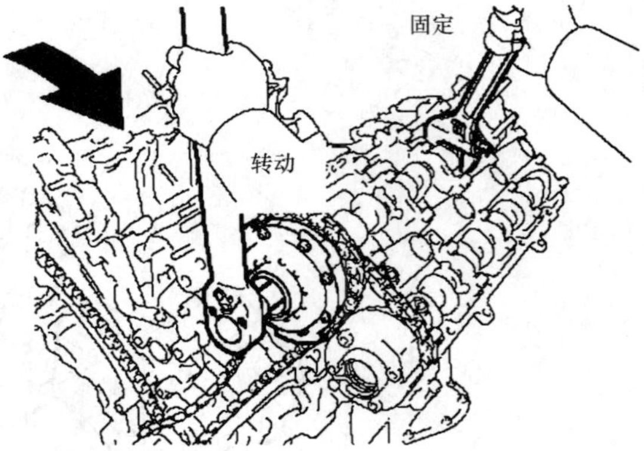

图 24-64　固定 3 号凸轮轴上紧凸轮轴正时齿轮

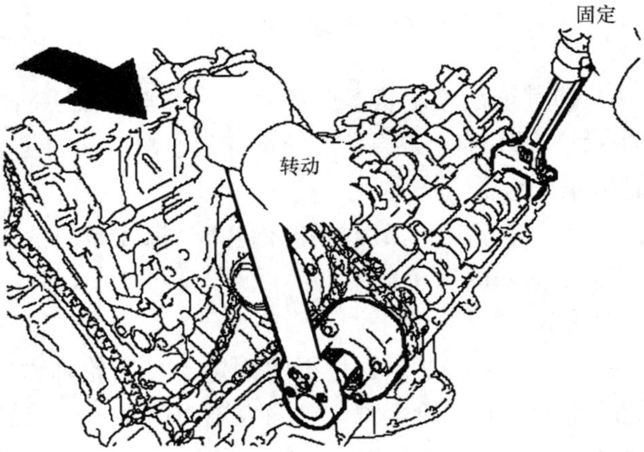

图 24-65　固定 4 号凸轮轴上紧排气凸轮轴正时齿轮

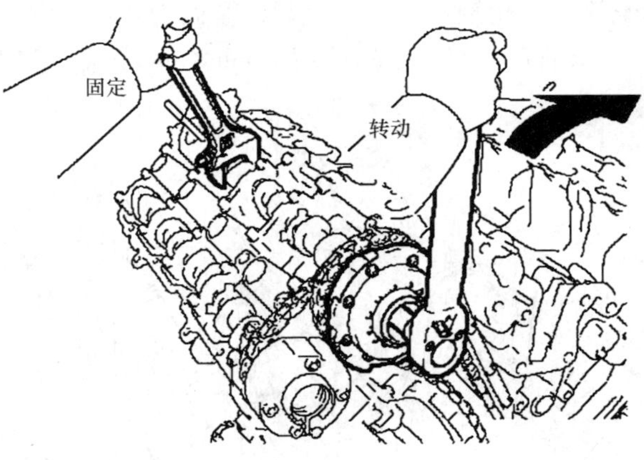

图 24-66　固定 1 号凸轮轴上紧凸轮轴正时齿轮

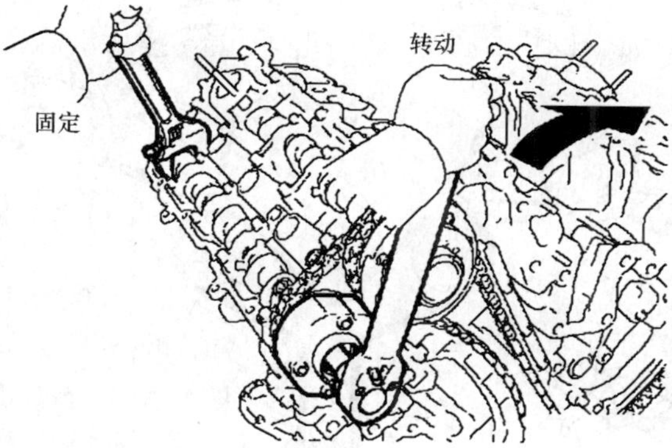

图 24-67 固定 2 号凸轮轴上紧排气凸轮轴正时齿轮

12）顺时针转动曲轴，确认如图 24-68 所示的各个正时标记均对齐无误。

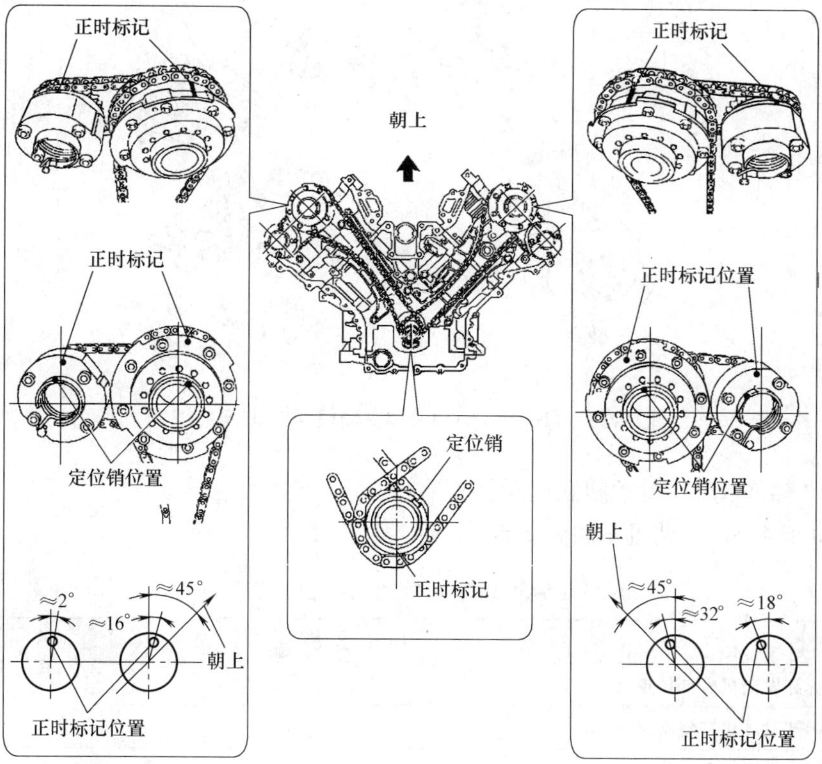

图 24-68 对齐各个正时标记

13）安装正时链条罩。

二、LS430 轿车 4.3L 发动机正时校准

1. LS430 轿车 4.3L 发动机正时带部件识别

LS430 轿车 4.3L 发动机正时带部件识别见图 24-69。

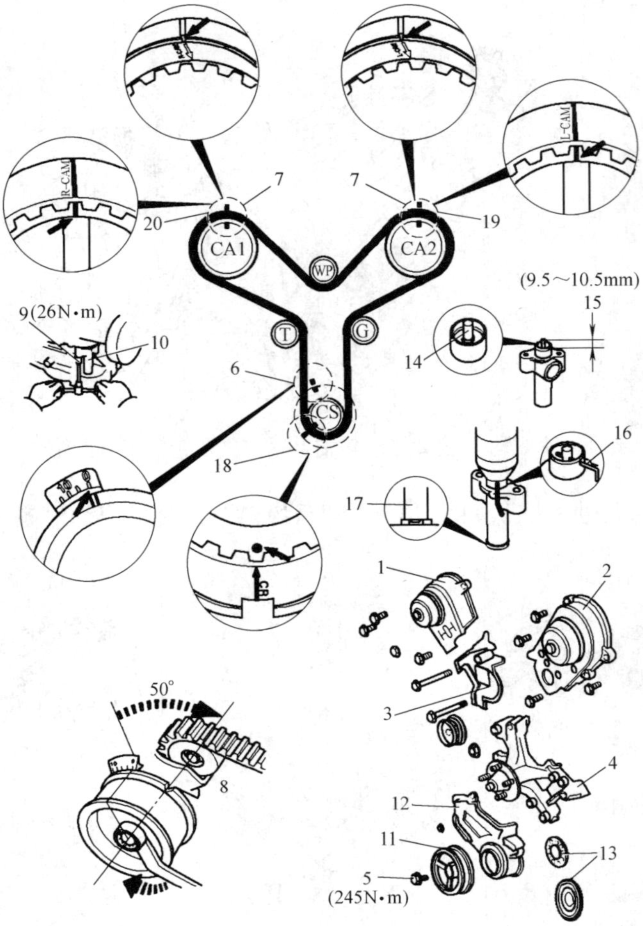

图 24-69　LS430 轿车 4.3L 发动机正时带部件识别

2. LS430 轿车 4.3L 发动机正时带步骤

LS430 轿车 4.3L 发动机正时带拆卸步骤见表 24-2。

表 24-2　LS430 轿车 4.3L 发动机正时带拆卸步骤

步　骤	操作方法
1	拆卸发动机底部护罩
2	拆卸发动机进气管路
3	拆卸发动机空气滤清器
4	拆卸发动机附件传动带
5	拆卸发电机和冷却风扇
6	拆卸发动机附件传动带张紧轮
7	拆卸发动机附件传动带导轮
8	拆卸动力转向泵轮
9	从正时带左侧和右侧盖罩处拆下连接线束
10	拆卸机油冷却管

（续）

步骤	操作方法
11	拆下空调压缩机并将其挪到一旁，但不要断开制冷剂管路
12	拆卸正时带左侧上部盖罩（图24-69中的2）
13	拆卸正时带右侧上部盖罩（图24-69中的1）
14	拆卸正时带中央盖罩（图24-69中的3）
15	拆卸发动机冷却风扇支架（图24-69中的4）
16	松开曲轴带轮螺栓（图24-69中的5）
17	顺时针转动曲轴，使发动机设置在1缸上止点位置。确保正时标记（图24-69中的6和7）对齐
18	将曲轴继续沿顺时针方向转动50°，使曲轴带轮的正时标记与导轮螺栓对齐（图24-69中的8） 注意：此时凸轮轴带轮上的正时标记会向前移动25°
19	拆卸曲轴带轮螺栓（图24-69中的5）
20	拆卸自动张紧器螺栓（图24-69中的9）
21	拆卸自动张紧器（图24-69中的10）
22	拆卸自动张紧器防尘罩
23	从凸轮轴带轮上拆下正时带
24	用拔出工具拆卸曲轴带轮（图24-69中的11） 注意：拆卸时不要转动曲轴
25	拆卸发电机
26	拆卸正时带下部盖罩（图24-69中的12）
27	拆卸曲轴位置传感器磁阻（图24-69中的13）
28	拆卸正时带 注意：如果要继续使用拆下的正时带，则拆卸时要查看正时带上的对准标记是否清晰可见，如果标记模糊不清，则要在拆卸前先用粉笔或油漆进行标记，以便在安装时能参考使用，防止错装

3. LS430轿车4.3L发动机正时带安装步骤

LS430轿车4.3L发动机正时带安装步骤见表24-3。

表24-3 LS430轿车4.3L发动机正时带安装步骤

步骤	操作方法
1	检查正时带的张紧轮（图24-69中的T）和导轮（图24-69中的G）是否转动顺畅，如果转动不顺畅要予以更换
2	检查正时带张紧器壳体（图24-69中的14）是否有油液泄漏或损坏，必要时应予以更换
3	检查柱塞的伸出长度（图24-69中的15），应为9.5～10.5mm范围内，如果不符合规范范围，应更换自动张紧器
4	把柱塞慢慢压入张紧器壳体内，直至柱塞的小孔与张紧器壳体的小孔对齐 注意：应在张紧器壳体下面放置一个垫片以防操作时损伤张紧器壳体端部螺塞（图24-69中的17）
5	在对齐的小孔中插入一根内六角扳手（图24-69中的16），将柱塞固定在压缩位置
6	安装防尘罩 注意：安装正时带前，曲轴应位于上止点后50°位置，必要时可暂时安装上正时带下部盖罩和曲轴带轮来检查曲轴位置是否就位正确

（续）

步骤	操作方法
7	把正时带安装到曲轴链轮（图 24-69 中的 CS）上，正时带上的正时标记（标有 CR 字样）应对准曲轴链轮上的正时标记（图 24-69 中的 18）
8	把正时带（未张紧）安装到张紧轮（图 24-69 中的 T）和导轮（图 24-69 中的 G）上，安装时要看清楚正时带上标记的转动方向，不要装反了
9	安装曲轴位置传感器磁阻（图 24-69 中的 13）
10	安装正时带下部盖罩（图 24-69 中的 12）
11	安装曲轴带轮（图 24-69 中的 11）
12	使曲轴带轮的正时标记与导轮螺栓对齐（图 24-69 中的 8）
13	安装发电机
14	把正时带安装到左侧凸轮轴链轮上（图 24-69 中的 CA2），确保正时带上的正时标记（标有 L-CAM 字样）与链轮上的标记对齐（图 24-69 中的 19）
15	用专用工具沿逆时针方向转动左侧凸轮轴链轮，使正时带微微张紧
16	把正时带安装到右侧凸轮轴链轮上（图 24-69 中的 CA1），确保正时带上的正时标记（标有 R-CAM 字样）与链轮上的标记对齐（图 24-69 中的 20）
17	确保正时带在左右两个凸轮轴链轮之间是绷紧的
18	安装自动张紧器（图 24-69 中的 10），紧固螺栓（图 24-69 中的 9），紧固力矩为 26N · m
19	把插在张紧器壳体上固定柱塞的内六角扳手（图 24-69 中的 16）取下
20	暂时安装上曲轴带轮螺栓（图 24-69 中的 5）
21	把曲轴沿顺时针方向慢慢转动 2 周，到达 1 缸上止点位置
22	确保正时标记（图 24-69 中的 6 和 7）对齐
23	用专用工具固定住曲轴带轮（图 24-69 中的 11），紧固曲轴带轮螺栓（图 24-69 中的 5），紧固力矩为 245N · m
24	按照与拆卸相反的顺序安装其他部件

第四节　LEXUS IS 系列轿车

IS250 轿车 2.5L（4GR-FSE）发动机正时校对操作步骤与第二节 GS300 轿车 3.0L（3GR-FSE）发动机正时校对操作步骤相同。

第五节　LEXUS RX 系列轿车

RX 350 轿车 3.5L（2GR-FE）发动机正时校对方法与第二节 GS300 轿车 3.0L（3GR-FSE）发动机正时校对方法相同。

第二十五章

MAZDA（马自达）车系

第一节　MX-5 轿车

一、MX-5 轿车 2. 0L 发动机正时链条部件识别

MX-5 轿车 2. 0L 发动机正时链条部件识别见图 25-1。

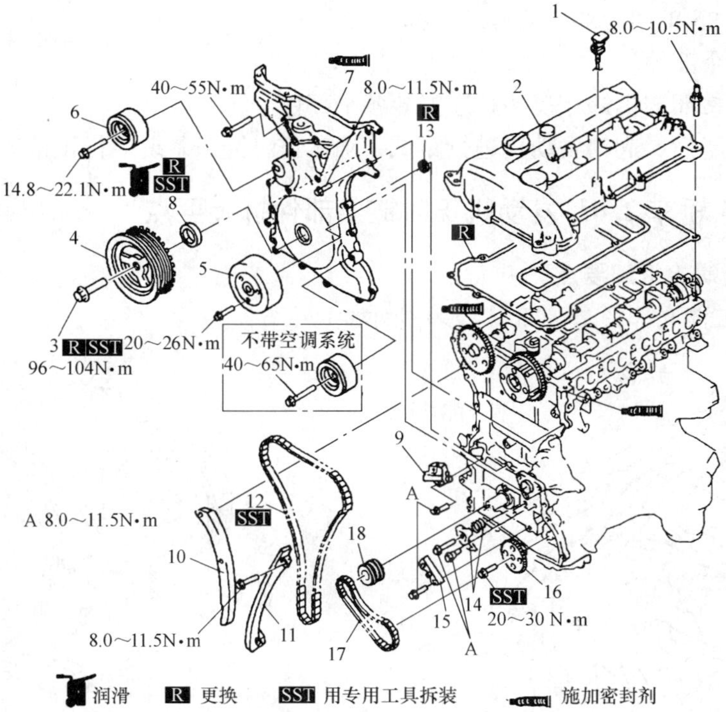

图 25-1　MX-5 轿车 2. 0L 发动机正时链条部件识别

1—机油油尺　2—气缸盖罩　3—曲轴带轮固定螺栓　4—曲轴带轮　5—水泵带轮　6—传动带惰轮
7—发动机前部盖罩　8—前油封　9—正时链条张紧器　10—张紧器臂　11—正时链条导轨
12—正时带　13—密封　14—机油泵链条张紧器　15—机油泵链条导轨　16—机油泵链轮
17—机油泵链条　18—曲轴链轮

二、MX-5 轿车 2.0L 发动机正时链条拆卸与安装步骤

1）拆卸蓄电池和蓄电池托架。

2）拆卸空气滤清器。

3）断开通风管路。

4）松开水泵带轮螺栓并拆卸发动机传动带，拆卸传动带时要记好传动带的盘绕路径（图 25-2）。

5）拆卸前悬架接头。

6）拆卸凸轮轴位置传感器。

7）断开机油控制阀接头。

8）拆卸点火线圈。

9）拆卸发动机底部挡泥板。

10）拆卸曲轴位置传感器。

11）拆卸动力转向系统机油泵，但不要断开机油泵上的机油管路。

12）把冷却管路和加热器管路（图 25-3）挪开。

13）按照图 25-1 中的部件编号顺序拆卸正时链条的各个部件。

图 25-2　发动机传动带盘绕路径

14）安装时按照与拆卸相反的顺序安装各个部件。

15）安装完毕后，起动发动机进行路试，确认正时链条系统运行正常。

三、MX-5 轿车 2.0L 发动机正时链条部件拆装要点

1. 曲轴带轮螺栓拆卸要点

1）拆卸气缸体底部盲塞，如图 25-4 所示。

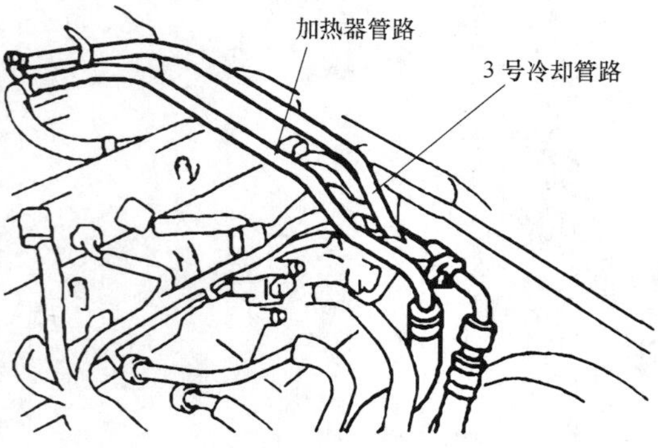

图 25-3　冷却管路和加热器管路识别

图 25-4　拆卸盲塞

2）安装专用工具。

3）顺时针转动曲轴，直至曲轴到达 1 缸上止点位置。

4）用专用工具固定曲轴带轮，如图 25-5 所示。

5）拆卸曲轴带轮固定螺栓。

2. 前油封拆卸要点

拆卸前油封时，要按照图 25-6 所示，用螺钉旋具拆卸油封。

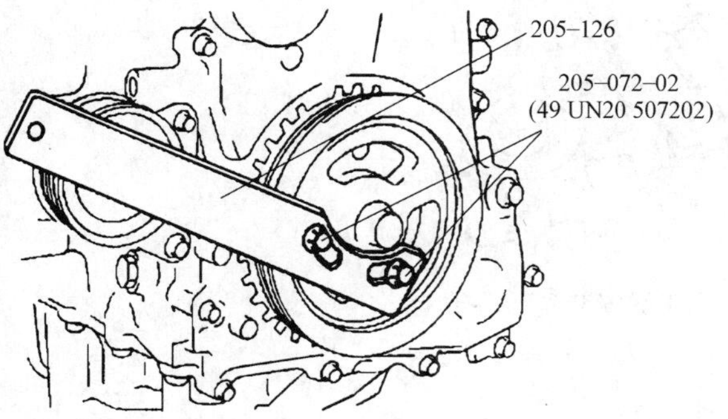

图 25-5　用专用工具固定曲轴带轮

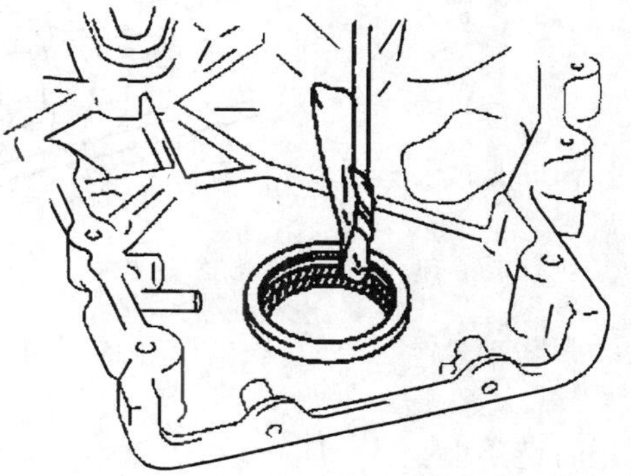

图 25-6　用螺钉旋具拆卸油封

3. 正时链条张紧器拆卸要点

1）用细螺钉旋具压住正时链条张紧器的棘爪，解除锁止状态。

2）慢慢压下正时链条张紧器的活塞。

3）按照图 25-7 所示，用直径约 1.5mm 的金属丝固定住正时链条张紧器的活塞。

4. 机油泵链轮拆装要点

拆装机油泵链轮时，要按照图 25-8 所示，使用专用工具进行拆卸或安装。

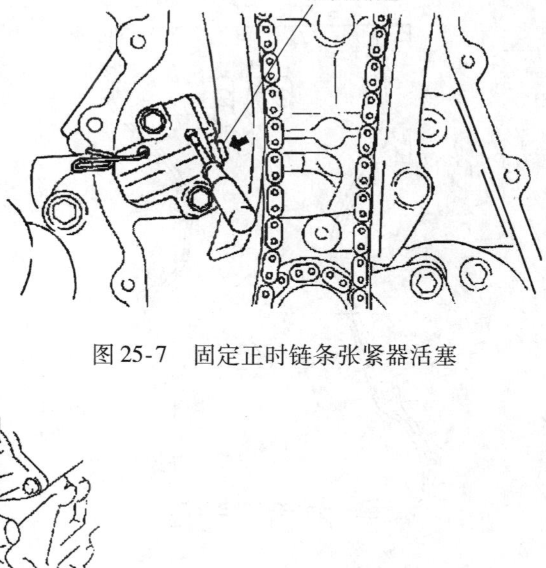

图 25-7　固定正时链条张紧器活塞

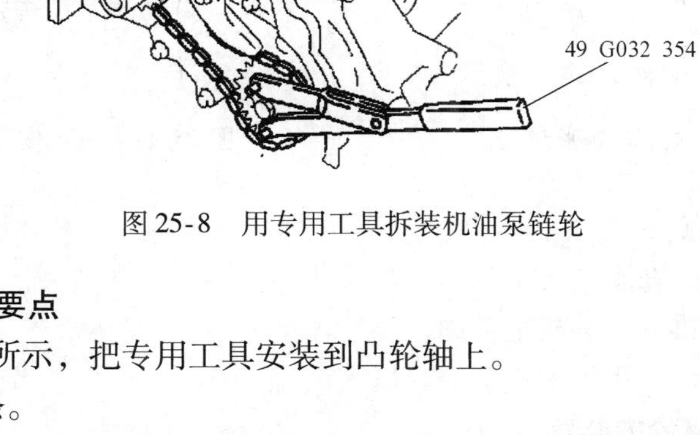

图 25-8　用专用工具拆装机油泵链轮

5. 正时链条安装要点

1）按照图 25-9 所示，把专用工具安装到凸轮轴上。

2）安装正时链条。

3）从正时链条张紧器上拔出固定正时链条张紧器活塞的金属丝，使张紧器将张力施加

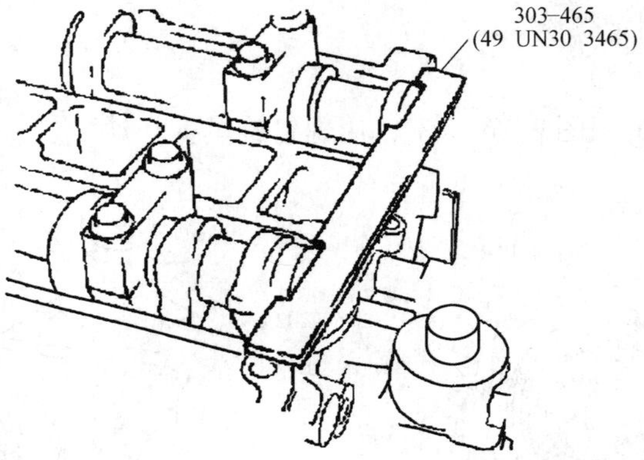

图 25-9　把专用工具安装到凸轮轴上

到正时链条上。

6. 发动机前盖安装要点

1）按照图 25-10 所示，涂抹硅酮密封剂。

2）按照图 25-11 所示的顺序，安装发动机前盖螺栓。

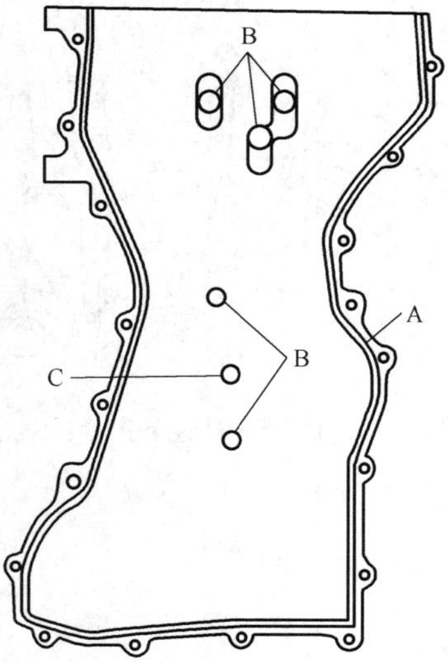

图 25-10　涂抹硅酮密封剂

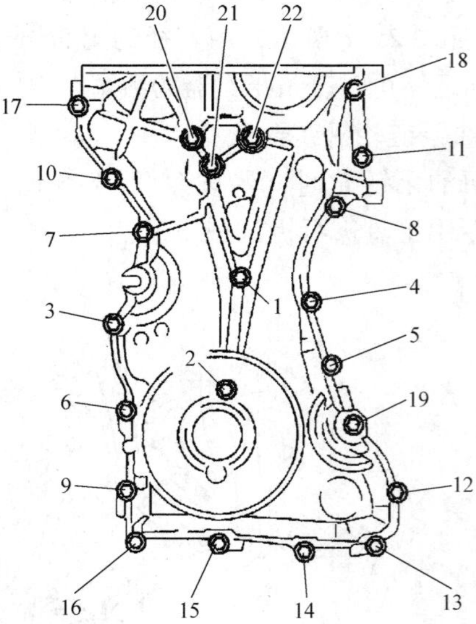

图 25-11　螺栓安装顺序

7. 前油封安装要点

1）换用新油封后，在新油封上涂抹发动机机油。

2）用手把前油封推入发动机前盖内。

3）如图 25-12 所示，用锤子把前油封压入。

8. 曲轴带轮固定螺栓安装要点

1）按照图 25-13 所示，安装专用工具。

2）确认1缸处于压缩行程上止点位置。

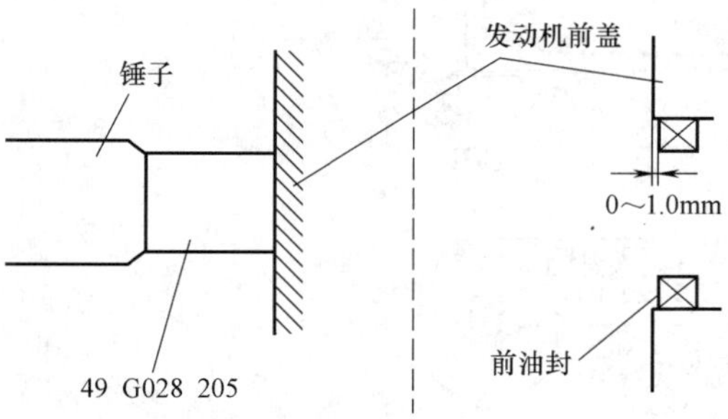

图25-12　用锤子把前油封压入

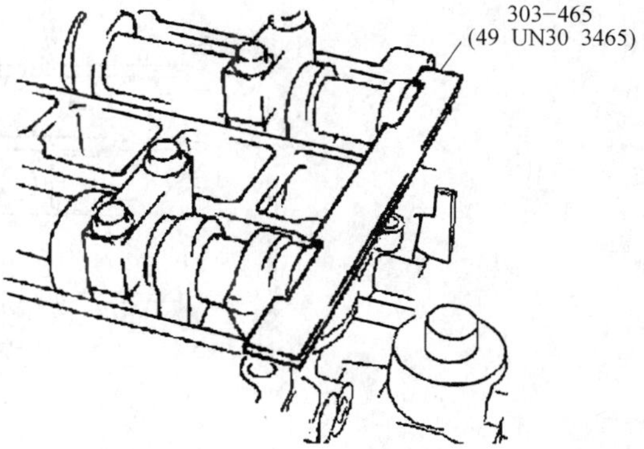

图25-13　安装专用工具

3）按照图25-14所示，用M6螺栓把曲轴带轮安装到发动机前盖上。

4）如图25-15所示，把专用工具安装到曲轴带轮上，固定住曲轴带轮。

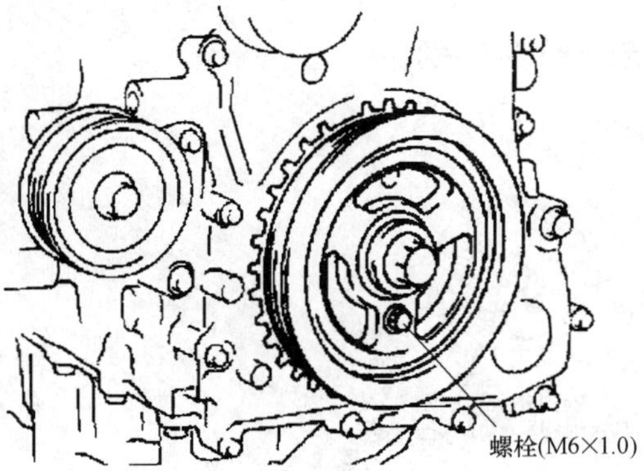

图25-14　用M6螺栓把曲轴带轮安装到发动机前盖上

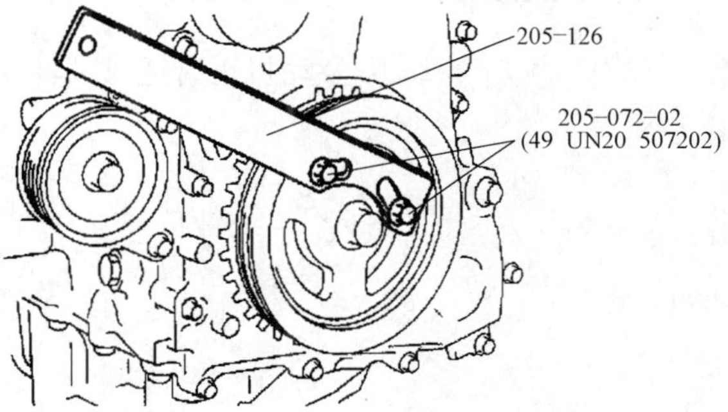

图25-15　安装专用工具以固定曲轴带轮

5）分2次把曲轴带轮固定螺栓紧固，第一次紧固至96～104N·m；第二次再拧87°～93°。

6）拆卸M6螺栓。

7）从凸轮轴上拆下专用工具。

8）从曲轴带轮上拆下专用工具。

9）顺时针转动曲轴2周，使1缸设置在上止点位置。

10）安装气缸体底部盲塞，并紧固至18～22N·m。

9. 气缸盖罩安装要点

1）按照图25-16所示，在配合面上涂抹硅酮密封剂。涂抹厚度约在4～6mm左右，涂抹后10min内要安装气缸盖罩。

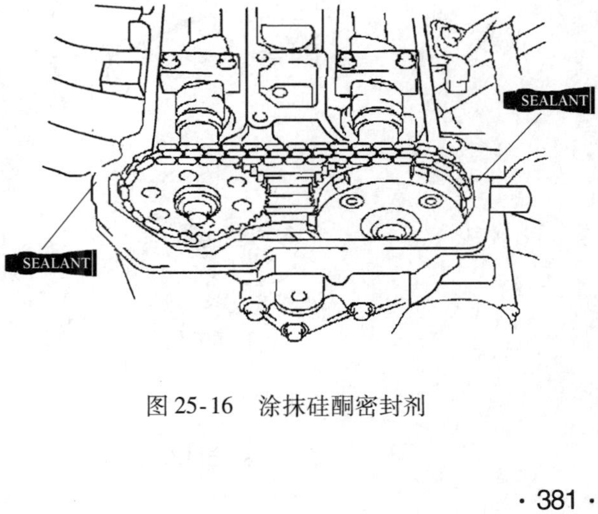

图25-16　涂抹硅酮密封剂

2）换用新衬垫，安装气缸盖罩。

3）按照图25-17所示的顺序，紧固气缸盖罩螺栓，紧固力矩为80～105N·m。

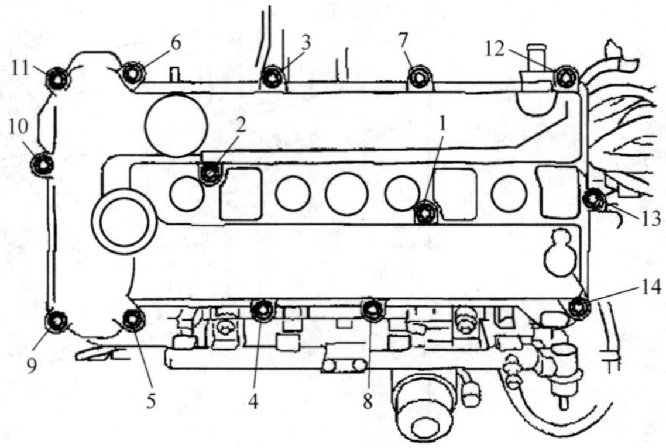

图25-17 气缸盖罩螺栓紧固顺序

第二节 MAZDA 5 轿车

一、MAZDA 5 轿车2.0L发动机正时链条部件识别

MAZDA 5 轿车2.0L发动机正时链条部件识别见图25-18。

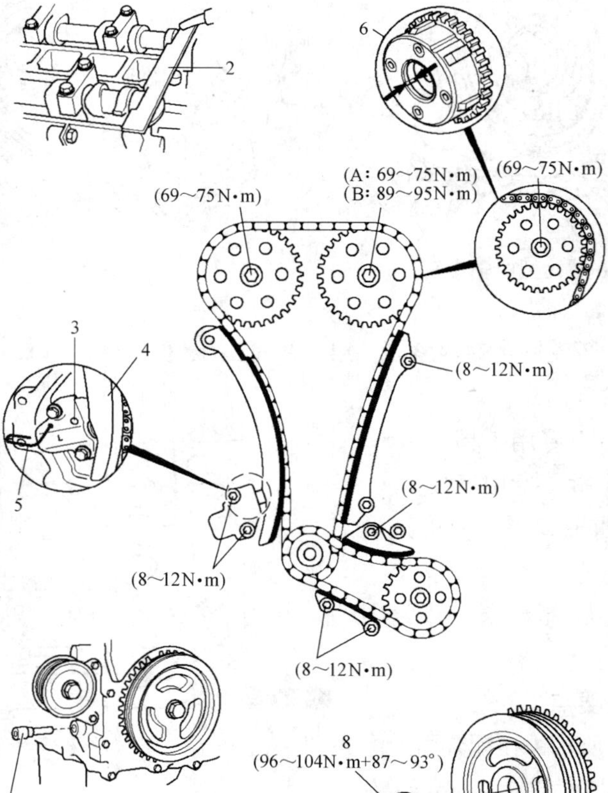

图25-18 MAZDA 5 轿车2.0L发动机正时链条部件识别

二、MAZDA 5 轿车 2.0L 发动机正时链条拆卸步骤

MAZDA 5 轿车 2.0L 发动机正时链条拆卸步骤见表 25-1。

表 25-1 MAZDA 5 轿车 2.0L 发动机正时链条拆卸步骤

步骤	操作方法
1	从气缸体上拆卸堵头
2	顺时针转动曲轴直至刚好抵达 1 缸上止点前位置
3	安装曲轴正时销（图 25-18 中的 1）
4	顺时针慢慢转动曲轴，直至碰到曲轴正时销无法继续转动为止
5	拆卸曲轴带轮
6	用定位工具（图 25-18 中的 2）锁止凸轮轴
7	拆卸正时链条盖
8	把正时链条张紧器锁止到压缩位置： 1）释放正时链条张紧器棘爪（图 25-18 中的 3） 2）压下正时链条张紧器的张紧片（图 25-18 中的 4） 3）插入直径 1.5mm 的钢丝夹（图 25-18 中的 5），将张紧器锁止在压缩位置
9	拆卸正时链条张紧器滑轨、正时链条导向装置及正时链条

三、MAZDA 5 轿车 2.0L 发动机正时链条安装步骤

MAZDA 5 轿车 2.0L 发动机正时链条安装步骤见表 25-2。

表 25-2 MAZDA 5 轿车 2.0L 发动机正时链条安装步骤

步骤	操作方法
1	确保凸轮轴定位工具（图 25-18 中的 2）安装正确
2	确保曲轴位于 1 缸上止点位置
3	对于配备 VVT（可变气门正时）系统的发动机： 1）确保凸轮轴调节器槽口对齐（图 25-18 中的 6） 2）如果槽口没有对齐，则沿顺时针方向转动进气凸轮轴调节器，直至调节器锁止在最大延迟位置，锁止在最大延迟位置时，调节器会发出“咔嗒”声 3）如果凸轮轴调节器无法锁止在最大延迟位置，则换用新的凸轮轴调节器
4	安装正时链条导向装置和正时链条张紧器滑轨
5	安装正时链条
6	取下插在正时链条张紧器中的钢丝夹（图 25-18 中的 5）
7	把 M6 螺栓（图 25-18 中的 5）安装到曲轴带轮上
8	换装新的曲轴带轮中心螺栓（图 25-18 中的 8）
9	紧固曲轴带轮中心螺栓（图 25-18 中的 8），紧固力矩为 96～104N·m+87°～93°
10	把 M6 螺栓（图 25-18 中的 5）从曲轴带轮上拆下
11	拆卸凸轮轴定位工具（图 25-18 中的 2）

（续）

步骤	操作方法
12	拆卸曲轴正时销（图25-18中的1）
13	顺时针转动曲轴2周直至抵达1缸上止点位置
14	顺时针慢慢转动曲轴，直至碰到曲轴正时销无法继续转动为止
15	确保凸轮轴定位工具（图25-18中的2）能正确安装
16	确保M6螺栓（图25-18中的5）能正确安装，如果不能正确安装，则要重新执行正时链条安装程序
17	安装曲轴正时销（图25-18中的1）
18	对于没有配备VVT（可变气门正时）系统的发动机，按照下列说明紧固进气凸轮轴链轮螺栓： A型螺栓（配备螺栓垫圈）：69～75N·m B型螺栓（无螺栓垫圈）：89～95N·m
19	对于配备VVT（可变气门正时）系统的发动机，将进气凸轮轴调节器螺栓紧固至69～75N·m

第三节　MAZDA 3轿车

一、MAZDA 3轿车1.6L发动机正时校准操作步骤

1. MAZDA 3轿车1.6L发动机正时链条部件识别

MAZDA 3轿车1.6L发动机正时链条部件识别见图25-19。

2. MAZDA 3轿车1.6L发动机正时校准操作步骤

MAZDA 3轿车1.6L发动机正时校准操作步骤见表25-3。

表25-3　MAZDA 3轿车1.6L发动机正时校准操作步骤

步骤	操作方法
1	把曲轴设置到1缸上止点位置（图25-19中的1）
2	确保凸轮轴正时标记与气缸盖上平面对齐（图25-19中的2和3）
3	把曲轴键槽设置到12点钟位置（图25-19中的4）
4	设置正时链条张紧器（图25-19中的5）： 1）把张紧器板（图25-19中的6）向下推 2）沿箭头方向把柱塞（图25-19中的7）推入正时链条张紧器壳体内 3）用直径1.5mm的销子（图25-19中的8）把柱塞固定到位
5	紧固凸轮轴链轮螺栓至50～61N·m
6	把曲轴带轮螺栓紧固至157～167N·m

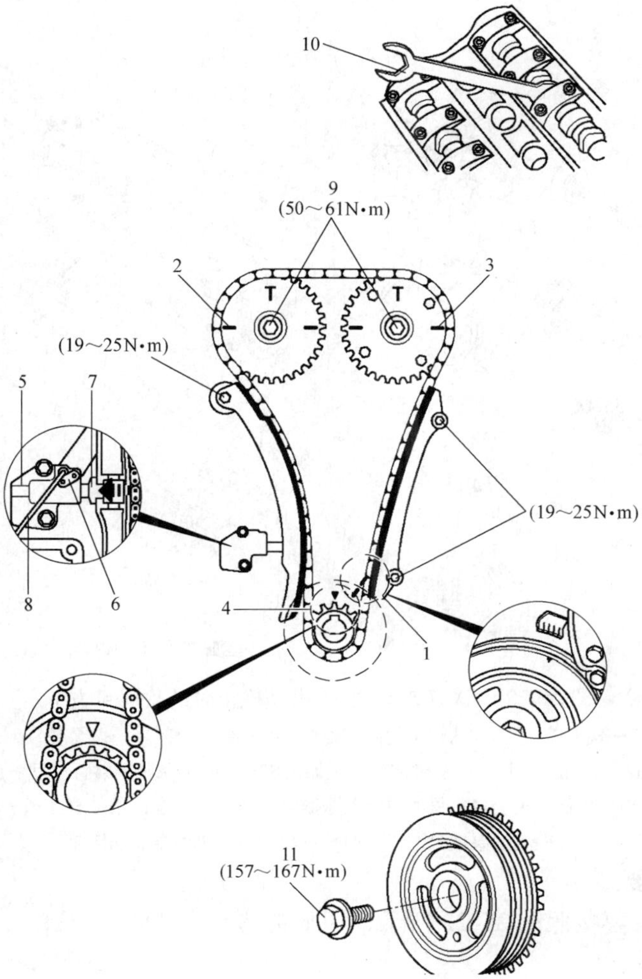

图 25-19 1.6L 发动机正时图

二、MAZDA 3 轿车 2.0L 发动机正时链条拆装步骤

请参见 MAZDA 5 轿车 2.0L 发动机正时链条拆装步骤。

第四节 CX-7 轿车

一、CX-7 轿车 2.3T 发动机正时链条拆卸操作要点

1. CX-7 轿车 2.3T 发动机正时链条部件拆卸顺序

按照图 25-20 中的部件编号顺序拆卸正时链条。

2. 曲轴带轮固定螺栓拆卸要点

拆卸曲轴带轮固定螺栓时，要按照图 25-21 所示，在齿圈上安装专用工具，固定曲轴，使其不能转动，然后再拆卸曲轴带轮固定螺栓。

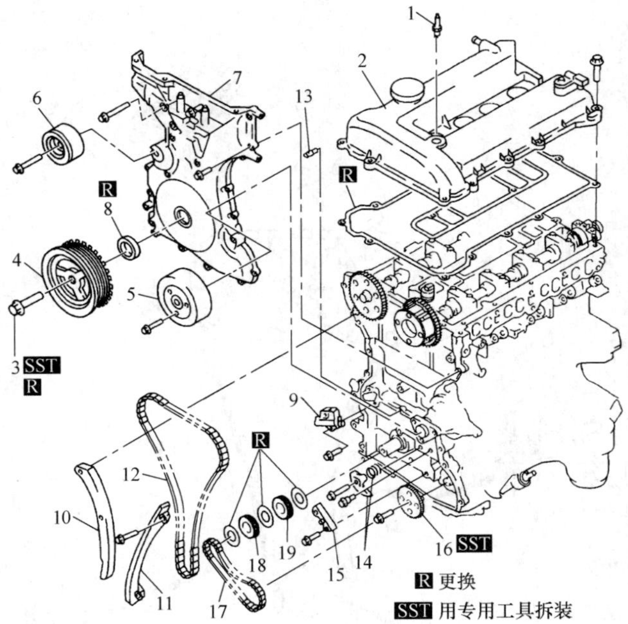

图 25-20　CX-7 轿车 2. 3T 发动机正时链条拆卸顺序

1—火花塞　2—气缸盖罩　3—曲轴带轮固定螺栓　4—曲轴带轮　5—水泵轮　6—传动带惰轮　7—发动机前盖　8—前油封　9—正时链条张紧器　10—正时链条张紧器臂　11—正时链条导轨　12—正时链条　13—机油喷嘴　14—机油泵链条张紧器　15—机油泵链条导轨　16—机油泵从动链轮　17—机油泵链条　18—曲轴链轮　19—机油泵驱动链轮

3. 前油封拆卸要点

拆卸前油封时，要按照图 25-22 所示，用平头螺钉旋具拆卸油封。

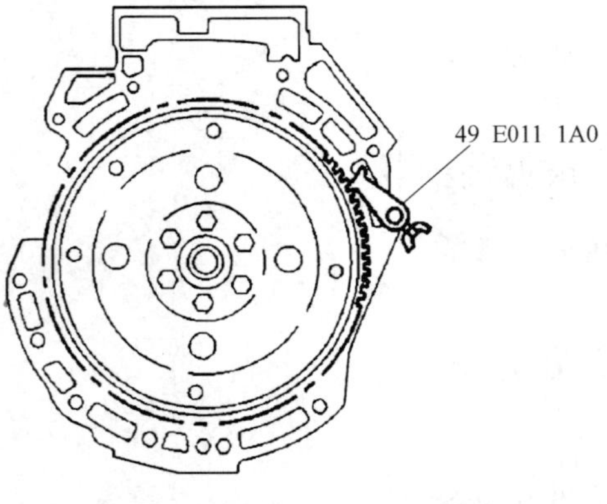

图 25-21　在齿圈上安装专用工具

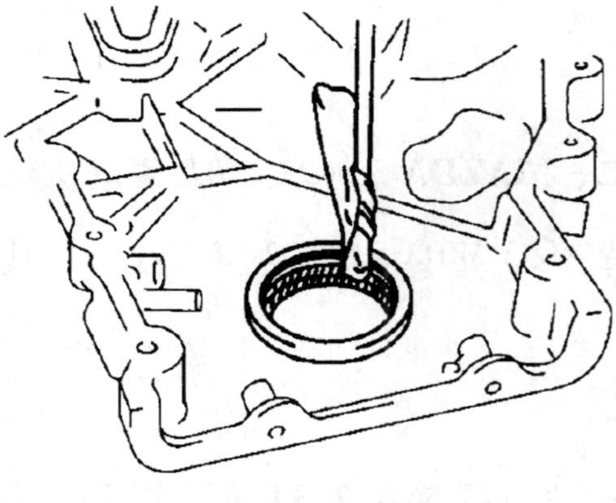

图 25-22　用螺钉旋具拆卸油封

4. 正时链条张紧器拆卸要点

1）按照图 25-23 所示，用螺钉旋具将正时链条张紧器的棘齿压向左侧，使正时链条张紧器的柱塞解除锁定状态。

2）压下棘齿时，按照图 25-24 所示，将柱塞压入。

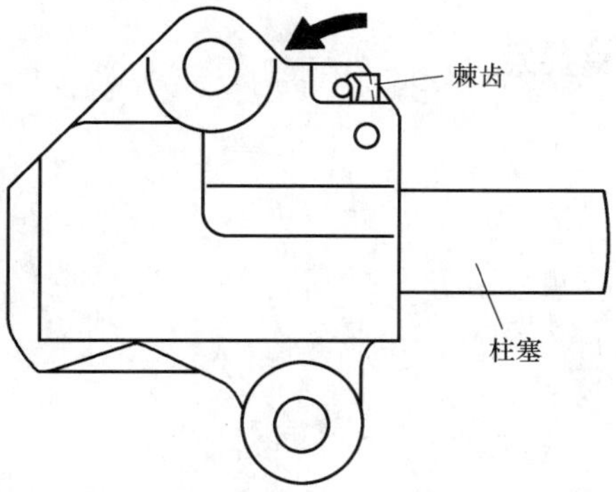

图 25-23 用螺钉旋具将正时链条张紧器的棘齿压向左侧

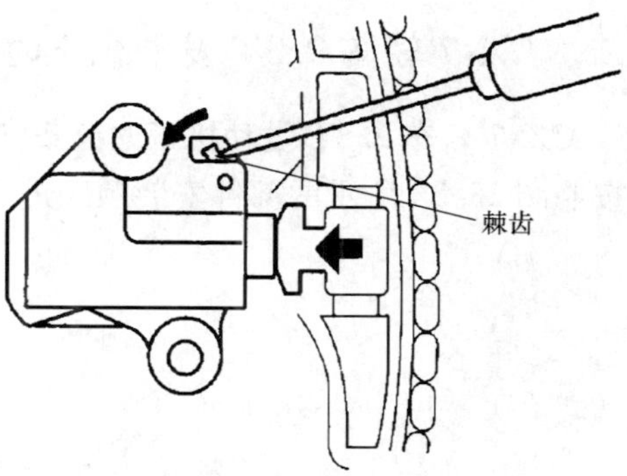

图 25-24 压入柱塞

3）按照图 25-25 所示，使柱塞保持在压缩状态，放开棘齿。

4）继续压入柱塞，直至棘齿达到图 25-26 中所示的位置，然后在插孔中插入金属丝，使柱塞锁定。

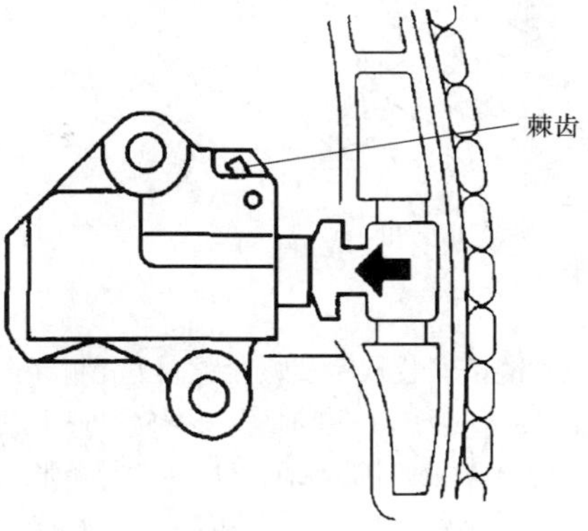

图 25-25 放开棘齿

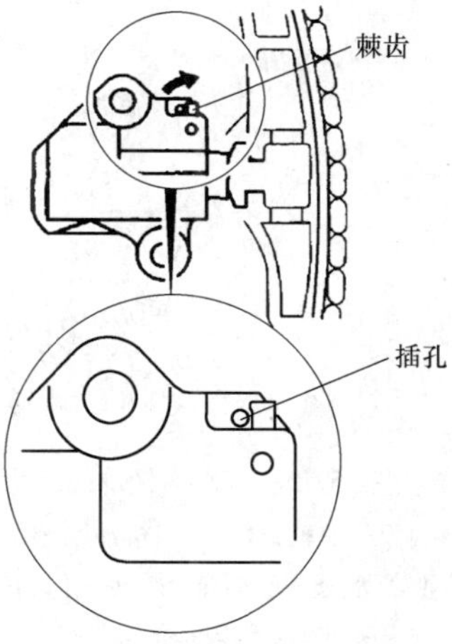

图 25-26 棘齿位置和插孔识别

5. 机油泵从动链轮拆卸要点

拆卸机油泵从动链轮时要按照图 25-27 所示，在机油泵从动链轮上安装专用工具，固定链轮，使机油泵不能转动后再拆卸。

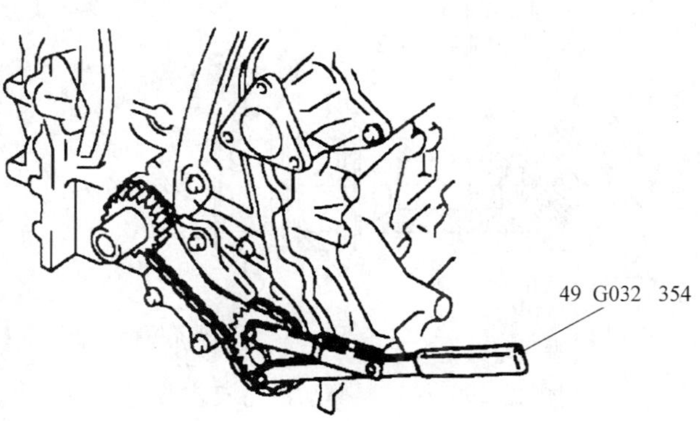

图 25-27 安装专用工具以固定机油泵从动链轮

二、CX-7 轿车 2.3T 发动机正时链条安装要点

1. CX-7 轿车 2.3T 发动机正时链条安装顺序

按照图 25-28 所示的部件安装顺序进行安装。

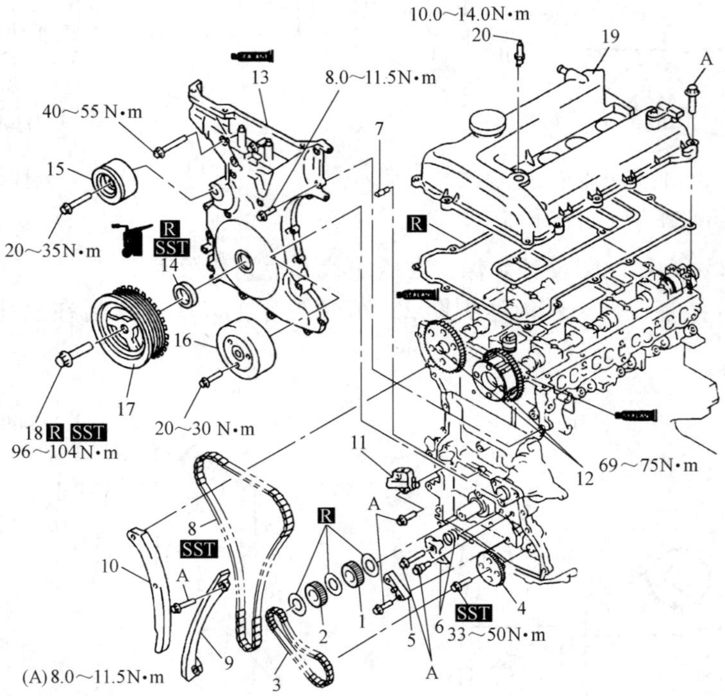

图 25-28　CX-7 轿车 2.3T 发动机正时链条安装顺序及螺栓紧固力矩

1—机油泵驱动链轮　2—曲轴链轮　3—机油泵链条　4—机油泵从动链轮　5—机油泵链条导轨　6—机油泵链条张紧器　7—机油喷嘴　8—正时链条　9—正时链条导轨　10—正时链条张紧器臂　11—正时链条张紧器　12—凸轮轴链轮固定螺栓　13—前油封　14—发动机前盖　15—传动带惰轮　16—水泵轮　17—曲轴带轮　18—曲轴带轮固定螺栓　19—气缸盖罩　20—火花塞

2. 机油泵驱动链轮安装要点

安装机油泵驱动链轮时，要参照图 25-29 所示的机油泵驱动链轮安装方向。

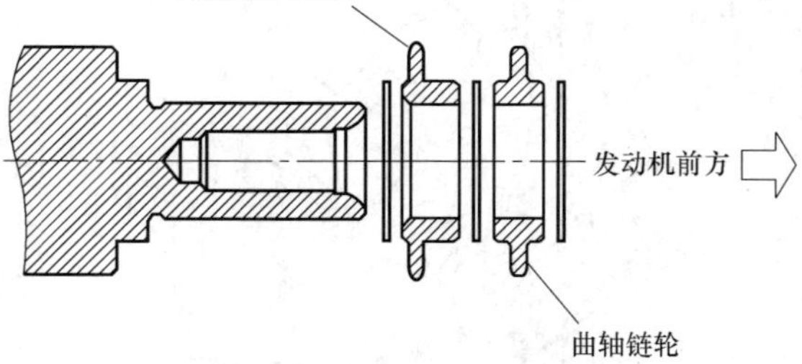

图 25-29　机油泵驱动链轮安装方向

3. 机油泵从动链轮安装要点

安装机油泵从动链轮时要按照图25-30所示，在机油泵从动链轮上安装专用工具，固定链轮，使机油泵不能转动后再进行安装。

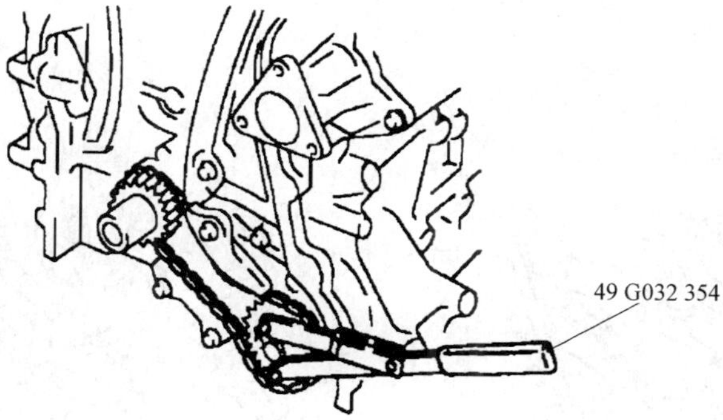

图25-30 安装专用工具以固定机油泵从动链轮

4. 正时链条安装要点

1）如图25-31所示，在凸轮轴上安装专用工具，将1号凸轮轴位置与上止点对齐。

2）如图25-32所示，从气缸体底部拆卸气缸体底部盲塞并安装专用工具。

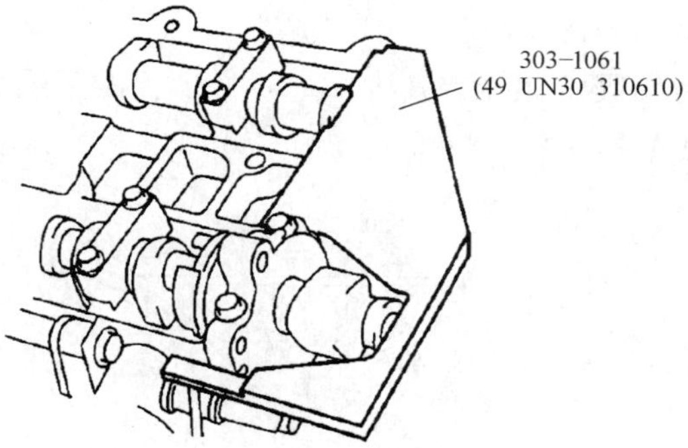

图25-31 在凸轮轴上安装专用工具

图25-32 拆卸盲塞并安装专用工具

3）顺时针转动曲轴，使1缸活塞到达压缩行程上止点位置（曲轴配重接触到专用工具）。

4）安装正时链条。

5）安装好正时链条张紧器后，把插入的限位杆拔出，如图25-33所示。

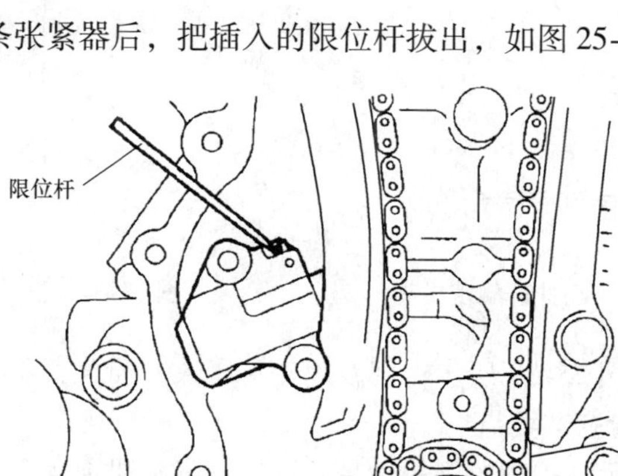

图25-33 拔出限位杆

5. 凸轮轴链轮固定螺栓安装要点

1）按照图 25-34 所示，先用扳手把凸轮轴六角部位固定住，使凸轮轴不能转动。

2）将凸轮轴链轮固定螺栓紧固到 69 ~ 75N · m，如图 25-35 所示。

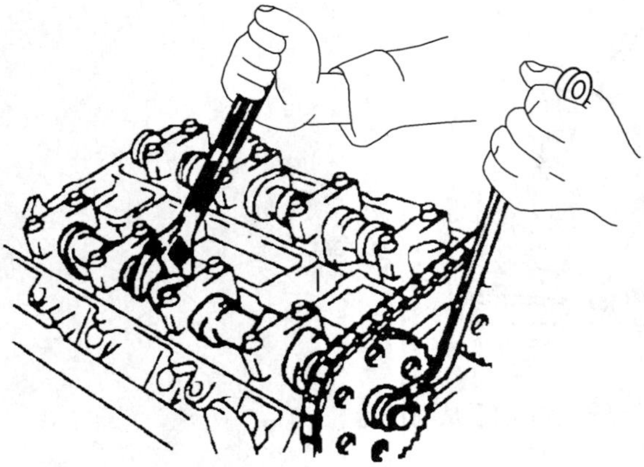

图 25-34　固定凸轮轴

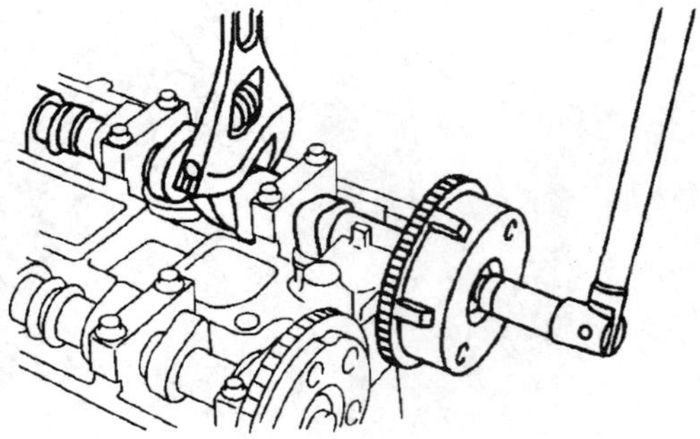

图 25-35　紧固螺栓

6. 发动机前盖安装要点

1）按照图 25-36 所示，在发动机前盖上涂抹硅酮密封剂。

2）按照图 25-37 所示的顺序紧固发动机前盖的固定螺栓。其中 1 ~ 18 号螺栓的紧固力矩为 8.0 ~ 11.5N · m；19 ~ 22 号螺栓的紧固力矩为 40 ~ 55N · m。

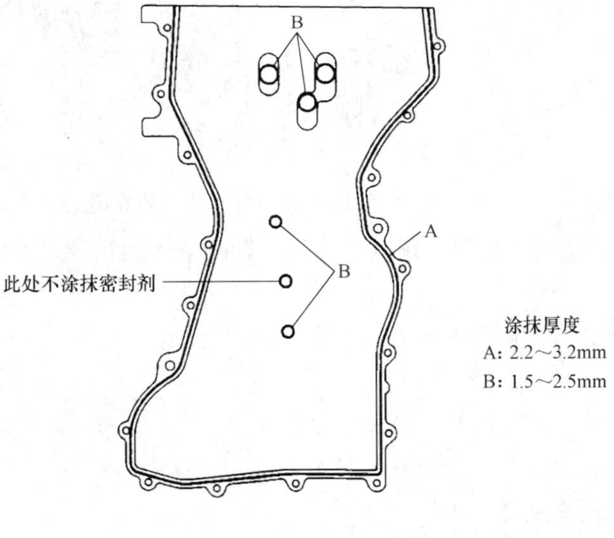

图 25-36　涂抹硅酮密封剂

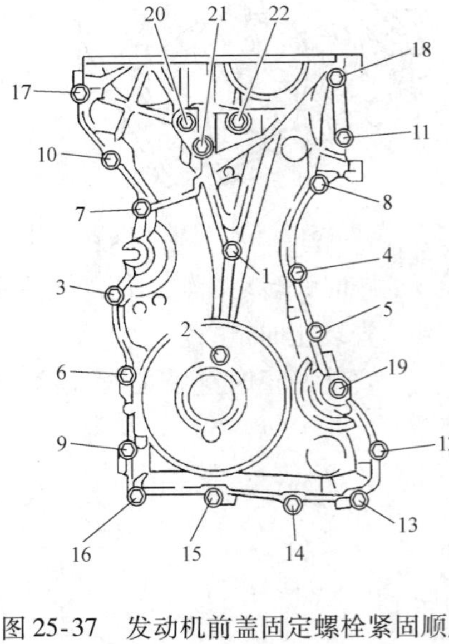

图 25-37　发动机前盖固定螺栓紧固顺序

3）按照图 25-38 和图 25-39 所示，用专用工具压入前油封，压入量为 0 ~ 0. 5mm。

7. 曲轴带轮固定螺栓安装要点

1）按照图 25-40 所示，用螺栓把曲轴带轮安装到发动机前盖上。

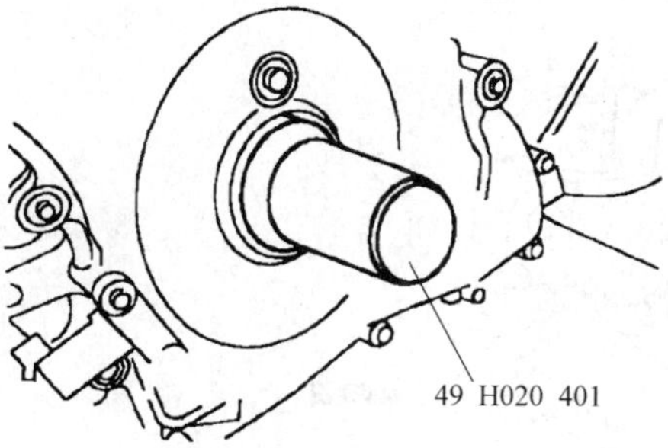

图 25-38 用专用工具压入前油封

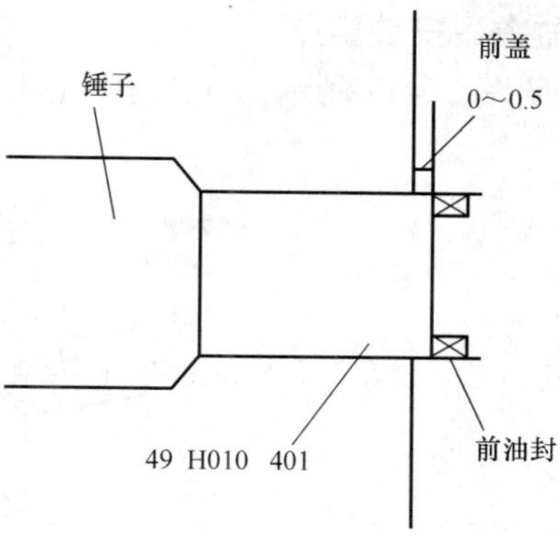

图 25-39 前油封压入量

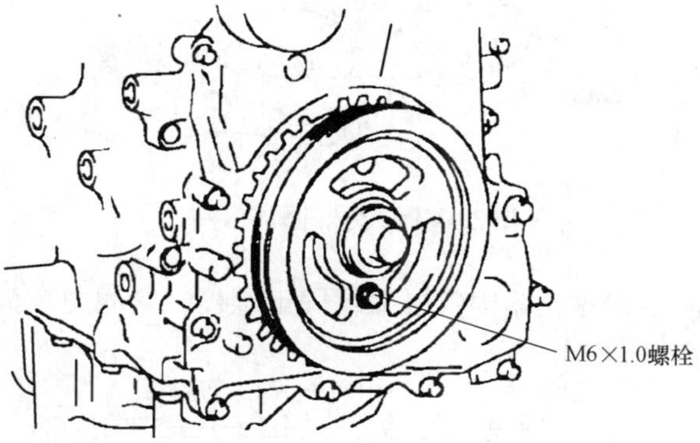

图 25-40 用螺栓把曲轴带轮安装到发动机前盖上

2）按照图 25-41 所示，用专用工具把曲轴固定，使其不能转动。

3）按照图 25-42 所示，紧固曲轴带轮固定螺栓至 96～104N·m，然后再拧 87°～93°。

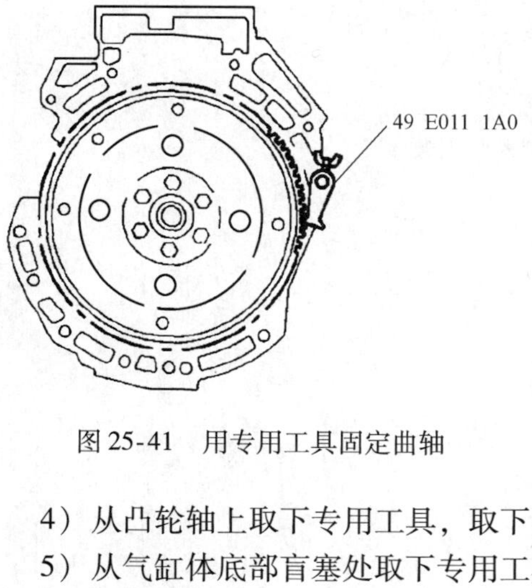

图 25-41 用专用工具固定曲轴

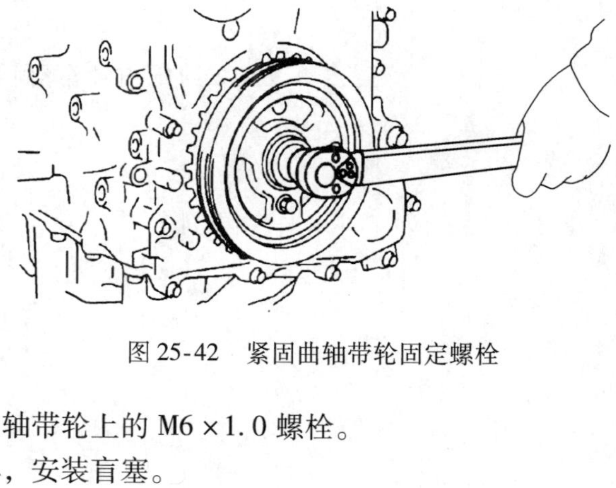

图 25-42 紧固曲轴带轮固定螺栓

4）从凸轮轴上取下专用工具，取下曲轴带轮上的 M6×1.0 螺栓。

5）从气缸体底部盲塞处取下专用工具，安装盲塞。

8. 气缸盖罩安装要点

1）按照图 25-43 所示，在图中所示位置涂抹硅酮密封剂。

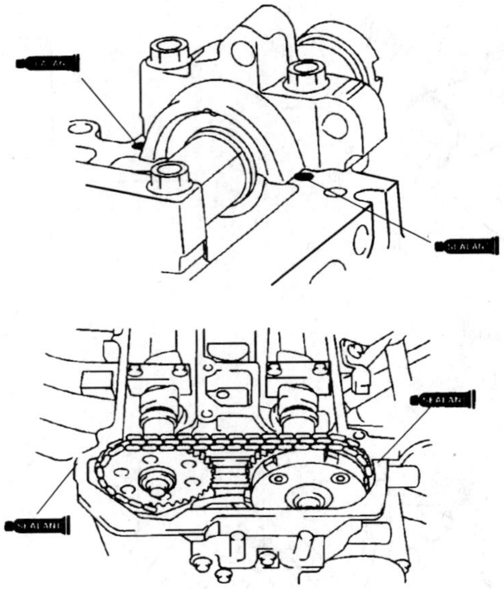

图 25-43　涂抹硅酮密封剂

2）按照图 25-44 所示顺序，紧固气缸盖罩固定螺栓，紧固力矩为 8.0～10.5N·m。

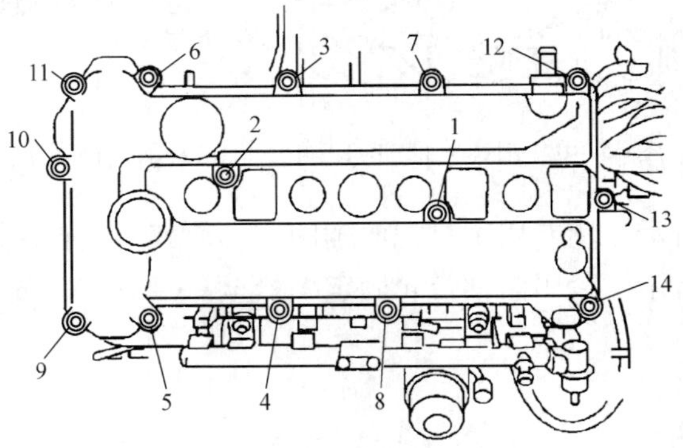

图 25-44　气缸盖罩固定螺栓紧固顺序

第二十六章

SUZUKI（铃木）车系

第一节 JIMNY（吉姆尼）轿车

一、JIMNY（吉姆尼）轿车 1. 3L 发动机正时链条部件识别

JIMNY（吉姆尼）轿车 1. 3L 发动机正时链条部件识别见图 26-1。

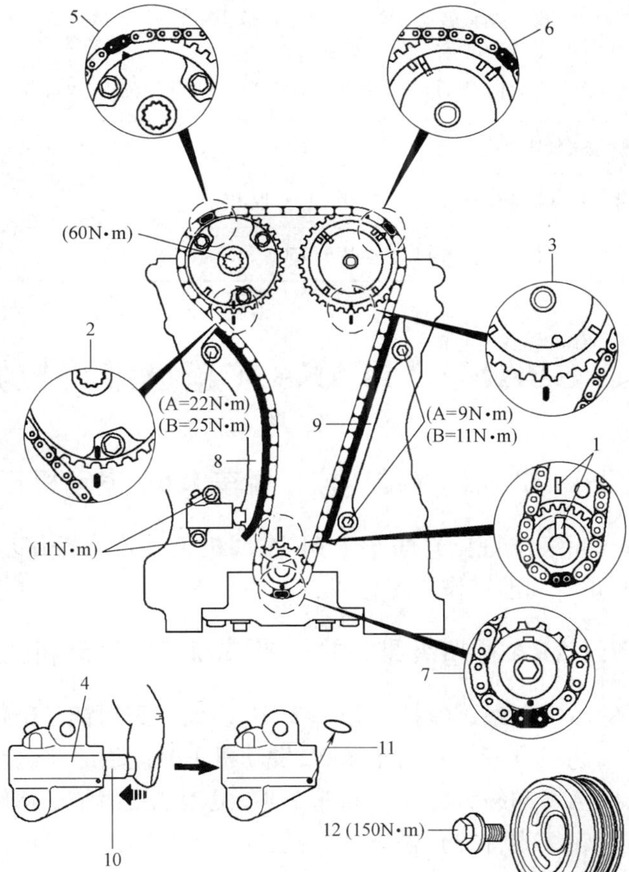

图 26-1 JIMNY（吉姆尼）轿车 1. 3L 发动机正时链条部件识别

二、JIMNY（吉姆尼）轿车1.3L发动机正时校准操作步骤

JIMNY（吉姆尼）轿车1.3L发动机正时校准操作步骤见表26-1。

表26-1 JIMNY（吉姆尼）轿车1.3L发动机正时校准操作步骤

步骤	操作方法
1	拆卸油底壳
2	把曲轴键槽对准12点钟位置（图26-1中的1）
3	确保凸轮轴的正时标记（图26-1中的2和3）对齐
4	维修发动机前先要把正时链条张紧器总成（图26-1中的4）拆下
5	将正时链条上的深蓝色链节与各个凸轮轴链轮上的正时标记对齐（图26-1中的5和6）
6	将正时链条上的金黄色链节与曲轴链轮上的正时标记对齐（图26-1中的7）
7	安装正时链条张紧器滑轨（图26-1中的8）并紧固到22N·m
8	安装正时链条导向装置（图26-1中的9）并紧固到9N·m
9	重新设置正时链条张紧器： 1）沿图26-1中的箭头方向转动张紧器柱塞（图26-1中的10），然后将柱塞压入张紧器壳体（图26-1中的4）内 2）插入钢丝夹（图26-1中的11），使张紧器柱塞固定在压缩位置
10	安装正时链条张紧器总成
11	把固定张紧器柱塞的钢丝夹（图26-1中的11）取出
12	把曲轴带轮螺栓（图26-1中的12）紧固到150N·m

第二节 GRAND VITARA（超级维特拉）轿车

一、GRAND VITARA（超级维特拉）轿车1.6L发动机正时校准操作步骤

GRAND VITARA（超级维特拉）轿车1.6L发动机正时校准操作步骤与JIMNY（吉姆尼）轿车1.3L发动机正时校准操作步骤相同。

二、GRAND VITARA（超级维特拉）轿车2.0L发动机正时校准拆装步骤

1. GRAND VITARA（超级维特拉）轿车2.0L发动机正时链条部件识别

GRAND VITARA（超级维特拉）轿车2.0L发动机正时链条部件识别见图26-2。

2. GRAND VITARA（超级维特拉）轿车2.0L发动机正时链条拆卸步骤

GRAND VITARA（超级维特拉）轿车2.0L发动机正时链条拆卸步骤见表26-2。

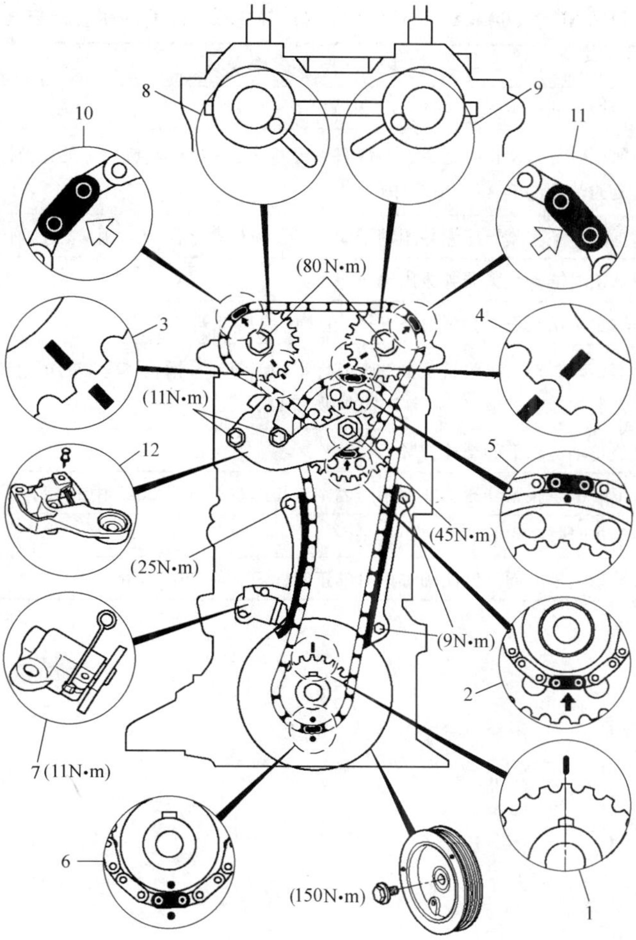

图 26-2 GRAND VITARA（超级维特拉）轿车 2.0L
发动机正时链条部件识别

表 26-2 GRAND VITARA（超级维特拉）轿车 2.0L 发动机正时链条拆卸步骤

步 骤	操作方法
1	拆卸发动机
2	拆卸油底壳
3	把曲轴键槽对准正时标记（图 26-2 中的 1）
4	调节惰轮链轮使箭头标记朝向上方（图 26-2 中的 2）
5	将各个凸轮轴链轮上的正时标记对齐（图 26-2 中的 3 和 4）
6	拆卸上部正时链条和张紧器
7	拆卸下部正时链条和张紧器

3. GRAND VITARA（超级维特拉）轿车 2.0L 发动机正时链条安装步骤

GRAND VITARA（超级维特拉）轿车 2.0L 发动机正时链条安装步骤见表 26-3。

表 26-3 GRAND VITARA（超级维特拉）轿车 2.0L 发动机正时链条安装步骤

步　骤	操作方法
1	把曲轴键槽对准正时标记（图 26-2 中的 1）
2	安装下部正时链条使正时链条上的带有标记的链节对准惰轮链轮上的蓝色链节（图 26-2 中的 5）和曲轴链轮上的黄色链节（图 26-2 中的 6）
3	将下部正时链条张紧器压缩并用销子固定在压缩状态（图 26-2 中的 7）
4	安装下部正时链条张紧器并拔出销子
5	将凸轮轴定位销与正时标记对齐（图 26-2 中的 8 和 9）
6	安装上部正时链条，正时链条上的带有标记的链节对准惰轮链轮上的黄色链节（图 26-2 中的 2）和凸轮轴链轮上的蓝色链节（图 26-2 中的 10 和 11）
7	把各个凸轮轴链轮上的螺栓拧紧
8	将上部正时链条张紧器压缩并用销子固定在压缩状态（图 26-2 中的 12）
9	安装上部正时链条张紧器并拔出销子
10	顺时针转动曲轴 2 周，使曲轴键槽对准正时标记（图 26-2 中的 1）

第二十七章

SUBARU（斯巴鲁）车系

第一节　TRIBECA（驰鹏）轿车

一、TRIBECA（驰鹏）轿车 3.0L 发动机正时链条部件识别

TRIBECA（驰鹏）轿车 3.0L 发动机正时链条部件识别见图 27-1。

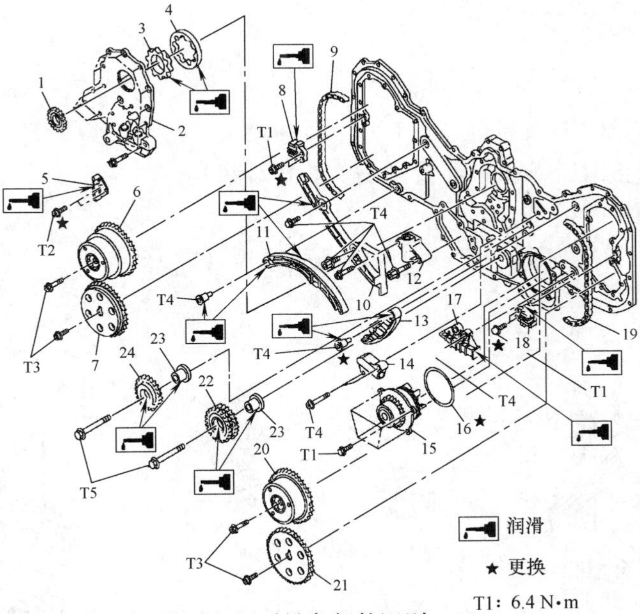

图 27-1　TRIBECA（驰鹏）轿车 3.0L 发动机正时链条部件识别

1—曲轴链轮　2—机油减压箱　3—内转子　4—外转子　5—正时链条导轨（中央）　6—进气凸轮轴链轮（右）　7—排气凸轮轴链轮（右）　8—正时链条导轨（右：在两个凸轮之间）　9—正时链条（右）　10—正时链条导轨（右）　11—正时链条张紧器臂（右）　12—正时链条张紧器（右）　13—正时链条张紧器臂（左）　14—正时链条张紧器（左）　15—水泵　16—机油密封圈　17—正时链条导轨（左）　18—正时链条导轨（左：在两个凸轮之间）　19—正时链条（左）　20—进气凸轮轴链轮（左）　21—排气凸轮轴链轮（左）　22—惰轮链轮（下部）　23—惰轮链轮凸缘　24—惰轮链轮（上部）

二、TRIBECA（驰鹏）轿车 3.0L 发动机正时链条拆卸

1）拆卸曲轴带轮。

2）拆卸前正时链条盖。

3）拆卸正时链条张紧器（右）。注意：不要让张紧器柱塞 A（图 27-2）脱出。

4）如图 27-3 所示，拆卸正时链条导轨（右：在两个凸轮之间）。

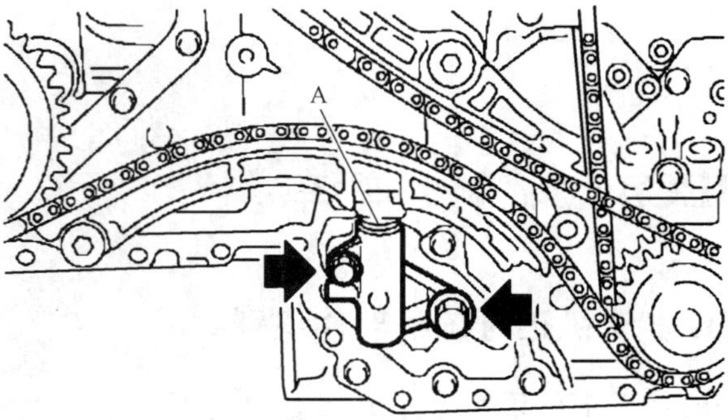

图 27-2　正时链条张紧器柱塞 A 识别

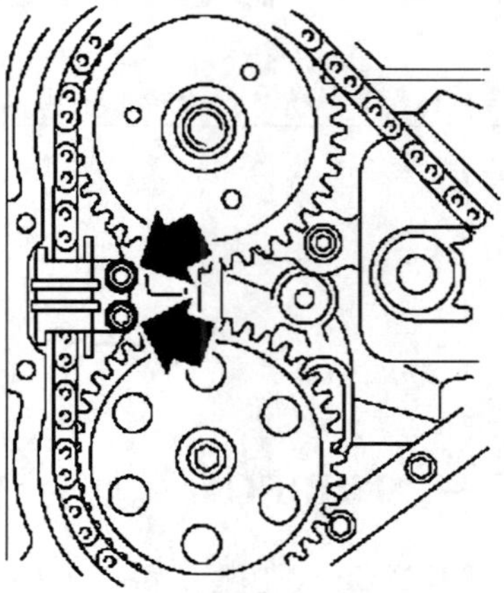

图 27-3　拆卸正时链条导轨（右：在两个凸轮之间）

5）拆卸正时链条导轨（右）（图 27-4）。

6）拆卸正时链条张紧器臂（右）（图 27-4）。

7）拆卸正时链条（右）。

8）如图 27-5 所示，拆卸正时链条张紧器（左）。

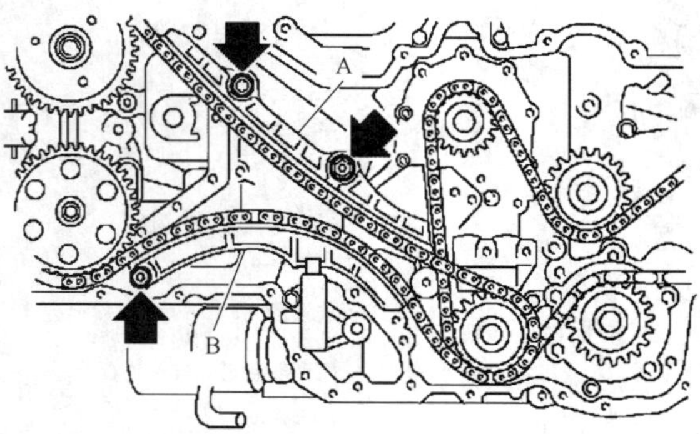

图 27-4　拆卸正时链条导轨（右，A）和正时链条张紧器臂（右，B）

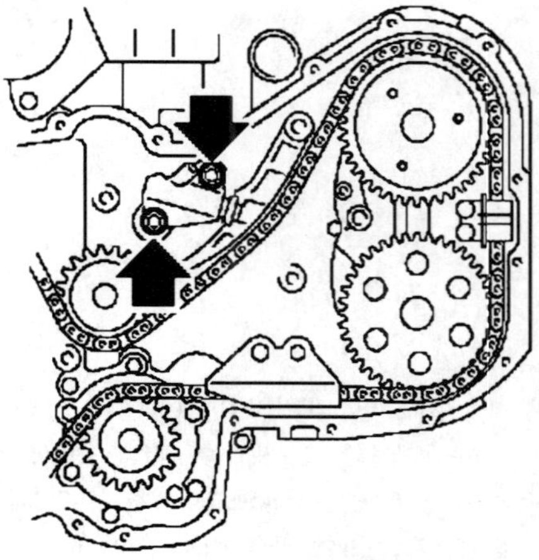

图 27-5　拆卸正时链条张紧器（左）

9）如图 27-6 所示，拆卸正时链条张紧器臂（左）。

10）如图 27-7 所示，拆卸正时链条导轨（左：在两个凸轮之间）。

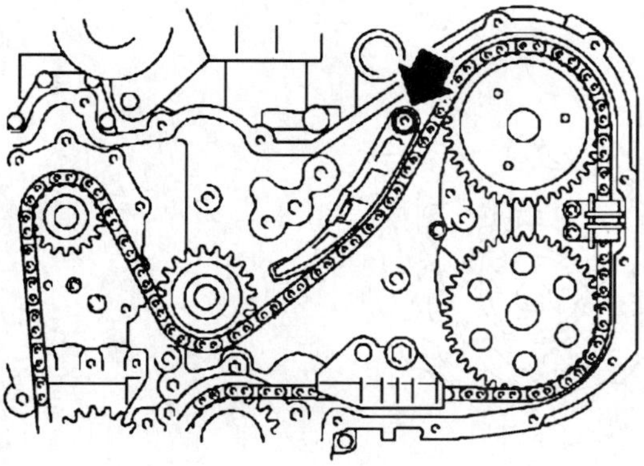

图 27-6　拆卸正时链条张紧器臂（左）

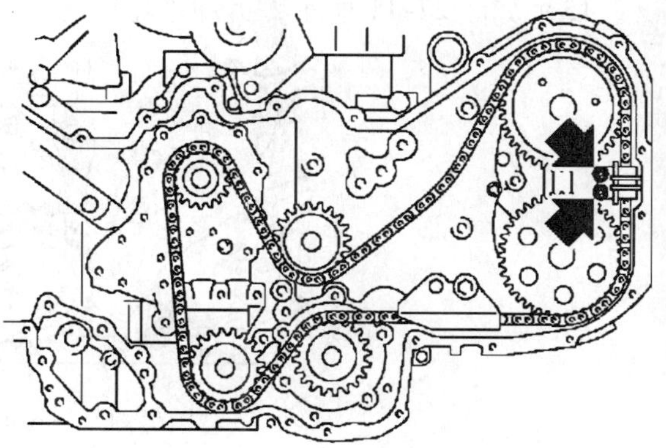

图 27-7　拆卸正时链条导轨（左：在两个凸轮之间）

11）如图 27-8 所示，拆卸正时链条导轨（左）。

12）如图 27-9 所示，拆卸正时链条导轨（中央）。

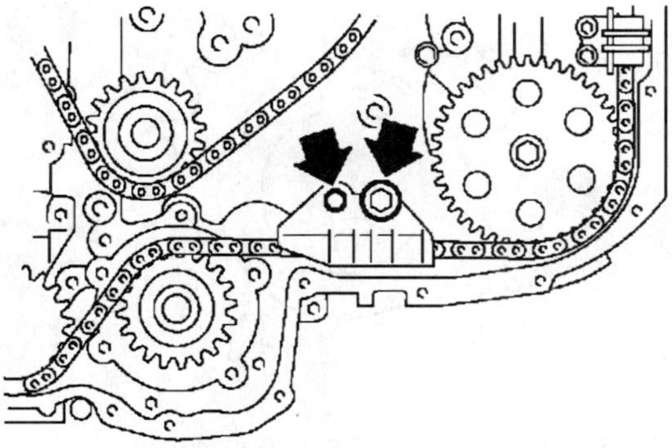

图 27-8　拆卸正时链条导轨（左）

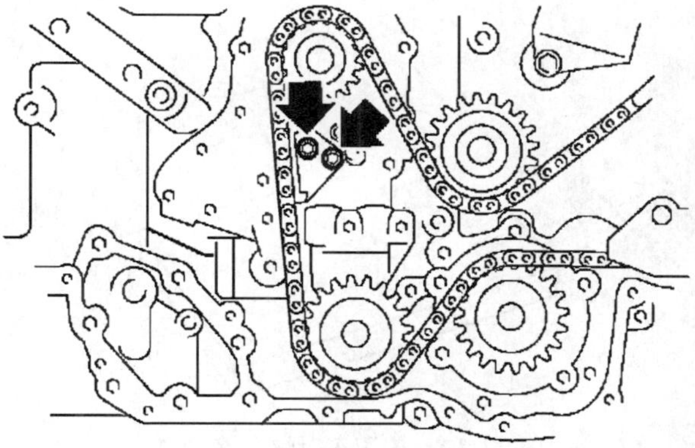

图 27-9　拆卸正时链条导轨（中央）

13）如图 27-10 所示，拆卸惰轮链轮（上部）。

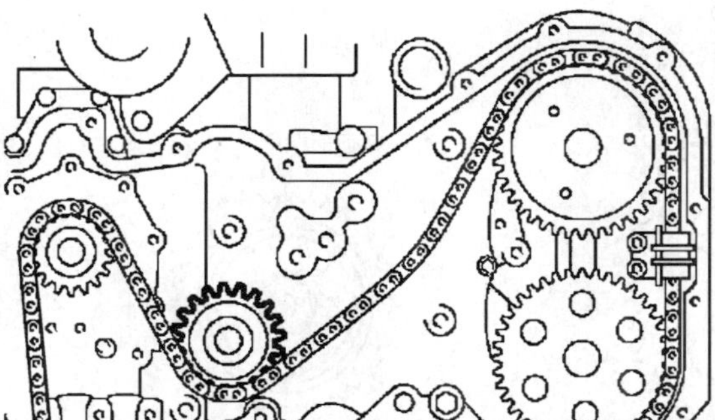

图 27-10　拆卸惰轮链轮（上部）

14）拆卸正时链条（左）。

15）如图 27-11 所示，拆卸惰轮链轮（下部）。

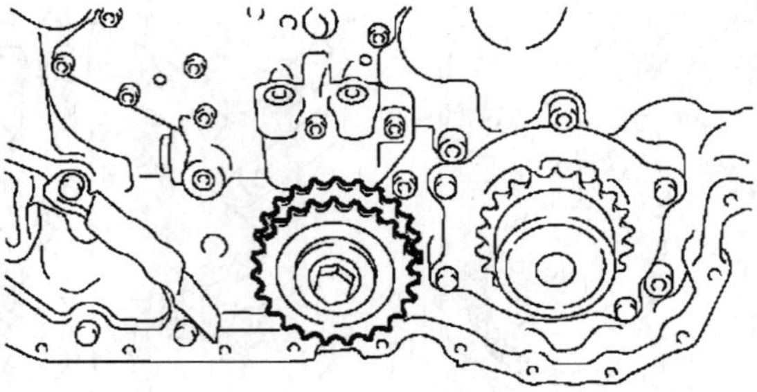

图 27-11　拆卸惰轮链轮（下部）

三、TRIBECA（驰鹏）轿车 3.0L 发动机正时链条安装

1）把正时链条张紧器抵在橡胶垫上，用力按压，如图 27-12 所示，使张紧器柱塞缩进，然后将一根细销插入张紧器柱塞与张紧器壳体之间的孔中。

2）用专用工具将曲轴链轮上的顶部标记对齐到图 27-13 中的 9 点钟位置。

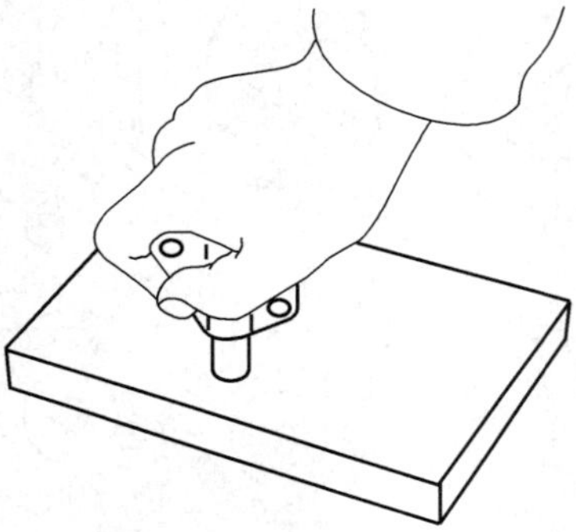

图 27-12　按压正时链条张紧器

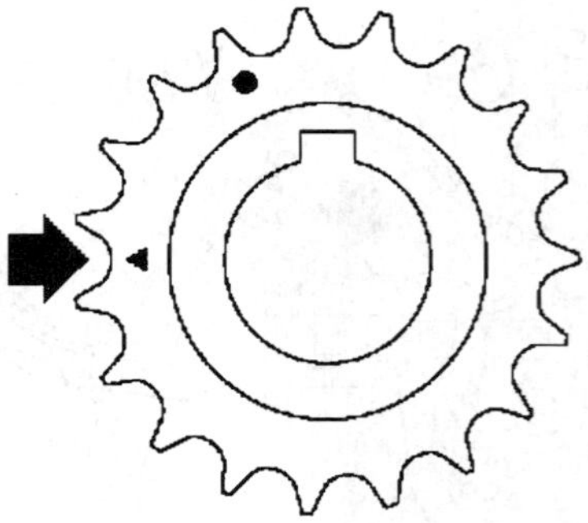

图 27-13　顶部标记对准 9 点钟位置

3）把排气凸轮轴链轮上的键槽对准 12 点钟位置，如图 27-14 所示。

4）把进气凸轮轴链轮按照图 27-15 所示对齐。

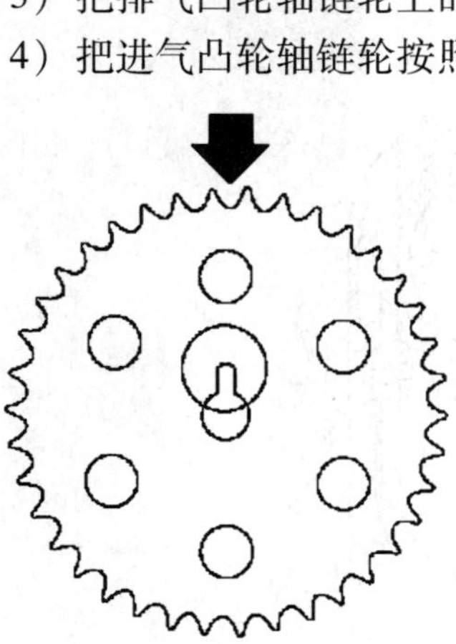

图 27-14　排气凸轮轴链轮上的键槽对准 12 点钟位置

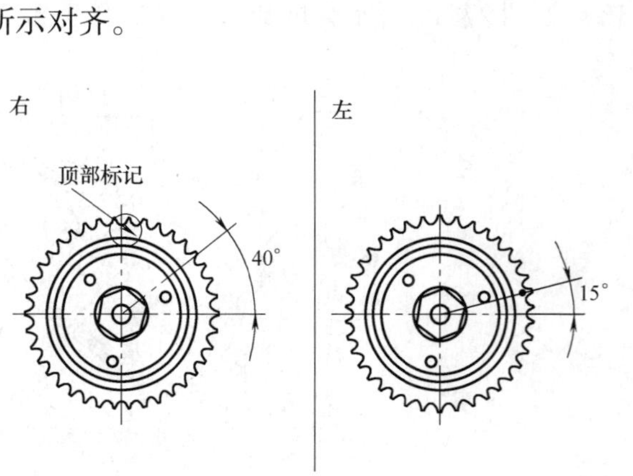

图 27-15　对齐进气凸轮轴链轮位置

5）顺时针转动曲轴链轮，使顶部标记对齐 12 点钟位置（1 缸活塞位于上止点位置）。

6）如图 27-16 所示，安装惰轮链轮（下部）并紧固。

7）安装正时链条（左）。

① 按照图 27-17 所示，把曲轴链轮上的正时标记 B 与正时链条（左）上的金色链节 A 对齐。

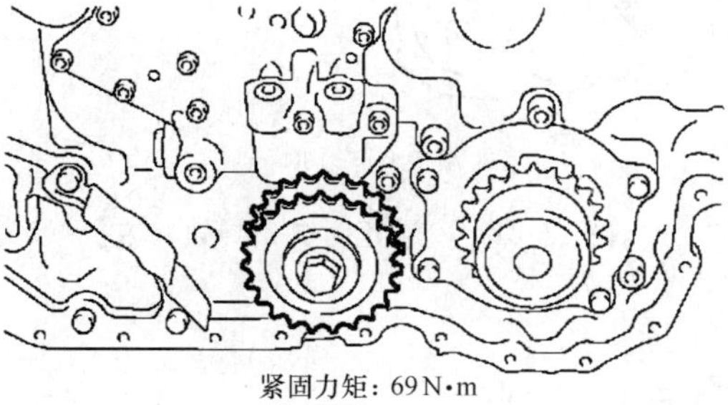

图 27-16　安装并紧固惰轮链轮（下部）

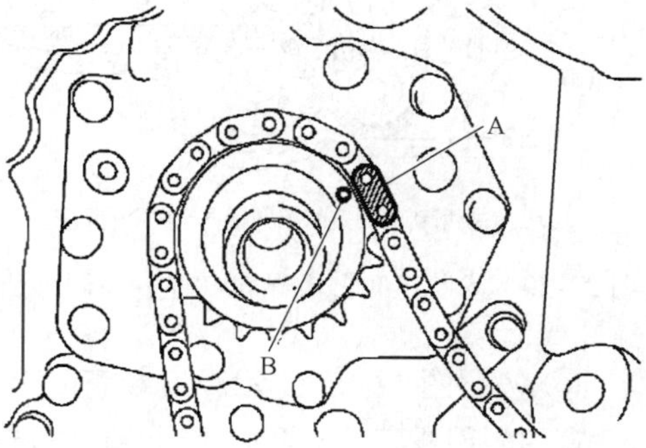

图 27-17　正时标记 B 对齐金色链节 A

② 把正时链条（左）依次安装到惰轮链轮（下部）、水泵、排气凸轮轴链轮（左）和进气凸轮轴链轮（左）上。按照图 27-18 所示，将正时链条上的蓝色链节 A 与凸轮轴链轮的正时标记 B 对齐。

③ 按照图 27-19 所示，安装惰轮链轮（上）。

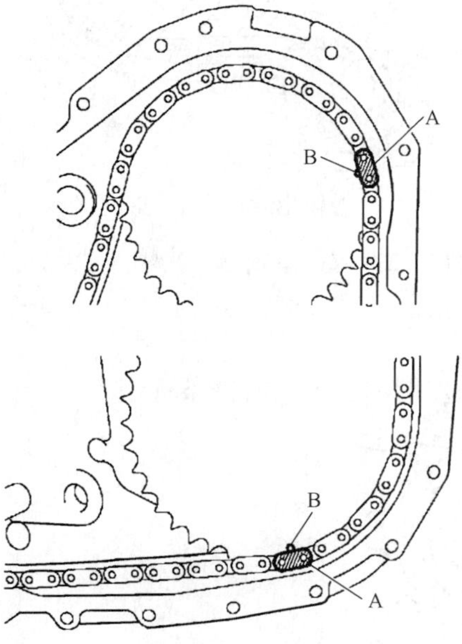

图 27-18　蓝色链节 A 与凸轮轴链轮的正时标记 B 对齐

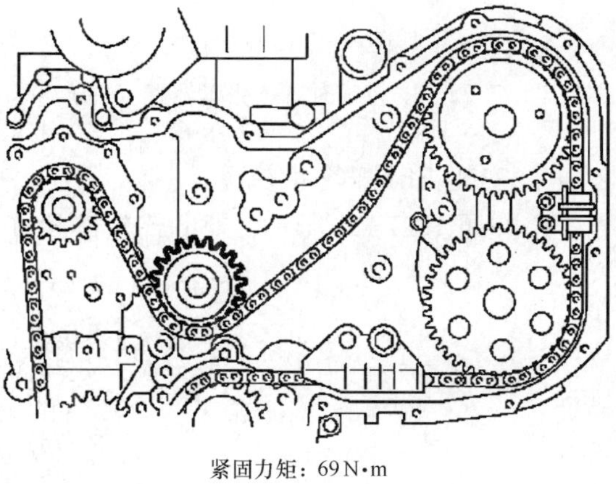

图 27-19　安装惰轮链轮（上）

④ 如图 27-20 所示，安装正时链条导轨（左：在两个凸轮中间）

⑤ 如图 27-21 所示，安装正时链条导轨（左）。

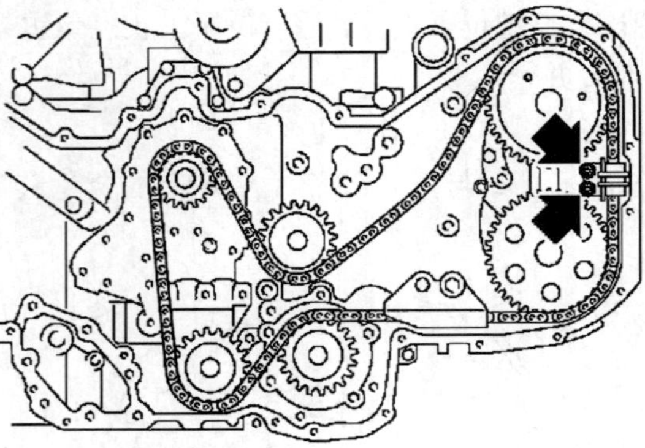
换用新的固定螺栓并紧固至6.4N·m

图 27-20　安装正时链条导轨（左：在两个凸轮中间）

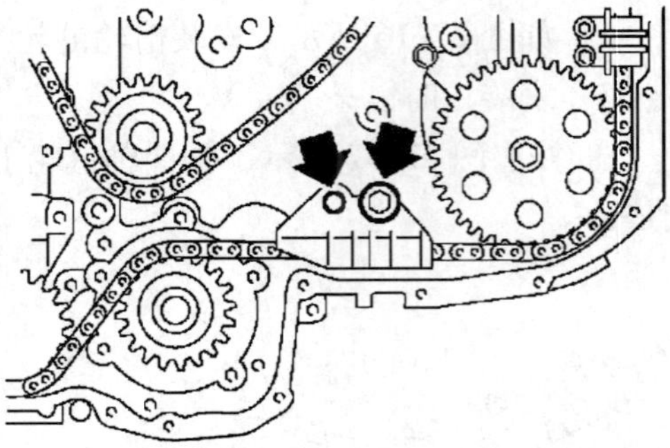
紧固力矩：16N·m

图 27-21　安装正时链条导轨（左）

⑥ 按照图 27-22 所示，安装正时链条张紧器臂（左）。

⑦ 按照图 27-23 所示，安装正时链条张紧器（左）。

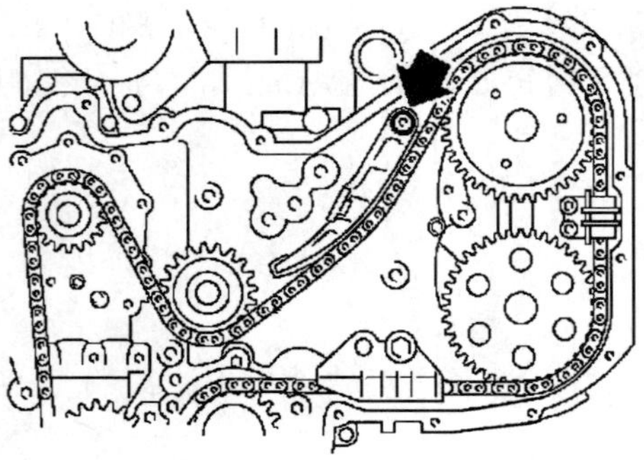
紧固力矩：16N·m

图 27-22　安装正时链条张紧器臂（左）

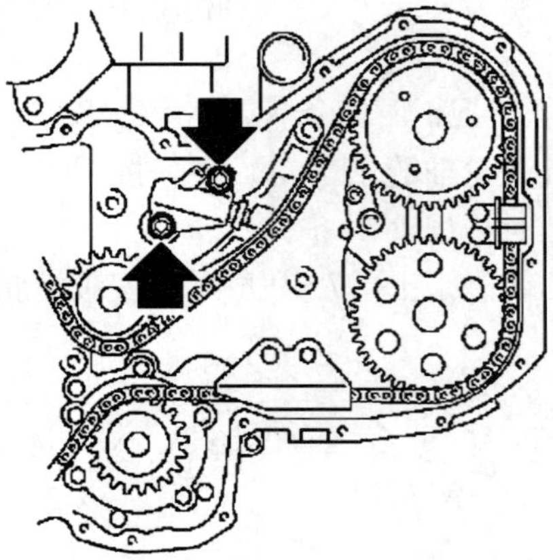
紧固力矩：16N·m

图 27-23　安装正时链条张紧器（左）

8）安装正时链条（右）。

① 按照图 27-24 所示，对齐惰轮链轮（下部）上的左侧和右侧正时链条标记。

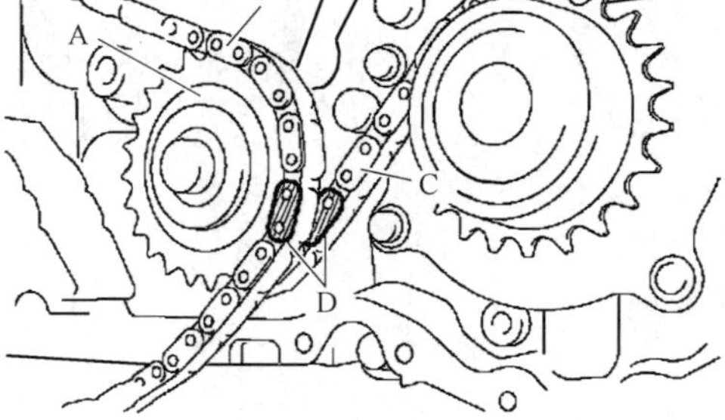

图 27-24　对齐正时链条标记

A—惰轮链轮（下部）　B—正时链条（右）　C—正时链条（左）　D—蓝色链节

② 把正时链条（右）依次安装到进气凸轮轴链轮（右）和排气凸轮轴链轮（右）上。按照图 27-25 所示，确认正时链条金色链节 A 对齐凸轮轴链轮的正时标记 B。

③ 安装正时链条导轨（右）。

④ 按照图 27-26 所示，安装正时链条张紧器臂 B（右）。

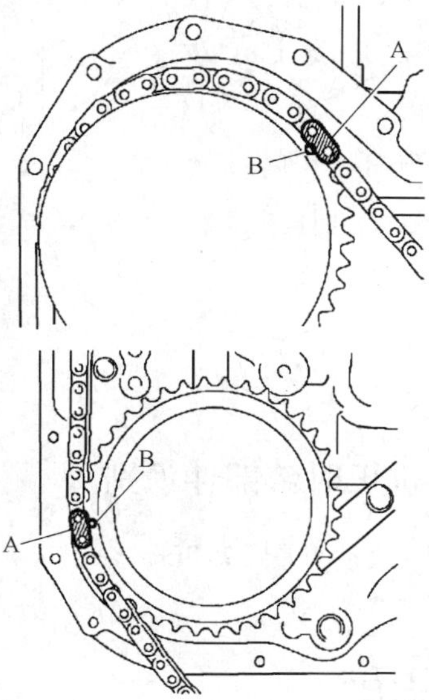

图 27-25　正时链条金色链节 A 对齐凸轮轴链轮的正时标记 B

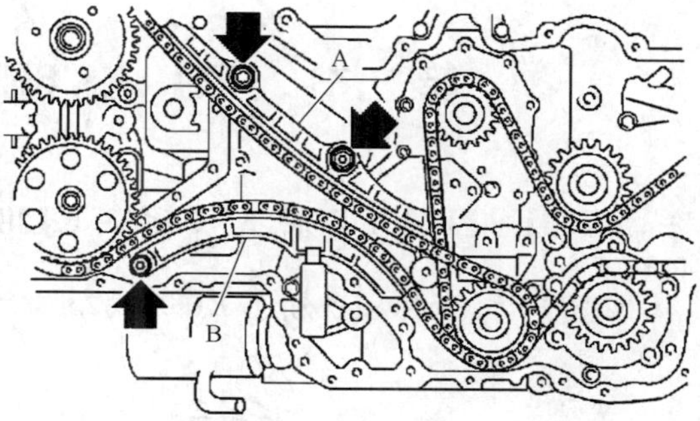

图 27-26　安装正时链条张紧器臂（右）

⑤ 按照图 27-27 所示，安装正时链条导轨（右：在 2 个凸轮之间，图 27-26A）。

⑥ 按照图 27-28 所示，安装正时链条张紧器（右）。

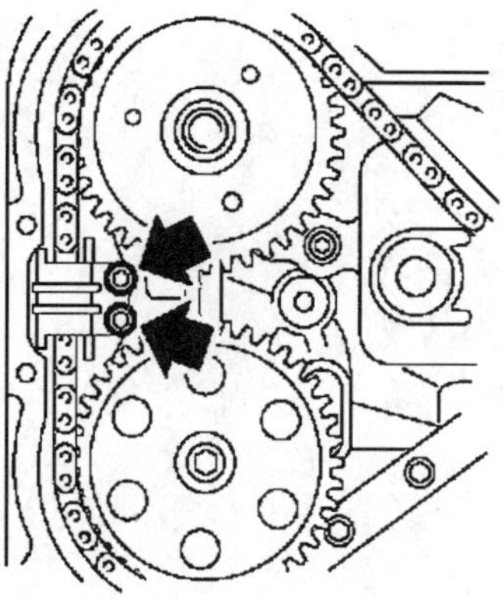

图 27-27　安装正时链条导轨（右：在 2 个凸轮之间）

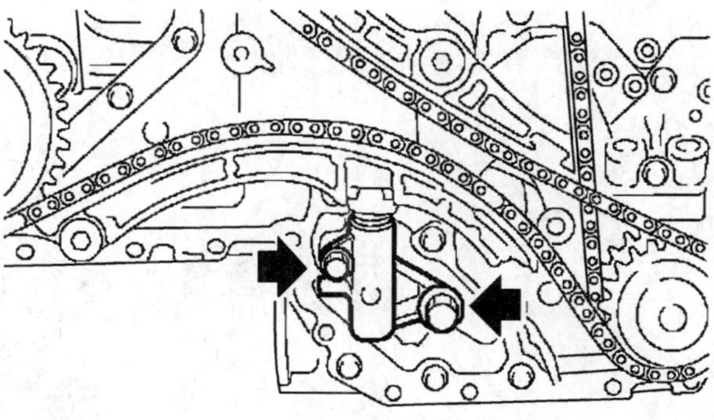

图 27-28　安装正时链条张紧器（右）

⑦ 把正时链条导轨（右）与正时链条导轨（中央）之间的间隙调节到 8.4～8.6mm 范围内。按照图 27-29 所示，安装正时链条导轨（中央）。

⑧ 从正时链条张紧器上拔出插入的止动销。

9）安装前正时链条盖。

10）安装曲轴带轮。

11）安装发动机传动带。

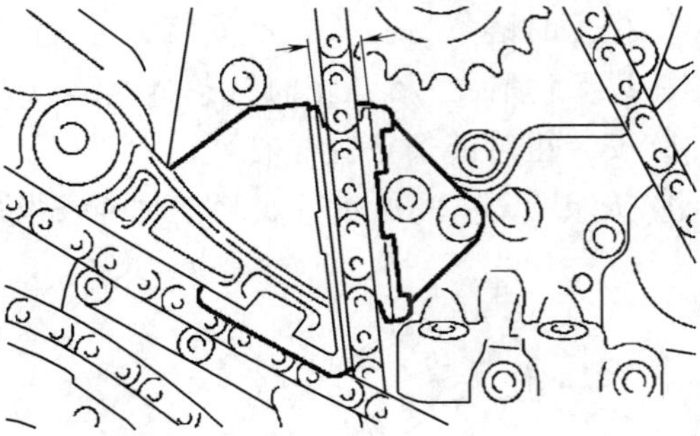

图 27-29　安装正时链条导轨（中央）

第二节　FORESTER（森林人）轿车

一、FOESTER（森林人）轿车 EJ20/EJ25 发动机正时带部件识别

FORESTER（森林人）轿车 EJ20/EJ25 发动机正时带部件识别见图 27-30。

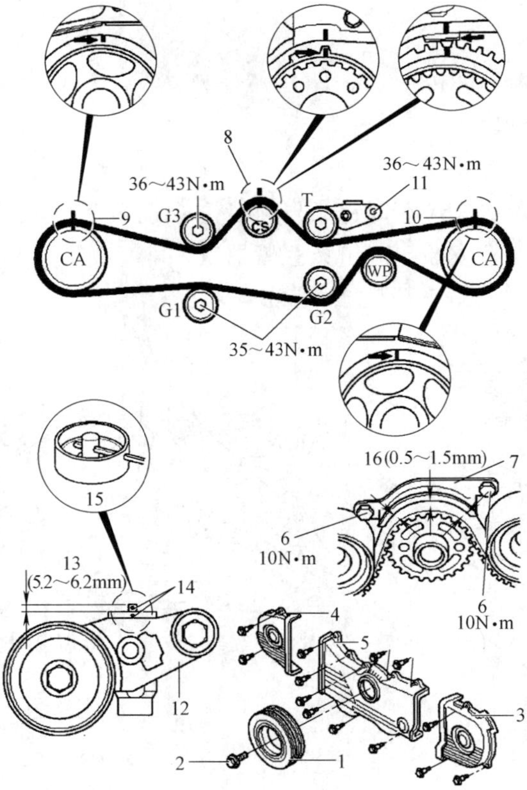

图 27-30　FORESTER（森林人）轿车 EJ20/EJ25 发动机正时带部件识别

二、FORESTER（森林人）轿车 EJ20/EJ25 发动机正时带拆卸步骤

FORESTER（森林人）轿车 EJ20/EJ25 发动机正时带拆卸步骤见表 27-1。

表 27-1 FORESTER（森林人）轿车 EJ20/EJ25 发动机正时带拆卸步骤

步骤	操作方法
1	拆卸发动机冷却液膨胀罐
2	拆卸发动机冷却风扇
3	拆卸空调冷凝器风扇
4	拆卸发动机附件传动带罩
5	拆卸发动机附件传动带
6	拆卸空调驱动带张紧器
7	用专用工具固定住曲轴带轮（图 27-30 中的 1）
8	拆卸曲轴带轮螺栓（图 27-30 中的 2）
9	拆卸曲轴带轮（图 27-30 中的 1）
10	拆卸正时带罩（图 27-30 中的 3、4、5）
11	拆卸正时带导轨螺栓（图 27-30 中的 6）
12	拆卸正时带导轨（图 27-30 中的 7）
13	顺时针转动曲轴，使各个正时标记（图 27-30 中的 8、9、10）对齐
14	拆卸导轮（图 27-30 中的 G1 和 G2），使正时带松弛
15	拆卸正时带 注意：如果要重新使用拆下的正时带，则要在正时带上用粉笔标好转动方向，以免安装时发生错误
16	拆卸正时带自动张紧器螺栓（图 27-30 中的 11）
17	拆卸正时带自动张紧器（图 27-30 中的 12）

三、FORESTER（森林人）轿车 EJ20/EJ25 发动机正时带安装

FORESTER（森林人）轿车 EJ20/EJ25 发动机正时带安装步骤见表 27-2。

表 27-2 FORESTER（森林人）轿车 EJ20/EJ25 发动机正时带安装步骤

步骤	操作方法
1	检查正时带的张紧轮和导轮转动是否平顺，如有必要，则进行更换
2	检查正时带张紧器壳体是否有泄漏和损坏，如有必要，则进行更换
3	检查正时带张紧器推杆的伸出长度是否在 5.2～6.2mm 范围内（图 27-30 中的 13）。如果不符合要求，则更换正时带自动张紧器
4	固定住正时带张紧器壳体。把推杆抵在一个坚硬表面上按压，当施加的力小于 294N 时，推杆应不动
5	如果施加小于 294N 的力时推杆缩进，则慢慢压下推杆，使其与正时带张紧器壳体上表面齐平，然后松开推杆，重复 3 次，然后再次施加小于 294N 的力按压推杆，如果推杆再次缩进，则更换正时带自动张紧器

（续）

步　骤	操作方法
6	慢慢把推杆压入正时带张紧器壳体中，直至小孔对齐（图 27-30 中的 14），然后将一根直径为 2mm 的销子穿过张紧器壳体上的小孔（图 27-30 中的 15），把推杆固定到位
7	安装正时带自动张紧器（图 27-30 中的 12）。把张紧器的螺栓紧固到 35～43N·m
8	确认各个正时标记（图 27-30 中的 8、9、10）全部对齐
9	从曲轴链轮开始，沿逆时针方向安装正时带
10	安装导轮（图 27-30 中的 G1 和 G2），将导轮螺栓紧固到 35～43N·m
11	从正时带张紧器壳体上拔出插入的销子，解除推杆的锁定状态
12	顺时针转动曲轴 2 周，确保各个正时标记完全对齐（图 27-30 中的 8、9、10）
13	安装正时带导轨（图 27-30 中的 7），用手拧紧正时带导轨螺栓（图 27-30 中的 6）
14	把正时带背面与正时带导轨之间的间隙调节到 0.5～1.5mm（图 27-30 中的 16）。把正时带导轨螺栓紧固到 10N·m
15	按照与拆卸相反的顺序安装其他的部件
16	在曲轴带轮螺栓（图 27-30 中的 2）的结合面上薄薄涂抹一层发动机机油
17	用专用工具固定住曲轴带轮（图 27-30 中的 1）
18	紧固曲轴带轮螺栓，第一步先紧固到 44N·m，第二步再紧固到 122～137N·m
19	紧固完成后，检查曲轴带轮螺栓是否转过 45°，如果没有，则更换新的曲轴带轮螺栓并重复紧固操作

第三节　OUTBACK（傲虎）轿车

一、OUTBACK（傲虎）轿车 2.5L（H4SO）发动机正时带部件识别

OUTBACK（傲虎）轿车 2.5L(H4SO）发动机正时带部件识别见图 27-31。

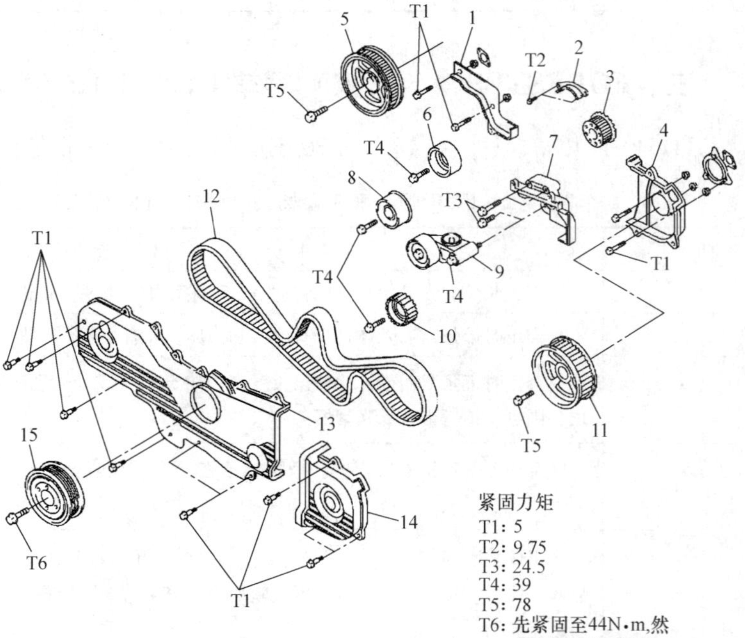

图 27-31　OUTBACK（傲虎）轿车 2.5L(H4SO）发动机正时带部件识别

1—2 号正时带罩（右）　2—正时带导轨　3—曲轴链轮　4—2 号正时带罩（左）　5—1 号凸轮轴链轮　6—1 号正时带惰轮　7—正时带张紧器支架　8—2 号正时带惰轮　9—正时带张紧器张紧度调节器　10—2 号正时带惰轮　11—2 号凸轮轴链轮　12—正时带　13—前正时带罩　14—正时带罩（左）　15—曲轴带轮

二、OUTBACK（傲虎）轿车 2.5L（H4SO）发动机正时带拆卸

1）拆卸 V 带。

2）拆卸曲轴带轮。

3）拆卸正时带罩。

4）拆卸正时带导轨（图 27-32）。

图 27-32 拆卸正时带导轨

5）如果正时带上的定位标记或箭头标记（指示转动方向）已经消失，则拆卸正时带前先按照如下程序在正时带上做上新的记号。

① 按照图 27-33 所示，用专用工具转动曲轴，使链轮上的标记 a 与气缸体上的缺口 b 对齐。然后确保右侧凸轮轴链轮标记 c，凸轮盖和气缸盖配合面 d 或左侧凸轮轴链轮的标记 e 和正时带罩上的槽口 f 已经调整好，见图 27-34。

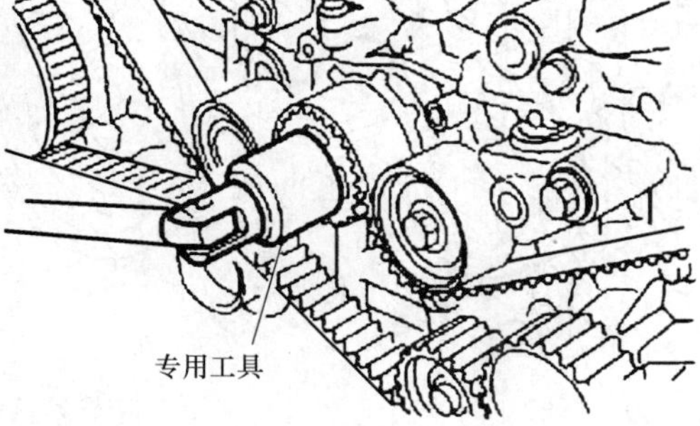

图 27-33 用专用工具转动曲轴

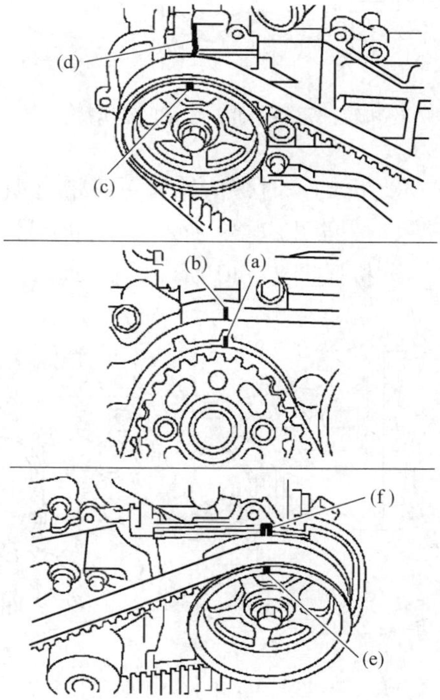

图 27-34 对齐标记

② 根据曲轴链轮和凸轮轴链轮的相对位置，用白色油漆在正时带上标出对齐标记或箭头标记，见图 27-35 和图 27-36。

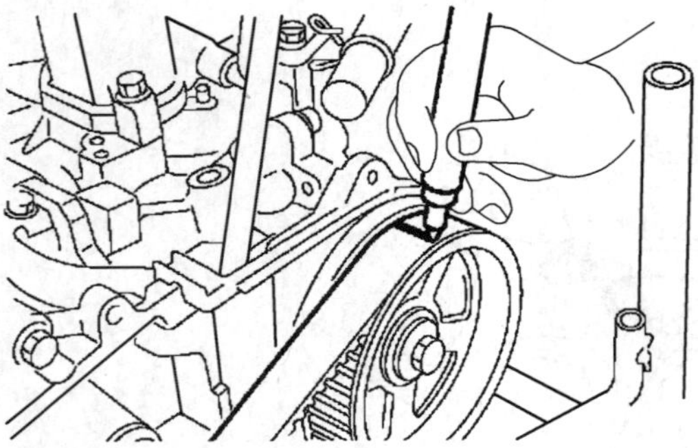

图 27-35　做上标记

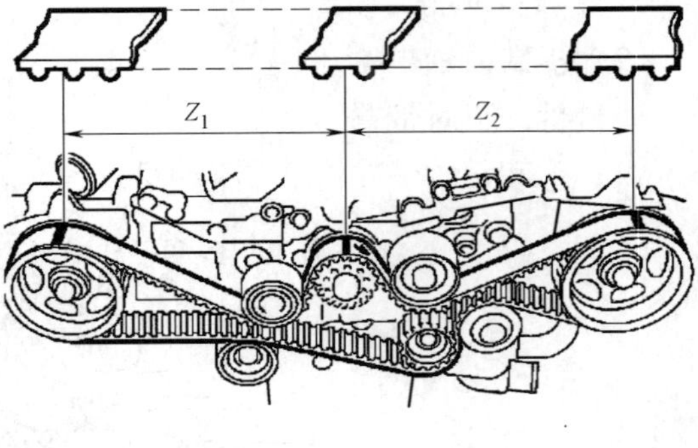

图 27-36　识别齿长

6）拆下 2 号正时带惰轮，如图 27-37 所示。

7）拆卸正时带，如图 27-38 所示。

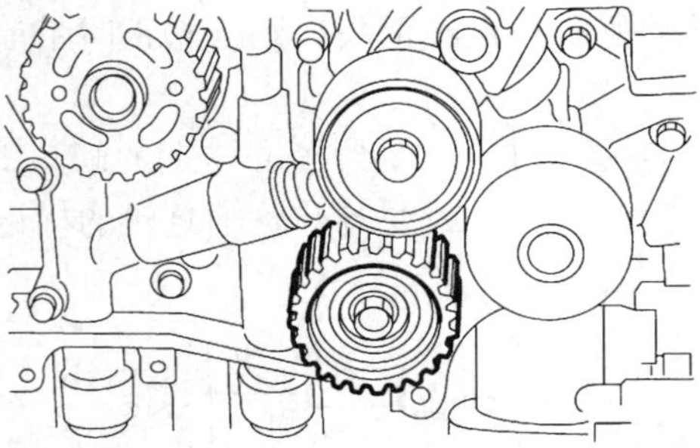

图 27-37　拆卸 2 号正时带惰轮

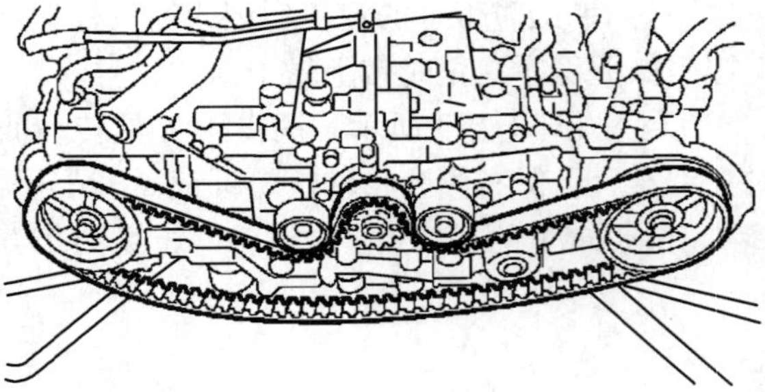

图 27-38　拆卸正时带

8）拆卸正时带惰轮和正时带自动张紧器张紧度调节器总成。

① 按照图 27-39 所示，拆卸 1 号正时带惰轮。

② 按照图 27-40 所示，拆卸正时带自动张紧器张紧度调节器总成。

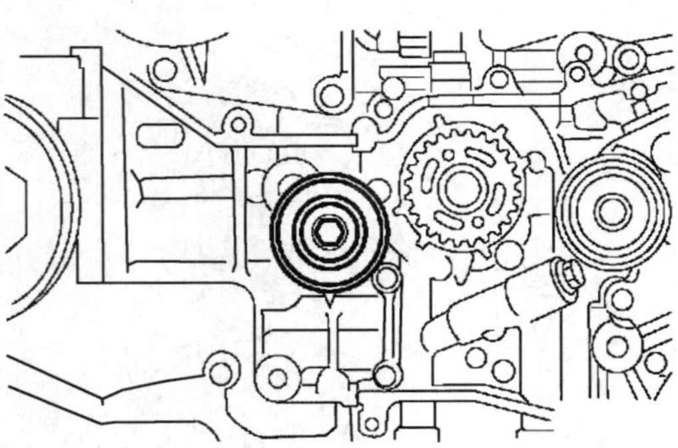

图 27-39　拆卸 1 号正时带惰轮

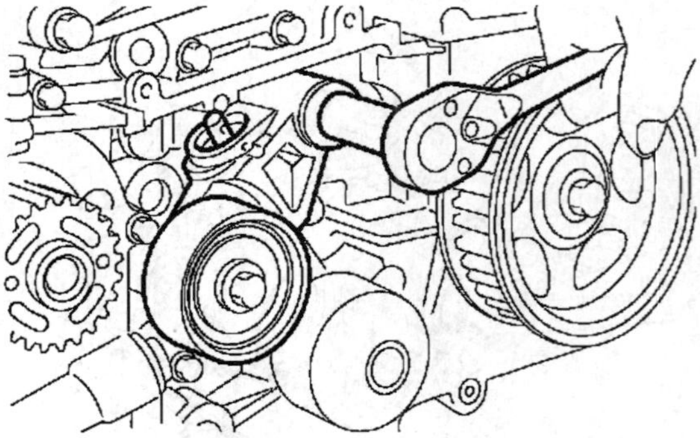

图27-40　拆卸正时带自动张紧器张紧度调节器总成

三、OUTBACK（傲虎）轿车 2.5L（H4SO）发动机正时带安装

1）拆卸正时带张紧度自动调节器总成和正时带惰轮。

① 把正时带张紧度自动调节器总成连接到垂直型挤压工具上。

② 如图 27-41 所示，用 294N 或更大的力慢慢压下调节杆，直至调节杆对准缸体上的限位销孔。

③ 如图 27-42 所示，把直径为 2mm 的限位销插入限位销孔内，固定调节杆。

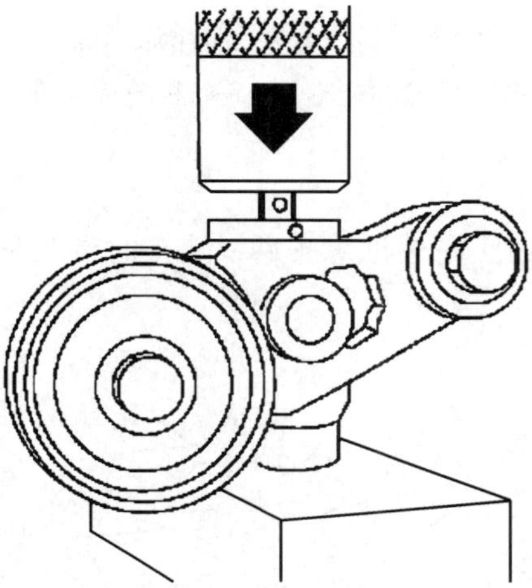

图 27-41　按压调节杆

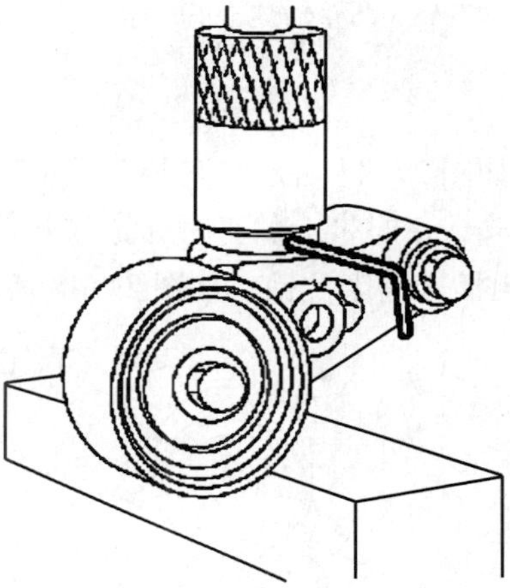

图 27-42　插入限位销

④ 如图 27-43 所示，安装正时带张紧度自动调节器总成。

⑤ 如图 27-44 所示，安装 1 号正时带惰轮。

紧固力矩：39N·m

图 27-43　安装正时带张紧度自动调节器总成

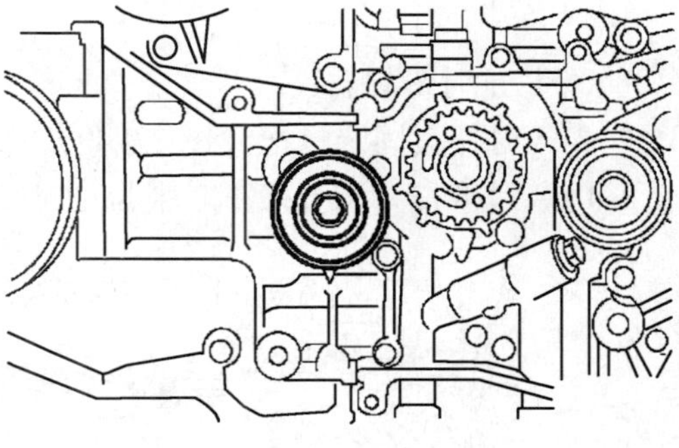

紧固力矩：39N·m

图 27-44　安装 1 号正时带惰轮

2）安装正时带。

① 用专用工具转动凸轮轴链轮，使正时标记 A 位于图 27-45 所示的位置。

② 如图 27-46 所示，当正时带上的正时标记 B 与凸轮轴链轮上的正时标记 A 对齐时，安装好正时带。

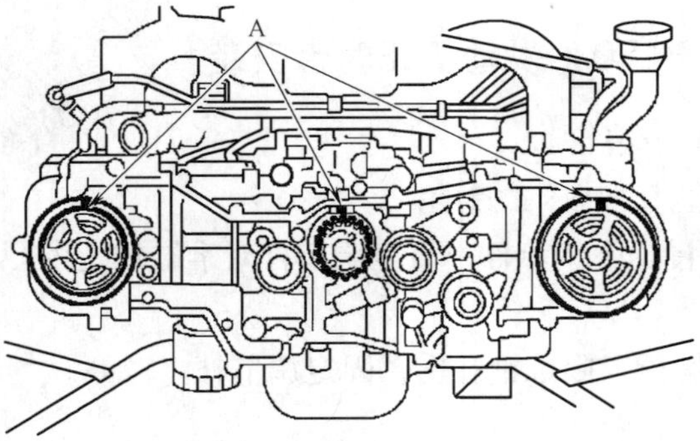

图 27-45　凸轮轴链轮正时标记识别

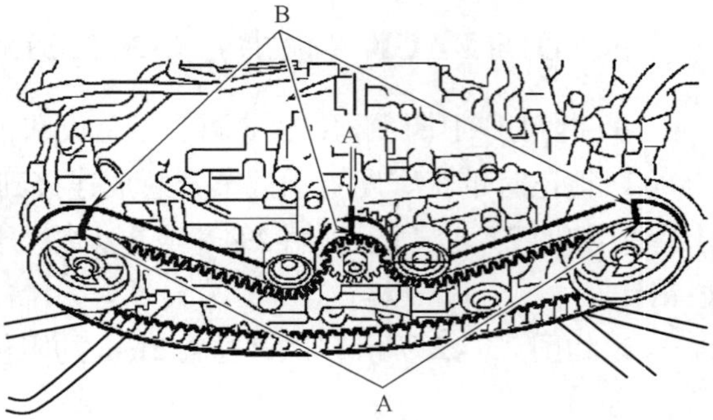

图 27-46　正时带上的正时标记 B 与凸轮轴链轮上的正时标记 A 对齐

③ 如图 27-47 所示，安装 2 号正时带惰轮。

④ 确认正时带上的正时标记与凸轮轴链轮上的正时标记对齐后，从正时带张紧度调节器上拔出插入的限位销，如图 27-48 所示。

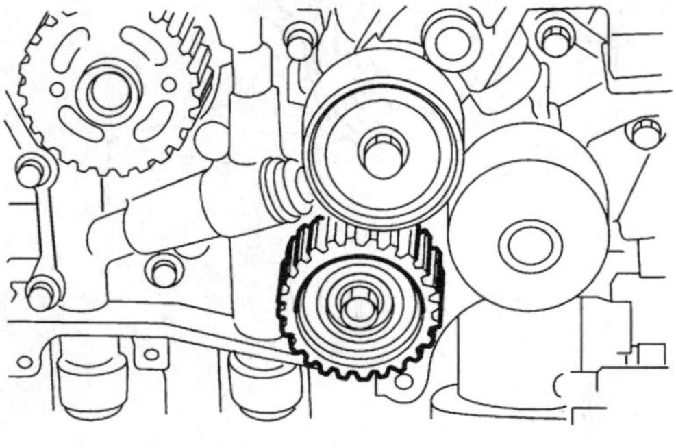

图 27-47　安装 2 号正时带惰轮

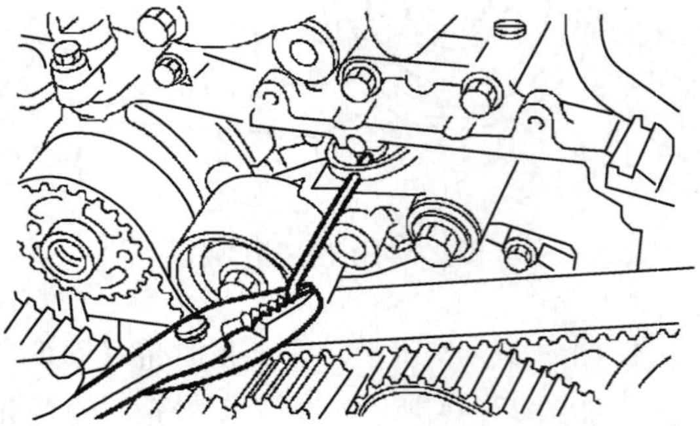

图 27-48　拔出限位销

3）安装正时带导轨：

① 先暂时拧紧固定螺栓（图 27-49）。

② 用塞尺检查并调节好正时带与正时带导轨之间的间隙，如图 27-50 所示。

图 27-49　固定螺栓识别

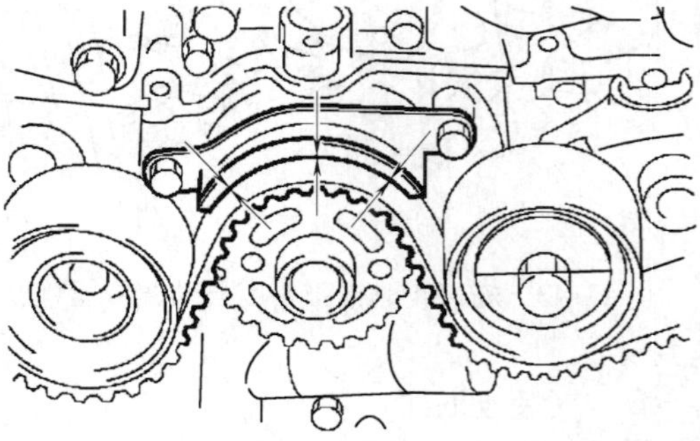

图 27-50　调节正时带与正时带导轨之间的间隙

③ 如图 27-51 所示，将固定螺栓紧固到规定力矩。

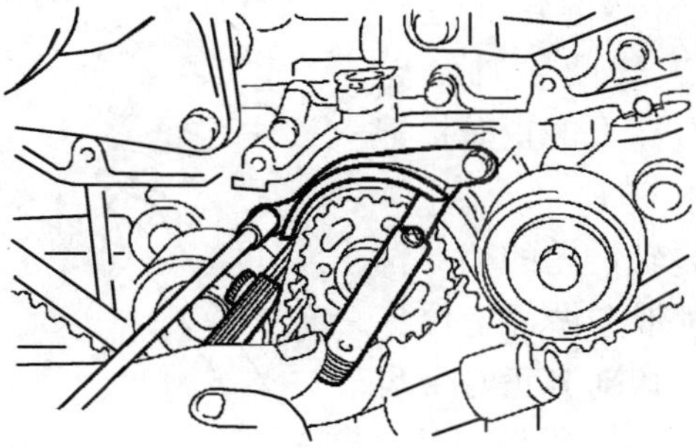

紧固力矩：9.75N·m

图 27-51 将固定螺栓紧固到规定力矩

第四节 LEGACY（力狮）轿车

一、LEGACY（力狮）轿车 H4DOTC 发动机正时带拆卸

1）拆下 V 带。
2）拆下曲轴带轮。
3）拆下正时带盖
4）拆下正时带导向装置，如图 27-52 所示。

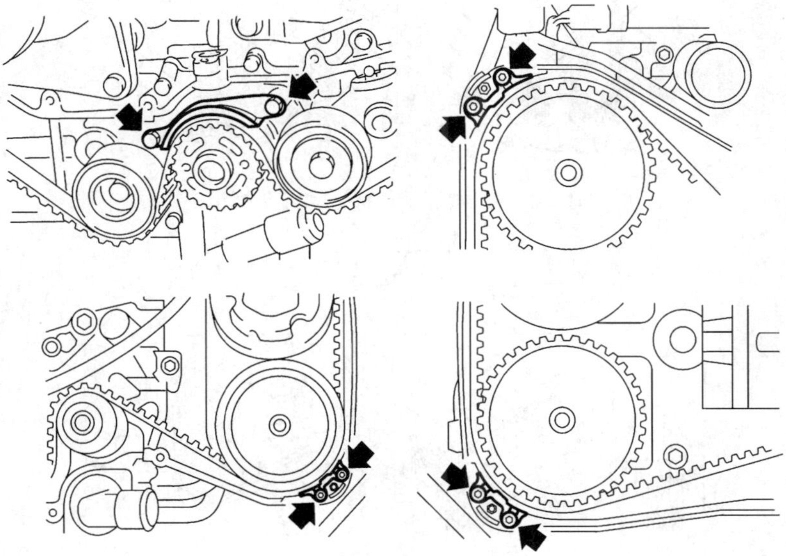

图 27-52 拆卸正时带导向装置

5）如果正时带上的定位部件和箭头部件因脏污或磨损而无法识别，可按照如下程序重新标记：

① 如图 27-53 所示，用专用工具转动曲轴，使曲轴链轮、进气凸轮轴链轮（左）、排气凸轮轴链轮（左）、进气凸轮轴链轮（右）、排气凸轮轴链轮（右）上的正时标记与正时带罩和缸体上的槽对齐。

② 根据曲轴链轮和凸轮轴链轮的相对位置，使用白色油漆，在正时带上做好定位标记和箭头标记（图 27-54），以对齐正时带齿牙（图 27-55）。

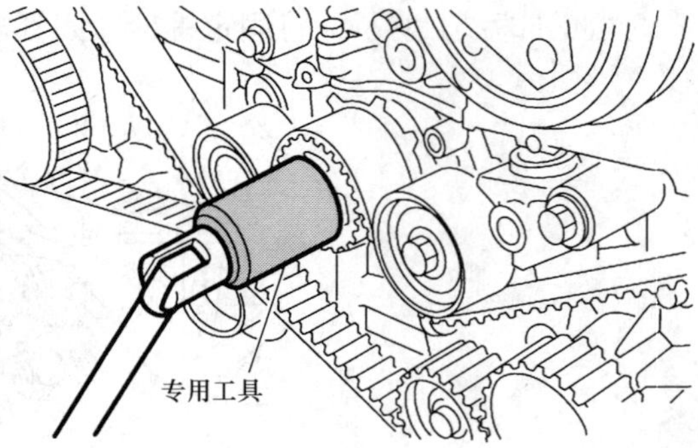

图 27-53　用专用工具转动曲轴

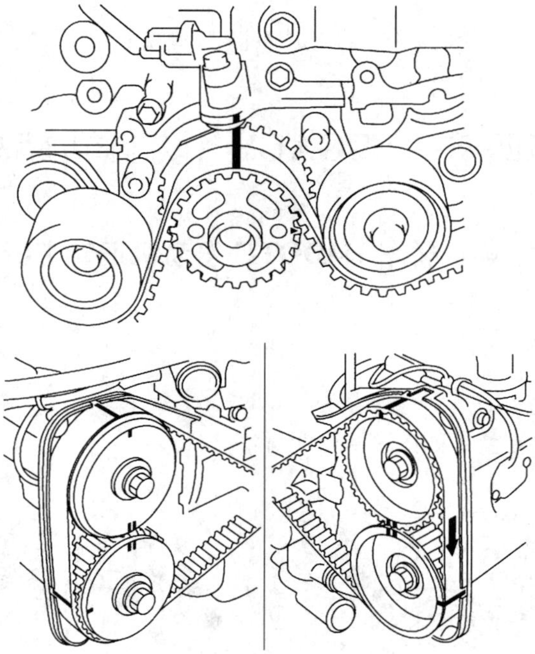

图 27-54　做好定位标记和箭头标记

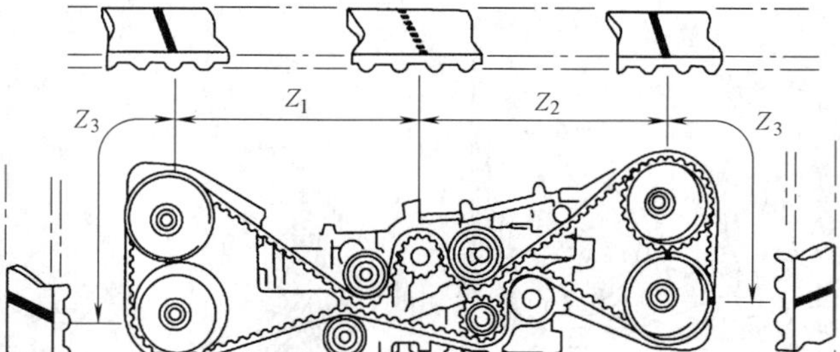

图 27-55　对齐正时带齿牙

6）拆卸正时带惰轮 A（图 27-56）。

7）拆卸正时带。

① 拆卸正时带惰轮 B 和惰轮 C，见图 27-56。

② 拆卸正时带 2 号惰轮（图 27-57）。

③ 如图 27-58 所示，拆卸正时带张紧度自动调节器总成。

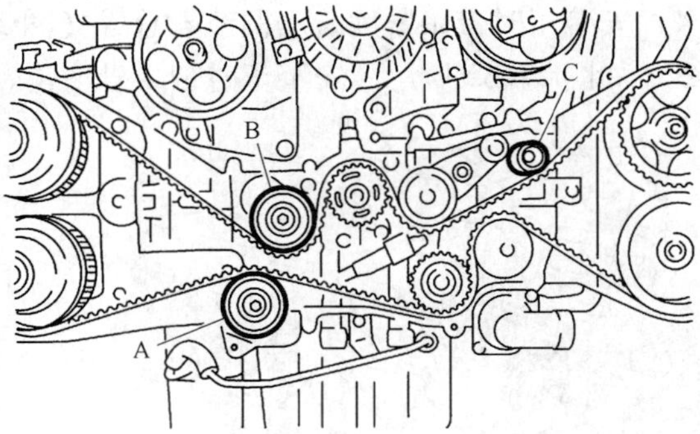

图 27-56 正时带惰轮 A、惰轮 B、惰轮 C 识别

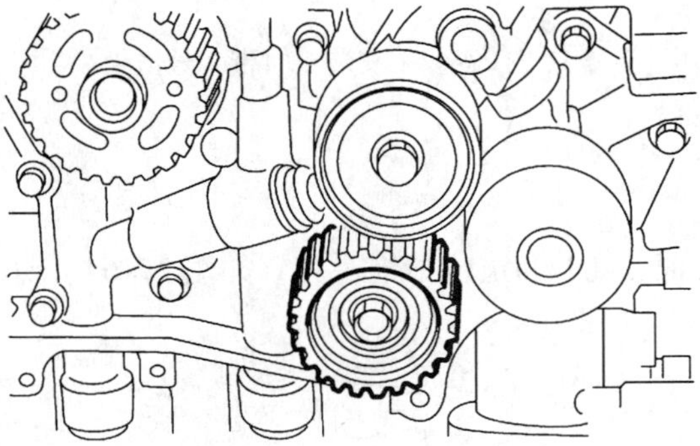

图 27-57 拆卸正时带 2 号惰轮

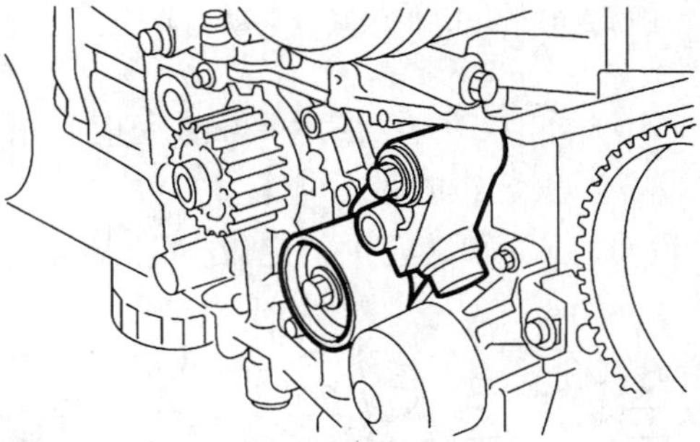

图 27-58 拆卸正时带张紧度自动调节器总成

二、LEGACY（力狮）轿车 H4DOTC 发动机正时带安装

1）把正时带张紧度自动调节器总成安装到垂直型挤压工具上。

2）如图 27-59 所示，用 294N 或更大的力慢慢压下正时带张紧度自动调节器总成上的调节杆，直至调节杆对准缸体上的限位销销孔。

3）如图 27-60 所示，插入直径为 2mm 的限位销，将调节杆固定住。

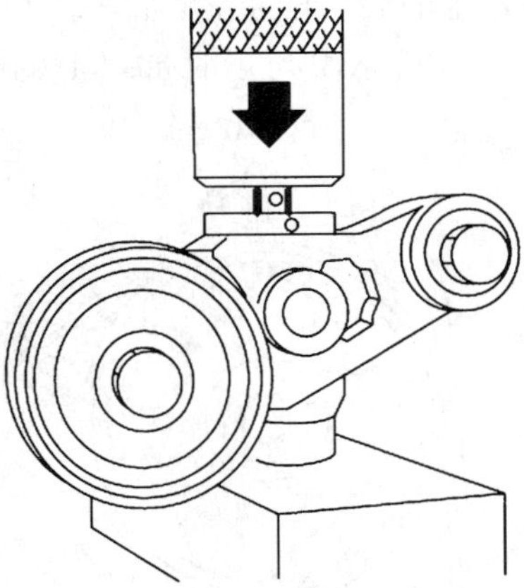

图 27-59 按压调节杆

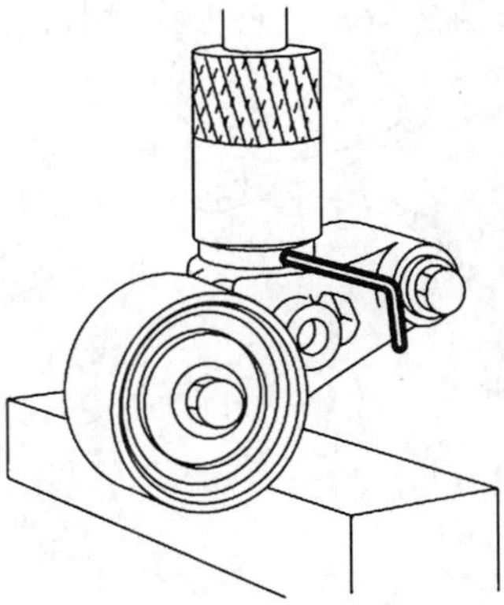

图 27-60 插入限位销

4）安装正时带张紧度自动调节器总成（图27-61）。

5）如图27-62所示，安装正时带2号惰轮。

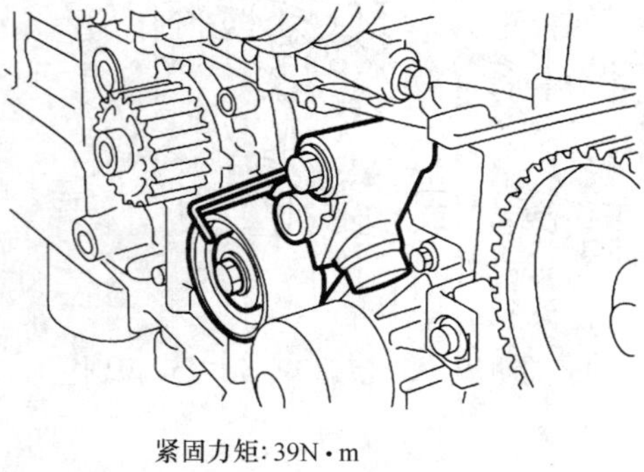

图27-61　正时带张紧度自动调节器总成

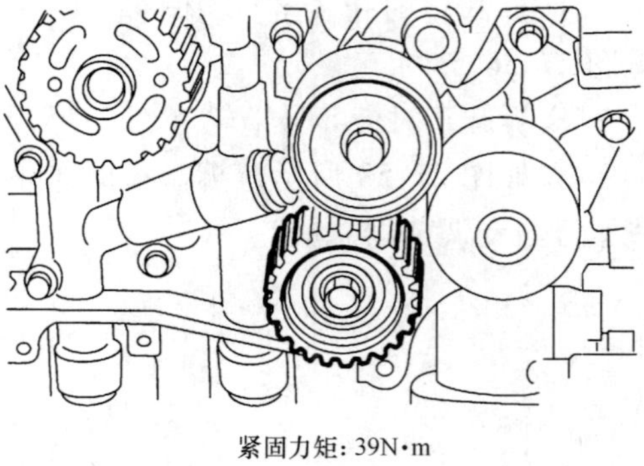

图27-62　安装正时带2号惰轮

6）如图27-63所示，安装正时带惰轮。

7）安装正时带。

① 把曲轴链轮上的定位标记A与气缸体机油泵盖上的定位标记对齐，如图27-64所示。

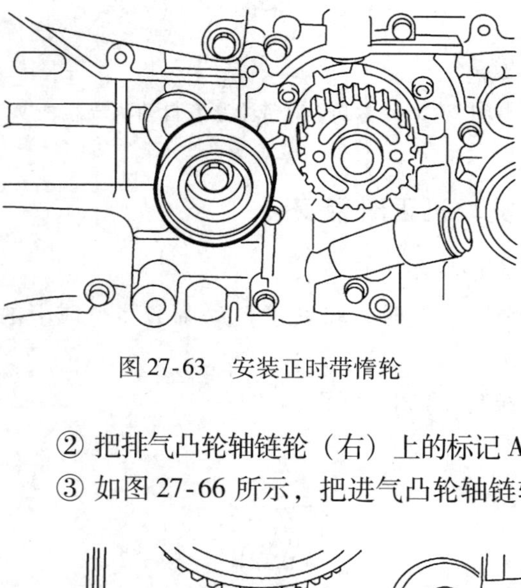

图27-63　安装正时带惰轮

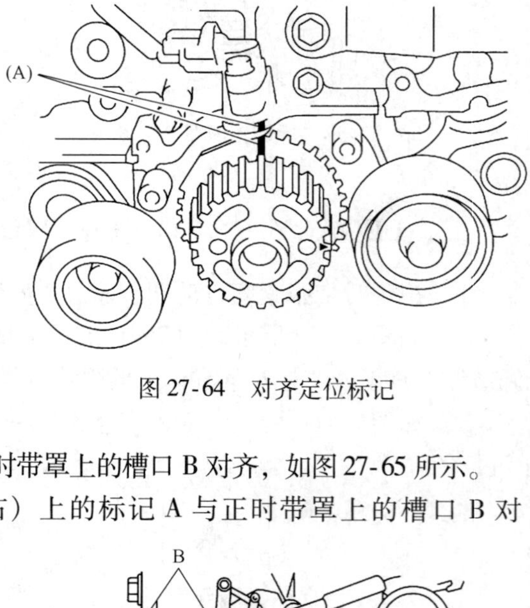

图27-64　对齐定位标记

② 把排气凸轮轴链轮（右）上的标记A与正时带罩上的槽口B对齐，如图27-65所示。

③ 如图27-66所示，把进气凸轮轴链轮（右）上的标记A与正时带罩上的槽口B对

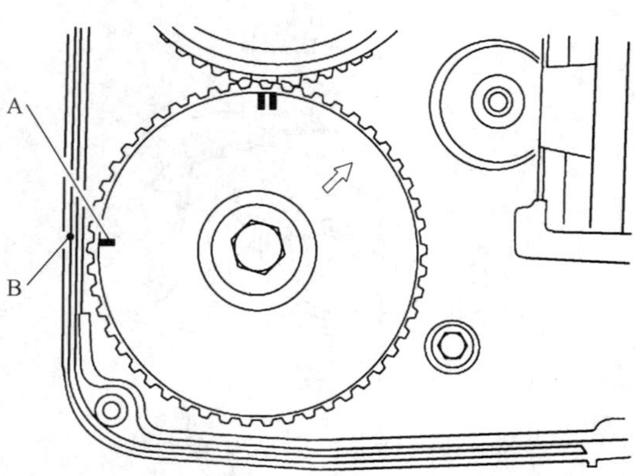

图27-65　标记A对准槽口B

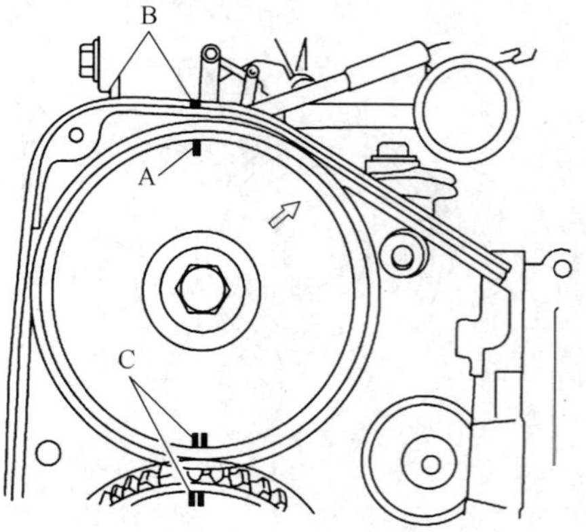

图27-66　对齐标记

齐，确保进气凸轮轴链轮和排气凸轮轴链轮上的标记 C 对齐。

④ 逆时针（从发动机前端看）转动排气凸轮轴链轮（左），使链轮上标记 A 对准正时带罩上的槽口 B，如图 27-67 所示。

⑤ 顺时针（从发动机前端看）转动进气凸轮轴链轮（左），使链轮上的标记 A 对准正时带罩上的槽口 B，如图 27-68 所示。

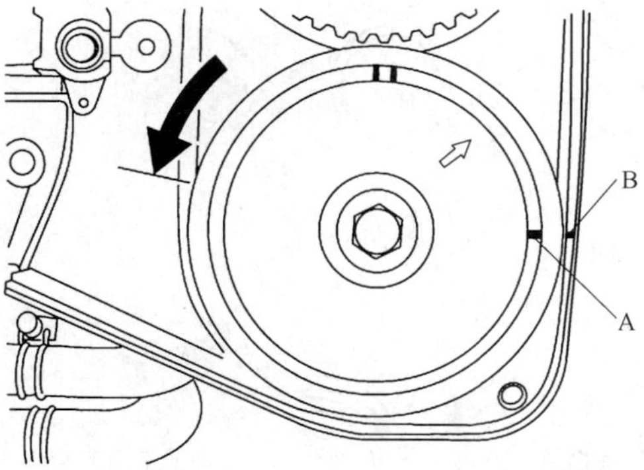

图 27-67 排气凸轮轴链轮标记 A 对准正时带罩上的槽口 B

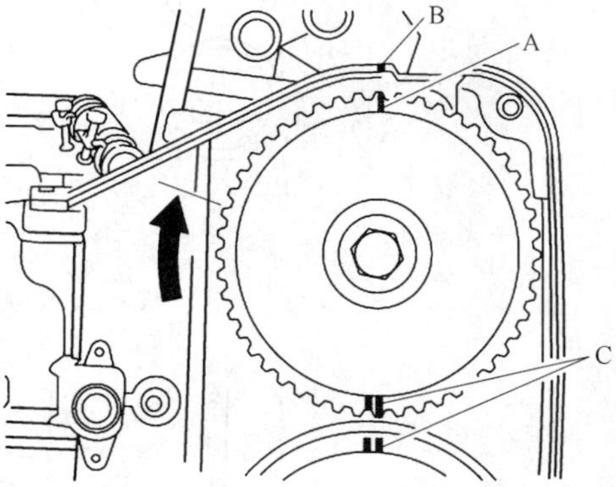

图 27-68 进气凸轮轴链轮标记 A 对准正时带罩上的槽口 B

⑥ 确认凸轮轴（图 27-69）链轮和曲轴链轮位置正确。

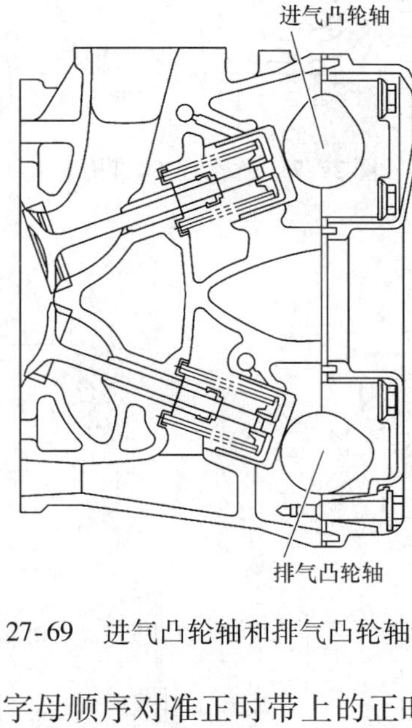

图 27-69 进气凸轮轴和排气凸轮轴识别

⑦ 如图 27-70 所示，按照字母顺序对准正时带上的正时标记、链轮上的正时标记并安装好正时带。

8）如图 27-71 所示，安装正时带惰轮。

9）安装正时带导向装置。

① 检查并调节正时带与正时带导向装置之间的间隙，如图 27-72 所示。

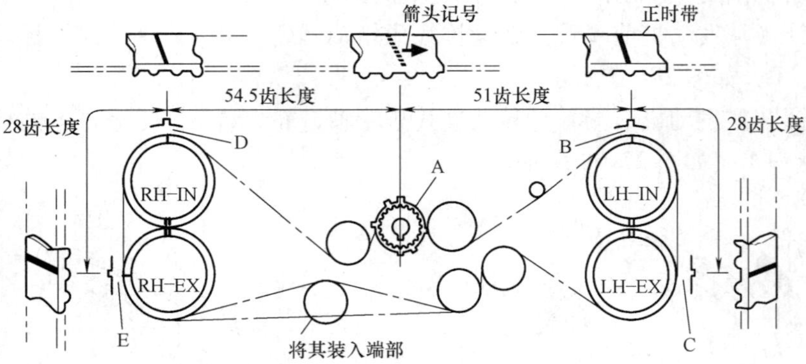

图 27-70　对准正时标记

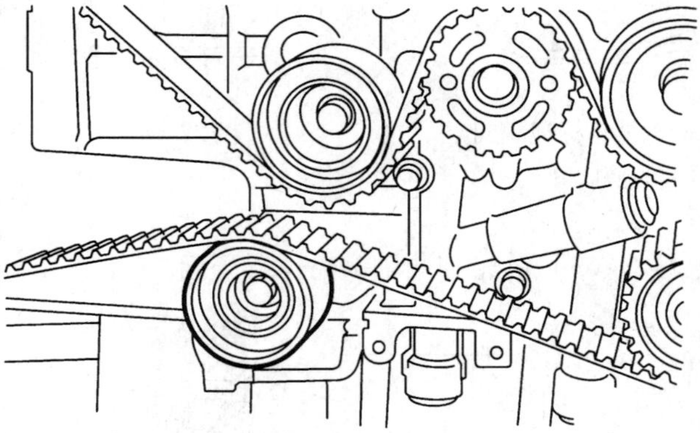

图 27-71　安装正时带惰轮

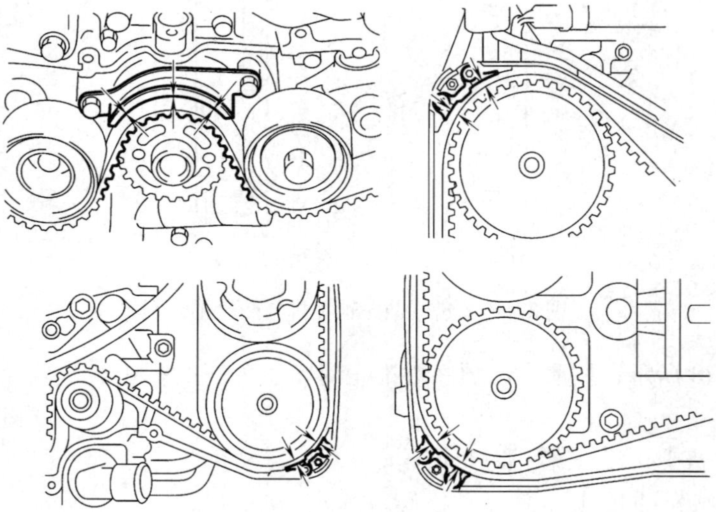

间隙：(1.0±0.5)mm

图 27-72　调节好间隙

② 如图 27-73 所示，紧固正时带导向装置上的螺栓。

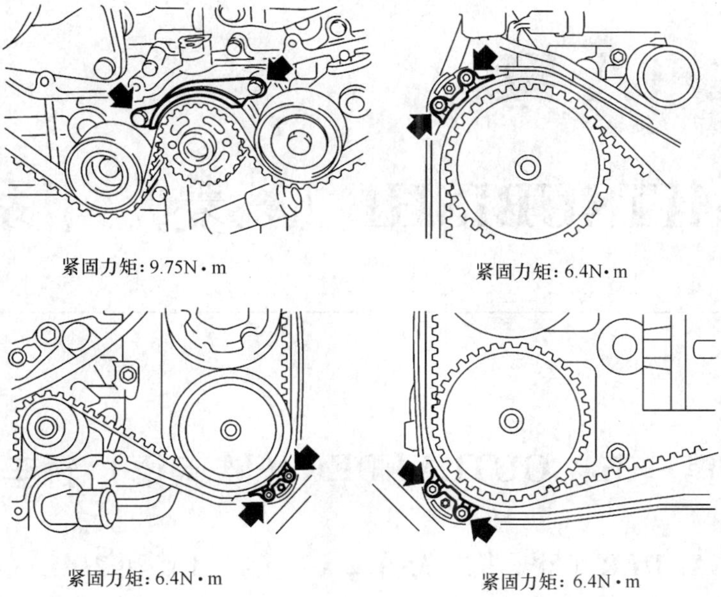

图 27-73 紧固正时带导向装置上的螺栓

10）如图 27-74 所示，安装正时带罩 A、B 和 C。

11）安装曲轴带轮，如图 27-75 所示，用专用工具把曲轴带轮螺栓紧固到 130N·m。

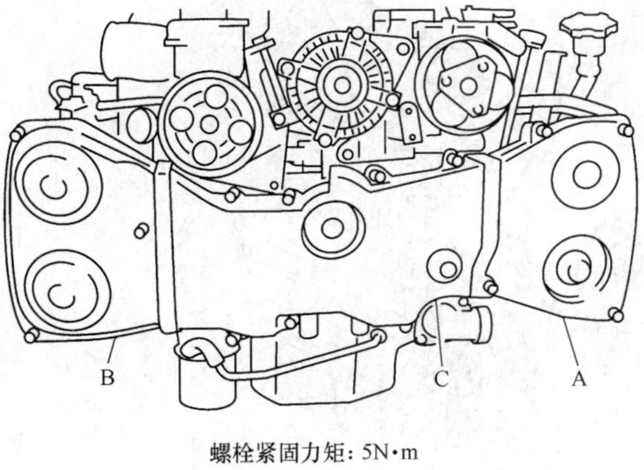

图 27-74 安装正时带罩 A、B 和 C

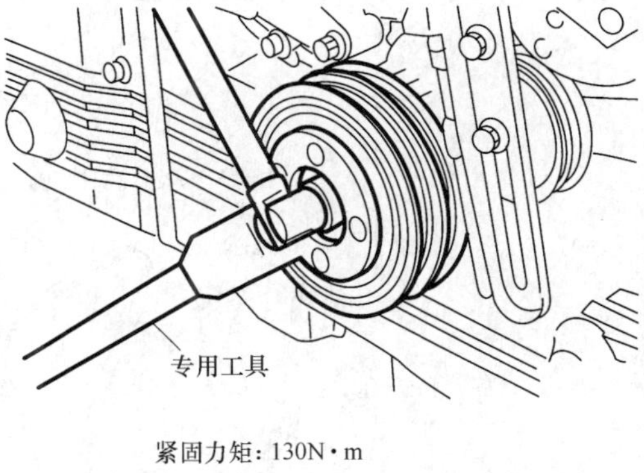

图 27-75 用专用工具紧固曲轴带轮螺栓

12）安装 V 带。

第二十八章 MITSUBISHI（三菱）车系

第一节 OUTLANDER（欧蓝德）轿车

一、OUTLANDER（欧蓝德）轿车 2.0L（4B11）和 2.4L（4B12）发动机正时链条部件识别

正时链条系统部件识别见图 28-1。

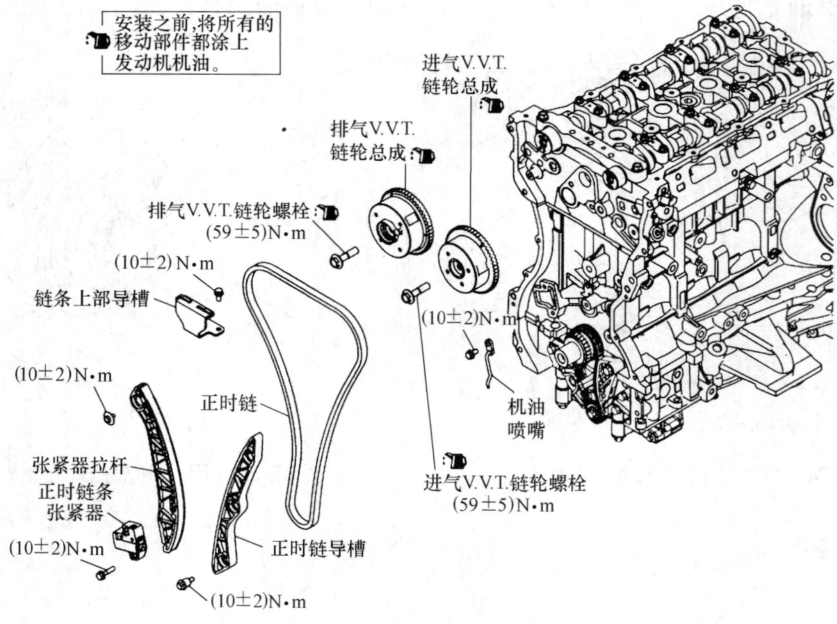

图 28-1 正时链条系统部件识别

二、OUTLANDER（欧蓝德）轿车 2.0L（4B11）和 2.4L（4B12）发动机正时链拆卸步骤

1）拆卸正时链条上部导槽。

2）拆卸正时链条张紧器：

① 顺时针转动曲轴，按照图 28-2 所示，对齐各个链轮上的正时标记，然后将 1 缸活塞设置到压缩行程上止点。

② 把一字螺钉旋具插入正时链条张紧器的分离孔，分开棘齿。

③ 用手推动正时链条张紧器拉杆，将拉杆在正时链条张紧器柱塞中推到底，然后将直径为 1.5mm 的金属丝或 L 形的六角扳手插入柱塞固定孔中，如图 28-3 所示。

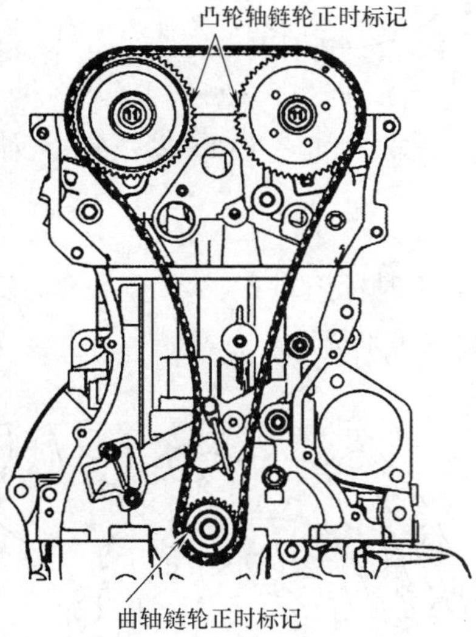

图 28-2 对齐正时标记

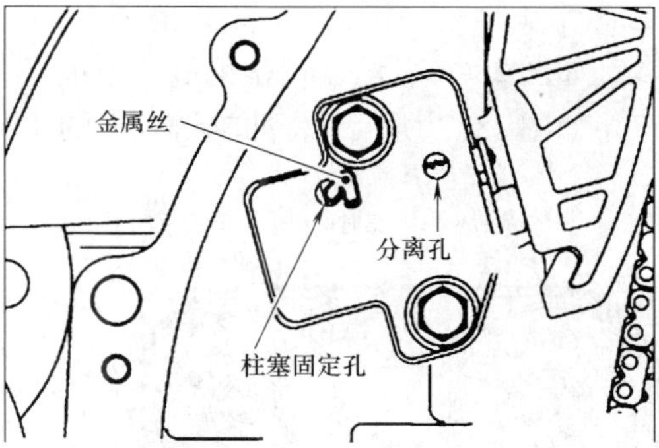

图 28-3 分离孔、柱塞固定孔识别

④ 拆下正时链条张紧器。

3）拆下正时链条张紧器拉杆。

4）拆卸正时链条导槽。

5）拆卸正时链条。

三、OUTLANDER（欧蓝德）轿车 2.0L（4B11）和 2.4L（4B12）发动机正时链安装步骤

1）按照图 28-4 所示，对齐 VVT 链轮的正时标记。

2）将曲轴链轮上的曲轴键与图 28-4 所示位置对齐。

3）如图 28-5 所示，将橙色链节与排气 VVT 链轮上的正时标记对齐。

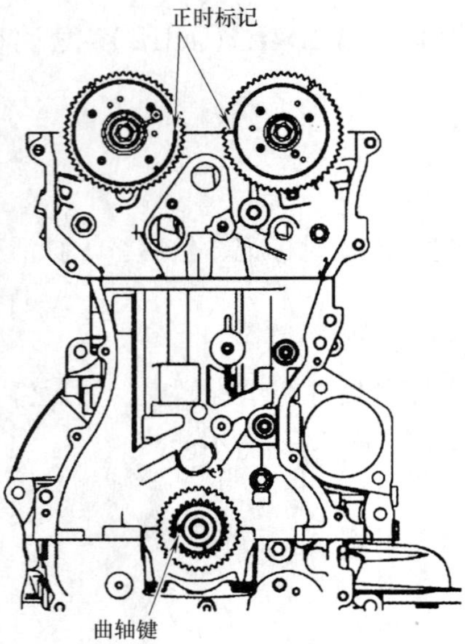

图 28-4　VVT 链轮正时标记和曲轴键位置识别

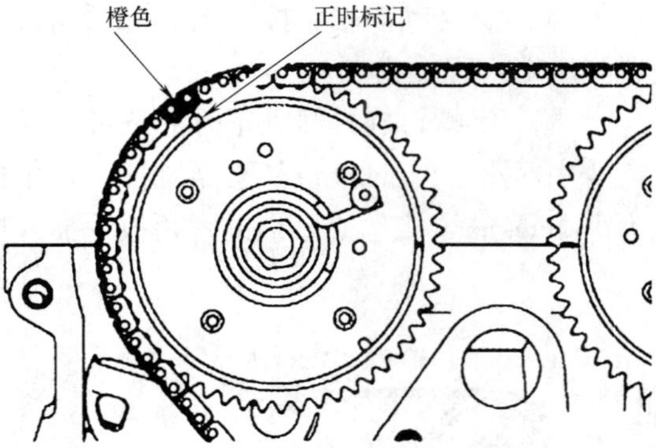

图 28-5　橙色链节对准排气 VVT 链轮上的正时标记

4）如图 28-6 所示，将蓝色链节与进气 VVT 链轮上的正时标记对齐。

5）如图 28-7 所示，将曲轴链轮上的正时标记与蓝色链节对齐。

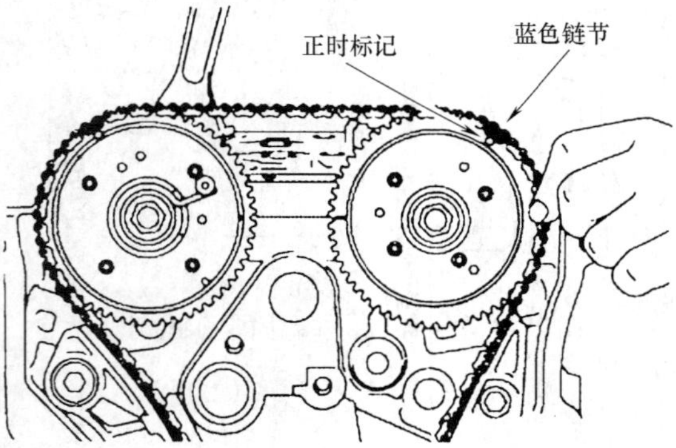

图 28-6　蓝色链节对准进气 VVT 链轮上的正时标记

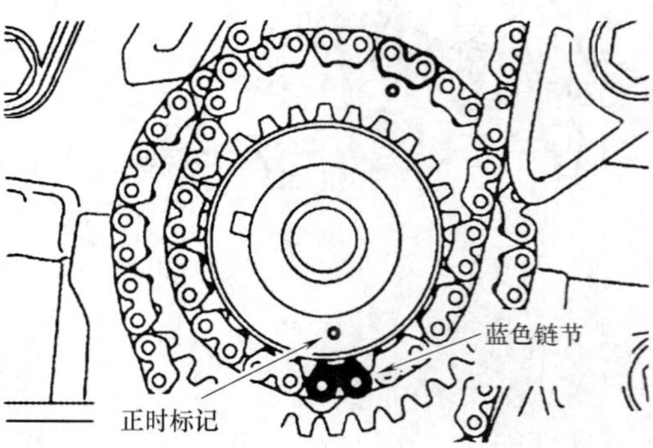

图 28-7　曲轴链轮正时标记对齐蓝色链节

6）如图 28-8 所示，确保每个链轮的正时标记均与相应的正时链条链节对准。

7）安装正时链条导槽和正时链条张紧器拉杆。

8）把正时链条张紧器安装到气缸体上，将固定螺栓紧固至 8 ~ 12N · m。

9）从正时链条张紧器上把插入的金属丝或 L 形六角扳手拔出，使正时链条张紧器的柱塞推动张紧器拉杆，张紧正时链条。

四、OUTLANDER（欧蓝德）轿车 3.0L（6B31）发动机正时带部件识别

3.0L（6B31）发动机正时带系统部件识别见图 28-9。

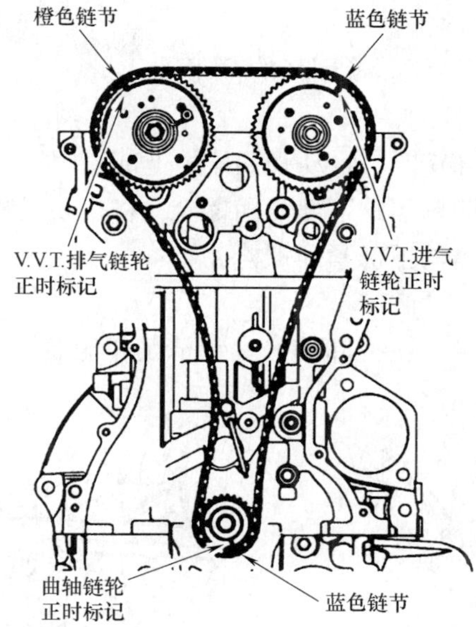

图 28-8 核查所有正时标记

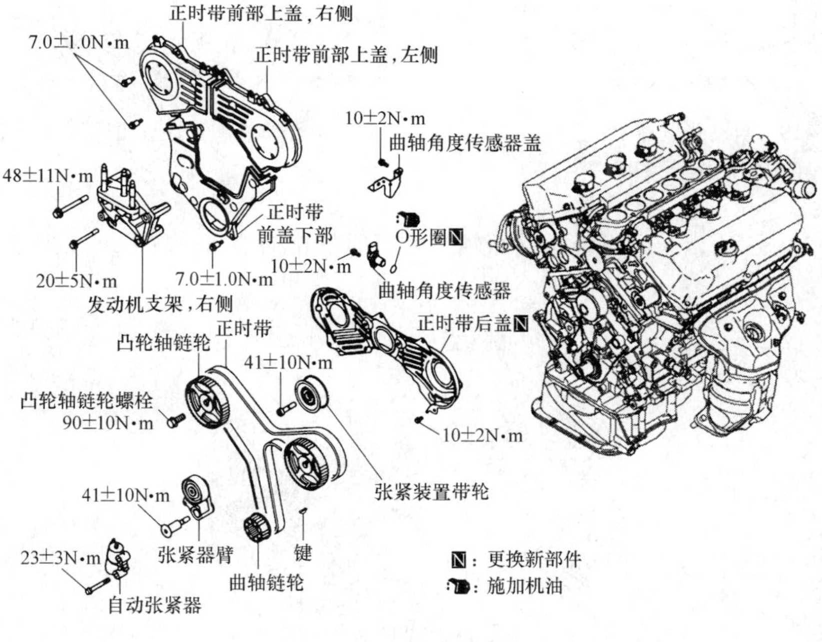

图 28-9 正时带系统部件识别

五、OUTLANDER（欧蓝德）轿车 3.0L（6B31）发动机正时带拆卸步骤

1）拆卸右侧正时带前部上盖。
2）拆卸左侧正时带前部上盖。
3）拆卸正时带前盖下部。
4）拆卸右侧发动机支架。
5）拆卸曲轴位置传感器固定架。

6）拆卸曲轴位置传感器。

7）拆卸 O 形圈（重新安装时要换用新的 O 形圈）。

8）拆卸正时带自动张紧器：

① 如图 28-10 所示，拆卸正时带自动张紧器的上部紧固螺栓。

② 慢慢松开正时带自动张紧器的下部紧固螺栓，将自动张紧器推杆从张紧器臂上拆下。

③ 拆下正时带自动张紧器的下部紧固螺栓。

9）拆卸正时带：

① 如果要继续使用正时带，在拆卸前先标记清楚正时带的转动方向，以免安装时发生错装，如图 28-11 所示。

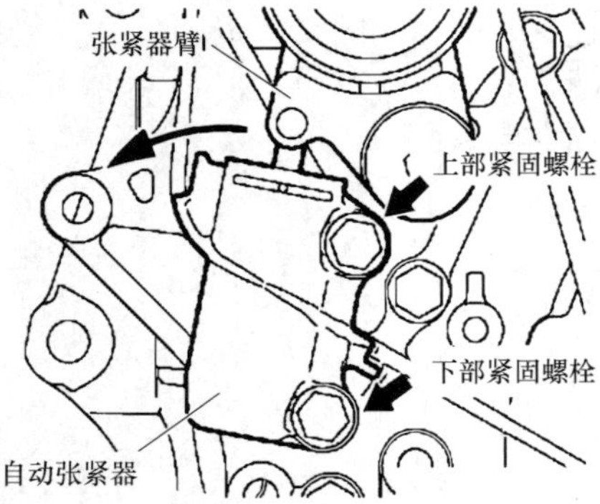

图 28-10 自动张紧器上部和下部紧固螺栓识别

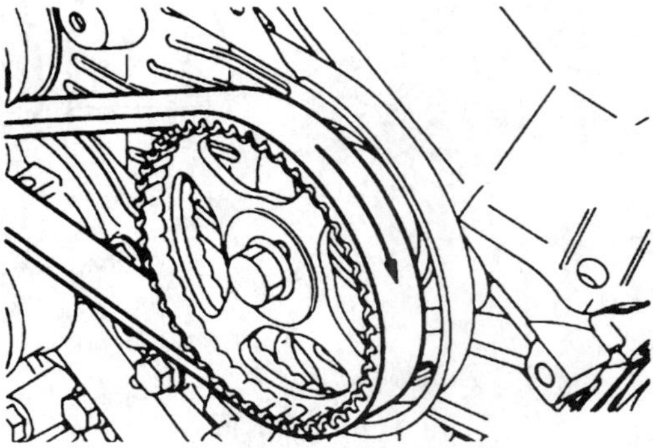

图 28-11 标记正时带转动方向

② 如图 28-12 所示，顺时针转动曲轴，使正时标记对齐并将 1 缸活塞设置在压缩行程上止点位置。

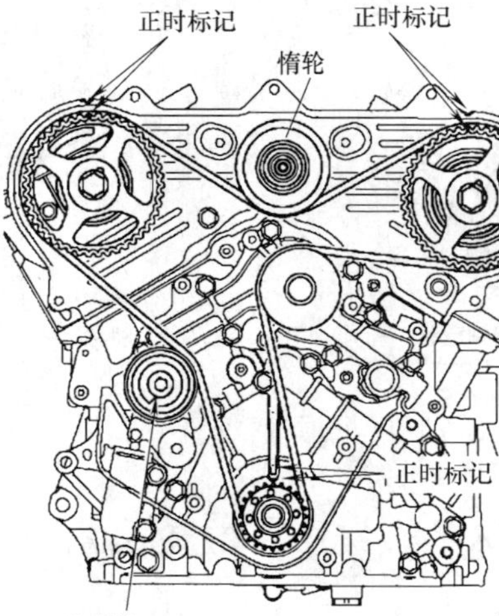

图 28-12 对齐正时标记

③ 松开张紧轮中央螺栓，然后拆下正时带。

六、OUTLANDER（欧蓝德）轿车 3.0L（6B31）发动机正时带安装步骤

1）在正时带自动张紧器中插入固定销：

① 将正时带自动张紧器垂直向上放置到手动压力机上，如图 28-13 所示。

② 压下张紧器推杆，直至推杆露出张紧器体 3mm，使图 28-13 中的小孔 A 和小孔 B 对齐，然后将固定销插入小孔中。

③ 安装自动张紧器。

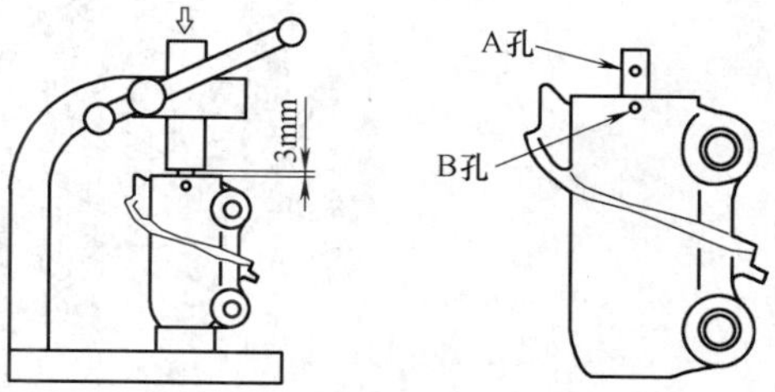

图 28-13 将正时带自动张紧器垂直向上放置到手动压力机上

2）如图 28-14 和图 28-15 所示，将曲轴链轮正时标记和凸轮轴链轮正时标记对齐，并把 1 缸活塞设置到压缩行程上止点位置。

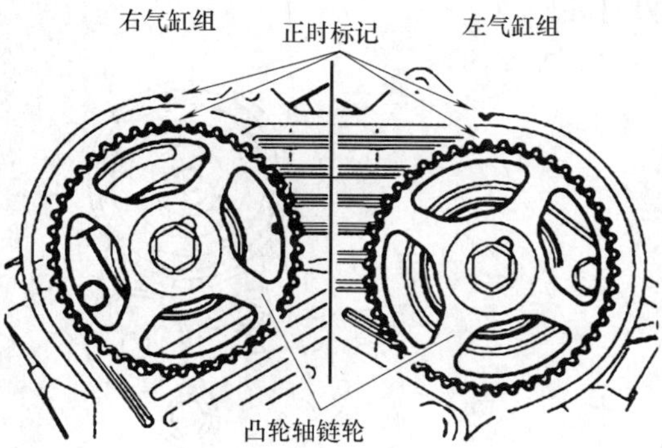

图 28-14 凸轮轴链轮正时标记识别

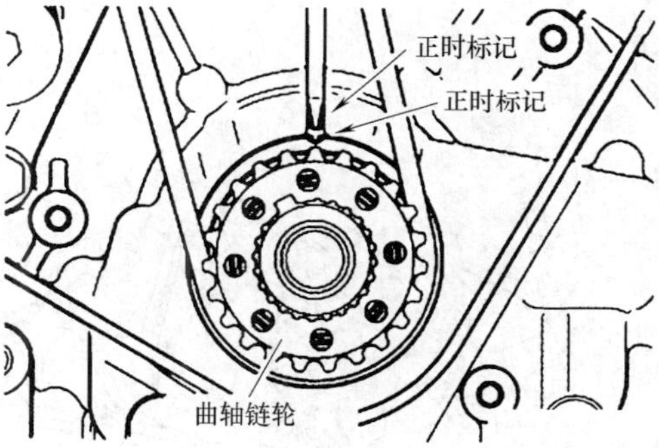

图 28-15 曲轴链轮正时标记识别

3）将正时带安装到曲轴链轮上；将正时带安装到水泵驱动带轮上，将正时带拉紧，防止松弛。

4）将左气缸组凸轮轴链轮的正时标记对齐，见图 28-14。

5）将正时带安装到惰轮上，同时减小正时带的松弛度。

6）将正时带安装到右气缸组的凸轮轴链轮上。

7）将正时带安装到张紧轮上。

8）如图 28-16 所示，查看所有链轮的正时标记是否对齐。

9）如图 28-17 所示，使用专用工具 MD998716（曲轴扳手）沿逆时针方向转动曲轴 1/4 周，然后再沿顺时针方向转回，再次确认各个正时标记是否对齐。

10）将插入自动张紧器的定位销拉出。

11）顺时针转动曲轴 2 周，然后等待 5min。

12）如图 28-18 所示，测量张紧器推杆伸出的长度，规范值应在 9.1 ~ 13.4mm。

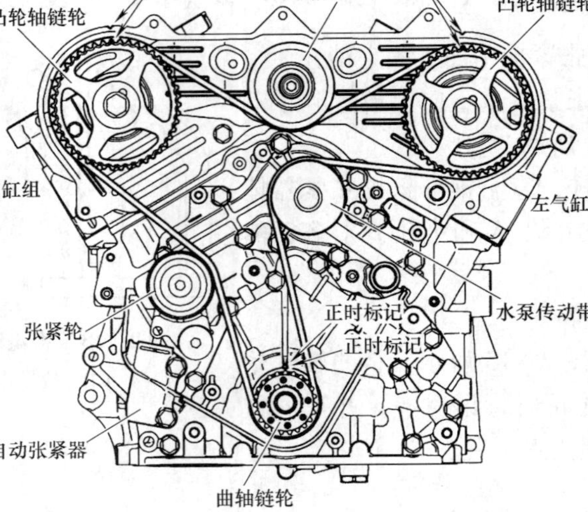

图 28-16　查看正时标记

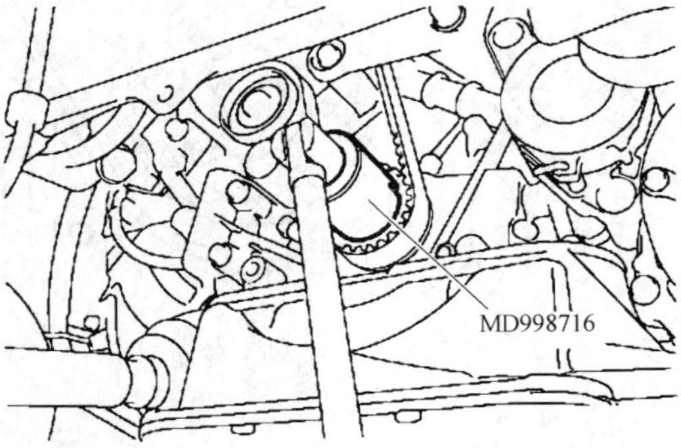

图 28-17　使用专用工具转动曲轴

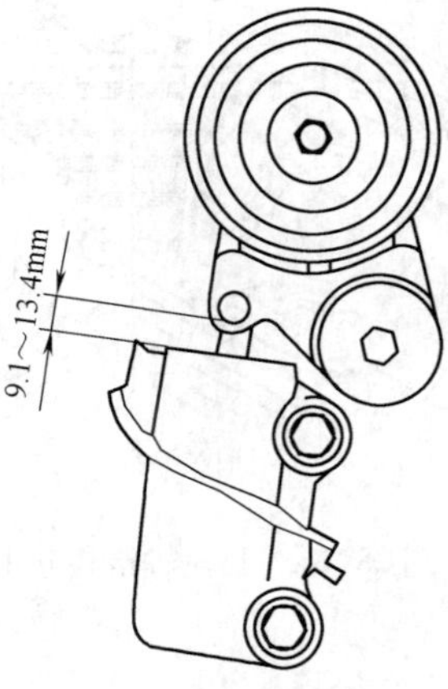

图 28-18　测量张紧器推杆伸出长度

第二节　GALANT（戈蓝）轿车

一、GALANT（戈蓝）轿车 2.4L（4G69）发动机正时系统部件识别及拆卸顺序

GALANT（戈蓝）轿车 2.4L（4G69）发动机正时系统部件识别见图 28-19。

拆卸部件时要按照图 28-19 中的部件编号次序进行拆卸。

二、正时系统部件拆卸要点

1. 正时带拆卸要点

1）如果要继续使用正时带，拆卸前要先标记清楚正时带的转动方向，如图 28-20 所示，以免安装时发生错装。

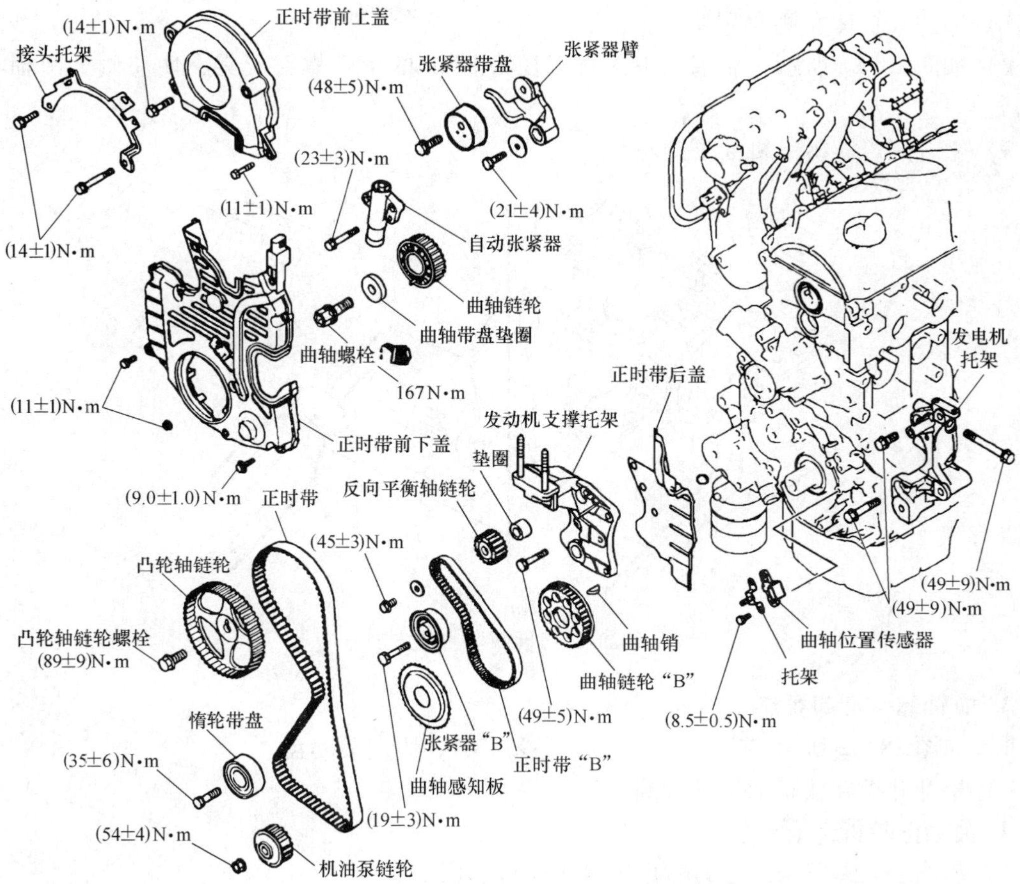

图 28-19　GALANT（戈蓝）轿车 2.4L（4G69）发动机正时系统部件识别

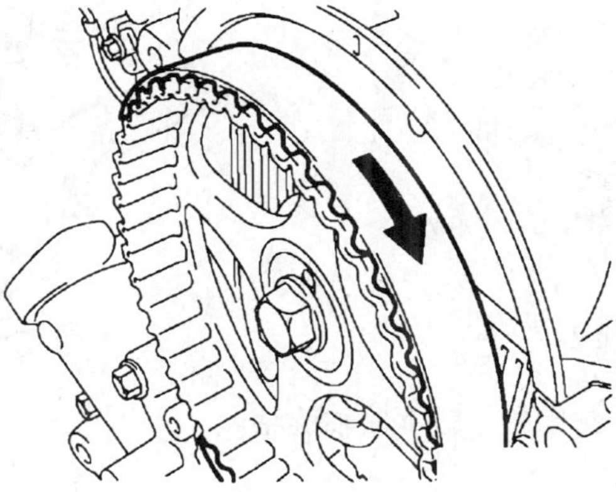

图 28-20　标记正时带转动方向

2）松开正时带张紧器带盘螺栓，拆下正时带。

2. 机油泵链轮拆卸要点

1）拆卸气缸体左侧的塞子。

2）如图28-21所示，在塞孔中插入直径为8mm的十字螺钉旋具，使左侧平衡轴不能转动。

3）松开螺母，拆下机油泵链轮。

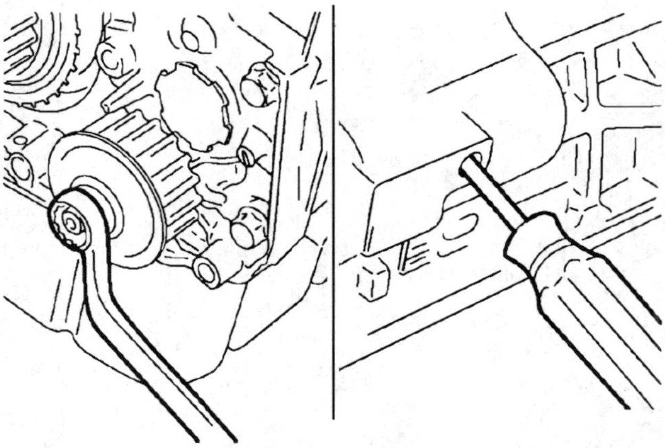

图28-21　拆卸机油泵链轮

3. 曲轴螺栓拆卸要点

1）如图28-22所示，安装专用工具MD998781，固定驱动盘。

2）松开并拆卸曲轴螺栓和垫圈。

4. 曲轴链轮拆卸要点

1）如图28-23所示，安装专用工具MD998778。

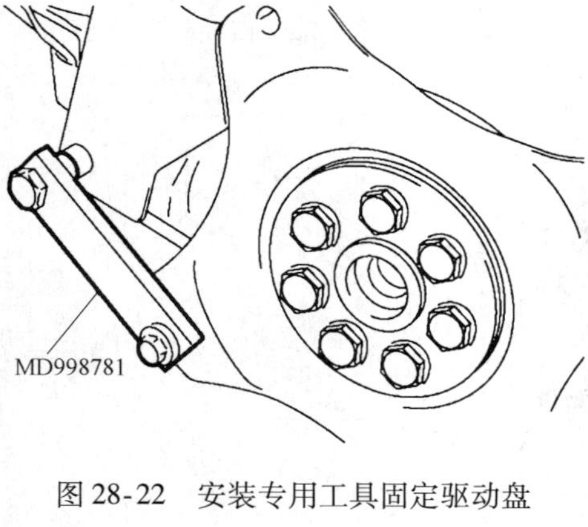

图28-22　安装专用工具固定驱动盘

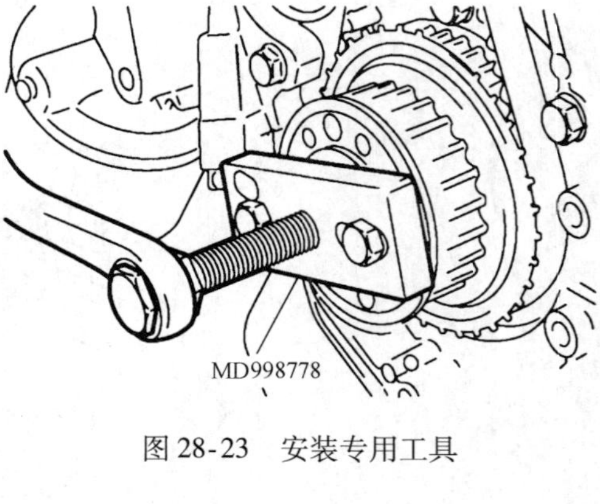

图28-23　安装专用工具

2）转动专用工具的中央螺栓，拆下曲轴链轮。

5. 正时带B拆卸要点

1）拆卸前，先将正时带B的转动方向标记清楚，以免重新安装时发生错装，如图28-24所示。

2）松开正时张紧器B的螺栓，拆下正时带B。

6. 平衡轴链轮拆卸要点

1）按照图28-25所示，安装专用工具MD998785，使平衡轴链轮不能随同转动。

2）松开螺栓，拆卸平衡轴链轮。

图28-24 标记正时带B的转动方向

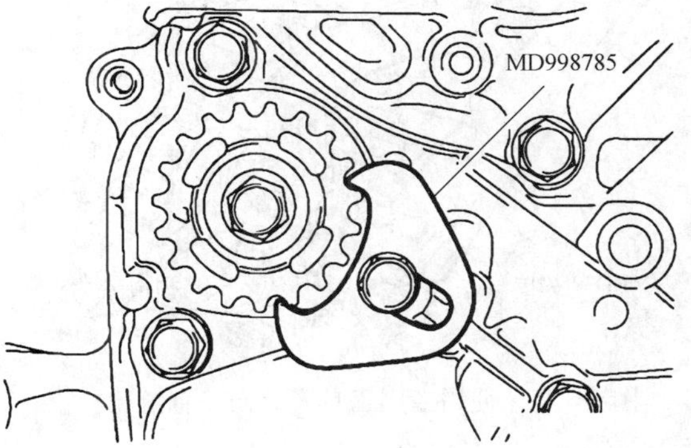

图28-25 拆卸平衡轴链轮

7. 曲轴链轮B拆卸要点

1）按照图28-26所示，安装专用工具MD998778。

2）转动专用工具中心螺栓，拆下曲轴链轮B。

8. 凸轮轴链轮拆卸要点

1）按照图28-27所示，用专用工具MB990767和MD998719固定住凸轮轴链轮，松开凸轮轴链轮螺栓。

2）拆卸凸轮轴链轮。

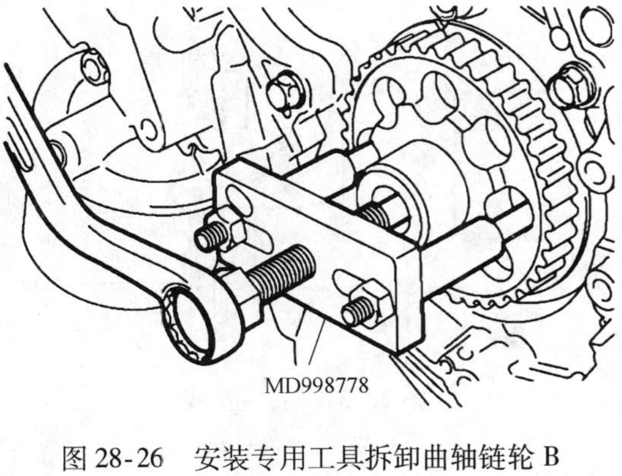

图28-26 安装专用工具拆卸曲轴链轮B

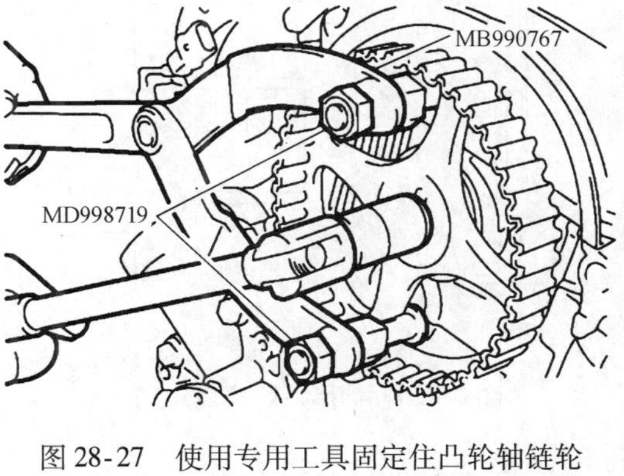

图28-27 使用专用工具固定住凸轮轴链轮

三、正时系统部件安装要点

1. 凸轮轴链轮安装要点

1）将凸轮轴链轮安装到凸轮轴上。

2）按照图28-28所示，用专用工具MB990767和MD998719固定住凸轮轴链轮，拧紧凸轮轴链轮螺栓。螺栓的紧固力矩为88±10N·m。

2. 发动机支撑架安装要点

1）在紧固发动机支撑架密封螺栓前，先用密封剂涂抹在图28-29所示的密封螺栓螺牙处。

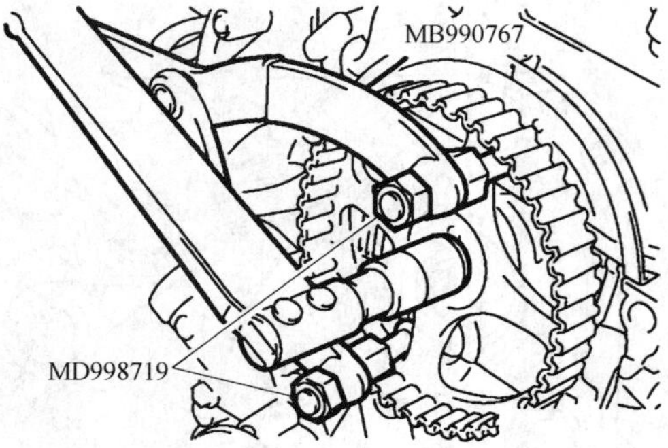

图 28-28　使用专用工具安装凸轮轴链轮

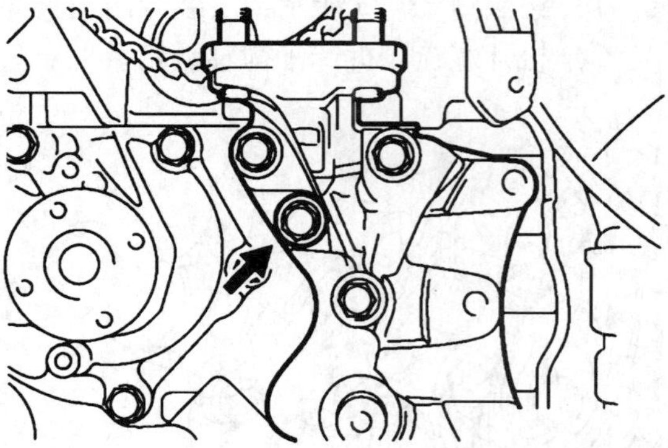

图 28-29　密封螺栓识别

2）将密封螺栓紧固至（49 ±5）N · m。

3. 曲轴链轮 B 安装要点

按照图 28-30 所示，将前壳体前部、曲轴链轮 B 和曲轴表面与链轮 B 向接触部位的油脂清除。

4. 垫圈安装要点

1） 在油封的密封唇处涂抹一层薄薄的发动机机油。

2） 安装垫圈，垫圈的凹槽朝向油封，如图 28-31 所示。

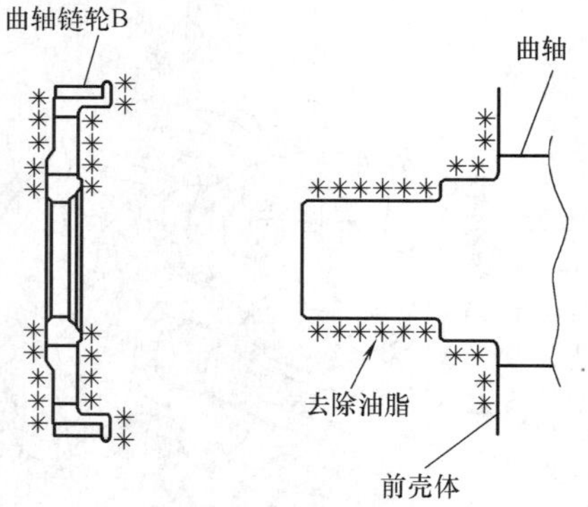

图 28-30　油脂清除区域识别

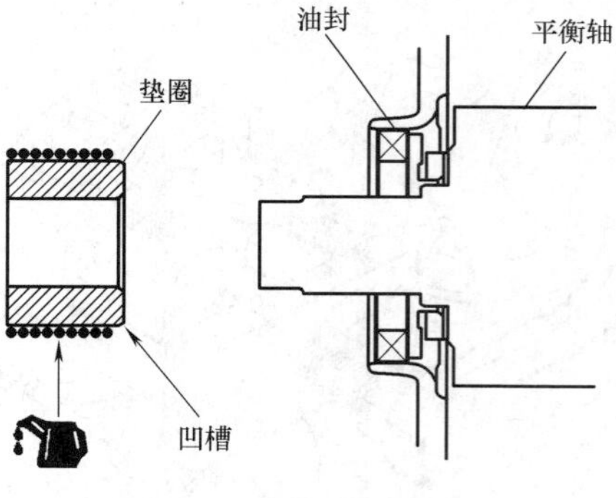

图 28-31　安装垫圈

5. 平衡轴链轮安装要点

1） 安装平衡轴链轮并拧上螺栓。

2） 按照图 28-32 所示，安装专用工具 MD998785，固定住平衡轴。

3） 将螺栓紧固至（45 ±3）N · m，然后拆下专用工具。

6. 正时带 B 安装要点

1）如图 28-33 所示，将曲轴链轮 B 和平衡轴链轮上的正时标记与前壳体上的标记对齐。

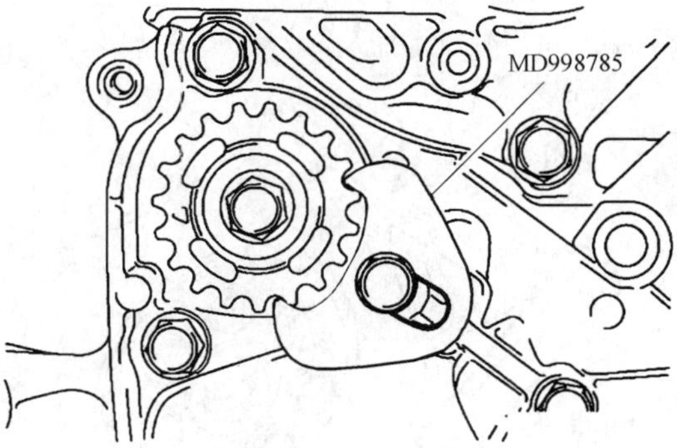

图 28-32 使用专用工具安装平衡轴链轮

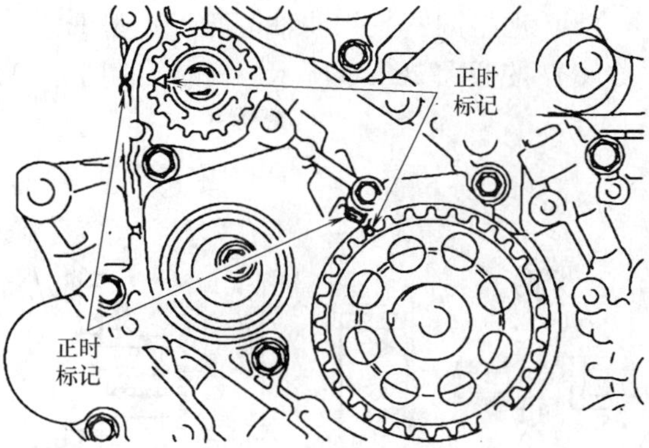

图 28-33 链轮正时标记识别

2）把正时带 B 安装到曲轴链轮和平衡轴链轮上。

3）确认张紧器带轮和螺栓中央设置在图 28-34 所示的位置。

4）用手指提起正时带张紧侧，施加足够的张紧力，将正时带张紧器 B 向图 28-35 中箭头所示方向移动。拧紧固定张紧器 B 的螺栓，紧固力矩为（19 ±3）N · m。

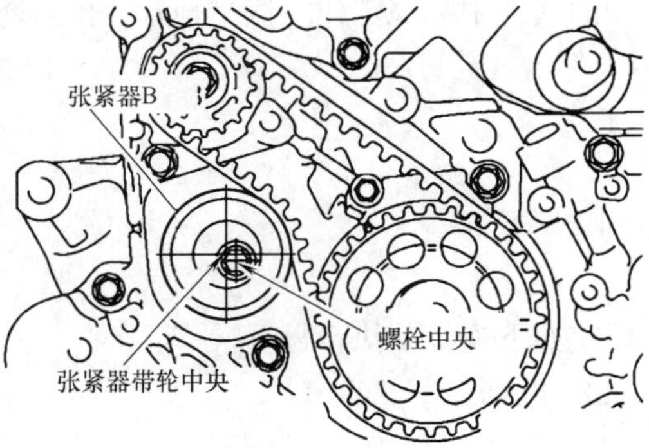

图 28-34 位置识别

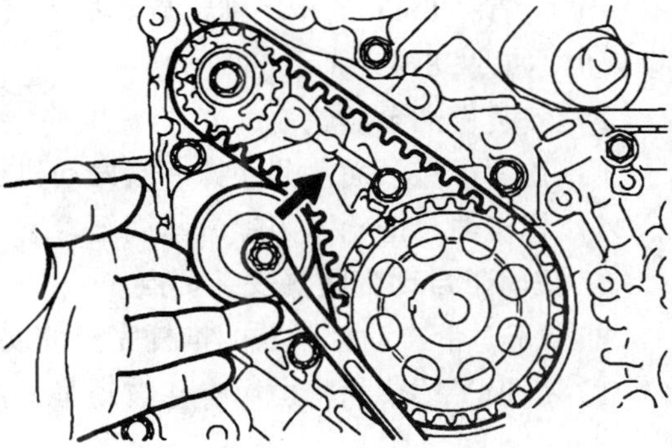

图 28-35 拧紧固定张紧器 B 的螺栓

5）对照图 28-33，检查链轮正时标记是否与前壳体上的正时标记对齐。

6）如图 28-36 所示，用食指按压正时带 B 张紧侧中间部位，查看正时带挠度，正时带应挠曲 5 ~7mm。

7. 曲轴位置传感板/曲轴链轮/曲轴带轮垫圈/曲轴链轮安装要点

1）如图 28-37 所示，清理并去除曲轴链轮、传感板和曲轴接触面上的油污。

2）清理曲轴螺栓孔；清理曲轴链轮与曲轴接触面；清理垫圈。

3）把曲轴位置传感板和曲轴链轮安装到曲轴上。

4）在曲轴螺栓接触面上薄薄涂抹一层发动机机油。

图 28-36 按压正时带检查挠度

5）把垫圈安装到曲轴链轮上，垫圈的大凹槽侧朝向螺栓头部。

6）按照图 28-38 所示，安装专用工具 MD998781，固定住驱动盘。

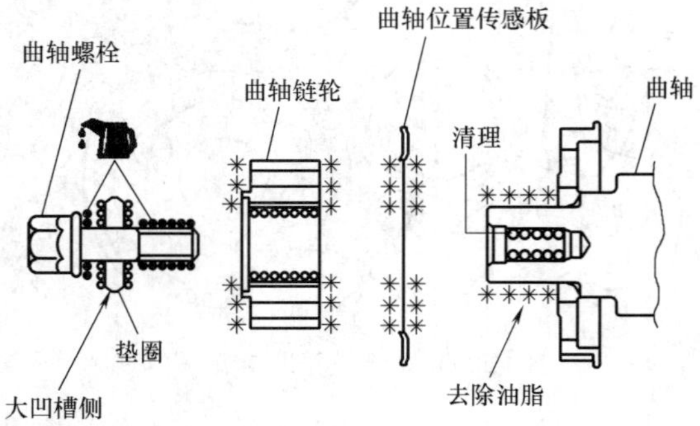

图 28-37　清理接触面油污

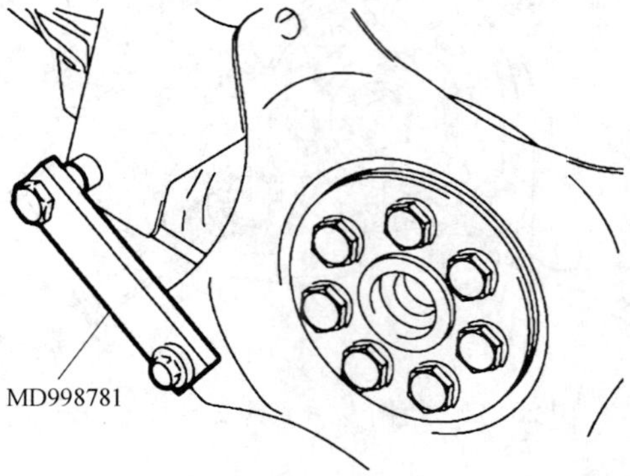

图 28-38　用专用工具固定驱动盘

7）将曲轴螺栓紧固至 167N · m。

8. 机油泵链轮安装要点

1）将直径 8mm 的十字螺钉旋具插入气缸体左侧的塞孔中，固定住左侧平衡轴，使其不能转动，如图 28-39 所示。

2）安装机油泵链轮。

3）在螺母接触面薄薄涂抹一层发动机机油。

4）把机油泵链轮紧固螺母紧固至（54 ± 5）N · m。

9. 正时带自动张紧器安装要点

如果正时带自动张紧器的推杆完全伸展出来，要按照下列步骤执行设置操作：

1）用加了软垫的台虎钳夹住自动张紧器，如图 28-40 所示。

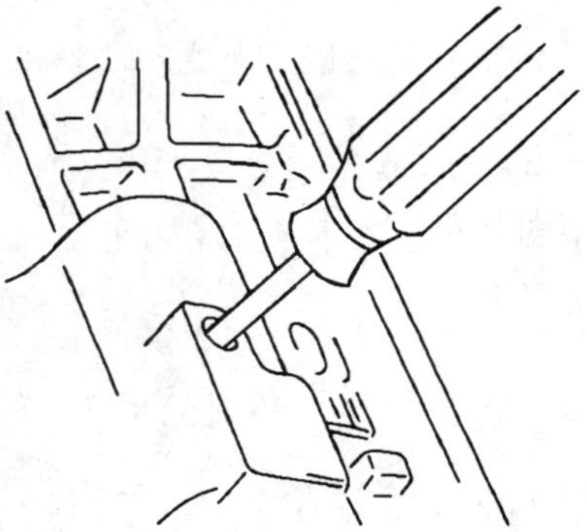

图 28-39　插入螺钉旋具固定左侧平衡轴

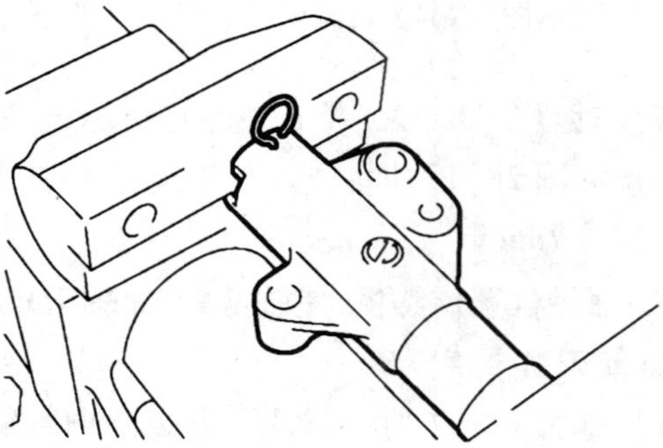

图 28-40　用台虎钳夹住自动张紧器

2）用台虎钳慢慢将自动张紧器推杆压下，直至图 28-41 所示的小孔 A 和小孔 B 对齐。

3）当小孔 A 和 B 对齐后，插入一根直径为 1.4mm 的金属丝。

4）把自动张紧器从台虎钳上松开。

5）把自动张紧器安装到前壳体上并紧固至（23 ± 3）N · m，如图 28-42 所示。

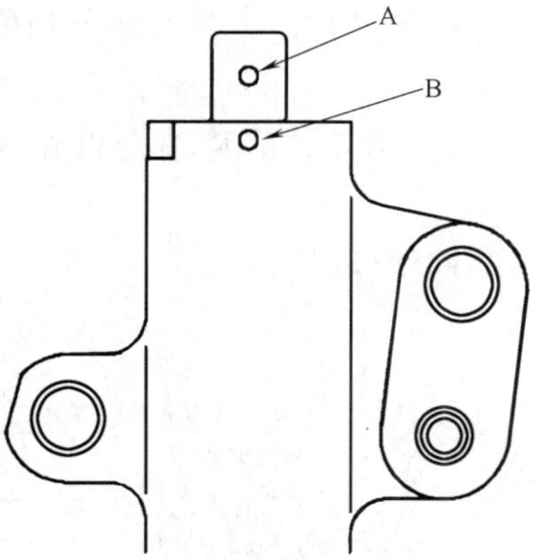

图 28-41 小孔 A 和小孔 B

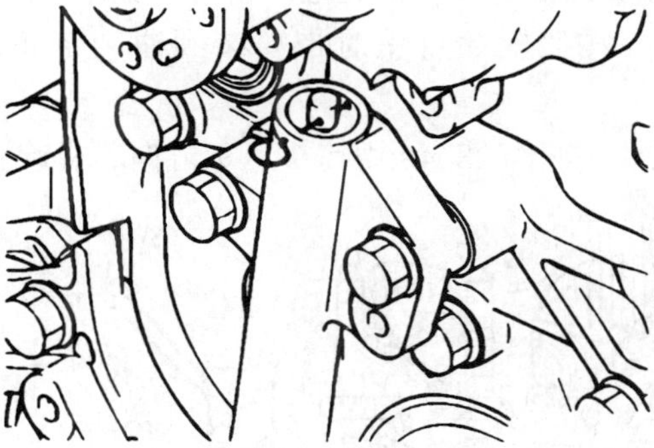

图 28-42 安装自动张紧器

10. 正时带安装要点

1）如图 28-43 所示，将凸轮轴链轮上的正时标记与气门摇臂盖上的正时标记对齐。

2）如图 28-44 所示，将凸轮轴链轮上的正时标记与前壳体上的正时标记对齐。

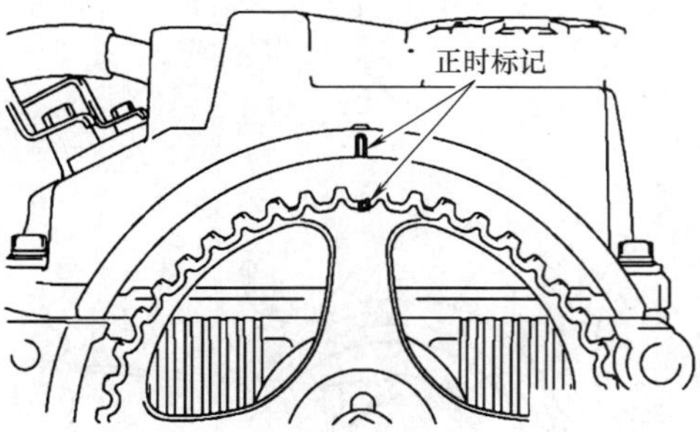

图 28-43 凸轮轴链轮正时标记对齐气门摇臂盖上的正时标记

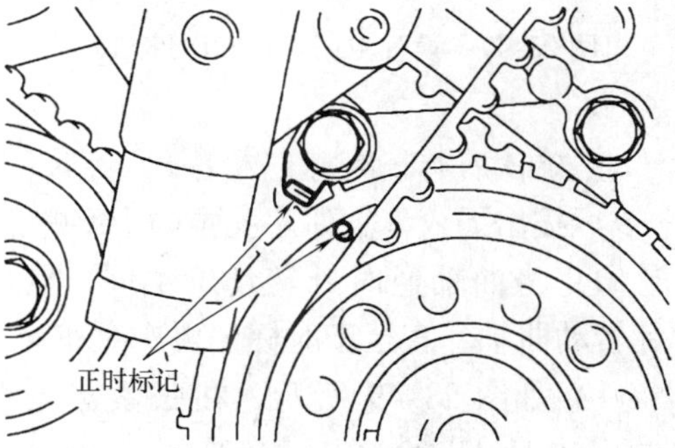

图 28-44 凸轮轴链轮上的正时标记与前壳体上的正时标记对齐

3）如图 28-45 所示，将机油泵链轮上的正时标记对齐。

4）拆下气缸体上的塞子，在塞孔中插入直径 8mm 的十字螺钉旋具，如图 28-46 所示。如果插入的深度为 60mm 或更多，说明正时标记已经正确对准。

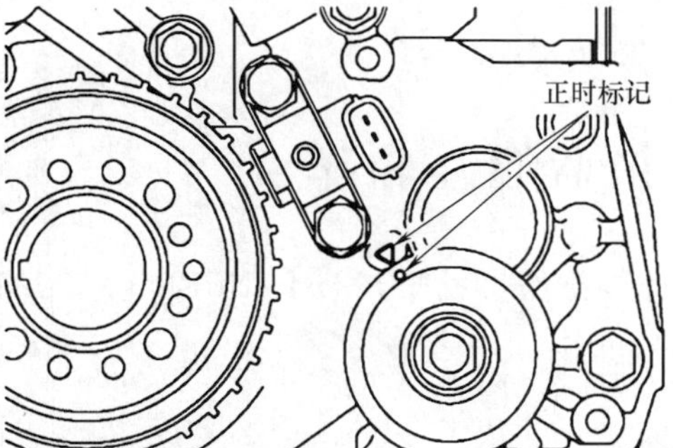

图 28-45 对齐机油泵链轮正时标记

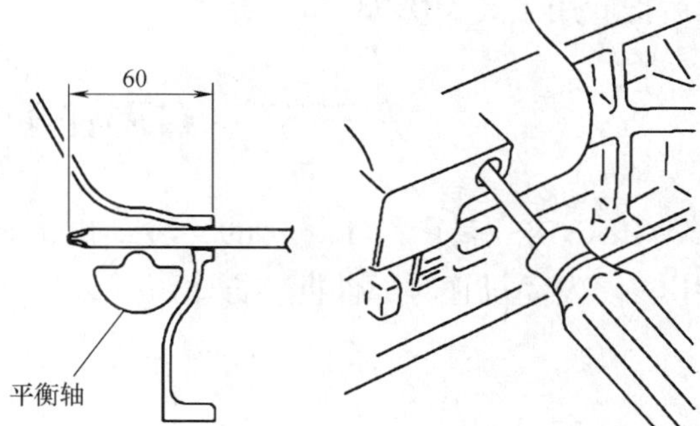

图 28-46 插入十字螺钉旋具

5）如图 28-47 所示，设置专用工具 MD998738。将专用工具拧入，使其伸展到使插入自动张紧器的金属丝能轻轻移动的位置。

6）按照次序将正时带安装到曲轴链轮、机油泵链轮、惰轮、凸轮轴链轮和张紧器轮上。

7）按照图 28-48 中箭头所示方向，提起张紧器轮并紧固中央螺栓。

图 28-47　设置专用工具 MD998738

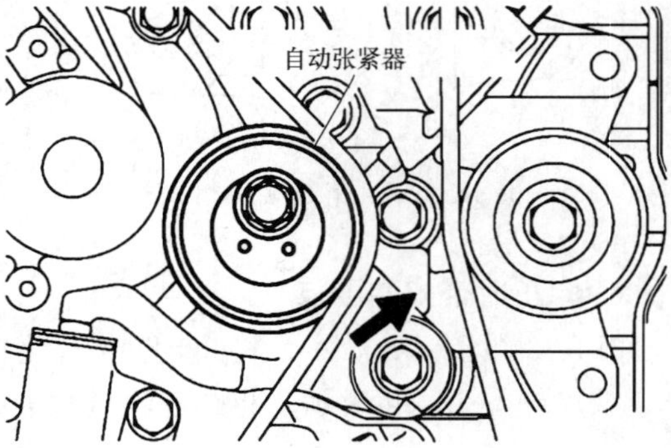

图 28-48　提起张紧器轮

8）确认所有正时标记对齐。

9）拔出插入气缸体塞孔中的十字螺钉旋具。

10）将曲轴逆时针转动 1/4 周，然后顺时针转动曲轴，直至正时标记再次对齐。

11）如图 28-49 所示，在张紧器轮上安装专用工具 MD998767、套筒扳手和扭力扳手，松开张紧器轮中央螺栓。

12）将扭力扳手的力矩设置到 3.5N·m。

13）用专用工具 MD998767 和扭力扳手固定住张紧器轮，将张紧器轮中央螺栓紧固至 (48 ±5) N·m。

14）把自动张紧器上插入的金属丝拔出，然后把专用工具 MD998738 拆下。

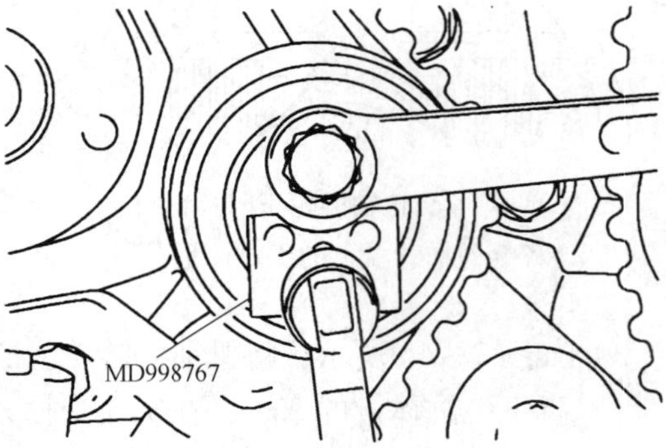

图 28-49　松开张紧器轮中央螺栓

第三节　GRANDIS（格蓝迪）轿车

GRANDIS 轿车 2.4L（4G69）发动机正时部件拆装方法参见第二节 LANCER 轿车 2.4L（4G69）发动机正时部件拆装方法。

第二十九章 KIA（起亚）车系

第一节　SORENTO（索兰托）轿车

一、SORENTO（索兰托）轿车 G6CU 发动机正时带拆装

G6CU 发动机正时带部件识别见图 29-1。

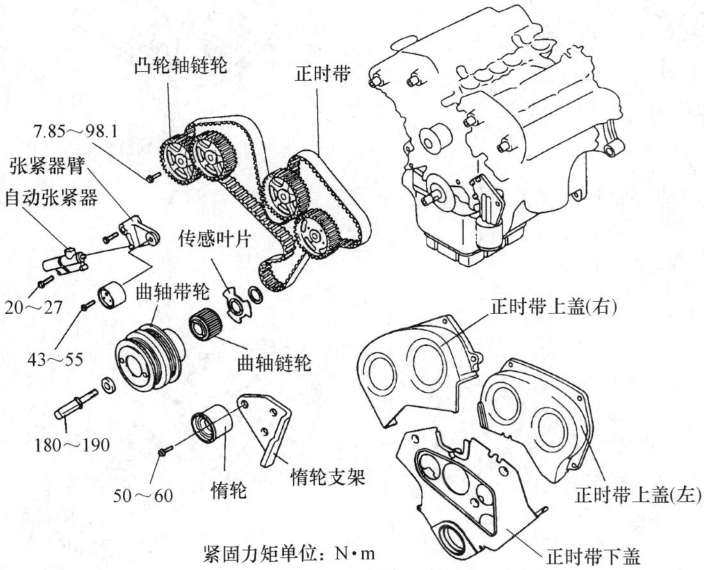

图 29-1　G6CU 发动机正时带部件识别

1. 正时带拆卸程序

1）顺时针转动张紧器臂，将传动带从张紧器上拆下。

2）拆下动力转向泵带轮、惰轮、张紧器轮和曲轴带轮。

3）拆卸正时带上盖。

4）拆卸自动张紧器（图 29-2）。

5）拆下张紧器螺栓，将正时带拆下。

2. 正时带安装程序

1）把惰轮安装到到惰轮支架上。

2）把张紧器臂、平垫圈安装到气缸体上。

3）如图 29-3 所示，安装曲轴链轮并对齐正时标记。安装时要注意，不要弯折曲轴位置传感叶片（图 29-4）。

4）如图 29-5 所示，安装凸轮轴链轮并将其设置到初始安装状态。

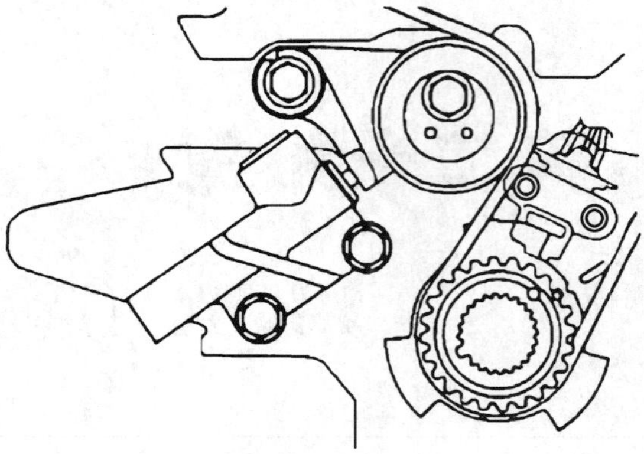

图 29-2　自动张紧器

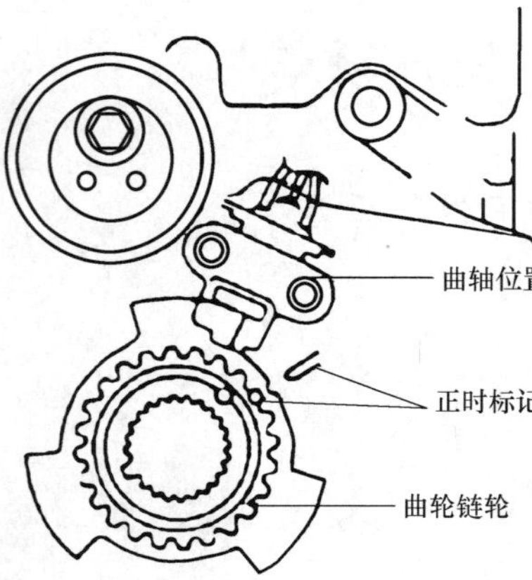

图 29-3　安装曲轴链轮并对齐正时标记

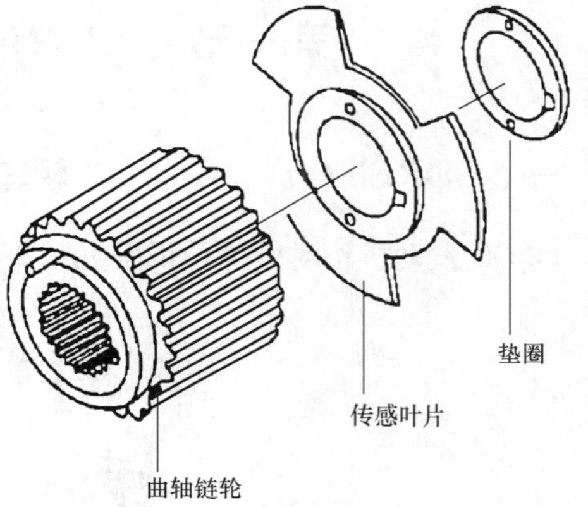

图 29-4　曲轴位置传感叶片

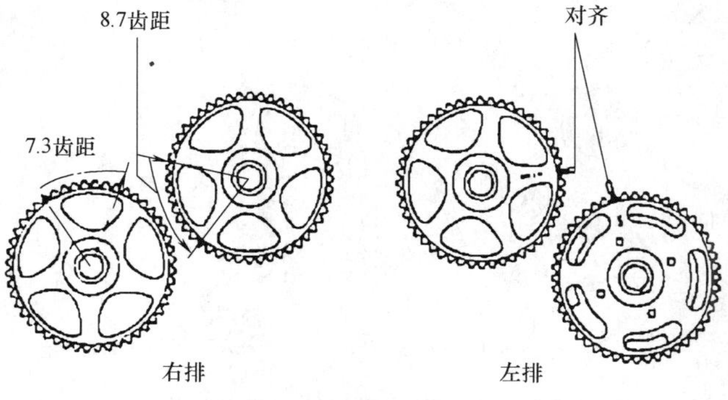

图 29-5　安装凸轮轴链轮并设置到初始安装状态

5）如图 29-6 所示，把自动张紧器安装到机油泵壳体上。注意：此时自动张紧器的定位销应装好。

6）对齐各个链轮的正时标记，然后按照曲轴链轮-惰轮-左侧排气凸轮轴链轮-左侧进气凸轮轴链轮-水泵带轮-右侧进气凸轮轴链轮-右侧排气凸轮轴链轮-张紧器带轮的安装顺序，安装正时带，如图 29-7 所示。在此步骤中，1 缸活塞要处于压缩上止点位置。

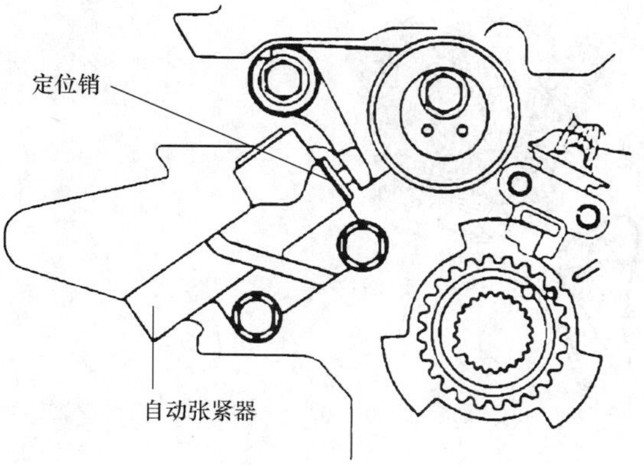

图 29-6 安装自动张紧器

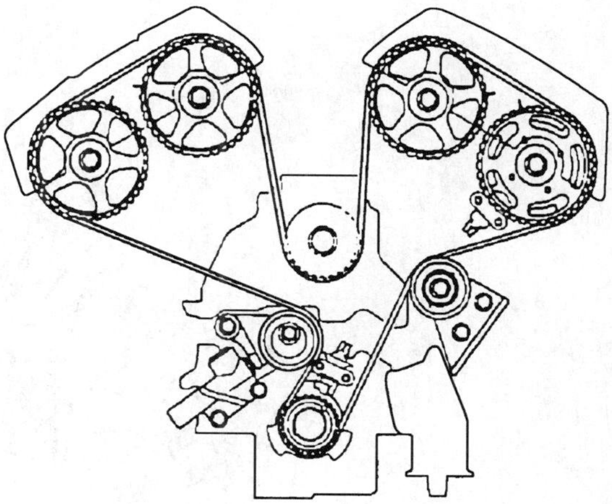

图 29-7 安装正时带

7）再次确认各个正时标记对齐。

8）安装张紧器带轮。

9）拔出自动张紧器上的定位销。

二、SORENTO（索兰托）轿车 G6DA 发动机正时链条拆装

G6DA 发动机正时链条部件识别如图 29-8 和图 29-9 所示。

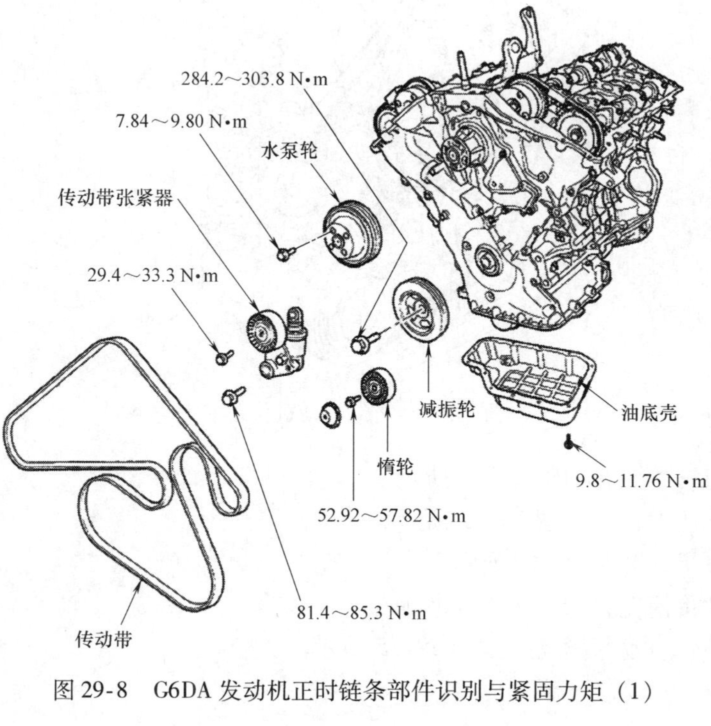

图 29-8 G6DA 发动机正时链条部件识别与紧固力矩（1）

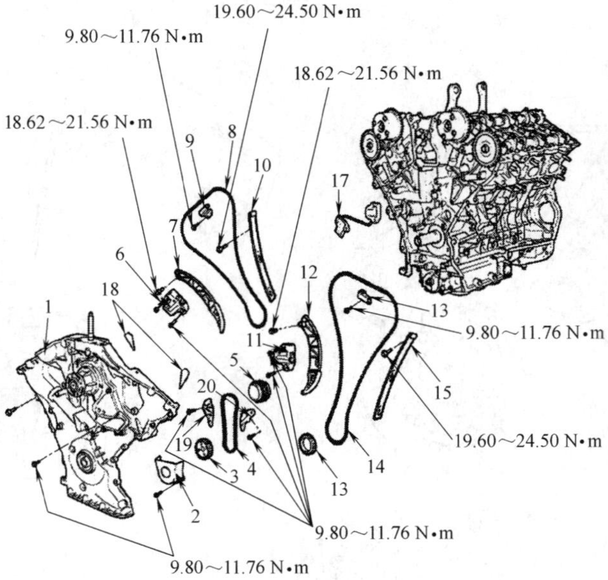

图 29-9　G6DA 发动机正时链条部件识别与紧固力矩（2）

1. G6DA 发动机正时链条系统拆卸

1）拆卸发动机传动带，如图 29-10 所示。

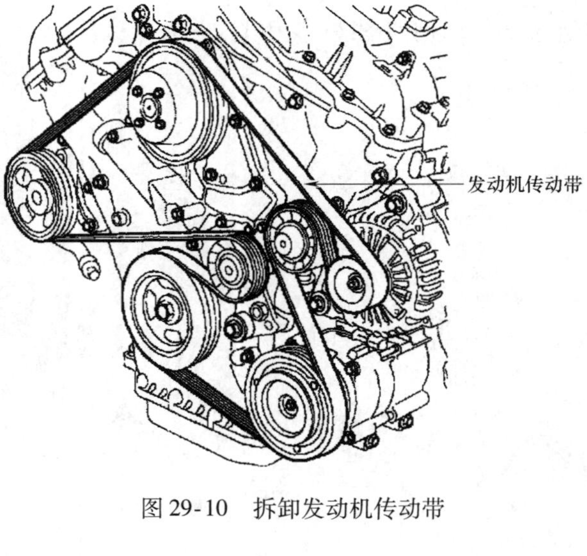

图 29-10　拆卸发动机传动带

2）拆卸动力转向泵，如图 29-11 所示。

3）拆卸空调压缩机，如图 29-12 所示。

4）拆卸发电机，如图 29-13 所示。

5）拆卸传动带惰轮，如图 29-14 所示。

6）拆卸传动带自动张紧器，如图 29-15 所示。

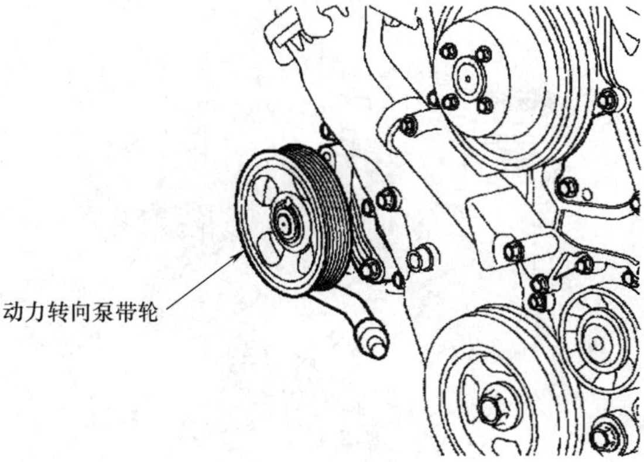

图 29-11 拆卸动力转向泵

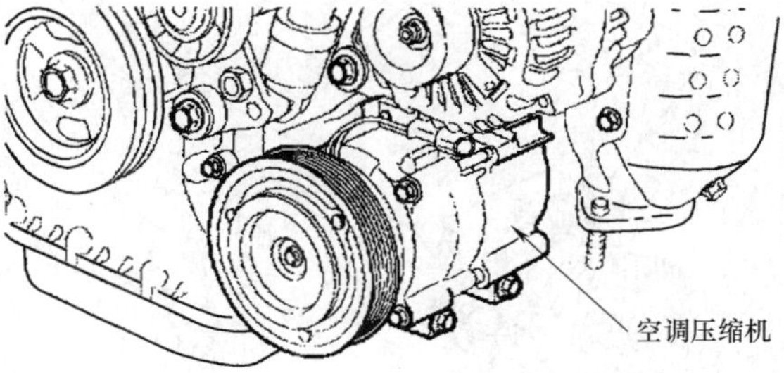

图 29-12 拆卸空调压缩机

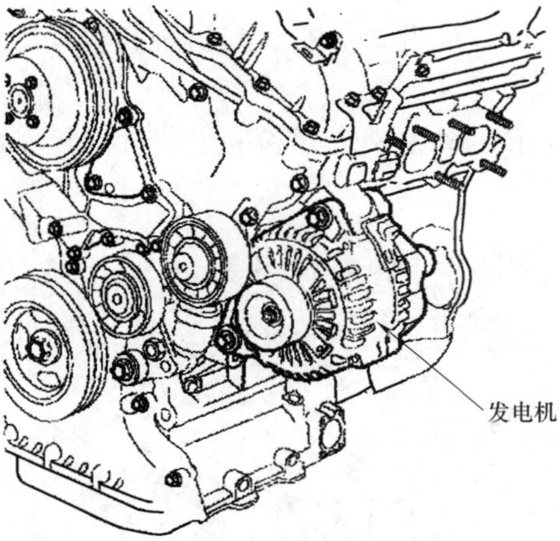

图 29-13 拆卸发电机

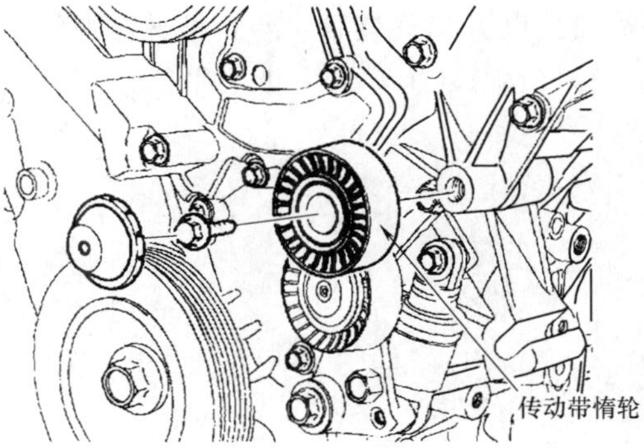

图 29-14 拆卸传动带惰轮

7）拆卸水泵带轮，如图 29-16 所示。

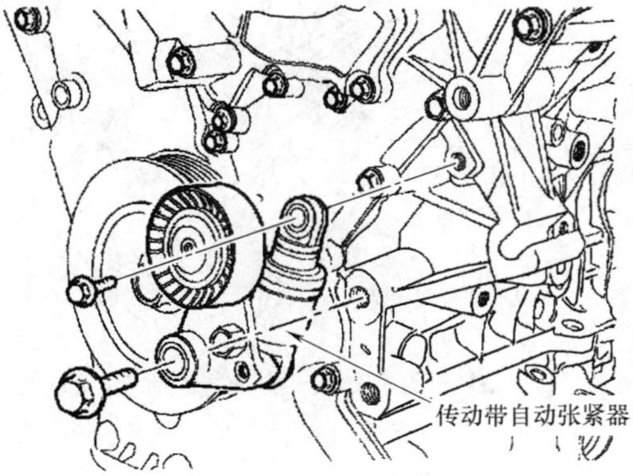

图 29-15 拆卸传动带自动张紧器

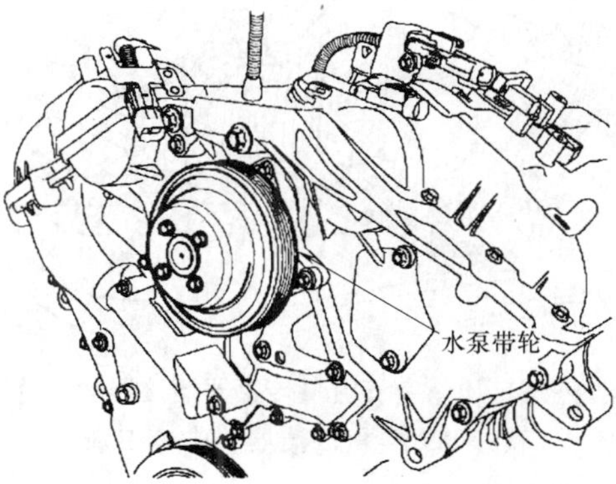

图 29-16 拆卸水泵带轮

8）拆下进气歧管。

9）拆卸发动机罩，如图 29-17 所示。

10）拆卸发动机舱谐振腔，如图 29-18 所示。

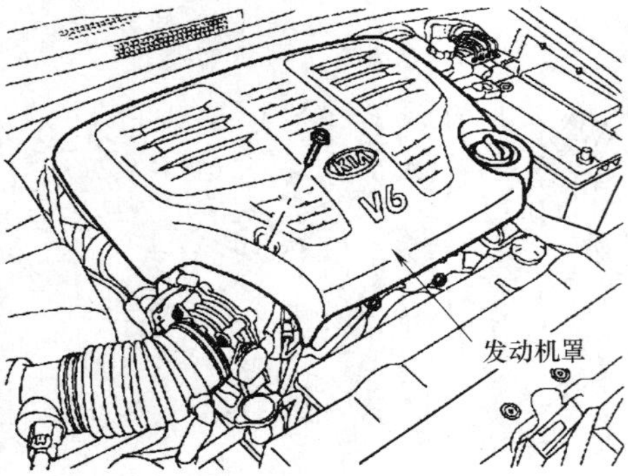

图 29-17　拆卸发动机罩

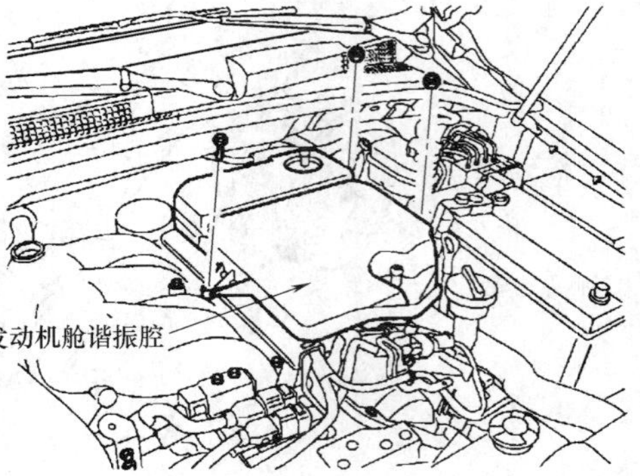

图 29-18　拆卸发动机舱谐振腔

11）断开质量空气流量传感器插接器 A 和通气软管 B（图 29-19），然后拆卸空气滤清器总成 C（图 29-19）。

12）断开通气软管、炭罐清污控制阀软管、曲轴箱强制通风软管和电子节气门控制冷却软管（图 29-20）后，拆下平衡箱。

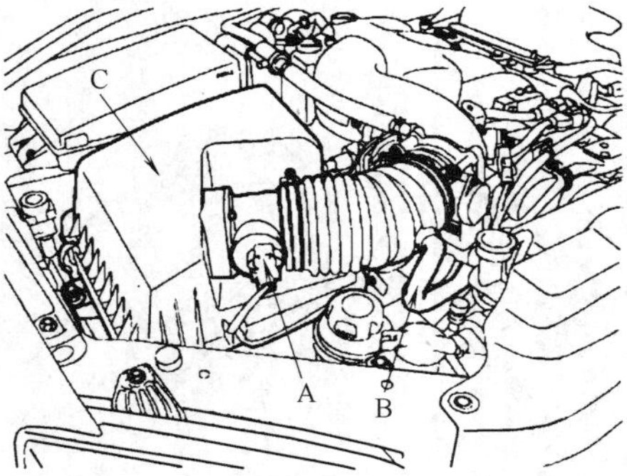

图29-19　质量空气流量传感器插接器 A、通气软管 B 和空气滤清器总成 C 识别

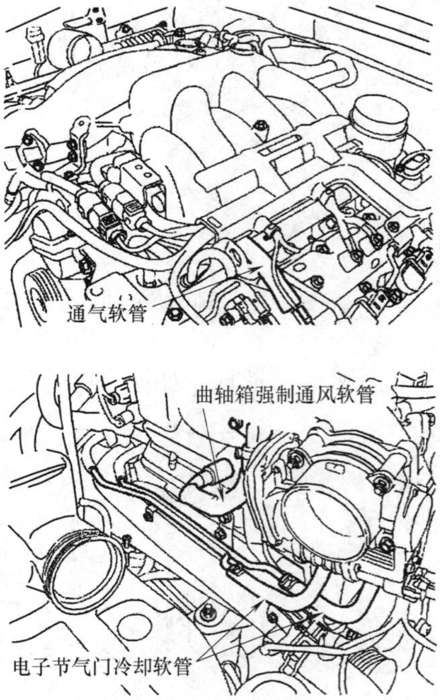

图29-20　通气软管、曲轴箱强制通风软管和电子节气门控制冷却软管识别

13）断开平衡箱上的各个线束插接器（图 29-21）。

① 断开喷油器线束插接器 A。

② 断开凸轮轴位置传感器线束插接器 B。

③ 断开接地线束 C。

④ 断开点火线圈线束插接器 D。

⑤ 断开冷凝器插接器 E。

⑥ 断开机油控制阀线束插接器 F。

14）松开气缸盖罩螺栓，然后拆卸气缸盖罩（图 29-22）和密封垫。

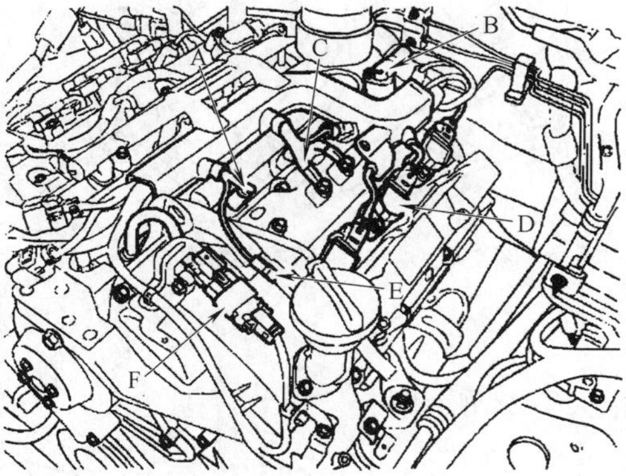

图 29-21 平衡箱上各个线束插接器识别

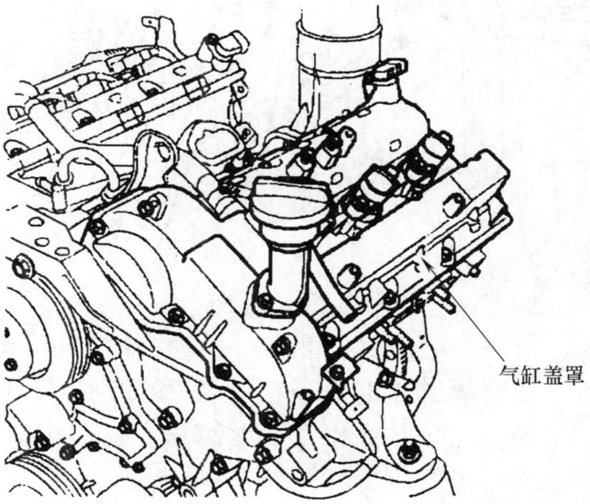

图 29-22 气缸盖罩识别

15）把气缸 1 活塞设置到压缩行程上止点位置：

① 转动曲轴带轮，使曲轴带轮上的凹槽对准正时链条下盖上的正时标记，如图 29-23 所示。

② 确认凸轮轴正时链轮上的标记 A 与气缸盖表面处于平齐位置，如图 29-24 所示。

图 29-23 曲轴带轮上的凹槽对准正时链条下盖上的正时标记

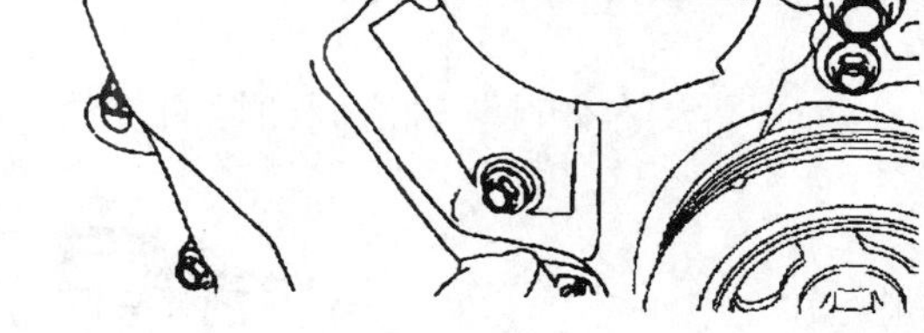

图 29-24 凸轮轴正时链轮上的标记 A 与气缸盖表面处于平齐位置

16）在上部油底壳和下部油底壳之间插入专用工具，清除掉密封剂后拆卸下部油底壳，如图 29-25 所示。

17）拆卸曲轴减振轮（图 29-26）。

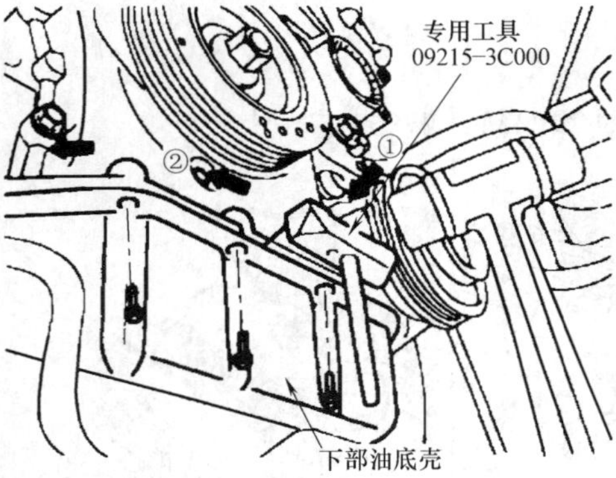

图 29-25　拆卸下部油底壳

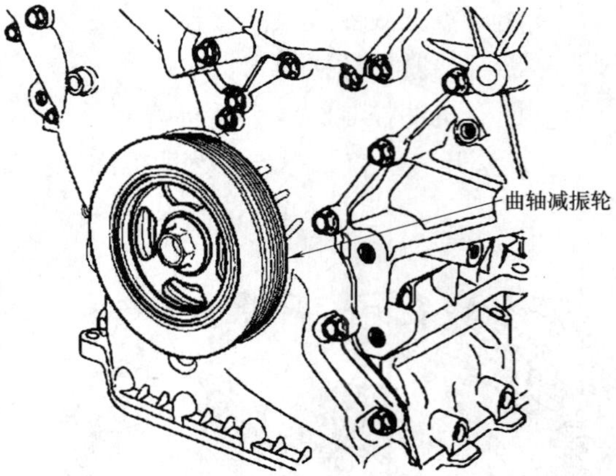

图 29-26　曲轴减振轮识别

18）拆卸正时链条盖（图 29-27）。

19）压缩正时链条张紧器后，插入限位销，如图 29-28 所示。

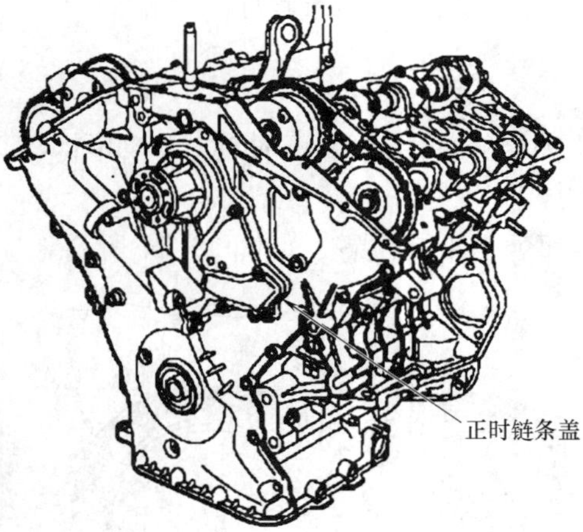

图 29-27　正时链条盖

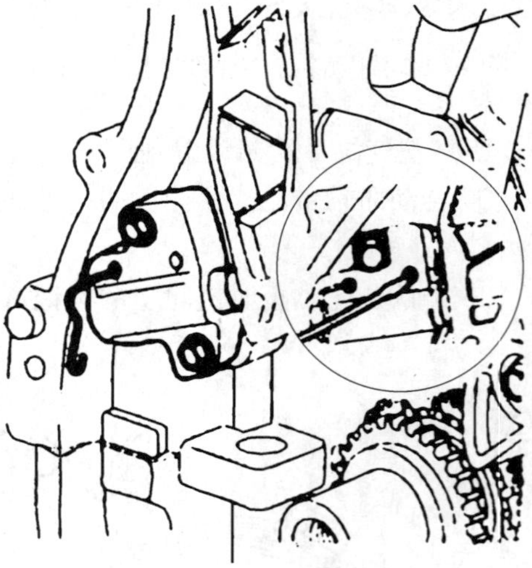

图 29-28　插入限位销

20）拆卸右侧凸轮轴之间的导向装置，如图 29-29 所示。

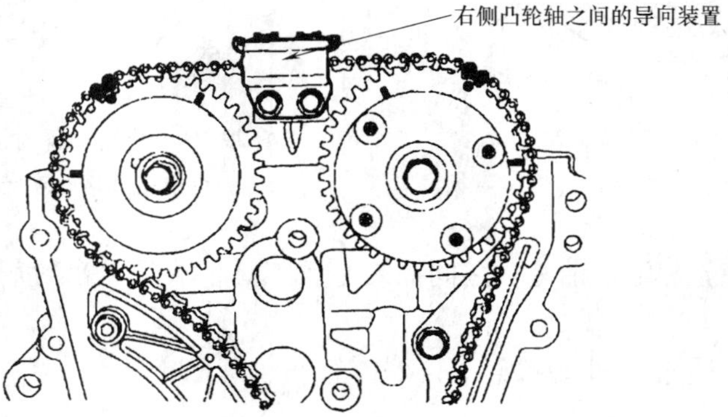

图 29-29　拆卸右侧凸轮轴之间的导向装置

21）拆卸右侧正时链条自动张紧器和右侧正时链条张紧器臂（图29-30）。

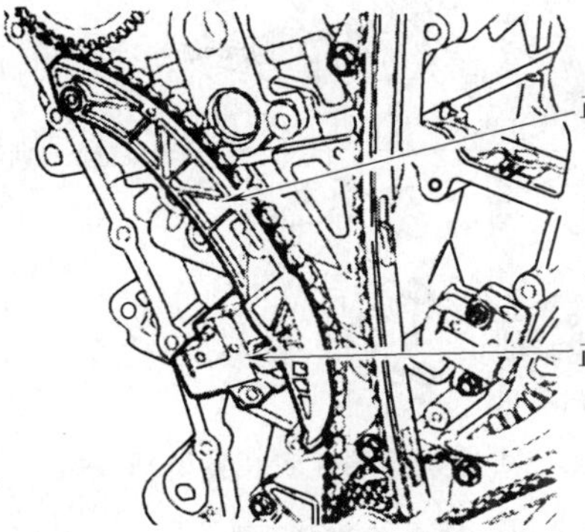

图29-30 右侧正时链条自动张紧器和张紧器臂识别

22）拆卸机油泵链条盖（图29-31）。

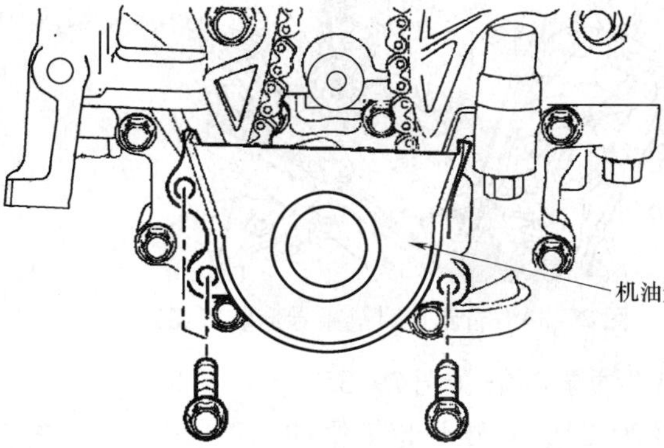

图29-31 机油泵链条盖识别

23）拆卸机油泵链条张紧器总成（图29-32）。

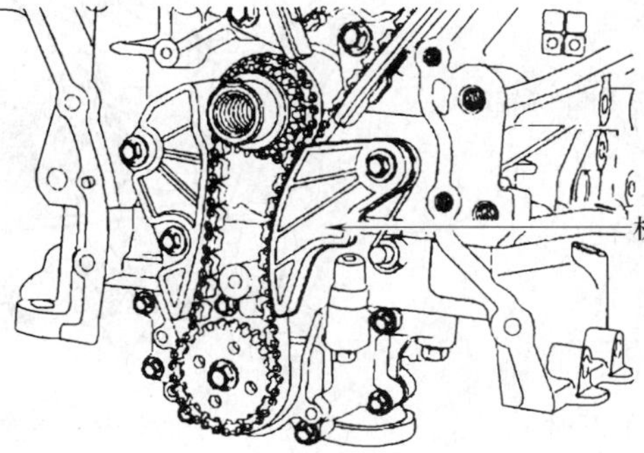

图29-32 机油泵链条张紧器总成

24）拆卸机油泵链条导向装置（图29-33）。

25）拆卸右侧正时链条。

26）拆卸右侧正时链条导向装置（图29-34）。

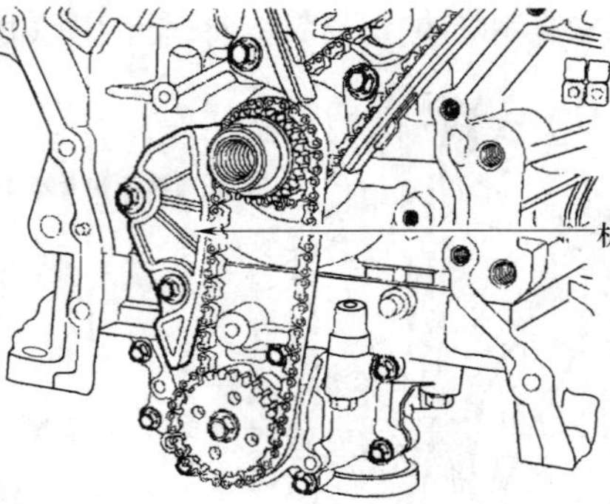

图 29-33　机油泵链条导向装置识别

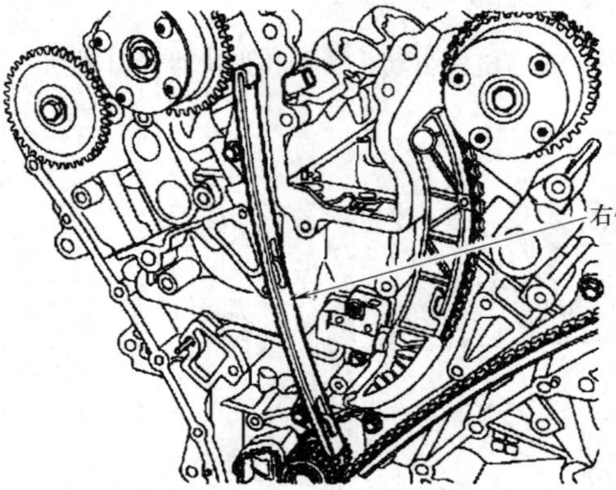

图 29-34　右侧正时链条导向装置识别

27）拆卸机油泵链轮和机油泵链条（图 29-35）。

28）拆卸曲轴链轮（图 29-36，右侧凸轮轴驱动）。

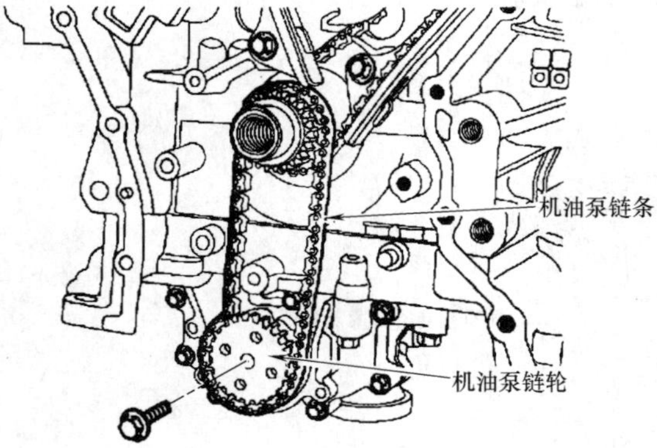

图 29-35　机油泵链轮和机油泵链条识别

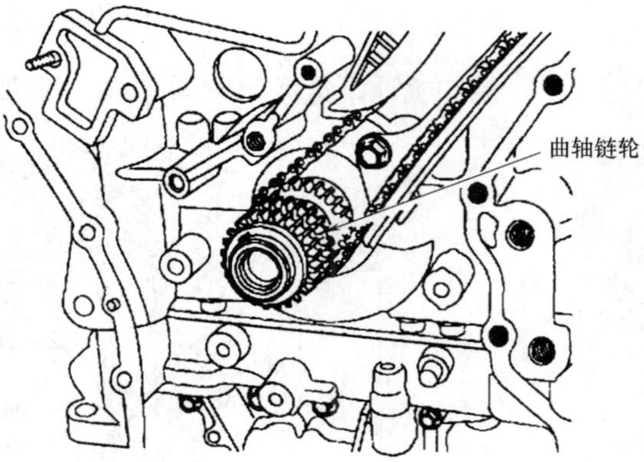

图 29-36　曲轴链轮识别

29）拆卸左侧凸轮轴之间的导向装置（图 29-37）。

30）拆卸左侧正时链条自动张紧器和张紧器臂（图 29-38）。

31）拆卸左侧正时链条。

32）拆卸左侧正时链条导向装置（图 29-39）。

33）拆卸曲轴链轮（图 29-40，左侧凸轮轴驱动）。

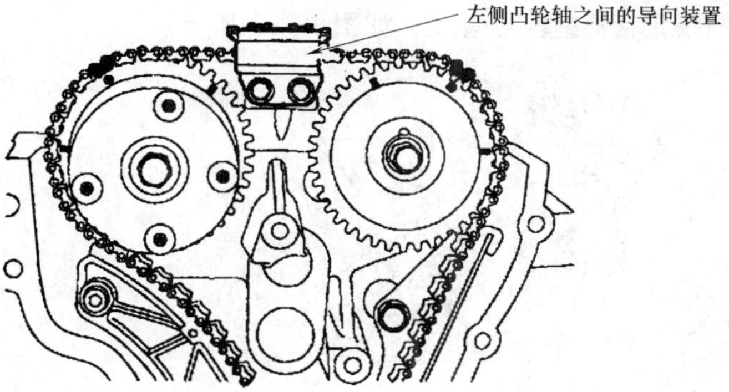

图 29-37 左侧凸轮轴之间的导向装置识别

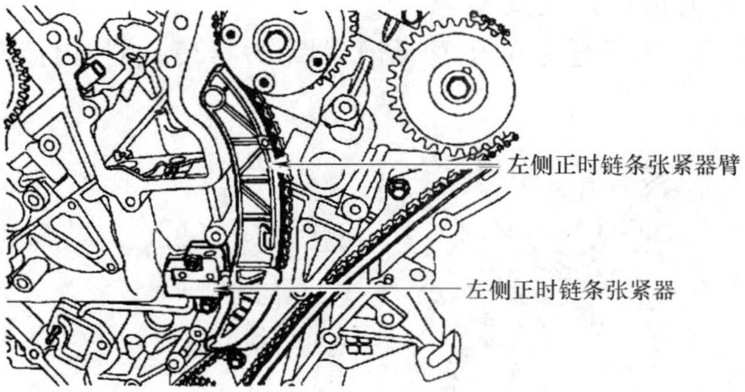

图 29-38 左侧正时链条张紧器和张紧器臂识别

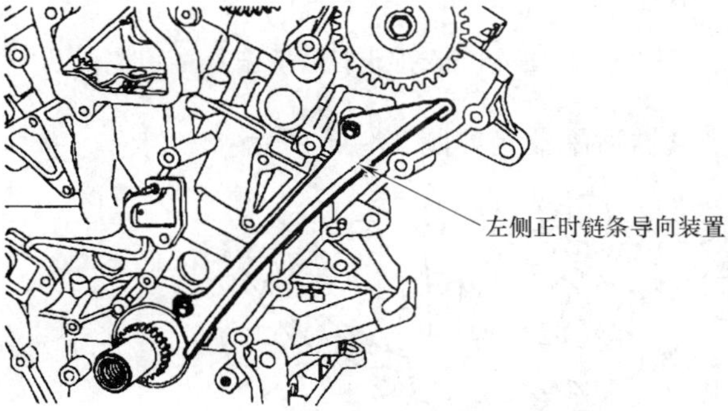

图 29-39 左侧正时链条导向装置识别

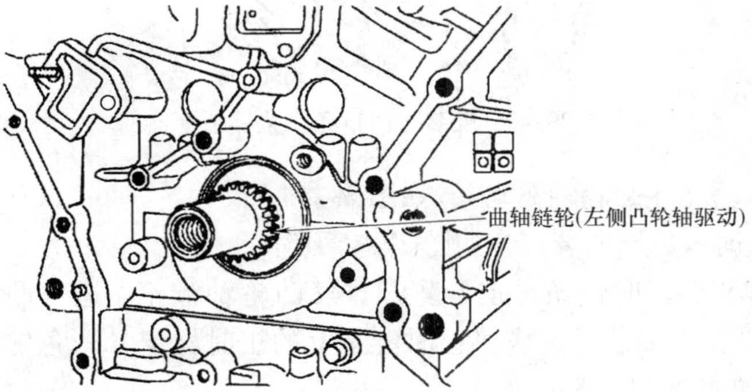

图 29-40 拆卸曲轴链轮（左侧凸轮轴驱动）

34）拆卸正时链条张紧器适配器总成，如图 29-41 所示。

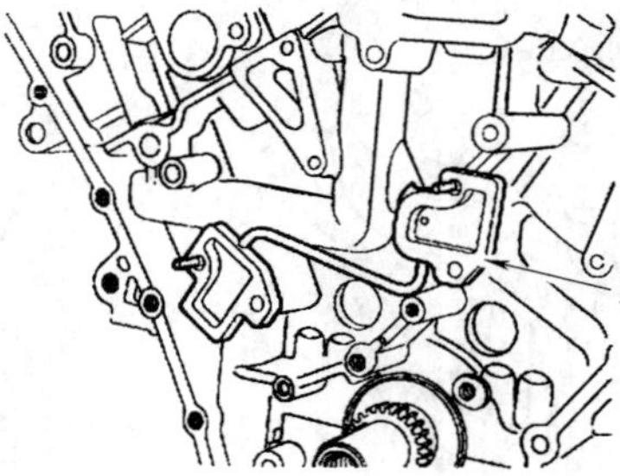

图 29-41　正时链条张紧器适配器总成

2. G6DA 发动机正时链条系统安装

1）将曲轴键对准正时链条盖上的正时标记（图 29-42），对准标记后，1 缸活塞应处于压缩行程上止点位置。

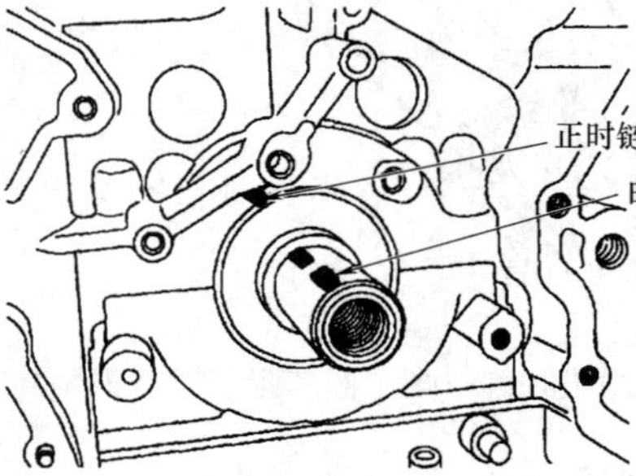

图 29-42　曲轴键对准正时链条盖上的正时标记

2）安装正时链条张紧器适配器，如图 29-43 所示。

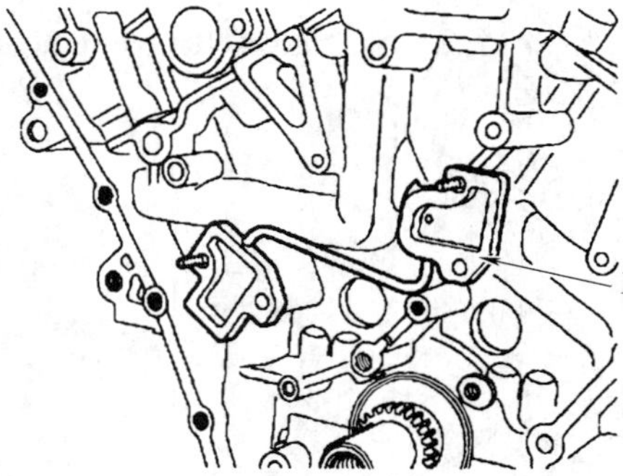

图 29-43　安装正时链条张紧器适配器

3）安装曲轴链轮（左凸轮轴驱动），如图 29-44 所示。

4）安装左侧正时链条导向装置，如图 29-45 所示。

5）按照曲轴链轮、正时链条导向装置、排气凸轮轴链轮、进气凸轮轴链轮的安装顺序，安装左侧正时链条。安装时，应将正时链条上的正时标记（彩色链节）与各个链轮上的正时标记对齐，如图 29-46 所示。

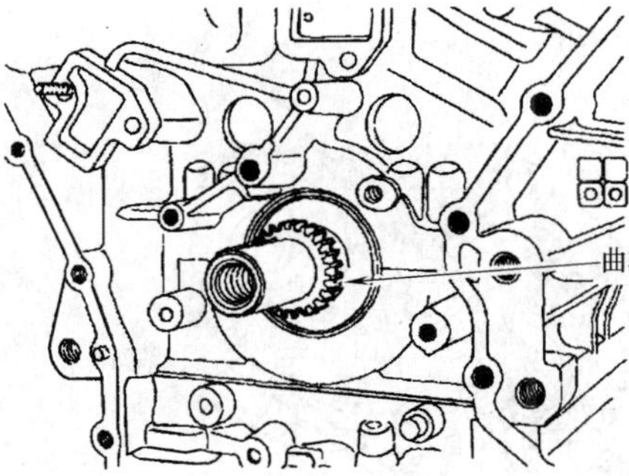

图 29-44 安装曲轴链轮（左凸轮轴驱动）

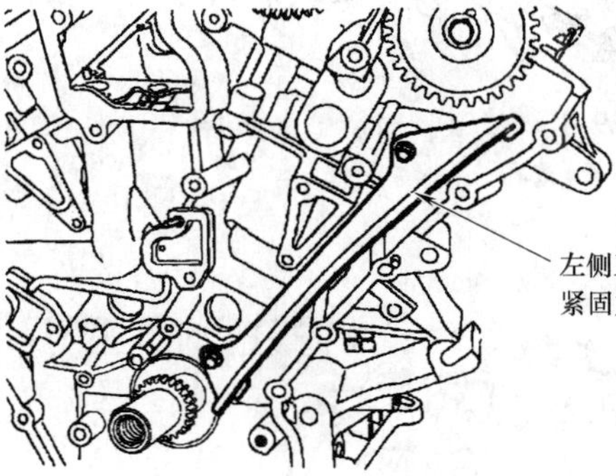

图 29-45 安装左侧正时链条导向装置

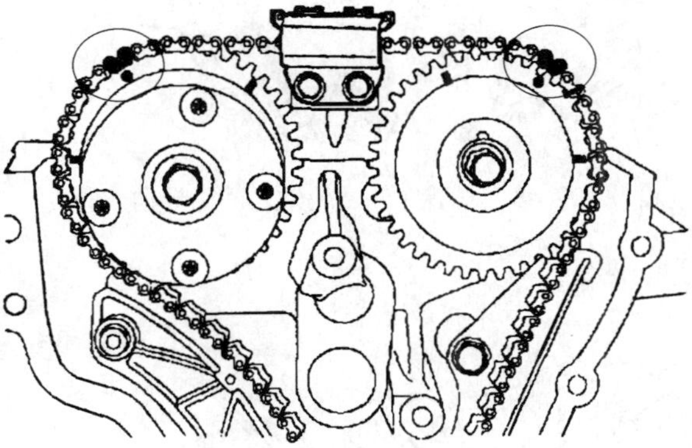

图 29-46 对齐正时标记

6）安装左侧正时链条张紧器臂并紧固至 18.6 ~ 21.5N · m。

7）如图 29-47 所示，安装正时链条张紧器并紧固至 9.8 ~ 11.76N · m。

8）安装左侧凸轮轴之间的导向装置，如图 29-48 所示。

9）安装曲轴链轮（右侧凸轮轴驱动），如图 29-49 所示。

10）安装机油泵链轮和机油泵链条，如图 29-50 所示。

11）安装右侧正时链条导向装置，如图 29-51 所示。

12）按照曲轴链轮、进气凸轮轴链轮、排气凸轮轴链轮的安装次序，安装右侧正时链条，并对齐各个正时标记，如图 29-52 所示。

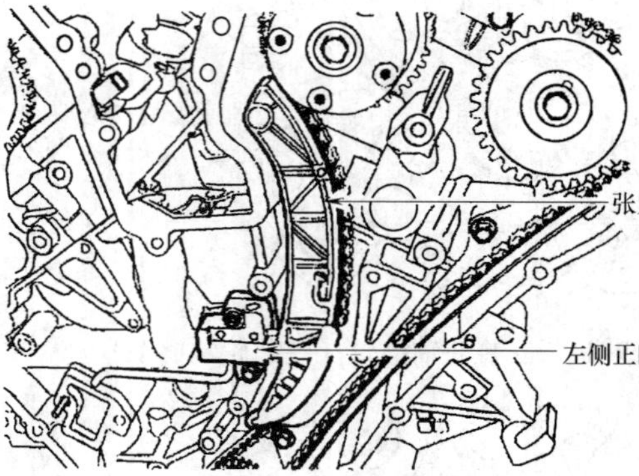

图 29-47　安装正时链条张紧器

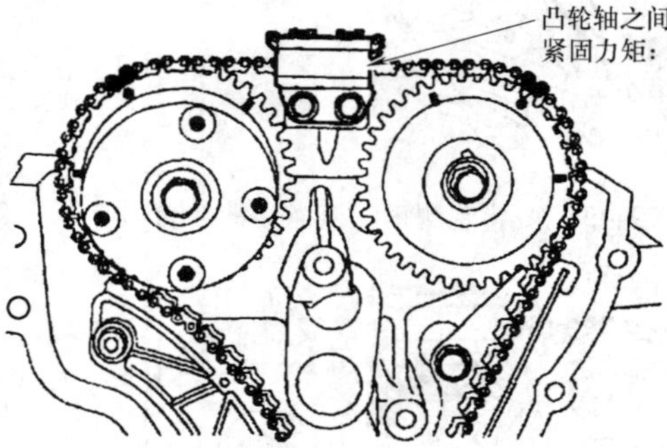

图 29-48　安装左侧凸轮轴之间的导向装置

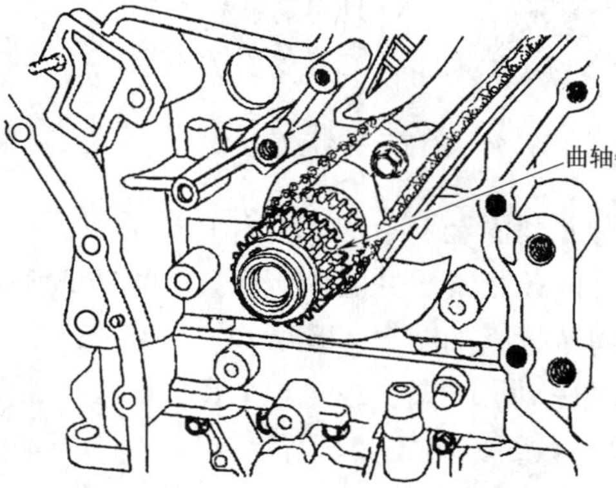

图 29-49　安装曲轴链轮（右侧凸轮轴驱动）

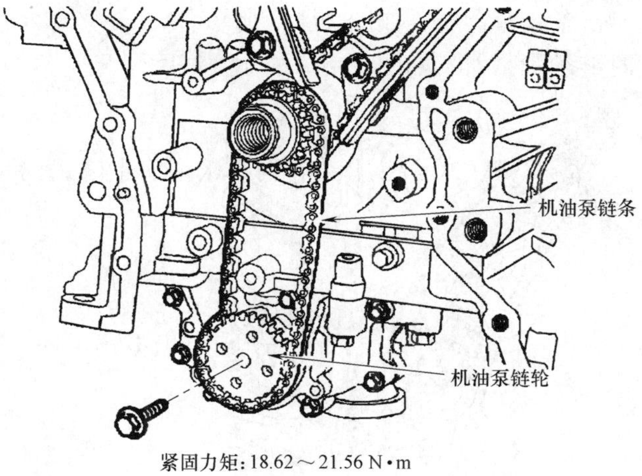

图 29-50　安装机油泵链轮和机油泵链条

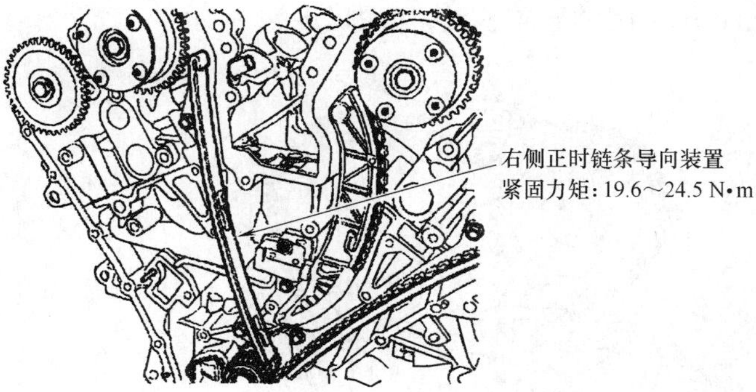

图 29-51　安装右侧正时链条导向装置

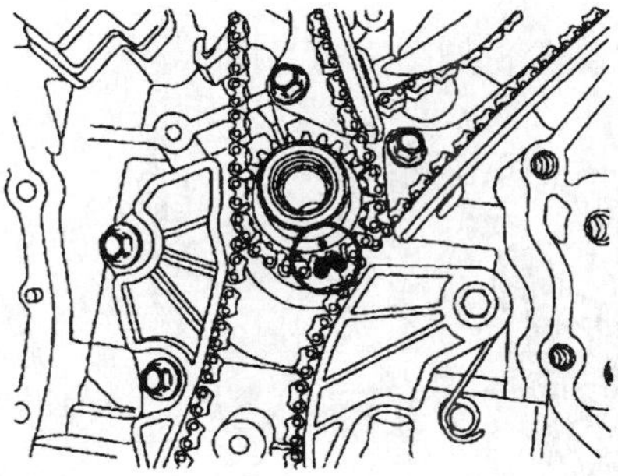

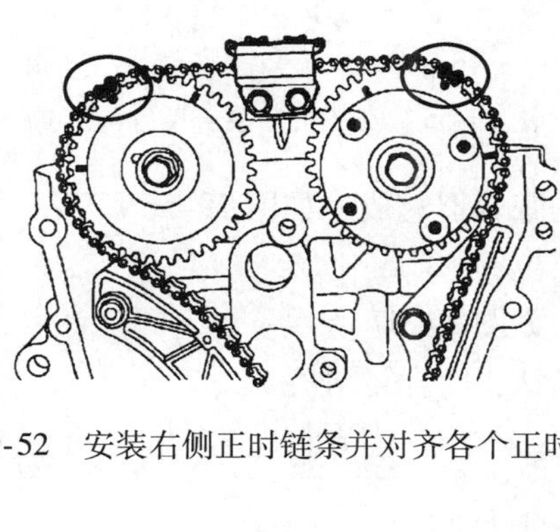

图 29-52　安装右侧正时链条并对齐各个正时标记

13）安装右侧正时链条张紧器臂，如图 29-53 所示。

14）安装右侧正时链条张紧器，如图 29-53 所示。

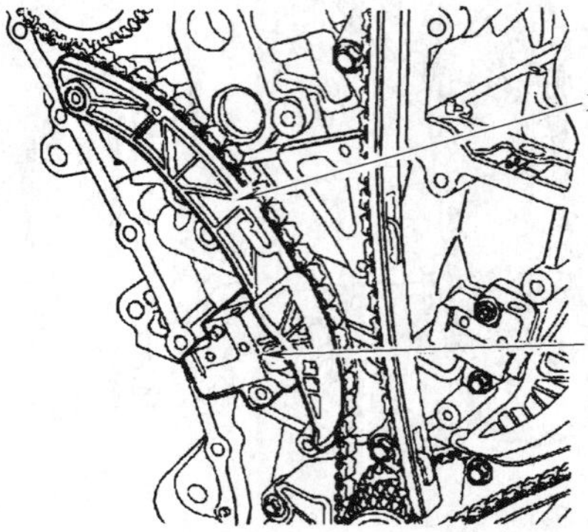

图 29-53　安装右侧正时链条张紧器臂和张紧器

15）安装左侧凸轮轴之间的导向装置，如图 29-54 所示。

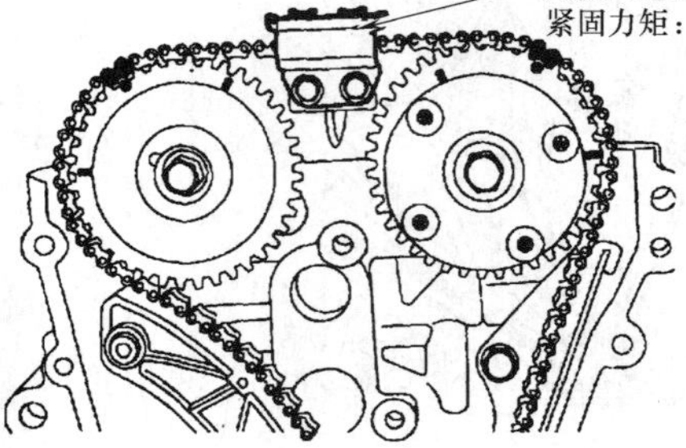

图 29-54　安装左侧凸轮轴之间的导向装置

16）安装机油泵链条导向装置，如图 29-55 所示。

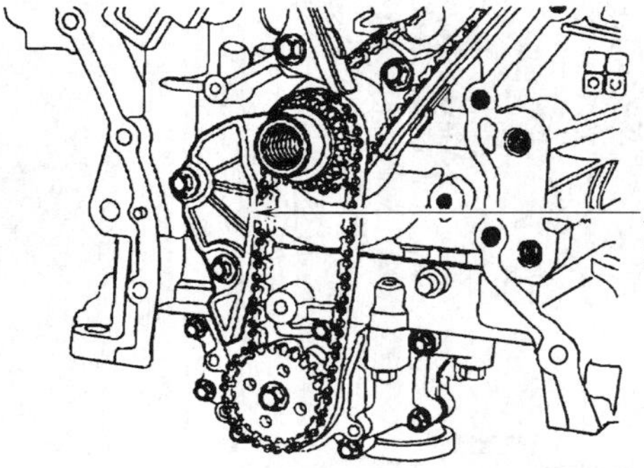

图 29-55　安装机油泵链条导向装置

17）安装机油泵链条自动张紧器总成，如图 29-56 所示。

18）拔出插入张紧器的限位销。

19）安装机油泵链条盖，如图 29-57 所示。

20）将曲轴转动 2 周，确认正时标记对齐。

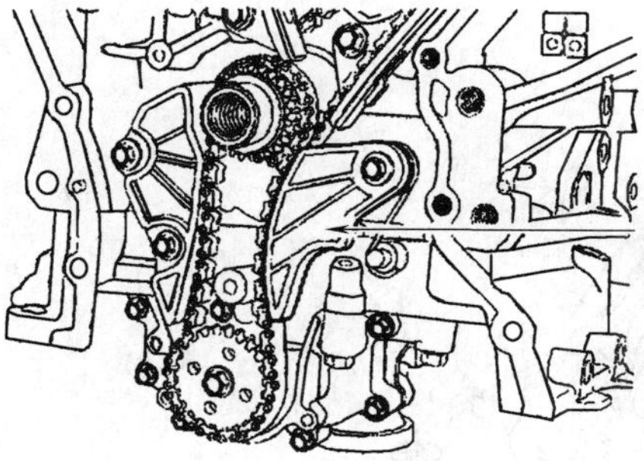

图 29-56　安装机油泵链条自动张紧器总成

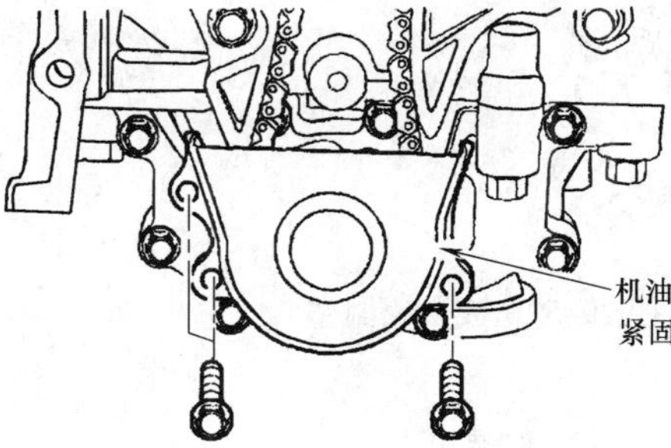

图 29-57　安装机油泵链条盖

21）安装正时链条盖。

① 如图 29-58 所示，涂抹液体密封剂。

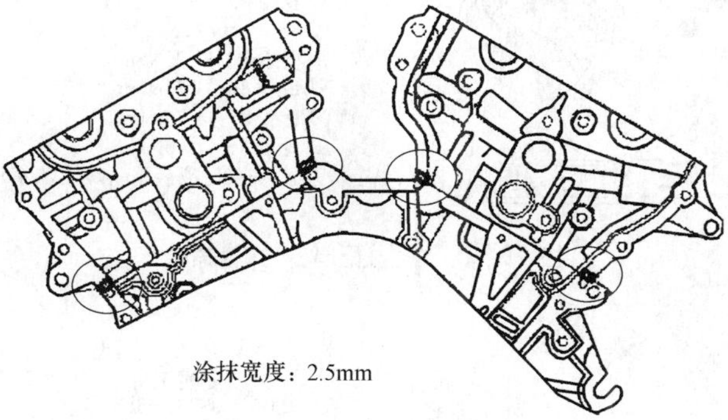

图 29-58　涂抹密封剂

② 涂抹密封剂后 5min 内，安装部件。

③ 安装密封垫，如图 29-59 所示。

④ 紧固正时链条盖螺栓，如图 29-60 所示。

22）用专用工具，安装正时链条盖油封，如图 26-61 所示。

23）涂抹密封剂并安装下部油底壳，如图 29-62 所示。

24）安装曲轴减振轮，如图 29-63 所示。

25）安装气缸盖罩。

① 按照图 29-64 所示，涂抹密封剂。

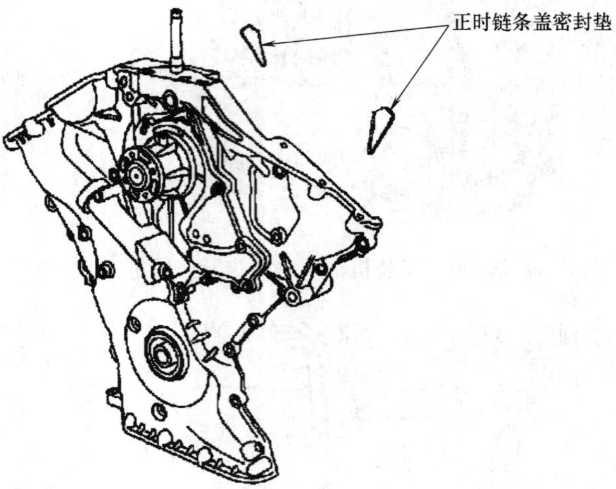

图 29-59　安装密封垫

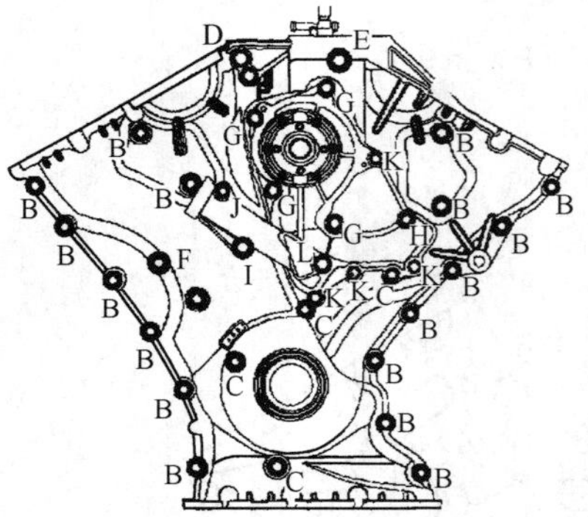

螺栓紧固力矩:
B型:18.62～21.56N•m
C型:9.8～11.76N•m
D型:58.8～68.8N•m
E型:58.8～68.8N•m
F型:24.5～26.46N•m
G型:21.56～23.52N•m
H型:9.8～11.76N•m
I型:9.8～11.76N•m
J型:9.8～11.76N•m
K型:9.8～11.76N•m
L型:安装时应换用新螺栓，24.5～26.46N•m

图 29-60　紧固正时链条盖螺栓

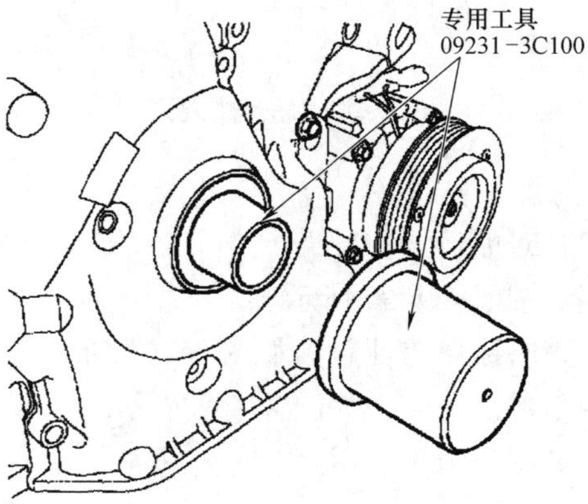

图 29-61　安装正时链条盖油封

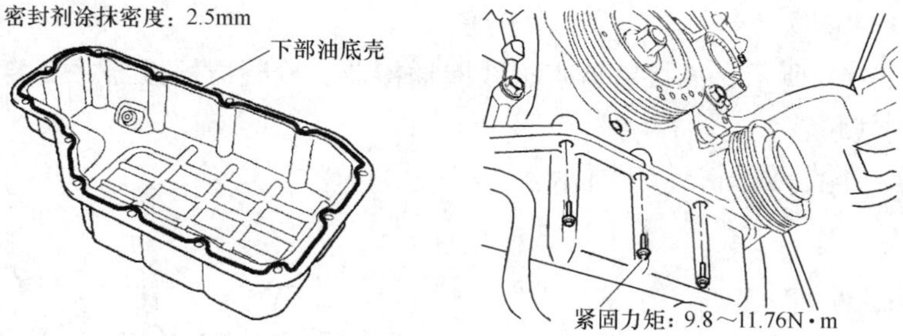

图 29-62 涂抹密封剂并安装下部油底壳

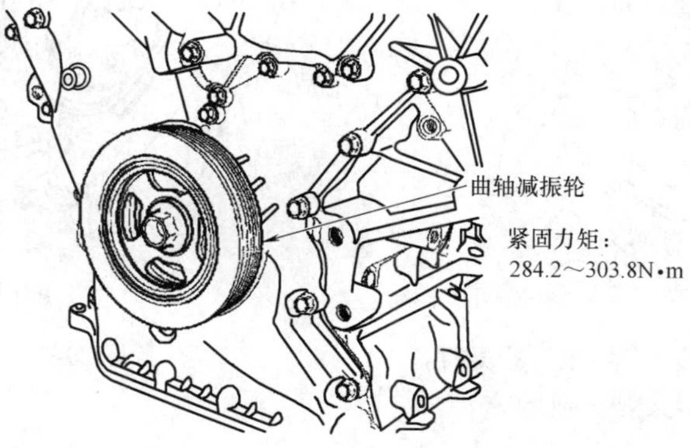

图 29-63 安装曲轴减振轮

② 按照图 29-65 所示的螺栓紧固顺序，紧固各个螺栓。注意，气缸盖罩的密封衬垫必须换用新的。

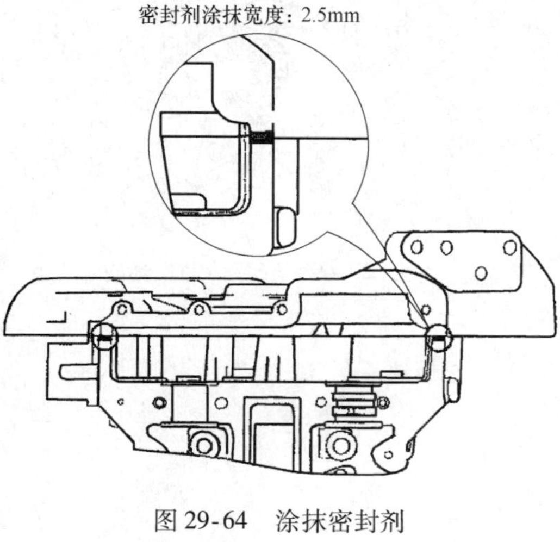

图 29-64 涂抹密封剂

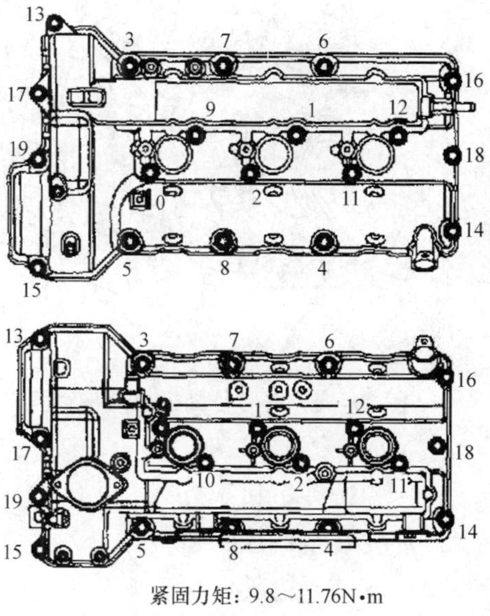

图 29-65 螺栓紧固顺序

③ 安装点火线圈。

④ 按照图 29-66 所示，插接右侧点火线圈插接器、冷凝器插接器并安装好线束支架。

26）安装进气歧管。

27）安装水泵轮，如图 29-67 所示。

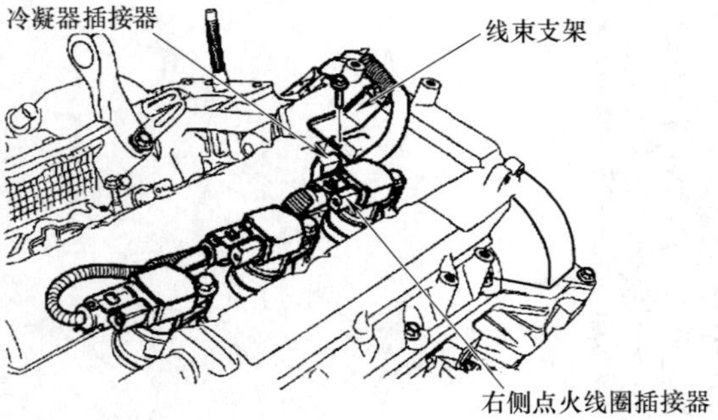

图 29-66　右侧点火线圈插接器、冷凝器插接器和线束支架识别

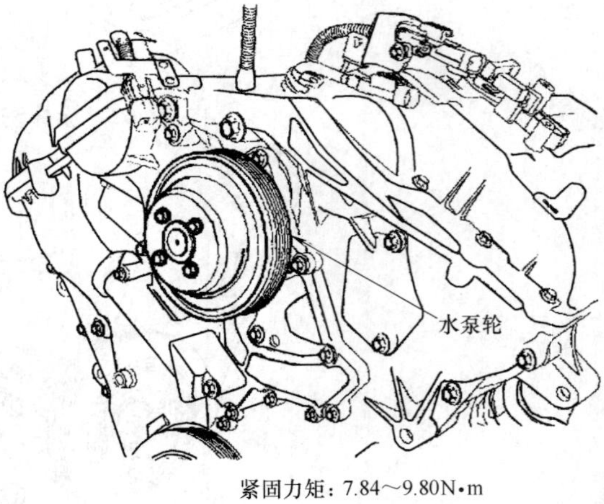

图 29-67　安装水泵轮

28）安装传动带自动张紧器，如图 29-68 所示。

29）安装传动带惰轮，如图 29-69 所示。

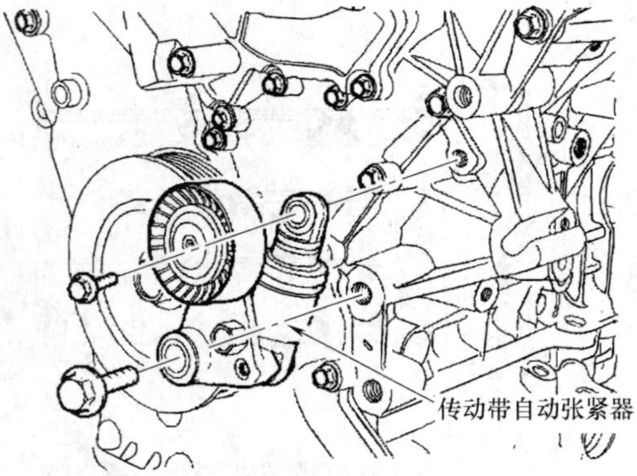

图 29-68　安装传动带自动张紧器

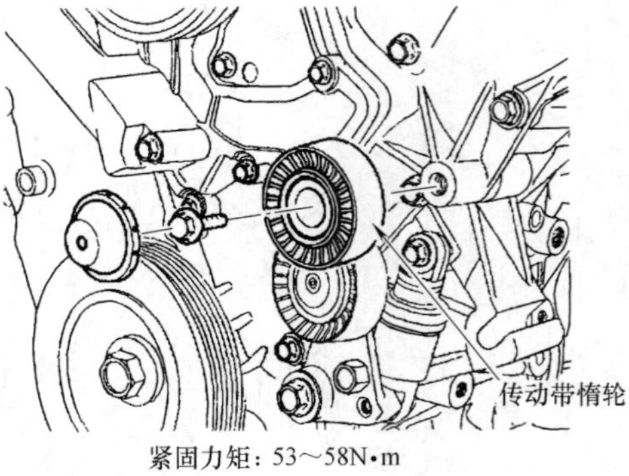

图 29-69　安装传动带惰轮

30）安装发电机。

31）安装空调压缩机。

32）安装动力转向泵。

33）安装传动带，如图 29-70 所示。

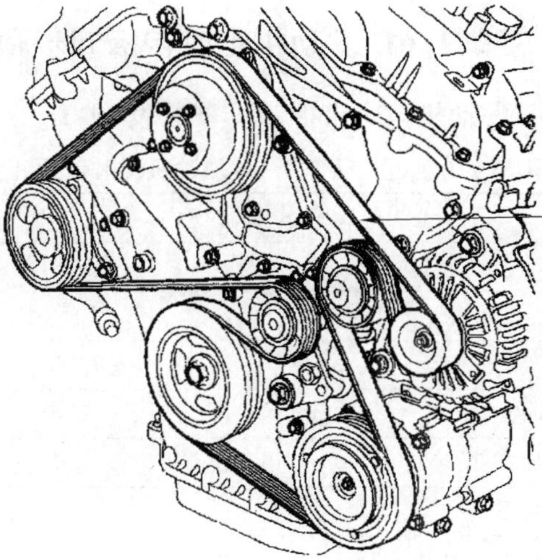

图 29-70　安装传动带

第二节　SHUMA（速迈）轿车

一、SHUMA（速迈）轿车 1.6L 发动机正时带部件识别

SHUMA（速迈）轿车 1.6L 发动机正时带部件识别见图 29-71。

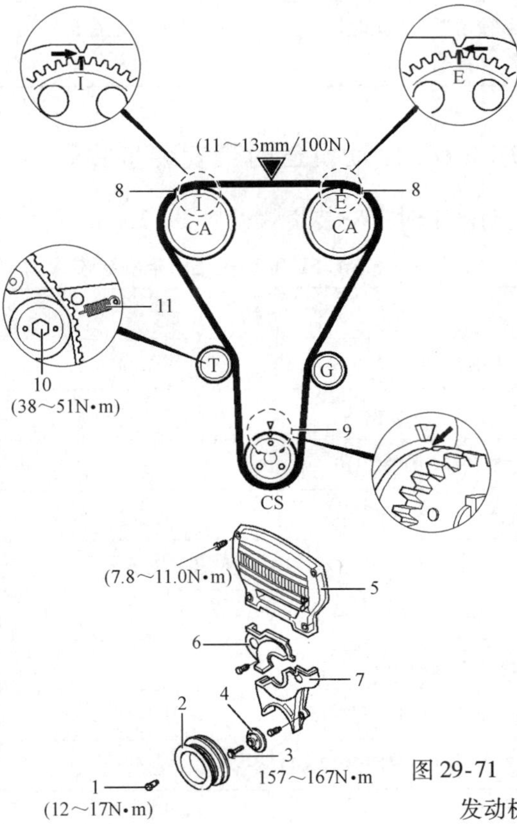

图 29-71　SHUMA（速迈）轿车 1.6L 发动机正时带拆装示意图

二、SHUMA（速迈）轿车 1.6L 发动机正时带拆卸步骤

SHUMA（速迈）轿车 1.6L 发动机正时带拆卸步骤见表 29-1。

表 29-1　SHUMA（速迈）轿车 1.6L 发动机正时带拆卸步骤

步　骤	操作方法
1	举升并支撑车辆
2	拆卸右前车轮
3	拆卸右前车轮轮罩
4	拆卸发动机底部挡泥板
5	拆卸发动机附件传动带
6	拆卸水泵轮
7	拆卸曲轴带轮螺栓（图 29-71 中的 1）
8	拆卸曲轴带轮（图 29-71 中的 2）
9	拆卸曲轴螺栓（图 29-71 中的 3）
10	拆卸曲轴带轮轴节（图 29-71 中的 4）
11	拆卸正时带盖（图 29-71 中的 5、6、7）
12	顺时针转动曲轴，直至正时标记（图 29-71 中的 8、9）对齐
13	松开正时带张紧器螺栓（图 29-71 中的 10）
14	拆卸正时带张紧器。把张紧器螺栓拧好
15	拆卸正时带。（如果要继续使用拆下的正时带，要用粉笔在正时带上标记好转动方向，以免安装时错装）

三、SHUMA（速迈）轿车 1.6L 发动机正时带安装步骤

SHUMA（速迈）轿车 1.6L 发动机正时带安装步骤见表 29-2。

表 29-2　SHUMA（速迈）轿车 1.6L 发动机正时带安装步骤

步　骤	操作方法
1	对齐正时标记（图 29-71 中的 8、9）
2	从曲轴带轮开始，沿逆时针方向安装正时带
3	松开正时带张紧器螺栓（图 29-71 中的 10）
4	将正时带张紧器螺栓紧固至 38 ~ 51N · m
5	将曲轴顺时针转动 2 周，确认正时标记（图 29-71 中的 8、9）对齐
6	在图 29-71 中所示部位施加 100N 的力，正时带的弯曲应在 11 ~ 13mm 范围内
7	按照与拆卸相反的程序安装其他部件
8	将曲轴螺栓（图 29-71 中的 3）紧固到 157 ~ 167N · m
9	将曲轴带轮螺栓（图 29-71 中的 1）紧固到 12 ~ 17N · m

第三节 CARENS（佳乐）轿车

一、CARENS（佳乐）轿车 2.0L（G4KA）发动机正时链条部件识别

CARENS（佳乐）轿车 2.0L（G4KA）发动机正时链条部件识别见图 29-72。

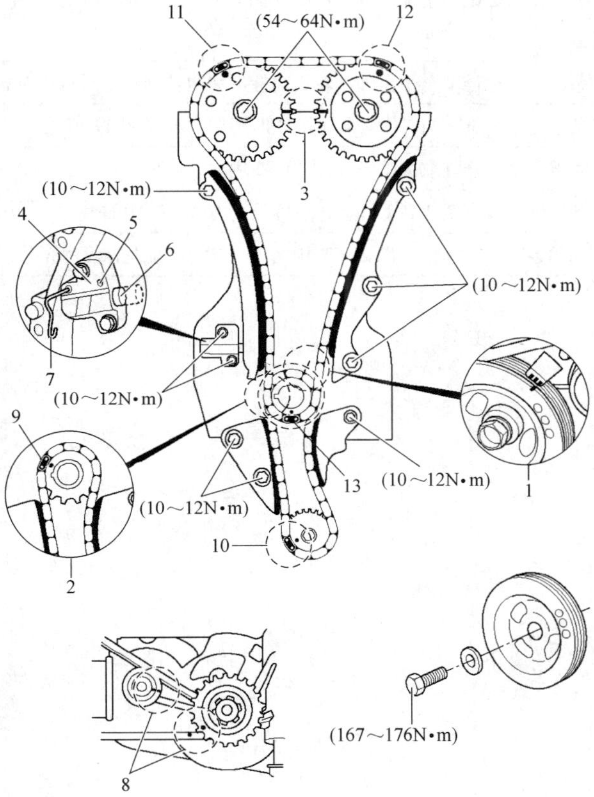

图 29-72 CARENS（佳乐）轿车 2.0L（G4KA）发动机正时链条部件识别

二、CARENS（佳乐）轿车 2.0L（G4KA）发动机正时校准操作要点

CARENS（佳乐）轿车 2.0L（G4KA）发动机正时校准操作要点见表 29-3。

表 29-3 CARENS（佳乐）轿车 2.0L（G4KA）发动机正时校准操作要点

步骤	操作方法
1	拆卸油底壳
2	将发动机设置在 1 缸上止点位置（图 29-72 中的 1）
3	确保曲轴链轮键槽位于 9 点钟位置（图 29-72 中的 2）
4	确保凸轮轴的各个正时标记（图 29-72 中的 3）与气缸盖上表面对齐

（续）

步　骤	操 作 方 法
5	把正时链条张紧器（图 29-72 中的 4）锁止在压缩位置： 1）用一把一字螺钉旋具插入正时链条张紧器壳体内，使张紧器柱塞释放（图 29-72 中的 5） 2）将柱塞压入张紧器壳体中（图 29-72 中的 6） 3）插入粗细合适的销子（图 29-72 中的 7），把柱塞锁止在压缩位置
6	使平衡轴上的正时标记与平衡轴链轮对准（图 29-72 中的 8）
7	安装正时链条
8	将正时链条上的染色链节与平衡轴链轮正时标记和曲轴链轮正时标记对齐（图 29-72 中的 9 和 10）
9	将正时链条上的染色链节与各个链轮上的正时标记对齐（图 29-72 中的 11、12 和 13）
10	把锁止正时链条张紧器柱塞的销子（图 29-72 中的 7）取下
11	顺时针转动曲轴 2 周直至达到 1 缸上止点位置（图 29-72 中的 1）
12	确保凸轮轴的各个正时标记（图 29-72 中的 3）与气缸盖上表面对齐

第三十章 SSANGYONG（双龙）车系

第一节 RODIUS（路帝）轿车

一、RODIUS（路帝）轿车2.7L（D27DT）发动机正时链条部件识别

RODIUS（路帝）轿车2.7L（D27DT）发动机正时链条部件识别见图30-1。

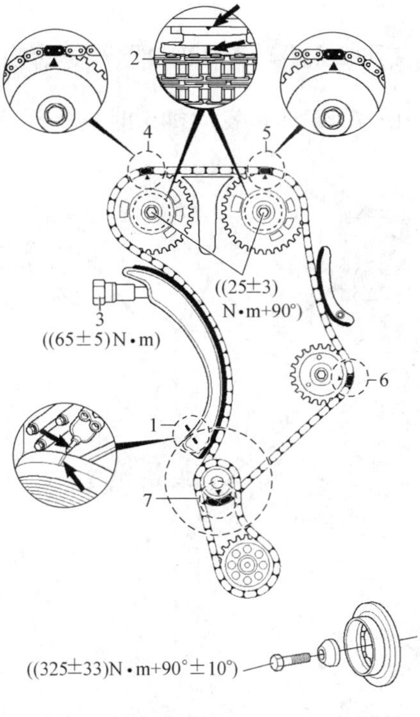

图30-1 RODIUS（路帝）轿车2.7L（D27DT）发动机正时链条部件识别

二、RODIUS（路帝）轿车2.7L（D27DT）发动机正时校准操作要点

RODIUS（路帝）轿车2.7L（D27DT）发动机正时校准操作要点见表30-1。

表 30-1 **RODIUS（路帝）轿车 2.7L（D27DT）发动机正时校准操作要点**

步骤	操作方法
1	拆卸发动机
2	拆卸发动机气缸盖
3	拆卸油底壳
4	将发动机设置在 1 缸活塞上止点位置（图 30-1 中的 1）
5	确保凸轮轴正时标记对齐（图 30-1 中的 2）
6	拆下正时链条张紧器总成（图 30-1 中的 3）
7	将各个凸轮轴链轮上的正时标记对准 12 点钟位置（图 30-1 中的 4 和 5）
8	把正时链条的金色链节与各个凸轮轴链轮上的正时标记对齐（图 30-1 中的 4、5、6、7）

第二节 REXTON（雷斯特）轿车

REXTON（雷斯特）轿车 2.7L（D27DT）发动机正时链条校准方法与 RODIUS（路帝）轿车 2.7L（D27DT）发动机正时校准操作方法相同。

第三节 KYRON（享御）轿车

一、KYRON（享御）轿车 2.0L（D20DT）发动机正时链条部件识别

KYRON（享御）轿车 2.0L（D20DT）发动机正时链条部件识别见图 30-2。

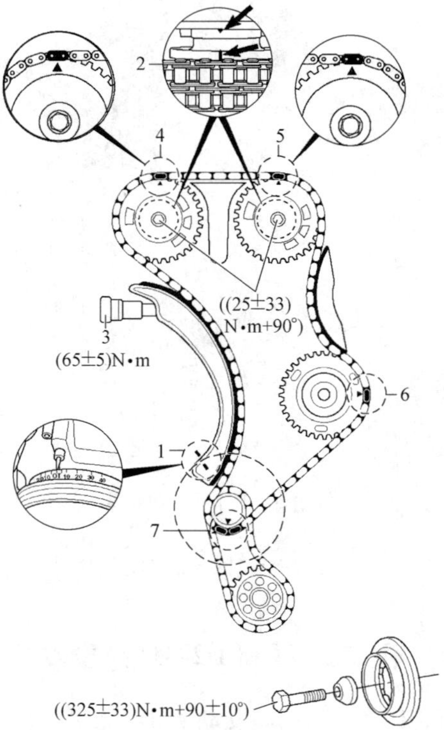

图 30-2 KYRON（享御）轿车 2.0L（D20DT）发动机正时链条部件识别

二、KYRON（享御）轿车 2.0L（D20DT）发动机正时链条校准操作要点

KYRON（享御）轿车 2.0L（D20DT）发动机正时链条校准操作要点见表 30-2。

表 30-2　KYRON（享御）轿车 2.0L（D20DT）发动机正时链条校准操作要点

步　骤	操 作 方 法
1	拆卸发动机
2	拆卸发动机气缸盖
3	拆卸油底壳
4	将发动机设置在 1 缸活塞上止点位置（图 30-2 中的 1）
5	确保凸轮轴正时标记对齐（图 30-2 中的 2）
6	拆下正时链条张紧器总成（图 30-2 中的 3）
7	将各个凸轮轴链轮上的正时标记对准 12 点钟位置（图 30-2 中的 4 和 5）
8	把正时链条的金色链节与各个凸轮轴链轮上的正时标记对齐（图 30-2 中的 4、5、6、7）

第三十一章 HYUNDAI（现代）车系

第一节 TUCSON（途胜）轿车

一、TUCSON（途胜）轿车 2.0L 发动机正时带部件识别

TUCSON（途胜）轿车 2.0L 发动机正时带部件识别见图 31-1。

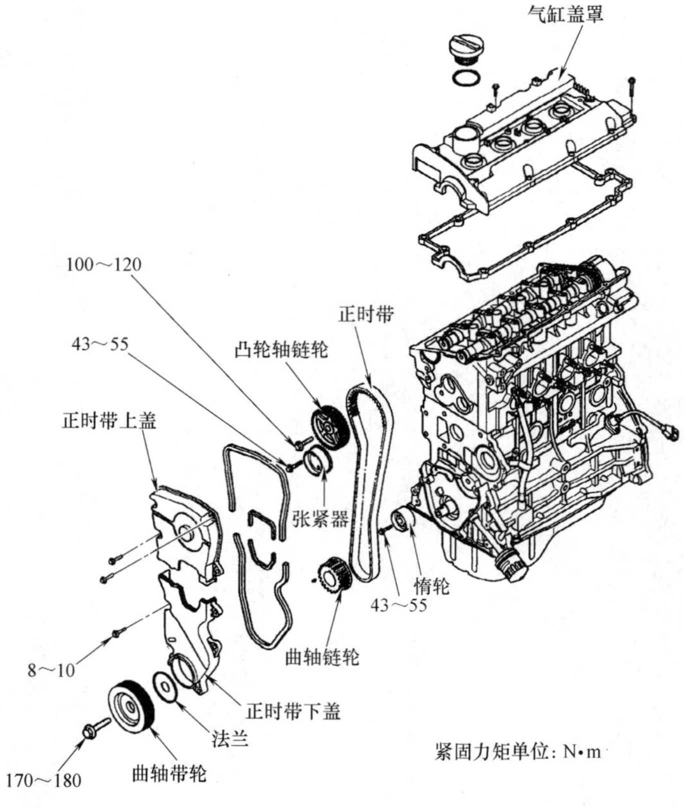

图 31-1 TUCSON（途胜）轿车 2.0L 发动机正时带部件识别

二、TUCSON（途胜）轿车 2.0L 发动机正时带拆卸步骤

1）拆卸发动机盖。

2）拆卸右前车轮。

3）如图 31-2 所示，拆卸右侧盖的 2 个螺栓和右侧盖。

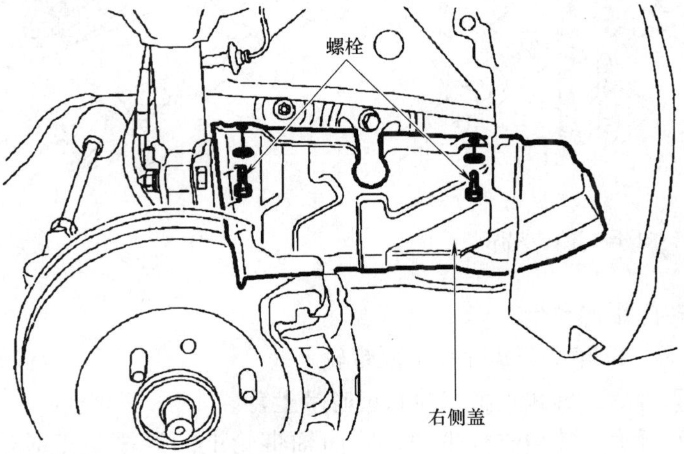

图 31-2 螺栓和右侧盖

4）拆卸发动机装配支架：

① 把千斤顶放置到发动机油底壳处，千斤顶与油底壳之间要垫上木块，如图 31-3 所示。

② 如图 31-4 所示，拆卸螺栓、螺母和发动机装配支架。

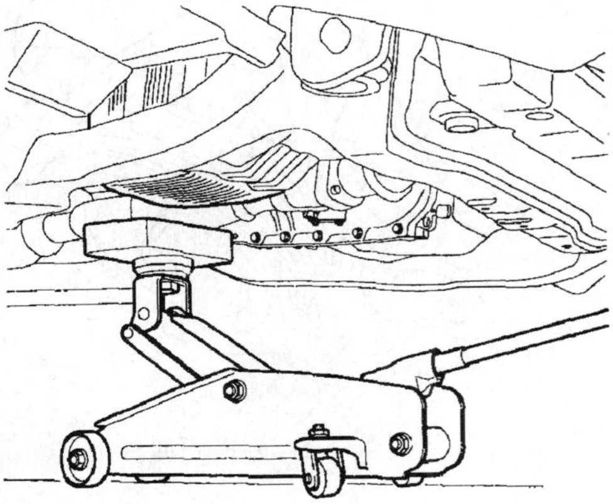

图 31-3 放置好千斤顶

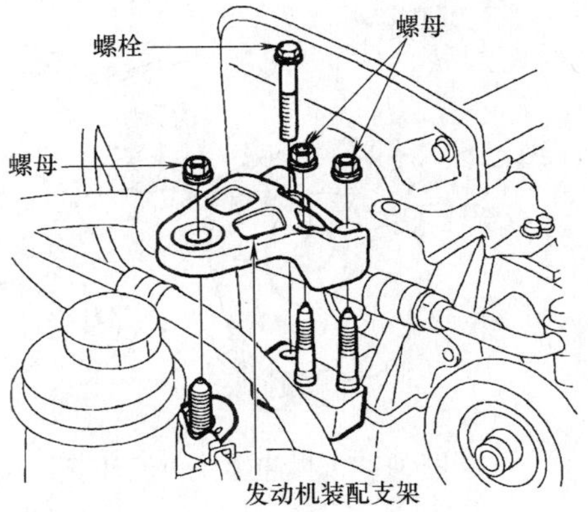

图 31-4 拆卸螺栓、螺母和发动机装配支架

③ 如图 31-5 所示，拆卸螺栓和撑板。

5）如图 31-6 所示，暂时松开水泵带轮螺栓。

6）拆卸交流发电机传动带。

7）拆卸空调压缩机传动带。

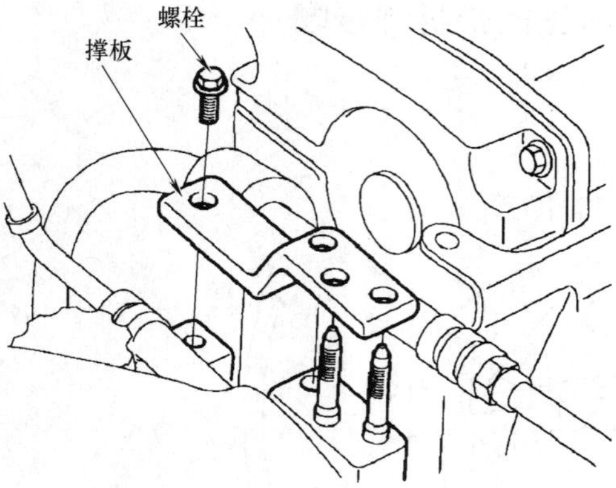

图 31-5　螺栓和撑板识别

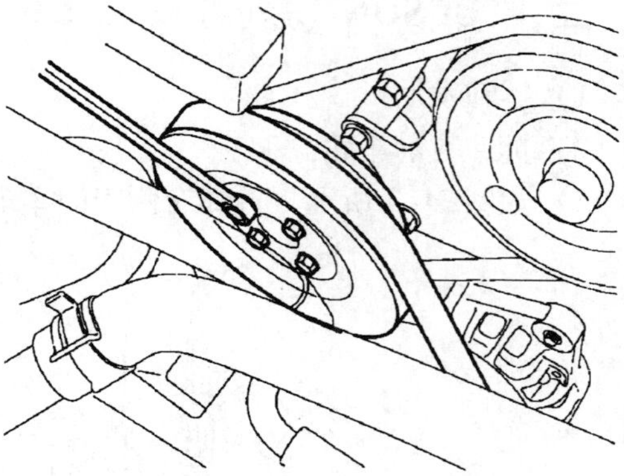

图 31-6　松开水泵带轮螺栓

8）拆卸动力转向泵传动带。

9）参照图 31-6，拆卸 4 个螺栓和水泵带轮。

10）如图 31-7 所示，拆卸 4 个螺栓和正时带上盖。

11）如图 31-8 所示，转动曲轴带轮，将曲轴带轮上的导槽与正时带盖上的正时标记“T”对齐。

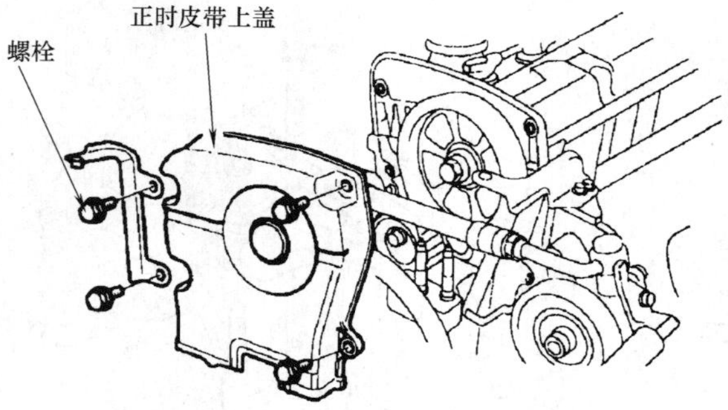

图 31-7　拆卸螺栓和正时带上盖

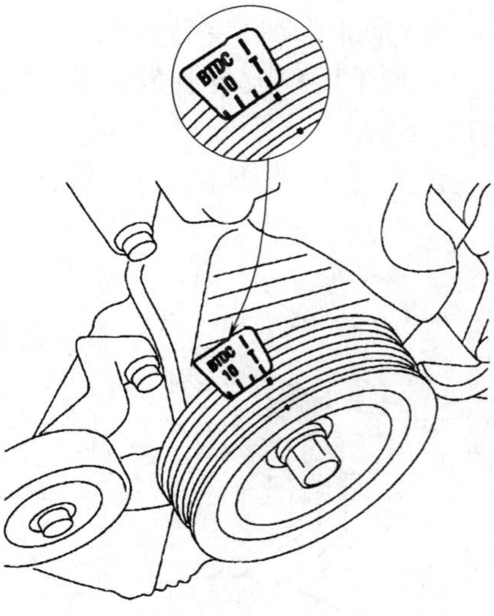

图 31-8　对齐正时标记

12）如图 31-9 所示，拆卸曲轴带轮螺栓和曲轴带轮。

13）如图 31-10 所示，拆卸曲轴法兰。

14）如图 31-11 所示，拆卸 5 个螺栓和正时带下盖。

15）拆卸正时带张紧器和正时带，如图 31-12 和图 31-13 所示。

16）如图 31-14 所示，拆卸螺栓和正时带惰轮。

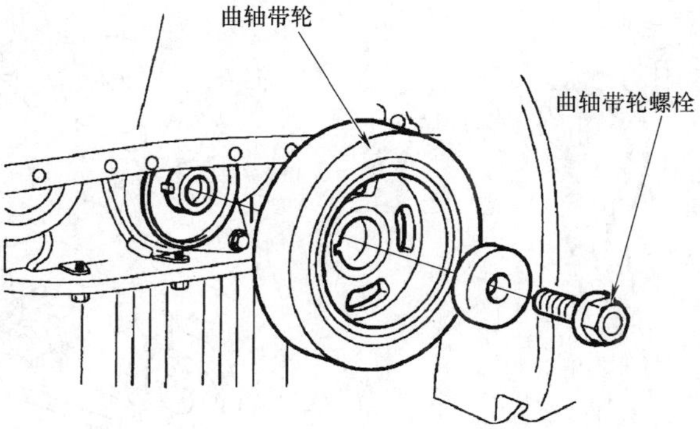

图 31-9　曲轴带轮螺栓和曲轴带轮

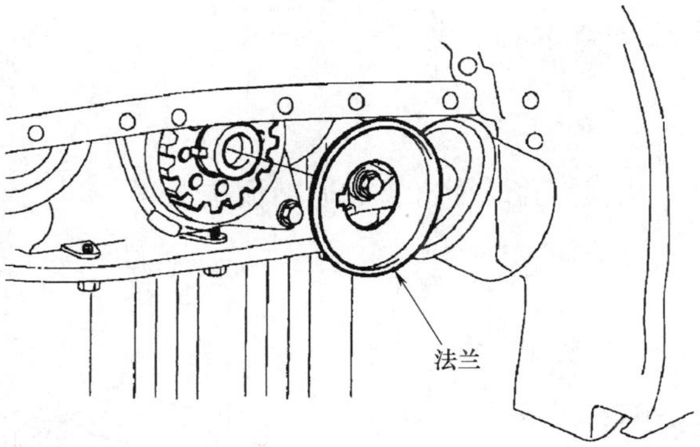

图 31-10　拆卸曲轴法兰

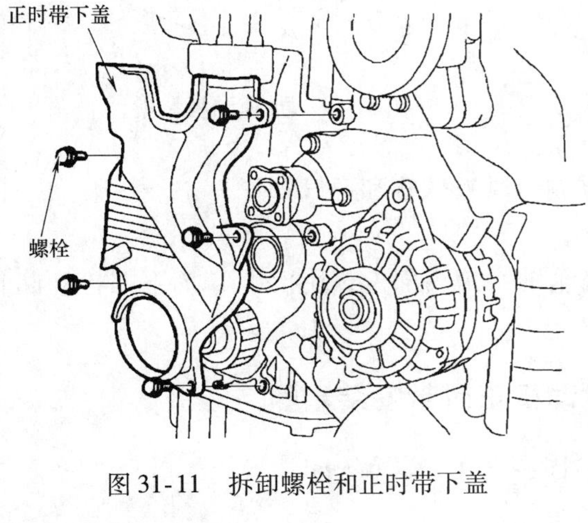

图 31-11　拆卸螺栓和正时带下盖

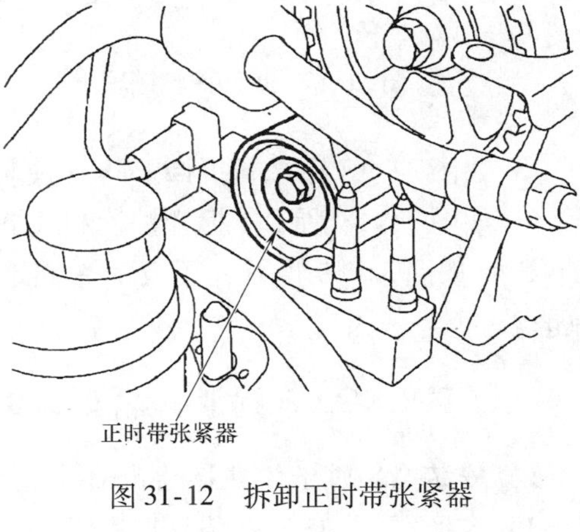

图 31-12　拆卸正时带张紧器

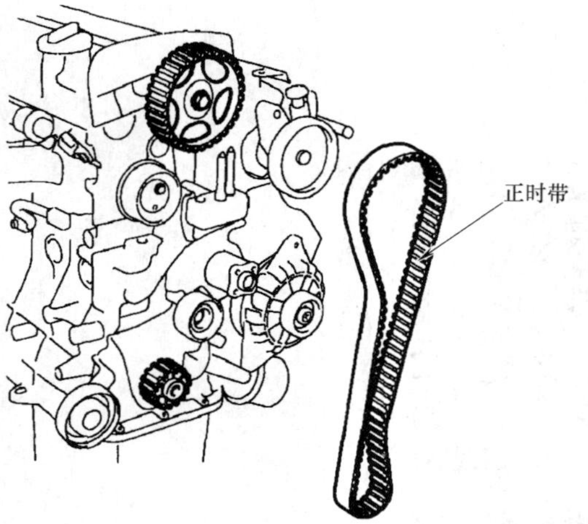

图 31-13　拆卸正时带

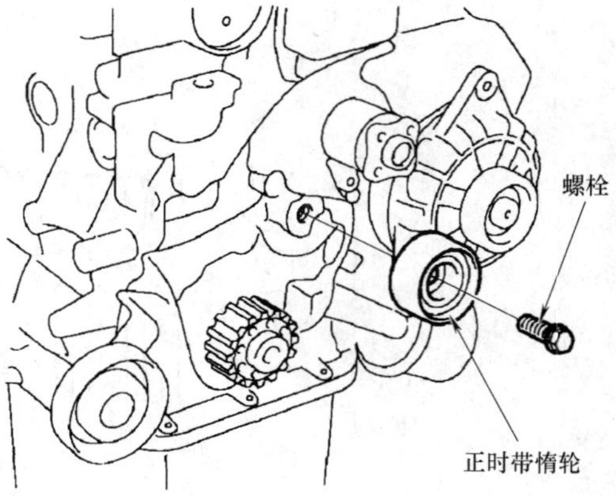

图 31-14　螺栓和正时带惰轮

17）如图 31-15 所示，拆卸曲轴链轮。

18）拆卸气缸盖罩。

① 拆卸火花塞配线。

② 如图 31-16 所示，从气缸盖罩上拆下加速踏板拉索。

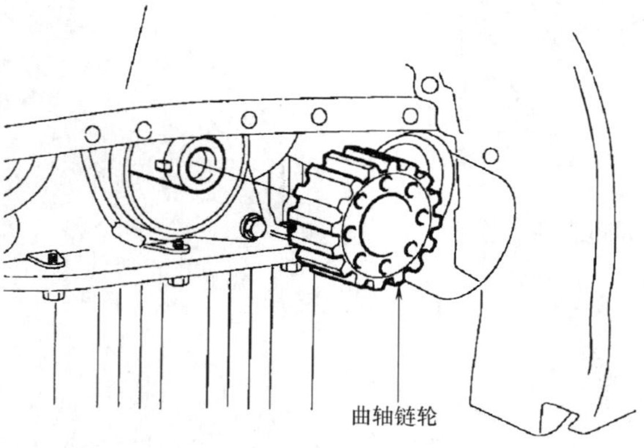

图 31-15　拆卸曲轴链轮

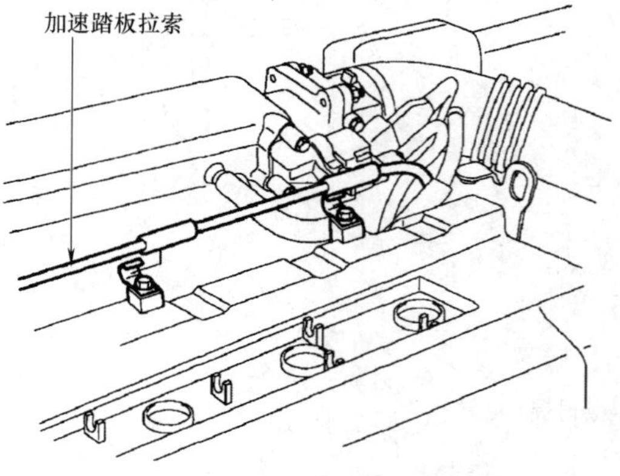

图 31-16　加速踏板拉索

③ 如图 31-17 所示，拆卸 PCV（曲轴箱强制通风）软管和通气软管。

④ 如图 31-18 所示，拆卸螺栓和气缸盖罩。

19）如图 31-19 所示，用扳手 A 固定住凸轮轴六角头部位，用扳手 B 拆下螺栓和凸轮轴链轮。

三、TUCSON（途胜）轿车 2.0L 发动机正时带安装步骤

1）安装凸轮轴链轮并将凸轮轴链轮螺栓紧固至 100 ~ 120N · m。

2）参照图 31-18，安装气缸盖罩。

3）参照图 31-17，安装曲轴箱强制通风软管和通气软管。

4）参照图 31-16，安装加速踏板拉索。

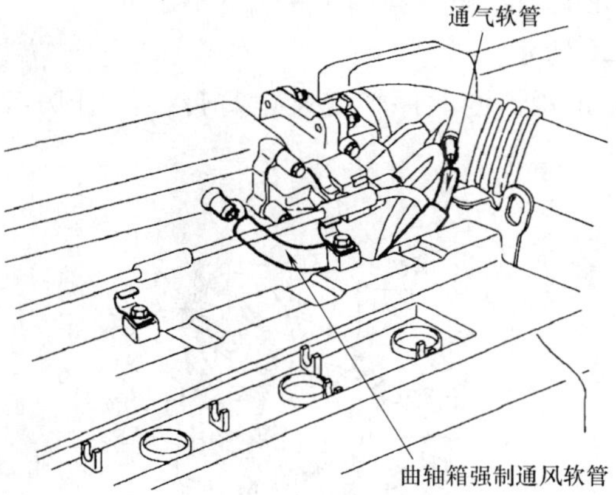

图 31-17 曲轴箱强制通风软管和通气软管

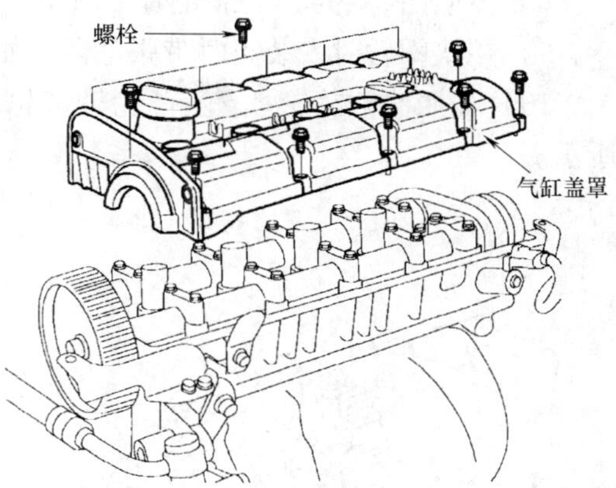

图 31-18 拆卸螺栓和气缸盖罩

5）安装火花塞配线。

6）参照图 31-15，安装曲轴链轮。

7）使气缸 1 处于压缩上止点位置，对齐凸轮轴链轮和曲轴链轮上的正时标记，如图 31-20 和图 31-21 所示。

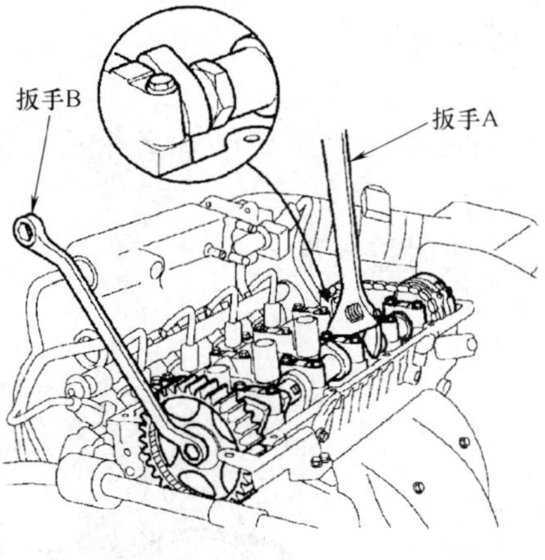

图 31-19 拆卸凸轮轴链轮

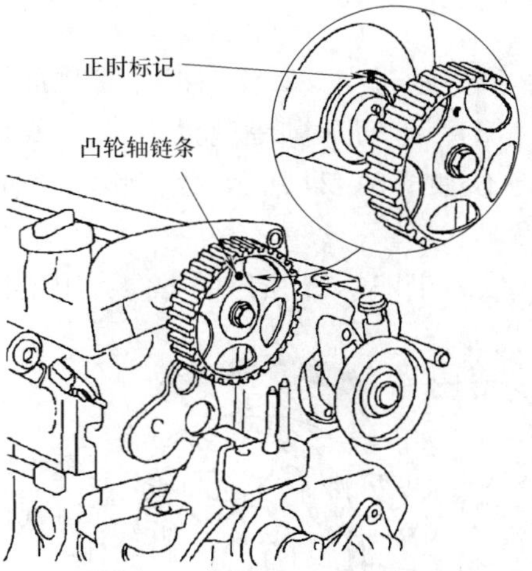

图 31-20 凸轮轴链轮正时标记

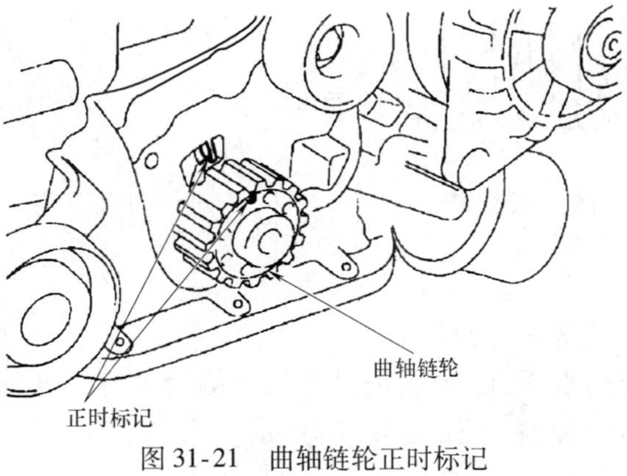

图 31-21 曲轴链轮正时标记

8）参照图31-14，安装正时带惰轮，并将惰轮的固定螺栓紧固至43～55N·m。

9）用垫圈暂时安装正时带张紧器，如图31-22所示。

10）按照曲轴链轮-惰轮-凸轮轴链轮-正时带张紧器的次序，安装正时带，如图31-23所示。

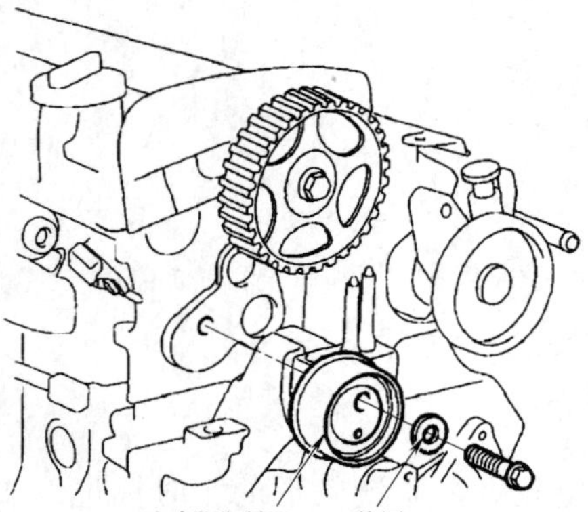

图31-22　垫圈和正时带张紧器识别

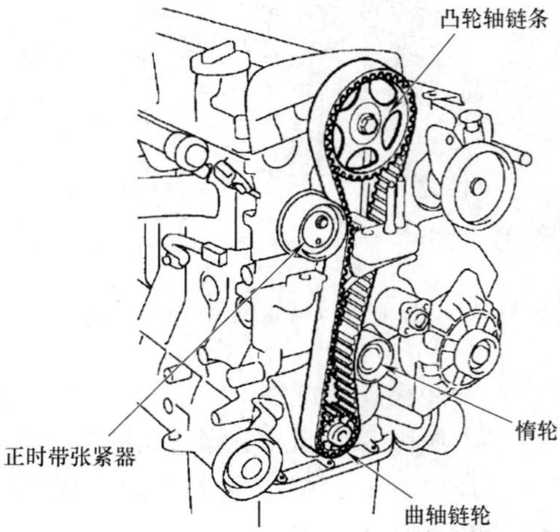

图31-23　安装正时带

11）通过中央螺栓在正时带上加力，暂时固定正时带张紧器轮。

12）调节正时带张紧力：

① 如图31-24所示，沿顺时针方向转动曲轴，从而使凸轮轴链轮转动2个齿牙的角度（18°）。

② 沿图31-25所示的方向，用工具转动张紧器，使正时带张紧。

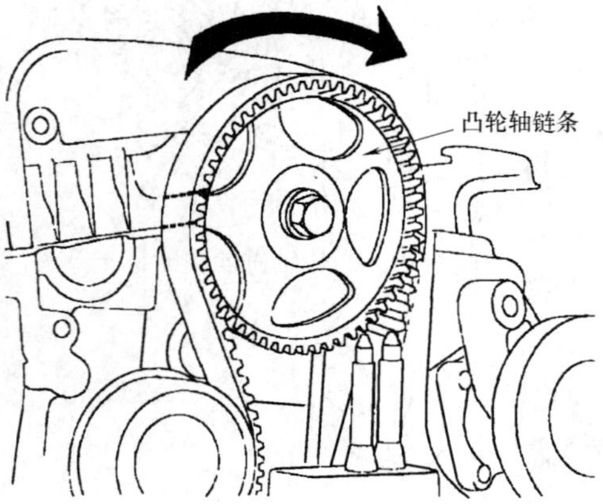

图31-24　转动曲轴带动凸轮轴链轮转动2个齿牙的角度

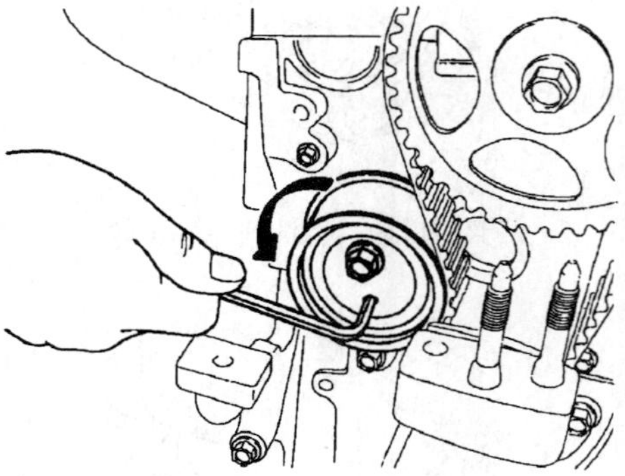
图31-25　转动张紧器以张紧正时带

③ 将张紧器螺栓紧固至43～55N·m。

④ 重新检查正时带的张紧力，在正时带的张紧侧用大约20N的力水平推动正时带，正时带齿牙应凹陷约4～6mm左右，如图31-26所示。

13）将曲轴沿顺时针方向转动 2 圈，重新对齐凸轮轴链轮和曲轴链轮上的正时标记。

14）安装正时带下盖。

15）安装法兰和曲轴带轮，将曲轴带轮螺栓紧固至 170 ~ 180N · m。

16）安装正时带上盖。

17）安装水泵带轮。

18）安装动力转向泵带。

19）安装空调压缩机带。

20）安装交流发电机带。

21）安装发动机装配支架：

① 安装撑板。

② 如图 31-27 所示，安装发动机装配支架，将装配支架的固定螺栓紧固至 43 ~ 55N · m。

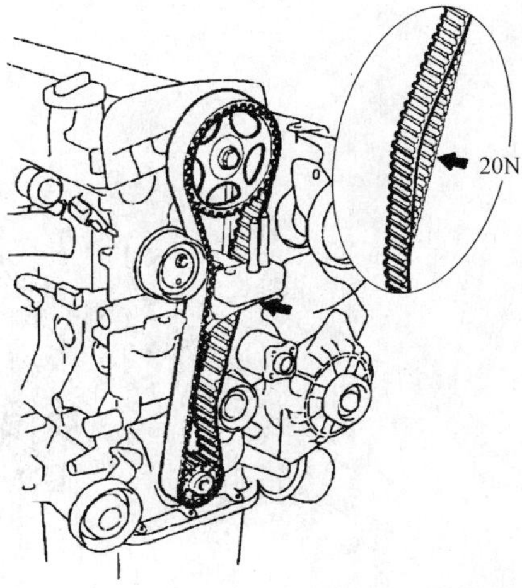

图 31-26　检查正时带张紧力

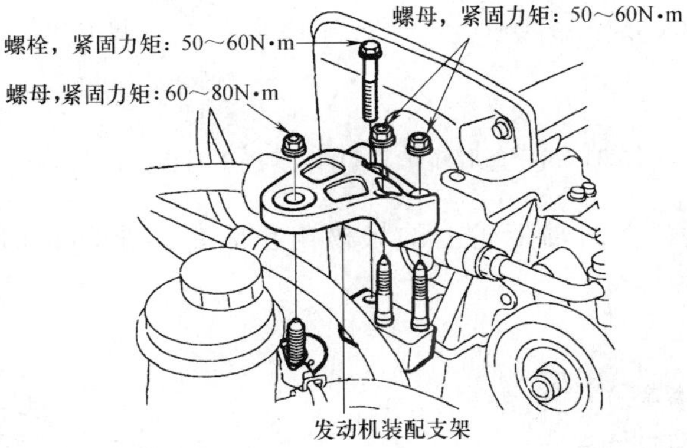

图 31-27　安装发动机装配支架

22）安装右前车轮。

23）安装发动机盖罩。

四、TUCSON（途胜）轿车 2.7L 发动机正时带部件识别

途胜轿车 2.7L 发动机正时带部件识别见图 31-28。

五、TUCSON（途胜）轿车 2.7L 发动机正时带拆卸步骤

1）拆卸发动机盖。

2）拆卸右前车轮。

3）如图 31-29 所示，拆卸右侧盖的 2 个螺栓和右侧盖。

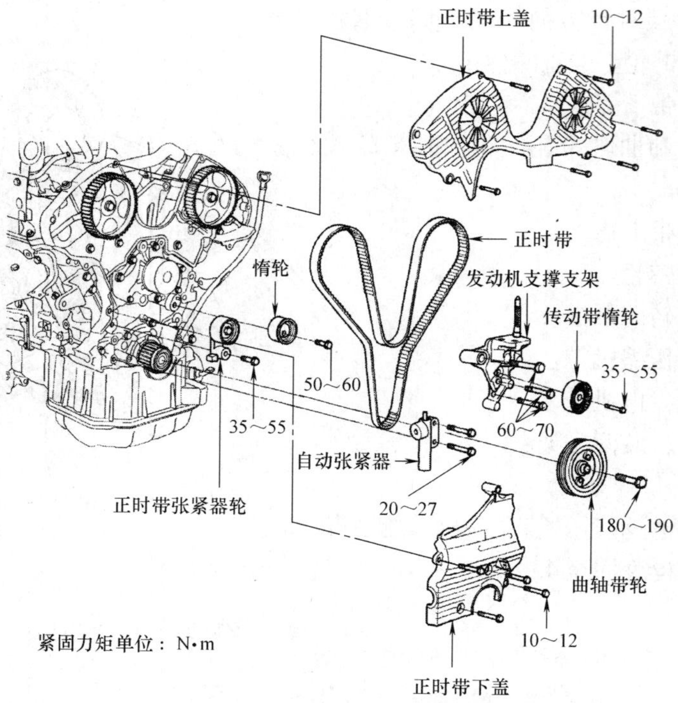

图 31-28　途胜轿车 2.7L 发动机正时带部件识别

4）转动曲轴带轮，将曲轴带轮上的导槽与正时带盖上的正时标记“T”对齐，如图 31-30所示。

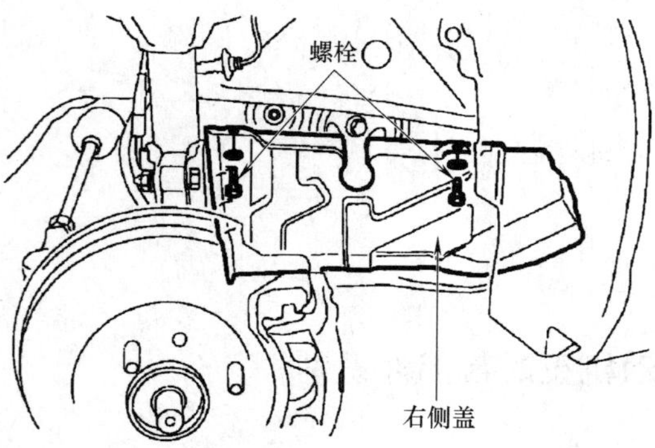

图 31-29　螺栓和右侧盖

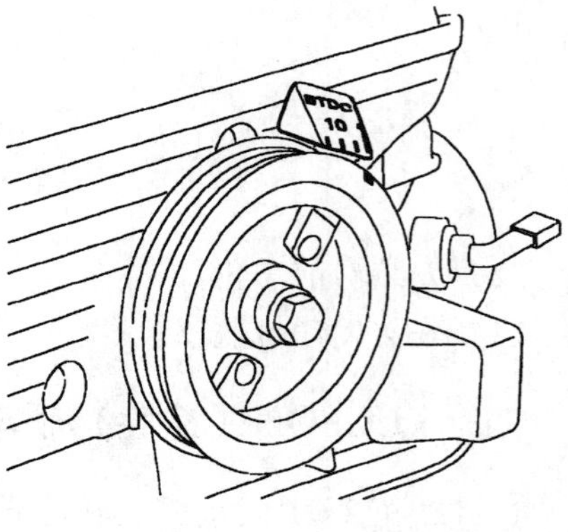

图 31-30　对齐正时标记

5）如图 31-31 所示，拆卸传动带和传动带张紧器。

6）拆卸发动机装配支架：

① 把千斤顶放置到发动机油底壳处，千斤顶与油底壳之间要垫上木块，如图 31-32 所示。

② 拆卸 2 个螺栓、2 个螺母和发动机装配支架，如图 31-33 所示。

7）拆卸动力转向泵。

8）如图 31-34 所示，拆卸 7 个螺栓和正时带上盖。

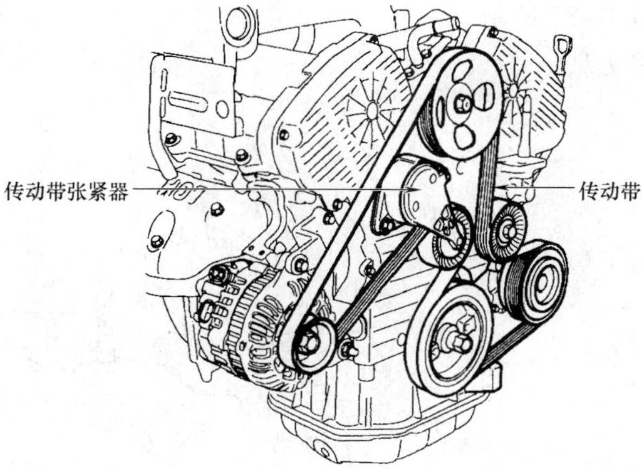

图 31-31 传动带和传动带张紧器

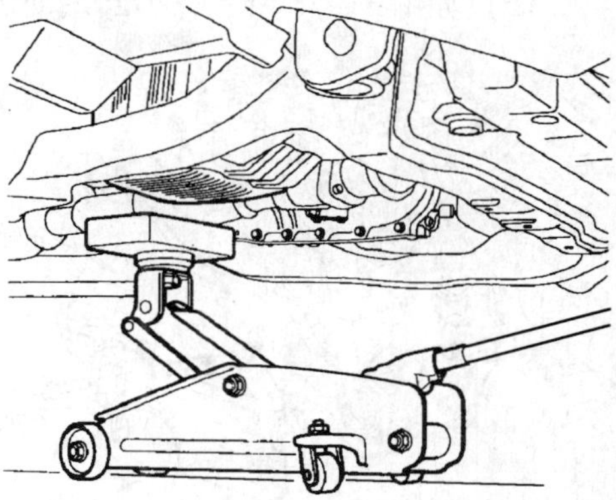

图 31-32 放置好千斤顶

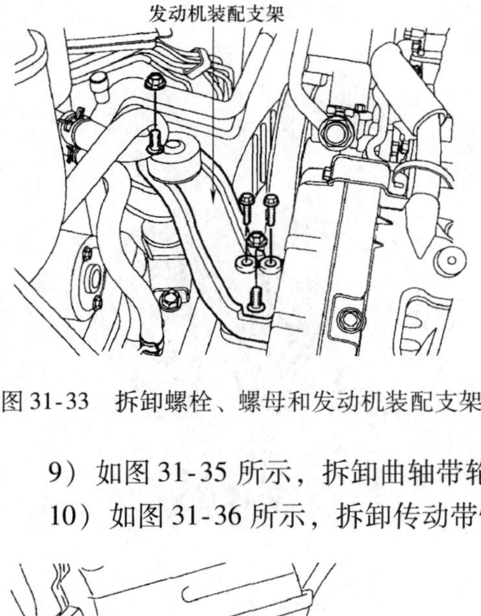

图 31-33 拆卸螺栓、螺母和发动机装配支架

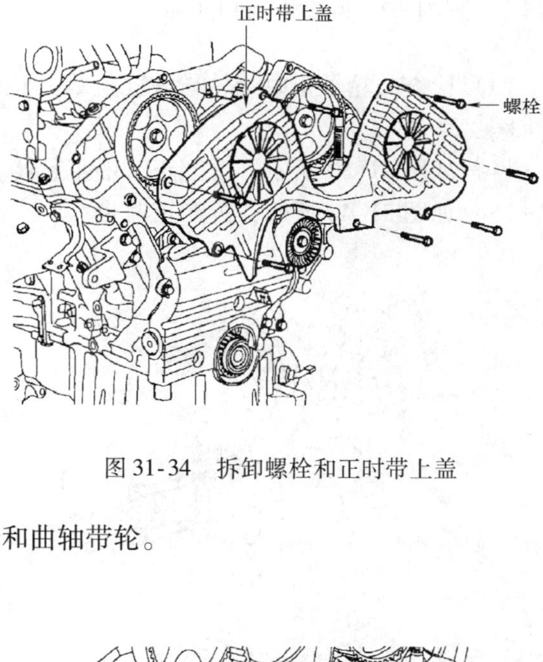

图 31-34 拆卸螺栓和正时带上盖

9）如图 31-35 所示，拆卸曲轴带轮螺栓和曲轴带轮。

10）如图 31-36 所示，拆卸传动带惰轮。

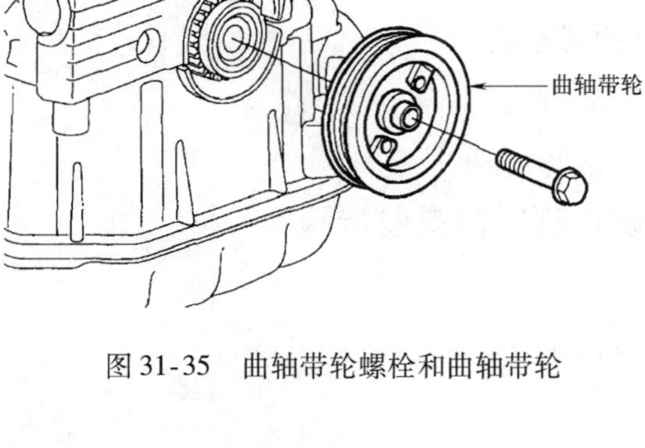

图 31-35 曲轴带轮螺栓和曲轴带轮

图 31-36 拆卸传动带惰轮

11）拆卸4个螺栓和正时带下盖，如图31-37所示。

12）如图31-38所示，拆卸发动机支撑支架。

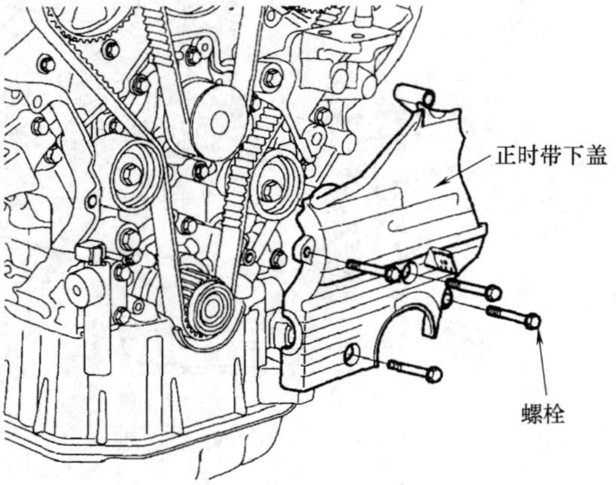

图31-37　拆卸螺栓和正时带下盖

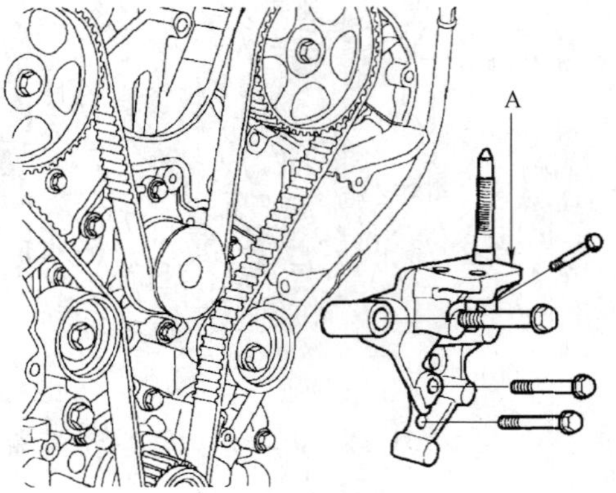

图31-38　拆卸发动机支撑支架

13）检查凸轮轴正时带轮与气缸盖罩的正时标记是否对齐，如果没有对齐，将曲轴转动1圈。

14）如图31-39所示，拆卸正时带张紧器。

15）如图31-40所示，拆卸正时带。

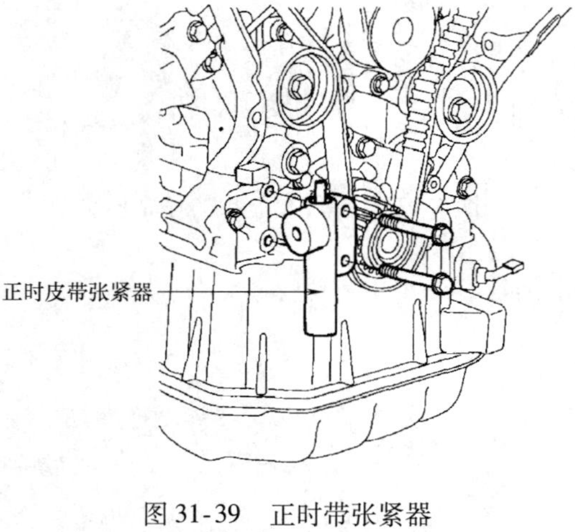

图31-39　正时带张紧器

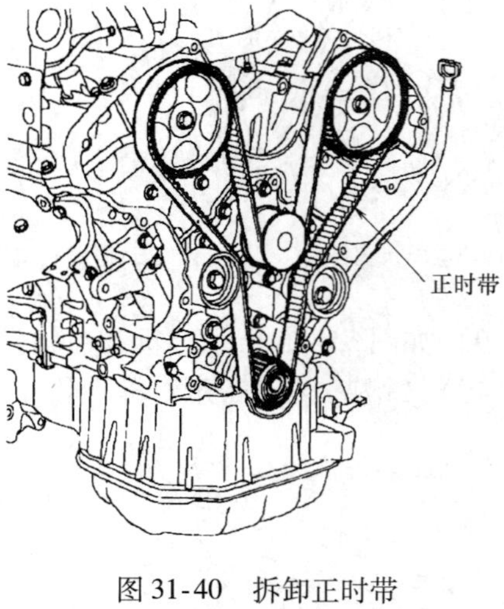

图31-40　拆卸正时带

16）如图31-41所示，拆卸张紧器带轮和正时带惰轮。

17）拆卸曲轴链轮。

18）拆卸凸轮轴链轮。

六、TUCSON（途胜）轿车2.7L发动机正时带安装步骤

1）安装曲轴链轮。

2）安装凸轮轴链轮，将凸轮轴链轮紧固至90～110N·m。

3）参照图 31-41，安装惰轮和张紧器带轮。

4）将 1 缸设置在压缩上止点位置，对齐凸轮轴链轮和曲轴链轮上的正时标记，如图 31-42 所示。

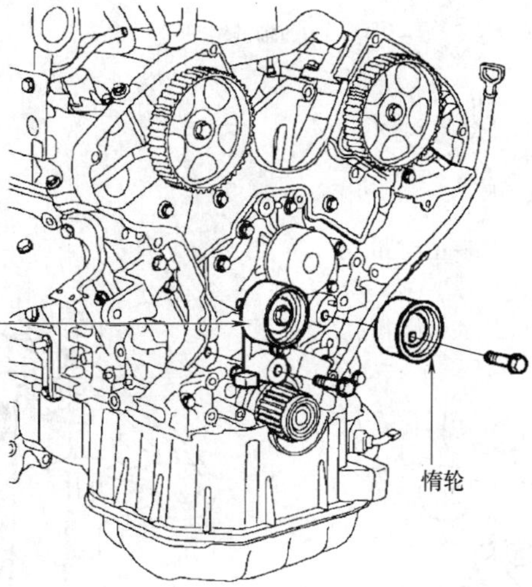

图 31-41　张紧器带轮和正时带惰轮

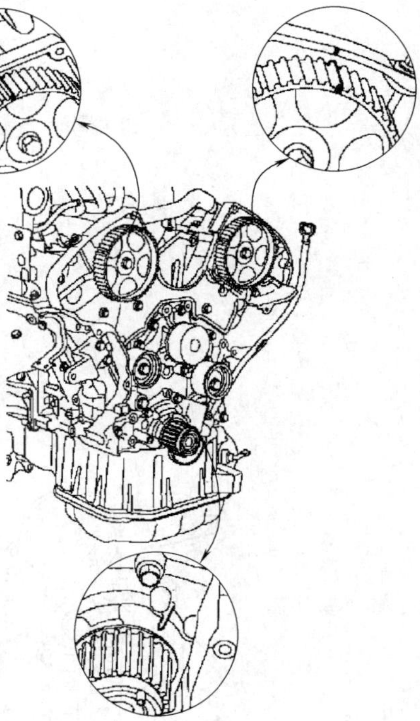

图 31-42　对齐正时标记

5）定位正时带张紧器：

① 使用手动压力机，慢慢压进气门推杆。

② 对齐气门推杆和外壳孔。通过孔用定位销来定位气门推杆的定位位置。

③ 释放手动压力机。

6）如图 31-43 所示，安装正时带张紧器，将张紧器的螺栓紧固至 20 ~ 27N · m。

7）按照曲轴链轮-惰轮-凸轮轴链轮（左）-水泵带轮-凸轮轴链轮（右）-张紧器带轮的顺序，安装正时带，如图 31-44 所示。

8）如图 31-45 所示，拆卸张紧器上的定位销。

9）检查正时带张紧器：沿顺时针方向转动曲轴 2 圈，等待 5min 后，在 1 缸活塞处于压缩上止点处，测量张紧器的凸出长度，应为 7 ~ 9mm，如图 31-46 所示。

10）安装发动机支撑支架并将螺栓紧固至规范的紧固力矩，如图 31-47 所示。

11）安装正时带下盖并将螺栓紧固至 10 ~ 12N · m。

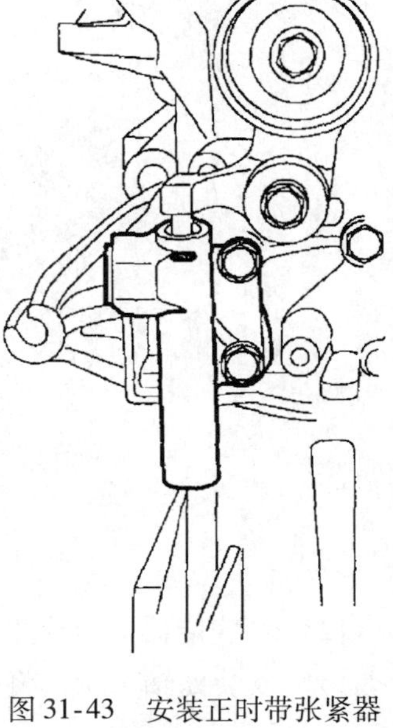

图 31-43　安装正时带张紧器

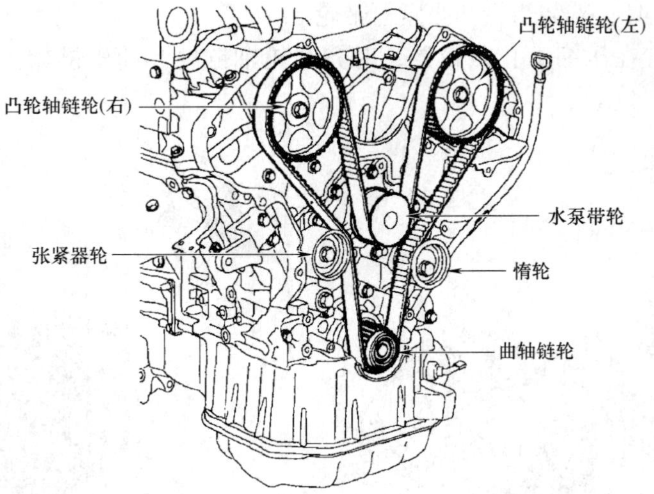

图 31-44　安装正时带

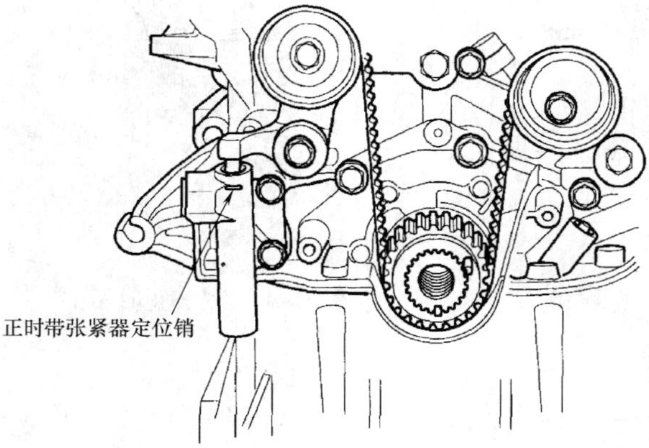

图 31-45　拆卸定位销

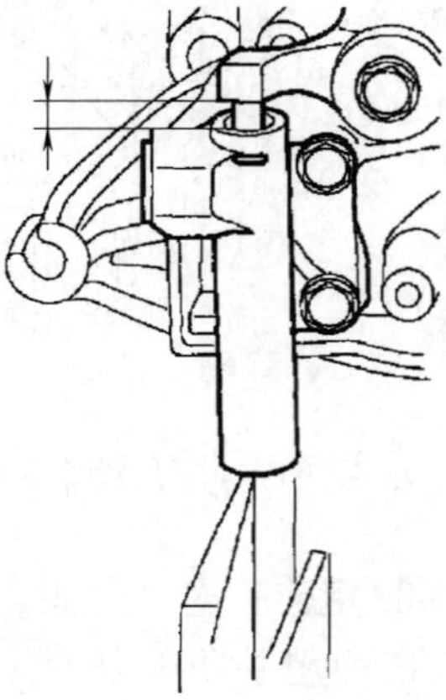

图 31-46　测量张紧器凸出长度

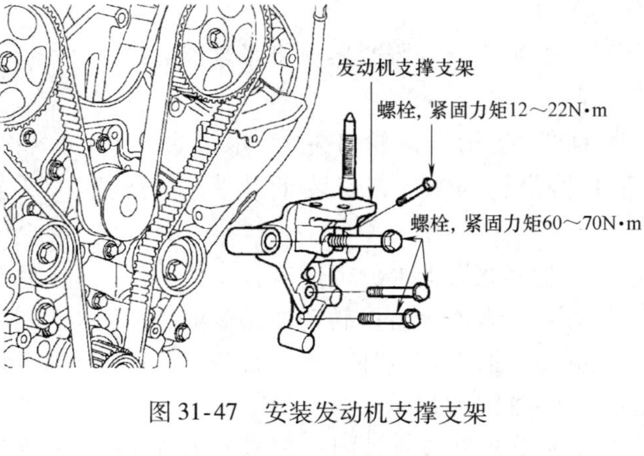

图 31-47　安装发动机支撑支架

12）安装传动带惰轮并将惰轮的固定螺栓紧固至 35 ~ 55N · m。

13）安装曲轴带轮，将曲轴带轮螺栓紧固至 180 ~ 190N · m。

14）用7个螺栓安装正时带上盖。
15）安装动力转向泵。
16）安装传动带张紧器和传动带。
17）安装发动机装配支架并将螺栓紧固至60~80N·m。
18）安装右侧盖。
19）安装右前轮。
20）安装发动机盖。

第二节 SANTA FE（圣达菲）轿车

一、SANTA FE（圣达菲）轿车2.4L（G4JS）发动机正时带部件识别

SANTA FE（圣达菲）轿车2.4L（G4JS）发动机正时带部件识别见图31-48。

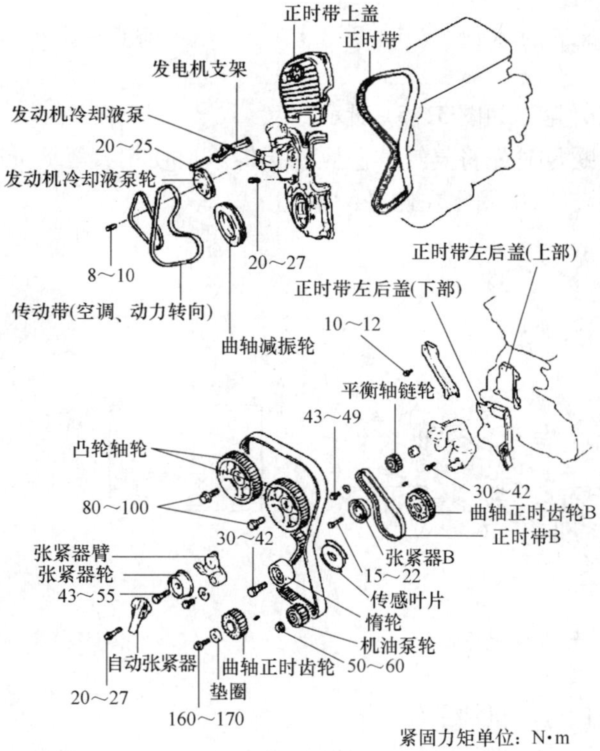

图31-48 SANTA FE（圣达菲）轿车2.4L（G4JS）发动机正时带部件识别

二、SANTA FE（圣达菲）轿车2.4L（G4JS）发动机正时带部件拆卸

1）拆卸曲轴减振轮、发动机冷却液泵轮和发动机传动带。
2）拆下正时带盖。
3）拆卸自动张紧器，如图31-49所示。

4）拆卸正时带，如图 31-50 所示。

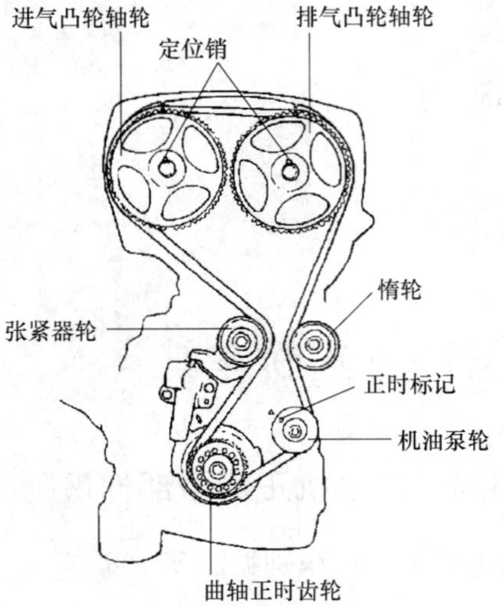

图 31-49　拆卸自动张紧器

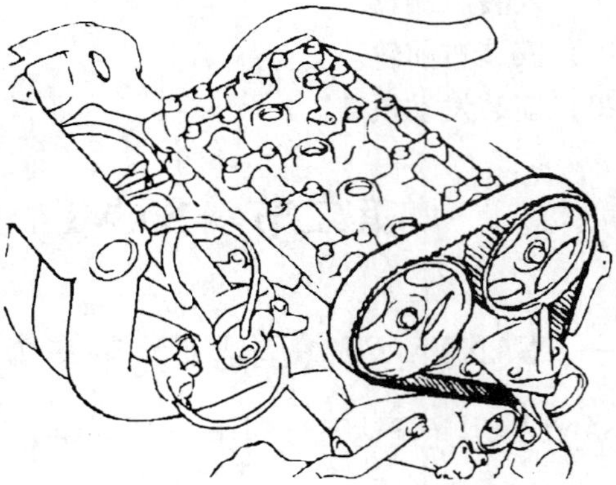

图 31-50　拆卸正时带

5）拆卸凸轮轴正时轮，如图 31-51 所示。

6）拆卸机油泵轮螺母时先将气缸体左侧塞头拆除后使用直径 8mm 螺钉旋具插入 60mm 以上，如图 31-52 所示，以便固定左侧平衡轴。

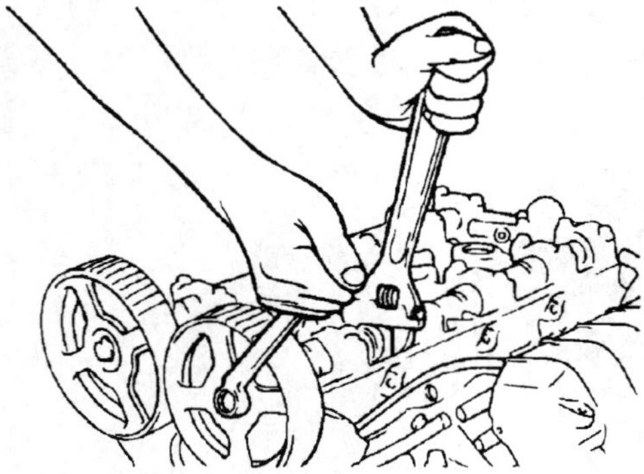

图 31-51　拆卸凸轮轴正时轮

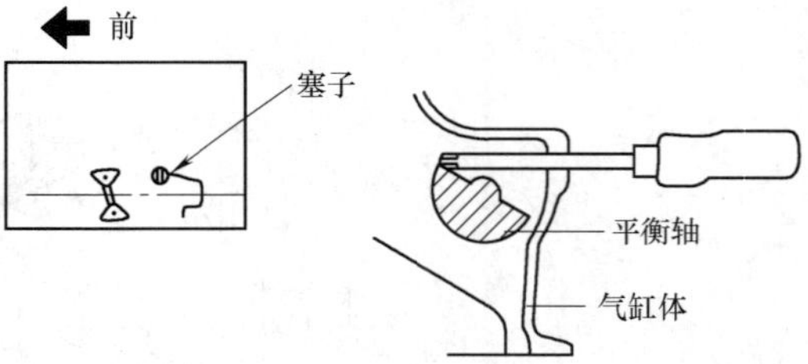

图 31-52　固定平衡轴

7）拆卸机油泵轮螺母和机油泵轮。

8）松开右侧平衡轴齿轮螺栓。拆卸张紧器 B 后，拆卸正时带 B。从曲轴上拆卸曲轴正时齿轮 B，如图 31-53 所示。

9）检查凸轮轴正时齿轮，曲轴正时齿轮、张紧轮和惰轮是否有磨损、裂纹或损坏，必要时更换新品。

10）检查张紧轮和惰轮间隙，如有噪声，必要时更换。

11）更换漏润滑脂的零件。

12）检查自动张紧器是否漏油，必要时更换。检查推杆有无磨损和损坏，如图 31-54 所示。

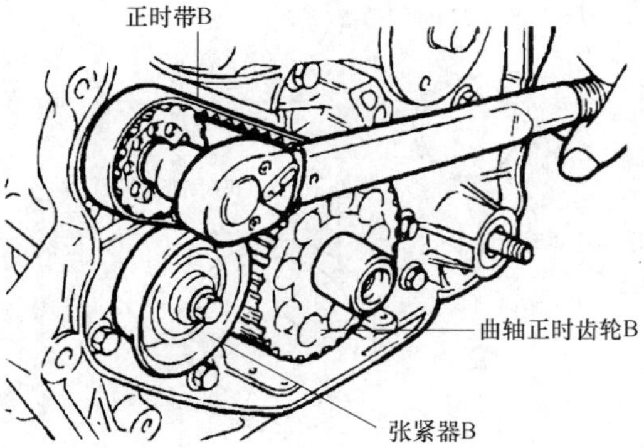

图 31-53 拆卸曲轴张紧器 B、正时带 B 和正时齿轮 B

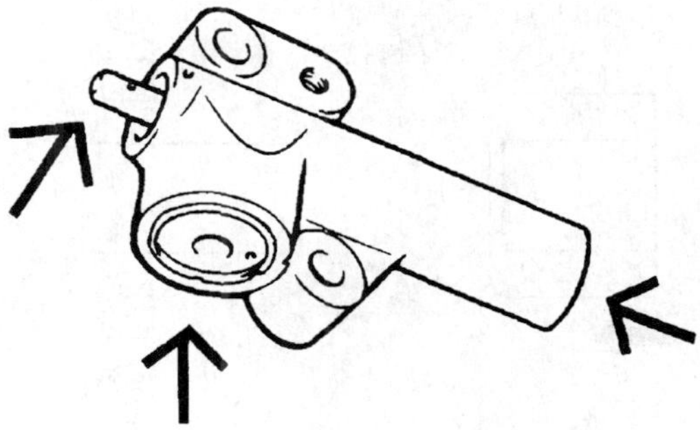

图 31-54 检查推杆

13）如图 31-55 所示，检测推杆的长度，其规范值为 14.5mm，如果超出规范值，要予以更换。

三、SANTA FE（圣达菲）轿车 2.4L（G4JS）发动机正时带部件安装

1）如图 31-56 所示，把曲轴正时齿轮 B 安装到曲轴内。

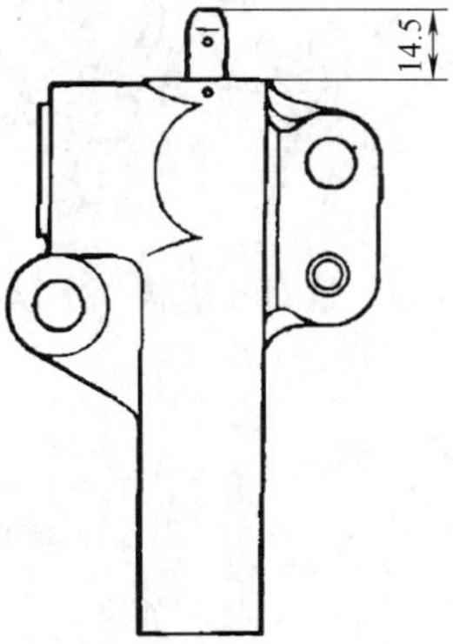

图 31-55 检测推杆长度

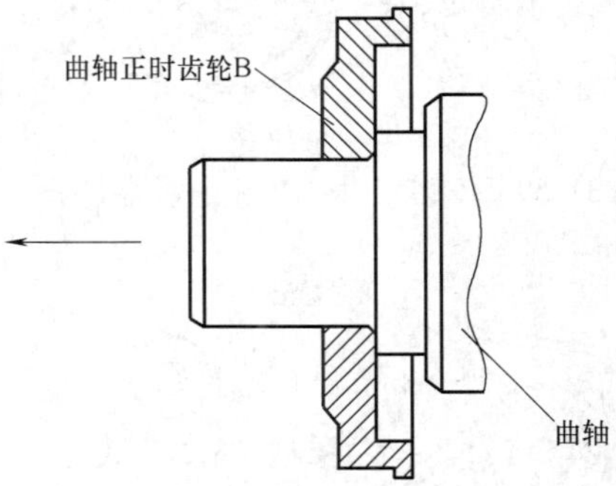

图 31-56 安装曲轴正时齿轮 B

2）在垫外侧涂抹一层机油后安装到右侧平衡轴上，安装右侧平衡轴轮后用手紧固螺栓，如图 31-57 所示。

3）把各个正时齿轮上的正时标记和前壳上的标记对准，如图 31-58 所示。

4）安装正时带 B 和张紧器 B，如图 31-59 所示。

5）提高张紧器 B 使张力侧齿带 B 绷紧，然后拧紧张紧器 B 固定螺栓，如图 31-60 所示。

6）如图 31-61 所示，检查正时标记是否对齐。用食指按压正时带，检测正时带挠度，挠度应为 5～7mm。

7）把传感叶片和曲轴正时齿轮安装到曲轴上，如图 31-62 所示。曲轴正时齿轮螺栓紧固力矩：160～170N·m。

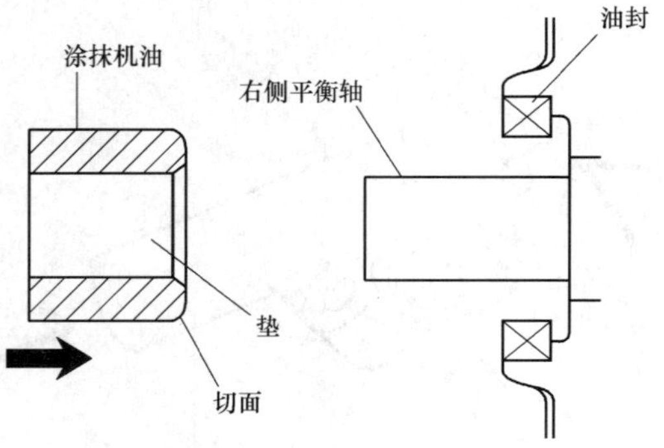

图 31-57　涂抹机油并把平衡轴轮安装到右侧平衡轴上

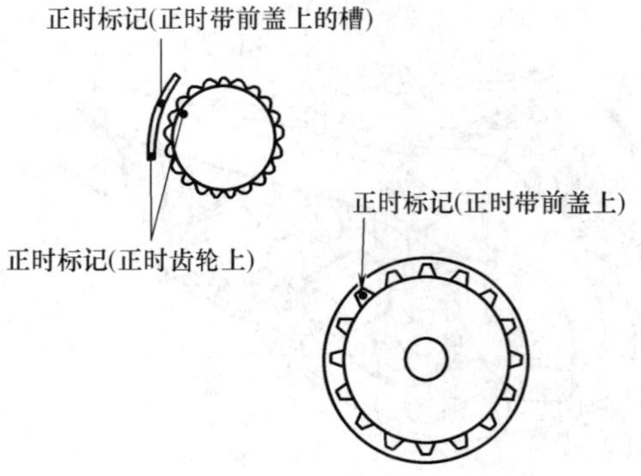

图 31-58　对准各个正时标记

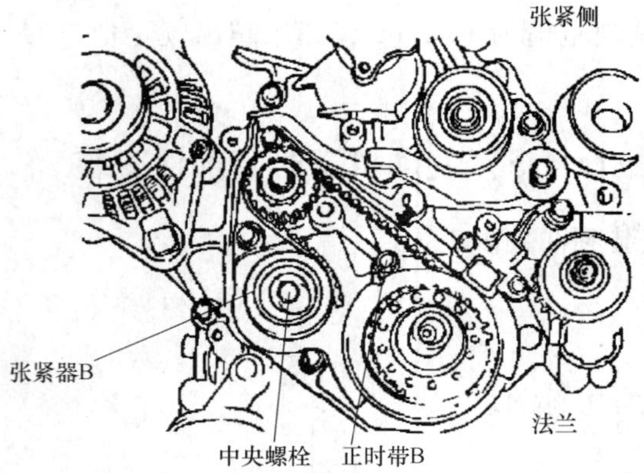

图 31-59　安装正时带 B 和张紧器 B

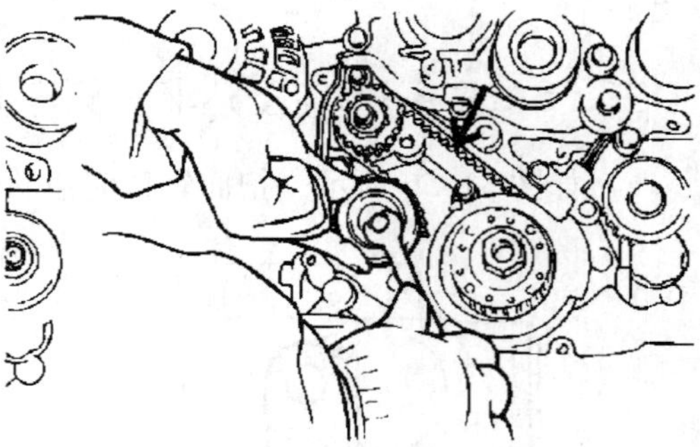

图 31-60　紧固张紧器 B 螺栓

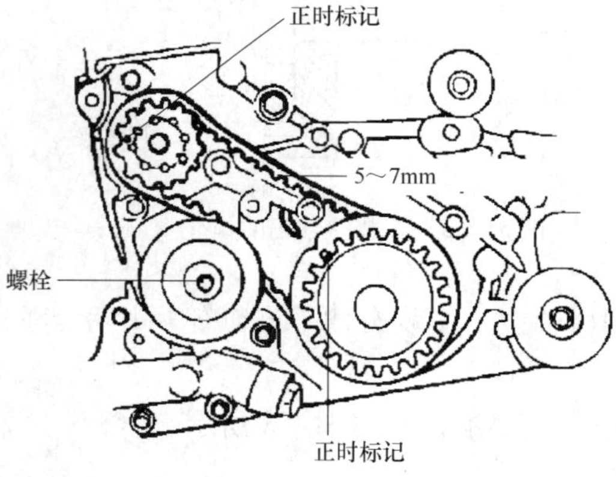

图 31-61　检测正时标记和正时带挠度

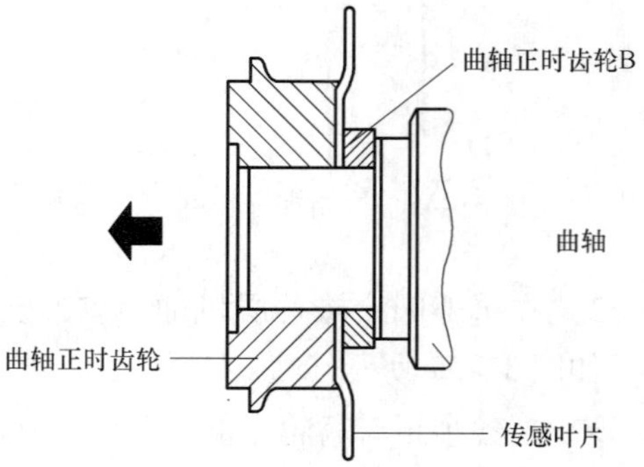

图 31-62　安装曲轴正时齿轮

8）在气缸体左侧塞孔插入螺钉旋具以固定平衡轴。

9）安装机油泵轮，按规定力矩拧紧螺母，如图 31-64 所示。机油泵轮螺母紧固力矩为 50～60N・m。

10）安装凸轮轴正时齿轮，按规定力矩拧紧螺栓。凸轮轴正时齿轮螺栓紧固力矩：80～100N・m。

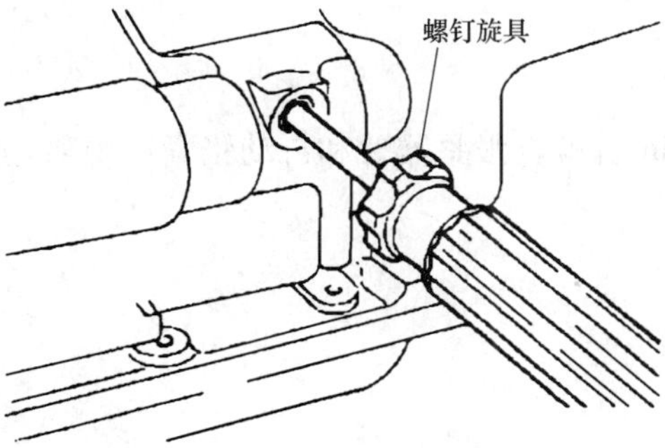

图 31-63 固定平衡轴

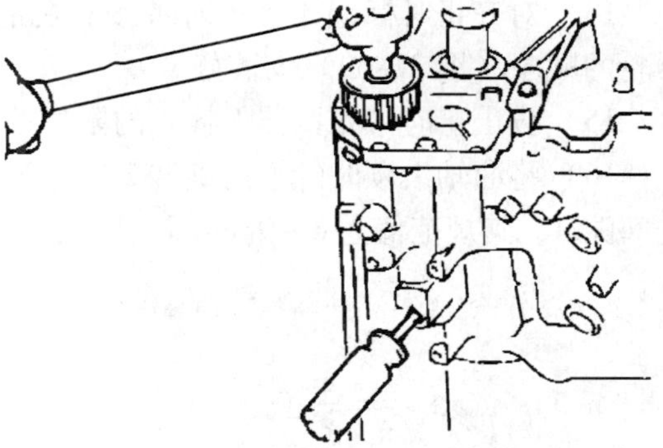
图 31-64 紧固螺母

11）安装自动张紧器。插入自动张紧器限位销，如图 31-65 所示。

注意：如果自动张紧器推杆过度凸出时用以下方法改正自动张紧器：

自动张紧器底部有塞头时，使用平垫和软垫夹住张紧器。用台虎钳水平夹住自动张紧器插入限位销，如图 31-66 所示。

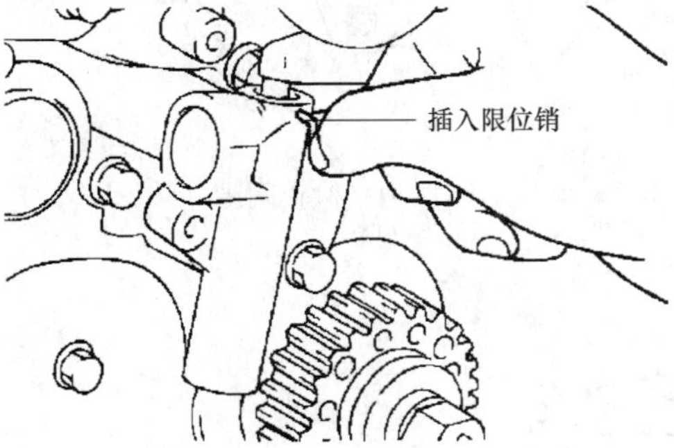

图 31-65 插入限位销

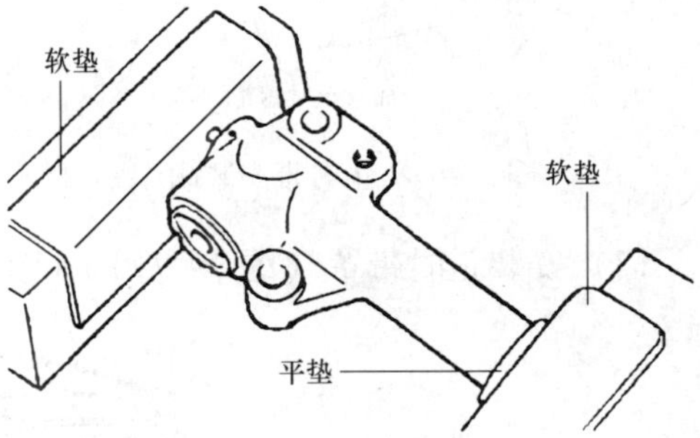

图 31-66 用台虎钳夹紧张紧器

12）如图 31-67 所示，在张紧臂上安装张紧轮并用规定力矩拧紧螺栓。张紧轮螺栓紧固力矩：43～55N·m。

13）如图 31-68 所示，旋转凸轮轴轮使定位销朝上。

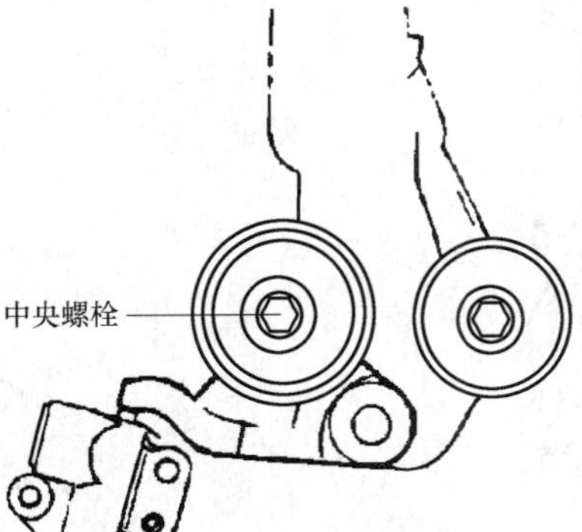

图 31-67 安装张紧轮

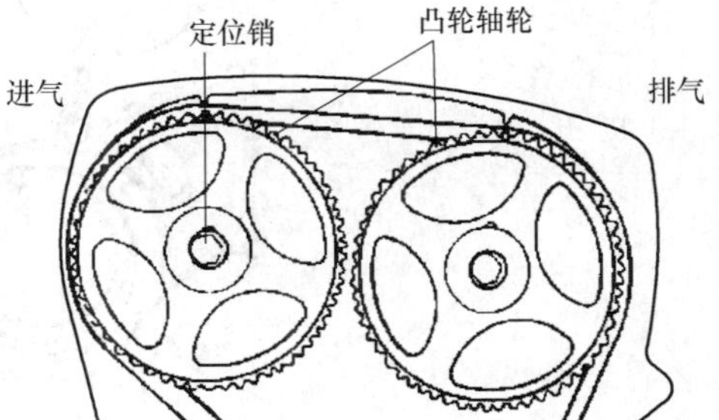

图 31-68 转动凸轮轴轮

14）对齐正时标记，将正时带按照机油泵轮-惰轮-排气凸轮轴轮-进气凸轮轴轮-张紧器轮的顺序（图 31-69）安装好。

15）拔出正时带张紧器上插入的限位销。

16）将曲轴沿顺时针方向旋转 2 周，等待 15min 后检查张紧器臂和自动张紧器距离之间的间隙 A，其规范值为 6 ~ 9mm。

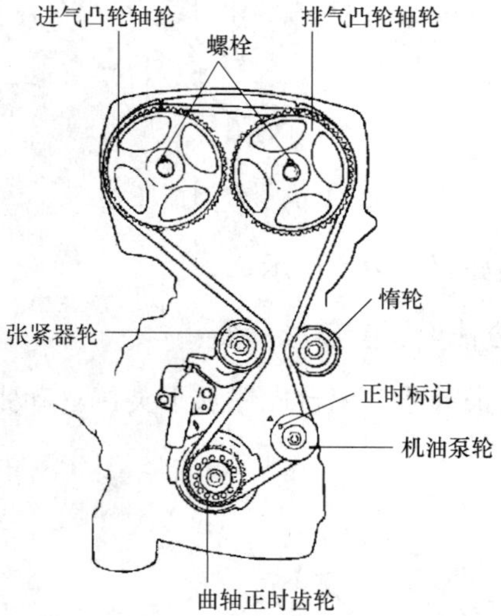

图 31-69　正时带安装顺序

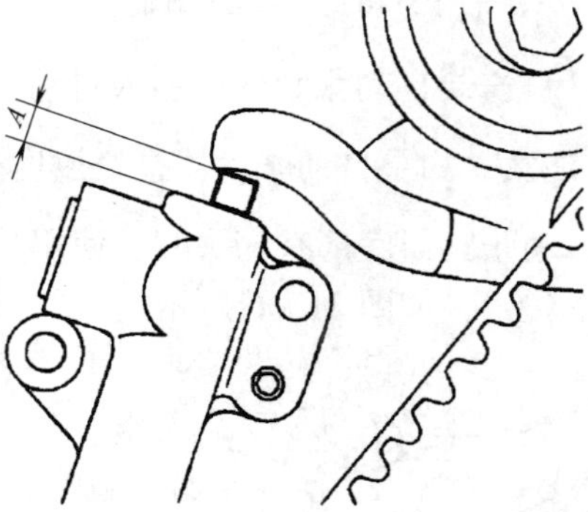

图 31-70　检查间隙 A

17）安装正时带罩（图 31-71）并紧固螺栓。

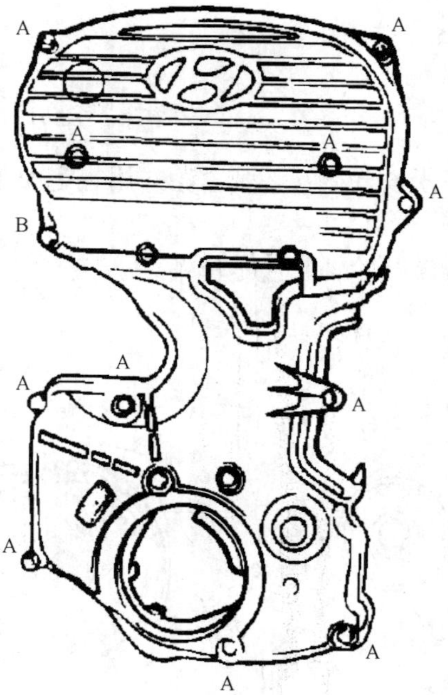

图 31-71　正时带罩

四、SANTA FE（圣达菲）轿车 2.7L 发动机正时带部件识别

SANTA FE（圣达菲）轿车 2.7L 发动机正时带部件识别见图 31-72。

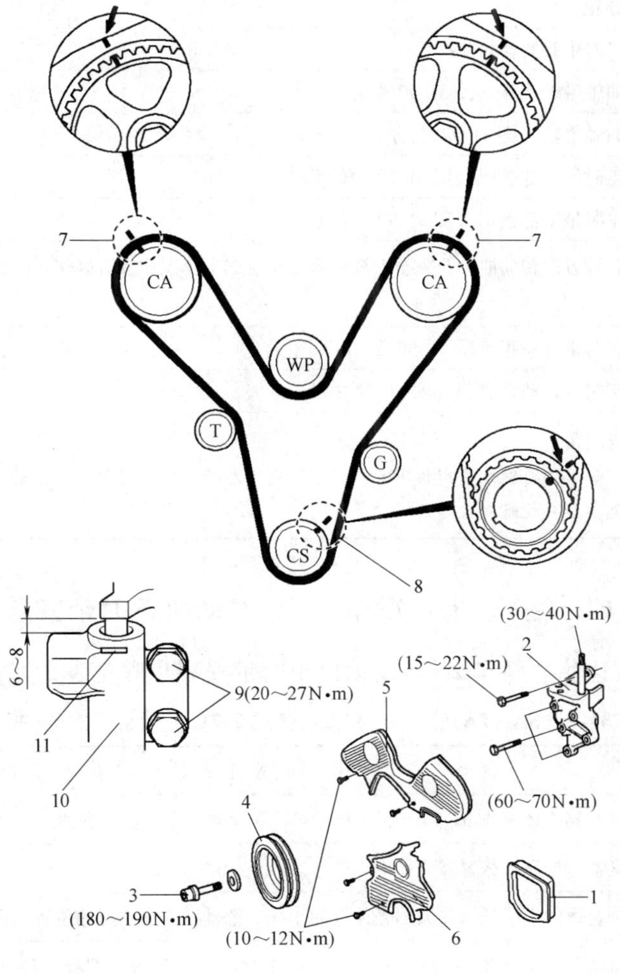

图 31-72 SANTA FE（圣达菲）轿车 2.7L 发动机正时带部件识别

五、SANTA FE（圣达菲）轿车 2.7L 发动机正时带拆卸步骤

SANTA FE 轿车 2.7L 发动机正时带拆卸步骤见表 31-1。

表 31-1 SANTA FE（圣达菲）轿车 2.7L 发动机正时带拆卸步骤

步骤	操作方法
1	支撑发动机
2	拆卸发动机盖罩
3	拆卸右侧电路检修口盖板（图 31-72 中的 1）
4	拆卸右侧发动机安装支架（图 31-72 中的 2）
5	拆卸发动机附件传动带

（续）

步骤	操作方法
6	拆卸动力转向泵轮
7	拆卸导轮
8	拆卸正时带张紧器轮
9	拆卸曲轴带轮螺栓（图31-72中的3）
10	拆卸曲轴带轮（图31-72中的4）
11	拆卸正时带上部盖罩（图31-72中的5）
12	拆卸正时带下部盖罩（图31-72中的6）
13	沿顺时针方向转动曲轴，直至1缸活塞处于压缩上止点位置。确保正时标记（图31-72中的7和8）对齐
14	拆卸正时带自动张紧器螺栓（图31-72中的9）
15	拆卸正时带自动张紧器（图31-72中的10）
16	拆卸正时带 *注意：如果仍要继续使用拆下的正时带，则要在拆卸前先用粉笔在正时带上标记好正时带的转动方向，以免重新安装时发生错误*

六、SANTA FE（圣达菲）轿车2.7L发动机正时带安装步骤

SANTA FE（圣达菲）轿车2.7L发动机正时带安装步骤见表31-2。

表31-2　SANTA FE（圣达菲）轿车2.7L发动机正时带安装步骤

步骤	操作方法
1	检查张紧器壳体（图31-72中的10），确认张紧器没有损伤或漏油
2	把张紧器推杆压入张紧器壳体内
3	用粗细合适的销子插入张紧器壳体上的小孔，把推杆固定到压缩位置（图31-72中的11）
4	安装自动张紧器（图31-72中的10），将正时带自动张紧器螺栓（图31-72中的9）紧固到20～27N·m
5	从曲轴链轮开始，沿逆时针方向安装正时带，确保在两个链轮之间的正时带是绷紧的
6	从张紧器壳体上拔出固定推杆的销子
7	顺时针慢慢转动曲轴2周，直至到达1缸活塞处于压缩上止点位置
8	确保正时标记（图31-72中的7和8）对齐
9	等待5min，然后检查正时带张紧器推杆的凸出长度，规范值应为6～8mm
10	如果检测值不在规范范围内，则重复正时带安装操作程序
11	按照与拆卸相反的顺序安装其他部件
12	紧固曲轴带轮螺栓，紧固力矩为180～190N·m

第三节 XG350（君爵）轿车

一、XG350（君爵）轿车 3.5L 发动机正时带部件识别

XG350（君爵）轿车 3.5L 发动机正时带部件识别如图 31-73 所示。

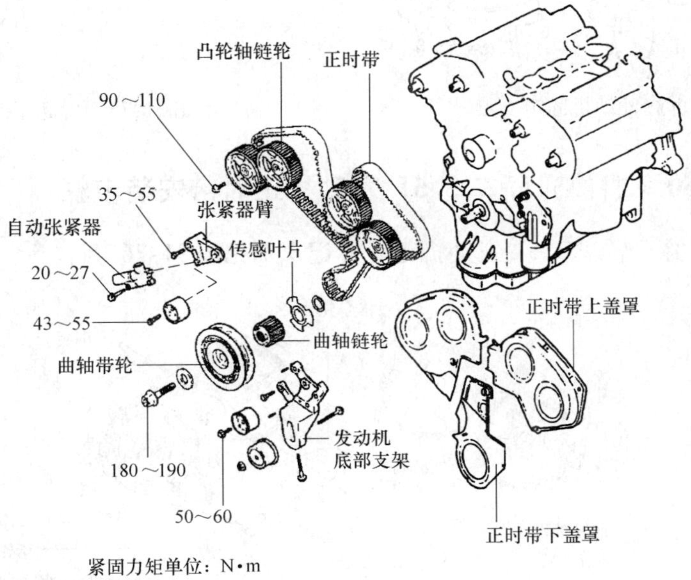

图 31-73 XG350（君爵）轿车 3.5L 发动机正时带部件识别

二、XG350（君爵）轿车 3.5L 发动机正时带拆卸步骤

1）拆卸右侧车轮。

2）拆卸右侧挡泥板。

3）拆卸发动机盖。

4）断开固定在发动机固定支架上的动力转向软管。

5）如图 31-74 所示，拆卸发动机固定支架。注意：拆卸固定支架前要用千斤顶顶住发动机油底壳。

6）从正时带上部盖罩上断开各个插接器，然后拆下上部盖罩。

7）拆下发动机传动带，松开发电机的 2 个固定螺母（14mm）和 2 个固定螺栓（12mm）。

8）松开发动机支撑支架的 5 个螺栓。

9）拆卸发动机支撑支架。

10）拆卸正时带自动张紧器。

11）拆卸正时带。

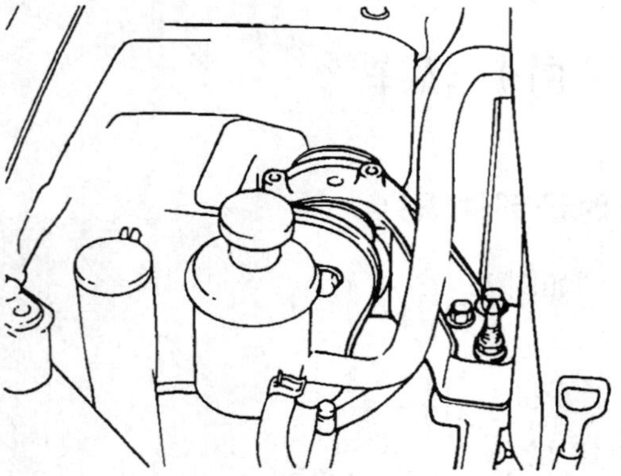

图 31-74　拆卸发动机固定支架

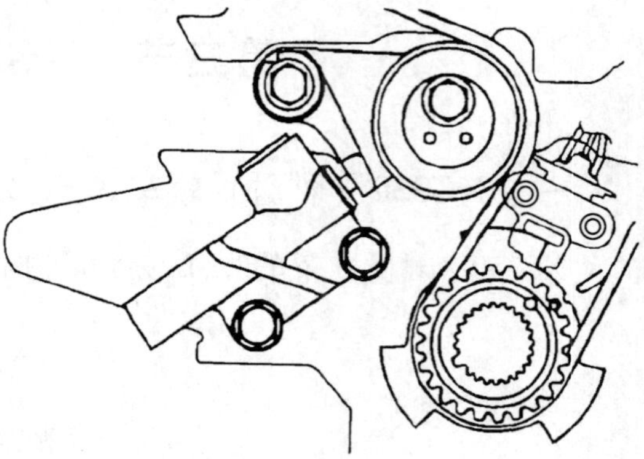

图 31-75　拆卸正时带自动张紧器

三、XG350（君爵）轿车 3.5L 发动机正时带安装步骤

XG350（君爵）轿车 3.5L 发动机正时标记识别见图 31-76。

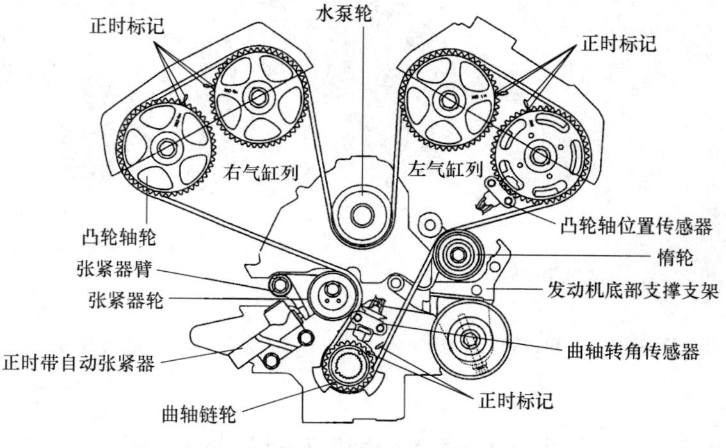

图 31-76　正时标记识别

1）如图 31-77 所示，将惰轮安装到发动机底部支撑支架上，紧固力矩为 35 ~55N · m。

2）把张紧器臂、轴和垫片安装到气缸体上，如图 31-78 所示。

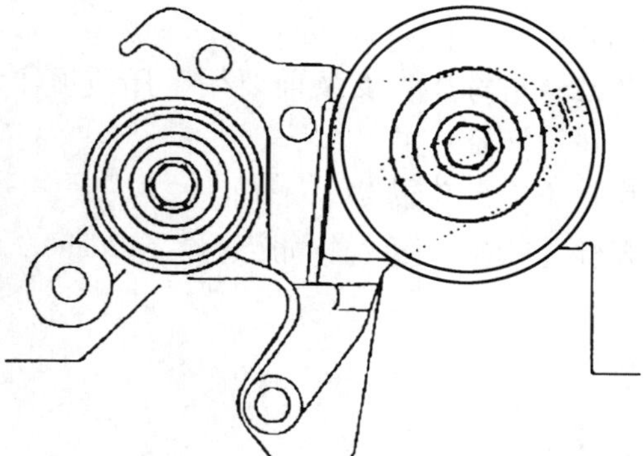

图 31-77　安装惰轮

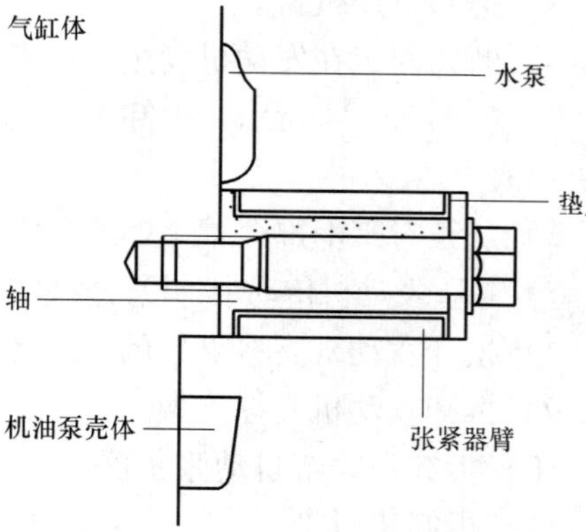

图 31-78　安装张紧器臂、轴和垫片

3）安装曲轴链轮并对齐正时标记（图31-79）。

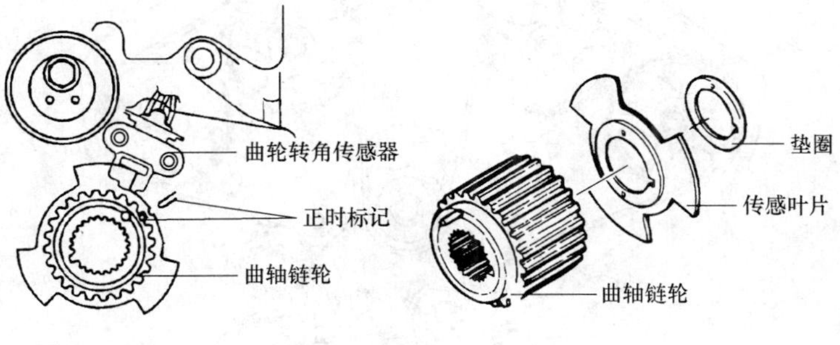

图31-79 曲轴链轮和正时标记识别

4）如图31-80所示，安装凸轮轴轮并调节到图31-80中所示的位置。

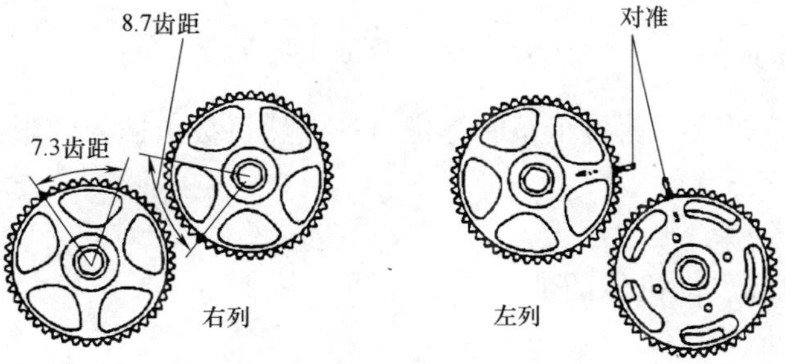

图31-80 安装凸轮轴轮并调节位置

5）如图31-81所示，把正时带自动张紧器安装到机油泵壳体上。如果张紧器推杆完全伸出，则要把推杆压入并插入限位销固定，并对齐两个孔，如图31-82所示。

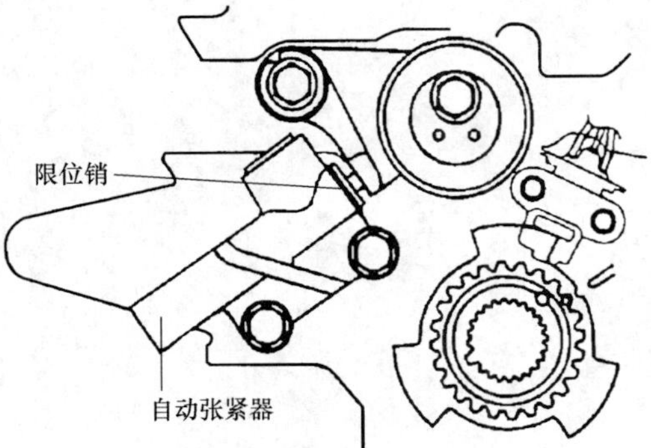

图31-81 安装正时带自动张紧器

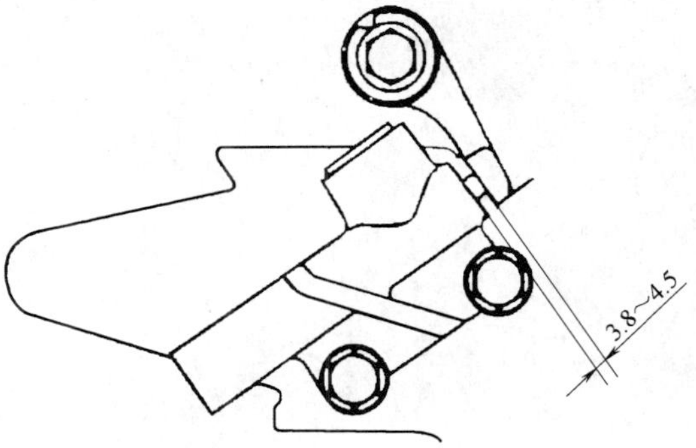

图31-82 压入推杆并使推杆上的孔与正时带张紧器壳体孔对齐

6）对齐各个正时标记后，按照曲轴链轮-惰轮-排气凸轮轴轮-（左）-进气凸轮轴轮（右）-排气凸轮轴轮（右）-张紧器轮的安装顺序，安装正时带，如图31-83所示。

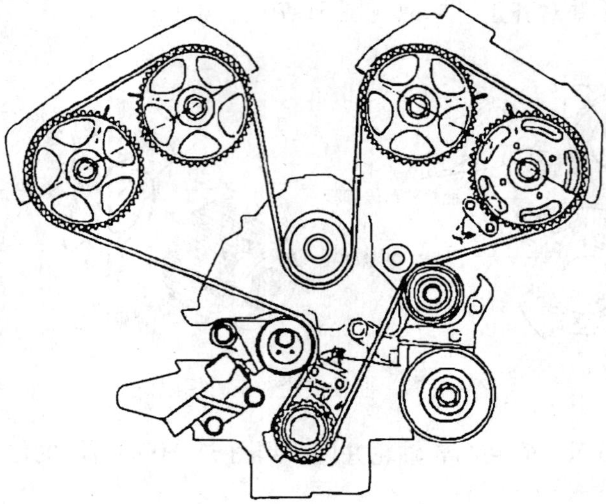

图 31-83 安装正时带

7）安装完毕后，再次确认各个正时标记对齐，然后拔出插入的限位销。

8）安装发动机支撑支架。

9）安装正时带盖罩。

10）安装发电机和发动机传动带。

11）安装发动机固定支架。

12）安装发动机侧挡泥板。

13）安装右侧车轮。